PSALMENSTUDIEN

VON

SIGMUND MOWINCKEL

BUCH I - II

VERLAG P. SCHIPPERS   —   AMSTERDAM
1961

Photomechanischer Nachdruck der Ausgabe
Oslo 1921-1924

Es ist nicht ohne ernste Bedenken, dass ich diesen Neudruck meiner *Psalmenstudien* aus den Jahren 1921-24 erscheinen lasse. Jeder Wissenschaftler wird wissen, dass man nach 40 Jahren Manches anders ausdrücken möchte, und in vielen Einzelkeiten zu anderen Ergebnissen gekommen sein wird. Fachgenossen werden auch gesehen haben, dass ich in späteren Veröffentlichungen Manches modifiziert und revidiert habe. Zeugnisse dafür findet man nicht nur in späteren Arbeiten über die Psalmen, wie „Fiendene i de individuelle klagesalmer", *Norsk Teologisk Tidsskrift (NTT)* 35, 1934, S 1ff; *Zum israelitischen Neujahr und zur Deutung der Thronbesteigungspsalmen* [1]), 1952; *Der Achtundsechzigste Psalm* [2]) 1953; „Zum Psalm des Habakuk", *Theologische Zeitschrift* 9, 1953, S 1ff; *Real and Apparent Tricola in Hebrew Psalms Poetry* [3]) 1957; „Notes on the Psalms", *Studia Theologica* XIII 2 1959, S 134ff, sowie in meinen Studien zur hebräischen Metrik [4]), sondern auch zusammenfassend in meinem *Offersang og Sangoffer. Salmediktningen i Bibelen,* Oslo 1951, [5]), und in meiner kommentierten norwegischen übersetzung der Psalmen in *Det Gamle Testamente,* oversatt av S. Michelet, Sigmund Mowinckel og N. Messel *(GTMMM),* IV, Oslo 1955, S. 9-292. So kann ich nur bedauern, dass es mir nicht selten passiert ist, dass Fachgenossen meine Ansicht über diesen und jenen Psalm, oder über diese und jene exegetische oder textkritische Einzelheit aus meinen *Psalmenstudien* anführen, ohne sich die Mühe gegeben zu haben, die betreffende Stelle in den letztgenannten Arbeiten nachzuschlagen.

Was aber die Grundanschauung, die „kultfunktionelle" Deutung der Psalmen und die daraus sich ergebenden Folgerungen betrifft, so halte ich noch heute, mit einer unten zu erwähnenden Ausnahme, an den in *PsSt* dargelegten und begründeten Auffassungen fest.

Die folgenden Bemerkungen möchte ich jedoch gern dem Neudruck als Begleitworte mitgeben.

Die erste bezieht sich auf *PsSt II.* Gegen ein von den Kritikern häufig geäussertes Missverständnis des dort gezeichneten Festes, wiederhole ich hier

1. *Avhandlinger utgitt av Det Norske Videnskaps-Akademi i Oslo, II. Hist.-Filos.* Klasse 1952, No. 2 (= *ANVAO*).

2) *ANVAO* 1953, No. 1.

3) *ANVAO* 1957, No. 2.

4) „Zum Problem der hebräischen Metrik", *Bertholet-Festschrift,* Tübingen, 1950, S. 379ff; „Zur hebräischen Metrik II", *Studia Theologica VII,* 1953, S. 54ff; „Metrischer Aufbau und Textkritik, an Ps. 8 illustriert" *Johs. Pedersen Festschrift,* Hauniae (Köbenhavn), 1953, S. 250 ff; „Der metrische Aufbau von Jes 62,1-12 und die neuen sogenannten Kursverse," *ZATW* 65, 1953,

zum xten Mal, was schon in *PsSt II* klar zu lesen steht, dass es sich nicht um ein „neues in den Quellen nicht bezeugtes Fest", sondern um ein bis da sehr wenig oder gar nicht beachtetes Aspekt des wohlbekannten und wohlbezeugten Herbst- und Neujahrsfestes, des Laubhüttenfestes, handelt. Warum ich N. J. Kraus' „jerusalemisches Königsfest", s. sein *Die Köningsherrschaft Gottes im Alten Testament,* Tübingen 1951, für keine Verbesserung der Grundidée in *PsSt II* halten kann, habe ich in meiner Besprechung seines Buches in *NTT* 54, 1953, S. 117ff kurz. begründet.

Die zentrale Rolle des irdischen Königs in dem Festritual ist in *PsSt II* wenigstens in ihren Hauptzügen behandelt worden. Vgl. auch mein *He that Cometh,* Oxford 1956, S. 56ff (=*Han som kommer,* Köbenhavn 1951, S. 44ff).

Auch ein anderes, nicht ganz selten anftretendes Missverständnis der Idée in *PsSt II* möchte ich hier korrigieren. Ich habe selbstverständlich nie geschrieben, dass die Eschatologie aus dem Kultfeste „entstanden" sei. Die jüdische Zukunftshoffnung und Eschatologie *als solche* ist in einer bestimmten geschichtlichen Situation — dem Zusammenbruch der nationalen Existenz des Bundesvolkes — aus den Urtiefen der jahwistischen Religion „entstanden". Ihren konkreten Vorstellungsinhalt dagegen hat die Eschatologie aus den mit dem Feste verbundenen Erlebnissen und Vorstellungen geschöpft, und das konnte geschehen, weil die im Feste erlebte Neugründung des Lebens notwendig auch auf die Zukunft, zunächst des kommende Jahres, gehende Züge enthielt und Hoffnungen erweckte. Wie dieses Stück Religions- und Idéengeschichte sich abgespielt hat, habe ich in *He that Cometh,* S. 125ff (=*Han som kommer,* S. 88ff) zu schildern versucht.

Es ist sehr interessant und für mich wertvoll, dass üngefähr gleichzeitig und *PsSt II* A. J. Wensinck's Aufsatz „The Semitic New Year and the Origin of Eschatology" in *Acta Orientalia* 1, 1922, S. 158ff veröffentlich wurde. Keiner von uns hatte irgend eine Ahnung von.der Arbeit des Anderen.

Um so wertvoller sind die weitgehenden Übereinstimmungen zwischen uns.

Für *RGG²* hatte sich die Redaktion seinerzeit von mir einen Artikel

---

S. 167ff; „Die Metrik bei Jesus Sirach", *StTh* XI, 1955, S. 137ff; Marginalien zur hebräischen Metrik", *ZATW* 68, 1956, S. 97ff; „Zu Psalm 16, 2—4", *Theol. Lit. Zeitung* 1957 Nr 9, Sp. 649ff.

Vgl. auch *Real and Apparent Tricola,* S. 5ff; *Offersang og Sangoffer,* S. 418ff. - Alle Bemerkungen in *PsSt* über metrische Fragen sind veraltet. und textkritische Argumente, die auf die Metrik rekurrieren, sind demnach mit Kritik zu benutzen.

5) Eine englische Ausgabe wird hoffentlich bald erscheinen.

über das Thronbesteigungsfest Jahwes erbeten. Aus mir gänzlich unbekannten Gründen ist dieser Artikel nicht gedruckt worden, was mir erst nach dem
Erscheinen des betreffenden Bandes ersichtlich wurde. Später habe ich allen
Grund gehabt, mich darüber zu freuen. In jenem Artikel hatte ich nämlich
gewisse Konzessionen an Gunkels Spätdatierung des auch von ihm anerkannten „Thronbesteigungsfestes" (s. Gunkel-Begrich, *Einleitung in die Psalmen*, Göttingen 1933, S. 105ff) gemacht. Die Ugarit-texte aber haben meine
Frühdatierung in *PsSt II* vollauf bestätigt; vgl. Fl. Fr. Hvidberg, *Graad og
Later i Det Gamle Testamente*, Köbenhavn 1938; A. S. Kapelrud, „Jahves
tronstigningsfest og funnene i Ras-Sjamra", *NTT* 41, 1940, S. 38ff. — S.
übrigens *Offersang og Sangoffer*, S. 118-193.

Einer gründlichen Revision habe ich aber meine Auffassung der individuellen Klagepsalmen in *PsSt I* unterwerfen müssen. Gunkel schrieb mir damals: „Ich gebe zu, dass Sie die ursprüngliche Bedeutung des Wortes *'âwän*
ermittelt haben"; vgl. seine Worte in *Einleitung in die Psalmen*, S. 201. Dass
ich das wirklich getan habe, steht mir noch heute fest. Ebenso aber auch, dass
diese Bedeutung in den wirklich „privaten" Ich-Klagepsalmen, den Krankheitspsalmen, noch vorliegt: die *'aun-Täter* sind die bösen Feinde, die durch
zauberische Künste und magische Worte den Leidenden krank gemacht haben. S. *Offersang og Sangoffer* Ss. 249 —276. — Das Irrtum war aber, dass
ich an Gunkels rein mechanischer Unterscheidung zwischen Ich-Psalmen und
Wir-Psalmen noch festhielt, und infolgedessen sämtliche Ich-Klagepsalmen
als Krankheitspsalmen deutete. Durch H. Birkelands *Die Feinde des Indivi-
duums in der israelitischen Psalmenliteratur*, Oslo 1933, habe ich mich darüber belehren lassen, dass es viele Ich-Klagepsalmen, darunter besonders die
sogenannten Vertrauens-Psalmen, in denen die Not nur noch als drohende
Gefahr vor den Augen des Betenden steht, gibt, in denen das Ich nicht ein
beliebiger „Jedermann", sondern der König des Volkes ist, und die Feinde
somit nationaler, politischer Art sind, die aber in Ausdrücken, die ursprünglich Zauberer und Dämonen bezeichnen, charakterisiert werden, — der von
Gunkel und Balla 1) verkannte Wahrheitskern des Smends'chen „kollektiven
Ichs". 2) In vielen Fällen handelt es sich hier um (angeblich) falsche Verleumdungen, wegen welcher der judäische Vasalkönig vor seinen Oberherrn
in Ninive oder Babylon zitiert worden ist — der Wahrheitskern des Schmidt'-
schen „Gebet des Angeklagten" 3). Wir haben es somit hier nicht mit wirk-

---

1) E. Balla, *Das Ich der Psalmen (FRLANT* 16), 1912.
2) R. Smend „Uber das Ich der Psalmen", *ZATW* 1888, S. 56ff.
3) H. Schmidt, *Das Gebet des Angeklagten (BZATW* 49), 1928

lich „privaten" Klagepsalmen eines Jedermanns zu tun, sondern mit nationalen Klagepsalmen in Ichform. S. meinen oben erwähnten Aufsatz in *NTT* 35, 1934, S. 1ff, und ausführlicher in *Offersang og Sangoffer*, S. 227-248. Die Veranlassung der Klage ist geschichtlich-politischer, nicht mythischer Art, wie etwa die Extremisten der Myth-and-ritual-school uns glauben machen wollen. Vgl. auch H. Birkeland, *The Evildoers in the Book of Psalms, ANVAO* 1955. No. 2, wo aber das Geschichtliche hinter der mythischen Gestaltung etwas überbetont ist.

Ich möchte aber hier darauf hinweisen, dass eine Auflockerung meiner These in *PsSt 1* sich schon in *PsSt V* S. 14ff (Exkurs) und *PsSt VI,* S. 17ff (Anm. 3) anbahnt.

Dass ich auch sonst in vielen Beziehungen von denen gelernt habe, die die Idéen der *PsSt* diskuttiert, kritisiert, aufgenommen und weitergeführt haben, versteht sich von selbst. Es würde zu weit führen, hier Namen zu nennen.

Andererseits sind aus der Grundidée und den Methoden in meinen *PsSt* nicht selten Folgerungen gezogen worden, die ich nicht anerkennen kann. Auf welchen Gebieten und in welchen Umfange das geschehen ist, mag der Interessierte aus meinen oben genannten Arbeiten, besonders *Offersang og Sangoffer, He that Cometh,* und aus den Noten zu der Übersetzung in *GTMMM* ersehen. Zur Kritik derartiger Ausgleitungen vgl. auch Birkelands *The Evildoers in the Book of Psalms.*

Es hat mich natürlich gefreut zu sehen, dass meine *PsSt* für die Psalmforschung der verstrichenen Dezennien von Bedeutung gewesen sind, und zu einem nicht ganz geringen Teil die Grundlage der wissenschaftlichen Diskussion geliefert haben, wenigstens in Europa. 1) Wir wünschen ja alle, dass unsere Beiträge zur Erforschung des religiösen Lebens unserer geistigen Ahnen unserem Verständnis und unserer Aneignung jenes Lebens förderlich sein sollen. Die religiöse Dichtung ist einer der wichtigsten Ausdrücke des religiösen Lebens. Aber nicht nur desjenigen der individuellen Persönlichkeit; noch wichtiger ist sie als Lebensbetätigung der religiösen Gemeinschaft, als ein Hauptstück des Gottesdienstes, in dem die Begegnung von Gott und Gemeinde stattfindet und sich Ausdruck schafft. Dem Verständnis davon haben meine *PsSt* dienen, ja ich darf wohl auch sagen: ihm die Bahn brechen wollen. Und in so fern hat vielleicht ein Neudruck der recht kleinen und längst vergriffenen ersten Auflage seine Berechtigung.

Oslo in Oktober 1960

Sigmund Mowinckel

---

1) Vgl. zu dieser Reservation meinen Aufsatz „Psalm Criticism between 1900 and 1939", *Vetus Testamentum* V 1955, S. 13 ff.

PSALMENSTUDIEN
I. ÅWÄN UND DIE INDIVIDUELLEN KLAGEPSALMEN

VON

SIGMUND MOWINCKEL

INHALT.

Abkürzungen.

AO = Der alte Orient.

BHK = Biblica Hebraica, ed. Kittel.

NO = die offizielle norwegische Bibelübersetzung.

NTT = Norsk teologisk tidsskrift.

PRE = Hauck's Protestantische Realensyklopädie[3].

RGG = Religion in Gezchichte und Gegenwart.

TM = der massoretische Text.

ZATW = Zeitschrift für die alttestamentliche Wissenschaft.

VORBEMERKUNG.

Zu der hier vorgetragenen und begründeten Auffassung des Wortes
אָוֶן und der individuellen Klagepsalmen bin ich vor mehr als zehn Jahren
nach der Lektüre der ZIMMERN-schen Übersetzungen babylonischer Psalmen
gekommen. Mündlich habe ich schon seit einigen Jahren diese Auffassung
meinen theologischen Freunden und den Studenten vorgetragen — siehe
A. FRIDRICHSEN, Hagios-Qadoš (Videnskapsselskapets Skr. II. Hist.-Filos.
Klasse. 1916. No. 3), Kristiania 1916, S. 68. Hier habe ich sie zum ersten
Male nach allen Seiten hin geprüft und begründet [1].

Meine Auffassung der Psalmen steht, wie man leicht sieht, auf dem
Boden der Arbeiten GUNKELS. Wie der Leser aber ersehen wird, halte ich
es für notwendig, das Neue bei GUNKEL von seiner Gebundenheit an den
älteren Ansichten zu befreien. Man muß über GUNKEL hinausgehen, wenn
man die individuellen Klagepsalmen recht verstehen will; man muß GUNKEL
gegen GUNKEL ausspielen. —

Zwei Dinge sind hier von Nöten.

Zunächst muß man die Bedeutung des Kultes in der Religion vollauf
würdigen können, und nicht, wie die protestantischen Theologen so geneigt
sind, geringschätzig von der Kultreligion als von einer der ethischen und
persönlichen Religion absolut entgegengesetzten Art sprechen.

Sodann muß man sich in die Weltanschauung und die Denkweise des
primitiven Menschen — man nenne ja nicht das Wort primitiv mit irgendwelcher Geringschätzung — sympathetisch und verständnisvoll versenken.

Was ich in dieser Hinsicht zu leisten vermag, das verdanke ich
V. GRÖNBECH. In seinem groß angelegten und geistreich durchgeführten

---

[1] Schon ehe die Drucklegung anfangen konnte, erschien JOHANNES PEDERSEN,
Israel I—II, Pio, Köbenhavn 1920. Dort hat der Verf., S. 336; 350 ff.,
ganz dieselbe Auffassung des Wortes āwän und der damit bezeichneten
Sache geltend gemacht, wie die hier vertretene. Es ist mir nicht bekannt,
ob JOHS. PEDERSEN unabhängig von mir zu seiner Auffassung gekommen
sei, oder ob meine obengenannte Notiz in FRIDRICHSENS Buch, auf die
er S. 423 verweist, ihm die erste Anregung gegeben habe. Jedenfalls sehe
ich in diesem Zusammentreffen eine Bestätignng der Richtigkeit meiner
Auffassung. [Korrekturzusatz].

Werke Vor Folkeæt i Oldtiden, 4 Bd., Köbenhavn 1901—1912, ist es ihm gelungen, die primitive Welt- und Lebensanschauung und -Führung als eine geschlossene Einheit von großer logischer Energie und auf allerursprüng-lichste Erfahrung der Wirklichkeit aufgebaut nachzuempfinden und nachzu-weisen. Wir haben es hier meiner Ansicht nach mit einer der bedeutungs-vollsten Leistungen auf dem Gebiete der Religions- und Kulturwissenschaft zu tun. Es ist schon seit einiger Zeit mein Bestreben gewesen, für die israelitisch-jüdische Religionsgeschichte einigen Nutzen von diesem Werke zu ziehen [1].

Da habe ich bei den Psalmen eingesetzt, weil GUNKEL eine besondere Liebe zu diesen Dichtungen in mir erweckt hat. —

Ich bitte, die Nachträge zu berücksichtigen.

---

[1] Dieselbe Betrachtungsweise hat nun JOHS. PEDERSEN in seinem glänzenden Buche Israel I—II auf Israel angelegt und durchgeführt. Hier ist die israelitische Volkspsyche zum ersten Male richtig verstanden und darge-stellt worden. [Korrekturzusatz].

30. Septbr. 1919.

KAP. I. DER WEG ZUR SEELE DES WORTES.

1. Aun und Auntäter. Der Ausgangspunkt.

a) Die Behandlung, die bis jetzt die semitischen und hebräischen Lexikographen dem in den Psalmen so häufig vorkommenden Worte און '*āuœn*, oder in ursprünglicher Aussprache '*aun*, haben zu Teil werden lassen, ist ein vorzügliches Beispiel der Ohnmacht, die die rein »sprachliche« Methode, die mit modernen wissenschaftlichen Kategorien ohne wirkliches intimes Sichhineinleben in die Denkweise und Kultur eines »primitiven« Volkes, einem so »kulturgesättigten« Worte gegenüber ergreifen muß — einem Worte, dessen ganzer Inhalt und Seele von einer Denkweise und einer Kultur bestimmt ist, die vor allem andersartiger als die unsrige ist. An einem Begriff wie diesem muß der Sprachforscher, der nach den Methoden des sprachwissenschaftlichen Rationalismus sucht, notwendig scheitern; es ist Sache der Kulturforscher, der Primitivologen, hier beizutreten. Und kein alttestamentlicher Theologe, der nicht zugleich Kulturhistoriker und Primitivologe ist, darf je hoffen, den Inhalt eines solchen Wortes zu erfassen, weil kein einziger der Gesichtspunkte, die er als Exeget und Theologe für seine Betrachtung wählen mag, den nötigen Überblick leisten kann.

Will man wissen, was dem alten Hebräer in dem Worte '*aun* lag, so muß man zunächst als einer der alten Orientalen fühlen und denken; man muß wissen, was ihnen die größte Gefahr des Lebens war, und wo die Kraft zu finden war, die diese Gefahr abwehren konnte. Man muß weiter eine jedenfalls vorläufige Ahnung davon erhalten haben, auf welchem Platz im Leben die Klagepsalmen des Psalters gehören — was jetzt den Exegeten verborgen ist, selbst GUNKEL, der doch als der erste einen Zipfel des Schleiers gehoben hat. Ferner muß er die babylonischen und assyrischen Psalmen dieser Art kennen und die Denkweise, auf der sie fußen, verstehen; und besonders wichtig ist es, daß er sich von der gewöhnlichen theologischen und rationalistischen Geringschätzung der Kulthandlungen und der Zwecke, mit denen diese Psalmen verbunden sind, frei macht, eine Geringschätzung, die sich in dem in dieser Verbindung dummen Worte »Magie«

ausspricht[1]. Vor allem aber muß er die Wirklichkeit und die Umwelt mit den Augen der alten Hebräer sehen und den Pulsschlag seiner Reaktion den Dingen gegenüber, die vor ihm als Wirklichkeiten standen, empfinden.

In dem hebr. Lexikon $\varkappa\alpha\tau'$ $\grave{\epsilon}\xi o\chi\acute{\eta}\nu$ GESENIUS-BUHL, 16. Aufl., finden wir, daß אָוֶן flg. Bedeutungen hat: 1. peinliche Mühe, den man anderen macht, Unrecht gegen andere; 2. Mühe, Beschwerde; 3. Frevel, Sünde; 4. Lüge, Trug; 5. Täuschung, besonders von den Abgöttern und ihren Kulten und Orakeln[2]. — Dies alles ist richtig und falsch zugleich. Hier ist richtig die Oberfläche des Dinges gestreift; einige Relationen sind angegeben, in denen das Ding stehen kann; 'aun kann sowohl als Unrecht, als Mühe, als Täuschung, als Sünde und daneben in vielen anderen Relationen hervortreten; noch ist aber nicht mal angedeutet, was 'aun eigentlich *ist*. Zu der Seele des Dinges sind wir noch nicht hineingedrungen. Das eben wollen wir aber im folgenden versuchen.

b) *'Aun* ist eine Wirksamkeit, die von einer gewissen Klasse von Menschen geübt wird. Ein stehender Ausdruck, wie ein Terminus für eine besondere Menschenkategorie, ist »diejenigen die *'aun* tun«, פֹּעֲלֵי אָוֶן; daneben wird auch von מְתֵי אָוֶן, אַנְשֵׁי אָוֶן, אִישׁ אָוֶן gesprochen. Als Synonyme finden sich die mehr generellen Ausdrücke נָבָל, כְּסִיל, אֱוִיל, הֹלְלִים, רְשָׁעִים, מְרֵעִים, אִישׁ חָמָם, אִישׁ דָּמִים. Die umfassendsten von diesen sind die beiden letzteren, und besonders רְשָׁעִים. Dieses Wort wird meistens mit »den Gottlosen« wiedergegeben, ist aber viel konkreter und inhaltsreicher.

רָשָׁע ist, wie die obige Synonymenreihe zeigt, und wie eine Vergleichung von Ps. 14, 1 und 31, 2 bestätigt, ein נָבָל, ein Tor, ein Verrückter, ein Wahnsinniger; er ist ein לֹא־אִישׁ[3], vgl. die Parallele לֹא־עָם und גּוֹי נָבָל

---

[1] Der Theologe ist übrigens z. T. entschuldigt; denn er hat diese Verständnislosigkeit von den Assyriologen gelernt. Die Assyriologen, die bis jetzt sehr wenig von Religion verstehen, reden immer von der babylonisch-assyrischen Religion als Magie und Zauberei. Als ob Religion Zauberei sein könne!

[2] Wie unsicher die Philologen sich hier mit Recht gefühlt haben, zeigt ein Vergleich zwischen den verschiedenen Ausgaben von GES.-BUHL. 13. Aufl. hat: 1. Falschheit, — besonders der heidnischen Kulten und Orakel; 2. Verkehrtheit, Sünde, Frevel; 3. Böses, Unheil. 16. Aufl. hat nach dem Vorgange BEVAN's die Falschheit gestrichen, s. Journal of Philology 26, S. 300 ff. HOFFMANN sieht dagegen in Falschheit die Grundbedeutung, ZATW 3, S. 104 f.

[3] Eine Bezeichnung, die allerdings nur für Gott (oder seine Engel) bezeugt ist Jes. 31, 8, der aber auch einen herabsetzenden Sinn gehabt haben muß, vgl. obige Parallele und besonders Ps. 22, 7.

Dtn. 32. 21. Er hat in unmenschlicher Torheit und Blindheit, in Verzweiflung
oder sonstwie, die Verbindung mit Gott abgebrochen. Er leugnet zwar
nicht Gottes Existenz, wohl aber sein tatkräftiges Eingreifen, seine Aktivität,
seine Macht und seinen guten Willen, den Menschen zu helfen. Daher sagt
er zu dem Frommen: »Wo ist nun dein Gott?«, Ps. 42, 11 ; er sagt zu
sich selbst: »Gott ist nicht hier«, er greift nicht ein, Ps. 14, 1 = 53, 2, er
spricht: »Gott vergißt es [für immer]! Er verbirgt sein Gesicht und sieht
nichts«, Ps. 10, 11. Ja noch frecher zeigt er sich, Ps. 36, 2:

Es spricht⁽'⁾ der Frevler 'bei sich': 'Ich hab' keine Furcht vor Gott[1].

Damit hat er aber die Verbindung mit der Kraftquelle, der Lebensquelle, der Glücksquelle abgebrochen — und wenn man den Primitiven
verstehen will, so nehme man diese »Kraft« ganz buchstäblich: ohne die
Verbindung mit der im Kulte sich mitteilenden göttlichen Kraft ist es
physisch und moralisch unmöglich, überhaupt zu existieren —; denn Gott
ist »die Quelle des Lebens«, nur »in seinem Lichte sehen wir Licht« d. h.
Glück und menschenwürdiges Leben, Ps. 36, 10.

Diese Kraftquelle gehört der Gesellschaft; nur durch die Verbindung
mit der Gesellschaft hat der einzelne Teil an ihr. Wer sich von ihr los-
gesagt hat, der hat damit auch die Verbindung mit der Gesellschaft, mit
seiner Sippe und seinem Volke abgeschnitten; der *râšâ*ᶜ hat sich selbst
»entfremdet« — schon von Geburt an, wie Ps. 58, 4 übertreibend sagt. Er ist
ein Entsippter und ein Entrechteter geworden — er ist »*utlægr*«, wie es im
altnordischen heißt. Er ist »der Ausgestoßene aus dem Lande«, dessen
Vater der Gerechte nicht einmal als eine würdige Gesellschaft für seine
Heerdenhunde achtet, und dessen elendes, unmenschliches Leben Hiob
30, 1 ff. schildert. Er steht außerhalb der heiligen Ordnungen, des Ethos,
des Schutzes der Gesellschaft.

Das Ich des primitiven Menschen besteht nur als Teil des — oder
sagen wir besser: in Identität mit dem — »Groß-Ich« der Gesellschaft.
Der Ausgestoßene fällt daher sowohl der moralischen und psychischen, als
der physischen Auflösung und dem Untergange anheim. Er hat kein Ich
mehr. Er hat den festen Halt im Leben verloren; innerlich ist er schon leer,
äußerlich steht sein Fall bevor und wird früher oder später, aber sicher,
eintreten. Er ist mit Notwendigkeit ein Schuft, ein Schurke, weil ein

---

[1] Statt פֶּשַׁע sprich פֶּשַׁע und streiche es als Variante zu רֶשַׁע; streiche
ebenso לְ, der, um den glossierten Text einen grammatischen Sinn zu
geben, hinzugefügt ist. So erhält man das Metrum des Psalms (Doppeldreier). L. ferner לִבּוֹ, s. BHK, und עֵינָי.

Mensch ohne Ich keine Moral hat; er hat ja keine Gottesfurcht; Moral
und Recht und Wahrheit ist nur innerhalb des heiligen Schutzes der Gesellschaft zu denken.

Zudem kommt, daß ein Mensch, der seine Verbindung mit der Quelle
der Lebens verloren hat, notwendig versuchen muß, andere Kraftquellen
zu gewinnen, irgendwie einen neuen Halt in einer neu zu schaffenden
Wirklichkeit — die alte ist verloren — zu gewinnen. Denn er ist ja leer,
nichts, schier nichts, hält ihn nunmehr aufrecht. Der *rāšāʿ* versucht es daher
gelegentlich, auf anderen Dingen zu vertrauen, etwa »auf sein Vermögen
und seine Macht«, Ps. 52, 9 — was in diesen Worten liegt, werden wir
unten I, 8 sehen — fällt aber dabei den bösen Mächten des Lebens anheim;
als Jahwä's Geist Saul verlassen hatte und er ein *rāšāʿ* geworden war, so
stürzte sich ein böser Geist von Jahwä auf ihn, I Sam. 16, 14; als er die
Verbindung mit Jahwä verloren hatte, griff er zu den unreinen Schaden-
geistern des Totenreiches. So ist der *rāšāʿ* nicht nur leer, er ist voll von
schädlichen Kräften, vgl. Mt. 12, 43—45; er wird von innen heraus aufgelöst,
zerstört. Er ist im wahren Sinn des Wortes ein »skademann« (altnord.
skæmaðr = skaðamaðr [1]), ein »Schadenmann«, hebr. אִישׁ בְּלִיַּעַל, Spr. 6, 12,
sich selbst und den anderen gefährlich. Die Hilfsmittel, zu denen er greift,
machen nur seinen endlichen Sturz um so sicherer, mag er sich auch eine
Weile scheinbar aufrecht erhalten, ja sogar blühen. Er fällt dem plötzlichen
Verderben anheim, er muß mit Naturnotwendigkeit zu Grunde gehen, vgl.
Ps. 52; 37 — erstens weil die Abwesenheit der göttlichen Kraft, die in
Sitte und Glauben der Gesellschaft liegt, und das Vertrauen auf schädliche Mächte ihn von innen heraus zerstören, und zweitens weil Jahwä
über ihn eine furchtbare Rache nehmen wird [2]. — So entspricht *rāšāʿ*
ziemlich genau dem was die alten Nordgermanen *niðingr* nannten [3].

---

[1] Heimskringla, Olaf Trygvason saga, kap. 96.

[2] Dieser letzte Gedanke ist im A. T. der hervortretende; ersterer liegt
mehr im Hintergrunde und verrätet sich als ein religionsgeschichtliches
Überbleibsel; er ist jedoch der ursprünglichere und der ᵡchtere. Er zeigt
sich noch in der fast naturnotwendigen Art und Weise, in der der Untergang
des *rāšāʿ* geschildert wird; auch in Pss. wie 52 und 37 wird es eigentlich
sehr selten gesagt, daß es Jahwä ist, der seinen Untergang herbeiführt;
vielmehr heißt es, daß Jahwä lachend seine Stunde erwartet und weiß,
daß sie kommen wird, 37, 13.

[3] Daß רָשָׁע vielleicht an den meisten Stellen, z. B. sehr häufig bei Ezechiel,
als polemisches Schimpfwort gebraucht wird, um Menschen zu bezeichnen,
die in Wirklichkeit gar keine rᵉšāʿim sind, sondern einfach Religiöse ab-
weichender Observanz oder Eifers, soll nicht in Abrede gestellt werden.

Zu diesen ‚ᵉšā̃ᶜîm gehören nun die poᶜᵃlê 'aun; 'aun ist eine typische Wirksamkeit, bezw. ein typisches Hilfsmittel der ‚ᵉšā̃ᶜîm. Auf dem Hintergrunde dieser Andeutungen müssen wir versuchen, das Wesen und Wirken des Aun-Mannes zu bestimmen.

c) Den Ausgangspunkt bildet füglich der Umstand, mit dem auch Ges.-Buhl[16] anfängt, daß אָוֶן an einer Reihe von Stellen irgend ein Unheil bezeichnet, das über einen anderen gebracht wird. Der Aun-Mann אִישׁ־אָוֶן ist ein »Schadenmann«, אִישׁ בְּלִיַעַל, Spr. 6,12, d. h. nicht ein »schlechter Mann« (so z. B. Ges.-Buhl), sondern ein Verderben, Unheil bringender Mann. Nach dem Zusammenhange muß 'aun häufig entweder irgendeine Art von Unheil oder Schaden, der anderen gemacht wird, oder irgend etwas wodurch das Unheil gemacht wird, bezeichnen. Wir nennen vorläufig Ps. 55, 4; 56, 3—7; 64, 2—6, Jes. 32, 6 ff., Mika 2, 1 f., verweisen übrigens auf die Lexika und auf die Übersicht unten II 2.

Nun würde es indessen sehr verfehlt sein, wenn wir sagen würden, daß אָוֶן auf diesen Stellen ohne weiteres Unheil oder Schade *bedeutet;* schon die häufigen Hinweise auf die Zunge als das Mittel und die Verborgenheit als die Wirkungsweise des אָוֶן zeigen, daß hier von einer bestimmten Art Unheil oder von Unheil, die auf einer bestimmten Weise gestiftet sind, die Rede ist, die aber näher zu bestimmen der Zusammenhang an den genannten Stellen nicht klar genug ist.

Wir müssen somit versuchen, das Ding von verschiedenen Seiten hier anzufassen.

Hier sei nun bemerkt, daß 'aun in einer merkwürdig unbestimmten Weise gebraucht wird, bald in weiterem, bald in engerem Sinne. An den meisten Stellen (z. B. Mika 2, 1 f.) scheint es, als ob 'aun das ganze beschriebene böse Tun überhaupt, sowohl die Handlungen als das bezweckte Resultat, bezeichnet, bezw. darüber ein Urteil fällt; an anderen Stellen (z. B. Jes. 32, 6 f.) ist 'aun deutlich ein Mittel zum Zweck, eine (böse) Art von Handeln, durch die ein moralisch schlechtes Resultat erreicht werden soll. Es ist a priori anzunehmen, daß der weitere Gebrauch des Wortes der ungenauere ist. Vgl. etwa »Schwindel« zunächst von den gebrauchten Mitteln und der Handlungsweise, dann aber auch von dem durch Schwindel erreichten Resultat.

2. Die Auntäter als Mörder.

Eine Reihe von Stellen klären uns nun über den Zweck des Aun-tuns auf. Von denen gibt es viele, die das Töten des Betreffenden, gegen den 'aun gemacht wird, als den Zweck bezeichnen — jedenfalls hat das

unglückliche Opfer der Auntäter diese Auffassung der Sache. Synonym
פֹּעֲלֵי אָוֶן steht in solchen Fällen אִישׁ דָּמִים, Ps. 5, 6; 59, 3; 55, 24, vgl. V. 4 11;
עָרִיץ, Jes. 29, 20; synom אָוֶן stehen דָּם Hos. 6, 8; חָמָם Hab. 1, 3; Jes. 59,
4 6; תֹּךְ Ps. 10, 7; שֹׁד Hab. 1, 3.

Wer tritt für mich hin wider Frevler, wer stellt sich gegen Auntäter
für mich?
Wenn Jahwä meine Hülfe nicht wäre, schier läg' ich im (Lande der) Stille

sagt der Dichter von Ps. 94, 16 f. Und noch deutlicher schildert er das
Treiben der Bösewichte V. 3—6:

Wie lange sollen Frevler, Jahwä, wie lange sollen Frevler triumphieren?
Strömen lassen sie zügellose Worte, alle Auntäter spielen den Meister.

Dein Volk sie mißhandeln, Jahwä, dein Erbtum bedrücken sie,
sie würgen Witwe und Fremdling und schlagen die Waisen tot.

Ob 'aun hier ein Mittel zum Töten ist, oder die ganze böse Handlung
nach ihrer moralischen Seite charakterisiert, ist nicht deutlich zu ersehen.

Daß aber diese Frevler und Auntäter keine äußere Feinde und
Tyrannen sind, geht klar genug aus V. 8 hervor, wo der Dichter sie folgendermaßen anredet: »Merkt's euch, ihr Toren im Volke«. Diejenigen
Exegeten, die in den »Toren im Volke« andere als die Frevler oben,
etwa die neutrale Zwischenpartei im Streite der Makkabäerzeit sehen, täten
besser zu untersuchen, wer die in V. 7 Redenden sind, denn eben diesen
wird in V. 8 auf ihre Rede geantwortet:

Sie denken: nicht sieht es Jahwä, nicht achtet's der Gott Jakobs;

so spricht keine noch so kleingläubige Zwischenpartei, so spricht eben der
נבל im Volke, vgl. oben I 1. Wer aber im A. T. die Toren und die
Verrückten sind, das hätte man den Exegeten nicht zu erzählen brauchen
sollen. Der Psalm spricht somit von den Frevlern und Auntätern im
Volke, die die übrigen Volksmitglieder durch ihr Aun-tun töten und morden.

In Ps. 5, 6 f ist ein פֹּעֵל אָוֶן dasselbe wie ein אִישׁ דָּמִים, ein Mörder.
Nach Jes. 59, 4 f. sind diejenigen »die 'aun gebären«, Leute die »Basilisken-
eier ausbrüten und Spinnenfäden weben[1]; wer von ihren Eiern ißt, der
stirbt; wenn man es spaltet, kommt eine Otter hervor«; und ferner heißt

---

[1] Die Spinne ist hier augenscheinlich als ein giftiges Tier und die Berührung mit ihren Fäden als unheilbringend aufgefaßt.

es von ihnen: »sie eilen, unschuldiges Blut zu vergießen«. Wer in Berührung mit dem von ihnen gemachten *'aun* kommt, stirbt. Hier scheint
'aun das Mittel zum Zweck zu bezeichnen.

In Ps. 56, 3. 6. 7 werden die Auntäter folgendermaßen geschildert:

Es schnappen meine Feinde nach mir täglich, gar viele sind's, die mich
befehden'' ·
'' täglich 'schmieden sie Pläne' gegen mich, und alles was sie sinnen, ist
zum Bösen,
sie 'rotten sich' und 'lauern auf mich' und passen hinter mir auf meine Schritte,
'wie Löwen' sie steh'n mir nach dem Leben -- — — — — — — [1].

In dieser Verfolgung äußert sich das Aun-tun der Feinde — oder ihr
Aun wirkt wie eine solche; daher bittet der Verfolgte in V. 8 Jahwä um
Rache:

[Ihren] 'aun 'vergelte' ihnen Gott, und stürze im Zorn 'die Gewaltigen[2].

Die Schilderung an sich besteht aus traditionellen Bildern, mit denen
das Auntun gleichsam verglichen wird; Hauptsache ist der deutlich ausgesprochene Zweck des Treibens der Auntäter: das Opfer dadurch zu töten.

Nicht weniger klar ist die Schilderung ihrer Absichten in Ps. 64, 2—6:

Erhöre meine Klage, o Gott, vor Feindesschrecken hüte mein Leben,
vor der Missetäter Rotte birg' mich, vor der Auntäter lärmendem Treiben!
Sie wetzen gleich Schwertern ihre Zungen, ihre Pfeile sind bittere Worte,
im Versteck auf den Frommen zu schießen, urplötzlich'' und 'ungesehen'[3].
Sie 'greifen' zu bösen Worten, sagen (sie) hervor, um (damit) Gruben zu
graben,
sie sprechen: wer sieht unser Tun? — — — — — — — — [4].

Wiederum wirkt das Tun der Auntäter als wütende Angriffe in der
Absicht, den frommen Beter zu töten. Das Auntun besteht in dem Wetzen

---

[1] Str. מָרוֹם V. 3, das zum flg. gehört. — V. 4—5 eine korrumpierte, den
Zusammenhang unterbrechende Variante zu V. 11 f. — L. V. 6 יָעֵצּוּ od.
יִתְיַצָּבוּ, statt יַעֲצֹבוּ, streiche דִּבְרֵי (Buhl[2]). — L. V. 7 יִגְדּוּ statt יָרֹנּוּ.
יִצְפּוֹנִי, statt יִצְפִּינוּ (BHK), und כַּאֲרֵי יָקוּוּ statt כַּאֲשֶׁר לוּ (nach Kittel).
— Ein Halbvers fehlt.

[2] L. פֶּלֶס statt פַּלֵּט (Olshausen), אֹנֶס statt אָוֶן, עָזִּים statt עַמִּים (Duhm),
versetze אֱלֹהִים in den ersten Halbvers, metri causa.

[3] V. 5 streiche יִרְאֻן und lies יִרָאוּ Syr., Buhl u. a.

[4] V. 6, l. יַחְזִקוּ; V. 7 unübersetzbar.

der Zungen, in der Absicht (לְ mit Inf.) den Frommen heimlich umzubringen. Nicht das Töten an sich wird als *'aun* beurteilt und charakterisiert, sondern der Feind tut *'aun*, um dadurch sein Opfer zu töten. Zu den vielen besonderen Zügen hier und im vorhergebenden Beispiel werden wir später zurückkommen. Endlich Ps. 59, 2—5 a:

Entreiße mich, Gott, meinen Feinden, vor meinen Gegnern biete mir Schutz,
entreiße mich denen, die 'aun tun, ja gegen die Mörder hilf mir!
Denn sie lauern ja auf mein Leben, die Gewaltigen streiten gen mich,
gegen mich, der ohne Sünde und Frevel und Schuld, stellen eilends sie sich auf.

Auch hier wird das Auntun als wütende todbringende Angriffe empfunden und geschildert.

3. Die Auntäter als Räuber und Eigentumsentwender.

Andere Stellen legen den Auntätern eine etwas andere, aber nach der israelitischen Ansicht nicht weniger abscheuliche Absicht bei: des Nächsten Eigentum zu rauben. Als Synonym kommt dann מוֹטָה = Joch, d. h. soziale und wirtschaftliche Bedrückung, vor Jes. 58,9; in demselben Sinn wie Auntäter steht עָרִיץ, Jes. 29,20. So heißt es Jes. 32,6 f. daß »das Herz des נָבָל *'aun* tut um leer zu machen die Seele des Hungrigen (d. h. den Hungrigen darben zu lassen) und den Trank des Durstigen mangeln zu lassen« — und »um den Schwachen durch Lügenworte (s. unten II 6) zu verderben«. Aus dieser Stelle geht hervor, daß *'aun* nicht das Bedrücken an sich, ebensowenig wie das Töten und Anfeinden an sich (Ps. 64,2—6, s. oben I 2) bezeichnet, sondern eben ein Mittel zum Zweck ist; *'aun* ist etwas was man »tut« um ein für sich günstiges, anderen Menschen dagegen schädliches Resultat zu erreichen. Die nächstliegende Auffasssung der oben zitierten Worte »leer zu machen die Seele des Hungrigen« u. s. w. ist die, daß es sich um Berauben der Existenzmittel handelt. — Etwas Ähnliches ist vielleicht in Ps. 14, 4 = 53, 5 angedeutet, wenn es von den Auntätern heißt, daß sie »mein Volk auffressen«.

Ganz deutlich spricht Micha 2, 1 f.:

[1] *Wehr denen die 'aun ersinnen'* [1] *auf dem Lager (liegend),*
bei Tagesanbruch es vollführen, weil sie Macht dazu haben,
[2] *die Äcker begehren — und rauben, und Häuser nehmen,*
vergerwaltigen den Herrn und sein Haus, den Mann und sein Erbe.

---

[1] פֹּעֲלֵי רָע, Glosse.

V. 2 beschreibt hier die nähere Ausführung der im Dunkel der Nacht geschmiedeten Pläne, die sie beim Tagesanbruch, d. h. wohl bei erster gegebenen Gelegenheit, ausführen. Nach dem oben Gesagten bezeichnet 'aun nicht das Ausführen der Pläne, das Rauben und Betrügen und Vergewaltigen an sich, sondern das Mittel, das sie in der Nacht dazu ausgedacht haben.

Vergleiche hierzu Jes. 10, 1 f., das vielleicht hierher gehört:

Wehe denen, die aun-Runen[1] eingraben und Unheilschriftzeichen schreiben,
um den Armen ihr Recht zu nehmen und zu rauben das Recht der Hilflosen
in meinem Volke,
damit Witwen ihre Beute seien und sie die Waisen ausplündern.

Eigentum und Besitz der anderen zu rauben ist auch hier der Zweck, den man durch das Aufschreiben der 'aun-Schriftzeichen verfolgt.

4. Aun als Krankheitsursache.

Ein recht deutliches Beispiel der Krankheitspsalmen ist 28. Die Bitte um Hilfe wird V. 1 mit einem Hinweis darauf motiviert, daß wenn Jahwä jetzt nicht eingreift, so müsse der Leidende sterben. Und in V. 7, dem vorgreifenden Dankpsalm nach der Vergewisserung der Erhörung, heißt es:

Mir ward geholfen, und 'mein Körper blüht
und aus Herzen' ich dank' ihm[2].

Körperliche Restitution und Gesundheit ist die Folge der Erhörung. Es ist somit klar, daß er an irgend einer Krankheit gelitten hat, bezw. im Augenblicke des Gebets noch leidet[3]. — Wenn er nun im selben Psalme um Rache über gewisse Menschen betet, die an ihm irgend eine böse Tat begangen haben, so muß natürlich zwischen der Tat, die er gerächt wissen will, und seinem Leiden ein sachlicher Zusammenhang bestehen.

---

[1] Zu dieser Übersetzung s. unten I 9.

[2] Lese z. T. nach LXX שְׁאֵרִי וּמָלְבִי וַיִּחְלִץ statt der drei mittleren Worte der Zeile; vgl. BHK.

[3] Über Krankheit in den Psalmen s. GUNKEL, Artkl. Psalmen, RGG IV, Sp. 1938; ders. Ausgewählte Psalmen³, Ss. 45; 94 f.; 127; 131. BALLA, Das Ich der Psalmen (Forschungen, herausgeg. v. BOSSET u. GUNKEL, Heft 16) Göttingen 1912, Ss. 17 ff. BAUMGARTNER, Die Klagegedichte des Jeremia (Beiheft 32 zu ZATW), Giessen 1917, Ss. 8 ff.

Welcher Art diese Feinde sind, geht aus V. 3—4 hervor:

Oh raff' mich nicht hin mit den Frevlern, mit denen, die 'aun tun,
die da freundlich mit dem Nächsten reden, und ihr Herz ist voll Argem,
Vergelte ihnen doch nach ihrem Tun, nach der Bosheit ihrer Taten;
gib ihnen nach dem Tun ihrer Hände, ja, vergilt es ihnen!

Natürlich sind es hier »die Frevler und die Auntäter«, die ihn Böses angetan haben; die Bitte ihn nicht den schmählichen Tod solcher Leute leiden zu lassen V. 3 ist ihm eben durch den Gedanken an diese seine Peiniger eingegeben; es droht ja jetzt damit, daß er, der Kranke, das Schicksal leiden werde, die den Verübern gebührt[1]. Die Auntäter sind die Feinde, über die die Rache erbeten wird, und deren böses Tun in irgend-einem sachlichen Zusammenhang mit der Krankheit steht.

In Ps. 6, 3 – 8 schildert der Betende seine Not folgendermaßen:

Sei mir gnädig⟨⟩*, denn ich bin siech, und heil mich*⟨⟩*, denn meine*
                      'Glieder schwinden'[2],
meine Seele ist gar erschrocken, — aber du, Jahwä, wie lange?
Komm zurück⟨⟩ *und rette mein Leben, hilf mir um deiner Güte willen*[3],
denn im Tode gedenkt man nicht dein, wer könnte im Scheol dich preisen?
Ich bin so müde vor Seufzen — — — — — — — —[4]*.*
Allnächtlich schwemm' ich mein Lager, laß' fließen mein Bette in
                       Tränen,
mein Auge ist trüb vor Kummer und matt ob all meiner Feinde.

Daß hier von Krankheit die Rede ist, ist allen denjenigen einleuchtend, die nicht dekretiert haben, daß die Psalmen nicht von individuellen Dingen reden *sollen*, sondern daß alles Konkrete zu Bildern von dem Zustand der Gemeinde »spiritualisiert« werden solle; daß das Verb רפא hier ein solches Bild sein sollte, ist jedenfalls eine Annahme, die positiv bewiesen werden muß. — Wenn es nun im nächsten Abschnitt des Psalms — dem Abschnitt in dem der Betende seiner Gewißheit der Erhörung Ausdruck gibt, als sei schon die Bitte erfüllt[5] — heißt:

---

[1] Vgl. zu dieser Auffassung des Psalms mein Kongesalmerne i det gamle testamente, Kristiania 1916, Ss 93 ff

[2] V. 3 streiche יהוה bis, m. c. (BHK); l. בלו נבהלו (HALEVY).

[3] Streiche יהוה m. c.

[4] Ein Halbvers fehlt.

[5] GUNKEL, RGG IV, Sp. 1939. BALLA, op. cit. S. 25 f.; 55 f.; 86 f.; 128 f. BAUMGARTNER, op. cit. S. 22 f.

Hinweg von mir, ihr Auntäter alle, denn Jahwä hat mein Weinen gehört,
Jahwä hat mein Flehen erhört, Jahwä hat mein Gebet angenommen.
‹› bestürzt meine Feinde werden steh'n und augenblicklich schamrot abzieh'n[1],

so ist es erstens klar, daß die Auntäter und die Feinde identisch sind, und damit zweitens, daß zwischen diesen und der Krankheit des Betenden ein sachlicher Zusammenhang besteht.

Es sei schon hier darauf hingewiesen, daß der ursächliche Zusammenhang zwischen Feinden und Krankheit ein Hauptpunkt für das Verständnis der Krankheitspsalmen und der individuellen Klagepsalmen überhaupt ist. Daß die Krankheit in den Psalmen kein Bild ist, und daß viele, wenn nicht die meisten der individuellen Klagepsalmen Krankheitspsalmen sind, halte ich für erwiesen, s. oben S. 9, A. 3. Wir werden noch unten, eine ganze Reihe von Psalmen finden, in denen der sachliche Zusammenhang zwischen Feinden und Krankheit klar zu Tage tritt.

Wie ist nun dieses Verhältnis zwischen Krankheit und feindlichen Auntätern zu erklären? Den Verfechtern der »kollektiven« Deutung der Psalmen ist er ein Beweis dafür, daß die Krankheit lediglich Bild ist. Davon kann keine Rede sein; die Ich-Psalmen sind individuell, und die Krankheit ist eine Wirklichkeit. GUNKEL, BALLA, BAUMGARTNER, STAERK u a. sehen in den Feinden gleichsam eine Begleiterscheinung der Krankheit; der immer stehende Streit zwischen den Frommen und den Gottlosen werde akut jedesmal ein Frommer in Krankheit oder Unglück falle; nun werfen die Gottlosen, die »Feinde« sich mit Hohn und Spott über den Leidenden; oder die Krankheit habe seinen früheren Freunden davon überzeugt, daß er ein geheimer Sünder sei, vgl. Hiob; nun werden dann seine Freunde und Verwandte seine Feinde. Wir werden unten IV 4 d dieses Problem in weiterem Zusammenhange erörtern. Hier sei nur bemerkt, daß wenn es sich so verhielte, daß die Krankheit in dem Bewußtsein des Kranken das Primäre, die Feinde das Sekundäre wäre, warum beten dann diese Kranken immer um Rettung vor den Feinden und fast nie mit ausdrücklichen Worten um Heilung der Krankheit? Doch wohl nur weil in ihrem Bewußtsein die Feinde das Primäre sind und die Krankheit das Sekundäre. In und mit der Befreiung von den Feinden und der vollzogenen Strafe über diesen ist der Betende aus seiner Not befreit; die Krankheit schwindet zugleich mit den Feinden.

Dann kann aber die Erklärung keine andere als die sein, daß die Feinde nach der Ansicht des Betenden die Krankheit verursacht haben;

---

[1] Streiche m. c. יבשו als Dublette (BHK).

sie haben mit ihren bösen Künsten den unglücklichen und wehrlosen Frommen krank gemacht. Die Auntäter sind Leute, die andere Menschen krank machen.

Wie man sich dies vorstellte, davon gibt Ps. 41, auf den wir unten I 7 näher eingehen werden, eine in vielen Beziehungen charakteristische Schilderung.

Aus den oben behandelten Beispielen ist nicht zu ersehen, ob das Auntun das Krankmachen an sich bezeichnet bezw. charakterisiert, oder ob es ein Mittel zum Zweck ist. Ps. 41 wird uns indessen zeigen, daß 'aun als ein Mittel, den Kranken noch kranker zu machen, gedacht ist. Daraus läßt sich folgern, daß 'aun etwas bezeichnet, durch das man Leute krank machen kann.

5. Aun als Wahrsagungs-Kunst, bezw. -Mittel.

Auch als Mittel, die Zukunft zu erforschen, kann man 'aun tun, jedoch als ein nach korrekt israelitischem Gedanken illegitimes. — So kommt das Wort Num. 23,21 vor, wie es aus einem Vergleich mit V. 23 hervorgeht. Die beiden Verse sind augenscheinlich parallele Varianten, je aus J und E stammend. In V. 21 heißt es:

Nicht sieht man 'aun in Jakob, nicht findet man 'ămăl in Israel, (nein), Jahwä, sein Gott, ist mit ihm und Königs(huldigungs)jubel ist in seiner Mitte.

Hier hebt die zweite Zeile hervor, daß der König Jahwä Israel alles das ist, was 'aun und 'ămăl den anderen Völkern bieten; es geht aus diesem Gegensatz hervor, daß die beiden Worte Realitäten bezeichnen, von denen die anderen Völker eine Kraft und Hilfe erwarten, die derjenigen entspricht, die Jahwä seinem Volke ist, daß sie somit Macht- oder Glücks- oder Sicherheitsquellen irgend einer Art bezeichnen; zu solchen Macht- und Glücksquellen sucht man aber nicht in Israel, wo man Jahwä hat. 'aun und 'ămăl sind hier augenscheinlich reine Termini gewisser, in Israel illegitimer Machtquellen, die als Typen der dem Jahwä feindlichen und verhaßten Machtquellen genannt werden. Welcher Art diese Machtquellen sind, zeigt uns die Variante V. 23:

Beschwörung[1] gibt es nicht in Jakob, auch nicht Wahrsagerei[2] in Israel; zur (rechten) Zeit wird es Jakob gesagt und Israel was Gott tun wird.

---

[1] נַחַשׁ.

[2] קֶסֶם.

Der Sinn ist: Israel bedarf keiner illegitimen »magischen«[1] Beschwö-
rungs- und Wahrsagekünste, um in die Zukunft zu blicken und sie zu gestalten; sein Gott offenbart (durch seine legitimen Propheten, Dtn. 18,9 ff.)
noch in rechter Zeit alles was geschehen wird. So rühmt sich Israel den
»Heiden« gegenüber. In נַחַשׁ und קֶסֶם hören wir das alte Israel selbst
uns erklären, was es in solchen Verbindungen unter אָוֶן und עָמָל verstand
— nur daß diese Deutung mehr ein Paar konkrete typische Beispiele der
'aun und 'āmāl als eine allgemeingültige Erklärung gibt; denn nach dem
sonstigen Sprachgebrauch dürfen wir schon jetzt behaupten, daß dieses
Begriffspaar weiter als naḥaš und qāsäm ist. — Die in V. 21 genannten
Machtquellen sind somit Quellen des Wahrsagevermögens; 'aun ist ein
Mittel die Zukunft zu erforschen.

In derselben Richtung zeigt I Sam. 15, 23: »Denn Widerspenstigkeit
ist qāsäm-Sünde und Trotz[2] ist 'aun und t^erāfīm«. Ob Terafim Haus-
götter oder irgend einen anderen heiligen Gegenstand[3] bezeichnet, ist hier
nebensächlich; sie kommen hier jedenfalls als Gegenstand eines illegitimen
Kultes oder als solche Hilfsmittel in Betracht, die von einigen als »heilig«
betrachtet, von der rechtgläubigen Polemik mit dem Schimpfwort »Zauberei«
beehrt wurde, wie es aus dem Parallelismus mit qāsäm = illegitime, zauberische Wahrsagekunst hervorgeht. Aus diesem Zusammenhang wird auch die
Bedeutung der אָוֶן bestimmt. Hier haben wir nun aber zwei Lesearten; TM
hat 'aun und t^erāfīm; dann ist 'aun der dem qāsäm nächste parallele Begriff
und bezeichnet die betreffende Kunst oder Wirksamkeit, während t^erāfīm,
obwohl formell ein nebengeordnetes Glied, jedoch in Wirklichkeit das Mittel
durch das oder die Mächte, mit deren Hilfe die Kunst geübt wird (hendia-
dioin). Bei den LXX fehlt das »und«[4]; das macht keinen weiteren Unterschied, als daß der Text leichter wird: der durch terāfīm gewirkte 'aun;
in dem Falle ist es evident, daß 'aun der dem qāsäm parallele Begriff ist
und somit irgend ein (illegitimes) Hilfsmittel statt der von der Religion
geheiligten und gebotenen. In beiden Fällen liegt es nach dem sonstigen
Gebrauch von qāsäm am nächsten, an ein Wahrsagemittel, bezw. eine die
Wahrsagekunst fördernde Wirksamkeit zu denken.

---

[1] Über die Bedeutung dieses Wortes s. unten III 1.

[2] הַפְצַר, ἅπ. λεγ., zweifelhaft.

[3] S. z. B. GRESSMANN, Mose und seine Zeit. Göttingen 1913, Ss. 246 ff.; 452.

[4] Es ist dagegen unrichtig, wenn es öfters heißt, daß LXX עָוֶן תְּרָפִים
gelesen haben; ἀνομια gibt bei LXX sehr häufig ein אָוֶן wieder.

6. Das geheimnisvolle und heimtückische Treiben der Auntäter.

Wie wir schon oben berührt haben, ist das hinterlistige Treiben, nach Weise der Wegelauerer, ein charakteristisches Merkmal der Auntäter. Auf verborgenen, »gekrümmten« Wegen, im Dunkel der Nacht schleicht er sich herbei, sein böses Tun zu üben. Wir haben oben I 2 schon ein Paar charakteristische Stellen citiert; der Auntäter schickt sich an

im Versteck auf den Frommen zu schießen, urplötzlich und ungesehen (Ps. 64, 5);

dabei spricht er: wer sieht unser Tun? Dasselbe Bild in fast denselben Worten haben wir in Ps. 11, 2; wie wir unten Kap. IV sehen werden, sind auch hier die Feinde als Auntäter gedacht. — Charakteristisch für den *'iš 'aun* sind seine (bösen) Pläne und Anschläge, Jes. 55, 7; vgl. Jer. 4, 14. Vgl. ferner Ps. 56, 6, s. oben I 2. — Sehr deutlich spricht Ps. 10, 7—11:

[7] *Sein Mund ist voll Fluchens und Trug und Gewalt*[1].
es birgt seine Zunge Unheil und 'aun.
[8] *Er sitzt'' im Versteck, den Unschuldigen 'zu töten'*[2],
nach den Schwachen die Augen 'späh'n'[3],
[9] *er lauert im Versteck wie im Dickicht der Löwe,*
'' *den Unglücklichen im Netze'' zu fangen''*[4].
[10] *Er 'wartet' und duckt sich (zum Sprung)*[5],
der Unglückliche stürzt 'vor seiner Kraft'[6],
er spricht bei sich: Gott hat es vergessen,
hat sein Antlitz verborgen und sieht's nimmermehr.

Die Schilderung ist hier natürlich stilisiert, bildlich, wie so oft in der biblischen Poesie; hinsichtlich der Wirkungsweise des Auntäters aber ist sie vollkommen klar. Der Nachdruck liegt hier nicht so sehr auf dem Schädlichen oder Frevelhaften, sondern auf dem Hinterlistigen, Heimtückischen in dem Treiben des Aunmannes. — So nennt denn auch Hiob 11, 11 *'aun* und *m^epê šău* als typische Beispiele des Verborgensten

---

[1] Näher über denn Sinn dieser Worte s. unten I 7.
[2] Str. במארב חצרים V. 8 als korrumpierte Variante zu den beiden flg. Worten; l. m. LXX לַהֲרֹג.
[3] L. יצפין (HALEVY).
[4] Str. יארב 2 und יחטף עני als Dubletten, ברשתו als Glosse zu במשכו (vgl. BHK, BUHL²).
[5] L. יחֻכֶּה, st. ודכה.
[6] L. בַּעֲצֻמוֹ, LXX, BHK.

und Geheimnisvollsten der Welt.— Ps. 26, 4 steht מְתֵי שָׁוְא, das, wie wir unten sehen werden, ein Synonym zu פֹּעֲלֵי אָוֶן ist, als Parallele zu נַעֲלָמִים, Männern der heimlichen Tat. Daß dieses verborgene und hinterlistige Treiben ein besonders hervortretendes Merkmal der Aunmänner gewesen, zeigt eine Glosse[1] zu Ps. 125, 5, die »die auf krummen Wegen gehen« הַמַּטִּים עֲקַלְקַלּוֹתָם durch פֹּעֲלֵי אָוֶן Auntäter erklärt. — S. ferner Jes. 32, 6 ff. (I 3); Ps. 28, 3 (I 4). Ferner 36, 5; 59, 6; 141, 9; Spr. 6, 14. — Hierher gehört wohl auch Hiob 22, 15, wo die Aunmänner als Wanderer des אֹרַח עוֹלָם bezeichnet werden; sie wurden vor der Zeit wegen ihrer Sünden weggerafft — die da sprechen zu Gott: hinweg von uns! und: was kann uns der Allmächtige tun? Wenn die masoretische Vokalisation richtig ist, so bezeichnet מְתֵי אָוֶן (als Schimpfwort) die Aufrührer gegen Jahwä in der Urzeit, sei es daß auf eine Variante zu dem hinter Gen. 1 liegenden Chaoskampfe oder etwa auf eine ausführlichere Form des Gigantensturzes, Gen. 6, 1—4 hingedeutet wird; zu diesem Gebrauch des Wortes als eines mehr oder weniger klar verstandenen Schimpfwortes s. II 4. Vielleicht liegt es aber näher, das Wort als עֹלָם aufzufassen: der verborgene, heimliche Weg, und nach Ps. 125, 5 zu deuten. Zu den Worten der Auntäter s. oben I 1.

7. Die Zunge und das Machtwort als Mittel des Aunmannes.

a) Das gewöhnliche Mittel der Auntäter ist die Zunge und das Reden von Worten einer gewissen Art. 'aun geht aus dem Munde hervor Ps. 36, 4.

Wir haben oben I 6 Ps. 10, 7 abgedruckt. Die Zunge des Aunmannes birgt, d. h. durch die Zunge stiftet er Unheil עָמָל und 'aun; das tut er dadurch, daß sein Mund voll Fluch und »Trug« und »Gewalt« ist. »Gewalt« חָמָס will natürlich hier sagen: Worte die als Gewalt wirken, die in irgend einer Weise als gewalttätige Bedrückung wirken. Was unter »Trug« מִרְמוֹת zu verstehen ist, werden wir unten II 6 sehen. Der »Fluch« אָלָה ist aber unmittelbar verständlich; der Fluch ist nach primitiver und so auch nach israelitischer Auffassung ein kraftwirkendes Wort, ein Wort das schafft das was es besagt; der Fluch ist — wie der Segen — eine reale Kraft »übernatürlicher« Art, die das Eigentum gewisser Menschen oder Menschenklassen ist; so kann der Urvater kraftwirkende Flüche und Segen sprechen (Genesis 27), ebenso der Prophet (II Kg. 2, 24); die

---

[1] Daß אֶת־פֹּעֲלֵי אָוֶן eine Glosse ist, zeigt sowohl das אֶת, das vor dem vorhergehenden Gliede fehlt, als das Metrum (Fünfer; der letzte Satz ist ein liturgisches Responsorium extra metrum).

berufsmäßigen »Tageverwünscher« können sogar (durch ihre Flüche) den
großen Drachen reizen — d. h. beschwören (Hiob 3,8)[1]. Solche kraftwirkende Worte trägt also der Aunmann auf der Zunge. — Dasselbe zeigt
Ps. 59, 3. 6 mit V. 13 verglichen; das von dem Feind gewirkte Unglück ist mit
dem Munde getan, und wird durch das Wort אָלָה bezeichnet.

Wenn der Aunmann einen heimlich töten will, so greift er nach Ps. 64, 4–6
(s. oben I 2) zu gewissen Worten, wie der Krieger sein Schwert wetzt und
den Bogen greift, oder wie der Jäger die Fangstgrube gräbt — und mit
derselben Wirkung. Die Zunge ist gleichsam sein Bogen, vgl. V. 9 und
die »bitteren«, verzehrenden »Worte«, die »bösen Worte«, Worte die wie
ein brennendes Gift die Lebenskraft und die Gesundheit aus dem Opfer
herausbrennen, sind seine Pfeile. Und dies ist sicher viel realer, unheim-
licher, todernster gemeint als der mehr oder weniger starke psychische
Schmerz, den »bittere Worte« uns Modernen verursachen können. Davon
zeugt der ganze leidenschaftliche Ton des Psalms. Er zittert unter einer
Furcht, wie bei einem, dem es Tod oder Leben gilt. Die »bitteren
Worte« sind eben etwas ganz anderes als was wir Modernen darunter
verstehen.

Daß 'aun eine Wirkung gewisser Worte ist, zeigt auch Jes. 58, 9; »'aun
reden« hat hier als Parallelbegriff מוֹטָה Joch, insofern als das Aunreden
darin resultiert, daß man Joch auf einen legen kann, ihn bedrücken und vergewaltigen, s. I 2, 3. In Jes. 32, 6 (s. I 2) ist »נְבָלָה sprechen«, also Worte
einer gewissen Qualität hervorsagen, eindeutig mit »'aun tun«, und das Mittel
des Trügerischen בְּלִי, das Recht der Hilflosen zu verdrehen, sind אִמְרֵי
שֶׁקֶר, Worte einer gewissen Art. Wir werden unten (II 6) sehen, daß diese
eben nicht Lügenworte im modernen Sinne bezeichnen. Vgl. ferner die
פֹּעַל און synonymen Ausdrücke דַּבֶּר עָתָק 94, 4, לִין Jes. 29, 20, הֹלֵךְ עֲקַשּׁוּת
פֶּה Spr. 6, 12, die alle auf Worte einer bestimmten Art gehen, ‡ דִּבְרֵי בְּזַ
פֹּעֲלֵי און 5, 6 f.; דִּבְרֵי שְׁקָרִים und עֹשֵׂה רְמִיָּה gehören zu פֹּעֲלֵי און Ps. 101, 7 f.
Vgl. ferner Spr. 17, 4.

Daß hier überall an kraftwirkende Worte (vgl. אָלָה oben) gedacht ist,
geht auch aus dem Ps. 59, 8; 94, 4; Spr. 19, 28 (l. יָבִיעַ, st. יְבַלַּע, BHK) gebrauchten Vb. הִבִּיעַ hervor; 'aun ist hier etwas das von den Lippen der
reša̅'im strömt, wie die kraftwirkenden Worte aus dem Munde des Propheten
strömen; הִבִּיעַ ist ein nabiistischer Terminus und bedeutet: (ekstatische)
Machtworte hervorsprudeln lassen[2].

---

[1] Zum Fluch s. GUNKEL, RGG II, 921, SCHMIDT ib. 1153 f.
[2] Viell. steht און Spr. 19, 28 in abgeschwächter Bedeutung einfach = schädliche oder gottlose Worte; der Ausdruck selbst »'aun strömt von den
Lippen« setzt aber einen ursprünglicheren, konkreteren Sinn voraus.

Welche Wirkung man diesen Worten zuschrieb, zeigt Jes. 29,20 f. Es heißt hier von denen »die auf (Verübung von) 'aun wachen«, daß »sie durch ein Wort[1] einen Menschen zum Sünder machen« מַחֲטִיאֵי אָדָם בְּדָבָר. Was das heißt, einen Menschen zum Sünder zu machen, versteht man, wenn man sich daran erinnert, daß im A. T. die Sünde vielfach als eindeutig mit Unreinheit und Krankheit gilt (s. weiteres III 2), und daß 'aun öfters krankheitwirkend gedacht ist (I 4). Sünder ist der Unreine; der Unreine will aber sehr häufig den Kranken besagen, der von »Jahwä's Schlag« getroffen ist; der Kranke ist nach der allgemeinen Meinung eben dadurch als entlarvter Sünder gestempelt, der jetzt seine wohlverdiente Strafe leidet. »Einen zum Sünder machen« heißt daher: einen in einen solchen Zustand von Unreinheit und Gebrandmarktsein zu setzen, daß er als ein entlarvter Sünder vor seinen Mitbürgern dasteht, wie Hiob vor den drei Freunden. In diesen Zustand kann also der Aunmann einen Menschen »durch ein Wort« bringen. Wir nähern uns hier dem wirklichen Wesen des Wortes אָוֶן.

In vielen Beziehungen charakteristisch ist Ps. 41. Daß er als Gebet eines Kranken gedichtet ist, geht unzweifelhaft aus V. 4 hervor, vgl. V. 7. 9. Ebenso klar ist es, daß die Feinde nach der Ansicht des Betenden die Krankheit verursacht haben, 6. 12; der Tod des Kranken ist ihr Triumph 12; in seiner Todesangst vertraut er darauf, daß Jahwä nicht »sein Leben in die Hände der Feinde geben werde«, V. 3. Und nun schildert er V. 6—9, was die Feinde tun, um ihm das Leben zu rauben. Er setzt voraus, daß sie sich nicht damit begnügen, ihn aufs Krankenlager geworfen zu haben; unter dem Schein des teilnehmenden Krankenbesuchers kommen sie, um sich über den bevorstehenden Untergang zu vergewissern und ihn nötigen Falls dadurch zu beschleunigen, daß sie »שָׁוְא reden und אָוֶן sammeln«, V. 7[2]. Daß die Besuche nach der Ansicht des Dichters die Katastrophe direkt beschleu-

---

[1] Natürlich ist es falsch, wenn die norwegische Bibelübersetzung „for et ords skyld" — wegen eines Wortes — übersetzt; das kann בְּ nicht bedeuten. Die Übersetzung verrät aber die Hilflosigkeiten der Modernen, diesen Kulturrealitäten gegenüber.

[2] Möglich ist, daß die Besuchenden in Wirklichkeit Freunde nach der Art der drei Freunde Hiobs sind, die aus der Krankheit auf geheime Sünden des Betreffenden folgern und daher jetzt seine Schadenfreude nicht verbergen können. Im Gedanken des Heimgesuchten, der sich unschuldig weiß, fließen aber Freunde und Feinde ineinander über; die ganze Welt hat sich gegen ihn verschwört, vgl. BAUMGARTNER, Die Klagegedichte des Jeremia, S. 12. — Und dennoch braucht nicht der Psalm auf eigene Erlebnisse zu beruhen; so lag es eben nahe zu denken, wenn solche Freunde kamen; ein typischer Zug ist hier besonders lebhaft ausgestaltet.

nigen sollen, geht aus V. 8 hervor; »sie pflegen bösen Rat wider den Kranken«. Parallel damit heißt es nun, daß sie beisammen sitzen und gegen ihn יִתְלַחֲשׁוּ. Hithp. הִתְלַחֵשׁ bedeutet nach GESENIUS-BUHL unter sich zischeln, flüstern; wenn aber das Wort wirklich in dieser Bedeutung vorkommt, so ist es aus der eigentlichen konkreteren abgeschwächt. Hithp. dürfte ziemlich sicher aus לָחֵשׁ ein Beschwörer denominiert sein, und »Beschwörungen murmeln, eigl. sich als ein Beschwörer benehmen, als Beschwörer auftreten« (vgl. הִתְנַבֵּא als Nabi auftreten) bedeuten[1]. — Die bösen Pläne werden also dadurch ausgeführt, daß die Feinde beisammen sitzen und Beschwörungen gegen den Kranken murmeln, die die Krankheit noch schlimmer machen sollen. Daher können sie auch, wenn sie das Ergebnis ihrer Bestrebungen, den kritischen Zustand des Kranken sehen, triumphierend ausbrechen, V. 9:

> *Etwas Heilloses ist ihm angegossen,*
> *wer jetzt da liegt, der steht nimmermehr auf!*

»Etwas Heilloses« gibt hier das hebr. דְּבַר־בְּלִיַּעַל wieder; es kann auch »ein heilloses, unheilstiftendes Wort« übersetzt werden, d. h. ein materialisiertes, kraftwirkendes Wort ist in seinen Körper hineingedrungen — der Sinn bleibt derselbe. Daß in בְּלִיַּעַל nicht nur die Vorstellung von dem Nutzlosen und Schlechten, sondern auch von dem Schädlichen und Verheerenden liegt, ist denen sicher genug, die etwas vom primitivem Gedanken verstehen. — Die Feinde trösten sich hier damit, daß durch ihre »bösen Pläne«, durch ihr »Murmeln« eine tötende Kraft in den Kranken hineingegangen ist, welche die Verwirklichung ihrer Wünsche sichert. — Von hier aus fällt Licht über die parallelen Begriffe שָׁוְא und אָוֶן V. 7. Die Bedeutung des ersteren wird uns unten beschäftigen; hier genügt es festzustellen, daß דְּבַר שָׁוְא mit »Schadenworte (Worte mit schädlich wirkender Kraft) reden« übersetzt werden kann. Parallel damit steht nun יְקַבֵּץ אָוֶן לִי[2] 7 b. Nach dem Parallelismus muß *aun* hier von Worten, die aun wirken, stehen; »sammeln« hat demnach die Bedeutung die Aunworte im Bewußtsein zu sammeln in der Absicht, sie hervorzusagen, oder vielleicht eher sie auf

---

[1] Noch sicherer wäre diese Bedeutung, wenn ZIMMERN darin Recht haben sollte, daß das Wort aus dem bab. *luḫḫušu* = Beschwörungsformeln murmeln entlehnt sein sollte (Beiträge zur Kennt. d. bab. Relig. 1900, S. 92 f., nach JIRKU, Dämonen und ihre Abwehr im A. T. Leipzig 1912, S. 52 angegeben); dann ist das Wort natürlich in dieser technischen Bedeutung entlehnt worden und die Etymologie ist für den Gebrauch im Hebr. gleichgiltig.

[2] So ist natürlich statt לֹ zu lesen.

die Zunge zusammen sammeln und dann hervorsagen. Hierzu stimmt die
Fortsetzung: sie gehen hinaus und sagen die Aunworte, die sie gesammelt
haben, hervor. Ps. 41, 6—9 dürfen wir mithin folgendermaßen übersetzen:

> [6] *Meine Feinde reden 'gegen' mich Unheil;* [1]
>
> » *Wann wird er sterben und sein Name dahin sein?* «
>
> [7] *Kommt einer mich zu sehen, hat er Schadenworte im Herzen,*
>
>   *sammelt au n-Worte wider mich und geht hinaus, sagt (sie) hervor.*
>
> [8] *Beisammen sie murmeln Beschwörungen gegen mich,*
>
>   *meine Feinde ersinnen wider mich Unheil:*
>
> [9] » *Etwas Heilloses ist 'ihm' eingegossen;*
>
>   *wer jetzt da liegt, der steht nimmermehr auf!* «

Aun wird somit mit der Zunge gewirkt dadurch, daß man gewisse
wirksame Worte auf einer bestimmten Weise oder unter bestimmten Umständen ausspricht. Und dieser durch die Worte hervorgebrachte *aun* ist
als ein Mittel gedacht, einen Menschen krank zu machen, bezw. seine Krankheit zu verschlimmern.

b) Im Lichte dieser Stellen sind wir berechtigt eine Reihe anderer
Psalmstellen zu deuten, die von Verderben und Tod reden, die mit der
Zunge gemacht wird; hier wird an den mit der Zunge geübten *aun* zu
denken sein, auch wenn das Wort nicht ausdrücklich erwähnt ist.

Zunächst Ps. 140, 2—6:

> [2] *Errette mich, Jahwä, vor den bösen Menschen,*
>
>   *bewahr' mich vor den Männern der Gewalt,*
>
> [3] *die mit bösen Plänen im Herzen geh'n,*
>
>   *'erregen' alltäglich Streit;* [2]
>
> [4] *sie schärfen, der Schlange gleich, ihre Zunge,*
>
>   *auf den Lippen der Nattern Gift.*
>
> [5] *Behüt mich, Jahwä, vor der Frevler Hand,*
>
>   *bewahr' mich vor den Männern der Gewalt,*
>
>   *die dä sinnen, meine Schritte zu Fall zu bringen —*
>
> [6] *die Stolzen legen Schlingen vor mir,*
>
>   *'die Verrückten' spannen (ihr) Netz [meinem Fuß]* [3]
>
>   *und legen mir Fallstrick am Wege.*

---

[1] L. עָלַי statt לִי, BHK.

[2] L. יָגֻרוּ, BHK.

[3] L. וְהֹלְלִים st. וחבלים, vgl. BHK, לְרַגְלִי nach LXX.

Wir haben hier als Bezeichnung der Feinde אִישׁ חֲמָסִים; הָמָם trafen wir aber als Syn. zu אָוֶן Jes. 59, 4. 6, Hab. 1, 3, s., I 2; רָע V. 2 als Syn. zu אָוֶן haben wir Ps. 94, 23, vgl. פֹּעֲלֵי אָוֶן = מְרֵעִים Ps. 64, 3; 94, 16; רָשָׁע als Syn. Ps. 28, 3; 36, 12 f.; 92, 8; 101, 8; 141, 9 f.; zu הֹלְלִים vgl. Ps. 5, 6; dazu פֹּעַל אָוֶן = נָבָל Ps. 14, 1. 4, und vgl. נְבָלָה von den Worten des Aun-mannes, Jes. 32, 6; zu גֵּאִים vgl. Ps. 94, 2. 4; zu den Schlingen und dem hinterlistigen Treiben s. I 6; zu V. 4 dem Vergleich mit dem Natterngift kann auf Ps. 58, 5 ff., die wir unten II 6 c behandeln werden, verwiesen werden; auch dieser Psalm enthält eine Schilderung des heimtückischen Treibens des Aunmannes. Alle diese Übereinstimmungen und nicht weniger der ganze Ton des Psalms zeigen, daß unsere Deutung von Ps. 140 richtig ist; der Mann mit dem Gift der Nattern auf den Lippen und der spitzen Zunge wie die Schlange, ist ein Aunmann, und eine charakteristische Bezeichnung für ihn ist »der Zungenmann« אִישׁ לָשׁוֹן, V. 12 [1].

Auch in Ps. 120, 2 f. bezeichnet »die Lügenlippe« und »die Betrügerzunge« den Aunmann, s. des Näheren II 6 c, wo diese Ausdrücke erklärt werden. In Anbetracht der Übereinstimmungen mit Stellen wie Ps. 64, 4 f. (I 2) und 58, 4—7 (II 6 c) ist die Annahme die wahrscheinlichste, daß auch die Feinde in Ps. 57, 5 f. Aunleute sind, deren Waffe die Zunge ist:

[5] *Ich liege unter feuerspreuenden Löwen, die die Menschen auffressen* [2], *deren Zähne Speere und Pfeile, deren Zunge ein scharfes Schwert.*

Dasselbe wird auch von Ps. 52, 4—6 gelten, s. II 6 c. — Weitere Stellen, die von der Zunge als unglückbringendem Instrument handeln, wer-den wir unten treffen; sie stehen in nahem Zusammenhang mit unserem Thema, s. II 6.

8. Der Auntäter und die Macht.

Die kraftwirkenden Worte bringen uns auf den Zusammenhang, der zwischen den Auntätern und der »Macht« besteht. —

Wir fangen mit Micha 2, 1 (s. I 3) an:

---

[1] Ich mache schon hier darauf aufmerksam, daß in den babylonischen Reinigungsriten kommen „der böse Mund", „die böse Zunge" als Bezeich-nungen des Dämons, bezw. des Zauberers und seiner Worte vor, die die Krankheit über den Unglücklichen gebracht haben.

[2] Daß sie die Menschen, bezw. die Lebendigen auffressen, wird im Babylo-nischen von den Totengeistern gesagt, s. Ischtars Höllenfahrt Z. 19 *akelûti balṭûti.* — Daß eine Verbindung zwischen Aunmänner und Totenreich besteht, werden wir unten III 2 b sehen.

Wehe denen die aun ersinnen,'' auf dem Lager (liegend),
bei Tagesanbruch es vollführen, weil sie Macht dazu haben.

Um den ersonnenen *aun* im Werk zu setzen, brauchen sie einer besonderen Macht. Kaum ist hier an die Macht gedacht, die sie etwa als Reiche und sozial Hochstehende ausüben, und die es ihnen erlaubt, die Äcker und Häuser der Geringen unter sich zu schlagen. Schon der Gebrauch des seltenen, geheimnisvollen, an die Benennungen des göttlichen und »übernatürlichen« Wesens anklingenden Wortes אל deutet an, daß es sich um eine besondere, nicht alltägliche Macht handelt. Wir haben es hier mit der Auffassung der Macht zu tun, die aus der Religionswissenschaft und Ethnographie, unter dem Namen »Mana« bekannt ist. Mana ist nach den Worten CODRINGTONS [1] eine übernatürliche Kraft, die dem Gebiete des Unsichtbaren gehört, und die nicht mit der physischen Kraft identisch ist — ich füge hinzu: aus der aber sicher jede exzeptionelle physische Kraft und Reichtum (s. unten) stammt, und die auch zu Erhöhung der physischen Kräfte verwendet werden kann. — Sie kann auf jeder Weise wirken, zum Guten und zum Bösen, und ist an sich an nichts Bestimmtes gebunden, kann jedoch in fast allen lebendigen Wesen und »toten« Dingen vorkommen; am häufigsten jedoch findet sie sich bei lebendigen Personen — bei Königen, Häuptlingen, Priestern. Die praktische Religion der Melanesier, von denen das Wort herstammt, besteht darin, sagt CODRINGTON, diese Macht zu gewinnen und zu seinem Vorteil zu gebrauchen. Dieser Managlaube ist über die ganze weite Erde verbreitet; bei den alten Nordgermanen war er ein Hauptinhalt der Lebensanschauung, und wir finden seine Spuren auch im A. T., in Riten und Anschauungen.

Wir finden ferner in den Pss. einige Ausdrücke, die vielleicht nach der Auffassung der späteren Sprachstadien die Auntäter, ursprünglich aber wohl eher die in Verbindung mit ihnen stehenden Dämonen bezeichnen, s. III 2 c.

Unten diesen Umständen ist es von vornherein wahrscheinlich, daß auch der גִּבּוֹר, der Kraftmensch, Ps. 52, 3; 120, 4 den mit Macht gefüllten Auntäter bezeichnet. Wir werden unten sehen, daß sowohl Ps. 52 als 120 inhaltlich die vollständigste Übereinstimmung mit den Aunpsalmen aufweisen; lediglich das Wort און fehlt; daß sie aber derselben Art wie diese sind, ist nicht zu bezweifeln.

Durch Ps. 52 kehren wie zu dem Ausgangspunkt dieses Abschnittes zurück. In V. 9 charakterisiert der Dichter die genannten Kraftmenschen folgendermaßen:

---

[1] Hier nach SÖDERBLOM, Gudstrons Uppkomst, Stockholm 1914, kap. III, angegeben.

Seht da den Mann, der verschmähte Jahwä als seine 'Kraft'[1],
   der da vertraute seiner großen Macht und pochte auf sein 'Vermögen'[2].

Die beiden Worte, auf die es hier ankommt, sind עֹשֶׁר und הוֹן, die gewöhnlich Vermögen d. h. Reichtum, Besitz bedeuten. Die herkömmliche Exegese findet denn auch im Psalm eine Klage über einen reichen, weltlichgesinnten oder heidnischen Tyrannen, der die Frommen plagt, ein Bild aus den Parteistreitigkeiten des späteren Judentums. Ja, wenn man nur an diese ewigen Parteistreitigkeiten in den Kultpsalmen glauben könnte! Wir ziehen es vor, den Psalm altorientalisch-primitiv statt modern zu deuten. Und daß עֹשֶׁר so gut wie das deutsche Vermögen und das altnordische *rikr* (reich) ursprünglich und eigentlich das Können, die Machtfülle (vgl. arab. غ yppig, voll sein), den Machtbesitz (Manabesitz), der sich unter anderem auch in Wohlhabenheit (norw. »velmakt«), in dem Vermögen, herrliche Schätze und Kleinode zu gewinnen und zu besitzen, äußert[3], ist über jeden Zweifel erhoben. Und diesen seinen ursprünglichen, undifferenzierten, unmaterialisierten Sinn scheint mir 'ošär Ps. 52,9 zu haben. Ganz dasselbe gilt von הוֹן, dessen aramäische Bedeutung Vermögen, Verstand noch von der ursprünglichen allseitigen Inhaltsfülle zeugt, von der es doch eigentlich auch im A. T. sehr viel übrig hat — bis wir Modernen es versuchten, es durch ein Wort aus einer völlig andersartigen Kultur und Denkweise wiederzugeben. —

Der Aunmann hat nicht Gott zu seiner Machtquelle gemacht; er verfügt über eine andere — schließlich aber ihm selbst am meisten gefährliche — Macht. Vgl. hierzu das oben I 1 über den *rāšā'* Gesagte.

Diese Kraft ist es, die sich durch die Zunge des Aunmannes zum Bösen äußert und in seinem Worten wirksam ist. Es ist daher viel mehr als ein bloßes poetisches Bild, wenn es in Ps. 140,4 hieß:

   sie schärfen, der Schlange gleich, ihre Zunge,
     auf den Lippen der Nattern Gift,

oder in Ps. 58,5 — ein Psalm, der, wie wir in II 6 c sehen werden, zu den hier behandelten gehört —

---

[1] Vok. מְעוֹזוֹ, BHK.

[2] Nach der Lesart des Syr. und Targ. בְּהוֹנוֹ. — Es ist jedoch eine Frage, ob nicht TM. בְּהַוָּתוֹ richtig sei. הַוָּה Verderben würde dann ein Synonym zu אָוֶן sein; dazu wäre das III 2 b zu Ps. 94,23 Gesagte zu vergleichen.

[3] Das ist die eigentliche primitive Auffassung des Reichtums und des Glücks und der Ehre. S. dazu die vorzügliche Darstellung GRÖNBECH's, Hellighed og Helligdom (Vor Folkeæt i Oldtiden, III), København, Pio, 1912.

sie haben ein Gift, wie das Gift der Schlänge.

Es ist die Erfahrung von einer todbringenden Wirklichkeit, die den Ursprung dieses traditionellen Bildes gebildet hat.

Von den vielen unten II 6 c zu behandelnden Stellen, die die Zunge und Worte einer gewissen Art als die unglückwirkenden Mittel der Feinde nennen, sei hier eine in diesem Zusammenhang besonders charakteristische erwähnt, Ps. 12. Sicher sind die Feinde hier als Auntäter gedacht; der Dichter läßt sie ihre Art folgendermaßen bezeichnen (V. 5):

Die da sagen: »'In'[1] der Zunge liegt unsere Stärke,
unsre Lippen sind mit uns; wer ist uns dann über?«

Sie betätigen ihre unheimliche Macht und Stärke *naȝbīr* durch die Zunge, sie besitzen ein Machtmittel, das sie ihrer Ansicht nach zu Herren aller anderen macht.

Hier muß nun aber hinzugefügt werden, daß die Auffassung der »Macht«, die CODRINGTON den Melanesiern beilegt, sich nicht genau mit der israelitischen deckt. Es mag sein, daß man auch in Israel sich ursprünglich die Macht als eine neutrale vorgestellt hat, die sowohl zu guten als zu bösen Zwecken verwendet werden konnte. Ps. 52 und viele anderen Stellen zeigen uns eben, daß die eigentliche israelitische Auffassung eine andere ist. Kraft, Macht ist den Israeliten etwas Gutes, Gesundes; Macht und Ehre (Seeleninhalt, *kāḇōḏ*) gebürt dem Gerechten, und nur wer gerecht ist, hat Macht; denn Gerechtigkeit (*sädäq*) ist seelische Gesundheit; wer ungerecht *rāšāʿ* wird, der verliert seinen seelischen Inhalt und wird schwach und geht schließlich zu Grunde (s. I 1). — So ist es auch sicherer israelitischer Glaube, daß die »Macht« des Aunmannes, wie des Gottlosen überhaupt, nur eine scheinbare ist; es mag eine Zeit lang gut gehen schließlich kommt der Sturz. Der Aunmann stützt sich auf eine gefährliche, unheilstiftende Macht, die der Macht Gottes entgengesetzt ist, und das Unheil, das sie wirkt, wird schließlich auf das Haupt des Aunmannes zurückfallen und ihn tödlich treffen (Ps. 7, 15—17). Sie ist eine gefährliche, giftige Macht, die die Seele des Aunmannes ansteckt und verzehrt und sie gleichsam von innen her aushöhlt und vernichtet, ihn »leer« macht (s. I). Sie ist eine Macht wie die Macht des Chaos oder der Chaosrepräsentanten, der heidnischen Götter (Ps. 40, 5), des *tōhū = wāḇōhū*, eine Macht die schließlich *hābāl*, Nichtigkeit, Wind und Rauch ist.

---

[1] L. בְּ, statt לְ.

9. Handgriffe und andere äussere Aun-Mittel.

Neben den Worten bedient sich der Aunmann auch anderer Mittel. — Sehr instruktiv ist die Schilderung seines Auftretens Spr. 6, 12—14:

[12] *Ein Schadenmann*[1] *ist der Aunmann, der da geht mit verdrehtem Munde,*
[13] *der da zwinkert mit den Augen und scharrt mit dem Fuße, macht Zeichen*
mit den Fingern,
[14] *immer sinnt er auf Verdrehtes'' und breitet Streit um sich her*[2].

Der Aunmann ist hier der Unheilwirker, der »Schadenmann«, der immer auf »Verdrehtes« sinnt, auf das was gegen das normale Handeln des »Gerechten« streitet, was gegen gutes und altes Ethos ist, auf das »Perverse« תהפכות im weitesten Sinne des Wortes, das wozu nur der Nidingr, der רשע greift, und das in seiner Zeit den Verüber verdirbt (s. V. 15). Nach der üblichen Exegese werden nun in V. 13 drei Merkmale der Falschheit (so און nach gewöhnlicher Auffassung) aufgezählt: der Frevler macht heimliche Zeichen zu seinen Mitfrevlern, während er selbst mit freundlichen Worten das Opfer betört (so FRANKENBERG HKAT, WILDEBOER KHCAT). Dagegen spricht aber erstens, daß die Hauptsache, die falschen Freundschaftsbezeugnisse nicht erwähnt sind, und zweitens, daß dies in die Augen fallende Benehmen gar nicht als heimliche Zeichen gedeutet werden kann; der »Fromme« müßte mehr als dumm sein, wenn er diese »heimliche« Zeichen nicht merkte. Vielmehr erwartet man hier eine Schilderung dessen, woran man den Aunmann äußerlicher kennen kann, wirkliche bedeutungsvolle Züge seiner Physiognomie und charakteristische Merkmale seines äußeren Auftretens; dies sonderbare Auftreten ist aber für den Betrüger und den Hinterlistigen an sich gar nicht charakteristisch; er benimmt sich weit weniger auffallend. Dann aber kann die Stelle nur so verstanden werden, daß hier die äußeren Gebärden geschildert werden, mit denen der Aunmann seine kraftwirkende Worte begleitet. Die Stelle muß nach Ez. 6, 11; 21, 11. 14 u. ä. St. gedeutet werden. Wir ersehen aus diesen Stellen, daß derartige äußere Gebärden die Kraftworte zu begleiten pflegten; wenn der extatische, geistesbesessene Nabi seine kraftwirkende Jahwä-worte hervorruft, so heult und schreit er, klatscht in die Hände, stampft mit den Füßen. Wir haben es hier mit sogenannten »symbolischen«, von anderen »magischen«, besser aber machtwirkenden Manipulationen, deren

---

[1] אִישׁ בְּלִיָּעַל s. I 1 b.
[2] Str. רְעַ (s. BHK), Glosse zu תהפכות.   Breitet Streit — eigtl. läßt Streit von sich herausgehen.

sich sowohl der· legitime als der illegitime Wundermacher bedient. Die Worte, die *aun* wirken sollen, müssen von derartigen Gebärden begleitet sein, wenn sie ihre Absicht erreichen sollen.

Von dieser Stelle aus verstehen wir die Wortwahl Jes. 58, 9 »mit dem Finger zeigen und *aun* reden«. Vielleicht ist der Ausdruck *aun* reden (tun) nur als halbverstandenes Schimpfwort: für »die Hilflosen sozial und wirtschaftlich bedrücken« (»Joch auf sie legen«) gebraucht; der Verfasser weiß aber noch, daß das Wort und die auffallenden Gebärden, wenn nicht das Mittel, so jedoch charakteristische äußere Begleiterscheinungen des Wirkens eines Aunmannes sind. Ja, vielleicht weiß er noch sehr gut, was die Sache bedeutet, vielleicht hat er mit Absicht das Bedrücken der Armen dem Auntun gleichgesetzt: beides ist Jahwä gleich verhaßt.

Erwähnt sei hier· auch Spr. 10, 10: wer mit den Augen zwinkert, verursacht Schmerz, und wer die Lippen eines Toren אֱוִיל hat, 'wirkt Verderben'[1]. Das Kapitel enthält eine Reihe Sprüche über die beiden Gegensätze, der Gerechte צַדִּיק und der Frevler רָשָׁע; letzterer wird auch כְּסִיל, אֱוִיל und פֹּעֲלֵי אָוֶן V. 29 genannt. Die oben behandelten Stellen zeigen, daß wenn der Frevler »derjenige der mit den Augen zwinkert« genannt wird, so bekommt er diesen Namen in seiner (gelegentlichen) Rolle als Auntäter. Ob der Sammler des Kapitels eine klare Vorstellung davon besessen hat, was *aun* eigentlich sei, und was mit dem Ausdruck in V. 10 eigentlich gemeint sei, mag vielleicht bezweifelt werden; der Sprachgebrauch weist jedenfalls auf eine Zeit zurück, in der das Zwinkern in solchen Verbindungen mehr als eine leere Geste war. —

Jetzt verstehen wir auch den Ausdruck in Ps. 55, 4: »sie schütten *aun* über mich aus«; auch diese Redeweise geht auf eine »magische« Geste zurück. —

Jetzt können wir auch die oben I 3 gegebene Übersetzung von Jes. 10, 1 rechtfertigen. Gewöhnlich wird hier etwa mit DUHM übersetzt: Wehe denen, die Satzungen des Unrechts aufsetzen und immerzu drückende Vorschriften schreiben (N. O.: »som gir uretfærdige forordninger og utfærdiger fordærvelige skrivelser«); man deutet die Stelle auf die ungerechten Gesetze und die die Niedrigen bedrückenden Verordnungen. Zwar bedeutet חֹק häufig Gesetz o. ä.; כתב wird aber sonst nicht in der Bedeutung »eine Verordnung erlassen« gebraucht, ebensowenig wie etwa מכתב die Bedeutung Reskript, Erlaß hat. Gegen die übliche Deutung spricht erstens, daß man, wenn von civilen oder strafrechtlichen Gesetzen die Rede sei, eher מִשְׁפָּט erwarten würde, zweitens, daß die Ausdrücke es nahe legen, in dem

---

[1] Vielleicht Hiph. statt Piel zu lesen.

Schreiben als solchem einen Grund des Zornes des Propheten zu sehen: daß aber Gesetze geschrieben wurden, war doch wohl zu Jesaias Zeiten schon längst eine legitime Sache; hier aber scheint es, als ob das Schreiben die Sache schlimmer mache als sie sonst wäre, was jedoch von ungerechten Gesetzen kaum gesagt werden könne. Denn Sinn der Stelle versteht man, glaube ich, wenn man sich an die Kraft erinnert, die der Aberglaube immer den Schriftzeichen (den Runen) beigelegt hat. Und nun wissen wir auch aus dem A. T., daß man die Kraft des wirksamen Wortes durch Aufschreiben steigerte, Num. 5, 23 f. Es sind die Verderben wirkenden *aun*-Runen, von denen der Prophet spricht (חקק eingraben; vgl. altnord. *rista*, das Wort, das immer in Verbindung mit den Runen gebraucht wird); sein Weheruf gilt denen, die durch solches Mittel »die Witwen und die Waisen, die Armen und die Elenden«, d. h. die Hilflosen, die sich gegen solches Mittel nicht wehren können, ausplündern. —

Auch andere äußere Mittel des Aunmannes werden erwähnt. Wir haben oben S. 14 ein Stück aus Ps. 10 abgedruckt; es zeigt deutlich, daß der im Psalm geschilderte Feind, der $r\bar{a}š\bar{a}^c$ V. 2. 3 als Auntäter gedacht ist V. 7. Er wird als ein im Geheimen, durch falsche Mittel wirkender Bedrücker und Räuber ($b\bar{o}š\bar{e}^{u^c}$ V. 3) geschildert, der sich nicht um Jahwä kümmert, sein Eingreifen leugnet und scheinbar auch nicht von seinem gerechten Gericht getroffen wird (»deine Gerichte gehen hoch vorüber ihm« V. 5, d. h. sie gehen über seinen Kopf hinweg, treffen ihn nicht); er darf daher ruhig und unbehindert sein böses Tun treiben und Unheil über alle seine Gegner bringen. Das letztere wird so ausgedrückt: »alle seine Gegner bläst er an« V. 5. Subjekt kann hier nicht Gott, wie mehrere Exegeten behaupten, sondern nur der in den vorhergehenden und folgenden Versen behandelte $r\bar{a}š\bar{a}^c$, der Aunmann sein. Durch das Anblasen kann dieser (scheinbar) immer in Streitigkeiten mit anderen Menschen den Längeren ziehen, so daß er als der von dem Ausfall der Sache »rechtfertigten« (*ṣaddiq*), der Gegner aber als der »ungerecht Gemachte« ($r\bar{a}š\bar{a}^c$), dasteht. Das Anblasen ist hier als ein machtwirkendes Mittel aufzufassen, durch das der Aunmann seine Gegner schwächen und unschädlich machen kann. Zum Verständnis der Sache genügt es darauf hinzuweisen, daß das Anblasen bei vielen Völkern ein recht häufiges Zaubermittel ist. Die böse Kraft, die der Aunmann in sich hat, und die er in ein Wort hineinlegen und so hinausschicken kann, das kann er auch in einen Hauch gleichsam verdichten und wirksam machen indem er sie so in Verbindung mit dem Opfer bringt. Eine Parallele bildet die in den babylonischen Zaubertexten recht häufige Vorstellung, daß die Dämonen »gleich und in der Gestalt von (beide diese Momente liegen in dem bab. *kîma* wie in dem hebr. *k^e*) einem Winde, einem Sturmwinde« heranstürmen [1].

Das Anblasen als Unglücksmittel kommt auch sonst in Pss. vor. Wir werden unten II 6 c sehen, daß die Feinde, die »Lippen- und Zungen- männer« in Ps. 12 auch als Aunmänner gedacht sind, wenn auch das Wort aun nicht vorkommt (vgl. I 8). In dem Orakel, das die Antwort Jahwä's auf die Bitte des Kranken enthält V. 6 heißt es nun:

>*Ob der Not der Gedrückten, ob des Seufzers des Armen*
> *erheb' ich mich jetzt«* — *ist der Spruch Jahwä's* —
> *›in Freiheit will ich setzen [den armen Bedrängten],*
> *ihn [den der Frevler] hat angeblasen.«*

Der Satz יָפִיחַ לוֹ ist hier den Exegeten lange ein crux gewesen, und der Emendationen gibt es viele. Der nächstliegende Eindruck ist, daß wir hier einen Relativsatz vor uns haben; auf wen geht aber לוֹ zurück und wer ist Subjekt? Jahwä kann nicht Subjekt sein, auch nicht kann das Suff. auf ihn gehen, denn dann müßte 1. statt 3. Person stehen. »In Freiheit will ich setzen« fehlt ein Objekt, »anblasen« ein Subjekt. Der Bau des Psalms zeigt aber, daß einige Worte ausgefallen sind; V. 6 muß eine Strophe von 4 Vierern enthalten. Demnach gibt die Ergänzung sich leicht; als Objekt zu »in Freiheit setzen« muß ein »den Bedrückten« pa- ralleler Begriff gestanden haben, etwa דַּל וְעָנִי; auf diesen Begriff weist לוֹ zurück; Subjekt des »anblasen« kann nach Ps. 10, 5 nur der *rāšā'* sein, ergänze somit etwa: אֲשֶׁר רָשָׁע. So wird der Sinn klar und das Me- trum richtig.

Auch in Ps. 27 sind die Feinde Auntäter, wenn auch das Wort selbst nicht vorkommt (siehe unten II 6 c). Die »Lügenzeugen« V. 3 sind hier nicht wirkliche Zeugen in einem wirklichen Prozesse, sondern Unheilstifter. Der Beter ist krank, er fürchtet, daß er bald nicht mehr im Lande der Leben- digen sein werde, wenn Jahwä ihm nicht sofort helfe (V. 13); »Lügen- zeugen« ist ein bildlicher Ausdruck, der aus der gewöhnlichen Auffassung einer Anfeindung als eines Prozesses stammt; Zeugen waren in den Pro- zessen die Kläger; in der bildlichen Sprache kann daher ein Gegner so- wohl Kläger und Widersacher als Zeuge genannt werden. Die Gegner im Psalm haben den Betenden dadurch unglücklich gemacht, daß sie »*ḥāmās* auf in geblasen haben« [2]. *Ḥāmās* ist, wie wir öfters gesehen haben, ein

---

[1] Vgl. WEBER, AO VII 4, S. 15. 16; Gilgamešepos XII 89.

[2] Da das Subjekt in der ersten Vershälfte ein Plural ist, so muß natürlich mit BHK 3. Pers. Plur. punktiert werden. Ob man ein *lî* hinzusetzt oder nicht ist gleichgültig; dem Sinne nach muß es ergänzt werden.

Synonym zu aun.   Es charakterisiert die sündige Tat nach ihrer wesentlichen Seite als Gewalt, als selbstsüchtigen Bruch der Bundesverpflichtungen
dem »Bruder« gegenüber.   »Sie blasen Gewalttat gegen mich« will nach
Ps. 10, 5 besagen: sie blasen mich an und tun mir dadurch Gewalt an. —
    Auch ein anderes Wirkungsmittel der Auntäter muß hier erwähnt
werden, wenn auch das Wort aun in dieser Verbindung nicht ausdrücklich
vorkommt. — Daß die Feinde Ps. 31 als Auntäter gedacht sind, ist unzweifelhaft und soll unten II 6 c näher gezeigt werden; wir weisen schon
hier darauf hin, daß die Feinde mit »Lügenlippen« V. 19 und mittels »Anfeindungen mit der Zunge« V. 21 den Betenden elend und dem Sterben
nahe, d.h. krank gemacht haben; vgl. hierzu was oben I 7 über die Zunge und
die bösen Worte gesagt ist.   Diese Feinde werden nun V. 7 als solche »die auf
hablê-šā̆w achten« d. h. solche Handlungen treiben die als *h.-š.* charakterisiert werden, bestimmt.   Der Ausdruck kehrt in Jon. 2, 9 wieder; sie bilden
hier den Gegensatz zu dem gerechten Frommen im Dankpsalm; in Gegensatz zu ihm (beachte וַאֲנִי V. 10), der jetzt triumphieren und danken darf,
werden diejenigen, »die auf *hablê-šā̆w* achten« von ihrem Glück verlassen[1],
verfehlen ihr Ziel; auch hier liegt es am nächsten, in diesem Ausdruck eine
Bezeichnung der durch die Rettung ihres Opfers enttäuschten Feinde zu sehen.
Die übliche Übersetzung »die den nichtigen Göttern dienen« oder ähnlich
ist an diesen beiden Stellen natürlich falsch; Ps. 31, 7 zeigt, daß der Ausdruck eine Handlungsweise bezeichnet, durch die die Feinde den Betenden
in Unglück gestürzt, bezw. krank gemacht haben.   Nun ist aber der Ausdruck eine recht pleonastische Tautologie; *hābāl* und *šā̆w* haben ungefähr
denselben Sinn.   Unwillkührlich kommt aber hier der Gedanke auf die unten
zu besprechende Stelle Jes. 5, 18, die von denen redet, »die die Sünde
mit *hablê-haššā̆w*, mit *šā̆w*-Stricken oder -Schnüren heranziehen«.   Der Ausdruck bildet eine sachliche Parallele zu dem oben I 7 behandelten Ausdruck
in Jes. 29, 20 f.: »die einen Menschen durch ein Wort zum Sünder machen«.
Jes. 5, 18 redet von Leuten, die durch Stricken irgendwelcher Art »Sünde«
über Menschen bringen, in sie hineinlegen, sie zu unreinen Sündern machen.   Wie unten zu zeigen, ist *šā̆w* in vielen Fällen einfach ein Synonym
zu *ā̆wän*.   Vgl. hierzu Jes. 32, 5.: der Aunmann »bindet die Unglücklichen
mit Lügenworten«.   Zweifelsohne haben wir es hier mit den Schnüren
(und Knoten) zu tun, mittels denen sowohl die israelitischen wie die babylonischen Zauberer und Hexen ihre Opfer »binden«, sie in die Fesseln der
Krankheit und Unreinhet und Sündigkeit schlagen.   Demnach wird auch
in Ps. 31, 7 und Jon. 2, 9 *ḥablê* statt *hablê* zu lesen sein.

---

[1] Das oder ähnliches muß der Sinn des etwas unklaren *ḥasdām jaʿᵃzōbū* sein.

10. Aun = Zauber.

Und jetzt stehen wir vor der Türe. Würde man einen jeden beliebigen, auf der geistigen Stufe der alten Israeliten stehenden, d. h. von der
primitiven Mentalität im Unterschied von der von den Griechen stammenden,
erst seit den letzten Jahrhunderten Allgemeinbesitz der Gebildeten gewordenen wissenschaftlichen Denkweise noch im großen und ganzen bestimmten Menschen fragen: was sind das für Leute die 1. unschuldigen und
wehrlosen Menschen Verderben bringen, 2. sie töten, 3. ihnen Besitz und
Gut rauben, 4. Krankheit verursachen, 5. im Dunkel auf hinterlistiger
Weise ihre Künste üben, 6. mit der Zunge und mit machtwirkenden Worten
wirken und 7. sich der merkwürdigsten Handgriffe und Gebärden bedienen,
8. und zu denen eine besondere, nicht jedem Menschen zuständige Macht
gehört — so würde er keinen Augenblick daran zweifeln, wie er zu antworten habe. Sei er Polynesier oder Grönländer, Araber oder Mexikaner,
sei es daß er heute lebte oder daß er zu Hammurapis Zeiten auf den Ebenen
von Sumer und Akkad wandelte — die Antwort würde in allen Fällen
einstimmig lauten: das sind *Zauberer*, und ihre Mittel sind *Zauberdinge*
und ihre Handlungen *Zauberhandlungen!*

Der Aunmann, der »Schadenmann«, kann »aun tun« und dadurch, weil
er irgendwie über eine geheimnisvolle Kunst und Kraft verfügt, die er
durch gewisse Worte und Manipulationen gegen sein Opfer »loslassen«[1]
kann, wenn es ihm paßt.

Was »tut« der Zauberer? Er »tut« Zauber. פֹּעֵל אָוֶן muß demnach
»Zauber tun« und אָוֶן »Zauber« bedeuten.

Von hier aus fällt ein klares Licht über alle die oben behandelten
Stellen; man setze nur »Zauber« und »Zauberer« statt *aun* und Auntäter
ein, und die Stellen stehen da und weisen in eine handfeste Wirklichkeit
in der Kultur des alten Israeliten hinein. Besonders wichtig sind die vielen
Psalmen, die über Feinde und Krankheit zugleich klagen, und zwar in einer
Weise, die zu der Annahme drängt, daß die Feinde für die Krankheit
verantwortlich sind (s. I 4; II 6 c; IV 4 d). Leute aber, die Krankheit machen
können, sind Zauberer — da bleibt keine andere Erklärung. Näheres über
diesen Punkt unten IV 4 d.

Der Zauber ist dem Israeliten eine ebenso handfeste Wirklichkeit wie
die Religion, wie das Leben überhaupt; in der Furcht vor dem Zauber ver-

---

[1] Vgl. שֶׁלַח Spr. 6, 14.

lebt er einen großen Teil seines Lebens; seine Religion hat eben darin eine
ihrer wichtigsten Aufgaben, ihn vor dem Zauber zu befreien; und zu Zauber
greift er vielleicht, wenn sein Glück ihn verläßt, wenn alles andere versagt,
wenn Gott nicht antwortet, wenn er seinen festen Halt im Leben verliert,
wenn daher das alte Ethos seine Macht über ihn verliert, wenn er seiner
selbst verlustig geht, wenn er ein *råšåᶜ*, ein *niðingr* geworden ist. —

Es gibt nun auch eine Reihe Stellen, die *aun* als paralleles Glied zu
einem Worte, das Zauber oder geheime magische Künste bezeichnet, bieten.

Zunächst erinnern wir an die Zusammenstellung von אָוֶן קֹבֵץ und
הִתְלַחֵשׁ Ps. 41, 7 f., s. I 7; die Bedeutung des letzgenannten Verbs dürfte
ziemlich undiskutierbar sind.

Sodann Num. 23, 21. 23, s. I 5. אָוֶן wird hier als Beschwörungen לַהַשׁ
und illegitime Wahrsagekunst קֶסֶם gedeutet; an der illegitimen Wahrsagerei
haftet aber immer der Begriff des Zaubers, s. unten II 4, III 1. — Dieselbe
Zusammenstellung haben wir zugleich I Sam. 15, 23, s. I 5. Hier ist in
Wirklichkeit, wie schon oben angedeutet, »Zauberei« die adäquateste Übersetzung von קֶסֶם; zauberische Wahrsagekunst steht hier als Typus des
illegitimen Handelns, das Gott verhaßt ist und das jedenfalls in der religiösen Polemik mit dem Namen Zauberei beehrt wird[1].

Der Zusammenhang zwischen תְּרָפִים, קְסָמִים und אָוֶן I Sam. 15, 23
wird auch von der späten Stelle Zach. 10, 2 bestätigt. Zwar hat *aun* hier
die Bedeutung das Betrügerische, Nichtige (s. unten II 6) erhalten; daß aber
aun durch die Terafim vermittelt werden kann, weiß noch der Verfasser.

11. Die Etymologie.

Nachdem wie so den innersten Sinn des Wortes אָוֶן erreicht haben,
werden wir versuchen, das Resultat durch eine plausible Etymologie zu
erhärten.

---

[1] Diese Beurteilung des fachlichen Vertreters einer mir fremden oder gar
feindlichen Religion — und der Wahrsager, der Nabi usw. ist ein Mann
der Religion — ist echt primitiv; er verfügt über fremde, mir unbekannte,
„unheimliche" (im eigentlichen Sinne des Wortes) Mächte, mit denen
ich mich nicht einlassen darf und die ich meinem Ich nicht assimilieren
kann, weil ihre „Seele" mir unbekannt ist; vielleicht würden sie meine
eigene Seele sprengen. Sie sind mir „Zauber", ihr Träger ist mir ein
Zauberer.

אוֹן ist, wie erwähnt, sekundäre Segolatform aus einem ursprünglichen *'aun*. Und das Wort ist ohne Frage ursprünglich identisch mit אוֹן = Macht, Kraft, das aus einem ursprünglichen *'aun* kontrahiert ist.

Die Bedeutung des ursprünglichen gemeinsamen Begriffes ist Macht, Kraft, ursprünglich wohl in rein neutralem Sinne, die böse sowohl als die gute Macht. Besonders muß das Wort von der wunderbaren, mystischen, in besonderen Gegenständen und Personen magasinierten und wirksamen Macht gebraucht worden sein, die ein Grundbegriff der Weltanschauung des Primitiven und in der Religionsgeschichte unter dem Namen *Mana* bekannt ist. Siehe das oben I 8 dargelegte. Doch darf nicht vergessen werden, daß diese Macht eine »natürliche« ist; sie kann sich bei jedem Wesen finden; und etwas von der »Macht« findet sich auch in jedem lebendigen Wesen. So ist das Lebensprinzip, das Blut, und die Zeugungs- kraft immer und überall als zur Sphäre des Heiligen gehörig betrachtet und mit religiöser Scheu umgeben worden.

Später ist eine Spaltung des Begriffes eingetreten, die zugleich eine Spaltung des Wortes in zwei Formen nach sich gezogen hat[1]. Die kon- trahierte Form אוֹן bezeichnet die gute, legitime Abart der Macht; ist na- türlich im Laufe der Zeit etwas abgeschwächt und rationalisiert worden. Das Wort bezeichnet (s. Lex.) immer noch die außergewöhnliche Kraft; so steht es 1. von der Vollkraft des mit dem Gotteswesen kämpfenden Jakob, Hos. 12, 4, von der Kraft des halb mythischen Behemoth, Hiob 40, 16; und besonders von der geheimnisvollen, »heiligen« Zeugungskraft, Gen. 49, 3; Dtn. 21, 17; Ps. 78, 51; 105, 36; von der Kraft der göttlichen Wesen Jes. 40, 26. 29[2]; 2. Vermögen, Reichtum (vgl. altnord. rikr, urspr. = mächtig), s. das oben I 8 zu Ps. 52, 9 bemerkte.

Die unkontrahierte, später zu einem Segolat erweiterte Form אָוֶן be- zeichnet die böse Abart der Macht, die von bösen Menschen zu bösen Zwecken gebraucht wird. Wie in anderen Sprachen[3] hat dann im Laufe der Zeit das hebräische Wort für die (böse) Macht die spezielle Bedeu- tung Zauberei angenommen.

---

[1] S. dazu Söderblom, op. cit. S. 203 f.

[2] Zu diesen Stellen zählt Ges.-Buhl[13] auch Hiob 18, 7. 12; V. 12 (wo mit Duhm wohl besser אוֹן לוֹ zu lesen ist) haben wir es mit אוֹן in der Bedeutung Unheil (s. II 3) zu tun; und wahrscheinlich ist dasselbe in V. 7 der Fall, wo dann wohl יֵצַר צְעָדָיו אוֹן zu lesen ist: das Unheil wird seine Schritte einengen.

[3] Söderblom, op. cit. S. 203 f.

Hierzu ist nun das I 8 gesagte zu vergleichen. Die genannten Stellen beweisen natürlich nicht, daß diese Etymologie dem alten Israel bewußt war; wohl aber beweisen sie, daß man »Macht« אוֹן brauchte, wenn man אָוֶן tun wollte, wenn auch ersters Wort nicht in diesen Verbindungen vorkommt [1].

---

[1] Aus dieser Wurzel mit der Bedeutung: im Besitz der Macht sein, läßt sich auch das arab. اَونَ bequem, angenehm leben, اَونَ Behaglichkeit, Gemütlichkeit, unschwer erklären. Aus der Bedeutung Macht dürfte wohl auch اَونَ = Last herkommen; Macht, Kraft äußert sich als Schwere; was als Last wirkt, hat Macht in sich.

KAP. II. ENTFALTUNG.

1. Allgemeine Bedeutung.

און hat somit als grundlegende Bedeutung weder Falschheit, noch Schaden, der einem anderen gemacht ist, sondern Zauberkraft, Zauber, Zauberei. Und so muß das Wort übersetzt werden überall da, wo nicht der Zusammenhang, der Parallelismus oder andere klare Instanzen zeigen, daß eine andere Bedeutung vorliegt. An den meisten der oben I 1—10 behandelten Stellen ist die Bedeutung Zauber in der einen oder der anderen Nuancierung mehr oder weniger einleuchtend und vom Zusammenhange oder Parallelismus gefordert; und auch an den Stellen, die an sich vereinzelt kein klares Urteil erlauben, paßt diese Bedeutung sehr gut; die vielen klaren, konkreten Stellen erlauben uns, dieselbe auch an die an sich weniger klaren einzusetzen.

»Zauber« ist nun ein Wort mit einem sehr umfassenden Gebrauch. Es kann erstens die *Zauberkraft* bezeichnen. In diesem relativ ursprünglichsten Sinne kommt און kaum im A. T. vor. Das hängt wohl mit dem Urteil über den Zauber als eine trügerische und unzuverlässige Hilfe zusammen; überall da wo von Vertrauen auf Zauberkraft oder ähnliches die Rede ist, da sagen die Verfasser »auf Lüge, Trug, Falschheit und dgl. vertrauen«, s. II 6. Vgl. jedoch Ps. 10, 7.

Sodann kann »Zauber« das *Zaubermittel* bezeichnen. So steht און ohne nähere Bestimmungen in der Bedeutung Zauberwort Ps. 10, 7; 36, 4; 41, 7; 55, 4; vgl. Jes. 58, 9; Spr. 19, 28. Von Zauberrunen redet Jes. 10, 1.

Ferner bedeutet »Zauber« die *Zauberhandlung* in umfassendem Sinne, etwa = *Zauberei*. So steht און an einer ganzen Reihe von Stellen, die von *aun* tun, *aun* ersinnen u. s. w. reden; vgl. dazu den häufigen Ausdruck פֹּעֲלֵי אָוֶן.

In dieser ganz buchstäblichen und umfassenden Bedeutung steht es Num. 23, 21 (zauberische Wahrsagerei); I Sam. 15, 23; Jes. 10, 1; 32, 6; 59, 4. 6; Mika 2, 1 f.; Ps. 5, 6; 6, 9; 7, 15; 10, 7; 28, 3; 36, 4. 5. 13; 41, 7; 55, 4 11; 56, 8; 59, 3. 6; 64, 3; 94, 4. 16. 23; 119, 133; 141, 4. 9; Spr. 6, 12;

buchstäblich gemeint wird das Wort natürlich auch an mehreren der Stellen
sein, die den Zauber als typische Sünde nennen, s. II 4 a.

Ferner kann das Wort das durch Zauberei hervorgebrachte *Resultat*
bedeuten. — Und endlich kann es ein *religiöses und moralisches Urteil*
ausdrücken. Diese beiden Nuancierungen hat auch das hebr. אָוֶן, und diese
sind im A. T. die häufigsten, sie sollen unten II 2—6 behandelt werden.

2. אָוֶן = durch Zauber angestiftetes Unheil und Verderben.

Zauber mit besonderem Gedanken an das dadurch dem Nächsten verursachte Unheil, oder das durch Zauber angestiftete und über den Nächsten
gekommene Unheil und Verderben ist, wie es in der Natur der Sache liegt,
eine der häufigsten Nuancierungen des Wortes. So spielt der Gedanke
an das Unheilstiftende, Schädliche [1] immer mit hinein; so z. B.: Jes. 10, 1;
29, 20; 59, 4. 6; Hos. 6, 8; Hab. 1, 3; Ps. 6, 9; 10, 7; 14, 4 = 53, 5; 36, 4.
5. 13; 55, 4. 11; 56, 8; 59, 3. 6; 64, 3; 94, 4. 16. 23; 141, 9; Spr. 12, 21;
17, 4; 19, 28. Besonders deutlich in Ps. 7, 15; 55, 4; Hiob 4, 8; 15, 35.
Die häufigsten Synonyme und Parallelbegriffe sind: הַוּוֹת Ps. 55, 11 f., Spr.
17, 4; חָמָם Jes. 59, 4. 6; Hab. 1, 3; תֹּךְ Ps. 10, 7; מוֹטָה Jes. 58, 9; שׁוֹד
Hab. 1, 3; דָּם Hos. 6, 8; עָמָל Num. 23, 21 [2]; Jes. 10, 1; Hab. 1, 3; Ps. 7,
15; 10, 7; רָעָה Ps. 94, 23; עָתָק das losgelassene und so schadenwirkende
Wort Ps. 94, 4; parallel פֹּעֲלֵי אָוֶן stehen אִישׁ דָּמִים Ps. 5, 6; עָרִיץ Jes.
29, 20; מְרֵעִים Ps. 64, 3; 94, 16. An diesen Worten und Ausdrücken haftet
zugleich der Begriff des Schlechten und Sündigen; s. II 4 a.

3. אָוֶן = Unheil, Verderben.

Das von dem Zauberer heraufbeschworene Unheil braucht nicht immer
den zu treffen, dem er zugedacht war. Die losgelossene Macht kann seinem Urheber zu mächtig werden; das Unheil kann sich gegen ihn selbst
wenden; oder es kann durch Gottes gnädiges Eingreifen gegen ihn gewandt werden. Denkbar ist auch, daß es ganz selbständig, als eine reale
Macht, eine drohende Unheilsmöglichkeit weiter existieren kann, unabhängig
sowohl vom Urheber als vom Opfer. אָוֶן erhält so die Bedeutung Unheil,

---

[1] Von BEVAN deswegen für die eigentliche Bedeutung gehalten.

[2] So häufig ist עָמָל als Synon. אָוֶן gebraucht worden, daß es seine eigene
Bedeutung vergessen hat und zu einem eben אָוֶן gleichbedeutigen Terminus geworden ist, der dann in den verschiedenen, אָוֶן angehörigen
Nuancierungen gebraucht wird, die nicht aus der eigentlichen Bedeutung
des עָמָל abgeleitet werden können. So hier, vgl. I 5.

Unglück, Verderben überhaupt, wenn auch die Nebenbedeutung des vom Zauberer oder von höheren Mächten verursachten Unglücks sich häufig geltend macht. Als Synonyme kommen dann vor: כִּיד Hiob 21, 19; אִיד Hiob 18, 12; עָמָל Ps. 7, 15; 90, 10; Hiob 4, 8; 5, 6; 15, 35.

Der Gedanke an das seinen Urheber treffende Unheil liegt Spr. 22, 8 vor, vgl. Ps. 7, 15 f.; Hiob 4, 8; 15, 35 (s. II 2).

Unglück, Unheil überhaupt: Gen. 35, 18; Jer. 4, 15; Am. 5, 5; Ps. 90, 10; Spr. 12, 21; 22, 8; Hiob 5, 6; 15, 35; 18, 7.[1] 12; 21, 19.

Natürlich ist nicht an allen diesen Stellen der Gedanke an den das Unglück ursprünglich wirkenden Zauber völlig ausgeschaltet; er klingt mit jedenfalls in Ps. 7, 15; Hiob 4, 8; 15, 35 u. a. St.

4. Zauberei als Typus der Gottesfeindschaft und Sünde.

a) Der Zauber wird, wie unten III 1 näher zu zeigen, überall als ein schweres Verbrechen gegen die Gesellschaft betrachtet; er verstößt gegen die sakralen Institutionen, gegen die Heiligkeit der Gesellschaftsordnung. Ist nun die betreffende Gesellschaft zu dem Glauben an einen oder mehrere ethisch bestimmten Götter vorgedrungen, die als die Verbürger der Gesellschaftsordnung und der Sitte, als Wächter ihrer Heiligkeit dastehen, so wird auch der Zauber als eine gegen den Willen der Gottheit streitende *Sünde* aufgefaßt [2].

So auch in Israel, wo der heilige Jahwä als Hüter der heiligen Ordnung des heiligen Volkes stand, und wo jeder Zauber daher als Sünde galt, vgl. I Sam. 15, 23; vgl. Ps. 5, 6; 28, 3; Spr. 6, 12; 19, 28. War der Zauber erst gesellschaftsfeindlich und schädlich, so war er natürlich auch Jahwä-feindlich; denn Jahwä war der Hüter und Wächter Israels. — In der religiösen Theorie lautete die Begründung etwas anders: Jahwä erhebt den Anspruch, der alleinige Herr Israels zu sein — höre Israel, Jahwä ist dein Gott, Jahwä allein! — im Zauber hatte man es aber mit anderen Mächten zu tun, etwa mit den Toten, mit Ba'al usf.; er war somit ein strafbarer Abfall von Jahwä, vgl. Num. 23, 23. Daher verbietet denn auch das Gesetz jede Art von Zauber und Wahrsagerei, Ex. 22, 17; Lev. 19, 26; Dtn. 18, 10 ff. *Aun* ist ein Wort aus »sündigem Munde«, Ps. 59, 13 (siehe des näheren I 7; III 2).

So gebrauchen denn die alttestamentlichen Verfasser — öfters vielleicht mehr oder weniger traditionell und unverstehend — das Wort für Zauber

---

[1] Siehe I 11, s. 31, A 2.
[2] Siehe Söderblom, Gudstrons uppkomst, S. 204 f.

als Typus der Sünde und Gottesfeindschaft und פֹּעֲלֵי אָוֶן als Typus der
Sünder und der Gottlosen und der Frevler. So besonders deutlich in
I Sam. 15, 23; Jes. 31, 2; 32, 6 ff. (?); 55, 7; 58, 9; Jer. 4, 14; Hos. 6, 8;
Hab. 1, 3; Ps. 66, 18; 92, 8. 10; 101, 8; 125, 5; 141, 4; Spr. 10, 29; 21, 15;
30, 20; Hiob 4, 8; 11, 11. 14; 15, 35; 22, 15; 31, 3; 34, 8 22. 36; 36, 10. 21.

So erklärt es sich, daß das Wort einmal möglicherweise als Schimpfwort für Israels und Jahwäs äußere Feinde, Ps. 14, 4 = 53, 5 steht. Denn
dieser Ps. ist vielleicht eine Liturgie für einen Gemeindegottesdienst, jedoch
nicht in einer bestimmten Notlage gedichtet und gegen bestimmte Feinde
gerichtet, sondern etwa als eine, die an einem alljährlichen Bettage
gesungen wurde und von den Feinden Israels überhaupt, den gegenwärtigen sowohl als den zukünftigen, handelt. Dasselbe gilt vielleicht Ps.
125, 5; Jes. 29, 20.

Die häufigsten Synonyme sind hier רֶשַׁע und רָשָׁע Jes. 55, 7; Ps.
92, 8; 101, 8; 141, 9 f.; Hiob 34, 8 (dazu auch in speziellerer Bedeutung
= Zauberer Ps. 5, 6; 28, 3; 36, 12); daneben רָעָה in religiös-moralischer
Bedeutung Jer. 4, 14; עֲצַת רָע Ez. 11, 2 (אָוֶן hier als Schimpfwort = illlegi-
timer Kult, s. II 5); עַוְלָה (Spr. 22, 8); Hiob 11, 14; נְבָלָה Jes. 32, 6; חַטָּאת
I Sam. 15, 23; Hos. 10, 8 (besonders als illegitimer Kult gedacht); dazu als
erstarrter Terminus (s. II 2, S. 34, A. 2) עָמָל Hiob 31, 3. Synon. פֹּעֲלֵי אָוֶן
finden sich neben רשע auch בֵּית מְרֵעִים Jes. 31, 2; daneben auch נְבָל
Ps. 14, 4 = 53, 5; Jes. 32, 6; כְּסִיל Ps. 92, 7 f.; 94, 4 8; אֱוִיל Spr. 10, 10,
vgl. 6, 12 f.; חָנֵף Jes. 32, 6; הוֹלְלִים Ps. 5, 6; לִין Jes. 29, 20 — Stellen die
zwar meistens zu den in II 1 und 2 behandelten Gruppen gehören, an denen
jedoch der Begriff des Sündigen der Zauberei mitklingt (was er übrigens
fast immer tut).

b) Hier kann nun der Ausgangspunkt eines neuen Inhalts des Begriffes liegen. Wenn ein ursprünglich ganz konkretes Wort als Typus eines
weiteren Begriffes verwendet wird, so in casu fast den Charakter eines
Schimpfwortes erhalten hat, so nimmt es leicht die wirkliche Bedeutung
des weiteren Begriffes an. So ist אָוֶן auf dem Wege, einfach eine stehende
Bezeichnung für Sünde, Frevel, Gottlosigkeit überhaupt zu werden. Dazu
kommt noch etwas anderes. — Früher oder später in der Geschichte eines
Volkes wird der Fall eintreffen, daß ein Begriff und ein Wort wie Zauber
seinen Kulturinhalt verliert; eine neue Kultur setzt ein; das Denken wird
anders; die Worte bleiben bestehen; sie erhalten aber einen ganz neuen
Inhalt. Und fast ausnahmslos kann dies Neue gewissermaßen als eine Ra-
tionalisierung des Alten betrachtet werden. »Zauber« bezeichnet statt eine
in den Verlauf der Dinge eingreifende Realität fortan etwa ein moralisches
oder religiöses Urteil über gewisse Dinge und Handlungsweisen, wie wir

oben gesehen haben. Noch ist man sich aber der ursprünglicheren Bedeutung meistens bewußt, wenn man auch die dementsprechende Wirklichkeit vielleicht nicht mehr als Wirklichkeit aus der Erfahrung kennt. Es ist
als wenn man sein Urteil über die Dinge dahin lauten lassen will, daß sie
ebenso schlimm, gottlos u s. w. wie der Zauber seien — auch wenn man
nicht mehr Zauberei aus der eigenen Erfahrung kennt.

In dieser Richtung kann nun die Entwicklung weiter gehen. Das Wort
kann eine völlig gangbare, alltägliche, scheinbar ganz rationale Bezeichnung der Charaktereigenschaften, bezw. gewisser Seiten derselben sein, die
man ursprünglich beim Zauberer voraussetzte, die sich aber auch anderswo
vielleicht häufig finden. Das Wort hat dann m. a. W. die Beziehung zur
besonderen Machtausrüstung verloren, und bezeichnet nunmehr fast etwas
Alltägliches, sich bei jedem Beliebigen unter Umständen Vorkommendes. —
So bedeutet z. B. das norwegische »trollskap«, urspr. »trolldom« = Zauber,
Zauberei, Zauberdinge, Mitteln u. s. w., im modernen Sprachgebrauch etwa
Bosheit, Boshaftigkeit, Schlimmheit, Ungezogenheit.

Es fragt sich nun, ob אָוֶן im A. T. diese Entwicklung durchgemacht
hat, ob es auch von Verfassern gebraucht wird, die nicht mehr etwas von
der ursprünglichen Bedeutung wußten und das Wort als Bezeichnung
ähnlicher Charakterzüge und Eigenschaften gebrauchten. M. a. W.: *bedeutet*
אָוֶן jemals etwa Falschheit oder Frevel, Sünde, schlechthin?

Die Bedeutung Falschheit ist jedenfalls abzuweisen, s. unten II 6 d.

Wie steht es aber mit der allgemein behaupteten Bedeutung Frevel,
Sünde an sich? — Natürlich würde diese Bedeutung an vielen der in diesem Abschnitt genannten und an noch anderen Stellen recht gut passen;
das beweist aber nicht mehr als daß der allgemeine Begriff in vielen Fällen
ohne allzugroßen Schaden den spezielleren ersetzen kann. Das ist in diesem Falle besonders gut verständlich, da אָוֶן an diesen Stellen eben Zauber
mit dem Nebenbegriffe der gottverhaßten Sünde bedeutet. Zugegeben muß
aber werden, daß ebenso gut wie Frevel paßt hier immer die Bedeutung
Zauber mit Einschluß des genannten Nebenbegriffes.

Hier bewegen wir uns indessen auf Gebieten, auf denen der Exegese
ihr schwierigstes Problem gestellt wird. Es handelt sich eben darum, an
einem mehr oder weniger zu traditionellem Schimpfwort erstarrten Ausdrucke nachzuempfinden wie viel von dem Wirklichkeitsinhalt der alten
Kultur in den Ausdrücken und in der Seele des Schreibenden noch weiterlebt. Den Punkt an dem das Alte völlig abgestorben ist, genau feststellen
zu wollen, dürfte eine fast unlösbare Aufgabe sein. — Hier muß man in
jedem einzelnen Falle den Beweis dafür verlangen, daß אָוֶן hier nicht

Zauber bedeuten *könne*. — Daß die Frage nicht bedeutungslos ist, wird man nach der Lektüre von Kap. IV und V verstehen.

Nun gibt es aber fraglos eine Reihe Stellen, an denen אָוֶן als reines Schimpfwort seines ursprünglichen konkreten Inhaltes entleert steht, wenn auch die Verfasser vielleicht noch ein Bewußtsein von der ursprünglichen Bedeutung gehabt haben mögen. Jes. 31, 2; 55, 7; Jer. 4, 14; Ps. 92, 8. 10; Spr. 21,15 (?); 30,20; Hiob 36, 10. Vgl. das oben zu Ps. 14,4 Gesagte. Und es fragt sich, ob אָוֶן nicht an einigen diesen Stellen (Jes 31, 2; 55, 7; Jer. 4, 14; Hiob 36, 10) geradezu die *Bedeutung* Sünde, Unrecht, Frevel bereits angenommen hat. Jedenfalls paßt hier nicht Zauber oder Zauberei mehr.

5. אָוֶן als Bezeichnung illegitimer Kulte.

Es ist in der Religionsgeschichte eine wohlbekannte Erscheinung, daß was einmal Religion war, das sinkt später zu Magie herab. Wie der Glaube früherer Zeiten heute als Aberglaube weiterlebt, so lebt der Kult der vergangenen Tage als Zauberei weiter.

Eine höhere religiöse Entwicklungsstufe, die im Erreichtwerden begriffen ist, oder eine neue und siegreiche Religion, die eine ältere verdrängt, erklären in polemischem Eifer und Selbstbehauptungsdrang die Kulten des Vorhergehenden für Zauberkulte. Ihre Götter werden böse Geister, Dämonen; Teilnahme an ihren Festen werden »Teilnahme an dem Kelch der Dämonen«, ihre heiligen Tiere werden unreine, wie das Schwein bei den Israeliten und das Pferd bei den Nordgermanen; ihre Priester und Propheten werden Zauberer und Teufelbeschwörer. — Das Alte läßt sich nun aber nicht mit einem Schlage ausrotten; es lebt weiter fort, in den Winkeln oder bei unterdrückten Völkern oder niedriger stehenden Nachbarrassen[1]. Und so kommt es bisweilen dazu, daß sogar die Anhänger des Neuen, wenn gelegentlich einmal alles versagt, in der äußersten Not sich zu diesen mit abergläubischem Grauen betrachtetten geheimen Professionisten des Alten wenden, an die sie vielleicht für gewöhnlich nicht glauben, oder mit denen sie jedenfalls nichts zu tun haben wollen. Natürlich zum größten Zorn der Hüter ihrer eigenen, echten Religion, ihrer Priester, Propheten und Gesetzgeber, die jetzt auf die »Zauberei« losdonnern.

So hängt es denn auch zusammen, daß auch im A. T. das Wort für Zauber אָוֶן als eine herabsetzende Charakteristik allerlei illegitimer Kulten und Kultgebräuche gebraucht wird. Mitunter haben wir es hier

---

[1] Vgl. hierzu und zum flg. SÖDERBLOM, op. cit. S. 205.

wohl auch mit einem rein traditionellen Schimpfworte ohne eigentlichen begrifflichen Inhalt zu tun. Am häufigsten deckt sich wohl aber dieser Gebrauch von אָוֶן mit einem wirklichen Glauben; die fremden Götter und Mächte sind wirklich alle böse Wesen (vgl. Ps. 82), Dämonen; wer mit ihnen verkehre, erwecke den Zorn Jahwä's und könne nicht bona fide gehandelt haben; da die Realität und die böse Wirkung des Verkehrs mit diesen Mächten nicht geleugnet werden könne, so sei er in buchstäblichem Sinne Zauber. —

So Jes. 1, 13 (wo die Parallele מִנְחַת שָׁוְא die Richtigkeit der Lesart des T. M. אָוֶן derjenigen der LXX צֹום gegenüber beweist, vgl. Hos. 12, 12 s. des weiteren über שָׁוְא II 6 e); ferner Ez. 11, 2 (»die Aunpläne und der böse Rat« geht auf die 8, 1 ff. berichteten Abgöttereien[1]); Hos. 6, 8 (vgl. V. 10; hier tritt jedoch auch der Gedanke an die todbringende Wirkung des *aun* hervor, V. 8 b); Hos. 10, 8; 12, 12; hierzu könnte man auch Num. 23, 21 rechnen, der אָוֶן als Gegenstück des legitimen israelitischen Kultes mit der Königshuldigung nennt, und I Sam. 15, 23 und Zach. 10, 2, die Zusammenstellung mit den Terafim. Ebenso Jes. 66, 3, der auch von illegitimen Kultübungen spricht. wo aber אָוֶן die betreffenden Gottheit, nach Ansicht des Propheten natürlich ein Dämon, zu bezeichnen scheint.

6. Zauberei als „Lüge" und „Trug".

a) Synonym und parallel אָוֶן treffen wir an nicht wenigen Stellen verschiedene Worte für Lüge, Trug, Falschheit oder Nichtigkeit, Blendwerk: שֶׁקֶר Ps. 7, 15; Zach. 10, 2; Spr. 12, 21 f.; 17, 4; שְׁקָרִים (דְּבַר) Ps. 101, 7; אִמְרֵי שֶׁקֶר Jes. 32, 7; כָּזָב Ps. 5, 6 f.; מִרְמָה Ps. 5, 6 f.; 10, 7; 36, 4; 55, 24, vgl. V. 4 11 f.; רְמִיָה Ps. 101, 7 f., חֵבֶל Zach. 10, 2; hierher gehören auch תֹּהוּ, רוּחַ, אֶפֶס (siehe Jes. 59, 4), Jes. 41, 29, wenn אָוֶן nicht ein Schreibfehler für אַיִן ist. Über שָׁוְא siehe unten. Da diese beiden Begriffsgruppen vielfach in einander übergehen, behandeln wie sie hier gemeinsam.

Den Exegeten, die den Sinn des אָוֶן nicht erfaßt haben, ist natürlich ein Synonym wie דבר שקרים Ps. 101, 7, דברי כזב ומרמה 5, 6; Jes. 32, 6 f. ein genügender Beweis dafür, daß der Beter hier über unwahre Beschuldigungen, Verleumdungen und Klatsch klagt; es ist ja eine triviale Wahrheit geworden, daß ein großer Teil der Pss. die Klagen der Frommen wegen der boshaften und unwahren Verleumdungen der Gottlosen, d. h. der Weltlichgesinnten enthält, als ob darin ihre größte Not bestände. — Auch

---

[1] Ursprünglich stand wohl 11, 1 ff. hinter 8, 15, s. Rothstein bei Kautzsch A. T.³, I. S. 831.

wenn man die Grundbedeutung von אָוֶן erfaßt hat, liegt es uns Modernen
nahe, in den genannten Synonymen das rationale Urteil einer überlegenen
»Aufklärung« über das abergläubische Unwesen zu sehen. Die alttesta-
mentlichen Verfasser waren aber keine Tyndalls oder Diderots, und ihre
Beurteilung des Zaubers ist am wenigsten »aufgeklärt« und rational. Die
Erklärung dieses Sprachgebrauches muß anderswo gesucht werden.

b) Den Ausgangspunkt bildet die Tatsache, daß die genannten Wörter
an einer Reihe von Stellen als traditionelle *Termini*, über deren begrifflichen Inhalt viell. nicht mehr reflektiert wird, Termini der »abgöttischen«,
»fremden«, *illegitimen Kulten und Götter*, die in solchen Kulten verehrt
werden, gebraucht werden.

In Jes. 28, 15, der uns unten näher beschäftigen wird, charakterisiert
der Prophet die Mächte der Unterwelt, mit denen die Gegner durch ihre
Jahwä-feindliche Politik einen Bund geschlossen haben sollen, als שֶׁקֶר und
כָּזָב, Lüge und Trug. Daß aber der »Tod« und »Scheol« nicht Lüge und
Trug in dem Sinne sind, daß sie nicht reale Mächte, sondern Aberglaube
und Einbildung seien, ist klar. Unzweifelhaft meint Jesaia hier nicht nur,
daß der Tod und Scheol reale »Mächte«, sondern auch daß sie persönliche Wesen, Dämonen sind — in der Mythologie anderer Völker, etwa
der Babylonier, würde man »Götter« sagen. שֶׁקֶר und כָּזָב stehen hier
als erstarrte Termini für »Mächte auf die kein Verlaß ist«. — Denselben
rein formelhaften Gebrauch von כָּזָב haben wir Am. 2, 4, wo כִּזְבֵיהֶם
geradezu = אֱלֹהֵיהֶם oder שִׁקּוּצֵיהֶם steht. Zwar kann man hier nicht mit
derselben Sicherheit behaupten, daß die fremden Götter nach der Ansicht
des Interpolators von Am. 2, 4—5 wirkliche Wesen sind; das ist aber
nach allen Analogien die wahrscheinlichste Auffassung; selbstverständlich
sind sie jedoch böse Wesen, Dämonen.

Klar genug ist jedoch Ps. 40, 5. In der Form einer Seeligpreisung deren,
die auf Jahwä vertrauen, statt zu der Hülfe anderer Mächte zu greifen, bezeugt der Betende seine Frommheit, sein Gottvertrauen und seine Unschuld,
und damit auch seinen Glauben an die bevorstehende Hilfe, in flg. Worten:

> *O, glückseelig der, der Jahwä sein Vertrauen läßt sein,*
> *der sich nicht zu den Rehabim wendet, zur Lüge 'abfallend'* [1].

רַהַב ist bekanntlich ein Name des mythischen Wesens, das in der
Urzeit sich gegen Jahwä empörte, von ihm aber überwunden wurde; es ist
auch von »den Helfern Rahabs« die Rede; in dieser Form setzt somit
der Mythus mehrere aufrührerische Wesen übermenschlicher, dämonischer

---

[1] L. יִשְׂטֶה (GUNKEL).

Art voraus. Daß der Dichter mit der (von ihm gebildeten?) Pluralform die
»Rahabe« die »Abgötter« meint d. h. die anderen Mächte, die die betörten
Menschen in ihrer Not und ihrem Unglück etwa um Hilfe anrufen könnten,
mit denen er selbst aber keine Gemeinschaft haben will, ist klar. Ebenso
gewiß aber, wie Rahab und Livjathan den Psalmdichtern wirkliche Wesen
sind, so sind es die Rahabe unserem Dichter. Als Synonym zu diesem
Namen gebraucht er nun כזב — augenscheinlich als einen erstarrten
Terminus.

c) Wir werden nun sehen, daß es eine Reihe Stellen gibt, an denen
die hier genannten Ausdrücke geradezu als Bezeichnungen des Zaubers
und der verbotenen und bösen Künste gebraucht werden. Schon an einigen
der oben genannten Stellen spielte der Gedanke an die magischen Künste
mit hinein; der Übergang zwischen Abgötterei und Zauber ist, wie II 5
gezeigt, fließend, wie auch die Begriffe Götze und Dämon ineinander gehen.

Wir fangen mit einigen Psalmen an, welche die oben besprochene
Verbindung von Feinden und Krankheit (s. I 4. 7) aufweisen, und die
daher unseres Erachtens besonders beweiskräftig sind.

Zunächst Ps. 63, ein Klagepsalm des Königs und ohne Zweifel wegen
Krankheit[1]; der Beter preist sich glücklich, weil er den Tempel hat besuchen und daselbst Jahwä um Hülfe beten und eine zusagende Antwort
erhalten dürfen; nach dieser Hülfe »habe sein Leib geschmachtet« — dieser
Ausdruck setzt Krankheit als Veranlassung voraus. Weiter unten im Psalm
hören wir nun, daß das Unglück von Feinden verursacht ist, die dem
Könige nach dem Leben trachten, und über die er jetzt Rache erbetet —
also die häufige Vorstellung von Krankheit als einer Folge der Nachstellungen böser Menschen. Schon das setzt voraus, daß Zauber und geheime
Künste als das Mittel gedacht sind[2].

Wenn er nun V. 12 diese Feinde דברי שקר nennt, so sollte es klar
sein, daß in diesem Ausdruck etwas mehr und anderes als »Lügner« in
üblichem modernen Sinne liegt; vor Verleumdung und unwahren Worten
wird ein orientalischer König nicht krank; gegen solches Unglück hat er
eine sehr probate Arznei; er »sendet seine Knechte hinaus« und macht
die Vermessenen um einen Kopf kürzer, damit er »seine Lust an sie sehe«;
dann braucht er keinen Bettag im Tempel mit Klagepsalmen und dergleichen zu veranstalten. Anders dagegen, wenn er es mit krankheitswirkenden Feinden zu tun hat, die er selber nicht mal kennt; gegen diese
kann nur Jahwä Hilfe leisten. — »Die Lügner« müssen somit nach dem

---

[1] MOWINCKEL, Kongesalmerne i det gamle testament. Kristiania 1916, S. 95 ff.
[2] Kongesalmerne, S. 94.

Zusammenhange ein Terminus der Schwarzkünstler sein; sie werden »die, welche Lüge reden«, genannt, weil sie ihre Absichten mittels der machtwirkenden »Lügenworte« verwirklichen.

Auch מִרְמָה kommt in derselben Bedeutung vor. — Undiskutierbar klar ist Ps. 38. Der Psalm ist wiederum ein Klagepsalm, und zwar eines Kranken, was hier auch eine ziemlich hoch entwickelte exegetische Kunst nicht wegdeuten kann:

2 *Herr, züchtige mich nicht im Zorn, und strafe mich [nicht] im Grimm,*
3 *denn auf mich sind deine Pfeile gefallen, deine Hand hat sich auf mich gelegt!*
4 *Nichts ist gesund an meinem Leib ob deines Grimmes, nichts heil an meinen Gliedern ob meiner Sünde;*
5 *denn meine Sünden schlagen über mich zusammen, sind zu schwer, wie die schwerste Last.*

6 *Es stinken, es eitern meine Wunden, ob meiner Torheit bin ich gekrümmt;*
ich beuge mich [und winde mich] unmaßen, geh' alltäglich im Bußkleid einher;
8 *denn meine Lenden sind voller Brand, und nichts ist heil an meinem Leib,*
9 *ich erstarre, bin ganz zerschlagen, schrei' lauter denn 'Löwen'gebrüll*[1].

10 *Du kennst all mein Begehren, o Herr, mein Seufzen ist dir nicht verborgen;*
11 *es pocht mein Herz, meine Kraft ist dahin, vor den Augen wird's schwarz;*
12 *meine Freunde⸢⸣ fliehen vor meiner Krankheit*[2]*⸢⸣, meine Lieben stehen abseits von mir,*
13 *die mir steh'n nach dem Leben, legen Schlingen, und täglich sie »Trug«-worte murmeln*[3].

Hier ist es natürlich klar, daß es »diejenigen, welche mir nach dem Leben stehen« sind, die das Leiden verursacht haben; das haben sie dadurch getan, daß sie ihm »Schlingen gelegt« haben und »alltäglich Trugworte« gegen ihn »murmeln«. Statt Trugworte murmeln heißt es in der Variante (siehe unten Anm. zu V. 13) דִּבְּרוּ הַוּוֹת, Schaden(worte) reden; dazu ist zu vergleichen דבר שוא Ps. 41, 7, s. I 7 (vgl. auch כִּסֵּא הַוּוֹת Ps. 94, 20, s. unten III 2 b). Daß diese Trugworte und Schadenworte, die die eiternden Wunden und die schmerzlichen Windungen und Krümmungen bewirkt haben, weder

[1] Vok. לָבִי, BHK.

[2] Eigtl. Schlag; Streiche וְרֵעַי und יַעֲמֹדוּ m. c.

[3] V. 13 ist vielleicht zu lang (sonst Doppeldreier und Sechser); hier sind zwei Varianten zusammengekommen und kombiniert worden; ודרשי רעתי דברו הוות muß ausgeschieden und daraus flg. Variante rekonstruiert werden: וַיְנַקְּשׁוּ דֹּרְשֵׁי רָעָתִי דִּבְּרוּ הַוּוֹת כָּל־הַיּוֹם.

Verleumdung, noch Lüge, noch Falschheit im eigentlichen Sinne, sondern Zauberworte sind, ist klar. Vgl. Ps. 10, 7, siehe I 7 a.

Daß auch Ps. 42—43 von Krankheit, nicht von Exilierung handelt, hat GUNKEL richtig gesehen. Es ist die Krankheit, die den Betenden fern von dem Anlitz Jahwä's hält; das geht aus V. 8 hervor, wo die Brandungen und Wellen Jahwä's, die über den Betenden hinrollen, ein Bild irgend eines von Jahwä verhängten »Schlages« sind; von V. 10, wo קֹדֵר nicht auf das Trauerkleid geht, sondern auf das Bußkleid — der Kranke ist unrein, daher sündig, muß daher Buße tun; aus V. 11, das übersetzt werden muß:

bei den Schmerzen in meinen Gliedern meine Feinde mich spotten —

der Hohn der »Feinde« ist durch seine körperliche Leiden, den Schmerzen (?) im Gebein, hervorgerufen. Näher besehen bestätigt auch V. 7, die Haupstütze der Exilhypothese, GUNKELS Auffassung[1]. — Wenn nun 43, 1 um Hilfe gegen den »Mann des Trugs und der Missetat«[2] אִישׁ מִרְמָה וְעַוְלָה betet, so gibt das nur einen Sinn, wenn es diese sind, die das Unglück versursacht haben. Feinde aber, die Krankheit verursachen können, sind Zauberer, vgl. I 4.

In Ps. 35 klagt der Betende über Feinde die ihm »nach dem Leben stehen«, die »ihm Schaden wollen« V. 4, die ihm »Schlingen gelegt und einen Graben gegraben haben« V. 7; er ist seiner Lebenskraft נֶפֶשׁ beraubt worden V. 17, ist somit höchstwahrscheinlich krank. Wenn es nun von diesen Feinden heißt, daß sie »Unheil לֹא־שָׁלוֹם über die Stillen im Lande (herab)reden« und daß sie »Trugworte דִּבְרֵי־מִרְמוֹת gegen ihn ausgedacht haben«, daß somit die Zunge und das Wort das Mittel ist, durch

---

[1] »Ich gedenke deiner vom Lande des Jordan und der Hermonen« kann nur bedeuten: während ich mich im Lande des Jordan aufhalte, das Land des Jordan kann aber nur das von Jordan durchströmte Land Palästina sein; damit fällt nun die Exilhypothese. Einer Hervorhebung dessen, daß er sich beim Beten in Kanaan aufhält, hat indessen auch keinen Sinn, — sinnlos ist auch »das Land der Hermonen«; es gibt nur ein Hermon, aber kein »Land der Hermonen«. Der Text muß auf einer irrtümlichen Lesung der Konsonanten beruhen. Lese somit מֵאֶרֶץ יֹרְדִים וַחֲרוּמִים von dem Lande der Heruntergestiegenen und Gebannten, d. h. von der Unterwelt; der Aufenthalt in Scheol ist das übliche Bild der Krankheit, siehe GUNKEL, Ausgew. Psalmen³, S. 291 ff. הַר מִצְעָר muß, wenn richtig überliefert, die Unterwelt oder eine Lokalität daselbst bezeichnen; den Babyloniern war die Unterwelt ein hohler Berg, s. JASTROW, Relig. Bab u. Assyr. I, S. 154.

[2] Der Sglr. ist hier wie so oft kollektiv, KAUTZSCH § 123 b.

das sie die Krankheit verursacht und ihm das Leben rauben wollen, so
ist es auch hier klar, daß die Feinde als Auntäter, als Zauberer und die
»Trugworte« als Zauberworte gedacht sind; מרמה ist hier einfach ein
Synonym zu און, wenn auch dieses Wort zufälligerweise hier nicht vorkommt [1].

Hierzu kommen nun einige Psalmstellen, die zwar nicht die Krankheit
erwähnen, wenn es natürlich auch hier möglich ist, daß Krankheit den
Grund der Klagen bildet.

Zunächst Ps. 52, 4 f., ein Klagepsalm wegen eines »Bedrückers«, eines
»Kraftmenschen« גִּבּוֹר und seines Treibens:

> [4] *Wie ein Messer so scharf ist deine Zunge, der du »Trug« verübst;*
> [5] *du hast Böses lieber denn Gutes, lieber »Lüge« denn rechtes Reden;*
> [6] *und allerlei »Schadenworte« liebst du, du »Trugzunge«, du!*

Es sind die bekannten Ausdrücke שקר, רמיה, מרמה, die wir hier
treffen. Und die Klage ist dieselbe die wir so oft oben in den Aunpsalmen trafen, die Klage über Unglück und Not, die von den Feinden
durch die Zunge, vermittelst Worte verursacht ist. Schon diese Analogie
und Übereinstimmung mit jenen Psalmen spricht dafür, daß auch hier dieselbe Art Worte gemeint ist: nicht Hohn und Spott, auch nicht unwahre
Verleumdung, sondern Zauberworte. In derselben Richtung zeigt auch
דִּבְרֵי בָלַע V. 6; es ist kaum zweifelhaft, daß der Ausdruck nach der
Analogie von דברי בליעל Ps. 41, 7 דְּבַר שָׁוא 41, 7 (s. II 6 e), 12, 2 (s I 9) zu
deuten ist — wenn nicht בלע gar ein Schreibfehler für בליעל ist. »Ver-
derberische Worte«, oder wie wir oben gesagt »Schadenworte«, sind dann
die schädlichen Zauberworte des »Schadenmannes«; daß er sie »liebt«,
heißt dann natürlich, daß er es liebt. sie zum Schaden des Nächsten hervorzusagen, um dadurch seine Zwecke zu verwirklichen.

In Ps. 31,19 ist שִׂפְתֵי שָׁקֶר eine Bezeichnung derjenigen, die die Not des
Betenden verursacht haben; er bittet, daß Jahwä ihn gegen den »Zungen-
streit« hüten möge V. 21; die Zunge ist aber nach I 7 das Mittel der
Zauberer. Und in V. 7 werden die Feinde הַשֹּׁמְרִים הַבְלֵי־שָׁוא, »die,

---

[1] Es ist daher keine buchstäbliche Wirklichkeit, sondern ein Bild, wenn die
Feinde V. 11 als falsche Zeugen, die falsche Anklage gegen ihn erhoben
haben, geschildert werden. Daß das Unglück unter dem Bild eines Rechtsstreites auftritt, ist nicht selten; hier haben die Termini מרמה und קשר
das Bild der falschen Zeugen und Kläger hervorgerufen — die Zeugen
waren zugleich Ankläger. Sinn: sie haben keinen Grund, ihn anzufehden.
Dasselbe Bild Ps. 27, 12; hier heißt es von den Zeugen daß sie »Gewalt
חָמָס gegen ihn schnauben; חָמָס ist für den Aunmann bezeichnend, s. I 1. 2.
Siehe übrigens I 9, S. 27.

welche mit Nichtigkeits- d. h. Zauber-Stricken (siehe I 9) treiben« — denn wie wir unten e) sehen werden, ist שׁוא ein Synonym zu אָון und bedeutet Zauber oder durch Zauber verursachtes Unheil.

Nach alledem kann es auch nicht zweifelhaft sein, welche Art Feinde in Ps. 120 gemeint sind:

1 Ich rufe zu Jahwä in der Not, und er wird mich erhören,
2 So rette mein Leben, Jahwä, vor den »Lügenlippen«[1].

3 Gott strafe dich so und so, du Zunge des »Trugs«;
4 die Pfeile des Gewaltigen[2] *sind geschärft über glühenden Kohlen*

5 Weh mir, daß ich muß weilen [unter Bogen-]'Schützen'[3],
[weh mir], daß ich muß wohnen in den Zelten Kedars!

6 Schon zu lange bin ich[4] *denen preisgegeben, die Frieden hassen;*
7 auch wenn ich (nur) von Frieden spreche, (rufen) sie auf Krieg.

Fast jede Wendung im Psalm haben wir im Laufe unserer Untersuchung als charakteristische Ausdrücke des Treibens des Aunmannes getroffen. Der Betende ist aufs Leben bedroht, s. I 2; die Feinde sind »Gewaltmenschen«, »Kraftmenschen«, s. I 8; diese suchen ihn mit dem heimtückischen Pfeile zu treffen, vgl. Ps. 64,4 f., s. I 6; die Zunge ist das Mittel, dessen sie sich dabei bedienen, vgl. 64, 2— 5, s. I 7; V. 5 ist bildlich zu verstehen, und gibt keine Veranlassung zu romantischen Betrachtungen über einen im Exil lebenden Juden oder die Leiden der Diaspora. Der Psalm ist ein Klagepsalm für einen Leidenden, wahrscheinlich für einen Kranken, der sich von dem Zauber der Feinde verfolgt wähnt. *šäqär* V. 2 und *rᵉmījä̊* V. 3 sind somit Termini für Zauber.

In derselben Bedeutung kommt auch כָּזָב vor, und synon. damit רִיק das Leere, Inhaltslose, Blendwerk, Ps. 4, 3. Nach den vielen Analogien ist die »Lüge« und das »Blendwerk«, über die der Dichter klagt, die Verfolgungen der bösen zaubertreibenden Menschen, denen er sein Vertrauen auf ihn, der nicht Mensch, sondern Geist ist, entgegensezt.

Es ist dann auch das nächstliegende *dabbēr mirmä̊* Ps. 34, 14 in derselben Weise zu deuten; »Trugworte, d. h. Zauberworte reden« steht hier als Typus der Sünde, die man scheuen muß, wenn man »Leben sehen und gute Tage haben will«, vgl. II 4.

---

[1] Str. מלשון רמיה, Dublette zu V. 3.

[2] גִּבּוֹר, s. I 8.

[3] L. [עַם] מֹשְׁבֵי קֶשֶׁת] (nach Buhl).

[4] Eigentl. meine Seele; man darf nicht »wohne ich zusammen mit« übersetzen; שׁכן ist hier so viel wie unterliegen.

Zu den hier behandelten Stellen gehört wohl auch Ps. 58, 4. Der Psalm hebt mit einer Klage über die »Götter« an, vgl. Ps 82, geht dann aber in V. 4 in eine Schilderung »der Frevler«, welche die Gerechten plagen, über; da der Psalm aus vierzeiligen Strophen (vierfüßigen Versen) besteht, während Strophe 2 nur 3 Zeilen hat, und da der Übergang von den Göttern V. 3 zu den Frevlern V. 4 sehr abrupt ist, so ist es wahrscheinlich, daß mindestens ein Doppelvierer ausgefallen ist, der erzählt habe, wie das schlechte Regiment der Götter dazu geführt habe, daß sie den Frevlern freien Lauf lassen, vgl. 82, 2—5. Daß in Ps. 58, 4 mit dem weiteren Begriff $r^e\check{s}\bar{a}^c\bar{\imath}m$ in Wirklichkeit die Auntäter, die Zauberer gemeint sind, scheint aus der dritten Strophe V. 5—6 hervorzugehen, wenn man sie im Lichte der vorhergehenden Untersuchungen liest:

> [5] *Sie haben ein Gift, wie das Gift der Schlange,*
> *wie die taube Natter, die ihr Ohr verstopft,*
> [6] *die nicht hören will auf die Stimme des Beschwörers,*
> *noch die des kundigen Zauberspruchredners.*

Und mit Übergang in ein neues Bild setzt V. 7 fort:

> *Brich ihnen die Zähne aus dem Maul, o Gott,*
> *reiß heraus, o Jahwä, der Leuen Gebiß!*

Das Wirkemittel ist der Mund; er wirkt wie ein Gift — wie das Gift einer zahmen Natter, von der man nichts Böses erwartet, die sich aber plötzlich taub macht und den Beschwörer beißt, wie der Dichter mit einem der Vorstellungsreihe, in der er sich bewegt, naheliegenden Bilde sagt. Gott macht diese Feinde dadurch unschädlich, daß er ihnen den giftigen, raubgierigen Mund schlägt. Das paßt alles sehr gut auf den Aunmann, wie wir ihn in Kap. I 7 gefunden haben. Wenn es nun in V. 4 heißt:

> *Die Frevler haben sich von Geburt aus entfremdet* [1]
> *von Mutterleib an geh'n die* »*Lügen*«*redner irre —*

so liegt es auch hier sehr nahe, in den den Frevlern parallelen Lügenrednern einen Terminus für die Aunmänner, in $k\bar{a}z\bar{a}b$ einen Terminus für Zauber zu sehen.

d) Aus diesem technischen Gebrauch sind die a) genannten Stellen zu verstehen, an denen $k\bar{a}z\bar{a}b$, $\check{s}\check{a}q\check{a}r$ usf. als parallele Synonyme zu אָוֶן stehen. Es liegt nicht in diesen Worten ein rationalistisches Urteil über die Nichtwirklichkeit der Aundinge, sondern die Worte sind eben Synonyme zu אָוֶן, abgestumpfte termini technici, über deren eigentlichen Sinn man viell. nicht mehr reflektierte.

---

[1] S. dazu I 1 b.

Nun fragt sich aber: aus welcher Erfahrung der alten Kultur ist dieser
Sprachgebrauch entstanden? Wie sind die Worte Lüge, Blendwerk zu
Bezeichnungen für Zauber geworden?

Allgemein ausgedrückt ist es die Erfahrung von der Wirklichkeit des
Heiligen, die sich hier in negativer Form einen Ausdruck verliehen hat. Näher
bestimmt ist es die Erfahrung davon, wie wurzel- und hilflos, wie unmenschlich
und untermenschlich das Individuum ist, das aus seiner Stammgenossenschaft
herausgerissen wird, das aus der sicheren, lebens- und kraftspendenden
Wehr der heiligen Ordnung herausfällt. Nur innerhalb der Gesellschaft ist
das Individuum ein Mensch und ein Menschensohn; aus der Gesellschaft hin-
ausgestoßen ist er ein Nichts, ein 'iš be'lijaʿal, ein tōhū, ein rūᵃḥ, ein hābäl.
Er ist ein Blendwerk, ein Schatten, eine Nichtrealität, ein šäqär, ein kāzāb.
Innerhalb des Schutzes und der Heiligkeit der Gesellschaft aber bleibt nur
derjenige, der ihre Heiligkeit respektiert, der nicht »den heiligen Samen
befleckt«, der nicht gegen ihre gottgewollte und gottbestätigte Ordnung,
die das gesamte Leben umspannt, verstößt. Wer die Ordnung bricht, wer
solches tut, das »man nicht in Israel tut«, sei es ein Verbrechen gegen
ein bürgerliches oder ein sakrales Gesetz und Sitte, der hat sich damit
»entfremdet«, ja nach semitischem Gedanken, der mit der Präexistenz als
einem Lieblingsgedanken arbeitet, eigentlich nur den Beweis dafür geliefert, daß er schon von Geburt an entfremdet gewesen. Wer solches tut,
der ist ein rāšāʿ, ein »niðingr« geworden; er hat die Verbindung mit der
lebendigen Kraftquelle verloren, er verliert sein Wesen und seinen Inhalt;
»sein Verbrechen ist größer als daß er es tragen könne«; er ist wie ein
toter Mann — »wer ihn sieht, wird ihn totschlagen«; »er wird wie Spreu,
vom Winde verweht« Ps. 1, 4:

Wie sind sie [so plötzlich] zu nichte, durch Schrecken so ganz dahin,
wie ein Traum beim Erwachen verschwunden, ʿwie ein Schemen, das wachend
man spottet' [1].

Der rāšāʿ ist, obwohl existierend, ein Nichts, wie auch die heidnischen
Götter und Mächte, obwohl existierend, Nichts sind — ein Gedanke, mit
dem die Psalmen und Deuterojesaia oft genug spielen [2]. Es liegt in diesen
Gedanken und Aussagen keine philosophische Fixierung des Begriffes Nichts,
sondern ein auf der Erfahrung begründetes Werturteil: der Gesellschafts-
lose, der Unheilige ist machtlos, kraftlos, aussichtslos, hoffnungslos, und
früher oder später verschwindet diese Negativität in das absolute Nichts.

---

[1] Ps. 73, 19 f. L. אֵינָם‎ statt אֲדֹנָי‎ und בְּצֶלֶם‎.

[2] Besonders charakteristisch ist Ps. 96, 4—5.

In dieser Auffassung spricht sich die altisraelitische Beurteilung der »Sünde« überhaupt aus.

Ein solcher Mensch hat den Bund gebrochen. Dadurch hat er »Sünde« begangen, sein Wesen ist Sünde geworden. Denn Sünde ist das Herausfallen aus der »Ganzheit«, aus dem »Frieden« šālōm, aus dem Bunde. Sie wird ganz allgemein als (Bundes-)Vergewaltigung, Gewalttat ḥāmās, ʿāmāl, šōđ charakterisiert, Worte, die mitunter, wie wir gesehen haben, auch die Sünde des Zaubers bezeichnen. Dadurch verliert der Einzelne seinen festen Halt, seine Seele löst sich auf.

Sünde ist das Nichtige, das nicht Haltbare, ist Wind und Rauch. Das spricht sich deutlich in dem Gebrauch des Wortes »Lüge« aus. »Lüge« bezeichnet im Hebr. nicht nur eine Aussage, die der objektiven Tatsache nicht entspricht, sondern das Nichtige, das Haltlose auch wenn es äußerlich angesehen »fest« ist. »Gerechtigkeit« sädäq, gutes normales Handeln, ist »Festigkeit«, »Wahrheit«, das sich behauptet und gute Wirkungen hervorbringt (ʾämäþ); die Sünde entspringt einer unfesten, geteilten, haltlosen, leeren, sich nicht behauptenden Seele, ist daher Lüge, Trug, wie diese leere Seele selbst Lüge, Wind, Blendwerk ist. Wie wir oben sahen, ist »das Leere« rīq, ein Synonym zu »Lüge« usw. Ps. 4, 3. Wer den Bund bricht, der entleert sich seiner selbst, wird leer, haltlos, und bringt nur Leeres, Haltloses, sich nicht Behauptendes hervor. So sind »Lüge«, »Trug«, »Blendwerk«, »Nichtigkeit« usw. Bezeichnungen der Sünde überhaupt geworden.

Die Sünde ist eben Treubruch, Bundesbruch. Sie ist daher zugleich »Falschheit« (norw. svik) mirmā, eine Bedeutung, die allen den oben behandelten Wörtern für »Lüge« anhaftet. Sünde ist alles, was gegen die heilige Sitte verstößt, was dem Ethos der Gesellschaft, der Sippe, des Stamms widerspricht. Jede Sünde ist Bruch des Bundes — denn jede gesellschaftliche Ordnung, die Existenz der Gesellschaft, beruht auf einem Bunde. Wer sündig handelt, der bricht den Bund, sowohl mit den Menschen als mit der Gottheit, der »entfremdet sich«. Er handelt treulos und falsch. Und besonders ist Zauber gegen den Landsmann, »den Nächsten«, ein Bundesbruch, daher Falschheit, Trug[1].

Es ist dies der Grund, warum so viele hebräische Wörter und Wurzeln die Bedeutungen des Eitlen, Nichtigen und des Bösen, Schädlichen, Unheilstiftenden und des Zauberischen verbinden.

Wer zum Zauber und illegitimen Mächten greift, der verletzt die heilige Ordnung und die Heiligkeit der Gesellschaft. Der stößt sich sel-

---

[1] Vgl. zu dieser Ausführung über „Lüge" jetzt JOHS. PEDERSEN: Israel I-II, Köbenhavn 1920, S. 318 ff. [Korrekturzusatz].

ber hinaus und entleert sich seiner seelischen Kraft und Wert. Er zersprengt den heiligen Ring der Pflichten und Hilfsmittel, er verläßt Israels Heiligkeit und Israels Heiligtum. Er hat damit die Lebensquelle verlassen, den Kraftzuschuß verloren. Er ist ein »abgehauener Baum«, »ein versiegter Bach«, »eine zersprungene Zisterne«. Er *ist* schon dahin. Es fehlt ·nur, daß es allen durch irgend eine zerschlagende Katastrophe sichtbar werde, etwa durch einen plötzlichen Tod, der ihn dahinrafft noch »ehe er die Hälfte seiner Tage erreicht hat«. Es gibt für ihn keine Rettung mehr, weil er ein abgeschlagenes Glied der Gesellschaft ist; er hat sich selber wegamputiert.

Diese echtprimitiven Erfahrungen sind nun in »orthodoxen« Jahwismus umgeprägt. Die Lebensquelle ist Jahwä. Von ihm abzufallen ist das größte Verbrechen. Jahwä ist ein eifersüchtiger Gott. Hilfe bei anderen Mächten als bei ihm suchen zu wollen, andere Mittler als seine Priester zu gebrauchen, zur Zauberei und bösen Geistern zu greifen, das heißt sich definitiv von ihm abschneiden. Ein solcher Mann ist tot. Er soll aus seinem Stammverbande ausgetilgt werden. Und wird die Sünde nicht offenbar, so rottet Jahwä ihn doch aus. — So sieht die theologische, jahwistische Begründung aus.

Weil man dies nun wußte, so wußte man auch — oder richtiger, so erfuhr man auch — daß alle andere Hilfsquellen versiegende Quellen waren und blieben. Götzen oder Dämonen, Menschen oder Rosse, Fleisch oder Wagen, Zaubermittel und was man nur erdenken konnte — sie mochten vielleicht eine Weile das Leben tragen, aber früher oder später versagten sie kläglich — »wenn der wirbelnde Sturm einherfährt«. Daher sind alle diese anderen Mächte und Hilfsmittel in Wirklichkeit nur Blendwerk, Augenverblendung, »Lüge«, »Enttäuschung«, »Trug«. Selbstbetrug und Betrug der anderen.

Daher[1] haben auch tatsächlich in der Wirklichkeit diese Hilfsmittel enttäuscht Man erfuhr, daß sie »Lüge« waren. Man benutzte sich ihrer nur mit bösem Gewissen. Das böse Gewissen aber ist die Geteiltheit des Ich in Situationen, in denen es notwendig ist, in sich geschlossen und um sich gesammelt zu stehen. Durch das böse Gewissen — oder anders ausgedrückt: durch den unsicheren Zweifel — wurden jene Helfer und Mittler wirkliche Krankheitsmiasmen, die von innen heraus den Betreffenden besetzten und entzündeten und verzehrten, zunächst moralisch, dann auch

---

[1] Dieses „daher" ist natürlich nur eine moderne psychologisierende Darstellungsform. In der Wirklichkeit baut der Glaube auf der Erfahrung, und nicht umgekehrt. Auch die jüdische Vergeltungslehre ist ein Ausdruck einer religiösen Wirklichkeitserfahrung einer gewissen zeitbedingten Kultur.

physisch, und ihn zu einem Nichtmenschen, einem Schadenmann machten — zum gröfsten Schaden seiner selbst.

So sind denn Worte wie »Lüge«, »Trug«, »Blendwerk«, »Enttäuschung« Bezeichnungen des ganzen illegitimen Wesens geworden, sowohl der Götzen wie des Zaubers, Bezeichnungen, die einer echt primitiven Psychologie entsprungen sind. In diesen Bezeichnungen spricht somit kein aufgeklärter Rationalismus; in ihnen sprechen Generationen ihr auf wiederholten Erfahrungen begründetes religiöses Urteil aus. Von den oben II 6 a genannten Stellen sind denn in Jes. 32, 7; Ps. 5, 6; 10, 7; 36, 4 f.; 55, 24; 101, 7 die Worte šäqär, käzäb usw. einfach Bezeichnungen des Zaubers geworden; vielleicht auch Ps. 7, 15 (?). — Und so hat auch umgekehrt das Wort für Zauber āwän an einigen Stellen nicht nur den Nebenbegriff, sondern geradezu die Bedeutung des Enttäuschenden, des Trügerischen, des Inhaltslosen [1] (NB. nicht Falschheit als Charaktereigenschaft!) erhalten, die die Philologen dazu verleitet hat, in dem Inhaltslosen den Kern und den Inhalt und die Fülle des Wortes zu suchen. Die Bedeutung: das Täuschende, Blendwerk, liegt Zach. 10, 2; Jes. 41, 29 (wenn nicht אִין zu lesen), vielleicht auch Ps. 7, 15 (?), vor.

e) Besonders geeignet, diesen Zusammenhang zu illustrieren, sind die Wörter שָׁוְא und כַּחַשׁ.

Unter dem Worte šāw geben die Lexika als primäre Bedeutung Falschheit, Lüge, Trug (so Ges.-Buhl[16]) oder das Gehaltlose, Blendwerk (so Ges.-Buhl[13]). Das ist aber wenigstens sehr einseitig. Die Wurzel, jedenfalls ihre Ableitungen, vereinigen die Bedeutungen: das Unheilstiftende, Verderben Bringende, und: das Nichtige, Haltlose, das Blendwerk. Die beiden Bedeutungen treffen sich sozusagen in der Bed. des Verwüsteten und Verwüstenden. Denn es ist kein Grund vorhanden, mit Ges.-Buhl die Wurzel des Wortes שָׁוְא von der Wurzel שׁוֹא, verwandt mit שָׁאָהI, wovon שׁוֹאָה usf. abgeleitet ist, zu unterscheiden.

Šāw kommt nicht selten als Parallelbegriff zu אָוֶן vor, s. Jes. 59, 4; Hos. 12, 12; Zach. 10, 2; Ps. 41, 7; Hiob 11, 11. Es bezeichnet wie אָוֶן zunächst Unheil, Verderben irgend einer Art, das irgendwie über einen Menschen gebracht wird. So Jes. 30, 28; 59, 4; Ps. 26, 4; 41, 7; 119, 37; 144, 8. 11; Hiob 7, 3. Wenn auf der letzten Stelle jarḥē šāw steht, so ist es zu schwach, etwa mit Ges.[13] »an Enttäuschung reiche Zeiten« zu übersetzen; der Verf. deutet auf den im alten Orient wohlbekannten Glauben

---

[1] Hier ist der Punkt, wo אָוֶן und אַיִן sich treffen; in Jes. 41, 29 kann man zweifeln, welche Leseart die richtige sei. Eine Wurzelverwandtschaft zwischen den beiden Wörtern besteht dagegen sicher nicht (so auch Bevan).

an unheilbringende Tage und Zeiten hin, und der Ausdruck muß »Unheils-
monate« übersetzt werden. — Daß das Unheil durch gewisse Worte gebracht werden kann, sagt Ps. 144, 8. 11; wir haben hier die uns nun hin-
länglich bekannte Klage über die Feinde, die »Unheil reden« s. I 7. Ebenso
Jes. 59, 4, wo neben אָוֶן zugleich *tōhū* (s. unten) und ‘*āmāl*, Gewalt, Unheil,
Unglück, als Synonyme vorkommt; der Prophet will sagen: statt seine Sache
in redlicher Weise zu fördern, bedient sich jedermann allerlei unehrlicher und
böser Mittel; man verschafft sich dadurch einen Vorteil, daß man Unheil, Verderben über den Nächsten bringt, u. a. auch dadurch, daß man »Unheil über
ihn redet«, d. h. mittels gewisser Worte das Unglück gleichsam über ihn
herabbeschwört, siehe I 2, S. 6 f. — In Ps. 41, 7 sahen wir, daß das Unheil,
das über den Leidenden durch Reden *dabbēr* gebracht wurde, darin bestand,
daß er todkrank wurde; die *šāw* Redenden erwarten als Erfolg ihrer Rede,
daß er sich nicht mehr von seinem Lager erheben werde, s. I 7.

Welcher Art dieses mittels Worte gewirktes Unheil ist, zeigt eine
andere Reihe von Stellen.

Zunächst Jes. 5, 18, der Weheruf über diejenigen, die die »Schuld
hä‘āwōn mit *ḥablē haššāw* heranziehen«, siehe S. 28. ‘*āwōn* bedeutet zur
selben Zeit sowohl Sünde oder Schuld als Unglück; daß ein Mensch »Schuld«
hat, »seine Schuld trägt«, *nāśā ‘awōnō* kommt ihm dadurch zum Bewußtsein,
daß er von irgend einem Unglück, etwa Krankheit oder plötzlichem Tod
getroffen wird, s. des Näheren V 1. »Die Schuld heranziehen« muß somit
bedeuten: durch irgend welche Mittel bewußt und gewollt Unglück — nicht
über sich, wohl aber über andere bringen; hierzu ist sowohl dem Ausdrucke als dem Inhalte nach zu vergleichen »einen mittels eines Wortes zum
Sünder machen«, Jes. 29, 20 f. (I 7). *Ḥablē haššāw* muß dann die Mittel,
bezw. Künste angeben, mittels welcher der Betreffende »die Schuld heran-
zieht«. Und nun erinnert uns plötzlich die *ḥᵃbālīm* an die Schnüre mit gebundenen Knoten, die bei den magischen Künsten des alten Orients, sowohl
in Babylonien[1] als in Israel, eine große Rolle spielten. Auf diese Schnüre
deutet Ez. 13, 17 ff. hin, wenn wiederholt vom »Binden und Lösen« der
Menschen die Rede ist[2]. Es kann dann, nach dem was oben von dem
Zusammenhang zwischen *šāw* und dem machtwirkenden Wort gesagt ist,
nicht zweifelhaft sein, daß der Ausdruck »mittels Zauberschnüre« zu übersetzen ist. Jesaja gebraucht den Ausdruck hier doppeldeutig. Die schwierigen und gefährlichen Künste, durch die die Zauberer Schuld über das

---

[1] WEBER, AO. VII 4, S. 14: die geknotete Schnur, mit der sie (d. i. die
Hexe) den Mund (des Menschen) füllt. — JASTROW, Relig. Bab. u. Assyr. I,
S. 285.
[2] S. BERTHOLET z. St., KHCAT.

Opfer bringen, sieht er unter dem Bilde von Leuten, die mittels Stricken eine schwere Last schleppen; zu diesem Bild, das durch das Verb heranziehen angedeutet wird, hat der Gedanke an die Schnüre als Zaubermittel geführt; zugleich gibt er aber in dem Zusatz *šāw* die Deutung des Bildes und verleiht so dem Ausdruck einen doppelten Sinn. — Von den Zauberschnüren reden auch Jon. 2. 9; Ps. 31, 7, siehe S. 28. — Es liegt demnach am nächsten, in Hos 10, 4 »Zauberflüche« zu übersetzen. — Hieraus erklärt sich auch Spr. 30, 8: *šāw* ist etwas das durch *kāzāb*-Worte gewirkt wird; *kāzāb* ist aber, wie wir gesehen haben, ein Synonym zu אָוֶן; somit: durch Zauberworte gewirktes Unheil.

Dieser Sinn, unheilwirkender Zauber, liegt auch Ex. 20. 7 = Dtn 5, 11, in dem sogenannten zweiten Gebot vor. נשא את־שם יהוה לשוא bedeutet: den Namen Jahwä's zu etwas, das Verderben über einen anderen bringt, gebrauchen, in den Mund nehmen (*nāśā*), — denn daß *šāw* etwas Verderbliches ist, darüber ist begreiflicherweise Einigkeit. Nun haben wir I 7 gesehen, daß *šāw* und אָוֶן Ps. 41, 7—9 als *d'bar b'līja'al* charakterisiert wird und durch das Verb *hiṭlaḥaš*, Beschwörungen murmeln, gedeutet wird. Der Sinn Ex. 20. 7 ist somit klar: es ist davon die Rede, den Namen Jahwä's als Beschwörungsformel in egoistischer und anderen Leuten schädlicher Absicht zu gebrauchen. Das Wort ist hier geradezu mit »Zauber« wiederzugeben. Daß der Name der Gottheit als Zauberformel verwendet wird, ist im alten Orient wohlbekannt; es beruht auf Mißbrauch der legitimen Kultsitte, mit dem Namen des Gottes zu segnen, Dämonen zu bannen, Kranken zu heilen usw.

Nach Ex. 20, 7 muß auch Ps 139, 20 gedeutet werden. Der Betende bezeichnet hier seine Feinde als solche, »die Jahwä zum Trug« nennen und נשאו לשוא עריך (so zu lesen statt נְשֻׂוא, BHK). Daß עָרֶיךָ deine Städte hier sinnlos ist, wird allgemein zugegeben. OLSHAUSEN, WELLHAUSEN, DUHM u. a. lesen statt dessen שְׁמֶךָ deinen Namen, nach Ex. 20, 7; die Stelle redet dann von Leuten, die den Namen Jahwä's zu (krankheitswirkendem) Zauber gebrauchen und dadurch den Betenden in Not gebracht haben. Indessen ist diese Konjektur nicht notwendig. Mehrere Handschriften lesen עֵדֶיךָ. Dies Wort kommt sonst Ps. 32, 9; 103, 5 vor und wird von LXX an der ersteren Stelle durch σιαγόνας, an der letzteren durch ἐπιθυμίαν, wohl beides geraten, wiedergegeben. Die Ratung ἐπιθυμία ist aber einigermaßen richtig. Nach dem Zusammenhange ist entweder ein Wort für Seele oder etwas wie Begierde zu erwarten —, und da nun *nāfäš* nach antiker Psychologie ganz richtig beide diese Bedeutungen in sich schließt, so ist dasselbe von עֵדֶיךָ zu erwarten. In Ps. 32, 9 muß es nach dem Zusammenhange etwas wie Leidenschaft, Wildheit, feurige

Kraft bedeuten[1]. Die Grundbedeutung, die beide diese Bedeutungen in
sich vereint, ist etwa überströmende Lebenskraft; daraus einerseits das
Prinzip der Lebenskraft, die Seele, der Träger der Leidenschaften und
Begierden, andererseits diese Affekte und Gemütsrührungen; übrigens liegt
das alles für die primitive Psychologie in einander, und jeder Versuch, die
Nuancierungen fein säuberlich zu systematisieren und in ihrer Genesis dar-
legen zu wollen, ist verfehlt; die primitiven Begriffe sind *für uns* eben
Proteus-artig[2]. — עֵדִי Ps. 139, 20 bezeichnet das wirksame Kraftprinzip
Jahwä's, genau wie sonst *šem Jahwä*, und steht, wie nicht selten dieser
Ausdruck, hier Jahwä selbst parallel. Man gelangt so ohne Konjektur zu
demselben Resultat wie oben mit *šᵉmᾱchᾱ*: die Stelle spricht von Leuten, die
Jahwä's in seinem »Namen« sich offenbarendes »Wesen«, seine »Kraft«
zu Zauberzwecken mißbraucht haben.

Ganz klar ist die Bedeutung von *šᾱw* Ps. 12,3. Der Psalm, ein
Klagepsalm mit zusagendem Orakel von Jahwä (V 3 d) und vertrauensvollem
Dankgebet für die versprochene Hilfe, enthält eine Klage über die Feinde
des Betenden in der Form einer Schilderung ihres Treibens überhaupt, V. 2—5:

> [2] *O, hilf mir, Jahwä, denn die 'Frommheit'*[3] *ist dahin,*
> *und Treue ist 'verschwunden'*[4] *aus der Menschen Geschlecht.*

---

[1] Der Vergleich mit assyr. *adû* = Pferde- und Wagengeschirr, den BUHL[2]
noch erwähnt, ist nicht zu gebrauchen; ein Wort ע"פ müßte im Assyr.
*edû werden.

[2] Was die Etymologie betrifft, so ist an assyr. *edû* = Flut zu erinnern; beide
Worte können auf eine Wurzel: überwallen, vor gewaltiger Kraft über-
strömen u. ä. zurückgehen. Zu »Kraft« ist hier überall die Mana zu
vergleichen. Das hebr. *'eᵭ* = Flut ist dann als ass. Lehnwort zu betrachten und daher mit א statt mit ע gesprochen. — Dies עֵדִי ist ohne
Zweifel dasselbe Wort wie עֲדִי, Schmuck, wohl genauer eigentlich Glanz,
Herrlichkeit, dann Schmuck, vgl. *hᾱᵭᾱr*, einerseits äußerer Schmuck,
andererseits der Lichtglanz Jahwä's, ‡ *hōᵭ* Hiob 40, 10, *kᾱᵬōᵭ* Ps. 8, 6
(Die Wurzel עדה II = überziehen, anziehen, aus der ʿaᵭî erklärt werden
soll, so GES. BUHL, ist nach modernen Begriffen ad hoc gemacht). Vgl.
ferner נצב strahlen, glänzen; dann Piel leiten, befehlen, vorstehen: der
Glanz ist Abzeichen der »Macht«, die den Häuptling kennzeichnet und ihm
angeboren ist; daher glänzen = Häuptling sein, leiten, vorstehen. In den
Worten *hōᵭ, hᾱᵭᾱr, kᾱᵬōᵭ* vereinen sich die Begriffe Macht, Glanz, Hoheit
und Schmuck, Herrlichkeit, und diese Begriffe, die zugleich das Wesen der
»Seele« ausmachen, — vgl. *kᾱᵬōᵭ* ‡ *nᾱfᾱš* — sind in der primitiven Psychologie unauflöslich verbunden. Auch an der äußeren Erscheinung und
den Kleidern des »Herrlichen« haften diese Dinge; daher 'aᵭî = Schmuck
und עדה = sich schmücken.

[3] L. הֶסֶד, BHK.

[4] L. אֶמֶן statt פַסּוּ, BHK.

> [3] *Nur Schadenworte*[1] *reden sie wider einander*
> *mit gleißnerischen Lippen und falschen Herzen.*

> [4] *Daß Jahwä doch vertilgte alle gleißnerischen Lippen*
> *und [jede]*[2] *Zunge, die große Worte redet,*
> [5] *die da sagen: »'In'*[3] *der Zunge wir haben uns're Kraft,*
> *uns're Lippen sind mit uns, — wer ist uns dann über?«*

Es dürfte hier klar sein, daß die Schilderung in der zweiten Strophe viel zu kräftig ist als daß sie auf Verleumdung und böswilligen Klatsch gedeutet werden könnte, wie es die übliche Exegese meistens will. Der Verleumder oder der Lügner kann, auch nicht in dieser schlimmen Welt, mit Recht sich für unüberwindlich wegen seiner »kräftigen Zunge« erklären; das kann aber derjenige, der das machtwirkende Wort beherrscht, der Magier, der Zauberer, s. S. 26 f.; er kann sich rühmen, daß niemand sein Übermann ist, weil er »die großen Worte« aussprechen kann, sie immer bei sich hat, daher seine »Lippen mit sich« hat. Daß der Zauberer dabei zugleich gute Mienen macht und das Opfer mit freundlichen Worten und »gleißnerischen Lippen« betört, ist aus dem Volksglauben und den Märchen aller Welt genügend bekannt. Und ebensowenig wie die starken Ausdrücke in V. 6 »die Not der Leidenden, das Seufzen der Bedrückten« auf diejenigen passen wollen, die nur durch den Spott der weltlich-gesinnten Partei zu leiden haben, so gut passen sie auf die unglücklichen Opfer der Zauberer. Nach V. 9 sind denn auch die *dōbᵉrê šāw* zugleich *rᵉšāʿīm*; und daß dies Wort hier einen speziellen Sinn hat, kann durch eine naheliegende Konjektur der sicher korrumpierten V. 7—8 gestützt werden. Natürlich müssen wir, in teilweisem Anschluß an Syr, in V. 8 *tišmᵉrēnī* und *tiṣṣᵉrēnī* statt *tišmᵉrēm* und *tiṣṣᵉrēnū* lesen; übrigens muß der Wiederherstellungsversuch darin seinen Ausgangspunk nehmen, daß V. 7 zu lang und V. 8 zu kurz für das Viermetrum, das sonst den Psalm beherrscht, ist. בעליל לארץ V. 7 ist an sich unverständlich und hat nichts in V. 7 zu tun. In Anbetracht des ganzen Charakters und Inhalts des Psalms liegt es nun sehr nahe, darin einen Schreibfehler für בליעל zu sehen, vgl. Ps. 41, 9 und Spr. 6, 12; liest man nun מאנשי בליעל und versetzt es hinter 8 b, so gewinnt man den fehlenden Versfuß in V. 8 und hat eine Verwendung für das jetzt sinnlose מ in תשמרם. Also:

> [8] *Vor 'den Schadenmännern' wirst du 'mich' hüten, Jahwä,*
> *und immer vor diesem Volke 'mich' schirmen.*

---

[1] שֹׁוא.
[2] Add. וּכָל־, m. c.
[3] L. בלשננו statt לְל״.

Was »Schadenmänner« sind, wissen wir aus Ps. 41, s. I 7. Schadenmänner sind auch »die, welche *šāw* d. h. Zauberei reden«. —

Wie *'aun* ist *šāw* etwas, das im Dunkeln, im Geheimen geübt wird.
Hiob 11, 11 steht es als Typus des Geheimsten, das jedoch von Gott durchschaut wird. Ps. 26, 4 steht *mᵉpê šāw* ⧧ *naᶜᵃlāmīm*, s. I 6; als weitere Synonyme stehen hier *mᵉrēᶜīm* und *rᵉšāᶜīm*, die uns beide als Synonyme zu
poᶜᵃlê āwän bekannt sind, s. I 1 b.

Die Beziehung des Wortes auf den Zauber dürfte nach diesen Stellen
unzweifelhaft sein. —

Wir sehen dann auch, daß *šāw* im großen und ganzen dieselbe Be-
deutungsentwicklung durchgelaufen und zu denselben Nuanzierungen wie
אוֹן gelangt ist.

Als Bezeichnung, bezw. als Schimpfwort für »zauberische« illegitime
Hilfsmittel, Götter, Kulte und Orakel steht es Jes. 1, 13; Jer. 18, 15; Hos.
12, 2; Hiob 15, 31; Vgl. II 5.

Die umfassende Bedeutung: Nichtigkeit, Blendwerk, Täuschwerk, etwas,
auf das man sich verläßt und dadurch enttäuscht wird, tritt an anderen
Stellen in den Vordergrund: Ps. 60, 13 = 108, 13; 89, 48 (⧧ חדל); vgl.
Jes. 59, 4 ⧧ תהו das Leere; Zach. 10, 2. Vgl. auch den Ausdruck לַשָּׁוְא.

Diese Bedeutungsnuance haben als Nebenbegriff immer die obengenannten Stellen, die von illegitimen Göttern und Orakeln handeln; Wahr-
sagungen und Orakel, die durch solche Mittel gegeben sind, sind selbst
enttäuschend, trügerisch. Daher bedeutet »*šāw* schauen oder wahrsagen«
Blendwerk und Lüge wahrsagen, Zach. 10, 2; Ez. 12, 24; 13, 6. 7. 8. 9. 23;
21. 28. 34; 22, 28; Thr. 2, 14.

Als Bezeichnung der von der Nichtigkeit einer Seele zeugenden und
von solcher Eigenschaft stammenden Sündigkeit und Bosheit schlechthin
steht es Ps. 24, 4; Hiob 35, 13.

Wie oben gesagt liegt sehr häufig im Worte der Begriff des durch
den Zauber und ähnliche betrügerischen und enttäuschenden Mittel ge-
wirkten Unglücks. Davon hat es die Bedeutung Unglück, Unheil schlechthin angenommen, Ps. 119, 37. Vgl. II 3.

Die beiden Bedeutungen Unheil sowohl als Nichtigkeit spiegeln sich
in dem adverbiellen Gebrauch des Wortes *šāw* oder vollständiger *laššāw*
in der Bedeutug umsonst ab, Ps. 127, 1. 2; Jer. 2, 30; 4, 30; 6, 29; 46, 11;
Mal. 3, 14. Der Ausdruck ist inhaltsreicher als unser »vergebens« und wird
von Bestrebungen, Plänen usf. gebraucht, die nicht nur nicht das Ziel
erreichen, sondern zugleich Unheil über den Täter bringen. Das Ziel nicht
erreichen zu können ist eben ein Beweis einer machtlosen Seele, die nicht
»fest« und »gerecht« ist, sondern das Gegenteil: geteilt, leer, nichtig

ungerecht, böse. Die Ergebnislosigkeit ist Unheil, sie kommt vom Unheil
her, beweist Unheil, und sie erzeugt Unheil.

Die Bedeutungen unheilstiftend und leer, unwahr, spiegeln sich auch
beide in dem Gebrauch von šáw von einem falschen Gerücht, Ex. 23, 1 oder
einer falschen Zeuge, Dtn. 5, 20 ab; vgl. oben zu den »falschen« Prophetien.

Die Vorstellungen von dem Unheilwirkenden und dem Trügerischen,
Nichtigen und dem Lügnerischen gehen eben so leicht und in so mannigfaltiger Weise ineinander über, daß eine klare Unterscheidung von Früherem und Späterem hier unnütz — und zuletzt wohl auch prinzipiell unrichtig
— ist; auf der Kulturstufe, auf der wir uns hier befinden, liegen die Begriffe noch ineinander, ganz unbekümmert um unsere kritischen Distink-
tionen. Als Grundbedeutung ist somit mit GES.[13'] das Nichtige, Gehaltlose
anzunehmen, jedoch so, daß von Anfang an der Gedanke an das Unheilstiftende und Sündige sich mit geltend macht.

Alle die scheinbar heterogenen Bedeutungen, die die Lexika unter
שוא aufführen, erhalten somit ihre volle Erklärung, wenn man daran fest-
hält, daß das Unheilbringende mit zu der Grundbedeutung der Wurzel gehört,
und daß bei diesem Unheil ganz besonders an das durch Zauber gestiftete
Unheil gedacht wird.

Aus einer solchen Grundbedeutung der Wurzeln שוֹא und שאה ließen
sich auch die verschiedenen Ableitungen dieser Wurzeln erklären[1]. —
Zunächst unschwer das arab. اس böse sein und das äthiop. sāʾē Frevel.
Dann aber auch das von der Wurzel des šáw vermeintlich zu unterscheidende שוא mit der Bedeutung verwüsten (s. GES.-BUHL unter שוֹא), das
nur eine Spezialisierung des Verderbens ist. Daraus שוֹא Verwüstungen
Ps. 35, 17; שוֹאָה plötzlicher Untergang, Verderben, Verwüstung; (verwüsten-
der) Sturm, Donnerwetter, Krach; מְשׁוֹאָה Verwüstung; pl. verödete Plätze;
מַשׁוּאֹת Trümmer; תְּשֻׁאֹת Lärmen, Geschrei, aus der speziellen Bedeutung der Wurzel, die besonders in der Nebenform שאה vorliegt, s. sofort.
— Ferner שאה I, die sowohl die relativ ursprünglichere Bedeutung »wüste
sein« — was verwüstet und verdirbt, ist selbst seiner Natur und Wesen nach
wüste — und die aus der Grundbedeutung (durch gottlose Mittel) verderben
spezialisierte Bedeutung »lärmen« in sich vereint; das Lärmen ist nämlich
zunächst technische Bezeichnung für das gegen die göttliche und sittliche
Ordnung sich empörende, hochmütige, frevelhafte und verderbende Treiben,
das z. B. die Toren treiben. Als Terminus für das aufrührerische Tosen
des Urmeeres kommt die Ableitung שאון z. B. Ps. 65, 8 vor; V. 7—9 ent-

---

[1] Betreffend den Belegstellen im flg. siehe die betreffende Wörter in GES.-BUHL.

halten Anspielungen auf die Schöpfung, die Bezwingung des Meeres und den Chaoskampf (»die Bewohner der äußersten Enden der Erde« sind die mythischen Wesen, die anderswo die »Helfer Rahabs« genannt werden); auch in dem Ausdruck $b^e n\hat{e}\ \check{s}\bar{a}'\bar{o}n$ für Moab Jer. 48, 45 liegt eine mythische Anspielung vor. Dann bedeutet aber $\check{s}\bar{a}'\bar{o}n$ auch Lärm, Tosen im allgemeinen. Die ursprünglichere Bedeutung der Wurzel liegt in der Bedeutung Krach, Untergang vor, vgl. שׁוֹאָה. Siehe ferner die Ableitungen שָׁאוֹן Spr. 1, 27 Kt, wohl einfach Schreibfehler für שׁוֹאָה; שְׁאִיָּה Vernichtung, Krach; שְׁאֵת Untergang, Verderben. — Endlich ist auch der Hiph. הִשִּׁיא in Irrtum führen, verführen, täuschen; angreifen, befehden, wie Buhl angedeutet hat, nicht aus einer Wurzel נָשָׁא II, sondern aus שׁוא abzuleiten. Die scheinbar disparaten Bedeutungen erklären sich unschwer aus der von uns angenommenen Grundbedeutung der Wurzel; wer durch magische Künste Verderben wirkt, ist ein Feind sogar totius orbis; er ist aber auch in vielen Fällen der Verführer, der sowohl täuscht als in Verderben stürzt. Hieraus מַשָּׁאוֹן Täuschung, Betrug.

Die Frage, ob »Nichtigkeit« oder »das Unheilwirkende« *die* Grundbedeutung sei, darf nicht aufgeworfen werden. Die beiden Begriffe liegen in dem primitiven Denken ineinander.

Wir stellen somit fest, daß $\check{s}\bar{a}w$ sehr häufig geradezu als Terminus für Zauber und Zauberworte steht und daß es in diesem Sinne sowohl das Unheilstiftende als das Sündige, den Bund Brechende, somit »Falsche«, als auch das Nichtige, auf das Haupt des Zauberers Zurückfallende und ihn zur Täuschung Werdende in sich einschließt. — —

Ganz ähnlich verhält es sich mit dem Worte כַּחַשׁ. Man findet es in den Lexika mit den Bedeutungen Lüge, Trug, Heuchelei; in Hiob 16, 8 soll es nach einigen Verleumdung (durch eine prokrusteische Exegese der Stelle), nach anderen Magerkeit bedeuten.

Die Wurzel liegt in zwei scheinbar heterogenen Bedeutungen vor: 1. abmagern; abnehmen, schwinden (hebr. Kal, Piel; Misch., jüd.-aram. Kal); 2. lügen; leugnen; verleugnen (hebr. Piel; jüd.-aram. Hiph.; Hiph. und Aph. als Lügner darstellen). Siehe Ges.-Buhl. Man hat auch diese beiden Bedeutungen als wurzelverschieden betrachten wollen (ib.).

Im Hintergrunde liegt überall eine Grundbedeutung, die sowohl das Nichtige, die »Lüge«, als das Unheilstiftende, das Kraftlose (vgl. Abmagern) umfaßt. —

An mehreren Stellen, an denen das Wort $ka\underline{h}a\check{s}$ vorkommt, liegt eine Nebenbeziehung auf Zauber und ähnliche Künste vor. — So deutlich in Ps. 59, 13, wo es als Parallelbegriff zu »Fluch« steht, siehe S. 16 und unten III 2 c.

Ähnlich Hiob 16, 8. Der Zusammenhang ergibt den Sinn Leiden, Unglück o. ä., und zwar solches Unglück, das davon zeugen kann, daß der Betreffende ein Sünder ist; somit Unglück unheimlichen göttlichen oder »übernatürlichen« Ursprungs.

Hos. 7, 3 gibt keinen weiteren Beitrag zum Verständnis des Wortes, als daß es hier ein Synonym zu $rā^c\bar{a}$ das Böse und d₍ ₎ Unheilstiftende ist. Es verhält sich zu diesem wie das Konkretere zum Allgemeineren; $kāh^a\check{s}im$ ist eine besondere Art von Sündigkeit, bezw. von sündigen Handlungen, die als typisches Beispiel der gottfeindlichen Schlechtigkeit überhaupt stehen kann.

Etwas deutlicheren Bescheid gibt wieder Hos. 10, 13. Der Zusammenhang zeigt, daß hier von einer besonderen Art von unheilbringender Schlechtigkeit die Rede ist; zum Gedanken vgl. Ps. 7, 15; Hiob 4, 8; Spr. 22, 8 Alle diese Stellen sprechen denselben Gedanken in fast denselben Worten aus, und bezeichnend ist es, daß was die drei letzteren Stellen von $\bar{a}w\ddot{a}n$ aussprechen, das sagt Hos. 10, 13 von $kah̬a\check{s}$.

Hos. 12, 1 steht das Wort synon. $m^er\bar{e}^c\bar{\imath}m$, vgl. $\bar{a}w\dot{a}n$, und erhält eine nähere Erklärung durch die parallele Zeile V. 2, nach der die Sünde Ephraims darin besteht, daß er $r\bar{u}^ah̬$ und $q\bar{a}d\bar{\imath}m$ nachjagt. Daß damit Verehrung der nichtigen und windigen Götter (oder Dämonen) der Heiden gemeint ist, geht aus einer Stelle wie Jes. 41, 29 hervor. Die beiden Grundbegriffe treten hier deutlich hervor.

Nah. 3, 1 bezeichnet $kah̬a\check{s}$, syn. $d\bar{a}m\bar{\imath}m$, vgl. $\bar{a}w\ddot{a}n$ I 2, und $t\ddot{a}r\ddot{a}f$, vgl. $\bar{a}w\ddot{a}n$ I 3, eine Wirksamkeit, die auf gewalttätige Unterdrückung und Ausplünderung ausgeht. Unser »Lüge« paßt hier nicht; Lüge ist eben das der Gewalt entgegengesetzte Mittel. Dagegen paßt auch hier eine Nuanzierung der Bedeutung Unheil.

Überblicken wie nun die oben erwähnten Bedeutungen, welche die Wurzel $kah̬a\check{s}$ angenommen hat, so ist es klar, daß die speziellen Bedeutungen: lügen oder einen zum Lügner machen, nicht die ursprünglichen sein können. Denn weder die Bedeutung abmagern, noch die Bedeutungen, die wir für das Nomen $kah̬a\check{s}$ gefunden haben, lassen sich aus »lügen« ableiten. Zu Grunde muß eine Bedeutung liegen, aus der die beiden Bedeutungsgruppen »kulturgeschichtliche« erklärt werden können.

Das ist eben eine Bedeutung, die dem primitiven Grundgedanken entspricht. Sünde, Unheil, Treubruch, »Lüge«, Unheil, Zauber entspringt einer inhaltslosen, machtlosen, »ehrenlosen« (vgl. $k\bar{a}b\bar{o}d$ = Seele), »mageren« Seele, die nichts Festes und Reales schaffen kann, sondern nur Unheil über sich und die mit ihr in Berührung Kommenden bringt.

KAP. III. ERGEBNISSE BETREFFS DES ZAUBERS IM ISRAELITISCHEN VOLKSGLAUBEN.

1. Was ist Zauber?

Es ist hier die Stelle, eine kurze Definition des Begriffes Zauber oder Magie zu geben[1].

Zunächst muß die Methode abgelehnt werden, die durch mehr oder weniger unbewußte Werturteile oder durch moderne religiöse Klassifizierungen und Kategorien das Problem bewältigen will — eine Methode, die u. a. auch zur Postulierung einer »präreligiösen«, auch »präanimistisch« genannten, Stufe in der religionsgeschichtlichen Entwicklung der Menschheit[2] oder zu Definitionen wie die, daß die Magie seine Zwecke durch den Zwang der Riten über die Götter erreichen wolle, Religion sei aber da, wo es sich um persönliches Gebet an frei schaltende und waltende Götter handle[3], geführt hat. Das sind vielleicht Theorien und Definitionen,

---

[1] Einen großen Teil der gewaltigen Literatur über die Magie des Altertums zählt Schürer, Gesch. d. jüd. Volkes III[4], S. 414 ff. auf. Doch hat er — wie seine Quellen — infolge der unten erwähnten falschen Definition des Begriffes Magie vieles mitgenommen, das nicht der Magie, sondern der Religion, dem Kulte angehört, so z. B. die babylonischen Krankheitsbeschwörungen (zu diesen s. Jastrow, Relig. Bab. u. Assyr. I, S. 273 ff., der übrigens in demselben Irrtum steckt). Hier seien einige übersichtlichere Aufsätze genannt: Wiedemann, Magie und Zauberei im alten Ägypten, AO V 4; Weber, Dämonenbeschwörung bei den Babyloniern, AO VII 4; Johs. Weiss, Dämonen, Dämonisches in PRE[3]; v. Orelli, Zauberei und Wahrsagerei, PRE[3]; Stade, Biblische Theologie d. A. T. B. I, 1905, § 95; Volz, Biblische Altertümer 1914, S. 181 ff.; Gressmann, Mantik, Magie u. Astrologie, RGG; Heitmülleb, Im Namen Jesu, 1903, S. 223 ff.; Schürer, op. cit. S. 407.

[2] So besonders die ethnographischen Forscher (z. B. Marett, Preuß, Hewitt, Hubert u. a.). Nach der Ansicht dieser Forscher ist die Religion aus der Magie entstanden; die Nachwirkungen derselben strecken sich aber weit in die religiösen Gebräuche hinein.

[3] Als eigentliche Definition tritt diese Theorie selten auf; sie liegt aber immer da im Hintergrunde, wo z. B. die brahminischen Kultûbungen, die

die bei einer Verurteilung der Religion überhaupt oder in einer Polemik gegen katholischen Aberglauben und lutherische Orthodoxie von praktischer Bedeutung sein mögen, die aber des wissenschaftlichen Wertes entbehren.

Hier gilt es, wenn je, das Problem historisch anzufassen. Zauber ist ein Ding, das einer Kultur gehört, die nicht mehr die unsrige ist. Für uns existiert das Ding nicht mehr; wir kennen nicht den Zauber mehr aus persönlicher Erfahrung; er gehört für uns im Gebiete der Nichtwirklichkeit, des »Aberglaubens«. Dann dürfen wir aber nicht den Begriff aus unserer modernen Beurteilung und Unterscheidung zwischen mehr oder weniger Wertvollem in der Welt der Religion definieren, sondern wir müssen fragen: was haben die primitiven Menschen unter Zauberei verstanden, was ist ihnen der Unterschied zwischen Religion und Magie? Wir müssen das Ding nicht von oben herab, von der Höhe der mehr oder weniger berechtigen Überlegenheit unseres Erkenntnisses betrachten, sondern von innen heraus, von einem genauen Sichhineinfühlen in die Seele und die Kultur des primitiven Menschen heraus. Es handelt sich hier eben darum, in rein historischer Weise den Inhalt eines Begriffes zu erfassen, der einer geschwundenen Kultur angehört[1]. Dieses Sichhineinverleben ist immer eine schwierige Sache, es ist aber notwendig, wenn man das primitive, das »ursprüngliche« Denken verstehen will. Der Primitivologe, nicht weniger als der Religionshistoriker muß ein Gläubiger werden.

Zwischen den äußeren Handlungen der Religion und des Zaubers ist oft kein wesentlicher Unterschied zu bemerken[2]. Ob der Handelnde seine Zwecke durch einen Appell an den freien Willen der höheren Mächte erreichen will, oder ob er (daneben) die Vorstellung von der Wirkung der Handlung *ex opere operato* hat, ist oft sehr schwierig zu entscheiden; die Übergänge sind hier sehr fließend. Dazu kommt, daß man ohne jeden Zweifel die Möglichkeit einer Religion ohne persönliche Götterwesen zugeben muß; dann kann man aber nicht die Vorstellung von der *ex opere operato* wirkenden Handlung als das unterscheidende Merkmal zwischen Religion und Magie betrachten. Weder die äußeren Handlungen an sich, noch die Vorstellun-

---

Reinigungsriten der babylon.-assyr. Religion, die Sakramentlehre des Mittelalters u. dgl. abschätzend als „Magie" gestempelt werden. So leider noch viele Religionshistoriker.

[1] Es will in diesem Zusammenhange nichts besagen, daß diese Kultur in mehr oder weniger verkümmerten Resten noch hier und da existiert; für uns, die wir religionsgeschichtliche Wissenschaft treiben, existiert sie nicht mehr.

[2] Zum flg. siehe insbesondere SÖDERBLOM, Gudstrons uppkomst, Stockholm 1914, Kap. V, S. 176—207.

gen, die man sich über das Wie ihres Wirkens macht, kann als Grundlage einer Definition des Zaubers gemacht werden. Gegen die etwaige Behauptung, daß die Theorie von der Wirkung *ex opere operato* — und das will wohl die Rede von dem auf den Göttern durch die Magie geübtem Zwang besagen — die Kulthandlungen des Primitiven zu Magie stempeln sollte, würde der Primitive selber mit aller Kraft als gegen eine Blasphemie protestieren.

Es darf, meine ich, nicht zweifelhaft sein, daß die Betrachtung des Verhältnisses zwischen Religion und Magie, als deren Vertreter SÖDER-BLOM op. cit. hervortritt, die prinzipiell richtige ist. Es ist die eine Betrachtungsweise, die vor allem darauf baut, was der primitive Mensch selber unter Zauberei versteht und wie er darüber urteilt. Wenn man diese primitive Auffassung kennt, so versteht man auch leicht, warum fast alle Völker zu allen Zeiten die strengsten Gesetze und Strafbestimmungen gegen Zauber jeder Art geschaffen haben — Verbote und Strafandrohungen, die ihnen ebenso natürlich und selbstverständlich waren wie uns die Verbote gegen das Wirken der Kurpfuscher und nicht medizinisch ausgebildeten Ärtzte oder gegen das freie Verkaufen von gefährlichen Giftstoffen[1].

Dem Zauber und den Kulthandlungen gemeinsam ist es, daß beide in der Regel sowohl aus machtwirkenden Handlungen als machtwirkenden Worten bestehen, die einander supplieren und die das Erreichen eines Resultates, das nicht durch alltägliche, profane Mittel zu erreichen ist, bezwecken. Diese beiden Arten von Handlungen bezw. Worten haben nun oft eine auffallende Ähnlichkeit mit einander, eine Ähnlichkeit, die zu der falschen Beurteilung so vieler religiösen und kultischen Handlungen als »Magie« geführt hat[2]. — Zauber- und Kulthandlungen gemeinsam sind ferner nicht selten die Kräfte, die heraufbeschworen, bezw. herbeigerufen werden; so bezweckt die Zauberhandlung nicht selten in irgend einer Weise die Götter,

---

[1] Die Theologen benehmen sich meistens, als wären die israelitischen Zauberverbote ein besonderer Ruhmestitel der israelitischen Religion. Das ist vollständig falsch; sie waren nichts für Israel Besonderes oder Rühmenswertes. Sowohl Gudea als Hammurapi haben Verbote gegen den Zauber erlassen, und fast bei jeder Krankenheilung und Exorzismus eines wilden „Medizinmannes" handelt es sich auch darum, den Zauberer zu finden und unschädlich zu machen.

[2] Vgl. etwa das „Wasser der Bitterheit" Num. 5,17 ff., einen Ritus, der in allem als eine Zauberhandlung aussieht. — Vgl. ferner GRESSMANN, RGG IV, Sp. 128 f. Jedoch muß der Gebrauch des Wortes Magie von vielen völlig legitimen, prophetischen oder geradezu kultischen Handlungen abgelehnt werden, siehe oben.

bezw. die Gottheit zur Erfüllung der Wünsche des Zauberers zu zwingen; so verbietet der Dekalog den Namen Jahwä's zum Zauber zu benutzen. — Gemeinsam ist ihnen auch sehr oft das Verhältnis zu der »Macht«; es handelt sich in beiden Fällen in letzter Linie darum, eine Macht, ein Vermögen (auf späterer Stufe der »Entwicklung«: einen Beistand, ein Eingreifen der höheren Mächte) zu erlangen, die über das Gewöhnliche, von jedem Menschen ohne weiteres Verfügbare, hinausgeht[1].

Schon hier tritt aber der Unterschied zu Tage. — Nicht selten ist die Macht in eine gute und eine böse Art differenziert worden[2]. Der Zauberer arbeitet mit der bösen Macht, während der Kultdiener durch die gute Macht seine Zwecke erreicht. — Ferner gehört es zum Zauber, daß er nicht von der *rite vocati et ordinati* der Gesellschaft, des Stammes, des Volkes, der Gemeinde, sondern von privaten Individuen, die keine gesellschaftliche Vollmacht haben, geübt wird. Man hat daher keine Sicherheit dafür, daß dieser Unberufene die Mächte wirklich meistern kann, die er heraufbeschwört; bedient er sich etwa der tückischen Geister der Verstorbenen, so weiß man nie, was für ein Unglück diese möglicherweise auf eigener Hand verüben können, usw. — Damit hängt zusammen, daß der Zauberer nur seine eigenen egoistischen Zwecke und Interessen oder diejenigen eines kleineren Kreises, die vielleicht den Interessen der Gesellschaft zuwiderlaufen, verfolgt, während der Kultverüber das Wohl der ganzen Gesellschaft befördern soll. Daher kommt es, daß der Zauberer meistens im Geheimen seine Kunst übt; er flieht »die große Versammlung«; er wirkt im Dunkel der Nacht, ohne daß jemand ihn kontrollieren kann. — Endlich ist es für den von den Primitiven als Zauberer Gestempelten charakteristisch, daß er fast ausnahmslos in böser Absicht wirkt. Indem er seine rein egoistischen Zwecke mit allen verbotenen und erlaubten Mitteln verfolgt, wird in der Regel sein Wirken eine Spitze gegen diese oder jene Person gerichtet haben und ihren Untergang oder Unheil bezwecken. Er schafft durch geheime Künste seinen Feind aus dem Wege, er wendet sich in derselben Weise den Besitz derjenigen, die seinen Neid erregen, zu, er macht den Gegner krank, usw.

Der Zauberer ist somit eine stetige Drohung, eine dauernde Gefahr für die braven, friedlichen Leute (»die Stillen im Lande«), wie für die

---

[1] Von „übernatürlichen" Kräften oder Mächten spreche man hier am besten nicht. Der Unterschied zwischen natürlich und übernatürlich existiert nicht für den Primitiven. Er ist Monist in seinem Denken — glücklicherweise für Ihn, denn sonst würde er bald in der Verworrenheit der Wirklichkeit zu Grunde gehen.

[2] SÖDERBLOM, op. cit. S. 39; 53; 203 f.

Gesellschaft als solche. Sein Wirken ist böse, den Göttern (der Gottheit) verhaßt; Zauberei wird überall als die schlimmste aller Sünden betrachtet, dem Abfall und der Abgötterei gleichwertig[1]. Sie wird vom Gesetz verboten, wird von Gott und Menschen geahndet; der Zauberer ist überall gefürchtet, gehaßt und verabscheut, denn er ist der Feind der Gesellschaft. Nur allzuoft aber fühlt man sich machtlos und hilflos seinem geheimen Treiben und bösen Künsten gegenüber.

Eine machtwirkende Handlung dagegen, mit dazugehörigen Worten, die von den von der Gesellschaft autorisierten Männern (Priestern, Propheten, Schamanen, Medizinmännern usw.) — sei es, daß sie von der Gemeinde gewählt sind, sei es, daß sie ihre Stellung nach altem Gesetz und erblicher Tradition oder kraft allgemeinem Konsensus erlangt haben — ausgeführt wird, und deren Zweck es ist, die außerordentliche »Macht«, bezw. die göttliche Kraft und Hilfe, im Dienste der ganzen Gesellschaft oder mit der Billigung der Gesellschaft im Dienste einzelner Gruppen oder Individuen, die in besonders hilfebedürftiger Lage gekommen sind, herbeizurufen, und die nach dem altheiligen Ritus und den Traditionen des sakralen Systems ausgeführt wird, ist eine Kulthandlung, sie ist Religion, und wenn sie uns Modernen bizarr, grotesk, »magisch« anmutet. —

Da nun die Psalmen nicht viel mehr Konkretes betreffend die Wirkemittel des Aunmannes, als was schon oben I 7—9 gesagt ist, enthalten, so ist es hier nicht notwendig in Einzelheiten zu gehen und die vielen Wirkemittel und Erscheinungsformen des Zaubers und der Hexenkunst zu schildern. Das Hauptmittel ist überall die machtwirkende (»symbolische«) Handlung und die machtwirkende Formel, das Zauberwort. Die Handlungen sind meistens nach dem Prinzip *similia similibus* geformt; so machen die babylonischen Zauberer Bilder ihres Opfers aus Ton, Wachs u. ä., die sie in verschiedener Weise zerstören: so wird es dann den Abgebildeten gehen. Oder sie binden Knoten, in die das Opfer gewissermaßen gefangen wird. — Die Worte haben den Charakter von wirksamen Fluchworten (s. oben I 7); sie können Anrufungen von Götter und Dämonen enthalten; häufig sind sie mehr oder weniger abgeschliffen und unverständlich oder vom Hause aus als ein unverständliches Gewirr von Silben und Worten gebildet, usw. Als *exemplum instar omnium* sei auf die Schilderung Webers der babylonischen Hexen AO. VII 4, S. 14; ferner Jastrow, Relig. Bab. u. Ass. I, S. 284 f.; Volz, Bibl. Altertümer, S. 182[2] aufmerksam gemacht.

---

[1] S. oben II 5. Die Kananäer treiben Zauberei statt Religion, Dtn. 18, 9—12; neben Zauberei steht Molochdienst, ib.

[2] Volz, wie so viele andere, nennt vielfach Zauber, was Religion und K..it ist. So wenn er die Kunst, »aus dem Opfer, aus der Leberschau, den

2. Ergebnisse.

a) Daß der Zauberglaube und die Zauberfurcht eine große Rolle im israelitischen Volksleben gespielt hat, wußten wir schon früher. Sowohl die Verbote im Gesetz und die Anspielungen in den Texten als die Ausgrabungen haben uns das erzählt. Nun kommt unser Resultat als eine Bestätigung hinzu. Die Psalmen sind manchmal als Gebete um Rettung vor dem Zauber und den Zauberern aufzufassen. — Daß dieser Glaube in der spätjüdischen und neutestamentlichen Zeit nicht minder vorhanden war, ist auch bekannt; siehe darüber außer die oben genannte Literatur SCHÜRER, Gesch. d jüd. Volkes III[4], S. 407 ff.; JÜLICHER, Exorzismus im N. T., RGG II.

Man sieht nun leicht, daß die in Kap. I gegebene Schilderung des Treibens des Aunmannes vollständig zu den oben III 1 gegebenen Andeutungen über Wesen und Formen und Mittel des Zaubers stimmen; siehe besonders die Rekapitulation I 10. Der Aunmann bedient sich der machtwirkenden Handlungen und Worte um dadurch seinem Gegner zu schaden; er macht ihn krank, raubt seinen Besitz, nimmt sein Leben. Er wirkt im Geheimen, in der Nacht; niemand kann ihn kontrollieren oder sehen. Er ist ein Unberufener, ein Privatmann, der sich mit den gefährlichen Dingen abgibt; er ist gefürchtet und gehaßt, eine Plage und ein Schrecken sowohl des Einzelnen als der Gesellschaft (Ps. 14; 53; 36; 94). Sein Tun ist gottverhaßt, dem Abfall und Götzendienste gleich; früher oder später wird Jahwä's Strafe ihn treffen.

Insofern enthalten unsere Ergebnisse nichts Neues, zu dem man nicht Analogien aus aller Welt Ländern hätte. Einige Einzelheiten haben wir doch gefunden, die sonst nicht im A. T. bezeugt sind. So daß der Zauberer sich einer geheimen Macht bedient (I 8), teils direkt, teils durch gewisse äußere Mittel (I 9). Wir hören, daß die Formel, das machtwirkende, »böse« Wort, der Fluch, die böse, »falsche« Zunge das gewöhnliche Mittel gewesen ist (I 7); wie hören auch von der geschriebenen Zauberformel (I 9), wozu die vielen in Ägypten gefundenen Zauberpapyri, darunter auch jüdische, zu vergleichen sind; dazu von magischen Gebärden und Handlungen, von Schnüren und Anblasen als Zaubermittel.

Willen der Gottheit zu erkennen«, Num. 23, 4; Ez. 21, 26 zu den Zauberkünsten rechnet. Sie *kann* es sein, ist es aber durchaus nicht immer: das kommt darauf an, wer es tut, und wie und wozu. Das Opfer ist Kult, nicht Zauber; den Willen der Gottheit aus der Opferschau zu erfahren, gehört auch in Israel zu den Aufgaben des Kultdieners, Gen. 4, 4 f.; 15, 10 f.; s. ferner Ps. 5, 4; 27, 4, worüber unten V 3 c.

b) Einen wichtigen Zug im Bilde des Aunmannes haben wir bis jetzt bei Seite gelassen, einen Zug jedoch, der eine wichtige Bestätigung unserer Deutung der Auntäter gibt.

Wie wir etwa bei WEBER und JASTROW (s. oben III 1) lesen können, spielt bei den babylonischen Zauberern der *Verkehr mit den Dämonen* eine wichtige Rolle (WEBER, op. cit. S. 13). Und besonders sind es die *Totengeister,* mit denen sie zu tun haben; in Babylonien sind der *ekimmu* und der *utukku,* beide Totengeister, hervortretende Bringer von Krankheit und Unglück; diesen Umstandes wissen der Zauberer und die Hexe sich zu bedienen (JASTROW, op. cit. S. 280 f.). Dasselbe ist uns aus dem Volks-glauben vieler anderer Völker und Rassen bekannt[1]. Daß man auch im alten Israel die Totengeister zu unerlaubter, also zauberischer Mantik her-aufzubeschwören wußte, zeigt die Erzählung von der Hexe in Endor. Aber auch zu anderen Zwecken; so wußten die Hexen, von denen Ezechiel Kap. 13 spricht, »Seelen zu fangen«, um mit deren Hülfe seine bösen Künste zu treiben, Ez. 13, 17 ff.

Ähnliches wird nun auch von den Auntätern in den Psalmen gesagt.

Ps. 94 enthält eine Klage über die Peiniger und Plagegeister der Ein-zelnen und des Volkes und über ihr böses Treiben. Wie wir I 2 gezeigt haben, kann es nicht zweifelhaft sein, daß »die Frevler« V. 3. 13, »die Auntäter« V. 16. 23, »die Toren und Verrückten im Volke« V. 8, »die Missetäter« V. 16, »wer Unheil gegen (die Bote des) Gesetzes stiftet« V. 20 nur verschiedene Bezeichnungen derselben Personen sind, deren Feindschaft jetzt auch der Betende erfahren hat. Der Psalm ist z. T. als eine Disputa-tion mit den Auntätern geformt, bei der der Dichter ihnen ihre Kurzsicht und ihre Verderbtheit vorwirft; hierunter richtet er dann auch flg. Frage an sie[2], V. 20:

Ist der Thron des Verderbens dein Genosse, der du Unheil wider's Gesetz machst?

Die Frage ist natürlich rhetorisch; gemeint ist: du bist ja der Genosse des Throns des Verderbens, הַוּוֹת כִּסֵּא. Thron steht natürlich metonymisch für den Machthaber auf dem Thron, vgl. Pharao, die hohe Pforte, πύλαι

---

[1] So ist dieser Glaube sehr verbreitet z. B. unter den Lappländern; häufige Beispiele bei QUIGSTAD og SANDBERG, Lappiske eventyr og folkesagn, Kristiania 1887.

[2] Daß die im Vorhergehenden als eine Mehrheit vorgestellten Feinde hier als eine Einzelperson vorgestellt und angeredet wird, tut nichts zur Sache; das kommt z. B. auch in Ps. 109 u. a. Ps. vor, berechtigt aber nicht zu der Folgerung, daß hier ein einzelner hervortretender Mann in der „Partei der Gottlosen" angeredet werde.

Ἅδου usw. *Hawwōþ* (amplifikativer Plural) muß hier eine Bezeichnung der Unterwelt, des Totenreiches, der Scheol sein. In Babylonien ist die Unterwelt nicht nur die Wohnung der Toten, sondern auch der Dämonen und Schadengeister; der Herr und die Herrin der Unterwelt, Nerigal und Ereschkigal, sind auch die Beherrscher der Dämonen[1]. Eine ähnliche Vorstellung muß man nach der oben genannten Stelle auch in Israel gehabt haben — sie ist ja an sich so naheliegend, daß sie ziemlich universell sein dürfte. »Der Thron des Verderbens« kann kaum anders als eine Bezeichnung der Herrschermacht der Unterwelt aufgefaßt werden, sei es, daß man sich diese Macht als von einem oder von mehreren dämonischen Wesen vertreten vorgestellt habe.

Daß diese Deutung der Stelle richtig ist, zeigt Hiob 18, 14, der einen »König der Schrecken« *mäläch ballåhōþ*, nach dem Zusammenhange einen König der Unterwelt, kennt; er ist nach V. 13 »der Erstgeborene des Todes«. Hier sind somit der Tod und der Höllenfürst zwei verschiedene Personen, im Gegensatz zu Jes. 28, 15, siehe sofort.

In Ps. 94, 20 heißt es somit, daß der Auntäter einen Bund mit den dämonischen Herrschern der Unterwelt, des Reichs des »Verderbens«, geschlossen hat; daher hat er seine Macht über die Menschen zum Bösen.

Einen entsprechenden Gedanken finden wir Jes. 28, 15 in den Worten, die Jesaja den Führern und Würdenträgern des Volkes in den Mund legt:

Wir haben geschlossen einen Bund mit dem Tode
und gemacht einen Vertrag mit Scheol;
wenn die geißelnde Geißel einherfährt,
uns trifft sie nicht;
denn wir haben »Lüge« zu unser Zuflucht gemacht
und in »Trug« uns verborgen.

Natürlich sind das nicht die wirklichen Worte der Großen, kein Mensch proklamiert öffentlich, daß er sein Vertrauen auf »Lüge« und »Trug« setzt; die Worte enthalten Jesajas subjektive Urteil über ihre Maßnahmen, und in echt orientalischer und alttestamentlicher Weise legt er sie den Gegnern in den Mund als ihr eigenes Geständnis[2]. Was nun hier unter *kåzåb* und *šäqär* zu verstehen ist, wissen wir schon nach II 6; damit ist jede »übernatürliche« Hilfe, die nicht von Jahwä kommt, oder jeder andere »übernatürliche« Helfer als Jahwä gemeint; besonders denkt man dabei an Götzendienst und Zauber. In dem hier behandelten Jesajaworte treffen

---

[1] Siehe WEBER, AO VII 4, S. 10.
[2] So charakterisiert überhaupt die alttestamentliche Poesie eine Person; vgl. BAUMGARTNER, Die Klagegedichte des Jer., S. 10.

wir nun die in der Religionsgeschichte häufige Erscheinung, daß Abwei-
chungen von dem orthodoxen religiösen Ideal von den Gegnern als Götzendienst oder Zauber beschimpft werden, siehe II 5. Das woran Jesaja hier
eigentlich denkt, ist wahrscheinlich der Bund mit Ägypten; diese Politik
ist seiner Ansicht nach Unglaube, somit Abfall, somit Götzendienst oder,
was auf dasselbe hinauskommt, Zauberei, vgl. I Sam. 15, 23. Und in der
üblichen drastischen Weise der Propheten charakterisiert er nun diese
Abgötterei, dieses »buhlerische«, zauberische Wesen als einen Bund mit
den Mächten der Finsternis: sie haben einen Bund mit dem Tode, einen
Vertrag mit Scheol geschlossen — die beiden Worte bezeichnen hier wohl
kaum zwei verschiedene Wesen, sondern sind nur die von dem Parallelismus geforderten zwei Bezeichnungen desselben Wesens. Nach Hiob 18, 14
ist Scheol oder Tod hier sicher als ein persönliches Wesen aufzufassen,
wie »der Thron des Verderbens«; wir würden etwa sagen: sie haben mit
dem Teufel einen Bund geschlossen. Jesaja behauptet also, daß die Gegner
ihre Politik in Vertrauen auf Zauber und die Hilfe der Dämonen treiben.

Nach diesen Stellen verstehen wir es leichter, wenn Jes. 66, 3 — auch
das ein Stück, in dem die prophetische Polemik eine heterodoxe Kultsitte
als Dämonen- bezw. Götzendienst[1] stempelt — den Dämon, bezw. den
Götzen, *'aun* nennt. — Wir erinnern hier zugleich an den Ortsnamen *Biqʻaþ-
'aun*, das Dämonen- oder das Zaubertal, und an die prophetische Verdrehung des Namens *Bêþ-'ēl* = Gotteshaus in *Bêþ-'aun* = Zauber- oder
Teufelshaus, Hos. 10, 5. 8; vgl. Am. 5, 5.

c) Es kann uns dann nicht wundern, wenn wir, jedenfalls gelegentlich,
in den Ps. neben den Zauberern auch die Dämonen treffen sollten. Hier
ist aber, da die Bedeutung der betreffenden Termini noch nicht erkannt
ist, die Untersuchung etwas schwierig. Wie oben III 1 erwähnt und unten
IV 3 näher auszuführen ist, gehen in den babylonischen Ps. die Zauberer und
die Dämonen vielfach in einander über. Das ist in den biblischen auch
der Fall, ein Umstand, der die Untersuchung erschwert.

Eine Hauptstelle ist Ps. 59.

Wir haben oben I 2 den Anfang des Psalms abgedruckt; an die Klage
in V. 2—5 a schließt sich 5 b—6 die Bitte:

*Auf, auf, mir zu Hülfe und schau, ⁶du bist ja Jahwä der Heere⁰,
wach auf, alle 'Stolzen' zu züchtigen, nicht schone die treulosen Zauberer.*

Daß hier »die *bōȝᵉðê āwän* und die »treulosen Zauberer« dieselben
wie die V. 2—5 a geschilderten Feinde sind, ist klar. Von diesen Feinden
sagt der Dichter V. 7 f.:

---

[1] Der Unterschied will nicht viel besagen; die Heidengötter sind Dämonen.

[7] *Allabends kommen sie wieder und heulen wie Hunde und durchstreifen*
die Stadt,

[8] *aus dem Munde strömen (mächtige Worte) und Schwerter sind auf ihren*
Lippen.

In V. 15 f., wo der erste Sechsfüßer wiederholt wird, heißt es ferner:

[16] *sie schweifen umher nach Fraß und 'knurren'*[1] *wenn sie nicht satt sind.*

Die landläufige Exegese denkt hier an aufrührerische Banden, die des
Nachts plündernd und schreiend die Straßen der Stadt durchstreifen und
»das redende Ich« — d. h. nach einigen, z. B. SMEND, BAETHGEN, BUHL, die
Gemeinde, nach anderen, wie KITTEL, STAERK, den Führer der Gemeinde,
etwa Nehemia — in große Angst und Furcht setzen. An sich sollte der
Ausdruck *bōȝᵉdē âwän* eine derartige Auffassung verbieten; völlig entschei-
dend ist V. 8, welcher zeigt, daß hier nicht von wirklichen Schwertern und
Waffen die Rede ist, sondern von Worten, die wie Schwerter wirken;
aufrührerische Banden aber pflegen nicht eine Stadt mit dem Munde
zu terrorisieren. Daß die hier geschilderten Wesen auf einer Linie mit
den Auntätern stehen, ist klar; gewöhnlich werden sie als identisch aufgefaßt. Sie haben sehr viel mit ihnen gemeinsam. Welcher Waffen sie
sich bedienen, zeigt der Ausdruck *jabbīʿūn bᵉfīhäm* V. 8, den wir oben
durch »aus den Munde strömen — eigtl. lassen sie strömen — (mächtige,
d. h. machtgefüllte, machtwirkende Worte«). *hibbīᵃʿ* ist, wie oben ausgeführt
(I 7), ein Wort, das die geheimnisvolle Rede des Geistesbesessenen, des
Propheten und des Gottesmannes bezeichnet; vgl. zum Ausdruck Spr 19,28,
wo יָבִיעַ statt יַבְלִיעַ zu lesen ist, siehe I 7. Bezeichnend für die Worte des
Propheten ist es aber, daß sie machtvoll und machtwirkend sind[2]. Das
sind nun, wie wir gesehen haben, auch die Worte des Aunmannes, siehe
I 7, 8. Seine Worte sind aber natürlich immer Böses wirkend. Daher heißt
es ferner: »und Schwerter sind auf ihren Lippen«. Die Worte, die sie
reden, werden ferner als »Fluch« bezeichnet *âlā* V. 13; auch in Babylonien
ist »Flucn« ein Terminus des krankheitswirkenden Zauberwortes[3]. Parallel
damit steht *kaḫaš* d. h. nichtiges, zugleich aber schädliches, Verderben
bringendes Wesen und Wort (siehe oben II 6 e). — Wir haben es somit
mit einem Krankheitspsalm der üblichen Art zu tun; als Hauptfeinde sind
auch hier die Zauberer gedacht.

Daneben steht nun die oben abgedruckte merkwürdige Schilderung
des nächtlichen Treibens der Feinde. Sie kommen jeden Abend wieder,

---

[1] L. וַיָּלִינוּ LXX, Aqu. Hieron. s. BHK.

[2] Vgl. MOWINCKEL, Om nebiisme og profeti. NTT 1909, S. 335 ff.

[3] Siehe z. B. JASTROW, Relig. Bab. und Ass. I. S. 328. Vgl. I 7, S. 15 f.

heulen wie Hunde und streifen durch die Straßen — wie die Pariahunde der Städten des Orients, die auf den Straßen ihre Nahrung suchen und die wohl nicht selten im Dunkel oder in einsamen Winkeln sich über einen einsamen oder wehrlosen Wanderer werfen mögen, vgl. Luk 16, 21. Wir haben oben gesehen, daß die Nacht und das Dunkel die Zeit und Stunde der Auntäter ist I 6; so könnte denn wohl auch Ps. 59, 7 als ein direkt aus dem Leben der Pariahunde genommenes Bild des Treibens der Auntäter erklärt werden. — Anderseits ist das Aufsicht erregende Heulen und Schreien nicht Sache der Zauberer. Wenn wir nun aber bedenken, daß man im alten Orient, jedenfalls in Babylonien—Assyrien, sich die Dämonen als nachts die Straßen in der Gestalt der unreinen Hunde oder anderer unreinen Tiere durchstreifend vorstellte[1], so ist es doch wohl das Wahrscheinlichere, daß Ps. 59, 7 die Vorstellung der Auntäter nicht direkt von den Pariahunden, sondern von den Dämonen hergenommen hat. Von dem babylonischen »bösen Alu« heißt es eben, daß er des nachts »wie ein Hund« durch die Straßen schlendert, siehe Weber, AO VII 4, S. 11. — Auch in Babylonien werden die Hexen und die Dämonen in derselben Weise geschildert; erstere tragen das Bild der letzteren[2]. Und so wird es auch hier sein. Der Verfasser dieses Psalms denkt tatsächlich an die Dämonen. Ihre Gestalten fließen ihm aber in diejenigen der Zauberer über; sie stehen alle auf derselben Linie, sind Schadenwesen derselben Art. In V. 2—3 redet er von den menschlichen Feinden des Beters, in V. 7—8 von ihren Bundesgenossen, den Dämonen; er gleitet ohne deutlichen Übergang und ohne das neue Subjekt zu nennen, von den Zauberern zu den bösen Geistern über. Voraussetzung dieser Zusammenwerfung ist eben die Vorstellung, daß die Zauberer mit den Dämonen gemeinsame Sache haben, mit ihnen »einen Bund geschlossen« haben, eine Sippe, ein »Haus« ausmachen. Die Dämonen sind die Helfer und Helfershelfer der Zauberer und Hexen — genau wie in Babylonien. Die Dämonen sind die Verführer und zugleich die Helfer der Auntäter. Möglich wäre dann auch, daß man die Zauberer geradezu als Offenbarungsformen oder »Materialisationen« der Dämonen betrachtete[3].

---

[1] Weber, op. cit. S. 11 ff., siehe unten zu Ps. 22.

[2] Weber, S. 12 f.

[3] So z. B. Sargon, Große Prunkinschr., Z. 33, wenn er seinen „teuflischen" Gegner als ein „Geschöpf der Tiamat, den Sohn eines bösen Gallu" bezeichnet. — Noch deutlicher die Worte des Zauberers Öyvind Kinnriva, Olav Tryggvasons saga, Kap. 76: Ich bin ein Geist, in Menschengestalt von zauberkundigen Finnen geschaffen, als mein Vater und meine Mutter keine Kinder bekamen.

Diese formlose und unklare Vermengung der beiden Wesen, Zauberer und Dämonen, hat wie erwähnt eine Analogie in den babylonischen »Beschwörungspsalmen« und -Riten; auch hier fließen Hexen und Dämonen ineinander und werden als wesensgleich geschildert[1]. Die Schilderung geht mitunter unmittelbar und ohne ausdrückliche Nennung'des neuen Subjektes von den einen zu den anderen über. Von der »Beschwörungsserie« *Maqlu* sagt Jastrow[2]: »Zwischen wirklichen Zauberern als Mann oder Hexe und den verschiedenen Dämonen, die als Gespenster umherschleichen oder gar ungesehen ihre Künste treiben, macht man keinen scharfen Unterschied. Daher springt man ohne weiteres von einer Beschwörung gegen Hexen zu einer anderen über, die offenbar gegen Dämonen gerichtet ist«[3]. —

Wenn wir an die babylonischen Klagepsalmen denken, so ist es auffallend, wie selten die Dämonen in den biblischen erwähnt werden. Es ist a priori wahrscheinlich, daß da wo man Not und Unglück dem Zauber zuschreibt, da denkt man sich auch den Zauber durch die Hilfe der Dämonen vermittelt. Und daß man auch im alten Israel häufig die Krankheit als dämonische Unreinheit betrachtete, ist sicher genug[4]. Bekanntlich ist es eine Psalmstelle, die die Pest als einen im Dunkel herumschleichenden Dämon auffaßt, und die zugleich nach dem von Duhm u. a. aufgenommenen Text der LXX, neben der Fieberglut auch einen anderen »Dämon des Mittags« (l. וְשֵׁד) kennt. In den übrigen Psalmen tritt aber dieser Gedanke wenig hervor, was vielleicht von der Abneigung des Jahwismus gegen diese Wesen mit verursacht ist. Dieser Glaube kann aber recht wohl an vielen Stellen, die von Krankheit und Zauber reden, schweigend vorausgesetzt sein.

Es gibt jedoch außer den hier behandelten Stellen andere vereinzelte Spuren.

Die in Ps. 59 erwähnten Feinde = Zauberer und Dämonen, werden in V. 4 »die Starken« *'azzīm* genannt. Das könnte sich recht wohl in erster Linie auf die Zauberer beziehen; ist doch der Zauberer der Inhaber der heimlichen »Macht«. Näher liegt es aber, es auf die Dämonen zu beziehen. Das Wort ist jedenfalls technischer Terminus, steht immer ohne Artikel, wie *pōᶜᵃlê āwän*.

---

[1] Nach dem Zeugnis Jastrows, Relig. Bab. u. Assyr. I, S. 284.

[2] Op. cit. S. 309.

[3] Diese Stellen habe ich bei Jastrow gefunden, nachdem ich zu meiner Auffassung von Ps. 59 gekommen war.

[4] Siehe Jirku, Die Dämonen im A. T., S. 44 ff. — Vgl. zugleich meinen Aufsatz „Om nebiisme og profeti", N. T. T. 1909, S. 348 f.

Daß der Wortsinn des Wortes »die Starken« als Bezeichnung der Dämonen gut passen würde, lehren uns die babylonischen Dämonennamen wie *Rabisu*, der Lauerer, *Aḫḫazu*, der Greifer, *Sadiru*, der Bedränger, *Redu*, der Verfolger; eine noch nähere Analogie würde »der böse Gallu« darbieten, wenn wir in diesem Worte das sumerische *gal* = groß sehen dürfen[1]. Von den babylonischen Dämonen erklärt JASTROW: »Stärke ist das Charakteristikum der Dämonen«. — Möglich ist aber, daß der Name später auf den menschlichen Auntätern gedeutet worden ist.

Wenn »die Starken« hier die mit den Aunmännern nahe verbundenen Dämonen sind, so bestätigt das die auf anderen Gründen beruhende Konjektur DUHMS עֹזְיִ statt עֲמִי, Ps. 56, 8; auch Ps. 56 ist ein individueller Klagepsalm, der über die Verfolgungen der Aunmänner klagt, V. 8[2]. Ist die Konjektur richtig, so haben wir auch hier die Zusammenwerfung der menschlichen und dämonischen Schadenwesen. —

Ein Synonym zu *'azzīm* ist גֵאִים, »die Stolzen«. — Sie gehören zusammen mit den Auntätern, siehe Ps. 94, 2, vgl. V. 4. 16. 23. — Ebenso Ps. 59, 6. 9; denn die hier von DUHM vorgeschlagene Konjektur גֵאִים statt גּוֹיִם empfiehlt sich von selbst und ist ohne Zweifel richtig. Der Psalm hat, wie wir gesehen haben, nichts mit Parteien oder nationalen Kriegen zu tun; er ist ein Krankenpsalm von dem üblichen Typus. Die Richtigkeit dieser Konjektur vorausgesetzt, sind »die Stolzen« dieselben wie »die Starken«, siehe V. 4. Daß die Dämonen in Ps. 94 vorkommen, der von dem Bund mit dem Thron des Verderbens spricht, ist sehr natürlich. Dann haben wir auch hier dieselbe schwankende Darstellungsform wie in Ps. 59. — Auch dies Wort ist ein Terminus ohne Artikel. »Stolz« ist im A. T. immer Korrelat zu Macht, vgl. Ex. 15, 1 f. — der Schwache ist demütig עָנִי — Stolz ist aber auch Sünde, Jahwäfeindschaft, vgl. Jes. 2, 10 ff.; »die Stolzen« werden daher wohl die Dämonen als Jahwäfeindliche, aufrührerische Wesen bezeichnen. — Die גֵאִים kommen auch Ps. 140, 6 vor; wie wir oben I 7 b sahen, waren die Feinde in diesem Psalm höchstwahrscheinlich die Auntäter. Wiederum wie in Ps. 59. — Für diese Deutung der »Stolzen« als Dämonen spricht auch Hiob 40, 11 f.; die Stolzen, die Jahwä hier niedergeschlagen und in der Tiefe der Erde verscharrt und gebunden hat,

---

[1] So auch JASTROW, Relig. Bab. u. Assyr. I, S. 278.

[2] עֲמִים statt עֲמִי ist dann eher eine Korrektur als ein Schreibfehler. Die ursprünglich individuellen Psalmen sind später „kollektiv" auf das leidende Israel gedeutet und so vielleicht schon im Kulte in einem neuen Sinne gebraucht worden. Nach der Mischna zu urteilen, sind sie aber auf diesem letzten Stadium ihrer kultischen Verwendung mit sehr wenig Verständnis für den ursprünglichen Gebrauch und Sinn benutzt worden.

sind doch wohl die stolzen Wesen der Urzeit, die aufrührerischen »Helfer
Rahabs«, die Chaoswesen; spricht doch der ganze Zusammenhang von der
bei der Schöpfung betätigten und bewiesenen Macht und Größe Jahwä's. —
Neben diesen Termini gibt es in den Psalmen auch eine dritte Bezeichnung der »Feinde«, die überall ziemlich sicher nicht menschliche Feinde,
sondern Dämonen zu bezeichnen scheint, nämlich זֵדִים. Das Wort kommt,
wie *'azzīm* und *gē'īm*, meistens ohne Artikel vor, als ein stehender Terminus der bösen Feinde, die den Betenden plagen und die Frommen versuchen. Aus den, übrigens in jeder Beziehung wenig ausgeprägten, Ps.
54 und 86, in denen das Wort vorkommt (Ps. 54, 5; 86, 14) kann nichts
sicheres betreffend dem Inhalt des Begriffes gefolgert werden. Die beiden
Psalmen sind den über den aun der Feinde Klagenden in jeder Hinsicht sehr
ähnlich, und sind wohl für ähnliche Situationen gedichtet; ob aber die Feinde
Zauberer oder Dämonen seien, ist nicht zu entscheiden. Das an beiden Stellen,
samt Jes. 13, 11, als Parallele vorkommende *'ārişīm* bezeichnet Jes. 29, 20
den Aunmann, braucht aber nicht deshalb hier eben diesen Sinn zu haben;
seinem Wortsinne nach könnte es ebensogut die Dämonen bezeichnen, vgl.
die babylonischen Namen oben. — Als Bezeichnung der bösen Menschen,
der Frevler, steht wahrscheinlich *zēđīm* Jes. 13, 11; Jer. 43, 2 (Glosse; fehlt
bei LXX), Mal. 3, 15. 19; möglicherweise ist doch auch an diesen Stellen
die eigentliche Wortbedeutung Dämonen, hier als Schimpfwort gebraucht,
wie wenn Sargon seinen Feind einen Sohn eines bösen Gallu oder Sina-
heriba ihn einen bösen Gallu nennt; es liegt sogar die Annahme nahe,
daß der Verfasser (resp. Glossator) der genannten Stellen sich des ursprünglichen Sinnes noch bewußt waren.

Sind die hier genannten Belegstellen für *zēđīm* mindestens unsicher,
so scheint es Ps. 19, 14 dagegen entschieden Dämonen zu bezeichnen.
Der Dichter betet hier, mit Hinweis darauf, daß Jahwä ja die kleinen, unwissentlichen Sünden gnädig vergibt, er möge vor den *zēđīm* gerettet
werden, damit diese nicht »über ihn herrschen mögen«; geschieht das, so
darf er hoffen »immer[1] von großen Sünden rein zu bleiben«. Die *zēđīm*
kommen hier als Verführer zur Todsünde in Betracht; sie bringen dadurch
den Menschen zum Fall, daß sie »die Herrschaft über ihn erlangen«. Daß
hier nicht an die weltlichgesinnte Partei zu denken ist, ist klar; sie übten
tatsächlich sehr oft die Herrschaft über die Frommen aus, ohne daß diese
dadurch zu Todsündern wurden; im Gegenteil, diese reagierten mit um so
eifrigeren Frömmigkeits- und Reinheitsübungen[2]. — Nun wissen wir zur

----

[1] Add. תָּמִיד, LXX.
[2] Sicarier wurden sie erst sehr spät.

Genüge aus dem Spätjudentum[1] und zugleich aus Babylonien[2], daß die Versuchung zur Sünde eine Haupt- und Lieblingsbeschäftigung der Dämonen ist. Danach kann Ps. 19, 14 kaum an andere als verführerische Dämonen gedacht sein, die den Menschen in ihre Gewelt bekommen und ihn ganz unrein, mit »großer Sünde« behaftet machen.

Ebenso Ps. 119, 51, wo mit Syr. אֵלִצֻנִי statt הֱלִיצֻנִי zu lesen ist, siehe BHK; ferner V. 122, vgl. 133 (die zēdīm plagen und peinigen die Menschen). Dagegen könnte der Ausdruck V. 78 als Schimpfwort für die bösen Menschen gebraucht sein, siehe den Zusatz »die dein Gesetz nicht halten«; jedoch könnte das auch als Anthropomorphismus von den Dämonen gesagt sein, die die Feinde Gottes sowohl als der Menschen sind. Als Schimpfwort für die bösen Auntäter steht das Wort wohl auch V. 69; šäqär bezeichnet solche Zaubermittel, durch die die Auntäter einen Frommen ins Unglück zu stürzen versuchen, siehe II 6 c; hier das Unglück, gegen das Gesetz zu sündigen; auch hier sind »die Frechen« Versucher zu Sünde, wie in Ps. 19, 14.

Daß »die Frechen« eine treffende Bezeichnung der Dämonen sei, ist nicht zu leugnen. —

Nur bei einem Psalm liegt, so weit ich sehen kann, zu der Annahme Grund vor, daß unter den Feinden durchgehend die Dämonen zu verstehen sind, nämlich Ps. 22. — Daß der Betende krank ist, ist über jeden Zweifel erhoben. Es ist der durch Krankheit und Fieber Ausgemerzte, der in den flg. Versen geschildert wird:

15 *[Meine Seele]*[3] *ist ausgeschöpft wie Wasser, es lösen sich alle meine Glieder,*
    mein Herz ist wie Wachs mir geworden, zerflossen mir in meinen Busen,
16a *mein 'Gaumen'*[4] *ist scherbengleich trocken, die Zunge klebt mir im Munde.*

18 *Ich kann alle meine Knochen zählen, man sieht seine Lust an mir:*
17b *meine Hände und Füße 'hat man gebunden'*[5], 16b *in den Staub des Todes*
                                    mich 'gelegt'[6],
19 *man teilt sich (schon) meine Kleider, werfen Loos über mein Gewand*[7].

---

1 I Kor. 11, 10; Gal. 4, 9. I Kor. 12, 2; Test. Nepht. 3; Tob. 3, 8.

2 Siehe WEBER, AO VII 4, S. 10: „sie ruhen nicht, bis Mann und Frau, Vater und Sohn, Freund und Genosse wider einander in Streit liegen". Dasselbe von den Hexen, S. 14; diese „huldigen auch buhlerischen Künsten zur Verführung der Menschen", ebenda.

3 Add. נַפְשִׁי m. c. (Doppeldreier V. 2—24 a; von 24 b ab unsicher).

4 L. חִכִּי, BHK.

5 Statt des berühmten und verrufenen כָּאֲרִי, bezw. כָּאֲרוּ ist ganz einfach אָסְרוּ (ס statt כ und Umstellung der zwei ersten Konsonanten, graphisch

Es ist die unreine Krankheit, die seine Verwandten und Freunde von ihm entfernt und ihn zu einem Auswurf unter ihnen, gleich Hiob, gemacht hat:

[7] *Ich aber bin ein Wurm, nicht ein Mensch (mehr), ein Hohn der Menschen,*
von den Leuten verachtet,
[8] *wer mich sieht, der spottet mein, zuckt die Lippe und schüttelt den Kopf:*
[9] *Auf Jahwä 'hat er's geworfen'* [1]*, der mag ihn retten; denn er hat ja*
Gefallen an ihm!»

Wenn nun der Betende zugleich darüber klagt, daß er von Feinden, die ihm nach dem Leben stehen, umgeben ist, so ist es doch wohl klar, daß irgendwie eine Verbindung zwischen den Feinden und der Krankheit besteht; und wenn man überhaupt etwas von primitiver Denkweise versteht, so weiß man, daß diese Verbindung nach der Ansicht der Primitiven die zwischen Ursache und Wirkung ist; die Feinde haben die Krankheit verursacht, siehe oben I 4. — Bemerkenswert ist nun aber die Schilderung dieser Feinde:

---

sehr leicht; vgl. Symm. ὡς ζητοντες δησαι); die Stelle ist nach Joh. 11, 44 zu erklären: man d. h. Verwandte und Freunde (die Plurale sind unbestimmt, und gehen nicht auf die Verfolger), behandeln mich schon als einen Toten, haben mich schon begraben und sind schon dabei, die Erbschaft zu verteilen.

[6] L. שִׁפְּתֻנִי (ת dittographiert).

[7] Die einzelnen Verslinien sind in Unordnung geraten; die beiden Dreier 16 b und 17 b fügen sich nicht dem Doppeldreiermetrum; 17 a steht augenscheinlich auf falscher Stelle, hört sachlich mit 13—14 zusammen; klarlich haben auch 16 b und 17 b etwas mit einander zu tun, aber wo standen sie ursprünglich? Nun sehen wir, daß der erste Teil des Psalms aus Strophen von je 3 Doppeldreiern besteht; stellen wir nun 17 a vor 18 und 17 b und 16 b hinter 18, so ist mit einem Male die Strophe bis V. 22 in Ordnung und der gedankliche Zusammenhang vollkommen klar und logisch: Str. I (V. 2—3) Anrufung und Bitte; Str. II (V. 4—6) Vertrauensmotiv aus den Erfahrungen der Väter; Str. III (V. 7—9) Klage; Str. IV (V. 10—12) persönliches Vertrauensmotiv; Str. V (V. 17 a. 13—14) Klage über die Feinde; Str. VI—VII (V. 15. 16 a. 18. 17 b. 16 b. 19) Klage über das Resultat der Anfeindungen, die Krankheit und den nahen Tod; Str. VIII (V. 20—22) Bitte um Rettung vor den Feinden (und damit um Heilung); Str. IX (V. 23. 24 a. 25 b) Gelübde; Str. X (V. 26—27) im Voraus gesungenes Danklied. V. 28—32 sind wohl zwei spätere Erweiterungen (3 Fünfer und 3 Doppelvierer); 24 b und 25 a wohl später hineingedrungene Varianten, bezw. 24 a und 25 b.

[1] L. Perf., LXX, Hier., Syr., siehe BHK.

[17]a *Mich [viele] Hunde umringen, eine Rotte von Bösewichten um mich,*
[13] *mich viele Stiere umringen, die Basans-Riesen mich umzingeln,*
[14] *'den' Rachen 'sperrt' wider mich auf ein reißender, brüllender Löwe.*

Und dementsprechend die Bitte:

[21] *Errette vom Schwert[1] mein Leben, aus der Hunde Gewalt meine Seele,*
[22] *Hilf mir aus dem Rachen des Löwen, die 'Bedrückte'[2] vor der*
                                                    Wildochsen Hörnern.

Diese Feinde haben keinen einzigen menschlichen, geschweige denn konkret individuellen Zug. Der Dichter hat augenscheinlich sehr unklare Vorstellungen von ihnen. Er weiß aus der Krankheit, daß sie da sein müssen; sonst ist er auf die traditionellen schematischen Schilderungen verwiesen. Diese Feinde sind zur selben Zeit Hunde, Wildochsen und Löwen, ein Bild, das sich jedenfalls nicht aus Wirklichkeitsanschauung erklären läßt, denn diese Tiere operieren nicht zusammen. Die Erklärung finden wir, glaube ich, wenn wir uns an die babylonischen Dämonen in Tiergestalt erinnern, vgl. das oben S. 69 über den bösen Alu Gesagte. Der Schedu hat die Gestalt eines Ochsen, und »die bösen Sieben« haben die Gestalt verschiedener »reißender Tiere«; so wird der Löwe genannt (s. WEBER, AO VII 4, S. 11 ff.). Die Höllenkönigin Ereschkigal wird als ein löwen-köpfiges Ungeheuer dargestellt; ihr Gemahl Nerigal ist der Löwengott (JEREMIAS, AO I 3², S. 21); der sogenannte »babylonische Kerberos« ist ein Dämon mit Löwenleib, Flügeln und Adlerkrallen (Abbildung ib. S. 28 f.). Die typischen Dämonengestalten sind somit Stier, Hund, Löwe. Das sind aber auch die Tiere, in deren Gestalten die Feinde in Ps. 22 auftreten. Ich glaube, daß hier die nächstliegende Erklärung die ist, daß der Beter über Angriffe tiergestaltiger Dämonen klagt, die seine Krankheit verursacht haben, und gegen die er Jahwä's Hilfe anruft[3].

---

[1] Bildlich = drohende Todesgefahr.
[2] L. mit WELLHAUSEN u. a. עֲנִיָּתִי.
[3] Was JIRKU, Die Dämonen und ihre Abwehr im A. T., über alttestamentliche Dämonen in Tiergestalt sagt, ist mehr unsicher.

KAP. IV. DIE FEINDE IN DEN INDIVIDUELLEN KLAGEPSALMEN.

1. Die übliche Problemstellung.

Eine von den Exegeten viel ventilierte Frage ist die nach den Feinden in den Psalmen. Sind diese Feinde, die die Frommen (beachte die »kollektive« Fassung des Problems!) bedrücken, äußere Feinde, Heiden und fremde Machthaber, oder sind sie innere Feinde, abgefallene und ungläubige Israeliten? Z. B. bei Buhl bildet diese Frage stets eine der Hauptfragen in der exegetischen Diskussion.

Auch wenn wir von den eigentlichen nationalen Klagepsalmen absehen, nehmen die meisten kritischen Forscher sowohl äußere als innere Feinde an. So schon Ewald (Die Dichter des Alten Bundes[3], I 2, Göttingen 1866), Smend (ZATW 1888), Baethgen, Buhl u. a. Es liegt jedoch in der Natur der Sache, daß die Vertreter der kollektiven Auffassung des Ichs mehr dazu neigen, die äußeren Feinde möglichst oft zu finden; so z. B. Smend, Buhl (in der ersten Auflage) u. a. Jetzt, nachdem die kollektive Deutung entschieden den Rückzug angetreten hat, besteht eine gewisse, je länger, je mehr hervortretende Neigung, in den »Gottlosen« der Psalmen, hår°šā‘îm die abtrünnigen, weltlichgesinnten Juden der späteren nachexilischen Zeit zu sehen, und unter den neueren alttestamentlichen Forschern ist es nahezu Dogma geworden, daß die Klagepsalmen die inneren Streitigkeiten des Judentums, den Kampf zwischen den beiden *Richtungen*, den Frommen, oder wie sich selbst genannt haben sollen, den Gedrückten, den Armen, den Demütigen, den Stillen im Lande einerseits, und den Gottlosen, den Abtrünnigen andererseits behandeln. So besonders Rahlfs (עָנִי und עָנָו in den Psalmen, 1892), Wellhausen (Isr. u. jüd. Geschichte, S. 213 ff.), Stade, Smend, Duhm, Baethgen, Buhl (Psalmerne, Kbhvn. 1917), Cheyne, Staerk u. v. a. Im Anschluß an Gunkel hat Balla (Das Ich der Psalmen, S. 19 ff., 126) fast immer nur die inneren Feinde finden wollen; nur bei 144 gibt er die Möglichkeit äußerer Feinde zu; es sei ausschließlich der Kampf der beiden Richtungen, der sich im Psalter abspiegle. Ihm folgt im Wesentlichen Kittel (Die Psalmen, 1914, S. 237 ff.). Diese Annahme stützt sich u. a. auch auf die besonders von RAHLFS (op. cit.) begründete, von den meisten Forschern gebilligte These, daß die Armen, die Bedrückten, die Demütigen im Psalter in den meisten Fällen als ein religiöser Parteiname und fast als Ehrenname der Frommen gebraucht worden sei; die ursprünglich wirtschaftlich und sozial gemeinten Worte haben im Laufe der Zeit eine ethische und religiöse Beibedeutung angenommen, die ihnen nicht vom Haus aus angehören; diese sei im Psalter schon völlig entwickelt vorhanden.

Das Problem der Feinde in den Psalmen ist sowohl in dieser Form als auch in dieser Verallgemeinerung falsch gestellt. — Erstens muß sehr genau zwischen den Volksklagepsalmen und den »individuellen Klagepsalmen« unterschieden werden. Bei den Ersteren ist die Sache klar; es handelt sich hier um nationale Feinde, Nachbarvölker, die Israel anfeinden. Mitunter sind diese mit Namen genannt, wie in Ps. 83; meistens sind sie aber ungenannt.

Zweitens ist die kollektive Fassung des Problems bei den Ich-Klageliedern falsch. Es handelt sich hier nicht darum, wer die Bedrücker der Partei der Frommen, der ᶜᵃnāwîm, sondern wer die Feinde des klagenden und betenden Ichs seien. Dieses Ich ist aber, wie BALLA[1] nachgewiesen hat, fast immer individuell zu verstehen. Nun ist es aber eine ganz merkwürdige Inkonsequenz, wenn GUNKEL[2], BALLA[3], STAERK[4], BAUMGARTNER[5] u. a., die auf die individuelle Deutung des Ichs halten, dennoch die Feinde nach einer der beiden Alternative erklären, die eigentlich nur zu der kollektiven Auffassung passen. Denn daß die Feinde eines »einfachen Mannes aus dem Volke«, wie GUNKEL das Ich der Klagepsalmen erklärt, entweder heidnische Machthaber oder gar Reiche oder die Partei oder Richtung der »Gottlosen«, d. h. Weltlichgesinnten sei, ist nicht gerade sehr wahrscheinlich.

2. These. Die Feinde sind die Zauberer.

a) Wie nun die Feinde in den eigentlichen Aunpsalmen aufzufassen sind, kann nach den Ausführungen in den vorhergehenden Kapiteln nicht eigentlich zweifelhaft sein. Bedeutet āwän Zauber, so sind die pōᶜᵘlê āwän

---

[1] Das Ich der Psalmen (Forschungen, herausgeg. v. BOUSSET und GUNKEL, Heft 16). Göttingen 1912.

[2] Die israelitische Literatur in HINNEBERG, Kultur der Gegenwart I, VII. Berlin—Leipzig 1906. — Artkl. Psalmen in RGG.

[3] Das Ich der Psalmen.

[4] Die [alttestamentliche] Lyrik, Die Schriften des A. T., herausgeg. v. GRESSMANN, GUNKEL u. a. III 1. Göttingen 1911.

[5] Die Klagegedichte des Jeremia, Beiheft z. ZATW 32. Gießen 1917.

die Zauberer, und diese Auntäter sind in den betreffenden Psalmen nur
eine andere Bezeichnung der Feinde, über die der Betende klagt. —

Um dies deutlicher darzulegen, holen wir ein bischen weiter aus.

Die vorhergehende Untersuchung hat bestätigt, was wir indirekt aus
den vielen Verboten im Gesetz und direkt aus den Ausgrabungen schon
vorher wußten, daß der Zauber den Menschen der damaligen Zeit eine
furchtbare Realität war. Wie bei allen anderen Völkern auf einer gewissen
Kulturstufe, so waren auch in Israel zu jeder Zeit Menschen da, die zum
Zauber griffen, um dadurch ihren Zwecken zu dienen und ihre private
Begierde zu befriedigen. Es fanden sich auch Leute, die den Zauber als
ihr eigentliches Handwerk trieben, vgl. II Sam. 30, sicher auch viele, die
dazu als Zuflucht in äußerster Not griffen, oder die in dem Verruf standen,
heimliche Zauberer und Hexen zu sein. Daß der Zauber zum Hervorbringen
von Krankheit, Unglück und Tod von bösen Menschen gebraucht werden
konnte, daran zweifelte kein Mensch. Und in der Furcht von dieser Möglichkeit verbrachte der alte Israelit einen größeren Teil seines Lebens.

Wenn Unglück, Krankheit und Leiden einen Menschen trafen, so
waren mehrere Ursachen denkbar. a) Das Unglück rührte von einem
»Schlag Jahwä's«, *näza͑ Jahwä* her (Gen. 12, 17; Ex. 11, 1); b) es kann
durch die freiwillige oder unfreiwillige Berührung mit einem unheimlichen,
geheimnisvollen Krankheitsstoff, der »Unreinheit« verursacht sein (Lev. 5, 2 f.
17—19); die Berührung macht den Menschen wie durch Ansteckung unrein
und krank; c) die Unreinheit und somit die Krankheit kann eine Folge der
Besessenheit sein; die bösen, unreinen Geister haben den Menschen in Besitz genommen, hausieren in seinem Körper und machen ihn krank (I Sam.
16, 14); d) endlich kann sie auch die Folge des unerlaubten Gebrauchs der
heimlichen Kräfte und Künste, des Zaubers durch böse Menschen sein (Ez.
13, 17 ff.). Den drei letzteren Erklärungen gemeinsam ist die Vorstellung
von dem gefährlichen Kraftstoff, dem Gift der Unreinheit.

Das Unglück ist somit als Resultat der Unreinheit einfach eine natur-
notwendige Folge davon, daß der Mensch nicht mehr »gesund«, *tām*, gerecht
ṣaddīq ist. Er hat einen Bruch an der Gesundheit seiner Seele gelitten;
es ist *rāšā͑* geworden, kann sich daher nicht mehr behaupten und »Segen«
hervorbringen oder ernten. »Der Fluch« hat ihn in irgend einer Weise
getroffen und sitzt in seiner Seele als ein gefährliches, um sich greifendes
Gift. Dadurch ist er *unrein*, gebrochen, ungerecht geworden. Der Bruch
šābär muß wieder geheilt werden, die Unreinheit entfernt, gesühnt, abge-
waschen werden. Im letzten Grunde wurde wohl auch »der Schlag Jahwä's«
als eine Wirkung des gefährlichen Kraftstoffes, der durch den Zauber als
»Unreinheitt« wirken kann, aufgefaßt; diese Kraftsubstanz haftet auch dem

Göttlichen an und teilt sich den ihn gehörigen Sachen und Personen mit (vgl. Jes. 8, 14; II Sam. 6, 7). — Diese Erklärungen können nun in mannigfacher Weise kombiniert werden: etwa so, daß Jahwä die bösen Geister aussendet, vgl. II Sam. 24, 16; II Kg. 19, 35, diese werden dann seine »Engel«; oder er entzieht dem Menschen seinen Schutz und erlaubt dadurch den bösen Geistern und Zauberern, dem Menschen zu schaden.

Der Bruch in der Seele konnte an sich seinen letzten Grund in dem schlechten Charakter der betreffenden Seele selbst haben, der Sünder ein bewußter und hartnäckiger Sünder sein und die Bosheit seiner Seele unheilbar. Dann war überhaupt nichts mehr zu tun. Dann mußte er zu Grunde gehen. Der Mensch konnte aber auch von anderen »zum Sünder gemacht« worden sein, die Sünde von anderen in ihn hineingelegt worden sein, der Bruch so zu sagen ihn mehr peripherisch getroffen haben. Dann wurde die Frage: »woher und warum« praktisch und religiös aktuell.

Auf den religiös höchststehenden Stufen des Jahwismus wurde dann vielleicht meistens Jahwä als der letzte Urheber des Unglücks betrachtet; den eigentlichen Grund suchte man dann meistens in irgendwelchen kleineren, unfreiwilligen Sünden und Vergehen des Betreffenden, die den Zorn Jahwä's erregt hatten. Diese kleineren, die Seele nicht in ihren Kern treffenden Sünden konnten sowohl »bewußte« als »unbewußte« sein. Auch wenn der Unglückliche nichts mit sich selber wußte, war er vielfach gewillt, den Grund in irgendwelchen unwissentlichen Sünden zu suchen; wenn er sie auch nicht kannte, bekennen konnte er sie doch, »damit Jahwä gerecht sei in seinem Spruch und rein in seinem Urteil« (Ps. 51, 6).

Wenn er nun aber seiner Sache völlig sicher war, wenn sein Gewissen rein und sein Gottesbegriff etwas mehr ethisch orientiert war, so mochte es gar häufig vorkommen, daß der letzte Urheber anderswo gesucht werden mußte. Dann war eben der Leidende von irgend einem anderen »zum Sünder gemacht« worden (Jes. 29, 20), er war ungerechter Weise ungerecht gemacht worden, obwohl er im Kern seiner Seele »gerecht« und gesund war. Dann standen die bösen Geister und die Zauberer als Erklärungsgrund zu Verfügung.

Verhältnismäßig wenig wird nun in den Erzählungen und den Psalmen von den Ersteren gesprochen; um so häufiger klagen die Psalmen, wie wir gesehen haben, über die Zauberer. Wurde einer krank, riß der Löwe seinen Ochs oder Esel, ging es mit seinem Reichtum aus unerklärlichen Gründen herunter, so mußte er irgendwo einen geheimen Feind haben, der ihm das Unglück verursacht hatte. »Die Knechte des Hausherrn traten herzu und sagten zu ihm: Herr, hast du nicht guten Samen auf deinen Acker gesät? woher hat er denn das Unkraut? Er aber sprach zu ihnen:

Das hat ein Feind getan« (Math. 13, 27 f.) — diese Antwort ist echt primitiv
und beruht auch im Gleichnis nicht darauf, daß der Hausherr den Feind
persönlich *kennt* und von seiner Tat notorische Kunde hat; dieselbe Antwort werden Hunderte von Israeliten gegeben haben, auch wenn das Unkraut nicht von einem Feinde herrührte.

Denn selbstverständlich *weiß* der Unglückliche in solchen Fällen nicht,
wer das Elend verschuldet hat. Hat er nun einen oder mehrere private
Feinde — und wer hat die nicht unter den sozial aufgelösten Verhältnissen
des israelitischen Lebens sowohl in der Stadt als in dem entlegenen Dorfe
oder Gaue, wo Neid, Klatsch, Reibereien, Verhöhnungen immer auf der
Tagesordnung steht — so richtet er wahrscheinlich seinen Verdacht gegen
diese — ausgesprochen oder unausgesprochen. Gibt es im Dorfe Leute,
die in schlechtem Ruf oder Verdacht wegen geheimer Künste stehen, so
werden sie natürlich als die Schuldigen bezeichnet. Ist weder das eine,
noch das andere der Fall, so folgert der Leidende eben aus der Tatsache
seines Leidens, daß er doch einen oder am liebsten mehrere — die orientalische Phantasie greift immer zu Masseneffekten — Feinde haben müsse,
wenn ein so großes Unglück ihn getroffen habe. Dann redet er davon,
daß »Viele gegen ihn streiten«, Ps. 56, 3, oder daß »die Rotte der Bösewichte« ihn ansetzen, Ps. 64, 3; ja, er kann sogar in leidenschaftlicher
Erregung behaupten, daß ganze Völker wider ihn anrennen — wenn die
Lesungen עמים, Ps. 56, 8 und גוים, Ps. 59, 6. 9 (wofür allerdings Duhm '*azzīm*
resp. *gē'īm* vorschlägt) richtig sind; daß diese Worte nicht als grobe
Prosa aufzufassen sind, hat Balla genügend betont (op. cit. S. 22).

Das ist nun auch mit der Grund, warum die Schilderung der Auntäter
in den Psalmen so typisch, so wenig individuell, so »kollektiv« und so
stereotyp ist und sich immer in allgemeinen Wendungen bewegt; diese
Schilderungen sollen eben zu allen möglichen Fällen passen und haben
meistens gar keine bestimmte konkrete Personen im Auge. —

So oft identifizieren nun die Aunpsalmen die Auntäter und die Feinde
des Betenden (siehe I 2—4), daß die Annahme, daß die Feinde in diesen
Psalmen überhaupt die gefürchteten Zauberer sind, fraglos die nächstliegende
und sich von selbst darbietende ist.

Ist dem so, so sind die Feinde in den Aunpsalmen weder die »Partei
der Gottlosen«, noch die heidnischen Unterdrücker. Sie sind dann — wie
der redende Fromme selber, siehe unten — stehende traditionelle Typen.
Sie sind die oft persönlich unbekannten, am öftesten wohl rein imaginären
Feinde, dessen Existenz der Kranke und Besessene aus seiner Krankheit
und Unreinheit und Unglück folgert. Sie sind die Zauberer, die nach
Ansicht des Unglücklichen ihre bösen Künste an ihn geübt haben, die

manchmal wirklich existierten und von dem Betroffenen angezeigt werden
konnten, manchmal aber rein stereotype Phantasiegebilde sind. Daß die
Schilderung der Feinde rein traditionell, fast ohne konkrete Züge ist, ersieht man leicht aus allem in den vorhergehenden Kap. Gesagten. —

b) Was hier über die Feinde gesagt ist, gilt nun unserer Ansicht nach
nicht nur bei den Psalmen, die ausdrücklich über den aun der Feinde
klagen, sondern in Wirklichkeit auch bei fast allen individuellen Klagepsalmen. Auch hier sind die Feinde fast ausnahmslos die Zauberer und
die Geheimkünstler, wenn sie auch unter anderen Namen, z. B. unter der
umfassenden Bezeichnung $r^e\check{s}\bar{a}^c\hat{\imath}m$, auftreten. — —

Die hier aufgestellte These soll unten näher begründet werden. Wie
man sofort sieht, fällt sie in zwei Teile. Daß die Feinde in denjenigen
Psalmen, die über die Anfeidungen der Zauberer $p\bar{o}^c{}^al\hat{e}\ \bar{a}w\ddot{a}n$ klagen, eben
diese Zauberer sind, das ist unseres Erachtens schon durch die Unter-
suchungen der Kap. I—III bewiesen. Was die anderen Psalmen betrifft,
ist die These vorläufig nur aufgestellt und durch die Analogie apriorisch
begründet. Den Beweis werden wir in doppelter Weise führen. Zunächst
durch die Analogie der den biblischen Psalmen so nahe verwandten babylonischen. Sodann werden wir die Gründe vortragen, die für die Richtigkeit unserer These im Allgemeinen sprechen. Die Durchführung in allen
Einzelheiten würde Sache eines neuen Psalmenkommentars sein.

3. Der Analogiebeweis: Die Feinde in den babylonischen Klagepsalmen.

a) Daß die babylonischen und assyrischen Klagepsalmen[1] für kultische
Zwecke, zum Gebrauch bei den Reinigungsriten (den Beschwörungsriten,
wie die Assyriologen mit einem sehr unglücklichen Namen meistens sagen),
ist wiederholt in den Texten ausdrücklich gesagt.

Sie zerfallen, wie die biblischen, in öffentlichen und privaten (individuellen) Klagepsalmen[2]. Die ersten, die genau wie die biblischen, durch
Feindesnot, Hunger und Dürre und dergleichen veranlaßt sind, scheiden sich
hier aus; da sind die Feinde natürlich meistens äußere politische Feinde.

---

[1] Eine Zusammenstellung eines Teils des Materials bei BALLA, Das Ich der
Psalmen, S. 76 ff. — Zahlreiche Übersetzungsproben bei JASTROW, Relig.
Bab. u. Ass. I, S. 420 ff.; II 1, S. 1—137. ZIMMKRN, Bab. Hymnen und
Gebete in Auswahl, AO VII 3. Ds. AO XIII 1. UNGNAD bei GRESSMANN,
Altorientalische Texte und Bilder, I, S. 80 ff.

[2] JASTROW, II 1, S. 8 f.

Daß die individuellen Klagepsalmen fast ausnahmslos Krankheitspsalmen sind, ist überhaupt nie bezweifelt worden; das brauchen wir somit nicht zu beweisen. Zur größerer Anschaulichkeit wollen wir dennoch einige Proben mitteilen, die von Krankheit ausdrücklich reden. Es sei übrigens bemerkt, daß der Übergang zwischen »kollektiven« und individuellen Klageliedern insofern fließend ist, als der von Krankheit betroffene sehr häufig der König ist, dessen Unglück als Landesunglück betrachtet wird[1]. So auch in den biblischen, z. B. Ps. 20; 28; 63; 84. Umgekehrt kommt es nicht selten vor, daß auch bei Feindesnot und dergleichen der König der Redende ist und das Volk in den Hintergrund des Interesses tritt; der Form nach sind diese »öffentlichen«, »nationalen« Klagelieder »individuell«[2] — auch das in Übereinstimmung mit den biblischen, z. B. Ps. 89. »Individuelle« Klagelieder dieser Art kommen hier natürlich nicht in Betracht.

Das gesamte Material durchzuarbeiten, habe ich nicht für nötig gehalten. Zwischen sogen. Zaubertexten und Klage- und Bußpsalmen (so JASTROW) habe ich nicht unterschieden, weil ich diese Unterscheidung für prinzipiell falsch halte. Die Kultrituale sind keine Zaubertexte.

Die Textproben sind nach den vorhandenen Übersetzungen der Fachleute gegeben. —

b) Zunächst einige Beispiele der ausdrücklichen Erwähnung der *Krankheit*. In einem Klagepsalm an Ischtar heißt es[3]:

»Wie lange noch ich«[4] sprich aus, dein Gemüt erweiche sich,
wie lange noch mein kläglicher Leib, der voll ist von Störungen und Wirrnissen!
Wie lange noch mein schmerzliches Herz, das voll ist von Tränen und Seufzern!
Wie lange noch meine kläglichen Eingeweide, die gestört und verwirrt sind.
Wie lange noch mein bedrängtes Haus, das die Klagelieder in Trauer bringen!
Wie lange noch mein Gemüt, das gesättigt ist von Tränen und Seufzern!

Und weiter unten heißt es:

Es kam über mich Krankheit, Siechtum, Verderben und Vernichtung;
es kam über mich Not, Abkehr des Anlitzes und Zornesfülle,
Wut, Groll, Grimm von Göttern und Menschen.
Ich muß sehen, meine Herrin, düstere Tage, finstere Monate,
                                                       Jahre des Unglücks;
ich muß sehen, meine Herrin, ein Gericht der Verwirrung und Empörung;
es erfaßt mich Tod und Not.

---

[1] JASTROW, II 1, S. 106 f.
[2] Z. B. ZIMMERN, AO XIII 1, S. 20 f.
[3] ZIMMERN, AO VII 3, S. 19 ff.
[4] Stehende Begnadigungsformel.

Wir haben hier die Krankheit, den Abscheu und die Verachtung der Menschen, die Todesfurcht — wie in den biblischen Klageliedern.

In einem anderen Psalm sagt der Priester von dem Betenden[1]:

Krankheit, Siechtum, Ungemach, Drangsal
haben sich über ihn ergossen, Klagen und Seufzen . . . .
»Ich habe gesündigt und bin darum krank«, weint er vor dir,
sein Inneres ist niedergeschlagen, darum bebt(?) er vor dir.

In einem Gebet an Schamasch beschreibt der Betende seinen Zustand folgendermaßen[2]:

O Schamasch, da seit vielen Tagen der Bann[3]
auf mir lastet ohne Befreiung,
Verheerung, Verderben und leibliches Unheil,
das auf Menschen und Tieren jeglicher Art lastet, mich geschwächt haben,
mit Krankheit und Elend ohne Linderung mich erfüllt,
indem ich mich Tag und Nacht schutzlos befinde,
durch Herzensqual und leibliches Unheil bin ich selbst aufgerieben,
durch Drangsal gedemütigt gehe ich umher,
durch Not und Klage bin ich selbst geschwächt.

Dieser Klage entspricht die Bitte:

O Schamasch, großer Herr, befiel, daß der Krankheitsbann, der mich
ergriffen, [weiche]!

Weitere Einzelheiten des Krankheitsbildes — vielleicht zur Auswahl je nach dem — bietet ein Gebet an die Göttin Aja[4]:

[Ob seines Anlitzes, das er vor Tränen] nicht erhebt, klagt er[5] vor dir.
[ob seiner Füße], die in Fesseln liegen, klagt er vor dir,
[ob seiner Hand], die schlaff ist, klagt er vor dir,
ob seiner Brust, die wie eine tönende Flöte wehklagt, klagt er vor dir!

Ein anderer Psalm[6] schildert den Leidenden unter dem Bilde eines Eingekerkerten und Gefesselten; gemeint ist aber Krankheit:

[Löse] seine Fesseln, [lockere seine Bande].
[. . . . . . schaue] auf den Gebundenen . . . . . .

---

1 ZIMMERN, AO VII 3, S. 26.
2 JASTROW, II 1, S. 72.
3 Das durch den »Fluch« gewirkte Unglück, vgl. S. 15 f.
4 JASTROW, II 1, S. 81.
5 Der Kranke. Der Priester spricht.
6 JASTROW, II 1, S. 86 f.

[sein Herz ist erfüllt von] Jammer und [Leid],
Krankheit, Siechtum, Elend(?), Drangsal,
die ihn befallen haben, haben sein Seufzen geschwächt;
Einkerkerung, Schuld, Schrecken, Verdüsterung,
die ihn niedergebeugt haben, haben seine Klage verstummen gemacht.

Diesem Bilde entspricht die Bitte:

Erfasse seine Hände, befrei ihn von seiner Schuld,
entferne Krankheit und Elend von ihm!
An der Mündung des Verderbens schmachtet dein Knecht . . .
[öffne] seine Bande, befreie ihn von seinen Fesseln!

Zuletzt ein Klagepsalm des Königs Aschurnasiraplu II an Ischtar von Ninive[1]. Der Psalm setzt mit einer Einleitung ein, die das Vorhaben des Königs, seine Sache der Göttin vorzulegen, ausspricht; diese Einleitung geht in die eigentliche Anrufung über. Dann folgen breit ausgeführte Verdienstmotive; der König habe, seitdem er überhaupt in den göttlichen Dingen Verstand bekam, aufs eifrigste den Ischtarkult im Lande betrieben; er darf daher jetzt auf Ischtar vertrauen. Nun folgt die Klage, durch die häufige Frage »warum« eingeleitet:

Wodurch also habe ich dich geschmäht [und . . . . .
daß du mich mit Krankheit geschlagen . . . . .
mit Schmerzen der Gebeine meine Gelenke [geplagt].
[Gewähre mir] ein zuverlässiges Orakel . . . . .

Als Kranker und Unreiner darf er jetzt an keine Geschäfte und keine Freuden teilnehmen:

Als ob ich deiner Gottheit nicht fürchtete [bin ich geplagt],
obwohl ich Vergehen und Unrecht nicht begangen, [bin ich bestraft worden].
Stets wandelte ich gerecht . . . . . .
Eingeklemmt bin ich (?), und Ruhe kann ich nicht finden.
Meinen Königsthron habe ich geschmückt, [aber darf mich nicht darauf setzen],
dem Schmaus, den ich zubereitet habe, darf ich mich nicht nähern;
der Opferwein ist in Galle [verwandelt];
von Schmaus und Jubel bin ich ausgeschlossen,
gegen die Zierde und Freude des Lebens bin ich blind.
Meine Augen sind verschlossen, so daß ich nichts sehe,

---

[1] JASTROW, II 1, S. 112 ff. Aschurnasiraplu II, Sohn des Schamschiadad, regierte um 1100 v. Chr.

ich hebe mich nicht über den Erdboden auf.
Wie lange noch, o Herrin, wird ununterbrochene Krankheit [meine Kraft]
                                    zerstören?

Nach der Klage folgt die Bitte:

Ich, Aschurnasiraplu, in großer Bedrängnis, der dich anbetet,
der den Stab deiner Gottheit erfaßt, deine Herrschaft anfleht,
schaue auf mich und laß mich deine Gottheit anbeten.
Da du erzürnt bist, sei mir gnädig und dein Gemüt besänftige sich!
Der Schutz deines Herzens sei mir gewährt,
treibe heraus meine Krankheit und halte zurück meine Sünde!
Auf deinen Befehl, o Herrin, möge Besänftigung kommen.
Deinem geliebten, unwandelbaren und treuen ischakku[1]
gewähre Gnade und mache seinem Leid ein Ende!
Befürworte ihn bei deinem geliebten Vater der Götter, [dem Krieger] Aschur!

Und zuletzt das Gelübde:

Und für alle Zeiten werde ich deine Gottheit verherrlichen,
deinen Namen [groß machen unter den großen Göttern] des Himmels und
                                    der Erde.

c) Über die *Ursachen der Krankheit* dachte man in Babylonien—
Assyrien genau wie in Israel. Dieselben konnten zweierlei sein; 1. der
durch irgendwelche Sünde erweckte Zorn des Gottes, bezw. irgend eines
bekannten oder unbekannten Gottes. — Vgl. Aschurnasiraplus Worte an
Ischtar: Wodurch habe ich dich geschmäht usw., siehe oben. Vgl. ferner
den »Klagepsalm von 65 Zeilen, für jeglichen Gott«, wie er in der Unter-
schrift genannt wird[2]:

Daß doch das Toben im Herzen des Herrn zur Ruhe komme,
der Gott, den ich nicht kenne, zur Ruhe komme,
die Göttin, die ich nicht kenne, zur Ruhe komme!

Die Sünde mochte dem Betreffenden gänzlich unbekannt sein:

Die Sünde, [die ich getan], kenne [ich nicht],
den Frevel, [den ich getan], kenne ich nicht] . . . .
vom Greuel meines Gottes habe ich ohne zu [wissen] gegessen,
auf Unflatiges für meine Göttin bin ich ohne zu wissen getreten[3].

---

[1] Der älteste Titel der assyrischen Herrscher.
[2] ZIMMERN, AO VII 3, S. 22 ff.
[3] Ib. S. 23.

Vgl. ferner hierzu die lange Reihe von Fragen, die der Priester an den Gott stellte, um die Schuld des Kranken festzustellen, Serie Schurpu, Tafel II[1].

2. Oder die Ursache konnten die Angriffe der *Dämonen* und *Zauberer* sein. Es sei sofort bemerkt, daß diese beiden Auffassungen häufig kombiniert wurden: weil der Betreffende gesündigt und den Zorn seines Gottes (d. h. seines besonderen Schutzgottes) oder irgend eines Gottes erweckt hat, haben diese ihn im Stich gelassen und dadurch den Zauberern und Dämonen Gelegenheit zum Angreifen gegeben. So heißt es in dem oben erwähnten Klagepsalm an Ischtar[2]:

Löse meine Schuld, meine Missetat, meinen Frevel und meine Sünde,
vergib meinen Frevel, nimm an mein Seufzen!
Befehl, und auf deinen Befehl wende der zürnende Gott sich wieder zu,
kehre die Göttin, die grollte, wieder zurück!

Daneben heißt es auch:

Vertreib die Hexerei, das Böse in meinem Leibe,
dein helles Licht möge ich schauen!

Nun einige Stellen aus den Klagepsalmen, die von Dämonen als Krankheitsbewirker reden. So heißt es in einem Psalm an Schamasch[3]:

O Schamasch, großer Herr, befiehl, daß der Krankheitsbann,
der mich ergriffen, [weiche],
Was an meiner Person geschehen ist, möge Ea heilen,
was sich an meiner Gestalt ereignet hat, möge Marduk tilgen.
Möge der böse Gott, der böse Alu, der böse Utukku, der böse Schedu,
der böse Rabisu,
der böse Namtar, Labartu, Labasi, Aḫḫazu,
Lilu, Lilitu, Ardatlilî,
die sich in meinem Körper, meinem Fleisch, in meinen Gelenken befinden,
dem Befehl Eas gemäß [sich entfernen (?)]!

Die hier genannten Namen sind Dämonennamen.

Bei einer Erkrankung des Schamaschschumukin, Königs von Babylon, ist der Psalm gedichtet, aus dem die flg. Zeilen stammen. Sie sind für die Kombination der beiden Gesichtspunkte charakteristisch[4]:

---

[1] S. WEBER, AO VII 4, S. 8.
[2] ZIMMERN, AO VII 3, S. 19 ff.
[3] JASTROW, II 1, S. 71 ff.
[4] JASTROW, II 1, S. 115 ff.

Ich bin Schamasch-schum-ukin, Anbeter seines Gottes,
dein schwerseufzender und tiefbedrängter Knecht,
mit brennendem Fieber belastet [durch einen Dämon] (?),
mit böser Krankheit ist mein Körper durch einen Utukku[1] geschwächt,
an eine üble Krankheit bin ich gefesselt (?),
auf ein Schmerzenslager hingestreckt schrei ich zu dir.
Gegen einen bekannten oder unbekannten Gott
habe ich schwer gesündigt, habe Aufruhr[2] verbreitet,
ich fürchte mich und habe Angst vor dem Glanz des Anlitzes deiner
großen Gottheit,
Mögen die Seufzertränen dich erreichen, und möge dein Herzenszorn
sich beruhigen!

In dem bekannten Klagepsalm »Ich gelangte zum Leben«[3] heißt es — die Übersetzung ist allerdings etwas unsicher und umstritten:

Ein böser Totengeist hat sich in mir festgesetzt.
Erst gelblich, wurde die Krankheit weiß (?)[4].
Man hat mich zu Boden geworfen, und auf den Rücken hingestreckt,
meinen hohen Wuchs wie Schilf niedergebeugt.

Vor Nabû klagt der Kranke, d. h. jeder beliebige Kranke, der bei den Reinigungen diesen Psalm herzusagen hat — »Ich N. N., Sohn des N. N.« heißt er im Text — folgendermaßen[5]:

Ich N. N., Sohn des N. N., von schwerer Krankheit ergriffen, dein
Diener,
die Hand des Utukku[6] und der Atem des Burruda[6] hat mich überlistet
und ergriffen.

Hierzu ist auch zu vergleichen die Schilderung von dem Wüten der verschiedenen Dämonen in den sogenannten »Beschwörungsserien«, z. B. in der Serie Ti'u oder Kopfkrankheit, siehe JASTROW I, S. 340 ff.

Häufiger als die Klage über die Dämonen scheint aber die Klage über *Zauberei* zu sein.

So heißt es in einem zu der Serie Maqlu gehörigem Klagepsalm:

---

[1] Eine Dämonenart.
[2] Geht wohl kaum auf den geplanten Aufruhr gegen Aschurbanaplu; die Selbstanklage scheint eher stereotyp zu sein, wie das Essen von Unreinem und Treten auf Unflatiges.
[3] ZIMMERN, AO VII 3, S. 28 ff.; JASTROW, II 1, S. 125 ff.
[4] JASTROW deutet das auf den Aussatz.
[5] JASTROW, I, S. 445.
[6] Dämonennamen.

Ich stehe aufrecht, kann nicht liegen, weder nachts noch am Tage,
die Hexen haben angefüllt meinen Mund mit ihren Schnüren,
mit Upuntu-Kraut haben sie meinen Mund zugestopft;
das Wasser, das ich trinke, haben sie vermindert,
mein Jubel ist Jammer, meine Freude ist Trauer geworden[1].

Daß der Betende krank ist, geht aus dem ganzen Zusammenhang hervor, zugleich aus der nach der Klage folgenden Bitte (an Nusku, den Feuergott):

Der du den Bösen und Feindseligen überwältigst,
überwältige sie (die Hexen), damit ich nicht vernichtet werde;
laß mich, deinen Diener leben, laß mich unverletzt vor dir stehen!

Der Betende ist infolge der Hexerei schon dem Tode nahe. So fährt er denn fort:

Steht auf, große Götter, hört meine Klage,
schaffet mir Recht, nehmt Kenntnis von meiner Lage!
Ich habe ein Bild meines Zauberers und meiner Zauberin angefertigt,
meines Hexenmeisters und meiner Hexe angefertigt[3].
Ich habe mich zu euren Füßen niedergeworfen und bringe meine
                                        Klage vor euch,
gegen das Böse, das sie mir angetan haben,
wegen der Unreinheiten, deren sie sich beflissen haben.
Möge sie[4] *sterben! laßt mich leben! . . . . . .*
Unheilvoll ist die Beschwörung der Zauberin,
Ihre Worte sollen zu ihrem Munde zurückkehren[5],
ihre Zunge soll abgeschnitten werden.
Wegen ihres Zaubers mögen die Götter der Nacht sie zerschlagen,
die drei Wachen der Nacht[6] *mögen ihre bösen Hexereien auflösen.*
Ihr Mund möge Wachs, ihre Zunge Honig sein[7],

---

[1] JASTROW, I, S. 287.

[2] JASTROW, I, S. 302.

[3] Hier wird auf kultische apotropäische Maßnahmen hingewiesen; auf die Bilder der Hexen wurde die Strafe „sympathetisch" vollzogen.

[4] Die Hexe. Beachte den Wechsel zwischen Sgl. und Plur., wie in Ps. 109 und öfters; der Betende weiß eben nicht, ob die Feinde viele oder etwa nur einer sind.

[5] Vgl. Ps. 7,15 und Parallelen; der aun kehrt über den Urheber zurück.

[6] Die über den Nachtwachen waltenden Götter.

[7] Beachte, daß hier wie in den biblischen Psalmen der Mund und die Zunge und das unheilwirkende Wort die ständigen Mittel der Zauberer sind. — Zum Verständnis siehe die flg. Zeilen. Aus Wachs und Honig wurden oft die oben erwähnten Bilder der Zauberer gemacht.

das Wort meines Unheils, das sie ausgesprochen hat, möge gleich dem
Wachse zergehen,

der Zauber, den sie gewunden hat, zerfließe gleich Honig,

auf daß ihr Zauberknoten zerrissen, ihr Werk zerstört werde,

all ihre Reden über die Steppe zerstreut werden,

gemäß dem Befehl, welchen die Götter der Nacht gegeben haben.

Die Ähnlichkeit der Vorstellungen über die Wirkemittel der Zauberer hier und in den Psalmen liegt auf der Hand; vgl. hierzu I 7.

In einem anderen Text wird die unbekannte Hexe direkt angeredet[1]:

Wer bist du Zauberin, die mein böses Wort[2] in ihrem Herzen trägt,

auf deren Zunge mein Verderben erzeugt ward,

durch deren Lippen ich vergiftet bin,

deren Fußstapfen der Tod folgt?

Zauberin, ich ergreife deinen Mund, ich ergreife deine Zunge,

ich ergreife deine forschenden Augen,

ich ergreife deine stets beweglichen Füße,

ich ergreife deine immer tätigen Kniee,

ich ergreife deine immer ausgestreckten Hände,

ich binde deine Hände hinter dich.

Sin[3] vernichte vorne (?) deinen Körper,

er werfe dich in einen Abgrund von Wasser und Feuer,

Zauberin, wie die Einfassung dieses Siegelringes

möge dein Gesicht leuchten und erblassen[4].

Dieselbe Apostrophierung des Übeltäters haben wir auch in Ps. 52[5] in der Form eines strafenden Vorwurfs, und etwas abgeschwächter in der Form einer tadelnden Disputation Ps. 94, 8 ff.[6], ganz direkt und ursprünglich aber in Ps. 120, 3[7] in der Form des Fluchs. In dem babylonischen Text ist diese apostrophierende Form leicht erklärlich und ganz natürlich. Sie hängt mit der Anfertigung von Bildern der Hexe und des Zauberers zusammen, mit denen dann gewisse Handlungen vorgenommen wird. Bei der Rezitierung der obigen Worte »ich ergreife deinen Mund« usw. hat

---

[1] JASTROW, I, S. 309.

[2] D. h. das mein Unheil bewirkende „böse Wort".

[3] Der Mondgott.

[4] D. h. erst im Feuer glühen und dann durch das Wasser verblassen (J).

[5] Siehe I 8 (S. 21 f.); II 6 c (S. 44).

[6] Siehe I 2, S. 6; III 2 b (S. 65 f.).

[7] Siehe I 8; (S. 21) II 6 c (S. 45).

gewiß der Redende die entsprechende Handlung mit dem Bilde der Hexe
vorgenommen. Ob man ähnliche Zeremonien in Israel gekannt habe, wissen wir nicht; möglich ist, daß die Stilform der Apostrophierung dort eben
nur eine poetische Form gewesen. Jedenfalls ist es aber die nächstliegende
Annahme, daß diese Stilform auf derartige Handlungen zurückgeht, sei
es daß man einmal solche Handlungen in Israel vorgenommen, sei es daß
nur die Stilform und nicht die entsprechende Kultsitte einmal aus Babylonien entlehnt wurde.

Eine Probe aus einem Königsgebet an Schamasch[1]. Der Priester hat
von den Betenden gesagt:

Seine Gebeine sind mit Krankheit behaftet, von schwerer Krankheit
                                                    ist er heimgesucht.
O Schamasch, achte auf mein Flehen!
Nimm sein Opfer an, empfange seine Trankopfer
und setze seinen Gott an seine Seite.
Auf deinen Befehl sei seine Schuld getilgt, seine Sünde weggenommen.
Von seiner Gefangenschaft sei er befreit, geheilt von seiner Krankheit.
Gewähre dem König das Leben,
So lange er lebt, wird er deine Größe preisen.
Jener König wird deinen Dienst vollstrecken,
und möge ich, der Befreier von Zauber, dein Diener, stets
                                            deinen Dienst vollstrecken

Im Anschluß an diese Bitte um Heilung betet nun der König:

O Schamasch, du kennst ihre[2] Schlingen,
du zerstörst die Bösen, lösest auf die Zaubereien,
Zeichen und üble Omina,·drückende, böse Träume;
du zerschneidest die Fäden der Bösen, die Menschen und Land zerstören[3];
Zauberer, Hexenmeisterei, üble Zauberkünste finden keinen Schutz bei dir[4]..
Stehe auf, o Schamasch, Leuchte der großen Götter!
Vor dem Hexenmeister möge ich stark sein;
der Gott, der mich erzeugt, möge zu meiner Seite stehen,
meinen Mund zu reinigen, meine Hände zu leiten!

---

[1] JASTROW, I, S. 431.

[2] Der Zauberer.

[3] Zu dieser umfassenden Betrachtung des Wirkens der Zauberer vgl. Ps.
94, 5 f.; 14, 4. Wenn man die babylonischen Psalmen gekannt hätte,
so wäre man wohl bei der Psalmenexegese etwas vorsichtiger mit den
nationalen Feinden und Bedrückern umgegangen.

[4] Zu dieser Form der Bitte (Vertrauensmotiv) vgl. Ps. 5,6: du hassest alle
Auntäter; vgl. Ps. 59, 6.

Aus einem Gebet an Taschmetum, die Gemahlin Nabûs[1]:

Möge die Krankheit meines Körpers entfernt werden,
möge das Seufzen meines Fleisches weggenommen werden,
möge die Krankheit meiner Muscheln hinweggeführt werden;
mögen die Behexungen, die auf mir lasten, gelöst werden
möge der Bann entfernt, [die Behexung] weggenommen werden.
möge der Gallu[2] weichen, seine Brust . . . .!

Auch in dem oben (S. 82f) zitierten Psalm an Ischtar ist die Behexung als Ursache der Krankheit aufgefaßt; nach den Klagen über die Krankheit folgt die Bitte:

Irnini[3] . . . .. wütender Löwe, dein Herz beruhige sich,
zorniger Wildochs, dein Gemüt erweiche sich!
Deine gütigen Augen seien auf mich gerichtet,
mit deinem hellen Anlitz blicke treulich auf mich, ja mich!
Vertreib die Hexerei, das Böse in meinem Leibe,
dein helles Licht möge ich schauen[4].

Zuletzt ein Gebet an Nusku aus der Maqlu-Serie[5].

Ich N. N., Sohn des N. N.,
dessen Gott N. N. und dessen Göttin N. N.,
ich wende mich zu dir, ich suche dich auf,
ich erhebe meine Hände zu dir, ich werfe mich vor dir nieder.
Verbrenne den Zauberer und die Zauberin,
das Leben meines Zauberers und meiner Zauberin möge vernichtet werden!
Laß mich leben, daß ich dich preise und dir in Ergebenheit huldige!

d) Wenn die soeben mitgeteilt Bitte an Ischtar-Irnini unmittelbar fortfährt:

Bis wann noch, meine Herrin, sollen meine Widersacher nach mir trachten,
mit Lüge und Unwahrheiten[6] Böses planen,
soll mein Verfolger, mein Feind mich aufpassen?
Bis wann, meine Herrin, soll der Elende (?), der Krüppel
über mich kommen? —

---

[1] Jastrow, I, S. 550 f.
[2] Dämonbezeichnung
[3] Hier Beinahme Ischtars.
[4] Zimmern, AO VII 3, S. 21.
[5] Jastrow, I, S. 297.
[6] Nach dem ganzen Zusammenhange müssen „Lüge" und „Unwahrheit" Termini für Zauber sein, vgl. II 6 a, c.

so haben wir auch hier dieselbe Verbindung zwischen Krankheit und *Feinden* wie in den biblischen Psalmen. Und nach dem was im vorhergehenden Abschnitt gesagt ist, so erwarten wir, als die Feinde in den babylonischen Klagepsalmen teils die Dämonen, teils die Zauberer zu finden. Das trifft nun auch zu.

Daß die Dämonen und die Zauberer feindlich gegen den betreffenden Beter aufgetreten haben, braucht man nach dem schon Dargestellten nicht mehr zu beweisen. Worauf es aber ankommt, ist daß in den babylonischen Klagepsalmen wie in den biblischen von »Feinden«, »Gegnern«, »Widersachern« wiederholt die Rede ist, und daß mit diesen Bezeichnungen keine anderen als die Dämonen oder die Zauberer gemeint sind.

Von einem dämonischen Feinde spricht das Reinigungsritual des Königs Tabi-utul-bêl[1], zu dem auch der oben erwähnte Klagepsalm »Ich gelangte zum Leben« gehört.   Hier heißt es[2]:

> *Mit der Peitsche voller Schweifen hat er mich geschlagen,*
> *mit einem starken Stab hat er mich durchbohrt — der Stich war stark;*
> *den ganzen Tag verfolgt mich der Verfolger,*
> *inmitten der Nacht läßt er mich nicht aufatmen.*

Wer der Verfolger — vgl. *rōdēf* in den Psalmen — ist, zeigt die Schilderung der Krankheit, die vorangeht, und die folgendermaßen anhebt:

> *Ein böser Totengeist hat sich in mir festgesetzt.*

Derselbe wird auch unter der Bezeichnung »der Feind« — *nakru* — erwähnt:

> *Den Feind, der mich niedergetreten hat, den Starken*[3] *hat er*[4]
> *aus meinen Körper entfernt.*

Häufiger scheint aber »der Feind« den Zauberer zu bezeichnen. So ist in dem oben zitierten Stück aus dem Ischtar-Irnini-Psalm deutlich der Fall. Denn er klagt, wie wir oben gesehen haben, über Zauberei als Krankheitsursache, und seine Bezeichnungen der Feinde: der Elende und der Krüppel, entsprechen dem Gedanken nach den Anschauungen, die auch der Hebräer sich über die Zauberer machte, siehe unten IV₄ e. Auch eine andere bemerkenswerte Übereinstimmung mit dem hebräischen Gedankengange weisen diese Zeilen auf: die Zauberer »planen Böses mit Unwahrheiten«;

---

[1] JASTROW, II 1, S. 120 ff.

[2] JASTROW, II 1, S. 128.

[3] L. gesch-ru, der Starke (siehe JASTROW, II 1, S. 131, A 7) und vgl. *'azzīm* III 2 c.   [4] Der Gott Marduk.

»Unwahrheit« steht hier als Bezeichnung der Worte, mit denen er seinem
Opfer schadet; vgl. hierzu das über *šāqār* gesagte II 6. — Und genau wie
die biblischen Psalmisten betet denn auch der Ischtardiener:

Meine Feinde möge ich wie den Erdboden niedertreten,
meine Hasser unterwirf und laß sie zu Boden sinken unter mir!
Mein Gebet und mein Flehen möge zu dir gelangen,
dein großes Erbarmen werde mir zu Teil.

In einem Klagepsalm an Marduk sagt der Priester von dem Kranken[1]:

Krankheit hat ihn zu Grunde gerichtet, Elend ihn niedergedrückt,
. . . . . . deine Feinde sind . . . . . . ausgezogen,
. . . . . . der Böse und der Feind [haben ihn umringt].

Da die Krankheit allgemein der Zauberei zugeschrieben wurde, so
muß der hier vorausgesetzte Zusammenhang zwischen Krankheit und
Feinden so aufgefaßt werden, daß diese die Zauberer sind, die den Betenden krank gemacht. —

Als einen Rasenden befehden mich die Genossen,
im Schatten (?) der Versammlung hält man mich gefangen —

klagt der kranke König Tabu-utul-bêl[2]. Hier kann man aber zweifeln, ob
die krankheitbewirkenden Feinde gemeint sind, oder die treulosen Genossen,
die den kranken König als von Gott geschlagen verabscheuen und verspotten.
Unzweifelhat ist dagegen die Identität der Feinde und der Zauberer
in einem der Serie Maqlu gehörigen Gebet an Nusku, den Feuergott[3]:

Dich aber, Feuergott, Bezwinger des Zauberers und der Hexe,
Vernichter der Schlechtigkeit des Samens des Zauberers und der Hexe,
Vertilger des Bösen bist du —
dich rufe ich an gleich Schamasch dem Richter,
richte meinen Fall, triff meine Entscheidung,
bezwinge den Zauberer und Hexe,
vernichte meine Feinde, zerreiße meine Bösewichte!

In demselben Ritual heißt es bei der Verbrennung des Tonbildes des
Zauberers[4]:

Verbrenne den Zauberer und die Zauberin,
friß meine Feinde, zerstöre meine Bösewichte!

---

[1] JASTROW, II 1, S. 97.
[2] JASTROW, II 1, S. 124.
[3] JASTROW, I, S. 305.
[4] JASTROW, I, S. 307.

In einem Klagepsalm an Adad wird gebeten[1]:

Ich haben meinen Sinn zu dir gerichtet, ich flehe [niedergebeugt];
Sei mir barmherzig, o Herr, höre [mein Gebet],
vernichte meine Feinde, vertreibe [meine Widersacher],
laß die giftigen Zauberkniffe der Hexenmeister nicht nahe kommen!

e) Diese wenigen Proben genügen, um das zu beweisen, was wir beweisen wollen.

Wir haben erstens gesehen, daß »die Feinde« in den babylonischen Psalmen Dämonen oder häufiger Zauberer und Hexen sind.

Zweitens haben wir im Laufe der Darstellung auf mehrere Einzelzüge aufmerksam gemacht, in denen die babylonischen Zauberer mit den Auntätern und Feinden der biblischen Psalmen übereinstimmen. So sind der (böse) Mund, die (böse) Zunge, das (böse) Wort die Mittel der Zauberer wie der Auntäter und Feinde, siehe S. 88 f., und I 7[2]. Das Wort wird als »Fluch« oder »Bann« bezeichnet S. 83; 91, vgl. I 7; III 2 b[3]. »Lüge« und »Un-wahrheit« ist im Babylonischen Termini für das Zauberwort, wie im Psalter für die Worte und das Treiben der Auntäter und Feinde, siehe S. 91, Note[6] 92 f., vgl. II 6. Der babylonische Zauberer wird als ein Auswurf der Gesellschaft betrachtet S. 91 f.; dasselbe gilt von dem Auntäter und dem stehenden Feinde des frommen Dulders I 1; IV 4 e. Es sei an die (Zauber)-schnüre der biblischen »Feinde« erinnert, die in den Praktiken der babyl. Zauberer ihre Parallele haben, AO VII, S. 14, siehe I 9 und S. 51. Des-gleichen an das »Anblasen« der Feinde in den Psalmen als krankheits- und unheilstiftendes Mittel, das auch in Babylonien eine Parallele hat (ebenda und S. 92). — Die Hexen und Zauberer in den babylon. Psalmen werden bald als eine Mehrheit, bald als Einzelwesen, und das noch im demselben Psalm, betrachtet IV 3 d u. S. 88, Note[4]. Es ist in beiden Fällen gelegent-liche Stilsitte, den Zauberer, bezw. den Auntäter und Feind, im Klagepsalm direkt anzureden, siehe IV 3 c u. S. 89. In Babylonien hat der Stil seine natürliche Erklärung aus der Kultsitte; in Israel fände er seine einfachste Erklärung durch die Annahme einer entsprechenden Kultsitte oder stilischer Entlehnung aus Babylonien.

Aus alledem ist als der *ex analogia* dargebotene Schluß zu folgern, daß die Auntäter und die Feinde in allen individuellen Klagepsalmen eben-falls Zauberer und Dämonenbeschwörer sind.

---

[1] JASTROW, I, S. 484.
[2] Siehe WEBER, AO VII 4, S. 13 f.
[3] In Babylonien ist der Fluch sogar ein besonderer Dämon geworden, siehe JASTROW, I, S. 279.

4. Die direkten Beweise.

Obige These soll hier ausführlicher begründet werden. Es kommen hier neben den Ergebnissen in Kap. I—III noch besonders vier Gründe in Betracht, die z. T. natürlich auch für die Aunpsalmen ihr Gewicht haben und das dortige Resultat bestätigen — wenn es einer Bestätigung bedürfte. —

a) Erstens die vollständige stilistische und inhaltliche Übereinstimmung zwischen den Aunpsalmen und den meisten anderen individuellen Klage-psalmen. Die Phrasen, Ausdrücke und Metaphern sind dieselben, die Klage dieselbe, die Bitte dieselbe, die »Motiven« dieselben, die Gewißheit der Erhörung dieselbe. Die Forscher, die die Klagepsalmen als solche behan-delt haben, haben denn auch keinen Unterschied zwischen Aunpsalmen und anderen entdecken können[1].

In dieser Hinsicht ist der Nachweis der nahen Verwandtschaft der Ps. 22; 25; 31; 34; 35; 38; 40; 69; 71; 102; 109 bei RAHEFS, עָנִי und עָנָו in den Ps., Leipzig 1891, S. 5 ff. sehr lehrreich. Von diesen klagen Ps. 31; 35; 38 über den Zauber der Feinde; zwar wird das Wort 'aun nicht erwähnt, die Sache selbst kommt aber unter anderen Synonymen vor (s. II 6 c).

So werden denn auch die Feinde in allen individuellen Klagepsalmen ganz mit denselben Zügen wie die Auntäter gemalt. Wir haben oben, II 6 c und III, eine Reihe von Psalmenstellen behandelt, die von den heimtückischen Anschlägen der Feinde nicht das Wort *åwän*, sondern andere Synonyme wie *šåw*, *kahaš* oder Worte wie Lüge, Trug u. ä. gebrauchen, die Feinde aber ganz in derselben Weise wie die Aun-Stellen schildern. Dieselbe Schilderung der Feinde finden wir auch sonst. Es würde genügen auf die nahe Ver-wandtschaft der Ps. 54—59 zu verweisen, von denen man sogar Ps. 56—59 demselben Verfasser, der sie aus einer und derselben Situation heraus gedichtet haben soll, hat zuschreiben wollen (vgl. DUHM zu Ps. 59). Von diesen nennen Ps. 55; 56 und 59 die Feinde als 'Auntäter, die anderen nicht; ein sachlicher Unterschied ist aber nicht vorhanden. — Auch in den Ps., die nicht von 'aun reden, stehen die Feinde dem Klagenden nach dem Leben (11, 2 [vgl. zum Bilde 64, 5]; 13 5; 17, 9. 12 f.; 22, 13 f. 16. 17. 21 f.; 31, 5. 14; 35, 4. 7; 38, 13; 40, 15; 54. 5; 57, 5; 62, 4; 63, 10; 71, 13; 86, 14; 139, 19; 140, 5; 143, 3. 12; 144, 10); auch hier sind Hinterhalt und verborgene Gruben und Netze ihre Waffen (17, 12; 35, 7 f.; 38, 13; 57, 7; 140, 5 f.; 142, 4) und die dunkle Nacht ihre Zeit (11, 2); auch sie sind voll übermächtiger Kraft (52, 3); ihre Zungen verstehen, die mächtigen, als Gift

---

[1] Siehe z. B. BAUMGARTNER, Klagegedichte des Jeremia, S. 6 ff.

wirkende Zauberworte zu sprechen (4. 3; 12, 3—5; 27, 12; 31, 19; 35, 20; 57, 5; 58, 4 f.; 109, 2 f.; 120, 2; 139, 20; 140, 4. 12; 144, 11), auch hier haben sie die Krankheit des Betenden verursacht (s. unten IV 4 d).

b) Zweitens wäre es im höchsten Grade auffallend, wenn nicht un-natürlich, wenn wirklich jeder einzelne kranke oder leidende Fromme, der Klagepsalmen hinterlassen habe, so überaus reichlich mit persönlichen Feinden ausgestattet sein sollte, und zwar mitten im eigenen Volke, dessen Glieder alle jedenfalls im Äußeren dieselbe Religion und Sitte hatten wie er selber, und wo die »Parteiunterschiede« jedenfalls in nichts anderem als in einem größeren oder geringerem Eifer betreffs der Haltung des Gesetzes, bestanden, das von allen als ideell gültig und verpflichtend anerkannt wurde [1]. Es ist nicht wahrscheinlich, daß alle diese Psalmendichter so ausnahmslos ein Gegenstand des Hohnes und Hasses der Weltlichgesinnten sein sollten — die Kritiker sind ja darüber einig, daß diese Dichter »einfache Männer des Volkes« seien [2]; man sieht nicht ein, was die nach der Meinung der Kritiker so übermächtigen, reichen und an Zahl gewaltig überlegenen Welt-lichen (oder Gottlosen) an dem Tod und Untergang des armen Gesetzes-treuen so interessiert machen könnte. Jedenfalls müßten wir, wenn die übliche Auffassung der Feinde richtig wäre, feststellen, daß diese dich-tenden Dulder sich einer gewaltigen Übertreibung schuldig gemacht hätten, oder daß sie in ihrer überhitzten Phantasie einzelne Fälle generalisiert und in ihrer Einbildung ganze Haufen von Verfolgern und Spöttern ge-bildet hätten, die um nichts den Halluzinationen der Verfolgungswahnsinnigen etwas nachgeben. Ein derartiges epidemisches Auftreten des Verfolgungs-wahns bedarf aber jedenfalls einer psychiatrischen Erklärung; diese haben aber die Theologen bis jetzt nicht gegeben. Gegen eine psychopathische Erklärung der unleugbaren Übertreibungen sprechen aber die stereotypen Worte und Vorstellungen; diese Dichter klagen alle über dieselben Feinde in denselben Ausdrücken ganz traditioneller Art. Wenn wir es wirklich lediglich mit persönlich erlebten Zuständen krankhafter und leidenschaftlich überhitzter Phantasien zu tun hätten, die diese Übertreibungen verschuldet hätten, so müßten wir eine etwas mehr individuelle Verschiedenartigkeit ihrer Phantasien und Halluzinationen erwarten. — Es ist aber viel besser, die Dichter vor dem Verdachte eines solchen pathologischen Zustandes zu

[1] Wir dürfen hier von dem „akuten Hellenisierungsprozeß" der vormakka-bäischen und makkabäischen Zeit absehen; denn daß mindestens die Hauptmasse der Psalmen viel älter als die Makkabäerzeit ist, halte ich für unzweifelhaft; Duhm wird sicher nicht mit seiner Psalmenkronologie Recht behalten.

[2] Was allerdings falsch ist, siehe unten.

befreien und eine natürlichere und primitiver Kultur entsprechendere Erklärung der Vorstellung von den zahllosen, aber ganz stereotypen Feinden
zu suchen.

Wie erklärt sich nun diese große Zahl der ·$r^e \check{s}\bar{a}^c im$, die sogar den
Eindruck erweckt haben als hätten wir es hier mit der Partei der Gottlosen zu tun, die die große Mehrzahl im Volke gebildet haben soll? Fast
immer spricht der Beter von den Feinden in Mehrzahl; eine Meute von
Hunden setzt ihm nach (Ps. 22, 17. 21); eine ganze Heerde von Büffeln hat
ihn umringt (Ps. 22, 13. 22); ein Heer von Kriegern lagert sich gegen ihn
(Ps. 3, 7), er hat sogar mit einem ganzen Volke (Ps. 43, 1) oder mehreren
Völkern (Ps. 56, 8; 59, 6. 9) zu kämpfen (vgl. Ps. 3, 2; 25, 19; 31, 14;
55, 19; 56, 3; 69, 5; 119, 157). — Allerdings, eine Übertreibung liegt hier
vor — darin haben GUNKEL, BALLA und andere recht. Bei unserer Erklärung der Feinde kann aber diese Übertreibung besser erklärt werden.
Wenn die Feinde keine mit den Augen und Sinnen vernehmbare, sondern
unbekannte, einfach aus der Tatsache des Krankseins erschlossene, gleichsam eingebildete, jedenfalls im Gehirne und in der Phantasie des Kranken
ihr furchtbares Spiel treibende Zauberer und Dämonen sind, die wohl auch
gelegentlich in Halluzinationen ihm als schauderhafte Wirklichkeiten bewußt
geworden sind, so verstehen wir leicht, warum ihrer so viele sind. Wir
brauchen nur daran zu erinnern, wie viele Millionen Teufel das Mittelalter,
sowohl Theologen als Volk, kannte, und wie viele tausende die Hexen
waren, die sehr zuverlässige Menschen in der Walpurgisnacht durch die
Luft fahren gesehen hatten. —

c) Drittens zeigt der große Unterschied zwischen der Schilderung
der Feinde in den nationalen Klagepsalmen (Ps. ̃44; 60; 74; 79; 80; 83;
89; 90 [vom Stil der individuellen Lieder stark beeinflußt]; Thr. 5; Jer.
14, 2—10) und in den individuellen Liedern, daß wir hier einen anderen
und größeren Unterschied als den zwischen äußeren Feinden und inneren
Bedrückern vor uns haben müssen. In den nationalen Klageliedern, in denen
eine klare Mehrheit, das Volk, die Gemeinde oder vielleicht bisweilen der
König als Vertreter der Gesellschaft (Ps. 89), über Niederlage im Krieg,
Unterdrückung seitens der siegreichen Feinde oder Dürre und Hungersnot
klagen, werden die Feinde mit jeder wünschenswerten Deutlichkeit gezeichnet und mit allen konkreten Zügen ausgestattet; wir brauchen in der Regel
darüber nicht zu zweifeln, daß wir äußere Feinde und Kriegsunglück o. dgl.
vor uns haben, vgl. z. B. Ps. 44, 10—17 mit den Hindeutungen auf die
verlorenen Schlachten oder Ps. 74, 3—9, wo die Plünderung des Heiligtums mit der daraus folgenden Depravation, dem Aufhören der Orakel usw.,
sehr klar beschrieben wird, oder Ps. 89, 39—46, die die Eroberung der

Städte und den Fall der Festungen erwähnen; mitunter werden sogar die
Namen der Feinde erwähnt Ps. 60, 10 f.; 83, 7—9. — In scharfem Gegen-
satz zu diesem Reichtum an konkreten Zügen steht die Schilderung der
Feinde in den individuellen Klagepsalmen. Sie sind, wie gesagt, rein tra-
ditionelle und stereotyp gezeichnete Figuren, wie es die Schilderung der
Auntäter im Vorhergehenden zeigt; vgl. dazu z. B. BAUMGARTNER, Die
Klagegedichte des Jeremia, S. 10, 12 f. Hier ist schließlich alles stehende
Wendungen und Bilder, alles Konkrete schwindet; das vermeintlich Konkrete löst sich bei näherer Beobachtung in Variationen der traditionellen
Bilder auf[1]. Diese Inkonkretheit, die nicht nur den Feinden, sondern auch
dem Betenden und seiner ganzen Lage gilt, muß ihre Erklärung haben.
Es genügt hier nicht, auf die Gebundenheit der hebräischen Poesi überhaupt von der Tradition und dem festen Stil hinzuweisen; denn warum sollte
diese sich bei den individuellen Klagepsalmen mehr geltend machen als bei
den nationalen? Wenn die Klagepsalmen von Privatpersonen gedichtet wären
als spontane und gelegenheitsbestimmte Ausdrücke ihrer rein individuellen
Erlebnisse, ihres persönlichen Gottesverhältnisses, mit Schilderungen ihrer
persönlichen, jedesmal konkreten Feinde, so müßte die konkrete Situation,
aus der sie entsprungen wären, jedenfalls gelegentlich sich Ausdruck verschafft haben. Dann kämen sie nicht umhin, jedenfalls gelegentlich etwas
über die Krankheit, über die Art des einzelnen Falles, über die Feinde
und die ganze persönliche Lage des Dichters hervorschimmern zu lassen,
wie es in den nationalen Liedern der Fall war. Die Erklärung ist die, daß
die Feinde in den Psalmen keine lebendige konkrete Menschen aus Fleisch
und Blut sind, sondern traditionelle Schemen gewissermaßen dogmatisch
postulierter Gestalten. Sie sind die literarischen Erzeugnisse der Zauber-
und Dämonenfurcht der alten Israeliten.

d) Viertens ist darauf hinzuweisen, daß in nicht wenigen dieser Psalmen die Not, worüber geklagt wird, Krankheit ist, wärend daneben die
Feinde als das primäre Übel betrachtet werden, siehe oben I 4. — Wir
haben einige dieser Fälle oben II 6 c besprochen (Ps. 63; 38; 42—43; 35),
und haben dort gesehen, daß nach der nächstliegenden Erklärung der
Zauber der Feinde die Ursache der Krankheit war; denn es ist kein Grund
vorhanden, diese Stellen anders zu beurteilen, als die in I 4 behandelten,
an denen die Feinde als Auntäter bezeichnet wurden. Wir haben nun auch
unter den übrigen individuellen Klagepsalmen nicht wenige, die diese Verbindung von Krankheit und Feinden darbieten.

---

[1] So z. B. Ps. 42, 7 f., siehe II 6 c, S. 43, N. 1.

Vielleicht am deutlichsten tritt diese Verbindung in Ps. 109 auf. Der Betende schildert seinen Zustand folgendermaßen:

[22] *Ich bin ja voll Elend und Leid, und mein Herze 'krampft sich' im Busen,*
[23] *wie ein Schatten, der sich neigt, fahr ich hin, fortgeweht wie ein*
Heuschreckenschwarm,
[24] *meine Knie wanken vom Fasten und mein Leib schwindet ungesalbt hin,*
[25] *zum Hohn bin ich ihnen geworden, sie sehn mich und schlütteln ihr Haupt.*

Daß hier von Krankheit die Rede ist, ist sowohl STAERK's als BAUM-GARTNER's Ansicht. Und mit Recht. Man vergleiche die Schilderung der leiblichen Schmerzen in Ps. 22, siehe III 2 c; der Betende ist abgemagert, dem Tode nahe; daher fühlt er sich unter Gottes Zorn und macht Buße, wie der Unreine tun soll; er fastet und salbt sich nicht; weil er unrein und »geschlagen« ist, darum scheuen und verspotten die Menschen ihn. — Liest man aber den Psalm, so ist der Haupteindruck ohne jede Frage, daß hier ein von vielen Feinden Verfolgter und Nachgestellter spricht:

[2] *Sie tun Frevlermund⁰ wider mich auf und reden mit Lügenzunge[1] zu mir,*
[3] *mit Haßworten umgeben sie mich und befehden mich ohne Grund⁴⁰²,*
[5] *sie 'vergelten mir' Böses statt Gutes, mit Haß für all meine Liebe.*

Dem entspricht die Bitte:

[26] *So hilf mir, Jahwä, mein Gott, und rette mich nach deiner Gnade;*
[27] *laß sie wissen, das dies deine Hand, daß du, Jahwä, es getan!*
[29] *laß in Schmach meine Feinde sich hüllen, ihre Schande wie einen Mantel*
umlegen.

Die Errettung von den Feinden, der Untergang der Feinde und ihre Schmach ist zugleich die Rettung des Betenden aus seinen Nöten. Das verstehen wir am besten, wenn die Not, in casu die Krankheit, von den Feinden bewirkt ist. Und zu dieser Annahme stimmt am besten die furchtbare Erregung des Betenden, sein leidenschaftlicher Haß, die schrecklichen Flüche gegen die Feinde, die solche Not über ihn gebracht haben. Erst wenn wir an geheime, unbekannte, heimtückische, meuchelmörderische Feinde und Krankheitsmacher, wie die Zauberer es sind, denken, wird die gewaltige Furcht und der leidenschaftliche Haß recht verständlich. Solchen Feinden gegenüber, denen man sich nicht wehren kann, die man nie sieht, die überall treffen können, grausam, unentrinnbar sind, gibt es nur die Gefühle Furcht und Haß, und zwar in der äußersten Potenzierung.

---

[1] Siehe II 6.
[2] V. 4 Reste einer Dublette.

Dieselbe Verbindung weist Ps. 22 auf, vgl. III 2 c. Der Betende ist krank; vor Fieber ist sein »Gaumen trocken wie Scherben, klebt ihm seine Zunge im Munde« (V. 16); er ist abgemagert, so daß er alle seine Knochen zählen kann (V. 18); weil er krank und unrein ist, darum scheuen und verachten ihn seine Nachbarn und Verwandte (V. 7 – 9); er neigt zum Tode, übertreibend sagt er, man habe ihn schon begraben und seine Erbschaften verteilt (V. 16 b; 19). Und dennoch ist er von zahllosen Feinden umgeben, die in der Gestalt von Hunden, Stieren und Löwen auftreten (V. 13 f ; 17); sie haben seine Leiden verursacht, denn die Bitte um Rettung aus den Leiden tritt als eine Bitte um Rettung vor den Feinden auf (V. 20—22). — Was von Ps. 22 gilt, dürfte auch von dem nahverwandten Ps. 71 gelten. Wenn hier der Betende sagt, er sei vielen ein Wunder *mōfēþ* geworden, V. 7, so denkt er wohl an die furchtbare Krankheit, die ihn befallen hat. In der Hauptsache ist aber der Psalm eine Bitte um Hilfe gegen die Todfeinde. Diese haben ihn wohl somit mittels Krankheit töten wollen.

Desgleichen Ps. 31, 10 ff., s. S. 44. Seine Glieder siechen dahin, seine Kraft schwindet vor Leiden [1]; als unrein, d. h. krank, ist er den Freunden ein Schrecknis geworden; »wer mich sieht auf der Straße flieht scheu vor mir« (V. 11—12). Ausdrücklich sagt er nun, daß seine Kraft vor Leiden schwindet »wegen seiner vielen Feinde« (V. 12)[2]; die Rettung ist auch hier eine Rettung vor den Feinden (V. 16 ff.); die Feinde haben die Krankheit verursacht.

Dasselbe in Ps. 69. »Krank bin ich wegen aller meiner Feinde«, sagt der Betende (V. 21)[3]; er ist »leidend und krank« (V. 30); er ist von Jahwä »geschlagen und verwundet«, d. h. krank (V. 27). Die Feinde fügen nicht nur neue Leiden zu den im letzten Grunde von Gott über ihn gebrachten (V. 27), durch Hohn, Spott (V. 8. 10) und Unbarmherzigkeit (V. 20—22); sondern sie haben direkt das Unglück verschuldet (V. 5); weil so viele ihn grundlos hassen, weil er das Nichtgestohlene ersetzen muß, darum ist er »in den Wassertiefen geraten«. Der letzte Grund ist seine Sünden (V. 6); deswegen hat Gott ihn geschlagen; allem Anscheine nach denkt er sich aber die Sache so, daß Gottes Schlag darin besteht, daß er sich zurückgezogen und dadurch den Feinden, die ihn ohne Ursache hassen, ermöglicht haben, ihn in ihre Gewalt zu bekommen. —

---

[1] L. mit LXX, Syr. בַּעֲנִי für בעוני.

[2] Verbinde die beiden ersten Worten V. 12 mit V. 11, versetze die beiden letzten Worte in V. 11 hinter צָר לִי V. 10; dadurch und durch einige andere geringe Korrekturen läßt sich das Fünfermetrum in 31 B (d. h. Ps. 31 10 ff.) durchführen.

[3] Versetze [מ]כָּל־צֹורְרִי 20 hinter וָאֲנוּשָׁה 21, m. c.

Hier sind nur einige Beispiele erwähnt, die sowohl von Feinden als von Krankheit reden[1]. Krankheit und Unreinheit — was dasselbe ist — als Grund des Leidens wird noch viel öfter in den Psalmen erwähnt oder vorausgesetzt; in Wirklichkeit dürften die allermeisten individuellen Klagepsalmen Krankheitspsalmen sein. — Wenigstens lassen sie sich alle von dieser Annahme heraus erklären.

Wir haben schon oben I 4 darauf hingewiesen, daß der nahe sachliche Zusammenhang zwischen Krankheit und Feinden sich nur durch die Annahme befriedigend erklären läßt, daß die Feinde die Krankheit bewirkt haben. Denn sonst wäre nicht einzusehen, warum die Leidenden immer um Befreiung vor den Feinden, fast nie um Heilung der Krankheit beten: die Krankheit verläßt sie eben in dem Momente. in dem die Macht der Feinde gebrochen wird. Wird der Kranke erst diesen los, so ist damit die Krankheit fort — so muß man sich diesen besonderen Inhalt der eigentlichen Bitte in den Klagepsalmen vorstellen.

Diese Eigentümlichkeit der *Bitte* in den Klagepsalmen ist bis jetzt nicht genügend berücksichtigt worden. Und doch ist sie für das Verständnis wichtig. —

Die Bitte kann mitunter ganz unbestimmt sein und nichts Konkretes enthalten; sie besteht dann meistens aus traditionellen Formeln und ist oft gleichsam als eine Einleitung zu der eigentlichen Bitte aufzufassen. Solche Formeln sind: Steh auf (Ps. 3, 8; 7, 7; 10, 12; 17, 13; 35, 2; 44, 27; 74, 22), wach auf (Ps. 7, 7; 35, 23; 44, 24; 59, 5 f.), eile herbei (Ps. 22, 20; 38, 23; 40, 14; 70, 2; 71, 12; 141, 1), schaue vom Himmel her und sieh (Ps. 80, 15), blick auf meine Not und Mühsal (Ps. 25, 18, vgl. 13, 4; 59, 5), wende dich zu mir (Ps. 25, 16), erbarme dich meiner (Ps. 4, 2; 6, 3; 9, 14; 25, 16; 26, 11; 27, 7; 31, 10), erhöre mich (Ps. 4, 2; 7, 9; 13, 4; 27, 7), höre auf meine Bitte (Ps. 28, 2); ferner: verlaß mich nicht, verwirf mich nicht, vergiß nicht, schweige nicht, steh nicht ferne, raffe mich nicht hin (nach BAUMGARTNER. op. cit. S. 16). — Wenn die Bitte einen konkreten positiven Inhalt hat, so lassen sich zwei Arten unterscheiden.

Erstens die sehr seltene, die direkt auf die Krankheit, bezw. Unreinheit Bezug nimmt. So Ps. 51, 3 f. 9:

Sei mir gnädig, o Gott, nach deiner Huld, nach deiner" Erbarmung tilge
meine Sünden,

wasch' ganz mich rein von meiner Schuld, von meiner Sünde mache mich rein.
Mit Ysop entsühn' mich, daß ich rein sei, wasch' mich, daß ich weißer
denn Schnee bin!

---

[1] Vgl. BALLA, Das ich der Psalmen, S. 19 ff.

Ebenso Ps. 6, 3:

Sei mir gnädig'', denn ich bin siech, heil mich'', denn meine Glieder 'schwinden'.

Und Ps. 41, 5:

Heile mich, Jahwä — an dich hab' ich gesündigt!

Vgl. hierzu in den Dankpsalmen: 30, 3; 103, 3; 107, 20.

Zweitens die Bitte um Rettung vor den Feinden oder aus der von den Feinden verschuldeten Todesgefahr. So enthält in dem deutlichen Krankheitspsalm 22 die Bitte kein Wort von Krankheit und Heilung, sondern redet nur von Rettung vor den Feinden (siehe oben III 2 c). Ebenso in dem nicht weniger deutlichen Krankheitspsalm 38 (siehe oben S. 42 f.):

[18] *Denn ach, ich bin fertig zum Sturz, meine Schmerzen sind mir stets gegenwärtig*[1],
[20] *die mich 'grundlos' befehden sind zahlreich, viele sind die mich fälschlich hassen,*
[21] *die mir Gutes mit bösem vergelten, mich befehden, weil am Guten ich halte.*
[22] *Jahwä, laß mich denn nicht fahren, mein Gott, o bleib mir nicht fern!*

Dasselbe finden wir in den ziemlich ausgesprochenen Krankheitspsalmen 42—43 (II 6 c), siehe Ps. 43, 1—3; 35 (ebenda), siehe V. 1—10. 22 ff.; 109, siehe V. 6—20; 63 (II 6 c), siehe V. 10—12; 69, siehe V. 14—16. 23 —29; 71, s. V. 4. 13. Vgl. noch Ps. 4, 2 f.; 5, 9; 7, 2; 11, 2 f.; 16, 1; 17, 8 f.; 19, 14; 25, 20; 26, 9; 27, 2 f. 11 f.; 28, 3; 52; 54; 55; 56; 57; 58; 59; 61; 62; 64; 70; 86; 94; 102; 119; 120; 139; 140; 141; 142; 143; 144.

Hierzu kommen die vielen Stellen, an denen die Rettung, bezw. die göttliche Hilfe als ein Beistehen des gerechten Richters oder Anwalts in einem Rechtsstreite dargestellt wird (siehe die Stellen bei BAUMGARTNER. S. 17 f.). Nun liegt es aber auf der Hand, daß zu einem Rechtsstreit gehören mindestens zwei. Und so kann auch das Bild vom Rechtsstreite nur derjenige gebrauchen, der sich von Gegnern und Feinden angegriffen oder bedroht weiß. So deutlich Ps. 69, 5; der Betende hat mehrere Feinde als seine Haupthaare; sie haben ihn, so heißt es im Bilde, fälschlich wegen Raubs angeklagt und fordern nun, daß er das ersetzen solle, was er gar nicht geraubt hat[2]. — So sind denn auch alle die Stellen, die um Jahwä's Beistand im Rechtshandel oder um seinen gerechten Urteilsspruch

---

[1] V. 19, ein vereinzelter Vierer unter lauter Doppeldreiern, ist wohl ein Zusatz; der Ps. fällt in 4-zeiligen Strophen. V. 23 wohl ein kultischer Refrain.
[2] Wohl eine sprichwörtliche Redeweise.

beten, als Bitten um Hilfe gegen die Feinde zu betrachten Ps. 27, 12; 35, 11;
69, 5 (falsche Zeugen und Kläger); 35, 23; 43, 1; 119, 154 (»führe meinen
Rechtstreit«); 7, 9; 26, 1; 35. 24; 43, 1; 54, 3 (»richte mich«). Von diesen
Stellen reden mehrere von Krankheit oder nennen die Feinde ausdrücklich,
z. T. sogar als Zauberer.

Dieser Umstand, daß so häufig um Hilfe gegen Feinde und sehr selten
um Heilung der Krankheit gebeten wird, während doch so viele der Psalmen notorisch und vielleicht die meisten wahrscheinlich Krankheitspsalmen[1]
sind, ist nur dann erklärlich, wenn die Rettung vor den Feinden eo ipso
die Heilung einschließt. Dann aber muß die Krankheit eine Folge der
Feindseligkeiten sein; die Feinde haben mit anderen Worten die Krankheit verursacht.

e) Diese Zusammenstellung von Feinden und Krankheit hat den Exegeten viel Not gemacht und zu den sonderbarsten Aufstellungen Anlaß
gegeben. So ist sie SMEND ein Hauptargument für eine »kollektive« Deutung des Ichs der Psalmen geworden: die Krankheit könne nur als Bild
verstanden werden; wer so viele Feinde hat, müsse ein Kollektivum, das
Volk Israels sein; in den Schilderungen gehe nun Bild und Wirklichkeit
in einander über. — Auf die kollektive Deutung gehe ich hier nicht ein;
mit ihr hat GUNKEL und nach ihm besonders eingehend BALLA aufgeräumt;
sie ist als Hauptschlüssel der Psalmendeutung erledigt, unbrauchbar. Den
wirklichen Zusammenhang zwischen Krankheit und Feinden aber hat auch
nicht BALLA gefühlt und erklärt. Vielmehr nimmt er sich durch seinen
Satz »die Verfolgung besteht in dem Spott der Gottlosen über den Kranken, dessen Religion eben durch seine Krankheit als eitel und nichtig
erwiesen wird«[2], die Sache reichlich leicht. War für SMEND u. a. die Krankheit ein Bild, so sind GUNKEL, BALLA, BAUMGARTNER in die umgekehrte
Äußerlichkeit gefallen; ihnen sind die Anfeindungen, die Gewalttätig-
keiten der Feinde meistens ein Bild des Spottes und des Verachts und der
Schadenfreude.

Will man das Verhältnis zwischen *Feinden* und *Verspottern*, zwischen
Feindseligkeiten und Verspottungen im Psalter verstehen, so tut man recht,
zwischen den verschiedenen Gruppen von Verspottern zu unterscheiden.
Es heißt ausdrücklich sowohl von den Feinden als von den Freunden, daß
sie den Kranken und Leidenden verspotten.

---

[1] In Kap. V wird die Frage nach der Veranlassung und Bestimmung der
Klagepsalmen erörtert. Wir werden dann die Annahme, daß sie Krankheitspsalmen sind, bestätigt finden.

[2] Op. cit. S. 126.

Z. T. mit deutlicher Unterscheidung zwischen Feinden und früheren Freunden und Verwandten heißt es häufig, daß die Freunde ihn verspotten. So z. B. in Ps. 38, 12—13:

Meine Freunde fliehn vor meiner Krankheit, meine Lieben stehen abseits
von mir;
die mir stehn nach dem Leben, legen Schlingen, und täglich sie Trugworte
murmeln[1].

Nachdem der Dichter von Ps. 41 das Treiben der Feinde geschildert, fährt er V. 10 von den Freunden fort:

Ja, sogar mein Gastfreund, dem ich herzlich vertraute,
der mein Tischgenosse war, tut wider mich groß —

und Ps. 55, 13—15 heißt es ausdrücklich:

Es ist nicht mein Feind, der mich schmäht — das könnt ich ertragen,
nicht mein Hasser tut wider mich groß — vor dem bärge ich mich,
nein du, ein Mann meinesgleichen, mein Freund und Vertrauter,
die wir holdes und süßes Beisammen im Tempel pflegten.

Ausdrücklich heißt es nun auch, daß die Feinde den Leidenden verspotten (Ps. 42, 4. 10 f.; 109, 25).

Wenn die Feinde so als Verspotter auftreten, so ist das vollständig erklärlich und gehört mit zum typischen Bild derselben überhaupt. Es gehört zur Kultur der Primitiven, den geschlagenen und gefallenen Feind zu verspotten. Dadurch nimmt man ihm die Ehre, die »Schwere« der Seele, den Inhalt derselben, raubt ihr den letzten Rest des Selbstbehauptungsvermögens; man legt »Spott« und damit Schwäche in seine Seele hinein, macht sie »leicht«, *qillēl;* das ist eben nur eine andere Form des Fluches, die den Schwachen noch schwächer machen soll — *qillēl* bedeutet eben verfluchen. So drückt sich der Triumph des obsiegenden Feindes aus; er nimmt den anderen die Ehre und macht sich auf ihren Kosten »groß«, *hizdīl, hiþgaddēl;* im Spott betätigt und bestätigt er seine Überlegenheit. — Dazu hat die Behauptung des Leidenden, daß die Feinde seine Verspotter sind, noch einen anderen Grund, auf den wir sofort zurückkommen.

In der Regel heißt es, sahen wir, daß die Verwandte, die Nachbaren und die früheren Freunde des Kranken ihn verspotten. So Ps. 22, 8 f.; 27, 10; 31, 12; 38, 12; 41, 10; 55, 13—15; 69, 9. 13; 88, 9. 19; 142, 5. — Auch das erklärt sich sehr einfach.

---

[1] Zum Text siehe oben II 6 c, S. 42.

Der Kranke ist unrein; Unreinheit ist aber ansteckend, gefährlich; daher scheut man ihn. Die Freunde und »Brüder« werden dem Kranken feind. Mitunter mochte es wohl auch vorkommen, daß man ihn direkt fluchte und dadurch das Unheil vergrößerte, Unheil und Unreinhet in ihn hineinlegte. Das ist als Abwehr erklärlich. Man will dadurch seinen Sturz beschleunigen, damit er nicht als eine drohende Gefahr der Gesellschaft in ihrer Mitte weiter leben solle. Der Kranke ist aber zugleich als geheimer Sünder, als Feind der Gesellschaft, von Jahwä geschlagen, entlarvt. Daher triumphiert man über ihn und verspottet und verhöhnt ihn; frühere Beneider, die ihr Neid hinter einem freundlichen Gesicht verborgen haben mochten, solange er noch mächtig war, treten jetzt offen hervor und verhöhnen den Entlarvten: ihm sei jetzt nur sein gutes Recht geschehen. Primitive Kultur ist eben in solchen Dingen herzlos. — So sieht der Kranke um sich das Hohnlachen, den Abscheu, das Kopfschütteln, das Fingerzeigen, das Mundverdrehen der früheren Freunde und Brüder, die ebenso viele die Krankheit mehrende Fluchtaten gegen ihn bedeuten. Was nun? — In seiner Isolierung und seiner Exaltation steht eine Welt von *Feinden* gegen ihn. Wer hat das Unheil verschuldet, die Unreinheit in ihn hineingelegt, ihn zum Sünder gemacht? Wer hat den Zauber getan? Denn mit dieser Frage beschäftigt er sich ja immer. Doch wohl eben diese, die jetzt offen als seine Feinde auftreten! Die früheren Freunde seien eben die geheimen Feinde, die ihn krank gemacht haben! Er brauche doch nicht lange zu suchen. Sie treten ja alle jetzt mit den Gebärden der »Verflucher« und Zauberer auf. So gehen ihm Freunde und Feinde ineinander über: alle Welt ist ihm feind; auch diejenigen, die noch zu ihm halten, wie etwa die drei Freunde noch eine Weile zu Hiob hielten, sind ihm nur Heuchler und geheime Feinde, die sein Unglück vorgrößern wollen und immer neue »belialische Sachen« und Zauberworte und Flüche in ihn hineinlegen wollen. — So erklärt sich die Stimmung, die in den ergreifenden Worten des Ps. 41 und 55 Ausdruck gaben.

So erklärt sich und modifiziert sich was wir oben sagten; die Feindschaft ist nicht dem Kranken eine Darstellungsform der Verspottung, vielmehr sucht er gelegentlich die wirklichen Feinde, die das Unglück gestiftet haben, unter den Verspottern. So werden vor seinem Bewußtsein mitunter Feinde und Verspotter eins. Das beweißt aber nicht, daß die Anfeindungen in dem Verspotten bestehen, und daß die tatlichen Ausdrücke der Feindschaft lediglich Bilder der Verspottung seien. Die wirklichen Feinde sind auch hier die geheimen Zauberer, die den Kranken krank gemacht haben. Diese Sache steht ihm fest. Es handelt sich nur darum, wo er diese geheimen Zauberer suchen solle: unter den völlig Unbekannten — und das wird wohl doch die Regel gewesen sein — oder unter den Verwandten und früheren Freunden, was auch nicht selten vorgekommen ist. — So bestätigt uns die richtige Auffassung der Verhöhnungen unsere These von den Feinden als geheimen Zauberern. — So gibt es denn auch viele Psalmen, in denen lediglich von Feinden, nicht aber von Verspottern die Rede ist (Ps. 6; 7; 17; 35; 54; 56; 57; 58; 62; 86 u. v. a.). — —

BALLA hat nun versucht, seine Auffassung, daß die Feinde keine andere als die durch Hohn und Spott sich feindlich gegen den Kranken benehmenden Freunden und Nachbaren und die die religiösen Bemühungen der Frommen verspottende und gelegentlich wohl auch trakassierende »Partei« der Gottlosen seien, durch einen Hinweis auf das Buch Hiob zu stützen: Auch hier begleitet eine Klage über Feinde die Klage des frommen Beters über die Krankheit (op. cit. S. 52 f.), und diese »Feinde« seien keine andere als die drei Freunde Hiobs. Seine Ausführungen sind aber nicht beweiskräftig.

Erstens übertreibt BALLA den Inhalt der Stellen. die sich auf die harten und z. T. verhöhnenden und daher von Hiob als feindlich beurteilten Worte der drei Freunde beziehen. Daß Hiob sich von allen treulos verlassen und verschmäht, von den Dienern verachtet, selbst von den elendsten Schuften schmählich übersehen und sogar feindlich behandelt fühlt, ist richtig; in leidenschaftlichen Übertreibungen, die eben dem Stil der Klagepsalmen entstammen, klagt er darüber. Daß aber »seine besten Freunde« »in Scharen heranrücken und sich um sein Zelt lagern«, wie BALLA behauptet, ist nicht richtig; denn Hi. 19, 12 redet von den »Scharen Jahwä's«, die wohl seine Krankheits- und Unglücksengel sind; und ob הכר Hi. 19, 3 eben mißhandeln bedeutet, ist zweifelhaft. Meistens redet Hiob eben von der Feindschaft, die sich in Hohn und Spott und harten Urteilen äußert; wenn er gelegentlich (19, 2—5. 13—22) auch von direkten Anfeindungen spricht, so kommen diese Aussagen als Abschluß einer langen, je länger, je exaltierter werdenden Rede über ihre Treulosigkeit, in der die Übertreibungen sich häufen, die Worte immer leidenschaftlicher werden, bis er zuletzt ihre kränkende Worte als »Verfolgung« und »Fressen seines Fleisches« bezeichnet. Hier ist es aber durch den Zusammenhang, durch die allmähliche Steigerung der Leidenschaft der Anklagen klar genug angedeutet, daß wir es mit Bildern zu tun haben; daraus lassen sich keine Schlüsse betreffend den Psalmen, die *nur* von Verfolgungen und Anfeindungen reden, ziehen. Man muß bedenken: Hiob enthält keine wirkliche Klagepsalmen, sondern literarische Nachahmungen derselben. Eben weil nun die Psalmen von wirklichen, die Not verursachenden Feinden zu reden pflegten, so sprechen auch Hiobs Nachahmungen von Feindseligkeiten, gibt aber eben hier in Kap. 19 deutlich zu verstehen, daß *er* damit die seiner Ansicht nach unbegründeten Verurteilungen seiner Freunde meint.

Zweitens handeln eben die kräftigsten Stellen 16, 9 b—11[1] und 30, 1—17 nicht von den drei Freunden und ihren »Spottreden«, sondern eben von den wirklichen Feinden Hiobs. Die Stellen bestätigen aufs beste unsere oben gegebene Auffassung der Feinde. — Daß Hiobs Krankheit und Unglück von Gott stammt, weiß er wohl und spricht es häufig aus; Gott ist der letzte Urheber. In 16, 9 ff. gibt er uns aber eine Andeutung darüber, wie er sich das Handeln Gottes näher vorstellt: »Gott hat mich Frevlern[2] preisgégeben, mich in die Hände von *rešāʿîm* gestürzt« (V. 11). Gott hat Hiobs Feinden (l. *ṣārai* V. 9) erlaubt, ihn krank zu machen, hat ihn in ihre Gewalt übergeben; und nun »wetzten sie ihre Augen[3], rissen ihr Maul — nämlich zu unheilbringenden Worten, siehe I 7 — gegen mich auf; sie schlugen mich schmählich die Wangen und rotteten sich wider mich zusammen«. Die *rešāʿîm* sind eben die Zauberer, die nach Hiobs Ansicht ihn mit Gottes Erlaubnis krank gemacht haben; die aus dem Raufen hergenommenen Bilder zeichnen das feindliche Tun dieser Leute, die in die Krankheit resultiert hat, vgl. I 1—2. 4. S. 19, 12, die Dämonen als Peiniger.

Man wende nicht ein, daß es ja der Satan ist, der Hiob geschlagen hat; das gehört zum übernommenen Stoff der Fabel, und übrigens weiß Hiob nichts von dem, das im himmlischen Rate vor sich ging. Der Dichter legt eben ganz unreflektiert Hiob die bei ihm und seiner Umgebung landläufige Auffassung über die Ursache der Krankheit, des »Gotteschlages«, in den Mund: Gott der letzte Urheber, die Zauberer und die Dämonen die gewöhnliche Zwischeninstanz.

Ähnlich muß auch 30, 1 ff. aufgefaßt werden. Daß das Gesindel in 30, 1—8 vielleicht von den Freunden Hiobs aufgefaßt werden könnte, darf nicht einmal angedeutet werden (gegen BALLA). Diese Parias aber, deren Hohn und Verachtung Hiob geworden zu sein behauptet, haben auch nichts mit den Feinden in V. 12 ff. zu tun. Die breite Schilderung der Parias in V. 2—8 ist mindestens als eine parenthetische Abschweifung zu betrachten, ist aber in Wirklichkeit wohl ein Zusatz (so DUHM, VOLZ u. a.). In V. 1. 9—10 sagt dann Hiob, daß er ein Hohn und ein Spottlied der Leute, auch der Elendsten, geworden ist; er denkt hier an die Menschen überhaupt, exemplifizierend und übertreibend nennt er an erster Stelle: sogar die

---

[1] Nicht 9—14, wie BALLA sagt; von V. 12 an ist Gott das Subjekt wie in 9 a; der Zusammenhang spricht von Hiobs Krankheit.

[2] L. עָוֶל, BHK.

[3] L. ילטשׁו עיניהם, BHK.

Parias im Lande. In V. 11 aber kommt etwas anderes: die Begründung *(kī);* Hiob will hier sagen, wie und warum es so weit mit ihm gekommen ist. Der Sinn der Verse 11 ff. ist kurz; so elend ist er geworden weil Jahwä sein Feind geworden ist und auch andere Feinde gegen ihn los-gelassen hat oder wenigstens ihnen erlaubt hat, ihn anzufeinden. In V. 11 a ist Jahwä Subjekt, wie er auch in V. 19 ff. als Urheber des Elends be-trachtet wird; in 11 b muß somit Sgl. gelesen werden[1]. Das Subjekt der pluralischen Verba in 12 ff. können dann nicht mehr die Menschen im Allgemeinen, wie in 9 f., sein; es muß ein »den Schrecken [Jahwä's«] in V. 15 paralleler Begriff sein, man lese somit statt des sinnlosen *'al-jāmīm pirḥāḥ* etwa: *ʿālai maʿªrᵉchōpāw:* wider mich erhoben sich seine Schlachtordnun-gen (vgl. 10, 16 f.; 19, 12). Das sind die Vermittler des Unglücks, die von Jahwä aufgeboten, bezw. denen er erlaubt hat, Hiob zu peinigen. Das sind dieselben Wesen, die in V. 17 »meine Nager«[2] heißen. Das Treiben dieser Wesen wird nach der Art der Feinde in den Klagepsalmen geschildert. Wir haben entweder an die Zauberer oder wohl eher an die Krankheits-dämonen (Jahwä's Schlachtordnungen) zu denken, vgl. 33, 22.

Daß hier an Zauberer oder Dämonen zu denken ist, das hat wohl auch der Interpolator verstanden, der die Schilderung der Parias in V. 2—8 einsetzte; denn eben als Beherrscher geheimer Künste und Träger einer unheilwirkenden »Natur« kommen jene Menschen hier in Betracht. Denn wenn BUDDE in dem Gesindel V. 1—8 die ständigen Wüstenbewohner im Gegensatz zu den seßhaften Bauern sieht, so ist das nur ein Zeichen des trockenen Rationalismus der älteren kritischen Exegese; natürlich ist der Auswurf des Volkes, »die aus dem Lande Ausgestoßenen« (V. 8) gemeint (so DUHM). — Welcher Art diese Leute sind, wird uns klarer, wenn wir uns daran erinnern, daß auch bei den Babyloniern die Hexe »die Herumschwei-fende« ist, die sich gern in den verlassenen Häusern und in der Wüste aufhält; sie ist meisten eine (namenlose) Ausländerin[3], vgl. Hiob 30, 8: Söhne der Thoren, Söhne namenloser Leute; in Babylonien lautet ein der schlimmsten Flüche: »der Ausgestoßene und der Ausgeplünderte (vgl. 30, 8) möge dich auf die Backe schlagen«[4]. Nur wenn wir die Leute in Hiob 30, 1 ff. als solche, die als Zauberer und Hexen in Betracht kommen, auf-

---

[1] L. *wᵉʒidī mippānai šillēch:* meine Fahne hat er hinweg von mir ge-worfen — nach der (korrumpierten) Variante in 12 a α.

[2] Ein damit paralleler Ausdruck muß in מֵעָלַי V. 17 a stecken. Ebenso ist V. 16 statt des sinnlosen יְמֵי ein ähnlicher Begriff zu emendieren.

[3] Siehe WEBER, AO VII 4, S. 13 f.

[4] Ištars Höllenfahrt, Z. 110; Gilgamesepos III C 21 (nach UNGNADS hier übrigens nicht richtigen Einreihung).

fassen, erklärt es sich, wie sie trotz ihrer jämmerlichen und elenden äuße
ren und gesellschaftlichen Lage so gefährliche und gefürchtete Feinde sein
können. Und hier ist nun zu beachten, daß auch in einem babylonischen
Klagepsalm die feindlichen Hexen und Zauberer »der Elende (?) und der
Krüppel« genannt werden[1]; es stimmt zu dem Volksglauben aller Völker,
wenn der durch ein abstoßendes und außergewöhnliches Äußere Gebrand-
markte und der Ausgestoßene am ehesten als gefährliche Zauberer aufgefaßt
werden. Daß Zigeuner, nomadisierende und umherschweifende Lappländer
u. dgl. von der seßhaften Bevölkerung als die Zauberkundigen *kat' exochèn*
betrachtet werden, wissen wir zur Genüge.

Daß man in Israel die losen Elemente im Lande, die in den Ruinen
und Einöden Aufenthalt suchen und dort das Leben auf rätselhafter Weise
fristen, als typische Hexen und Zauberer auffaßte, zeigt eine andere Stelle
in Hiob: 15, 27 f. Die Stelle steht in einer der gewöhnlichen Schilderungen
des plötzlichen Unterganges der *rešā'îm*. Sie werden als trotzige Gottes-
feinde geschildert (V. 25 f.), und als Typus der Gottesfeindschaft wird nun,
wie so oft in Hiob (vgl. II 4 a) der Zauber genannt. Denn nur so ist den
Versen 15, 27 f. ein wirklicher Sinn abzugewinnen:

Denn sein Gesicht hat er mit Fett »bedeckt« und Schmeer auf seine
Lende »gelegt«
und in verödeten Städten gewohnt, in Häusern, die Menschen nicht bewohnen.

Das steht hier auf einer Linie mit »Trotz wider den Allmächtigen«.
Das Sich-mit-Fett-Bedecken, Schmeer-Anlegen kann natürlich nicht, wie die
Exegeten wollen, besagen, daß er reich und mächtig und wohlbeleibt geworden ist; denn das ist kein Trotz wider Gott, im Gegenteil, es ist nach
israelitischem Denken ein Beweis der seelischen Gesundheit, der Gerechtigkeit; und daß er dies durch ungerechte Mittel geworden sei, steht nicht da;
man kann nicht so die Hauptsache unerwähnt sein lassen. In verödeten Städten
und Einöden wohnt aber kein ordentlicher Mensch; da hausen die bösen
Tiere und die Dämonen, Lilit und die *śe'îrîm* (Jes. 34, 9—15). Menschen,
die dort hausen, stehen somit auf einer Linie mit den Dämonen; sie sind
Hexen und Zauberer. Das Fettanlegen u. Schmeerbeschmieren muß demnach
Termini für gewisse zauberische Riten und Gebräuche sein. — Solche Zauberkundige sind auch die Leute in Hiob 30, 2 ff. — Es ist insofern für den
Sinn gleichzeitig, ob 30, 2—8 »echt« sind oder nicht. Auch wenn sie vom
Verfasser des Buches herstammen sollten, wird der Sinn wie oben ange-
geben sein. Nur hätten wir hier dann den in den Ps. nicht selten vorkom-

---

[1] Siehe ZIMMERN, AO VII 3, S. 21, Z. 59.

menden Fall, daß auch die eigentlichen Feinde, die Urheber des Elends,
als Verspotter auftreten. Hiob würde dann darüber klagen, daß er selbst
diesen Elenden und Schuften ein Hohn geworden sei, die er als die nächsten Urheber seiner Krankheit betrachtet. Ist das Stück echt, so redet das
Kapitel mehr den Zauberern; ist es unecht, so liegt es am nächsten, in den
»Nagern« und Peinigern die Krankheitsdämonen zu sehen — der Unter
schied will nicht viel besagen.

Die hier gefundene Auffassung, daß Hiob sein Leid als von Zauberern
oder Dämonen oder beiden bewirkt betrachtet, finden wir auch sonst im
Buche. So 6, 23: Hiob behauptet, er habe nicht seinen Freunden gebeten,
ihn »aus der Hand des Bedrängers ṣār zu befreien und aus der Gewalt
der Gewalttätigen ʿārīṣīm loszukaufen«. Gemeint sind natürlich nicht Jahwä
oder der Satan, auch nicht etwaige frühere Gegner, von denen im Gedicht
nichts verlautet, und die auch nichts mit der aktuellen Situation zu tun
haben, sondern diejenigen »Feinde«, die ihn jetzt bedrängt und vergewaltigt haben, d. h. die Zauberer, die ihn seiner Ansicht nach krank gemacht
haben. Man beachte, daß sowohl ṣār als ʿārīṣ als Termini der feindlichen
Zauberer in den Ps. vorkommen (siehe S. 6; 34). — Desgleichen 10,3. Hiob
fragt, warum Gott »sein Geschöpf« d. h. Hiob selbst so schimpflich behandelt hat, während er den Rat der rešāʿīm wohlgefällig angesehen hat. —
Wenn der letzte Satz im Zusammenhang überhaupt etwas bedeuten soll,
so muß der Sinn sein: mich hast du übergeben, den Rat der rešāʿīm dagegen, der eben darauf hinausging, mich zu vernichten, hast du gelingen
lassen. — Eben weil es sich so verhält, kann Hiob, wie der Betende in
Ps. 28 (siehe S. 9f.), beten. Gott möge nicht ihm — wie er jetzt Grund zu
befürchten hat — sondern seinen Feinden und Widersachern ʿōjˤbī ûmiṗ-
qōmˤmī, d. h. nicht seinen drei Freunden, sondern den Urhebern seines
Elends — das Loos des Gottlosen rāšāʿ und des Schuftes ʿawwāl bereiten
Hi 27, 7. — —

Wir bleiben also dabei, daß zwischen den Spöttern, d. h. meistens
den früheren Freunden, und den eigentlichen Feinden prinzipiell unterschieden werden muß, wenn auch die Feinde gelegentlich spotten. Die
Herzlosen, die den Leidenden verspotten, sind eben nicht die Partei der
Gottlosen, sondern, wie in vielen Psalmen — und bei Hiob — ausdrücklich
gesagt, seine früheren Freunde, seine Nachbaren und Verwandten, Menschen mit denen er früher auf gutem Fuß gelebt hat (vgl. Ps. 55, 13—15),
wenn es auch vorgekommen haben mag, daß sich unter ihnen heimliche
Beneider befunden haben, die jetzt ihre Schadenfreude unumwunden zeigen.
Verschieden von ihnen sind die eigentlichen Feinde, die sein Unglück
verursacht haben, wenn es auch von diesen gelegentlich heißt, daß sie ihr

Triumphieren über die gelungenen Anschläge durch Hohn und Spott über den Geschlagenen zeigen.

Was GUNKEL und BALLA und die anderen übersehen haben, ist daß zwischen Feinden und Krankheit augenscheinlich ein Verhältnis wie zwischen Ursache und Wirkung besteht. Damit ist aber die Lösung gegeben Feinde, die Krankheit über jemanden bringen können, sind entweder Dämonen oder Zauberer. Die drei ersten Kap unserer Untersuchung haben gezeigt, daß fast immer an Zauberer gedacht sind; die Dämonen treten mehr zurück.

Wir dürfen somit behaupten, daß die Feinde in den individuellen Klagepsalmen überhaupt dieselben wie in den Aunpsalmen sind.

f) Die verbreitete Auffassung, daß die beiden Gruppen von Haupt-termini in den Psalmen, »die Frommen«, »die Bedrückten« usw. einerseits und »die Gottlosen«, »die Frevler« usw. andererseits, zwei religiöse Rich-tungen oder Parteien bezeichnen, wird indessen einen Grund haben. Darüber zu Abwehr noch einige Worte.

Sie beruht, glaube ich, ursprünglich auf den Eindruck, den die Klage-psalmen erwecken, daß vereinzelte leidende Fromme, hinter denen jedoch nicht selten ein größerer Kreis von »Gedrückten«, die auf seine Rettung hoffen und mit ihm dafür Gott danken werden, einer gewaltigen, über-legenen Mehrzahl von reichen und mächtigen gottlosen Bedrückern gegen-über stehen. Wenn nun dies bewußt oder unbewußt unter dem Eindruck der Lage in den protestantischen Kirchen seit dem Aufkommen des Pie-tismus, der Gemeinschaftsleute und den ecclesiolae, gelesen und gedeutet wird, so gelangt man zu der Auffassung von den beiden Parteien, die sich als die Majorität der Bedrücker und Verspotter und als die Minorität der Bedrückten und Verspotteten gegenüberstehen.

Wie die große Zahl von Feinden zu erklären ist, haben wir aber oben gesehen (IV 4 b).

Zunächst ist nun ferner zu bemerken, daß dieses Bild von der geisti-gen Lage des Judentums sicher verzerrt ist. Seitdem Nehemia und Ezra die Richtung der Gesetzestreuen zum Siege verholfen hatten, sind diese jeden-falls nicht Bedrückte gewesen bis auf Antiochos Epiphanes. Nach und nach haben sie wohl die Mehrzahl der Gemeindeglieder mehr oder weniger nach ihrem Bilde umgeprägt. Die Bedrückung der Frommen unter Antiochos dauerte nicht lange; unter den ersten Hasmonäern sind vielmehr die From-men die Bedrücker. Unter den letzten Hasmonäern ändert sich wieder eine kurze Zeit die Lage; dann sind aber die Gesetzestreuen schon sicher-lich die Mehrzahl, die nur durch die brutale Gewalt der Könige gebändigt werden können; Salma kapituliert denn auch ihnen gegenüber. — Es ist somit ganz konsequent, wenn DUHM, der wohl am energischsten die Deu-

tung von den Parteistreitigkeiten heraus durchgeführt hat, die große Mehrzahl der Psalmen in die Antiochenische und Makkabäische Zeit versetzt
hat. Es beruht aber auf richtigem Gefühl und guten Gründen, wenn diese
Datierung Duhms allgemein abgelehnt worden ist. Nur hätte man sich
dann die Frage vorlegen sollen, ob nicht die Parteistreitigkeiten hätten
Gefolgschaft leisten müssen.

Ebenso verzeichnet ist nun — ganz folgerichtig — das Bild, das z. B.
Balla von *diesen* »Gottlosen«, d. h. nach seiner Ansicht die weltlichgesinnte
Richtung — schon jene Bezeichnung ist karrikiert — entwirft, op. cit. S. 20.
Diese »Gottlosen« waren keine Atheisten; es käme ihnen sicher nicht in
den Sinn, deswegen die Frommen zu verspotten, weil sie an Gott glaubten
und danach strebten, sein Gesetz zu beobachten; an Gott glaubten auch
die »Saddukäer«, und auch sie wollten Gottes Gesetz halten; der Streit
stand um das wie und wie genau. — Jawohl, wird man mir entgegnen;
diese Schilderumg ist eben eine leidenschaftliche und fanatische Übertreibung der gereizten Frommen. Das wäre richtig, gebe ich zu, wenn es
keine bessere Erklärung gäbe. Die gibt es aber, glaube ich.

Von den רשעים der individuellen Klagepsalmen dagegen heißt es
ausdrücklich, daß sie Gott leugnen. »Gott ist nicht hier«, er greift nicht
ein 14, 1 = 53, 2.

Es spricht[o] der Frevler 'bei sich': 'Ich' hab' keine Furcht vor Gott (36, 2).

Siehe ferner Ps. 10, 3. 4. 11. 13; 54, 3; 59, 8; 64, 6; 73, 11; 86, 14;
94, 7. So haben aber sicher keine der »Weltlichgesinnten« gesprochen.
So spricht aber der *nā̊bā̊l*, der *rā̊šā̊ʿ*. Wir müssen auf die Schilderung
dieser Leute, die wir I 1 gegeben haben, verweisen; die Belegstellen haben wir dort fast ausschließlich aus den Psalmen genommen. So sehen
die *rešā̊ʿīm* der Psalmen aus. Hier kommt besonders ein einzelner Punkt
in Betracht. Wenn der primitive Mensch — und auch das Judentum
dachte noch in den Kategorien des Primitiven, auch wenn diese ihm
z. T. nicht mehr aus der unmittelbaren Lebenserfahrung entsprungen —
seinen Gott und seinen Halt in der Wirklichkeit verloren hat, so hat er
freilich noch eine einzige Möglichkeit, die aber nur eine kurze Frist gewährt und in Wirklichkeit die innere und äußere, die moralische und die
physische Auflösung beschleunigt: er kann zum Zauber, zu den verbote
nen Mächten und Mitteln greifen, um sich eine kurze Weile auf der Oberfläche zu halten, dann aber um so viel sicherer in plötzlichem Verderben
zu Grunde gehn — so wie Saul es tat[1]. Wir müssen diese Stellen, die

---

[1] Vgl. außer I 1 auch II 6 d, S. 46 ff.

von der wirklichen, nicht nur der von Gegnern behaupteten, Gottlosigkeit der *rᵉšāᶜîm* handeln, auf dem Hintergrunde des »Bündnisses der Feinde mit Scheol«, das wir oben III 2 b behandelt haben, sehen. Dann erst verstehen wir, was sie besagen wollen. Sie handeln von Menschen, die die altheilige Sitte und Glauben verloren haben und statt dessen zu den illegitimen Mitteln gegriffen haben; die daher Feinde generis humani sind, die aber auch Jahwä's Feinde sind, und daher früher oder später zu Grunde gehen müssen.

Die Schilderung der »Gottlosen« im Psalter paßt eben nicht auf die »sadokitische« Partei; um so besser aber auf Leute, die in Bosheit und Torheit und Verzweiflung zu illegitimen Künsten gegriffen haben.

Wenn somit die Aussagen über die Gottesverleugnung der *rᵉšāᶜîm* wörtlich verstanden werden können, so haben wir kein Recht, sie als polemische Übertreibung aufzufassen und auf die Partei der Weltlichgesinnten zu beziehen.

Von der »Macht und Reichtum« der *rᵉšāᶜîm* haben wir schon oben I 8 gesprochen. Es handelt sich zunächst nicht um die reiche und mächtige weltlichgesinnte Partei, sondern um die heimlichen Kräfte der Zauberer. Weiteres unten.

g) Sind nun die Feinde im Psalter weder die heidnischen Bedrücker des leidenden Israels, noch die Partei der Weltlichgesinnten oder »Gottlosen«, so sind umgekehrt »die Frommen« *ḥᵃsîdîm*, »die Demütigen« *ᶜᵃnāwîm*, »die Bedrückten« *ᶜānîjîm*, »die Armen« *äbjōnîm*, weder das geknechtete Israel an sich, noch die Partei der Chasidäer, der Gesetzestreuen im Gegensatz zu den Abtrünnigen. Die noch übliche Auffassung dieser Begriffe muß revidiert werden. Darüber zuletzt einige Worte.

ᶜĀnî und *ᶜānāw*[1] bedeuten ursprünglich gebeugt, niedergebeugt, gedrückt. Aus dieser Grundbedeutung haben sich viele Nuancierungen entwickelt. — 1. passivisch: a) unterdrückt, bedrängt; elend, leidend (Ps. 10, 2. 9; 76, 10 u. a. St.); daher b) arm, besitzlos (Ex. 22, 24; Lev. 19. 10; Dtr. 15, 11; 24, 12. 14. 15; Am. 2, 7; 8, 4); 2. reflexivisch: a) sich beugend; unterwürfig; demütig (Num. 12, 3; Ps. 18, 28); b) besonders in religiösem Sinne: sich vor Gott (zunächst und ursprünglich körperlich, sodann auch geistig) verbeugend, gebückt stehend; sich als Knecht fühlend, sich seinem Willen unterordnend; demütig (Zeph. 2, 3; Ps. 68, 11 (?) u. a. St.). Diese religiöse Bedeutung ist nun keineswegs — wie die herrschende Annahme will —

---

[1] Zwischen den beiden Wörtern zu unterscheiden, hat keinen Sinn mehr, da sie in den Texten vielfach vermengt und in einander übergegangen sind. — Siehe Rahlfs, עָנִי und עָנָו in den Ps.

eine späte, erst durch die Leiden des Volkes unmittelbar vor und in dem Exil entstanden, sie ist uralt und liegt schon vom Haus aus innerhalb der Begriffssphäre des Wortes. Denn das Gebeugtsein, die äußere und innere Demut ist den Semiten die normale Stellung in der Religion; so soll man vor Gott stehen. Zeph. 2, 3 ist jedenfalls vorexilisch; Ps. 68, 11 in Wirklichkeit, trotz der herrschenden Auffassung dieses Psalms, viel älter, vielleicht der älteste Psalm des Psalters.

Daß *äbjōn* und Synonyme neben arm, besitzlos auch elend, leidend bedeuten (vid. lex.), ·dazu braucht man kein Exil zur Erklärung. Der »Nebenbegriff des frommen Dulders« (GES.-BUHL) liegt eigentlich nicht im Worte selber, sondern in dem jeweiligen Zusammenhang.

Wir geben hier eine kurze Übersicht über den Gebrauch der Wörter *'ānī* und *'ānāw* in den Psalmen, d. h. mit wenigen Ausnahmen in den Klagepsalmen.

A. Zunächst die Stellen, an denen die Synonyme keine eigentliche religiöse Bedeutung enthalten.

1. Als עָנִי bezw. עָנָו, den Bedrückten, den Leidenden, den Elenden bezeichnet sich der Betende mit Hinblick auf seine Krankheit und auf das Unglück, das ihn bedrückt und ins Elend gestürzt hat: Ps. 22, 22 cjtr.; V. 25, vgl. 38, 7; 25, 16; 34, 7; 40, 18 = 70, 6 (‡ *äbjōn*); 69, 30 (‡ *kō'ēb* = krank); 86, 1[1] (‡ *äbjōn*); 88, 16 (‡ *gōwēᵃᶜ* sterbend); 102, 1; 109, 22, vgl. 116, 10. Mit anderen möglicherweise Notleidenden faßt der Betende sich zusammen Ps. 10, 12: vergißt Jahwä ihn, so würde das beweisen, daß er überhaupt Notleidende »vergessen« könne, trotzdem sie zu ihm rufen. — Vgl. Ps. 12, 6; 9, 19.

2. An anderen Stellen bezeichnen *'ānī*, *'ānāw*, nebst *äbjōn* und Synonyme jeden, der überhaupt durch Krankheit oder Ähnliches in Not gekommen ist oder kommen wird, jeden Leidenden und Unglücklichen ganz allgemein; von diesen heißt es, daß Jahwä, der Gütige und Gnädige, sie aus ihrer Not und Krankheit retten wird: Ps. 9, 13. 19; 10, 17; 12, 6 (‡ *äbjōnīm*); 25, 9; 35, 10 (‡ *äbjōn*); 69, 34 *äbjōnīm*; 109, 31 *äbjōn*; 140, 13 (‡ *äbjōnīm*)[2]. — Bisweilen denkt der Betende mit *'anījīm*, *'anāwīm* usw. besondern an diejenigen, die in der Zukunft von Not oder Krankheit bedrückt werden mögen, und die sich dann an seine, des Beters, Rettung erinnern werden, davon Trost

---

[1] V. 1 ist natürlich nicht nach V. 2 zu erklären; V. 2 bringt ein neues Motiv: weil er sowohl leidend als gerecht ist, möge Gott ihm helfen.

[2] Genau in derselben Bedeutung und ohne dem „Nebenbegriffe des frommen Dulders" steht „der Niedergebeugte und der Schwache" in babylonischen Psalmen; siehe JASTROW, Relig. Bab. u. Assyr. I, S. 541, Z. 2. — Auch KITTEL ist darauf aufmerksam, ohne jedoch sich warnen zu lassen.

empfangen, für diese erbauliche Kunde Jahwä danken und ihrerseits zu
ihm beten und gerettet werden: Ps. 22, 27(?); 34, 3; 69, 33. — Natürlich ist
die Voraussetzung der Rettung in allen diesen Fällen, daß der betreffende
Notleidende fromm und gerecht ist; das liegt in der Natur der Sache,
nicht aber in dem Begriffe 'ā̆nī.

Auf ein Kollektivum übertragen bezeichnet das Sgl. 'ā̆nī Ps. 74, 21
(‡ dach und äbjōn) das leidende und bedrückte, d. h. jetzt in dieser aktuellen Situation, die der Psalm beschreibt, von äußeren Feinden geschlagene
und geplünderte Volk Israel. Das Wort steht hier ganz aktuell und bezeichnet keine dauernde religiöse Qualität. Ähnlich vielleicht Ps. 68, 11.
So vielleicht auch Ps. 14, 6, wenn der Psalm ein Gemeindepsalm ist; der
Text erlaubt indessen keine sichere Schlüsse.

3. Gewissermaßen proleptisch steht ā̆nī usw. wenn der Bedrückte
als Ziel der Nachstellungen und Verfolgungen der rešā̆ʿīm genannt wird;
eigentlich wird er ja erst durch diese Nachstellungen und Anfeindungen
ein 'ā̆nī: Ps. 10, 2. 9; 37, 14; 109, 16. Man könnte hier etwa hilflos übersetzen. — Von religiöser Nebenbedeutung ist auch hier keine Rede. —
Diese Stellen berühren sich nahe mit der folgenden Gruppe.

4. Endlich bezeichnen die genannten Synonyme auch in den Klagepsalmen die sozial und wirtschaftlich und politisch Niedrigstehenden, die
Armen und Besitzlosen und daher Hilflosen, den Angriffen der Bedrücker
und rešā̆ʿīm leicht Ausgesetzten und daher Hilfebedürftigen: Ps. 72, 4. 12—13
('ā̆nī, ‡ äbjōn, dal ên 'ōzēr lô); Ps. 76, 10; 82, 3—4, (dal, 'ā̆nī, rā̆š, äbjōn,
⫫ jā̆pōm), Ps. 107, 41; 113, 7; 147, 6, vgl. 132, 15.

Sie kommen hier als Hilfebedürftige, bezw. als Objekte der Wundermacht Gottes, der aus diesen Elenden sogar Fürsten machen kann, aber
nicht als besonders Fromme in Betracht.

B. Die zweite Hauptbedeutung in den Klagepsalmen ist die religiöse:
demütig (vor Gott).

1. Von demütigen und daher Gott wohlgefälligen Einzelmenschen überhaupt steht es Ps. 18, 28; vielleicht auch 25, 9, siehe jedoch oben A 2. Auf
ein Kollektivum übertragen 68, 11 (?) = das Volk Israel, siehe A 2.

2. In Plur. deine Demütigen, die Demütigen = die Frommen, diejenigen, die Jahwä verehren, ⫫ 'ammᵉchā̆, 'ammō = das Volk Israel (im Gegensatz zu den Heiden) Ps. 72, 2; 74, 19; 149, 4. Daß hier nicht von Parteien
oder Richtungen die Rede ist, zeigt das parallele Glied. Auch ist Israel
hier nicht als die Bedrückten Gottes (Bedrückung und Ps. 149!), sondern
als seine wohlgefälligen Verehrer charakterisiert[1].

---

[1] Die Gründe für die makkabäische Datierung von 149 sind daher nichtig.

3. Die Frommen in ausgesprochenem Gegensatz zu den Gottlosen scheint *'anāwīm* Ps. 37, 11 zu bedeuten. Der Ausdruck ist aber dadurch bestimmt, daß der Psalm eigentlich ein Dankpsalm (siehe S. 125 ff.) eines früheren Leidenden, von den Frevlern, d. h. den Zauberern, Bedrückten sein will. Die einst Bedrückten, die natürlich, wie der Dichter selbst, fromm sind — denn warum sollte der Zauberer sie sonst verfolgen? — werden im Gegensatz zu diesen »das Land erben«. — Der Ausdruck »das Land (bezw. die Erde) erben« bezieht sich nicht etwa auf einen Streit zweier Richtungen um die Macht und die Leitung im Reiche, sondern ist ein stehender Ausdruck für »Glück haben«, »gute Tage sehen«. Ähnlich vielleicht in Ps. 22, 27, siehe oben A 2.

Auf die inneren Parteistreitigkeiten oder die religiöse Zerspaltung des späteren Judentums beziehen sich somit die Worte *'ānī* und *'ānāw* mit Synonymen nicht.

In derselben Bedeutung wie *'anāwīm* steht der Plural *ḫᵃsīdīm, ḫᵃsīdächā*, wo es in den Klagepsalmen vorkommt, von den Jahwäverehren, dem Volke Israel überhaupt — Ps. 30, 5; 31, 24; 52, 11; 79, 2, vgl. 149, 1. 5. 9 (‡ *Jiśrāēl, bᵉnê Ṣijōn*). Also auch hier keine Rede von einer religiösen Partei.

In allen den oben genannten Fällen ist nun aber eine besondere Voraussetzung zu beachten. Der Leidende, sowohl der sozial Bedrückte als der von den Zauberern geschlage Kranke, ist nach altisraelitischer Auffassung »gerecht« *ṣaddīq*, will sagen: im Verhältnis zum Bedrücker. Das ist ursprünglicher israelitischer Gedanke, kein Erzeugnis der Geschichte und des Exils. Als »Leidender« ist er von irgend jemandem von dem ihm gebührenden Platze innerhalb des »Bundes« verdrängt worden; irgend jemand hat ihn »vergewaltigt«. Wenn er ein wirklicher, im Kern der Seele verfaulter Sünder *rāšāᶜ* wäre, so könnte man nicht von »Bedrückung« reden; denn dann wäre das Unglück nur die notwendige logische Folge seiner »Verkehrtheit«, seiner »Nichtigkeit«. Jeder normale Mensch hat auf ein glückliches Leben im Schutze der »Brüder«, des »Bundes« ein Anrecht. Wer ihn unglücklich macht, der wird ein »Gewalttätiger«, der bricht den Bruder- und den Friedensbund und wird somit im Verhältnisse zu dem Gekränkten ein »Sünder«, ein Frevler, ein *rāšāᶜ*. Damit ist aber auch für die ganze Gesellschaft der Gekränkte eigentlich *ṣaddīq* und der Vergewaltiger *rāšāᶜ* geworden; denn das normale Gleichgewicht der Gesellschaft muß aufrecht erhalten werden. Es wird Pflicht des Bundeshäuptlings, des Königs, der Bundesgottheit, den Gekränkten wieder herzustellen, seiner *ṣᵉdāqā* Geltung zu verschaffen, den Gewalttätigen zurückzuweisen. Gott — und der König Israels, vgl. Ps. 72; 101 — haben daher ein besonderes

Interesse an den Bedrückten; dieser hat auf die göttliche Hilfe Anspruch; insofern ist er »fromm«.

Von dieser Betrachtung aus führt eine Brücke von der sozial-physischen Bedeutung der hier behandelten Begriffe zu der moralisch-religiösen hinüber.

Es leuchtet aber ein, daß wir von hier aus nicht mit irgend welcher Notwendigkeit zu den religiösen und sozialen Verhältnissen des Judentums geführt werden, und daß jene Bezeichnungen nicht verbieten können, in den Bedrückern die Zauberer und in den Bedrückten die Kranken und Behexten zu suchen.

Ein sozial-ethisches Moment haftet somit immer den Begriffen $^{\varsigma}\bar{a}n\bar{\imath}$, $^{\varsigma}\bar{a}n\bar{a}w$ usw. an. Und insofern als das Sozial-ethische und das Religiöse im Israel von Anfang an mit einander verbunden gewesen — aber nur insofern — kann man sagen, daß der Begriff des Bedrücktseins eine gewisse Konnexion mit dem des Gerechtseins und damit mit dem des Frommseins gehabt hat. Das ist für den Israeliten einfache logische Folgerung aus der Tatsache, daß der Bedrücker, der Gewalttätige — und »Gewalttätig«, nicht »Reich« ist der stehende Gegensatz zu $^{\varsigma}\bar{a}n\bar{\imath}$ usw. — immer als solcher im Unrecht, ein $r\bar{a}\check{s}\bar{a}^{\varsigma}$ ist. Daß aber die Wörter $\bar{a}n\bar{\imath}$, $\bar{a}n\bar{a}w$ usw. sich jemals *auf diesem Wege* zu rein religiösen Termini für »fromm« usw. entwickelt haben sollten, ist nicht wahrscheinlich und auch nicht zu belegen.

Die rein religiöse Bedeutung: demütig-fromm, hat, wie gesagt, immer innerhalb der Bereichsmöglichkeiten der genannten Wörter gelegen. Vo Gott soll der Mensch »gebeugt«, »arm« sein; vor ihm stellt sich der alte Semit, der der Gottheit etwas abzubitten wünscht, als »bedürftig«, »arm«, usw. vor; dem Betenden im alten Israel lag es vor allem ob, das Mitleid Gottes zu erwecken. So ist denn auch die religiöse Bedeutung ohne Zweifel sehr alt; der Königspsalm 72 ist sicher vorexilisch, die beiden »makka-bäischen« Psalmen 74 und 149 meiner Ansicht nach ebenso (74 vielleich aus Nabukadressars Zeit). Diese Bedeutung der Wörter hat somit schlechter-dings nichts weder mit den sozialen noch mit den religiösen Spaltungen im Volke zu tun. —

Der oben angedeutete Zusammenhang der Begriffe »bedrückt« usw. mit den sozial-ethischen Grundgedanken des alten Israels hat nun aber — das ist das Richtige der geltenden Auffassung — mit bewirkt, daß die politisch-soziale Entwicklung schon in der späteren Königszeit und die Reibungen zwischen dem altisraelitischen Gesellschafts- und Bundesideal einerseits und der kana'anäisch-städtischen Kultur anderseits das Bild der feindlichen Zauberer und Bedrücker — der Zauberer ist als solcher ein »Be-drücker« — zu einem gewissen Grade beeinflußt haben. Diese Beeinflussung zeigt sich darin, daß der traditionelle »Bedrücker« mitunter im Bilde der neuen »kana'anäisch«-städtischen Oberklasse der »Reichen« und Mächtigen gezeichnet wird. Das ist besonders in den Psalmen 37; 49; 52; 62; 73 der Fall.

Das israelitische Bundesideal[1] hat vor allem das Wesen der Gesellschaft in der gegenseitigen Bruderschaft gesehen. Sehr schön malt Ps. 133 dies alte Gesellschaftsideal: ein jeder auf seinem Platz, der eine den anderen von seinem Segen abgebend. Der Häuptling ist dieser Kultur nicht der Großmächtige, der über die Häupter der Menschen dahinfährt und das Reichtum der anderen in seinem Hause sammelt, sondern der Vater, der zwar der »Ratgeber« ist, dessen Wille die anderen beherrscht, der aber dies tut, eben weil er die größte und gerechteste Seele hat, der seinen Rat in die anderen hineinlegen kann. Seine Ehre ist nicht die Ehre des Despoten; seine Ehre ist die, daß er die anderen, die ganze Gesellschaft tragen kann; er gibt den anderen Schutz und Recht und Hilfe, hält einen jeden auf dem ihm gebührenden Platz, hindert dem »Bedrücker«, die Armen und die Witwen und die Waisen zu vergewaltigen; er kleidet die Nackten und tröstet die Trauernden und erntet ihren reichen Segen. — Dies alte Häuptlingsideal hat das Buch Hiob sehr schön und anschaulich gezeichnet Kap. 29. — Mit dem despotischen Königtum und der städtischen Kultur hat sich aber nach und nach, aber nach dem Zeugnis des Amos schon recht früh, ein anderes Häuptlingsideal und ein anderer Ehrenbegriff eingebürgert, eben der Ehrenbegriff des Despoten. Die Ehre der herrschenden Klassen besteht nunmehr darin, daß sie die anderen beherrschen und ausbeuten. Der alte Häuptling hatte z. B. dafür zu sorgen, daß das Eigentum eines Geschlechts diesem vorbehalten wurde. Die neuen Großwürdenträger sehen ihre Ehre darin, daß sie Haus zu Haus und Feld zu Feld schlagen und möglichst viel unter ihre Hand bekommen. Reichtum und Macht um jeden Preis wurde ihr Lebensziel. Die Latifundienbildung und die Verarmung der niederen Stände fängt an.

Diese neue Oberklasse ist Gegenstand des Unwillens der altisraelitisch denkenden breiten Schichten des Volkes und der grimmigen Angriffe der Propheten geworden. Das Reichsein war früher so zu sagen der natürliche Ausfluß einer »gerechten«, starken, edlen Seele — Gerechtigkeit müßte sich in Glück umsetzen —; jetzt wurde es aber oft ein Zeichen der »Gewalttätigkeit«. Kein Wunder, daß das Volk häufig in diesen neumodischen Reichen den Typus des Unrechts gesehen haben, und daß es zur Erklärung dieses Tatsache auf die uralten Gedanken von der »bösen Macht«,

---

[1] Vgl. zum Flg. JOHANNES PEDERSEN, Israel I—II, S. 161 ff., nach dem hier während des Druckes retouchiert worden ist.

die dem Frevler, dem Zauberer und Ähnlichen eigen war, vgl. I 8, zurück-
griff, daß der Aunmann etwa in Ps. 52 als ein auf seine Kraft und sein
Reichtum Vertrauender geschildert wird. Die Bedrücker und Peiniger wurden mitunter im Bilde dieser Reichen geschildert, und so gelegentlich auch
die Zauberer, *die* eigentlichen »Bedrücker« und »Peiniger« der meisten
Leidenden, der Krankgemachten und Ureingemachten. Nach dem Ehren-
begriffe dieser neuen Oberklasse schildert eine Quelle der Samuelisbücher
mit tiefem Unwillen »das Recht« des Königs I Sam. 8, 11 ff.; in ihrem
Bilde sind meistens die Frevler, die Ungerechten in den Reden der Freunde
Hiobs gezeichnet. Und so zeichnen auch die oben genannten Psalmen 37;
49; 52; 62; 73 die Feinde des Betenden.

Daß aber der Feind in Ps. 52 nicht irgend welcher konkreter Mächtiger oder Edler ist, sondern der Zauberer, der nach der Ansicht des Betenden diesen ins Unglück gestürzt hat, das geht daraus hervor, daß er als
ein Mann der bösen Zunge geschildert wird, siehe oben I 7, 8. Dasselbe
gilt sicher auch Ps. 62; die Feinde haben den Betenden durch ihre heimlichen »Flüche« ins Unglück gestürzt, vgl. S. 15 f. Von wirklicher sozialer
Bedrückung ist nicht in diesen beiden Psalmen die Rede. Die Zauberer
sind aber im Bilde der ungerechten Oberklasse gezeichnet. — Wohl möglich ist es dabei, daß die Verfasser solcher Psalmen, wie auch dieser oder
jener Kranke und Leidende, seinen besonderen Feind in irgend einem der
damals besonders verhaßten Großen oder Reichen gesucht haben, daß die
Leidenden geneigt waren, einen in besonders schlechtem Ruf stehenden
Bedrücker auch wegen Zauberei und Bündnis mit den Mächten der Finsternis zu verdächtigen und in ihm auch den Urheber jeglichen Unglücks
in der Stadt zu sehen. Das ändert aber nicht die Tatsache, daß die Feinde
in den Klagepsalmen primär die Zauberer sind. — Ähnlich wird es sich,
wie unten anzudeuten, auch mit den Ps. 37; 49; 73 verhalten. —

Bedürfe die hier genannte Eigentümlichkeit einzelner Psalmen nicht
notwendig des nachexilischen Judentums als Erklärung, so gibt es einen
anderen Zug, in dem die eigentlich religiösen Parteigegensätze jener Zeit
sich merkbar machen. Ich denke an den gelegentlichen Einfluß des jüdischen Nomismus.

Im Großen und Ganzen ist die Religion der Psalmen alles andere als
Nomismus, was doch sehr merkwürdig wäre, wenn die Psalmen samt und
sonders aus den Parteiverhältnissen der nachexilischen Zeit zu erklären
wären. Wir finden in Wirklichkeit in ihnen recht wenig von dem spätjüdischen Gesetzeseifer. Wo der Fromme seine Unschuld und Gerechtigkeit bezeugt, da sagt er meistens nicht mehr oder anderes, als was auch
die ziemlich frühe vorexilische Zeit hätte sagen können. Er beruft sich

auf seinen Eifer für die kultischen Pflichten (Ps. 26, 6—8), oder darauf, daß
er nicht mit Zauberern gemeinsame Sache gemacht oder an Zauberhandlungen gedacht habe (Ps. 26, 5. 9 f.; 28, 3; 66, 18). Er sei treu seinen Bruder-
pflichten als Glied des Friedensbundes nachgekommen (Ps. 35, 12—14), er
habe überhaupt immer Jahwä vor den Augen gehabt und ganz allgemein
das Rechte getan: sowohl sein Herz als seine Hände seien rein gewesen
(Ps. 18, 21—25).

Gelegentlich heißt es nun dabei, daß er das Gesetz Jahwä's genau
gehalten habe. Wie aber die letztgenannte Stelle zeigt, braucht das sich
durchaus nicht auf das geschriebene mosaische Gesetz zu beziehen oder
aus den besonderen jüdisch-nomistischen Verhältnissen heraus geredet zu
sein. Der dankende König bezeugt hier, daß er »gerecht« gewesen, daß
er nach »den Wegen Jahwä's gewandelt, seine *mišpāṭīm* vor Augen gehabt
und von seinen *ḥuqqōþ* nicht gewichen sei«. Das rechte Wandeln ist in dem
geschichtlichen Israel überhaupt immer als ein Halten der göttlichen Gebote, als ein Gehen auf dem »Wege« Gottes betrachtet worden; der Wille
der Gottheit war immer als die Quelle der Moral und der Gerechtigkeit
betrachtet. So hat wohl überhaupt jede Zeit in Israel das richtige Wandeln als ein Halten der göttlichen Satzungen bezeichnen können. — Als
Königspsalm ist Ps. 18 vorexilisch und somit älter als die eigentlich nomistische Epoche. So liegt denn kein Grund vor, in den vielen Stellen,
die von dem Wandeln auf dem Wege Jahwä's reden, Erzeugnisse der
nomistisch-jüdischen Frömmigkeit oder hinter diesen Ausdrücken die jüdischen Parteigegensätze sehen zu wollen. — Dasselbe gilt dem Ausdrucke
»in deiner Wahrheit *(amitteחā)* wandeln«, Ps. 25, 5; 26, 3; 86, 11; »die
Wahrheit« ist nicht das wahre, offenbarte, geschriebene Gesetz der 5 Bücher
Mosis, sondern die von Jahwä stammende und von ihm eingeflößte Kraft,
auf dem »wahren«, treuen, zum Glücksziele führenden Wege zu wandeln,
sowie auch dieser Lebenswandel selbst; *'ämäþ* ist im Grunde nichts anderes
als *ṣädäq*, *ṣeḏāqā*, nur von einem etwas anderen Gesichtspunkt gesehen.

Wenn wir aber einen Psalm wie 19 B und 119 vor uns nehmen, so
behalten wir doch einen überwältigenden Eindruck davon, daß wir hier
genuine Erzeugnisse des nachexilisch-nomistischen Judentums vor uns haben.
Die Freude an der Thora, die der Dichter hier verrät, und die religiös-
ästhetische Lust, die es ihm bereitet, mit allen nur vorhandenen Bezeichnungen des Gesetzes zu spielen und immer neue Aussagen über die Vor-
trefflichkeit der Thora als Wegweiser des Lebens zu machen, deuten doch
wohl ziemlich sicher darauf, daß wir es hier mit gewissermaßen »studierten«
Leuten zu tun haben, denen die Beschäftigung mit dem geschriebenen
Gesetzeskomplexe *die* eigentliche religiöse Übung war. Hier haben wir die

eigentliche jüdische Auffassung des Gesetzes als sicherste Bürgschaft für ein glückliches Leben, als die große Gnadentat Gottes, der nur seinem auserwählten Volke diesen sicheren Weg offenbart hat. In dem Grade ist das Gesetz dem Verfasser des 119. Psalms der Mittelpunkt der Welt, daß sogar seine Charakteristik der Dämonen *(zēdīm)* dahin lautet, daß sie das göttliche Gesetz nicht halten, V. 21. Hier sind die Feinde, die fraglos als Dämonen und Zauberer gedacht sind, nicht im Bilde der sozialen Bedrücker, sondern mehr in dem der weltlichgesinnten Gesetzesverächter gezeichnet. Das ist aber eine ziemlich alleinstehende Ausnahme im Psalter.

So ist es an sich nicht unmöglich, daß auch der spezifisch jüdische Gegensatz zwischen »Gottlosen« im Sinne von Weltlichgesinnten, Nicht-Gesetzeseifrigen in einigen Psalmen mit hineinspielt, besonders in solchen, die sich mit dem Los der Frommen und der Gottlosen beschäftigen. So ziemlich sicher wohl in Ps. 1, vielleicht auch in Ps. 112, möglicherweise auch in Ps. 34 und 37; weniger wahrscheinlich dagegen in Ps. 49 und 73, ziemlich sicher nicht in Ps. 52 und 62. Ganz in denselben stereotypen Wendungen sprechen mitunter die Salomo-Psalmen von den »Pharisäern« und den »Sadukäern«, vgl. z. B. Ps. Sal. 2, 33 ff.; 13, 5 ff.; 14; 15, 7 ff. — Exakt beweisen läßt sich aber diese Möglichkeit schwerlich, wenn wir es mit dem Psalter zu tun haben. Die Schilderung des Loses der Frommen und der Gottlosen war seit alters ein beliebtes Thema der Spruchdichtung, und *rešāʿīm* in irgend einem Sinne hat es natürlich immer in Israel wie in jedem Volke gegeben. Daß diese Schilderungen, z. T. in der Form des Segens und Fluches, als literarische Gattung jedenfalls vorexilisch sind, beweist die Nachahmung derselben bei Jeremia, 17, 5—8.

Die Erklärung der »gottlosen« Feinde in den individuellen Klage-psalmen darf jedenfalls nicht in diesen spezifisch jüdischen Verhältnissen gesucht werden. Es gibt zu denken, daß sich in den sicher spätjüdischen Psalmen Salomos kein einziger eigentlicher individueller Klagepsalm findet [1]. Und hier haben wir eben, wenn je, jene private Dichtung und die freien Nachahmungen und Mischungen der alten Kultgattungen, die wir im Psalter zunächst prinzipiell nicht suchen dürfen. —

---

[1] Die einzige scheinbare Ausnahme ist Ps. Sal. 12. Der zweite Teil des Psalms V. 4 ff. zeigt jedoch, daß der Dichter nicht im eigenen Namen, sondern für das gerechte Israel, d. h. den gerechten Teil desselben redet; er denkt an die Nöten der Gesetzestreuen und bittet um Gottes Schutz gegen die Weltlichgesinnten und „Abgefallenen". Im Gegensatz dazu heißt es im Anfang: „Herr, rette *meine* Seele vor den gottlosen und boshaften Menschen". Hier betet eigentlich ein Einzelner, der in persönlicher Not ist, der aufs Leben bedroht wird („rette meine Seele"). „Die boshaften

So spielen zwar die sozialen Verhältnisse und Gegensätze, die schon während der Königszeit in Erscheinung getreten waren, und gelegentlich auch die religiösen Gegensätze im Judentum in die Schilderung der Feinde in den Psalmen hinein; es ist aber gänzlich verfehlt, in diesen Gegensätzen den Hintergrund und den Ursprung der Psalmen und ihrer Klagen sehen zu wollen. Der Streit und die Gegensätze, die die Psalmen abspiegeln, sind keine sozial-politische und auch keine im eigentlichen Sinne religiöse. Die Feinde sind dort ganz anderen Ursprungs. Sie bezeichnen im allgemeinen *nicht* die »Partei« oder die Richtung der »Gottlosen« oder der Weltlichgesinnten.

Das Resultat der bisherigen Untersuchung kann von dieser Seite gesehen in folgenden Satz zusammengefaßt werden: *Von den Parteistreitigkeiten des Judentums finden sich in den Klagepsalmen nur vereinzelte Spuren.* — —

h) Wir geben zuletzt eine zusammenfassende Übersicht über die Psalmen, in denen von Nachstellungen der Feinde geklagt wird.

Unter den 21 Psalmen, die *aun* erwähnen, sind die folgenden Klagepsalmen wegen der Übergriffe und Verfolgungen der Auntäter, der Zauberer: Ps. 5; 6; 7; 10; 14; 28; 36; 41; 53; 55; 56; 59; 64; 94; 141. Dasselbe Gepräge hat z. T. auch Ps. 119, der trotz seines lehrhaften Charakters im Großen und Ganzen ein individuelles Klagelied mit Unschulds- und hymnischen Motiven ist; der Dichter betet hier u. a. um Rettung aus allem Zauber, siehe V. 133, vgl. oben S. 73.

Mehr vorübergehend und gelegentlich ist Zauber und Zauberer als die Feinde des Einzelnen und des Volkes in folgenden Psalmen erwähnt: 90, 10 (in der Bedeutung Unglück, siehe II 3); 101, 8; 125, 5 (s. jedoch S. 36). — Dazu kommen die beiden Dankpsalmen (s. unten IV 5) 66, 18; 92, 8. 10.

In den folgenden Psalmen, in denen das Wort *aun* nicht vorkommt, wohl aber andere Synonyme wie »Lüge«, »Trug«, »Gewalttat« usw., sind unter den Feinden die Zauberer oder die Dämonen zu verstehen: Ps. 4 (S. 45); 12 (S. 26 f., 53 f.); 26 (der Beter ist krank, betet, daß er wieder in »Gesundheit« wandeln möge; die Bösen, mit denen er nicht dahingerafft

---

Menschen" werden im folgenden ganz nach der Art des Aunmannes in Ps. 10, 7 ff.; 11; 52; 57; 58; 64; 120; 140 als Zungenmann beschrieben, „der Lug und Trug redet", und dessen Zunge und Worte mächtige Wirkungen beigelegt werden. Der Widerspruch zwischen den beiden Teilen des Psalms erklärt sich aber so, daß der Dichter im ersten Teil ein älteres Kultlied gegen die Zauberer entweder sehr stark nachgeahmt oder direkt abgeschrieben hat und den Mann der giftigen Zunge auf die Blasphemisches redenden Abgefallenen der sadokitischen Partei gedeutet hat.

werden will, sind doch wohl als seine Feinde zu betrachten; vgl. 28, 3, siehe S. 9 f.; diese Feinde sind *mᵉpē·šāw* und *naᶜlāmīm*, siehe S. 15, 55); 27 (S. 27; 44, N. 1); 31 (S. 44); 35 (S. 43 f.); 38 (S. 42); 42—43 (S. 43); 52 (S. 44); 58 (S. 46); 63 (S. 41); 86 (S. 72); 120 (S. 45); 139 (S. 52 f.); 140 (S. 19 f., 22, 71); 144 (S. 51).

In den folgenden Psalmen kommen keine der hier genannten Termini vor, mit den Feinden sind jedoch höchstwahrscheinlich immer die Zauberer (Dämonen) gemeint: 3 (die Feinde stehen dem Beter nach dem Leben, vgl. I 2, werden mit wilden Tieren vergleichen, vgl. III 2 c); 11 (S. 14); 13 (die Feinde bedrohen ihm mit dem Tode, vgl. I 2); 17 (die Feinde wollen den Beter töten, V. 9, sie lauern im Versteck auf ihn wie ein Löwe, V. 11 f., vgl. 10, 8—10, siehe Seite 14); 22 (wohl eher die Dämonen, siehe III 2 c); 25 (der Beter ist wegen seiner Sünden in Unglück gekommen, somit wohl krank; dazu von vielen Feinden nachgestellt); 39 (der Betende ist krank, vom Schlag Jahwä's getroffen, V. 11; vor ihm stehen seine Feinde, die *rᵉšāᶜīm* V. 2, der *nābāl* V. 9, vgl. I 1, und warten auf seinen nahen Tod, vgl. Ps. 41); 40 B (d. h. 40, 12 ff; der Betende ist dem Tode nahe; die Feinde haben Böses auf ihn herabgewünscht V. 15); 54 (S. 72); 57 (S. 20); 61 (der betende König, V. 7, ist höchstwahrscheinlich krank; er befindet sich am Ende der Erde V. 3, d. h. am Eingang zur Unterwelt, und er betet um Verlängerung seines Lebens V. 7; daß hinter dem Unglück die Feinde stehen, deutet V. 4 an); 62 (die Feinde haben den Betenden fälschlich mit ihrem Fluch überwältigt und dem Tode nahe gebracht V. 5, vgl. S. 15 f); 69 (S. 100; der Betende ist in Scheol, Bild für Krankheit; die Feinde haben ihn in diesen Zustand gebracht); 70 (der Beter »elend und arm« V. 6, d. h. wohl krank; dahinter stehen die Feinde, die ihm nach dem Leben stehen); 71 (der Beter befindet sich in der Meerestiefe der Unterwelt V. 20, d. h. er ist krank; dahinter stehen die Feinde, die »sein Leben nachstellen« V. 10, die als *rāšāᶜ*, *ᶜawwēl* und *ḥōmēṣ* charakterisiert werden V. 4); 102, 1—12[1] (der Betende krank V. 4—6; die Feinde, die höhnend und triumphierend zuschauen V. 9, stehen höchstwahrscheinlich in der gewöhnlichen Verbindung mit dem Unglück); 109 (S. 99); 123 (der Psalm ist, wie die 1. Pers. Plur. V. 2 ff. zeigt, ein Gemeindepsalm, nach der Überschrift wahrscheinlich für das große Jahresfest bestimmt — siehe zu Ps. 14, S. 36; das Ich in V. 1 ist der Fürbeter und Wortführer der Gemeinde; die Feinde, gegen die er um Schutz und Hilfe betet, werden *gaᵃᵃjōnīm*, ein Synonym zu *gēᵉīm*, siehe S. 71 f., genannt; siehe übrigens »Nachträge« zu S. 36);

---

[1] Ursprünglich ein individuelles Klagelied, später umgedeutet und zu einem Gebet für das geplünderte Sion erweitert, siehe V 4 b.

142 (der Betende ist höchstwahrscheinlich krank V. 4, das »Gefängnis«, in dem er sitzt V. 8, ist wohl, wie in Babylonien, Bild für Scheol, d. h. Krankheit; durch List haben die Feinde ihn in dieses Unglück gestürzt V. 4); 143 (die Feinde sind im Begriff, den Betenden zu töten; seinen Zustand schildert er folgendermaßen: er sei schon in Scheol, »im Dunkel, unter den Toten der Urzeit, den ins Grab Gesunkenen«; das ist das übliche Bild für Krankheit). —

Ästhetisch und stilistisch betrachtet gehen die meisten dieser Psalmen in den alten Geleisen; sie sind traditionelle Kunstpoesi[1]. — Dichterische Originalität und selbständig formbildende Kraft haben nur wenige derselben. Wir erwähnen darunter 52 mit seiner glaubensfesten und kecken Apostrophierung des »Kraftmenschen«; ferner Ps. 58 mit der Anrede an die »Götter«, die die Verantwortung für das Wüten der $r^e\check{s}\bar{a}^\varsigma\bar{i}m$ tragen. — Eigentümlich ist Ps. 36 mit der scheinbar objektiven Schilderung der Frevler und Auntäter, die hier vielleicht als die Peiniger des Volkes gedacht sind, vgl. Ps. 14 (siehe S. 36); das vertrauensvolle Gebet zu Jahwä macht es wahrscheinlich, daß der Psalm für einen Gemeindebettag bestimmt sei und eine Bitte um Hilfe gegen die Zauberer und Frevler überhaupt enthalte.

5. Die Feinde in den individuellen Dankpsalmen.

a) Eine kurze Behandlung der Feinde in den individuellen Dankpsalmen soll hier unser Resultat bestätigen.

Die Dankpsalmen entsprechen den Klagepsalmen. Sie haben ihren »Sitz im Leben« bei den kultischen Dankopferfesten[2], bei denen der Geheilte und Gerettete »seine Gelübde bezahlt« und Jahwä seinen Dank für die Errettung erstattet. — Es gehört zum Stile dieser Psalmen, daß der Betende die Not, aus der er errettet wurde, erwähnt, und das tut er gewöhnlich mit Benutzung derselben Bilder wie in den Klagepsalmen. Das Schema ist etwa dies: ich war in den Rachen der Scheol hineingekommen, in die Tiefe gestürzt usw.; da rief ich zu Jahwä und er rettete mich. — Übrigens kann betreffs Form und Inhalt der Danklieder auf GUNKEL und BALLA (Das Ich der Psalmen, S. 30 ff.) verwiesen werden.

---

[1] Dieser Mangel an dichterischer Originalität bedeutet natürlich nicht, daß alle diese Psalmen auch in religiöser Hinsicht auf derselben Stufe stehen. Religiöser Tiefsinn und Echtheit und Originalität kann natürlich sehr gut mit dichterischer Mittelmäßigkeit Hand in Hand gehen.

[2] GUNKEL, Artkl. Psalmen in RGG.

Indem nun der Dankende an seine Not erinnert, erwähnt er auch gelegentlich seine Feinde. Das ist der Grund, weshalb diese Psalmen uns hier interessieren.

b) Ehe wir darauf eingehen, sind aber erst einige Worte über die Abgrenzung der Gattung zu sagen. — Ps. 18 scheidet für uns sofort aus. Er ist zwar formell ein Danklied eines Einzelnen, nämlich eines Königs; sachlich ist er aber ein nationales Danklied gelegentlich der Rettung des Königs in der Schlacht und des Sieges über die Feinde. Die Feinde sind somit hier die nationalen Feinde, irgend eins der größeren oder kleineren Nachbarvölker oder Stämme Israels.

Zu diesen Liedern rechne ich nun nicht nur die von BALLA als solche anerkannten Ps. 30; 32; 34; 40 A; 66 B; 92; 116; 138[1] und dazu I Sam. 2, 1—10 (Dankpsalm eines Königs), Jes. 38, 9 ff. und Jona 2, 3—10, sondern auch einige andere individuelle »Vertrauenslieder« und »individuelle Hymnen«, wie Ps. 23; 103, und dazu auch einige der von GUNKEL, BALLA, STAERK u. a. als »didaktisch« bezeichneten Lieder[2], nämlich Ps. 49; 73, vielleicht auch Ps. 37. Im einzelnen ist hier folgendes zu bemerken.

Ps. 103 ist, wie der »individuelle Hymnus« überhaupt, formell als eine Mischung von Danklied und Hymnus zu betrachten — der eigentliche Hymnus war in jener Zeit stets ein Gemeindehymnus. Vom Hymnus hat er den aufzählenden Stil, die Berücksichtigung der Heilstaten Jahwä's gegen die Gemeinde oder die Menschen überhaupt, das umfassende Interesse für alle Großtaten Jahwä's, die Zusammenfassung des Ganzen in der Proklamierung Jahwä's als König. Vom Danklied hat er die Ichform und die Berufung auf die eigenen Erlebnisse als die aktuellen Taten Jahwä's. Der Dichter fordert vor allem die eigene »Seele« dazu auf, Jahwä wegen der ihr erwiesenen Gnadentaten zu preisen.

Und hier heißt es nun, daß Jahwä seine, des Dichters, Sünden vergeben und alle seine »Krankheiten« oder »Schwächen« *taḥᵃlū'īm* »geheilt« und sein Leben aus der Grube ausgelöst und ihn mit Huld und Güte ge-

---

[1] Wie BALLA Ps. 41 zu den Dankliedern und Ps. 65 gar zu den individuellen Dankliedern rechnen kann, ist rätselhaft. — Übrigens kann ich seine Unterscheidung zwischen kultischen und „geistlichen" Dankliedern nicht anerkennen. Man sieht schlechterdings nicht ein, warum die Obigen mit Ausnahme von Ps. 66 B und Ps. 116 „geistlich" sein müssen, es sei denn Ps. 40 A, siehe jedoch unten V 3.

[2] Die meisten der von STAERK, Die Schriften des A. T. in Auswahl, III 1, S. 246 ff., als „didaktisch" bezeichneten Dichtungen sind nicht als solche zu betrachten.

krönt hat, V. 3—4   Daß das die persönlichen Erfahrungen des Dichters
sind, darf als sicher gelten; warum sollte er sonst nur in diesem ersten
Teil die Ichform benutzen?   Und man sieht nicht ein, warum diese Erfahrung nicht die Veranlassung des Liedes sein sollte.   Die oben abgedruckten Worte gehen aber deutlich auf leibliche Krankheit; der Dichter
ist sündig, weil unrein und krank, und deshalb dem Tode, der Grube, nahe
gewesen; Jahwä hat ihn aber »geheilt« und so seine Schuld vergeben. —
Der Psalm ist somit ein Danklied, und man sieht nicht ein, warum er nicht
für das Dankopfer gedichtet sein sollte, auch wenn dies nicht ausdrücklich
erwähnt ist[1]. —

Die »Vertrauenslieder« sind, wie GUNKEL richtig annimmt, literarisch
aus dem »Vertrauensmotive« des Klagepsalms entstanden.   Und so sind
wohl die meisten Vertrauenslieder eigentlich als Bittgebete gemeint (vgl.
Ps. 27; 11; 16; 84). — Nun gehört es aber auch zum Dankliede, als Resultat der Erfahrungen das künftige Vertrauen auf Jahwä auszusprechen,
Ps. 30, 6; 32, 7; 34, 8. 11. 17—22; 40, 5; 92, 13—16; 103, 13—18; 116,
4—6. 10; 138, 7—8; I Sam. 2, 6—10. — Wenn nun Ps. 23 nicht eine rein
private, im modernen Sinne des Wortes individuelle, durch nichts Beson
deres veranlaßte Herzensergießung, ein Ausdruck einer dauernden Stimmung eines einzelnen, individuell ausgeprägten Frommen ist — was ich
nicht glaube — so erhebt sich die Frage: ist er als Bittgebet oder als
Dankgebet gedacht.   Von Bitte ist nun in ihm eigentlich nichts zu finden;
dagegen läßt er sich vortrefflich als Ausdruck der Dankbarkeit verstehen.
Und es scheint mir, daß in V. 4 und 5 noch die konkreten Erfahrungen
durchklingen, die das Lied veranlaßt haben.   Der Dichter ist tatsächlich
einmal dem Tode nahe gewesen, sein Fuß hat schon im »Tale der Todes-
schatten« gestanden; er ist tatsächlich von Feinden hart bedrängt gewesen;
Jahwä hat ihn aber gerettet und ihn über seine Feinde triumphieren lassen, hat ihm einen Tisch vor den Augen seiner Feinde gedeckt.   Hier in
dem letzten Satz scheint er mir deutlich auf das fröhliche Festmahl des
Dankopferfestes des Geretteten anzuspielen. — Ist dem so, so ist der Psalm
als Dankpsalm für das Dankopferfest gedichtet worden.

---

[1] Dieselbe Stilmischung weisen Ps. 145 und 146 auf.   Inhaltlich sind sie
aber viel allgemeiner als Ps. 103.   Möglich wäre es jedoch, daß 145, 18 f.
und 146, 3. 5. 7 Hindeutungen auf eine Rettung des Dichters und die Veranlassung der Lieder enthielten, und daß sie somit als Danklieder, jedoch
sehr abgeblaßte und wenig stilechte, gemeint wären. — Vielleicht ist aber
die Ichform nur ein Zeichen der Auflösung des Hymnenstils und einer
Individualisierung der Dichtung.

Die eben erwähnten Äußerungen des Vertrauens in den Dankpsalmen berühren sich nahe mit einem anderen Momente derselben, dem Zeugnis und der mahnenden Aufforderung an die versammelte Gemeinde, sie möchten in den Zeiten der Not wie er, der Dichter, tun und sich zu Jahwä um Hülfe wenden, vgl. Ps. 32, 6—10; 34, 12—19; 40, 5. Der Inhalt dieser Aufforderung ist: tut wie ich, denn Jahwä hilft den Frommen, die sich in der Not demütig zu ihm wenden; den Stolzen und Verstockten aber ist er feind, der Böse geht auf ewig zu Grunde. Das ist eben eine Belehrung; der didaktische Ton ist von Haus aus einem gewissen Teil des Dankliedes eigen. Den Stoff dieser Belehrung bildet, sofort sie eine etwas allgemeinere Form annimmt, die traditionelle Lehre über das Glück des Gerechten, Frommen und Demütigen und das furchtbare Ende des Ungerechten und Trotzigen. Hier berührt sich der Dankpsalm mit der Spruchdichtung. Besonders in Ps. 32 macht sich dieser lehrhafte Ton stark geltend. — Der Dichter des Dankliedes kann somit behaupten, daß er aus eigener Erfahrung *das* eigentliche Lebensproblem Israels aufs neue im traditionellen Sinne gelöst hat; es schiene ihm eine Zeit lang, als hätte Gott den Frommen vergessen und den Frevler triumphieren lassen; jetzt könne er aber der versammelten Gemeinde verkünden, daß es sich nicht so verhalte: ihm sei geholfen worden, seine Feinde seien gestürzt; so tue Jahwä immer, und danach möge sich der Fromme richten, »wenn er leben und gute Tage schauen wolle«. Diesen Ton der Freude über ein glücklich im positiven Sinne gelöstes Lebensproblem verrät deutlich Ps. 32.

Das ist nun der Grund, weshalb ich Ps. 37; 49; 73 nicht als didaktische oder Problempsalmen an sich betrachte, sondern sie als Dankpsalmen auffassen muß. Besonders bei Ps. 73 ist mir dies deutlich. Er wendet sich eigentlich nicht an die Menschen, sondern an Gott. Der Betende ist einmal in tiefem Unglück gewesen. Im Gegensatz zu den »Toren«, die in Gesundheit und Lebenskraft blühen, ist er krank gewesen — das geht aus V. 4 hervor; er ist den ganzen Tag getroffen und jeden Morgen aufs neue gezüchtigt worden. So ist das Problem entstanden: warum geht es dem Frommen so schlecht? Ist Gott wirklich gerecht? Dann ist er aber zum Heiligtum gekommen V. 17, allem Anscheine nach um sich den üblichen Reinigungsriten zu unterwerfen. Und hier hat er ein göttliches Erlebnis gehabt. Die Herrlichkeit der Gottesgemeinschaft ist ihm so leuchtend aufgegangen, daß sie ihm alles geworden ist. Er zweifelt jetzt nicht mehr. Mag kommen was will, er hat Gott. Das ist das höchste Glück. Für seinen Teil hat er die Wahrheit des alten Dogmas erlebt. So ist die Frage aufgehört, ein Problem zu sein. Ganz unbefangen darf er nun annehmen, daß auch der zweite Teil des Dogmas, daß die Gottlosen zu Grunde gehen

sollen, wahr ist. Ja, er stellt es sogar so dar, als wäre die Bestätigung
dieses Satzes der eigentliche Inhalt des göttlichen Erlebnisses. So darf
er behaupten, das Problem neu gelöst zu haben, er hat die Antwort der
quälenden Frage gefunden! — Dies alles ist nun aber nur dann begreiflich, wenn wir annehmen, daß er tatsächlich auch geheilt worden ist. Die
Heilung hat bewiesen, daß Gott ihm gut und seinen Feinden feind ist.
In seiner Heilung hat er den Tatsachenbeweis der Niederlage der »Toren«
erlebt. Denn wenn alles hier nur auf das innere Erlebnis des Glücks der
Gottesgemeinschaft gestellt wäre, so hätte der Dichter nicht so ausdrücklich
die Bestrafung, die Niederlage der Gottlosen als den eigentlichen Inhalt der
ihm zu Teil gewordenen Offenbarung darstellen können — um ganz von
der Frage abzusehen, inwiefern die Frommen des alten Bundes im stande
gewesen seien, alles so ausschließlich auf das innnere Erlebnis zu setzen
und sich mit diesem Glück als Rechtfertigungsbeweis zu begnügen; die
Theodizée des Gottesknechtes bei Deuterojesaja spricht eher dafür, daß sie
es nicht konnten[1]. — Über die Bedeutung dieses Punktes für das Verständnis der Feinde s. unten. Ist dem so, so wird der Psalm am ehesten als
Danklied für das Dankopfer des geretteten Dichters gedichtet worden sein.

Was hier über Ps. 73 gesagt ist, das gilt im Großen und Ganzen auch
Ps. 49. Der Dichter hat wirklich »böse« Tage gesehen, V. 6, und den
Stachel des Lebensproblems empfunden. Jahwä hat ihn aber aus Scheol
herausgerissen. Auch hier wird das Unglück in Krankheit bestanden haben.
Er braucht daher jetzt nicht mehr »böse Tage zu fürchten«, denn der alte
Glaubenssatz ist doch richtig. — Vielleicht ist Ps. 37 in ähnlicher Weise zu
erklären. Der Ton ist doch hier noch weniger persönlich, siehe jedoch
V. 5—8, 32 f., 35 f.

c) Und nun zu den Feinden in den Dankpsalmen.

In Ps. 66 B ist die Sache klar. Wenn der Betende sagt, daß er im
Herzen nicht an *aun* Wohlgefallen gehabt habe V. 18, so ist das wohl wie
in Ps. 28, 3 f., siehe S. 10, zu erklären; er deutet damit nicht auf irgendwelche beliebige Sünden, die nichts mit der Sache zu tun gehabt haben,
sondern er stellt sich als Gegensatz zu denen auf, die ihn ins Unglück
gestürzt hatten und die jetzt nicht wie er gerechtfertigt worden sind,
sondern durch seine Gerechtfertigung als »ungerecht«, als Frevler dahingestellt und von Gott behandelt worden sind. Es sind die Auntäter, die
als seine Gegner aufgetreten haben.

Desgleichen in Ps. 92. Die *rešā̔ᶜīm* und die *pō̔ᵃlê ầwän* haben eine
Zeit lang geblüht V. 8, jetzt sind sie aber, da sie Jahwä's Feinde sind,

---

[1] S. MOWINCKEL, Der Knecht Jahwä's. Gießen 1921, S. 41 ff.

zerstreut und vernichtet worden, V. 10. Wenn dies in einem Dankpsalm erwähnt wird, so geschicht es natürlich, weil es etwas mit dem Falle des Betenden zu tun hat; die Auntäter sind eben auch seine Feinde gewesen. Sein Danklied singt er eben, weil er jetzt — in und mit seiner Rettung aus Not — die Niederlage seiner Feinde mit Genugtuung hat schauen dürfen, V. 12. Und in V. 11 b »du hast mich mit frischem Öl verjüngt« darf man eine Anspielung auf die kultische Salbung mit Öl zur Reinigung und Heilung sehen (vgl. Lev. 14, 15—18). — Dann ist der Psalm ein (kultisches) Danklied eines geheilten Kranken oder Unreinen, der seine Krankheit, bezw. Unreinheit, den Zauberern zugeschrieben hatte.

Die anderen Dankpsalmen nennen das Wort *āwän* nicht; dennoch sind aber auch hier die Feinde meistens die Zauberer.

Unerwähnt sind die Feinde in Ps. 32; 40 A; 103; 116. In den beiden letzteren sind sie aber deutlich vorausgesetzt. — Der Betende in Ps. 103 ist, wie wir oben sahen, krank gewesen. Diesen Zustand bezeichnet er auch mit dem Worte *ʿāšūq* — denn auch in V. 6 ist es — als Übergang zu dem allgemeinen Teil in V. 7 ff. — die allgemeine Lehre aus seiner eigenen Erfahrung, die er zieht. Seine Krankheit ist somit das Werk gewisser »Bedrücker« gewesen. Das kann nach I 4, II 6 c, IV 4 d nur so erklärt werden, daß diese als Zauberer oder Dämonen gedacht waren.

Ebenso in Ps. 116. Der frühere Zustand des Betenden wird mit den üblichen Bildern für Krankheit geschildert: die Schrecken des Todes haben ihn umschlungen, die Schrecken der Scheol ihn getroffen, er war schon tot, ist aber jetzt zu dem Lande der Lebendigen zurückgekehrt; vgl. zu diesen Vorstellungen Ps. 107, 17—22. Als seine Erfahrung kann er jetzt behaupten, daß »Jähwä eine teure Rache über diejenigen nehmen, die seine Frommen töten« — denn das muß der Sinn des V. 15 sein. Der Beter ist somit deshalb krank gewesen, weil irgendwelche Feinde ihn haben töten wollen. Solche Feinde sind aber Zauberer oder Dämonen.

Die anderen Dankpsalmen sprechen ausführlicher von diesen Feinden.

In Jon. 2, 9 heißt es von denen, »die auf *ḥaḇlē-šāw* (so zu lesen statt *ḥaḇlē*) achten«, daß sie, in Gegensatz zu dem geretteten Frommen, »von ihrem Glück verlassen worden sind« (oder ähnliches). Diese Worte müssen somit diejenigen bezeichnen, die durch die Rettung des Frommen zu Schanden geworden sind, und die somit als seine Feinde aufgetreten haben. Der genannte Ausdruck bezeichnet sie aber als solche, die mit Zauberschnüren treiben, siehe S. 28, 51 f.

I Sam. 2, 1—10 ist ein Dankpsalm eines Königs V. 10. Von Kriegen und nationalen Gegensätzen sagt der Psalm jedoch nichts; die Not, aus

der der König gerettet worden ist, ist allem Anscheine nach privater Natur
gewesen. V. 6 ist wohl als Verallgemeinerung der eigenen Erfahrung aufzufassen; wenn der Aufenthalt in Scheol in der gewöhnlichen Weise zu
deuten ist, so ist der König krank gewesen, vgl. Ps. 28; 61 und 63. —
Jedenfalls ist sein Unglück von Feinden verschuldet, über die er jetzt
triumphieren darf V. 1. Welche nun auch diese Feinde seien, so sind sie
jedenfalls im Bilde der Auntäter geschildert. Sie sind *gibbōrīm*, V. 4, siehe
S. 21 f.; der Mund ist ihre Waffe, indem sie »Stolzes reden« und »freche
Worte *'āp̄āq* aus dem Munde hervorgehen«˙ lassen V. 3, vgl. Ps. 94, 4,
siehe S. 15 ff.

Sehr deutlich ist Ps. 30. Der Betende ist krank gewesen, jetzt aber
wieder »geheilt« *wattirpā̃'ēnī* V. 3. Dadurch hat Jahwä verhindert, daß
seine »Feinde über ihn triumphierten« V. 2. Ein Triumph der Feinde
könnte doch wohl sein Tod nur dann sein, wenn jene ihn hatten herbei-
führen wollen. Die Feinde sind somit als Urheber der Krankheit und
somit als Zauberer vorgestellt. — Ebenso Jes. 38, siehe V. 16 b und 13 a.

Auch in Ps. 138 war das Unglück von Feinden herbeigeführt V. 7.
Die Erfahrung des Geretteten ist jetzt, daß Jahwä ihn am Leben erhält,
wenn er in Not ist, indem er seine Hand wider seine Feinde ausstreckt.
Über die Art der Not verlautet nichts. Die Feinde werden aber als
»hochmütige« charakterisiert *gāḇōᵃh* V. 6. Das ist als ein Synonym zu
gē'īm aufzufassen, siehe III 2 c. Von dem Aunmann heißt es Ps. 10, 3 f.,
daß er »Jahwä nach dem Hochmut seiner Nase *keʒōḇah appō* verachtet«[1].

Auch die Not des Betenden in Ps. 34 ist von Feinden verursacht
gewesen. Diese werden als *'ōśê raʿ* V. 17, *rāšāᵃ* und *śōnᵉʾê ṣaddīq* V. 22
bezeichnet. Wenn nun der Dichter in dem speziell ermahnenden Teil des
Psalms V. 8 ff. eine besondere Sünde nennen will, die vor allem Jahwä
verhaßt ist und sein Eingreifen hervorruft, so liegt die Vermutung a priori
nahe, daß er das Beispiel mit besonderer Berücksichtigung der Situation
wählt: wer so tut, wie meine Feinde jetzt getan haben, der wird immer von
Jahwä bestraft werden; tut daher wie ich in der Not getan habe, vgl. V. 5 ff.
Hier heißt es nun: wer Leben und gute Tage sehen will, »der hüte seine
Zunge vor dem Bösen und seine Lippen davor, *mirmā* zu reden« V. 13 f.
Die Zungensünde ist die besondere Sünde des Aunmannes, siehe S. 15 ff.;
in Ps. 5, 6 f. ist *dōḇᵉrê chāzāḇ* und *īš mirmā* Synonyme zu den Auntätern,
in Ps. 10, 7 heißt es, daß der Mund des Auntäters voll *mirmōp̄* ist, in Ps.
36, 4 spricht der Mund der Feinde *āwän* und *mirmā*. Wie wir S. 41 ff.

---

[1] Dem Metrum nach müssen die beiden letzten Worte in V. 3 mit V. 4
verbunden werden, siehe BHK.

gezeigt haben, ist *mirmā* in solchen Verbindungen einfach eine Bezeichnung des Zaubers, bezw. der Zauberworte.

Ist Ps. 23 als Dankpsalm gemeint, und enthält V. 5 eine Anspielung auf das Dankopferfestmahl (siehe oben), so liegt es auch hier am nächsten, in der drohenden Todesgefahr eine Krankheit und in den durch das fröhliche Opfermahl des Geretteten beschämten Feinden die enttäuschten Zauberer zu sehen.

Wir greifen auf das oben zu Ps. 73 Gesagte zurück. Durch die Reinigung im Tempel und das damit verknüpfte Gotteserlebnis und die darauf folgende Genesung war es dem Dichter zur Gewißheit geworden, daß das Obsiegen der Gottlosen nur ein zeitweiliges und scheinbares war. Seine Rettung war die Niederlage der Gottlosen. Daraus geht hervor, daß er selbst ihr Opfer gewesen. Wenn er über ihre *ga'ᵃwā*, *hāmās* und *'ōšäq* klagt V. 6—8, so ist es, weil sie ihn selbst getroffen hatten. Nun sahen wir aber, daß sein Unglück höchstwahrscheinlich Krankheit war. Dann haben aber »die Gottlosen« seine Krankheit verschuldet, sind somit nach antiker Auffassung als Zauberer zu betrachten. Dazu stimmt nun die Schilderung dieser Feinde. *Hāmās* ist ein sehr häufiges Synonym zu *āwän*, siehe S. 6; 15; 34; *ga'ᵃwā* ist die charakteristische Eigenschaft der *gē'îm*, die Zauberer oder Dämonen sind. Wenn es ferner heißt, daß »sie im Tiefen Böses reden und im Hohen Gewalt sprechen« *'ōšäq. jᵉdabberū* V. 8, so ist der Mund und das Reden gewisser unheilbringender, als Gewalt wirkender Worte als ihr eigentliches Machtmittel bezeichnet; die Stelle muß nach dem in I 7 Dargelegten erklärt werden. — Daß eben diese Leute als gesund und mächtig und fett bezeichnet werden, daß kann einen doppelten Grund haben. Erstens folgert der Fromme aus seiner Krankheit, daß diejenigen, die sie verursacht haben, vorderhand mächtig, d. h. aber auch reich und glücklich sein müssen; wie hätten sie ihm sonst schaden können? Zweitens kann es von den Zeitverhältnissen mit bedingt sein. Der Psalm entstammt wohl einer Zeit, in der es tatsächlich nicht wenige Reiche und Mächtige gab, die nach den einfachen altisraelitischen Begriffen »Gottlose«, »Bedrücker« waren, Leute, die durch die eingetretene soziale Spaltung und Ungleichheit emporgekommen waren und den alten Gerechtigkeits- und Ehrenbegriff über Bord geworfen hatten und dem alten Häuptlings- und Bruderschaftsideal nicht mehr huldigten[1]. Im Bilde dieser Leute wurden dann überhaupt die Frevler, und so auch die Zauberer gezeichnet. Daher spielt in diesen späteren Dankpsalmen, die im gewissen Sinne Problem-

---

[1] Vgl. Johs. Pedersen, Israel I—II, S. 170 f. [Korrekturzusatz].

gedichte geworden sind, der äußere Reichtum und die Herrlichkeit der
bösen Feinde eine so große Rolle. Siehe oben IV 4 g.

Wir finden dasselbe in Ps. 49. Auch hier ist der Betende wohl krank
gewesen (siehe oben), und sein Unglück ist dadurch verursacht, daß »die
Sündigkeit der listigen Bedränger (l. *ᵃqūbbīm*) ihn umzingelt hatte« V. 6.
Diese Feinde handeln in Vertrauen auf ihre Macht *ḥail* und ihr großes
Vermögen *ōšär*. Vgl. hierzu I 8. Diese Macht und Vermögen äußert sich
aber nach dem Dichter hauptsächlich in Reichtum und Pracht, was wohl
meistens eigentlich nicht auf den tatsächlichen Zauberern der damaligen
Zeit paßte, wohl aber auf dem Bilde, das sich das spätere Israel von einem
»Bedrücker« — und auch der Zauberer war ein Bedrücker, siehe oben —
machte. Was eigentlich den Dichter dieses lehrhaften und etwas prahleri-
schen Psalms, in dem er die versammelte Gemeinde, »alle Völker«, wie er
großartig sagt, nach seiner Rettung über seine Erfahrungen belehrt, interessiert, ist die erworbene Bestätigung seines Glaubens, daß jene Bedrücker,
die als Reiche und Mächtige auftreten und die gelegentlich auch durch
geheime Künste den einfachen Frommen ins Unglück stürzen, keine dau-
erne Freude an ihrem Reichtum haben werden; sie müssen als Ungerechte
in Bälde sterben, wie eine Viehherde in die Scheol heruntersteigen und
vom Tode geweidet werden; dann können sie nichts von ihrer Herrlichkeit
mit sich ins Totenreich nehmen; »trotz seines Reichtums bleibt der Mensch
nicht bestehen, er wird dem Vieh gleich, das vergeht« V. 13. Das war den
Frommen der damaligen Zeit ein sehr tröstlicher Gedanke. — Im Hintergrunde der Vorstellungswelt des Psalms liegt aber auch hier der Glaube
an jene *rᵉšā̌ᶜīm*, die als zauberkundige Feinde des Frommen auftreten und
ihn krank und elend machen; das sind die Feinde, »die listigen Bedrücker«
des Dichters.

So glaube ich, denn auch, daß die *rᵉšā̌ᶜīm* in Ps. 37, die *ōšê ᶜawlā̌*
V. 1, *mᵉrēᶜīm* V. 9, *ᶜawwā̌līn*: V. 28 LXX, *pōšᵉᶜīm* V. 38, der *ᶜā̌rīṣ* V. 35,
der *mᵉzimmā̌* tut V. 7, der »Ränken gegen den Gerechten spinnt und
die Zähne wider ihn knirscht« V. 12 (vgl. den Aunmann Spr. 6, 12—14,
S. 24), »die ihr Schwert ziehen und den Bogen spannen, den Elenden zu
fällen und den Gerechten zu schlachten« V. 14 (vgl. den Aunmann Ps. 7,
13 f.; 59, 2—5 a; 64, 2—6), die »auf den Gerechten lauern und ihn zu
töten suchen« V. 32 (vgl. den Aunmann I 2, 6), die Zauberer sind, und daß
auch dieser Psalm als ein belehrender Dankpsalm coram publico nach Rettung und Genesung eines Kranken gemeint ist, der hier die allgemein-
gültigen Folgerungen seiner Erfahrungen zieht. — —

Wir haben somit gefunden, daß die Schilderung der Feinde in den
Dankpsalmen genau zu der in den Klagepsalmen stimmt. Auch hier werden

in einigen die Feinde direkt als Auntäter, d. h. Zauberer bezeichnet. In
anderen kommt nicht eben dies Wort, wohl aber andere Synonyme vor,
und dem Feinde werden hier Züge beigelegt, die durchaus zu dem Bilde
des Aunmannes stimmen. In den meisten scheint das Unglück, aus dem
der Betende gerettet worden ist, eine Krankheit zu sein; in einigen wird
das direkt gesagt. In allen besteht eine mehr oder weniger deutlich aus-
gedrückte kausale Verbindung zwischen Feinden und Krankheit. Die Rettung aus der Krankheit ist eo ipso die Besiegung und die Beschämung der
Feinde. Das alles führt zu der Schlußfolgerung, daß die Feinde in den Dankpsalmen als Gattung betrachtet im allgemeinen als Zauberer gedacht sind.

KAP. V. DIE INDIVIDUELLEN KLAGEPSALMEN ALS KULTPSALMEN.

1. Hat es kultische individuelle Klagepsalmen gegeben?

Die vorhergehenden Untersuchungen haben uns nicht nur gestattet, einen Einblick in den altisraelitischen Aberglauben — wie wir, die wir andere Realitäten als Altisrael kennen, sagen würden — sondern auch in seine Religion und seinen Kult zu tun.

Die Religion hat es mit den Realitäten der Menschen zu tun. Sie ist das Mittel, sich in der Welt der Wirklichkeiten zu behaupten und festen Fuß zu behalten. Dort, wo die Furcht die größte Wirklichkeit des Lebens ist, dort ist es eine der größten Aufgaben der Religion, aus der Furcht zu befreien, über sie hinaus zu verhelfen. In Israel tat man das durch eine neue und andere Art Furcht, die Gottesfurcht; Religion ist Gottesfurcht. Diese neue Furcht ist jedoch nicht niederdrückend, sondern stählernd.

Die Psalmen, die wir hier behandelt haben, zeigen uns, wie der alte Israelit kämpfte, um von dem *aun* befreit zu werden, vor dem er mehr als vor allem anderen fürchtet. Er weiß, daß Jahwä stärker als jeder *aun* ist; daher muß Jahwä ihn retten können, wenn er nur gerecht vor Jahwä ist; denn den Schwachheitssünden gegenüber ist Jahwä gnädig und langmütig und voll Erbarmens.

Ist es nun aber die Sache der väterlichen, heiligen Religion, die Frommen aus den Zaubereien der bösen Menschen zu befreien, so sagt es sich von selbst, daß in einem Volke mit der sozial bestimmten Kultur und Religion Altisraels konnte das, was dann getan werden sollte, nicht dem freien und formlosen privaten Initiativ des Einzelnen überlassen sein. Denn sowohl die Form als die Garantie, die die Sanktion der Gesellschaft bietet, spielten in der Religion Israels, wie in derjenigen aller primitiven Völker, eine außerordentlich große Rolle Was privatim und von irgend jemand, irgendwann und irgendwo vorgenommen wird, das ist dieser Denkweise all zu leicht nicht Religion, sondern vielleicht eben — Zauberei; der Fromme treibt aber nicht den Teufel mit Hilfe des Beelzebubs aus. Wenn die offizielle Religion — und die ist auf dieser Kulturstufe in hohem Grade *die* Religion — etwas tun soll, um den Unglücklichen von den Folgen des *aun* seiner Feinde zu befreien, so muß das durch eine unzweifelhaft religiöse, heilige Handlung getan werden, von dem dazu Berufenen, dem Priester oder dem Propheten, auf der heiligen Stätte, im Tempel oder auf der Bama, nach dem heiligen Rituale, das aus uralter Zeit stammt. Um es mit wenigen Worten zu sagen: hat die Furcht vor dem Zauber eine Rolle im Leben Altisraels gespielt, so ist es selbstverständlich, daß sein Kultus Handlungen gekannt haben muß, durch die der vom Zauber Betroffene gereinigt und von den bösen Folgen des *aun* befreit wurde. D. h. Sühne- und Reinigungsriten zum Gebrauch solcher Unglücklichen. Denn selbstverständlich war der Bezauberte und dadurch etwa krank Gewordene unrein und bedürfte der Reinigung. So sehen wir denn auch, daß es in Babylonien und Assyrien so gewesen ist[1].

Eine medizinische Wissenschaft gab es im alten Israel nicht. Medizinische Behandlung wurde nur einigen chirurgischen Fällen, äußeren Beschädigungen und dgl. zu Teil. Die ganze »innere Medizin« gehörte im Gebiete der Religion, die Krankheit und die Unreinheit wurde mit kultischen Mitteln behandelt, entsprechend der oben (S. 78 f.) mitgeteilten Erklärung der Krankheitsursachen. Wenn die Krankheit eine Folge — oder eher eine Form — der Unreinheit ist, so ist es vernünftig und logisch, daß man sie dadurch zu heilen sucht, daß man den Betreffenden von der Unreinheit *reinigt*. Die bösen, unreinen Geister, die dieselben mitgebracht haben, müssen vertrieben werden; der böse Feind, der sie durch seine Künste übertragen hat, muß bekämpft und zur Loslassung seiner Beute gezwungen werden. Das alles erreicht man, teils in negativer Weise durch Reinigungen und Waschungen, teils in positiver Weise durch solche Riten und Handlungen, die mit der guten, göttlichen, heilsamen Art der geheimen Kraft in Verbindung gesetzt werden können. Wenn Jahwä als der letzte Urheber betrachtet wird, so reinigt man auch dadurch, daß man Jahwä mit Worten und Handlungen (Opfer und Gaben) bewegt, dem Unglücklichen zu helfen und ihn zu reinigen. Die verschiedenen Mittel werden gehäuft; Riten, die sehr verschiedenen Grundanschauungen entstammen, stehen neben einander; neben den rein dinglichen Riten stehen Gebete und Gaben; neben der Gabe steht das stellvertretende Opfer oder Handlungen, die mit einem substituierten Opfertiere vorgenommen wurden; Handlungen, die den persönlichen Gottesbegriff voraussetzen, stehen neben solchen, die in urprimitiver Weise das Göttliche als Substanz, als Kraft betrachtet. Das ist alles Kultus, das ist alles Religion. — Voraus-

---

[1] Vgl. WEBER, AO VII 4, S. 17 ff.

setzung ist natürlich in allen Fällen, daß das Unglück nicht die anfangende
Strafe für große und wohlüberlegte Sünden sei; für bewußte Sünder kennt
Jahwä nur den Tod. Die Reinigungen und die Heilungsinstitute im Kult
sind für die unrechter Weise Geplagten oder für die wegen unüberlegter
ungewissentlicher Sünden Leidenden. Vgl. Num. 15, 22—31.

Diese mehr apriorischen Erwägungen werden nun von den Vorschriften des Gesetzes vollauf bestätigt.

Lev. 5, 1 ff. gibt Vorschriften über die Fälle, in denen ein Sündopfer
חַטָּאת gebracht werden soll. Es handelt sich hier, wie V. 1—4 zeigen,
um unwissentliche, dem Betreffenden selber unbekannte oder verges-
sene, nur Jahwä bekannte Sünden. Wie kommen nun diese Sünden dem
Betreffenden zum Bewußtsein? Wie weiß der Mensch, wann er eine solche
Sünde begangen und daher ein Sündopfer zu bringen hat? In einigen
Fällen, z. B. wenn er einer Aufforderung zum Zeugnisablegen nicht Gefolge
geleistet hat (V. 1), kann man wohl möglicherweise an innere Gewissens-
bisse und geistige Reue denken; wenn er aber z. B. ohne es zu wissen,
ein Aas oder ein unreines Tier berührt hat und dadurch unrein geworden
ist (V. 2), so reicht diese Erklärung nicht zu. V. 1 zeigt aber, wie das
Gesetz sich die Sache denkt. Das Unreingewordensein, die begangene
Sünde kommt dadurch dem Betreffenden zum Bewußtsein, daß er »seine
Strafschuld tragen« muß נָשָׂא עֲוֹנוֹ. Was aber dieser Ausdruck bedeutet,
geht etwa aus Num. 14, 34 vor; es bedeutet büßen, die Strafe leiden, die
Jahwä über den Schuldigen verhängt hat, vgl. Lev. 7, 18; 17, 16; 19, 8 usw.
Die Strafe aber, die Jahwä den geheimen Sünder treffen läßt, ist entweder
der Tod (siehe Lev. 19, 8 u. a. St.) — dann hat er aber gewissentlich gesündigt und braucht keine Reinigungsopfer mehr — oder aber ein »Schlag«,
d. h. eine Krankheit oder ein Unglück ähnlicher Art. Vgl. zum Ganzen
z. B. Gen. 12, 17. Die Sünde und die Unreinheit kommt als Krankheit
zum Bewußtsein des Sünders. Sein *ḥaṭṭāp*, sein Sündopfer hat er daher
dann zu bringen, wenn ein Schlag Jahwä's ihn getroffen und zur »Reue«
gebracht hat. Das Sündopfer ist u. a. auch ein Opfer für leidende Kranke.
Dazu stimmt nun auch, daß ein Sündopfer immer zu den im Gesetz erwähnten Reinigungszeremonien wegen irgend einer Unreinheit gehört —
siehe z. B. Lev. 14, 12; 15, 15.

Wir dürfen also als sicher annehmen, daß Reinigungsriten und -Opfer
im Tempel nicht nur nach Geburten (Lev. 12), monatlichen Reinigungen
(Lev. 15, 19 ff.), nächlichen Ereignissen (Lev. 15, 1 ff.), beim Aussatz (Lev. 14)
u. dgl., sondern auch nach anderen, im Gesetz zufälligerweise nicht erwähnten Krankheiten vorgenommen wurden.

Ein Bild dieser Reinigungs- und Heilungsriten kann man sich aus Lev. 14 machen. Die Wiederholung und die Häufung der Reinigungsmittel und Opfer und die Zusammenbringung urprünglich ganz disparater Elemente, die aus verschiedenartigen Grundanschauungen stammen, fallen hier in die Augen. Für unseren Zweck brauchen wir nicht näher darauf einzugehen.

In diese Reinigungsriten hinein gehört, wie GUNKEL ganz richtig gesehen hat, der individuelle Klagepsalm. GUNKEL gibt dafür zwei Gründe: a) die Analogie der babylonisch-assyrischen Klagepsalmen, dessen kultisch-liturgischer Gebrauch und Bestimmung direkt bezeugt ist; — b) einzelne Wendungen in den biblischen Psalmen, die jetzt bildlich gemeint seien[1], jedoch einmal buchstäblich gewesen sein müssen, und die auf kultische Riten zurückgehen, wie etwa Ps. 51, 9, vgl. Lev. 14, 6 f.; 26, 6, vgl. Dtn. 21, 6. — Hierzu ist noch zu fügen, daß der individuelle Klagepsalm in Jes. 38, 9 ff. nach dem Zeugnis des Interpolators bei der Krankheit des Königs Hizkija gebraucht wurde, was wohl nicht für den besonderen Fall, jedoch aber für die Sitte als solche beweiskräftig ist. — Man wende nicht ein, daß das Gesetz den Gebrauch von Gebeten und Psalmen bei den Reinigungen weder bietet, noch erwähnt; denn was im Gesetze aufgenommen worden ist, und was nicht, ist recht zufällig; der besondere Gesichtspunkt des Gesetzes ist die Mitwirkung des Priesters beim Opfer und die Abgaben der Laien an die Priester. Das Gesetz erwähnt nicht einmal die Tempelmusik und die Sänger, was natürlich nicht bedeutet, daß dieselben jünger als das Gesetz seien.

2. Die These. A priori und ex analogia.

Was aber GUNKEL nicht gesehen, und geradezu geleugnet hat, ist, daß auch *die jetzt im Psalter überlieferten Klagepsalmen wirkliche Kultpsalmen sind.* Der Grund dieser Leugnung ist der, daß die Psalmen angeblich die geistige Situation des nachexilisehen, unter Heiden und Spottern und Abtrünnigen wohnenden Judentums voraussetzen. Sie seien die Erzeugnisse der Konventikelfrömmigkeit, von den »einfachen Männern aus dem Volke« gedichtet, ihre geistigen Nöten und Hoffnungen, wie sie in den kleinen Kreisen sich regten, spiegelnd. Ihre Frömmigkeit sei »kultusfrei« — was mindestens ein sehr übertriebener Ausdruck ihres geringen Interesses am Opfer sein dürfte.

Hierzu ist nun erstens zu bemerken, daß Kultus nicht einfach dasselbe wie Opfer ist; wenn die Psalmen wenig vom Opfer sprechen und

---

[1] So GUNKEL; in Wirklichkeit sind sie noch ganz buchstäblich zu fassen, siehe unten V 3.

mitunter geradezu in überschwänglichen Ausdrücken das Lied als gottgefällige Tat auf Kosten des blutigen Opfers preisen, so sind sie doch nicht
deshalb akultisch, noch viel weniger antikultisch.

Und zweitens hat dieser Aufsatz eben den Zweck zu zeigen, daß die
übliche, und somit auch Gunkels, Auffassung der Feinde völlig falsch ist;
wir glauben, daß dieser Beweis gelungen ist. Wenn die Feinde aber die
gefürchteten Zauberer oder bisweilen die Dämonen sind, und die Verspotter
und Verächter des Kranken — neben den triumphierenden Feinden — eben
die frommen, rechtgläubigen Philister seiner Umgebung sind, die in ihm den
von Gott geschlagenen Unreinen sehen und ihn deshalb eben aus Gottesfurcht, mitunter natürlich auch mit einem Bißchen menschlicher Schadenfreude gemischt, scheuen und ihm den Rücken kehren — so haben wir es
eben nicht mehr mit der besonderen geistigen Situation der späteren nachexilischen Zeit zu tun. Dann ist der Betende eben nicht der Konventikelfromme, der von den Abtrünnigen und weltlichgesinnten Hochkirchlichen
verfolgt und verspottet wird, sondern jeder beliebige fromme Israelit, der
krank ist und sich vom Zauber geschlagen wähnt. S. IV 4 g.

Wenn aber diese Auffassung der Psalmen richtig ist, dann liegt die
Annahme jedenfalls am nächsten, daß wir es hier nicht mit den Herzensergießungen privater Menschen betreffend ihrer privaten Plagen und Leiden,
zu tun haben, sondern mit den offiziellen Kultliedern, die zu den oben
erwähnten Sühne- und Reinigungsriten gehört haben. — Das redende Ich
dieser Psalmen ist daher im allgemeinen kein lebendiges Individum von
Fleisch und Blut, sondern ein Typus des Frommen, der in Not ist,
mit den Zügen ausgestattet, die er nach dem Ideal der offiziellen Volksreligion tragen soll. So soll der Israelit auftreten, wenn er in Not ist und
Jahwä um Hilfe bittet. Es ist daher gänzlich verfehlt, nach den persönlichen Verhältnissen des Dichters, seinem persönlichen Kasus, wer seine
Feinde seien und was sie ihm wohl angetan haben mögen, zu fragen;
vielleicht ist der Verfasser des einzelnen Psalms selbst niemals in der Lage
gewesen, die der Psalm voraussetzt. Ganz natürlich, wenn die Psalmen
von den professionellen Dichtern unter dem Tempelpersonal und zu dem
ganz bestimmten Zweck, als Kultpsalmen bei gewissen Gelegenheiten zum
Gebrauch eines jeden, der in einer bestimmten Lage gekommen war, sei er
jung oder alt, hoch oder niedrig gestellt, Mann oder Weib, gedichtet sind[1].

Daß diese Auffassung die richtige ist, geht meines Erachtens aus der
folgenden Erwägung hervor. — a) Wir haben gesehen, daß die Furcht

---

[1] Vgl. die Normalgebete „für Kranke und Leidende“, „für Sterbende“, „für
Reisende und Seefahrer“ in unserem (norwegischen) Kirchengesangbuch.

vor dem Zauber in Israel eine lebendige Wirklichkeit gewesen; in Folge dessen *muß* die offizielle Religion gewisse Handlungen vorgenommen haben, um von dem Zauber zu befreien, bezw. davor zu feien. b) Zu solchen Handlungen gehören fast ausnahmslos gewisse Worte oder Gebete[1], die fast immer und überall poetische Form haben. c) Ferner wissen wir, daß man in Babylonien—Assyrien, die in so vielen Beziehungen die Kultur und den Kultus Israels beeinflußt haben, Psalmen zu dem genannten kultischen Gebrauch hatten, Psalmen in denen die Klage über Zauberkünste der Feinde, über Hexen und Dämonen einen bedeutenden Platz einnahmen, und die auch sonst eine weitgehende Übereinstimmung mit den biblischen Psalmen aufweisen. d) Nun finden wir unter den biblischen Psalmen eine ganze Reihe, die eben die Klage über den Zauber und die Bitte um Befreiung aus der Gewalt der Zauberer als Hauptthema haben. e) Endlich dürfen wie es als sicher betrachten, daß auch in Israel die Psalmendichtung als Kultpoesi angefangen hat[2], und bis zum letzten Tag des Tempels war der Psalter im Gebrauch als Tempelgesangbuch. — Aus dies allem läßt sich nur die Folgerung ziehen, daß es ohne jede Frage die nächstliegende Annahme ist, daß diese Psalmen Kultpsalmen zum Gebrauch bei den Reinigungsriten gegen Zauber und Krankheit sind. — In dem Grade ist diese Annahme die nächstliegende, daß jede andere Auffassung die Pflicht hat, den positiven Beweis dafür zu liefern, daß sie unrichtig sei.

Ich kann mir vorstellen, daß man sich dieser Folgerung durch die Einwendung, daß die ursprünglich kultischen Ausdrücke und Vorstellungen in diesen Psalmen spiritualisierend als Ausdrücke für Realitäten anderer Art gebraucht worden seien, zu entziehen versuchen würde[3]. Dann ist zu entgegnen, daß diese Möglichkeit a priori nicht geleugnet werden kann; nur muß man in jedem einzelnen Falle *beweisen*, daß sie auch Wirklichkeit sei. Das Nächstliegende ist immer, die Ausdrücke und überhaupt die Psalmen so zu nehmen wie sie lauten; erst wenn man nachgewiesen hat, daß diese Auffassung nicht möglich ist, darf man zu der spiritualisierenden Deutung greifen und die Beweisgründe dafür angeben.

In Wirklichkeit ist die Spiritualisierungstheorie ein Notbehelf der älteren kritischen Auffassung, daß die Psalmen im Großen und Ganzen ver-

---

[1] Siehe GUNKEL, RGG IV, Artkl. Psalmen, 2. Die Zusammenhörigkeit von kultischer Handlung und kultisches Wort ist allgemeinmenschlich. Betreffend den Nordgermanen siehe GRÖNBECH, Menneskelivet og Guderne (Vor Folkeæt i Oldtiden, IV), S. 38 ff. Köbenhavn 1912.

[2] Dieser Satz bedarf seit GUNKEL keines Beweises mehr.

[3] Durch diese Annahme sucht z. B. BUHL, Psalmerne[2], S. XXXVIII die „kollektive" Auffassung vieler individuellen Klagepsalmen zu retten.

hältnismäßig späte nachexilische, vielleicht gar makkabäische Produkte und
Ausdrücke des religiösen Lebens der jüdischen ecclesiolae seien. Nachdem
man nun aber allmählich zu erkennen anfängt, daß die Psalmdichtung als
solche noch älter als Israel und wohl schon bei der Einwanderung übernommen worden ist, und daß sogar viele der uns überlieferten Psalmen beweislich
vorexilisch, einige sogar sehr alt sind, so wird es auch notwendig, die
Konsequenzen und Hilfshypothesen der früheren, irrigen Auffassung aufzugeben, wenn sie nicht in der Luft hängen bleiben sollen — was auf
die Dauer nicht der Gesundheit einer wissenschaftlichen Hypothese förderlich ist.

3. Spuren der kultischen Bestimmung in den Klagepsalmen.

Wir wollen jetzt die individuellen Klagepsalmen auf kultische Spuren
hin untersuchen. Wir werden sehen, daß sich weit mehr davon findet als
z. B. GUNKEL angenommen hat (siehe V 1).

a) Wir fangen mit dem *Tempelbesuch* an. Da die meisten der im
folgenden behandelten Stellen den Tempelbesuch irgendwie voraussetzen,
so seien hier nur einige erwähnt. So heißt es Ps. 5, 8:

Ich aber darf kraft deiner Huld dein Haus betreten
und knie'n vor deinem heiligen Palaste in Furcht vor dir.

Desgleichen Ps. 63, 2—4:

Zu dir komm' ich früh morgens, o Gott[1] *, es dürstet meine Seele nach dir,*
es lechzet mein Leib nach dir wie[2] *dürre und wasserlose Wüste.*

Im Heiligtum besuch'[3] *ich dich deshalb*[4] *zu schauen deine Herrlichkeit*
                                                            und Macht,
deine Huld ist ja besser als das Leben; meine Lippen soll'n singen dein Lob.

Beim Morgengrauen[5] kommt hier der Notleidende — aller Wahrscheinlichkeit nach ein Kranker, in diesem Falle ein (judäischer) König (V. 12) —

---

[1] Streiche אֵלִי als Dublette.
[2] L. כ statt ב, siehe BHK.
[3] Eigtl. sehe; Perf. nach Kautzsch § 106 i.
[4] L. hier wie in V. 5 עַל־כֵּן.
[5] Diese Übersetzung des Piel שִׁחֵר ist, trotz WELLHAUSEN (siehe GES. BUHL
s. v.) und STAERK (Schriften des A. T. III 1, S. 218) richtig. Wellhausens
Zusammenstellung mit dem arab. سحر = zaubern ist aber auch richtig;
Kulthandlungen und Zauberhandlungen werden zur selben Zeit vorgenommen; vgl. III 1, S. 60.

zum Tempel hinauf, um Hilfe zu suchen. Weil er Hilfe bedarf und seine
»Seele« daher nach Gott lechzet, daher ist er jetzt ins Tempel gekommen,
um daselbst einen Beweis für Gottes Herrlichkeit und Macht zu erleben.
Dieser Machtbeweis ist natürlich die erhoffte Heilung. — In dem sicheren
Vertrauen auf diese Hilfe erklärt er schon jetzt, daß seine Lippen (bald)
Gelegenheit finden werden, Gottes Lob zu singen (4 b—6). — Übrigens sind
in diesem Psalm die Vertrauensmotive so stark hervortretend, daß man —
sehr mit Unrecht — einen unausgleichbaren Gegensatz zwischen diesen
Vertrauensaussagen einerseits und V. 2 und 10 ff. andererseits hat finden
wollen (STAERK). Man verkenne aber nicht das im Vertrauen liegende starke
Moment von Bitte. — Daß dieser Psalm zum Gebrauch bei einem Tempelbesuch eines Notleidenden, d. h. bei einer Kulthandlung gedichtet ist, ist
klar. Tempelbesuch in Verbindung mit dem Vortragen des Psalms setzt
auch Ps. 27, 4 voraus, siehe unten c.

b) Daß die hier vorausgesetzte Kulthandlung seinem Hauptzwecke
nach als eine Reinigungshandlung aufzufassen ist, ist nach allem Obigen
klar. Derartige *Reinigungshandlungen* in Verbindung mit dem Vortrag des
Psalms sind in Ps. 26, 6 f. und 51, 9 vorausgesetzt. Es zwingt uns nichts,
hier zu spiritualisieren und vom bildlichen Gebrauch der Wendungen zu
sprechen (gegen GUNKEL).

Die Erwähnung der Sünder und Mörder Ps. 26, 9 bildet eine genaue
Parallele zu Ps. 28, 3, siehe S. 9 f., und setzt somit voraus, daß der Betende
sich von diesen Mördern bedroht fühlt; er erwartet, daß Jahwä diese seine
Feinde wegraffen soll, und deutet nun, neben der Bitte um Rettung, indirekt
eine Bitte um Rache an, und damit auch, wie die Rettung geschehen solle:
raffe mich nicht mit den Sündern und Mördern (die du in Bälde wegraffen mögest) weg. Daß diese Feinde die Zauberer sind, haben wir S. 55,
122 f. gesehen. — Den Hauptplatz im Psalm nehmen nun die Unschulds-
beteuerungen ein. Hier heißt es nun u. a.:

Ich hab' gewaschen[1] *meine Hände mit Reinheit und deinen Altar umwandelt,*
um Dankliedtöne singen[2] *zu können und alle deine Wunder verkünden.*

Das ist, wie der Zusammenhang zeigt, als eine Unschuldsversicherung
gemeint: weil ich mich so gereinigt habe, so mögest du mir helfen. Hier
könnte nun die erste Hälfte der ersten Zeile »bildlich« gemeint sein —
d. h. wenn man bewiesen hat, daß sie bildlich zu verstehen sein *muß*. Das
würde aber nur eine Abschwächung der Worte bedeuten; dann enthielten

---

[1] Impf. mit Perf. wechselnd, nach Kautzsch § 106 l.
[2] Eigtl. „hören lassen“.

die Worte nur die Aussage: ich bin schuldlos. Und daß die zweite Hälfte
der Zeile bildlich sei, wird man schwer begreifen können. Nimmt man sie
aber wörtlich, so besagen die Worte mehr. Dann hat man hier gewissermaßen eine Begründung der Unschuldsversicherungen: ich bin unschuldig,
weil ich diese Zeremonien vorgenommen habe, in der sicheren Erwartung, daß
mir dadurch Jahwä die Gelegenheit geben werde, ihm für die Hilfe singend
zu danken. M. a. W.: ich hoffe auf deine Hilfe, weil ich die von dir be-
fohlenen Kultübungen (eben jetzt) vollbracht habe. — Daß der Psalm nach
den vollbrachten Reinigungsriten gesungen wurde, stimmt gut zu seinem
Charakter als Vertrauenspsalm; nach den Reinigungen ist das Vertrauen
begründet und auf seinem Platz. —

Die Reinigung mit den Ysopbündel kennt Ps. 51,9. — Ps. 51 wird
von fast allen neueren Exegeten nicht nur für akultisch, sondern geradezu
für antikultisch gehalten. Ich halte diese Auffassung nicht für sicher; es will
mir vielmehr scheinen, daß auch dieser Psalm für den Kult gedichtet ist.

Erstens stelle ich fest, daß auch dieser Psalm aller Wahrscheinlichkeit
nach ein Krankheitspsalm ist — wie GUNKEL[1] und KITTEL[2] andeuten. Das
läßt sich aus V. 16 folgern. הַצִּילֵנִי מִדָּמִים kann, wie STAERK[3] richtig bemerkt, nur bedeuten: befreie mich von Mord, der an mir begangen werden
soll. Weil man nun aber nicht die Art der Feinde erkannt hat, so hat man
דָמִים in דּוּמָם (GUNKEL) oder דּוּמָה (EHRLICH) ändern wollen — ohne Grund.
Denn was der kranke Beter fürchtet, ist, daß seine Feinde, die Zauberer,
die ihm die Krankheit verschafft haben, ihn dadurch in Bälde töten werden, vgl. I 2.

Zweitens glaube ich, daß der umstrittene V. 8 als Hindeutung auf
einen kultischen Akt befriedigend gedeutet werden kann. Gewöhnlich faßt
man hier אֱמֶת als die subjektive Wahrhaftigkeit des Beters auf und bezieht
es auf die rücksichtslose Offenheit, mit der er seine Sünden bekannt hat:
weil ich so rücksichtslos alles bekannt habe, mögest du mich reinigen und
retten. Dann muß man die Erklärung des בַּטֻּחוֹת aufgeben; denn Herzenstiefe« oder dgl. paßt eben nicht zum offenen Bekenntnis; ist obige
Erklärung des *ämäþ* richtig, so ist eben von Wahrhaftigkeit im Munde,
nicht nur in der Herzenstiefe, die Rede; und daß סָתֻם irgend etwas Heim-
liches bedeutet, zeigt das parallele סָתֻם. Dazu kommt, daß ein Hinweis
auf die Offenheit des Bekenntnisses eine schlechte Parallele zu V. 8 b »du
lehrest mich Weisheit« gibt. Da *ḥåchmå* die Weisheit ist, die Gott dem
Menschen lehrt, so muß *ämäþ* die Wahrhaftigkeit oder die Wahrheit, die

---

[1] Ausgewählte Psalmen[4], S. 92.
[2] Die Psalmen. Leipzig 1912.
[3] Schriften des A. T. III 1.

Gott (zu zeigen, bezw. mitzuteilen, zu offenbaren) liebt חֵפֶץ, bezeichnen —
Nun steht טֻחוֹת auch Hiob 38, 36 in Verbindung mit *ḥåchmå* und scheint
im Parallelismus zu den Wolken des Himmels zu stehen; es handelt sich
hier um die göttliche Weisheit, die »in die טֻחוֹת hineingelegt ist«. זוּר
muß demnach irgend etwas (am Himmel?) sein, in dem die göttliche V
heit zur Erscheinung kommt, somit etwas, durch das die Menschen die
göttliche Weisheit kennen lernen.   Nun ist bekannt, daß der Flug der Wolken bei vielen Völkern zum Orakelnehmen gebraucht, somit diese als Offen-
barer der göttlichen Weisheit, bezw. seines Willens betrachtet wurden. טֻחוֹת
ist somit etwas, durch das Offenbarungen den Menschen zu Teil werden, was
gut zu Ps. 51, 8 stimmt; סָתֻם ≠ טֻחוֹת ist etwas, durch das Gott Weisheit
dem Menschen lehrt.   Wenn nun V. 8 im Zusammenhang des Psalms einen
Sinn haben soll, so liegt es am nächsten, darin einen Hinweis auf Offenbarungen betreffend der Schuld und Unreinheit, die dem Betenden jetzt zu
Teil geworden sind, worauf hin er dann um Reinigung bittet V. 9. Da טֻחוֹת
und סָתֻם, wie wir sahen, technische Bezeichnungen gewisser dinglichen
Offenbarungsmittel (≠ die Wolken des Himmels) sind, so ist hier nicht an
die Offenbarung der freien Geistesinspiration, sondern an mechanische,
technische Offenbarungsmittel zu denken — Mittel wie etwa die heiligen
Losse Urim und Tummim u. dgl. Solche Offenbarungsmittel gehören aber
zum Kulte.   Wir werden hier daran erinnert, daß bei den kultischen Reinigungen vielfach dem Unreinen über seinen Kasus Auskunft gegeben wurde,
etwa darüber, worin seine Unreinheit bestand, woher sie kam, und vor
allem wohl: ob die Gottheit gewillt war, sie gnädig zu reinigen und die
Krankheit zu heilen[1]. Wir werden somit zu der Annahme geführt, daß der
Betende hier auf eben vollzogene Orakelgebungen hinweist, durch die der
Priester ihm Auskunft betreffs seiner Unreinheit und der Aussicht auf Heilung gegeben hat, und daß diese Offenbarungen für ihn günstig gelautet
haben.   Der Satz hat dann die Bedeutung eines »Vertrauensmotiv«, das
als Grundlage der in V. 9 folgende Bitte steht: es hat dir ja gefallen,
wahrhaftige Offenbarung durch die טֻחוֹת zu geben und durch »das Heimliche« lehrtest du mich Weisheit; so entsünde mich denn in Übereinstimmung damit jetzt völlig mit dem Ysopbündel, so daß ich rein werde, wasche
mich, so daß ich weißer als Schnee werde[2].

Ist diese Deutung von V. 8 richtig, so ist natürlich auch V. 9 »buchstäblich« zu fassen; dann wird hier auf Reinigungshandlungen hingewiesen,
die eben jetzt nach dem Singen des Psalms vollzogen werden sollen.

---

[1] Vgl. z. B. Tafel II der Schurpuserie mit den Fragen nach der Ursache
der Krankheit, siehe WEBER, AO VIII 4, S. 8.

[2] Weiteres über kultische Orakel und Omina unten V 3 c.

Ist diese Auffassung des Psalms richtig, so kann V. 18 nicht so unbedingt aufgefaßt werden, wie es gewöhnlich geschieht. Dann liegt jedenfalls in den Worten keine Verwerfung der Kulthandlungen überhaupt —
was ja übrigens deutlig genug daraus hervorgeht, daß sie als Begründung
der Bitte steht, Jahwä möge dem Leidenden baldigst die Gelegenheit geben,
ihm durch Singen des ebenfalls kultischen Dankopferliedes — denn das ist
der Sinn von V. 17 — zu danken. Zunächst liegt in den Worten von V. 17
und 18 eine höhere Schätzung des kultischen Liedes als des Opfers. Wie
ist aber das Aufkommen dieser Ansicht in einem wahrscheinlich von einem
Kultdiener gedichteten Psalm zu verstehen? — Z. T. darf man darin das
Selbstbewußtsein des Tempelsängers und -Dichters den Opferpriestern gegenüber finden; jeder Stand schätzt bekanntlich seine Kunst und seinen
Beruf als die höchsten und unentbehrlichsten. — Wenn der Psalm aber
offiziell ist, so muß man wohl annehmen, daß solche Ansichten zur Zeit des
Dichters weitverbreitet und auch nichts unter den Opferpriestern Unerhörtes
waren. Da glaube ich nun nicht, daß wir in erster Linie an den Einfluß der
einsamen, verachteten, verfolgten und gemärterten »Ketzer«, der Propheten
auf die Nachwelt denken sollen; der Einfluß der Propheten auf die offizielle Religion ist allem Anscheine nach immer ein geringer geblieben und
von den heutigen Theologen meistens sehr überschätzt — findet man sogar
die Propheten im Deuteronomium. Daß das Judentum Gesetzesreligion und
nicht Kultreligion — trotz des Wiederaufbaues des Tempels — geworden
ist, verdankt es in erster Reihe dem Exil und der Tatsache, daß es damals
inen Kult nicht haben *konnte;* das Gesetz ist als Ersatz des Kultes zu
begreifen. Hier mögen die Worte der Propheten nachher als willkommene
Bestätigungen der geschichtlich notwendigen Entwickelung wiederaufgenom-
men worden sein; Urheber dieser Entwickelung sind sie nicht. — So denke
ich mir auch Ps. 51 und seine Wertung des Opfers als ein Produkt des
Exils. Folgende Erwägung bestätigt diese Annahme. V. 20—21 sind mit
den meisten neueren Exegeten als Zusatz zu betrachten. Aus welcher Zeit
stammt er aber? Fraglos, scheint es mir, aus dem Exil (BAETHGEN u. a.)
oder der ersten nachexilischen Zeit vor der Mauerbau Nehemias (CHEYNE
u. a.). Dann ist aber der Psalm nicht jünger als das Exil, erklärt sich aber
am besten eben aus dieser Zeit.

Wie kann er aber dann ein Kultpsalm sein? Wir wissen aus Jer. 41, 5,
daß auch nach der Zerstörung des Tempels ein Notkultus auf den Trüm-
mern[1] geübt wurde. Wenn die 80 Männer aus Sichem, Silo und Samaria

---

[1] Oder in einem früher „illegitimen" Tempel in Mispa. Der Kult ist auf
alle Fälle ein interimistischer und unter dem Bann des göttlichen Zorns
geübter.

»mit geschorenem Bart und zerrissenen Gewändern und bedeckt mit Selbst-
verwundungen« ihre Opfergabe und Weihrauch darbringen, so ist das wohl
nicht als Zeichen der Landestrauer (GIESEBRECHT u. a.) zu betrachten, sondern eher ein Zeichen der Bußfertigkeit der Reinigungsbedürftigen. Dem
sei wie ihm wolle — ein kümmerlicher Rest des ehedem so prächtigen Kultes
in Jerusalem war es. Daß Jahwä zur Zeit keinen richtigen und glanz-
vollen Kult haben wollte, das hatten ja eben die geschichtlichen Tatsachen
gelehrt; trotz allen kultischen Anstrengungen war Jerusalem gefallen. Hier
war nun auch unter den Nichtexilierten Boden für eine geringschätzende
Beurteilung des Kultes, wie die Propheten sie gelehrt hatten. Die notwendigen
Reinigungen, Dämonenvertreibungen und Krankenheilungen sind natürlich
irgend wie und wo betrieben worden; seine Kranke und Unreine hat man
selbstverständlich nicht zu Grunde gehen lassen können. Soweit möglich
ist das alles nach altem Ritual geübt worden; auch Sündopfer hat man
wohl gebracht. Daß aber das Opfer nicht Jahwä die liebste Prästation war,
hatte die Eroberung Jerusalems gezeigt; sonst hätte er nicht die Chaldäer
den Tempel zerstören lassen. So ist man ganz natürlich dazu gekommen,
die Gebete und Psalmen der Reinigungen und der Dankfeste als die Hauptsache des Rituales neben den Reinigungsmanipulationen zu halten. — Den
Männern der offiziellen Religion der Zeit nach der ersten Restauration
sind solche Ansichten jedoch etwas schwer auf die Brust gefallen. Ein
Abschreiber hat daher V. 20 f. noch vor Nehemias Zeit hinzugefügt.

c) Ps. 51, 8 hat es wahrscheinlich gemacht, daß der Reinigung gewisse Orakel und Omina vorausgingen. Die Bitte um ein günstiges Omen
enthält wohl Ps. 86, 17: mache mit mir ein Zeichen zum Guten, d. h. gib
mir ein gutes, ein günstiges Zeichen; ōþ von prophetischen Zeichen und
Omina ist häufig, vid. lex.

Diese Auffassung wird von den babylonischen Psalmen bestätigt. Auch
hier betet der Leidende um ein günstiges Zeichen oder eine zustimmende
Offenbarung. So heißt es:

Entferne das Unheil, bewache mein Leben,
so werde ich deinen Vorhof bewachen, deine Gestalt aufstellen,
von dem Unheil rücke mich fort, so daß ich bei dir aufbewahrt sei!
Sende mir und laß mich einen günstigen Traum schauen;
der Traum, den ich schaue, sei günstig, der Traum, den ich schaue,
sei günstig,
den Traum, den ich schaue, wende ihn zum Guten![1]

---

[1] JASTROW, Relig. Bab. u. Assyr. II 1, S. 95.

Ebenso betet Ašurbanaplu gelegentlich einer Krankheit:

[Gewähre mir] ein zuverlässiges Orakel . . . . .[1]

An sich ist es wahrscheinlich, daß das Orakelgeben in Verbindung mit Opfern geschah. Hierüber belehrt uns Ps. 5, 4. Es kommt hier auf die richtige Deutung des zweiten בקר an[2]. Den Ausgangspunkt muß Ps. 27, 4 bilden.. Der Vers — ein Vertrauensmotiv — besagt, daß der Betende in seiner Not nur eins begehrt habe: nach Jahwä's Haus zu kommen und dort »seine Schönheit schauen«, d. h. vor ihn in den Tempel treten zu dürfen[3] und dadurch seine Gnade erleben[4], und »*biqqēr* in seinem Palaste«. Daß dieser Wunsch jetzt erfüllt ist und der Psalm somit eben bei dem Tempelbesuch gesungen werden sollte, ist fast sicher; der Betende verspricht daher V. 5 das Dankopfer, wenn ihm geholfen wird.

Daß nun dies *biqqēr* ein technischer Ausdruck kultischer Art ist, geht aus dem Parallelismus mit dem ebenfalls kultischen Ausdruck »die Schönheit Jahwä's schauen« hervor. — Das wird von II Kg. 16, 15 bestätigt: der Bronzaltar soll *ləbiqqēr* dienen, während »der große Altar« für die eigentlichen Opfer bestimmt ist. Da nun das *biqqēr* auf (oder bei) dem Altar stattfindet, so bezeichnet es einen Akt, der in Verbindung mit dem Opfern geschah. Dazu stimmt auch Lev. 19, 20: wenn ein Mann sich auf ein nicht freigegebenes Weib, das einem anderen gehört, vergriffen hat, so soll er nicht mit dem Tode bestraft werden, sondern es soll eine *biqqōrăþ* mit ihm (add. לו Sam) vorgenommen werden; der flg. Vers zeigt, daß die Sünde durch ein Aschamopfer gesühnt werden soll; demnach muß *biqqōrăþ* eine kultische Handlung bezeichnen, zu der das Sündopfer, oder die zum Sündopfer irgendwie gehört. Die Wurzel בקר bedeutet spalten. Daher Piel = genau untersuchen. *Biqqēr* in kultischem Sinne muß wohl demnach die Opferschau zwecks Orakelgebung bezeicnnen. Daß dieses Offenbarungsmittel in Israel nicht unbekannt war, zeigen Gen. 4, 4 f.; 15, 10 f.

Das entsprechende Nomen ist *bōqär* Ps. 5, 4: Schauopfer, Omenopfer, oder wie man es nun übersetzen will — ob die Vokalisation richtig ist, wissen wir nicht; die Massora hat wohl an *bōqär* Morgen gedacht. Der kultische Sinn ist hier unverkennbar, es steht als Objekt des Vb. ʿărach, das Terminus für das Zubereiten des Opferholzes, des Opfers, des Altars ist (siehe BUHL zur Stelle).

---

[1] Ib. S. 113 unten.

[2] Das erste בקר ist eine das Metrum (Fünfer) zerstörende Dublette. Verbinde 3 b mit 4, BHK.

[3] Vgl. den Ausdruck „das Anlitz Jahwä's schauen".

[4] Über den ursprünglichen Sinn der Worte siehe KITTEL zur Stelle.

Der Psalm setzt voraus, daß der Betende soeben in den Tempel gekommen ist (V. 8) und dort das Opfer vorbereitet hat, durch das er eine
Offenbarung betreffend seiner Sache erhofft; er bittet nun Jahwä, sein
Gebet zu erhören, vgl. Ps. 86, 17, und motiviert diese Bitte mit den Un-
schuldsmotiven V. 5—9:

Denn ich flehe zu dir⁰, Jahwä, erhöre meine Stimme;
ein Schauopfer rüste ich dir zu, und spähe [nach meinen Zeichen].

Ein Versfuß fehlt V. 4, wahrscheinlich ist ein Wort ausgefallen; man
kann mit BRIGGS לְךָ ergänzen; vielleicht aber besser, jedoch kühner, לְאֹרִי
nach Ps. 86, 17, vgl. 74, 9.

d) Wie ein Orakel wie die hier erschlossenen gelautet haben, darüber
gibt uns Ps. 12, 6 Kunde.   Denn wie häufiger in den nationalen Klagepsalmen und den Gemeindekultliedern, so wird auch hier das göttliche
Orakel in Wortlaut mitgeteilt. — Auch dieser Psalm enthält eine Klage
über die Zauberer, die mit ihren mächtigen und unheilvollen Worten dem
Frommen schadet V. 3—5; der Klage geht eine Bitte um Rettung voraus
V. 2. Daß der Psalm »kollektiv« sein sollte, wie selbst BALLA denkt, ist
eine Annahme, die nur darauf beruht, daß man die Feinde nicht verstanden
hat. Daß Jahwä in V. 6 sein Eingreifen als Rettung der Armen und Gedrückten bezeichnet, ist eine Generalisierung, die sein Eingreifen überhaupt
bezeichnet, und verbietet nicht, daß es dies mal einem Einzelnen gilt. — In
V. 6 greift Jahwä das Wort und verkündet, daß er jetzt zum Einschreiten
bereit ist und den armen Bedrückten retten will[1].

Ich sehe gar nicht ein, warum hier eine bloße dichterische Fiktion in
Nachahmung älterer kultischen Liturgien vorliegen sollte. Und nicht um
ein Haar besser ist die Annahme EWALDS, von BAETHGEN, BUHL u. a. aufgenommen, daß der Dichter hier ein älteres Orakel zitiert; »die älteren
Orakel« waren nicht in der Weise »heilige Schrift«, die die Psalmdichter
sich zum Trost zitieren konnten. Vielmehr haben wir uns diese Worte als
vom Priester gesprochen zu denken. In dieser Form teilt er das Resultat
des Orakelsuchens, etwa der Opferschau, mit — die Umsetzung der technischen Orakel in Worte ist natürlich Sache des Priesters, vgl. Delphi.

Weil die Worte »objektive«, soeben empfangene und unter allen Ga-
rantien von den rite bestellten Kultdiener mitgeteilte Gottesworte sind, die
die Erhörung der Bitte verspricht, kann der Betende mit einem Dankgebet
abschließen, die seinem Vertrauen auf die göttliche Hilfe und dem Gefühle

---

[1] Zum Wortlaut siehe oben I 9, S. 27.

der Sicherheit in Gottes Schutz Ausdruck gibt. Das sind alles nicht dichterische Fiktionen, sondern Wirklichkeiten.

Durch die Annahme einer kultischen Bestimmung fällt Licht auch über
eine andere unklare Stelle in dem oben erwähnten Ps. 27. Auch hier
vernehmen wir die verheißenden Worte des amtierenden Priesters, ja der
Psalm hat sogar die Form der Wechselrede, die in den babylonischen
Psalmen so häufig ist. Der Psalm fällt in zwei Teile; V. 1—6 enthält ein
breit ausgeführtes Vertrauensmotiv, das fast ein selbständiger Vertrauenspsalm geworden ist; so wird die feste Basis für die folgende Bitte und Klage
gelegt. Der eigentliche Klagepsalm fängt mit V. 7 an. Wie gewöhnlich
setzt er mit der Anrufung ein:

O höre, Jahwä, mein Rufen, sei mir gnädig, erhör' mich!

V. 8 fährt nun fort: »Zu mir spricht mein Herz: Suchet mein Anlitz!«
Wenn »mein Anlitz« richtig wäre, müßte der Redende Jahwä sein, was nur
durch den Mund des prophetischen Priesters kultisch denkbar wäre. Indessen spricht der erste Satz gegen diese Auffassung; daß das Herz jemandes
etwas zu ihm sagt, erinnert uns unwillkürlich an die Anschauungen, die
mit dem Wissen und den Offenbarungen des Propheten verbunden waren.
Der Prophet hat geheime Kunde, weil diese in geheimer Weise in sein
Herz, seine Seele hineingekommen ist; ein rechter Prophet soll nur das
reden, was wirklich in seinem Herzen ist, das Wort muß »in ihm sein«
(vgl. Jer. 5, 13). — Elischa weiß, was sein Knecht gemacht hat, weil sein
Herz diesen auf dem Wege begleitet und ihm über seine Taten Kunde
erstattet hat (II Kg. 5, 26). So liegt es aber am nächsten, in Ps. 27, 8 die
Rede eines Propheten zu hören; er kann jetzt dem Kranken ein tröstendes
Wort mitteilen, weil sein Herz Kunde im Rate Jahwä's geholt hat oder
vom Geiste Jahwä's inspiriert worden ist und daher ihm diese Kunde
vermittelt hat: er vernimmt das Wort Jahwä's, das in sein Herz geraunt
wird, vgl. Ps. 81, 6 b; 85, 9 (»Ich will hören, was Gott [in mir — so LXX]
spricht«). Dann kann aber *pānaj* nicht richtig sein; man muß *pānāw*, das
Anlitz Jahwä's lesen; da der Angeredete der Kranke sein muß, so ist statt
Imp. Plur. Sgl. zu punktieren, das waw ist wohl der Rest eines undeutlich gewordenen אֶת (nota acc.). Der Priester sagt somit:

Zu mir spricht mein Herz: »'Suche sein' Anlitz!«

Er weist in verheißender Weise den Kranken zu Jahwä, der will ihm
gnädig sein. Wir dürfen uns vorstellen, daß diese Worte geredet wurden,
als der Priester »die Hand des Kranken griff« und ihn »vor Jahwä«
hineinführte, zum Altar hin, wo die Reinigungen stattfinden sollten. —
Darauf antwortet der Kranke, sich zu Jahwä wendend:

Ich suche dein Anlitz, Jahwä, verbirg dich nicht vor mir!

Nun folgt die Klage und die Bitte, in ein Vertrauensmotiv hinaus-
mündend V. 13:

Fest[1] glaub' ich, Jahwä's Güte zu schauen im Lande der Lebendigen.

Und der Priester schließt den Akt mit einer tröstenden Vergewisserung und Ermutigung:

Sei fest und stärke dein Herz und hoff' auf Jahwä![2]

e) Daß das göttliche Orakel oder die priesterliche Zusage einmal in
den kultischen Klagepsalmen — ich möchte eher sagen: in den Sühnritualen — einen festen Bestandteil bildete, nach dem dann zuletzt Danksagung, später in die Gewißheit der Erhörung abgeschwächt, folgte, haben
früher GUNKEL[3] und BALLA[4] erkannt. Sie folgern dies 1. aus dem bisweilen
sehr schroffen Übergang zwischen Bitte und Gewißheit der Erhörung;
2. aus der Tatsache, daß in den Klagepsalmen des Jeremia bisweilen ein
Orakel statt der Gewißheit steht; 3. aus der Analogie der babylonisch-
assyrischen Psalmen.

Es gibt aber Psalmen, die nicht nur diesen schroffen Übergang aufweisen, sondern in denen die Gewißheit und die Danksagung eine Form
hat, die deutlich auf etwas im Vorhergehenden Gesagtem oder Gemachtem
zurückweist, das jetzt nicht im Psalmtext steht — Psalmen die eine Lücke
vor der Danksagung aufweisen, oder sagen wir lieber: die in (mindestens)
zwei Abteilungen gesungen worden, zwischen denen etwas dem Betenden
gesagt oder mit ihm getan worden ist, auf das die Danksagung zurückgreift. Es sind die Ps. 6, in dem der Absatz zwischen V. 8 und 9 liegt,
28 (zw. 5 u. 6), 31 (zw. 19 u. 20), 57 (zw. 6 u. 7), 62 (zw. 9. u. 10). Was
dazwischen gelegen hat, kann nach dem oben Gesagten nicht zweifelhaft
sein. Wir haben es hier mit wirklichen Kultpsalmen zu tun; in der »Lücke«
oder richtiger Pause, zwischen den beiden Teilen wird der Priester das
Orakel eingeholt oder die Reinigung (siehe V 3 b) vollzogen haben — oder
vielleicht beides.

Ps. 6 ist ein echter Krankheits- und Zauberpsalm. Nach der Anrufung
V. 2 erhebt der Beter die Klage über die von den Zauberern (V. 9) be-
wirkte todesgefährliche Krankheit V. 2—9, und flechtet die Bitte und

---

[1] Streiche das überpunktierte *lūlē*, BHK.
[2] Streiche das erste „Hoff' auf Jahwä" m. c., BHK.
[3] Psalmen, RGG IV.
[4] Das Ich der Psalmen, S. 14 f.; 26; 55 f.

die Motive hinein. Den Höhepunkt erreicht die Klage in der dritten
Strophe 7—8:

Ich bin so müde von Seufzen . . . .[1]
allnächtlich schwemm' ich mein Lager, laß' fließen mein Bett in Tränen,
mein Auge ist trüb vor Kummer und matt[2] ob all meiner Feinde.

Wenn nun in der letzten Strophe plötzlich die jubelnde Gewißheit
hervorbricht, und zwar in einer Form, die kaum mehr kategorisch gedacht
werden kann, so ist jedenfalls die »psychologische Erklärung«, die z. B.
BUHL gibt (»die Erwähnung der Gegner, dessen Triumphieren seine Leiden
unerträglich machen, erweckt plötzlich bei dem Dichter das siegreiche
Bewußtsein des sicheren Kommens der Rettung, da Gott doch nicht diesen
Ungläubigen Recht geben werde«) sehr matt und reflektiert. Wer die Worte

Hinweg von mir, ihr Zauberer alle, denn Jahwä hat mein Weinen erhört,
erhört hat Jahwä mein Flehen, Jahwä hat mein Gebet angenommen;
bestürzt meine Feinde werden stehen und augenblicks schamrot abziehen,

liest, der fühlt, daß sie auf ein Erlebnis zurückgehen wollen; die »Erwähnung der Gegner« genügt hier nicht. Entweder muß man annehmen, daß
der Dichter hier ein inneres Erlebnis offenbarungsähnlich aufblitzender Art
gehabt, oder aber daß das Erlebnis mehr äußerer Art war: ein von Außen
her kommendes Gotteswort oder göttliches Rettungsversprechen hat sein
Herz aufgerichtet und den Umschwung des Psalms verursacht. Die Erhörung und die Annahme des Gebets ist schon eine Tatsache — Perf. *šāmaʿ*;
was noch aussteht, ist die Verwirklichung in der phänomenalen Welt, das
Abstrafen der Feinde und damit die vollendete Heilung der Krankheit —
Impf. *jibbāhᵃlū, jāšūbū, jēbōšū.* — Von diesen beiden Erklärungsmöglich-
keiten liegt die letztere a priori am nächsten; denn es ist zu erwarten, daß
ein rein inneres Erlebnis damals in der Form der prophetischen Offenbarungen mit Visionen und wahrnehmbaren Gottesworten aufgetreten sei;
so war die gewöhnliche und von allen anerkannte Form der Offenbarung,
und auch die religiösen Erlebnisse nehmen fast immer die Formen des
Gewohnten, Traditionellen, offiziell Anerkannten an. — Was sind nun das
für äußere Worte oder Taten, auf die die Gewißheit zurückgreift? — Die
Sühnehandlungen und die Zusage des Priesters. Durch die Annahme, daß
irgend etwas der Art zwischen den beiden Teilen des Psalms vorgenommen worden ist, erklärt er sich vollständig. —

---

[1] Drei Versfüße fehlen.
[2] Eigentlich: alt geworden.

In Ps. 28 ist der Betende ein israelitischer oder judäischer König, »der Gesalbte«, V. 8 [1]. — Daß er ein Krankheitspsalm ist, zeigt V. 7, der von Wiederaufblühen des Körpers des Betenden redet. Die Krankheit ist von den Zauberern bewirkt, V. 3, siehe oben I 4. Daß der Psalm im Tempel gebetet ist, geht aus V. 2 hervor:

Wenn ich hebe meine Hände [Jahwä] zu deinem heiligen Raum —

דביר = das Innenraum des Tempels = das »Allerheiligste«. — Der Psalm fällt in drei Teile. In dem ersten Teil, V. 1—4, betet der König (»ich«) um Hilfe und Rettung, motiviert die Bitte mit dem Hinweis auf die Todesgefährlichkeit seiner Krankheit; zugleich bittet er um vergeltende Rache über die feindlichen Zauberer, die die Krankheit verursacht haben. Nach diesem eigentlichen Klagepsalm ist nun eine einwilligende Antwort Jahwä's gegeben und die Reinigung vorgenommen worden, wonach der König einen kurzen, vorgreifenden Dankpsalm singt, in dem er sich, nach der Sitte, nach seinem Verhältnis zu Gott bezeichnet, vgl. Ps. 116, 16: ich bin dein Knecht und Sohn deiner Magd.

Gelobt sei Jahwä, daß er hörte mein flehentlich Rufen!
Jahwä ist meine Kraft und mein Schild, ihm vertraut mein Herz.

[2]Mir ward Hilfe, es 'blühet mein Leib und aus Herzen'[3] ich dank' ihm;
Kraft und Schutz seinem Volke[4] ist Jahwä, er ist die Rettung seines Gesalbten.

---

[1] Daß der Gesalbte hier in Parallelismus mit Israel nur auf das Volk selbst gedeutet werden könne (GRÄTZ, HALEVY, REUSZ, BEER, COBLENZ, WELLHAUSEN, SMEND, BUHL, STAERK), ist falsch, der Parallelismus bedingt nicht immer Identität, und wer das Denken des alten Orients kennt, weiß, daß König und Volk sehr korrelate Begriffe sind; die Sache des Königs ist die des Volkes und umgekehrt; gedeiht der König, so blüht das Volk — oder sollte es nach den religiös-politischen Theorien wenigstens tun. Man sieht nicht ein, warum nicht Klagepsalmen für israelitische Könige gedichtet sein sollten. In Babylonien-Assyrien waren die Klagepsalmen ursprünglich lediglich für den König bestimmt, siehe JASTROW, Relig. Bab. u. Assyr. II, S. 106 f. — Die Annahme, daß V. 8—9 ein späterer liturgischer Zusatz sei (GRÄTZ, KITTEL, STAERK) verbietet schon die Tatsache, daß V. 8 mit 7 b zusammen eine Strophe bildet; der Psalm besteht aus 7 zweizeiligen Fünferstrophen; V. 5 ein prosaischer Einschub nach Jes. 5, 2.5; Jer. 1, 10; 18, 7 und ähnl. St.

[2] Streiche ן, s. BHK.

[3] L. z. T. nach LXX: וַיַּחֲלִין שְׁאֵרִי וּמִלְּבִי.

[4] L. לעמו, BHK.

Im dritten Teil greift der Chor im Namen der Gemeinde, des Volkes, das Wort und bittet, daß Jahwä auch fürderhin die Hilfe seines Volkes sein möge, wie er jetzt an sein Volk gedacht hat und dessen König geheilt.

O hilf deinem Volke, [Jahwä] und segne dein Erbtum,
und weide und trage sie, [Jahwä] für immer und ewig!

Man wird zugeben müssen, daß diese Deutung des Psalms die Schwierigkeiten, die in »dem losen Zusammenhange des Psalms« (BUHL) stecken, beseitigt und eine Ausscheidung mehrerer oder weniger Verse (GRÄTZ, DUHM, BRIGGS, KITTEL, STAERK) unnötig macht. Darin liegt aber eine Bürgschaft für ihre Richtigkeit. —

In derselben Weise ist höchstwahrscheinlich auch Ps. 31 aufzufassen. Daß dieser Psalm von Krankheit und feindlichen Zauberern redet, haben wir oben gesehen IV 4 d; II 6 c. Er fällt deutlich in zwei Teile: ein Klagelied V. 1—19 und ein Danklied V. 20—25. Nun könnte man vielleicht sagen: also sind das zwei selbständige Psalmen. Dagegen spricht jedoch, daß das Danklied V. 20—25, wie das in Ps. 28, 6 - 8, etwas anderer Art als die eigentlichen selbständigen Danklieder sind. Es fehlt nämlich jenen die »Erzählung von der Not«, die sonst zum eisernen Bestande der individuellen Danklieder gehört[1]. Das erklärt sich wohl eben daraus, daß diese erst nach der Heilung, bei einer anderen kultischen Zusammenkunft als der Klagepsalm gesungen wurden und daher vor der Gemeinde das, was aamals geschehen, gleichsam wiederholen müssen, während jene unmittelbar nach dem Klagepsalm und der Reinigung als vorgreifende Danklieder gesungen wurden und daher die Erzählung nicht brauchen; sie sind an Jahwä gerichtet, während der eigentliche Dankpsalm sich auch an die versammelte Gemeinde wendet. Ist dem so, so haben wir in Ps. 31 eine Art Liturgie wie Ps. 28. — Der erste Teil enthält die Anrufung, die Klage über Krankheit und Spott und Hohn, die Vertrauensmotive, die Bitte um Rettung und Rache. Wie mit einem schrillenden Schrei schließt er unvermittelt und bratt ab, ohne Abgesang und Abspannung. Dann haben wohl die kultischen Handlungen mit der Antwort des Priesters gefolgt. — Der zweite Teil hebt gleichsam etwas gedämpfter an, mit einem bewundernden Preis der Güte Jahwä's, der alle fromme Notleidenden rettet und birgt. Dann fährt er aber stärker fort: dies ist auch mir widerfahren! Hier wird der Ton so jubelnd und hochklingend, daß wir auch hier, wie in Ps. 6, annehmen müssen, daß der Psalm auf etwas tatsächlich im Kulte Erfahrenes hinweist, V. 22 f.:

---

[1] GUNKEL, RGG IV, Artkl. Psalmen 6; BALLA, Das Ich d. Psalmen, S. 29 ff.

Dank Jahwä, der mich wunderbar begnadet in der mauerfesten Stadt[1].
Obwohl ich sprach in meiner Not: „Ich bin verstoßen von dir",
hast du doch meine Klage erhört, als zu dir ich schrie.

So sehr schlägt der Dichter hier in den Ton des Dankliedes über, daß er in V. 24 sogar den Betenden »alle die Frommen Jahwä's« anreden läßt, als ob sie schon wirklich bei einem Dankfeste da wären. —

Ps. 57 ist schon äußerlich durch den Refrain V. 6 und 12 in zwei Teile zerlegt, von je drei vierzeilige Strophen von abwechselnd drei- und zweifüßigen Verszeilen, wozu der Kehrvers von 2 dreifüßigen Zeilen. Daß diese zwei Teile zusammen ein Ganzes und nicht zwei selbständige Psalmen bilden, zeigt der Kehrvers. Wenn nun trotzdem der zweite Teil ein regelrechter Dankpsalm ist — jedoch ohne das Zeugnis vor der Gemeinde — so ist es auch hier die nächstliegende Annahme, daß der Psalm ein Kultpsalm ist, und daß der zweite Teil nach den Reinigungsriten gesungen worden ist. So erklärt sich am besten die triumphierende Gewißheit in V. 7:

Meinen Füßen hatten Netz sie gespannt, 'mein Leben zu nehmen'[2],
eine Grube vor mir gegraben — sind selbst drin gefallen!

Unwillkürlich werden wir bei diesem gleichsam schon erlebten Untergang der Feinde daran erinnert, daß in den babylonischen Reinigungsriten Bilder der Zauberer und Dämonen gemacht wurden, die dann stellvertretend zerstört wurden; so erlebte der Kranke schon im Kulte, wie seine Feinde »ideel« überwunden und bestraft wurden[3]. —

Wir haben hier vorausgesetzt, daß eine sündenvergebende und Heilung versprechende Zusage durch den Priester in irgend einer Weise die Reinigungen begleitet, bezw. abgeschlossen habe, und daß diese als ein Wort Jahwä's, ein Orakel geformt sei. Diese Voraussetzung bestätigt Ps. 62, 12 uns. Auch dieser eigentümlich variierte Psalm fällt in zwei Teile. Der erste V. 2—9 — zweimal drei vier-zeilige Strophen von abwechselnd 3- und 2-füßigen Versen — besteht statt der gewöhnlichen Klagen und Gebete, hauptsächlich aus Vertrauensmotiven, die durch die Selbstermunterung V. 2 und 6 ein eigentümlich persönliches, inniges und zugleich gedämpftes Gepräge erhält; der Psalm nähert sich einem reinen Vertrauenspsalm; das Persönliche wird noch mehr durch die Ermahnung V. 9, die aus dem Stil der Dankpsalmen eingedrungen ist, unterstrichen. Auch die Klage über

---

[1] Hier wohl ein Epitheton der Gottes- und Königsstadt Jerusalem.
[2] Eigtl. um meine Seele zu beugen — l. *lichpōf*.
[3] WEBER, AO VII 4, S. 28.

die Feinde V. 4—5 ist eigentümlich geformt; die Feinde werden angeredet
statt in 3. Person erwähnt, vgl. Ps. 52. — Der zweite Teil ist ein 14 zei-
liger Dankpsalm, auch hier derselbe ruhige, lehrhafte, verallgemeinernde
Ton wie in V. 9. Hier heißt es nun als Begründung der Ermahnung zum
Vertrauen und Danken:

> *Einmal hat Gott ja geredet, zweimal hab' ich's gehört,*
> *daß bei Gott ist Kraft und bei dir, o Herr, ist Huld;*
> *denn du [o Herr] vergeltest einem jeden sein Tun.*

Das »Einmal und Zweimal« steht wohl nur auf Rechnung des poetischen Parallelismus, wie das »ob dreier Frevel und ob vierer« bei Amos.
Es ist somit hier nicht die Meinung des Dichters, sich auf altbekannte,
gleichsam im Kinderunterricht oftmals wiederholte Jahwäworte und Alltags-
wahrheiten zu berufen. Sondern er tröstet sich zu einer ihm eben jetzt
zu Teil gewordenen Offenbarung Jahwä's, die ihm Erfüllung seines Gebetes, seine Rettung vor den Feinden und die Bestrafung dieser verbürgt.
Das »Einmal und Zweimal« umschreibt wohl nur das ausdrückliche der
Zusicherung. Demnach haben wir es auch hier mit einer Liturgie eines
kultischen Aktes zu tun; die Mitteilung des göttlichen Orakels fällt vor
V. 10. — —

f) Eine priesterliche Zusage ähnlicher Art scheint auch in Ps. 55, 23
vorzuliegen. Zunächst ist klar, daß der Vers auf falscher Stelle steht; denn
erstens unterbricht er den Zusammenhang und zerstört dadurch den beab-
sichtigen Gegensatz zwischen den falschen und gefährlichen Feinden V. 22
und dem mächtigen, getreuen Jahwä, der sicher die Feinde herunterstürzen
wird, V. 24 a, merke das וְאַתָּה; und zweitens fällt der Psalm in vierzeilige
Strophen (3 und 2 Versfüße); wenn aber V. 23 seinen jetzigen Platz haben
soll, so muß er auf zwei Strophen verteilt und mit verschiedenartigen
Aussagen verbunden werden, während er doch· logisch eine abgerundete
Einheit bildet. Dagegen kann V. 23 sehr wohl eine abschließende Strophe
hinter V. 24 bilden — wenn er nicht ein Einschub ist. — Der Psalm ist
ein gewöhnlicher Krankheits- und Zauberpsalm. Gehört nun V. 23:

> *Wirf auf Jahwä deine Sorge, er wird dich stützen,*
> *nimmer in Ewigkeit läßt er den Gerechten wanken —*

zum Psalm als ursprünglicher Abschluß, so sehen wir darin am besten
eine ermunternde Zusage des Priester, vielleicht ehe er zu den Reinigungsriten schreitet.

g) Endlich gibt es ein Paar Stellen, die vielleicht auf eine besondere
kultische Sitte, das *Inkubationsorakel*, hindeuten. Daß man auch in Israel

diese Orakelform kannte, zeigen Stellen wie Gen. 26, 24; 28, 10 ff.; I Kg.
3, 5 [1]. Möglich ist dann auch, daß der Kranke und Hilfesuchende bisweilen
diese Form des Orakelsuchens verwendet hat und nach gewissen Vorbereitungen und Weihungen eine Nacht im Tempel, bezw. auf der heiligen Stätte,
verbrachte, um dort eine Traumoffenbarung betreffend seiner Krankheit zu
erlangen. Vielleicht deuten Ps. 17, 15; 3, 6 und 4, 9 darauf hin.

Ps. 17 ist die Klage eines unschuldig Verfolgten. Hinterlistige Feinde
umstellen ihn, wollen ihn töten V. 9—12; nach der Schilderung haben wir
auch hier an die *põ‘ᵃlê ấwän* zu denken, vgl. besonders I 2 und 6. Da
der Beter sich gerecht und unschuldig weiß V. 1—5, so betet er, daß
Jahwä eine furchtbare Rache über sie vollstrecken möge V. 13 f. In Anschluß
an diesem Rachegebet spricht er nun V. 15 die Gewißheit der Erhörung
aus, die sein eigenes künftiges Schicksal im Gegensatz zu demjenigen
der Frevler schildert:

> *Ich aber darf gerechtfertigt [2] dich schauen,*
> *an deiner Gestalt beim Erwachen mich sätt'gen.*

Die von älteren jüdischen Exegeten, und GEIER, DELITZSCH, HOFMANN
und KITTEL vertretene Auffassung »beim Erwachen aus dem Schlafe des
Todes« ist mit keiner Silbe angedeutet und steht in zu losem Zusammenhang mit dem Thema des Psalms; die bildliche Auffassung: aus der Nacht
des Unglücks (CALVIN, BAETHGEN, HITZIG u. a.) müßte auch deutlicher angedeutet sein, da ja eben das Bild fehlt. Dagegen sehen EWALD, HENG-
STENBERG, DUHM in dem Erwachen das natürliche Erwachen am flg. Morgen;
der Psalm sei ein »Abendlied«. Letzteres ist allerdings nicht angedeutet;
ein Abendlied im gewöhnlichen Sinne ist dieser Unglückspsalm nicht; er
hat eine besondere Veranlassung. Es fehlt bei den Genannten eben die
Erklärung davon, daß der Dichter die Wendung seines Schicksals am
folgenden Morgen erwartet; insofern könnte man versucht sein, bei STAERKS
Deutung zu bleiben: alle Morgen neu. — Es liegt aber der Auffassung
EWALDS das richtige Gefühl zu Grunde, daß »beim Erwachen« den ent-
scheidenden Wendepunkt des Schicksals des Beters bezeichnet. »Sich an
Gottes Gestalt sättigen« ist natürlich so viel wie Gott zu genüge schauen,
bezeichnet somit das Erlangen des durch den Zutritt zu Gott ermöglichten
Heils; dies erwartet er am flg. Morgen zu erreichen; dann wird er die
Erfüllung seines Gebetes sehen. Während der Nacht muß somit etwas
eintreffen, das diese Wendung verbürgt, und zwar während er schläft.

---

[1] Siehe SMEND, Isr. Relig. Geschichte [2]. Freiburg 1899, S 93.
[2] Eigentlich: als ein Gerechter.

Hier könnte man nun an die in Israel verbreitete Ansicht denken, nach der das Wirken der Gottheit überhaupt im Dunkel der Nacht stattfindet, vgl. Ps. 46, 6 u. a. St. Dann wird aber der Zusatz »beim Erwachen« ein ziemlich nebensächlicher im Zusammenhange. Es liegt doch näher, an eine im Laufe der Nacht zu erwartende, während des Schlafs eintretende Gottesoffenbarung, die dem Beter das baldige Schauen des Gottesverbürgen wird, also an eine Inkubation, die nach dem Singen des Psalms stattfinden soll.

Ähnlich ist es vielleicht auch möglich, Ps. 4, 9 aufzufassen. Nach der Bitte V. 2 und der indirekte Klage in der Form einer Apostrophierung V. 3—6 folgt das Vertrauensmotiv V. 7—9: viele *wünschen* sich das Glück, er aber sei dessen schon völlig gewiß; Jahwä hat schon sein Herz mit zuversichtlicher Freude gefüllt V. 7—8; dann fährt der Dichter fort:

In Frieden darf ich mich legen und zumal einschlafen,
denn du, Jahwä, läßt mich in Sicherheit wohnen.

Übersetzt man, wie oben »darf ich mich legen« usw., so ist damit die übliche Auffassung angedeutet, nach der der Satz durch ein Beispiel das größtmögliche Sicherheitsgefühl ausdrückt; die Nacht ist dem primitiven Menschen voll Grauen und Gefahren; wer sich dann ruhig und furchtlos dem Schlaf übergeben kann, der hat einen treuen Hüter in allen Nöten; dies behauptet der Dichter hier von sich. — Man kann aber auch übersetzen »in Frieden werde ich mich legen« usw., und den Satz auf ein einmaliges, jetzt bevorstehendes Niederlegen besonderer Art beziehen: in Frieden werde ich mich jetzt zur Inkubation niederlegen — ich bin eines »guten Zeichens« gewiß.

Endlich besteht auch die Möglichkeit, Ps. 3, 6 auf die bereits vollzogene Inkubation zu beziehen. Entweder ist hier zu übersetzen:

Wenn ich mich lege und schlafe, darf ich (wieder) erwachen, denn
Jahwä ist meine Stütze,
ich fürchte nicht Tausende von Kriegern wenn sie rings sich wider
mich stellen,

und als Vertrauensmotiv aufzufassen: selbst dies wage ich im Vertrauen auf dich, siehe oben zu Ps. 4, 9. — Oder aber:

Ich legte mich nieder und schlief ein, bin erwacht, denn Jahwä ist
meine Stütze.

Dann gehen die Worte auf einen besonderen, soeben erlebten Fall, den die Erklärer, die so übersetzen, bis jetzt noch nicht erklärt haben. Entweder muß man dann an ein rein persönliches, konkretes, uns aber unbekanntes Erlebnis des von seinen privaten Erlebnissen dichtenden Verfassers denken, oder aber in Übereinstimmung mit der Allgemeinheit des Psalms und dem kultischen Charakter der individuellen Klagepsalmen an die vollbrachte Inkubation, die dem Beter volles Vertrauen auf die jetzt zu vollziehenden letzten Reinigungen eingeflößt hat. — —

Eigentlich viele Spuren der kultischen Bestimmung der Klagepsalmen haben wir nicht gefunden, jedoch viele genug, um unsere mehr apriorische Erwägungen V 2 zu bestätigen.

4. Zur religiösen Wertschätzung der Klagepsalmen.

Sind die Psalmen durch dieses Resultat herabgesetzt, entwürdigt worden? Stehen sie als religiöse Denkmäler in unserer Betrachtung höher, wenn sie freie Erzeugnisse privater Männer und Zeugen ganz individueller, persönlicher Erlebnisse sind, als wenn sie Kultpsalmen zum Gebrauch eines jeden sich in einer bestimmten Lage befindlichen Menschen sind und Hilfe gegen Feinde erflehen, die eigentlich nur Kraft einer von uns als Aberglauben gebrandmarkten Überzeugung da sind?

Ich glaube nicht, daß dem so ist.

Aberglaube oder nicht — aus dieser Überzeugung entsprangen dem alten Israeliten einige seiner größten Nöten, und gegen die Not, die eben seine Not ist, sucht der Mensch Gottes Hilfe. Die Dichter dieser Psalmen bezeugen, daß nur bei Jahwä die Hilfe ist; sie fliehen zu ihm, und inbrünstig beten sie zu ihm, daß er sie aus der Not rette. Denn Er hat die Macht und die Güte und die Treue, er kennt das Erbarmen, er vergibt Sünden und reinigt alle innere und äußere Unreinheit, auch die Unreinheit des Herzens, die manchmal die Ursache der äußeren Unreinheit ist (Ps. 51). Diese Psalmen zeugen von lebendiger Religion und lebendigem Gottesglauben, und wir dürfen uns nur darüber freuen, daß wir dies in so hohem Grade eben in der offiziellen Religion und unter den offiziellen Kultträgern finden. —

Sodann ist zu erwägen — wenn wir endlich von Werturteilen reden sollen — ob nicht die unleugbare, von allen leicht zu ersehende Stereotypität und Eintönigkeit der Klagepsalmen weniger »anstößig« wird, wenn diese von den berufsmäßigen Kultdichtern zum Gebrauch in gewissen allgemeinen Situation und als gültige Ausdrücke der Stimmungen eines jeden gedichtet sind, als wenn es wirklich ganz frei dichtende und von sich selbst und von erlebten Dingen schreibende Dichter wären, die so gebunden von der Stiltradition und so außerstande gewesen wären, seinen Gefühlen und Erlebnissen einen originellen und persönlich gefundenen Ausdruck zu verleihen. Man darf sogar sagen, daß wir jetzt erst imstande sind, die wirklich vorkommenden Fälle von persönlichem Erleben und persönlichen Gefühlen, von originellen Wendungen und formgestaltendem Vermögen recht zu würdigen, da wir den Hintergrund kennen, gegen den sie sich abheben. Auch den stereotypen, allgemeingültig sein sollenden Wendungen und Bildern werden wir nun besser gerecht; ist es doch ein Wunder, wie diese Kultdichter es verstanden haben, bleibende, für alle Fälle brauchbare, sich jeder neuen Zeit und jeder neuen Denkweise anschmiegende Ausdrücke für die menschliche Not und das religiöse Bedürfnis zu finden.

Endlich möchten wir noch ein Drittes bemerken. Man hat sich öfters über die »kultusfreie« Religion dieser Psalmen gewundert und darin ihr Wesen und ihren Vorzug gesehen. Das ist nun, wie wir gesehen haben, in dieser Form nicht richtig. Tatsache ist jedoch, daß das Kultische im falschen, aber leider gebräuchlichen Sinne des Wortes, sehr zurücktritt. Ich meine die Kehrseite der Kultreligion. Gar zu leicht bleibt diese am Äußerlichen, Dinglichen hängen. Gar zu leicht sucht sie die Rettung in den Zeremonien ex opere operato, in der genauen Beobachtung der vorgeschriebenen Manipulationen, in der Kraft der heiligen Formel. Gar zu leicht beruft der Anhänger dieser Religionsform sich Gott gegenüber auf seine Leistungen kultischer Art, auf seine Opfer und Gaben und Reinigungen und Blutbesprengungen und dergleichen mehr. — Von dieser Art Kultusglaube finden wir herzlich wenig in den Klagepsalmen. Um so staunenswerter, als sie von Kultdienern gedichtet und für die kultischen Reinigungen und das Sündopfer bestimmt sind. Gewiß, wenn der Betende sich auf seine »Gerechtigkeit« beruft, so ist alles oben Erwähnte darin mit eingeschlossen; zur Gerechtigkeit gehört auch die genaue Beobachtung der kultischen Pflichten. Es gehört aber auch dazu viel mehr. Die ganze Ethik des Lebens und die ganze Zucht der heiligen Observanz gehört dazu. Das tritt eben in Kultpsalmen wie 15 und 24, 81 und 132 genügend hervor, bleibt aber auch in den individuellen Klagepsalmen nicht unberücksichtigt[1]. — Immerhin ist diese Berufung auf die Gerechtigkeit etwas verhältnismäßig Seltenes. Wenn diese Gebete sich auf etwas berufen wollen, so berufen sie sich auf Jahwä. Wohl eben so häufig als die Unschuldsmotive und Gerechtigkeitsmotive sind die Mitleidsmotive. Als solche sind überhaupt die Klagen zu verstehen. Möge Jahwä Mitleid mit seinem gefolterten Knechte empfinden! Der Beter beruft sich auch auf Jahwä's Ehre[2]; diese leidet, wenn er seinen Knecht nicht rettet, denn so ist es ja mit dem irdischen Herrn und König. Er beruft sich auf Jahwä's Treue (Ps. 22,

[1] Vgl. BAUMGARTNER, Die Klagegedichte des Jeremia, S. 21.
[2] Vgl. BAUMGARTNER, S. 19.

4—6. 10 f.; 25, 6; 71, 6. 17 f.; 139, 13 ff.). Vor allem aber beruft er sich auf Jahwä's Gnade, auf sein Erbarmen, seinen Langmut[1]; weil er auf seine sündenvergebende Gnade vertraut, beichtet er ihm seine Schuld und wirft sich in Buße vor ihn nieder[2]. Jahwä ist der gnädige und barmherzige Gott — das ist der Grundton auch dieser Psalmen, die sie zu allen Zeiten zu den Lieblingstücken der evangelischen Bewegungen und Kreisen der Kirche gemacht hat. — In diesem Sinne ist die Frömmigkeit dieser Psalmen eine »kultusfreie«, und eben die Tatsache, daß sie Kultpsalmen sind, gibt ihnen dadurch einen erhöhten Wert. Sie stehen auch in dieser Beziehung wolkenhoch über ihren ursprünglichen Vorbildern, den babylonisch-assyrischen Kultpsalmen. —

So glaube ich, durch meine Untersuchung der religiösen Wertschätzung der Psalmen nicht geschadet zu haben, eher das Gegenteil.

Wie diese Eigentümlichkeit der Psalmen und der israelitischen Frömmigkeit zu erklären sei, ist eine Frage allgemeinerer religionswissenschaftlicher Art[3], auf die hier nicht eingegangen werden kann.

---

[1] Siehe die Stellen bei BAUMGARTNER, S. 19 b, die Vertrauensmotive.

[2] BAUMGARTNER, S. 20, die Bußmotive.

[3] Daß auch die ägyptischen Psalmen diesen „kultusfreien" Frömmigkeitstypus kennen, hat GUNKEL auf Grund einiger von ERMAN veröffentlichen Texten gezeigt, siehe Reden und Aufsätze, Göttingen 1913, S. 147.

KAP. VI. DAS ENDE DER KULTISCHEN KRANKEN-
HEILUNGSRITEN.

1. Die Umdeutung der individuellen Klagepsalmen.

a) Unsere Untersuchung wäre nicht vollständig, wenn wir nicht zuletzt anhangsweise ein Wort über die Frage nach dem späteren Schicksal der Klagepsalmen zu sagen hätten. Denn die »kollektive« Deutung der Klagepsalmen, die besonders von SMEND verfochten ist, ist, wie schon des öfteren bemerkt, nicht neu. Was man meistens wohl nicht beachtet hat, ist, daß sie schon im A. T. vertreten ist.

Wenn man sich die mischnischen Notizen über den kultischen Gebrauch der Psalmen in den spätesten Tagen des Tempels ansieht, so wird es einem auffallen, wie wenig derselbe oft dem ursprünglichen Sinne der betreffenden Psalmen entspricht. Richtige und falsche Deutungen sind hier untereinander vermengt[1].

Dem ursprünglichen Sinne wird es entsprechen, wenn es überliefert ist, daß Ps. 47 und 81 Neujahrpsalmen, beim Opfer am Tage des Schofarblasens am 1. Tischri waren (siehe meinen Aufsatz Tronstigningssalmene og Jahwes tronstigningsfest, NTT Reformationshefte 1917, S. 48 u. 58 ff.); und da Laubhüttenfest und Neujahrsfest ursprünglich Teile der großen Neujahrsfestwoche sind, so ist zugleich der Gebrauch von Ps. 29; 82 (siehe Tronstigningssalmene, S. 63 ff., 42 f.) und 65 (der kein Frühlingspsalm, wie etwa BUHL[2] meint, sondern ein Erntepsalm ist) mit dem ursprünglichen Sinne übereinstimmend. Möglich ist zugleich, wie an anderem Orte zu zeigen ist, daß zwischen Ps. 50 und Herbstfest eine ursprüngliche Beziehung besteht. Dagegen hat das »ägyptische Hallel« 113—118 als solches nichts mit der Passa zu tun; 118 gehört mit seinen grünen Zweigen und den Fruchtbarkeitszeremonien eher zum Herbst-Neujahrsfest; und daß die Wochentagpsalmen (92 für den Sabbat — so auch in TM —, 24 für den Sonntag, 48 für den Montag, 82 für den Dienstag, 94 für den Mittwoch, 81 für den Donnerstag und 93 für den Freitag — vgl. LXX) an sich nichts mit den

---

[1] Die Angaben hier nach BUHL, Psalmerne[2], S. VIII f.

besonderen Wochentagen zu tun haben, ist einleuchtend; inbesondere sieht man nicht ein, was 92 mit Sabbat zu tun habe; weder 92 noch 94 sind Gemeindepsalmen. Dasselbe gilt von 30, den schon TM als ein Psalm bei dem Tempelweihefest bezeichnet; auch er ist ein ursprünglicher Individualpsalm, und hat ursprünglich nichts mit dem Tempelweihefest zu tun.

In Zusammenhang mit der Kanonisierung des Psalters muß es somit einmal im Laufe der Zeit dazu gekommen sein, daß man keine neue Kultpsalmen mehr dichtete, sondern unter den schon kanonischen Psalmen des Psalters sich einen anscheinend passenden Psalm für die im Laufe der Zeit neu erstandenen Feste und Kultgelegenheiten ersah. — Hätte man sich berechtigt gefühlt, für die Tempelweihefeier einen neuen Psalm zu dichten, wie man es in alten Tagen bei feierlichen Gelegenheiten tat, so hätte man sicher nicht einen so wenig passenden Psalm wie 30 für diese Gelegenheit gewählt. Nebenbei bemerkt, so ist hieraus zu folgern, daß dieser Zeitpunkt der Kanonisierung und der Abschluß der kultischen Psalmdichtung *vor* der Makkabäerzeit liegen muß; es ist eben die Makkabäerzeit, die den durchaus unpassenden Psalm 30 für das erwähnte Fest gewählt hat, augenscheinlich nur weil man sich gezwungen fühlte, unter den Psalmen des Psalters einen zu wählen und diesen, so gut oder so übel es eben ging, umzudeuten. Diese Beschränkung der Wahl und die Tatsache der Umdeutung führen aber zu der Annahme, daß der Psalter damals schon heilige Schrift, oder wenn man das Wort gebrauchen will, kanonisch war. Makkabäische Psalmen suche man daher im Psalter nicht. So ist denn auch die Baba Sota bezeugte Sitte, Ps. 44, 24 im Tempel zu singen, nicht daraus zu erklären, daß wir in 44 ein »Klagelied der Makkabäer« haben, sondern umgekehrt daraus, daß man einen für eine viel frühere nationale Not gedichteten Psalm als Gebet in der neuen Notlage auswählte. —

b) In der erwähnten Umdeutung von Ps. 30 nehmen wir nun am besten unseren Ausgangspunkt.

Daß der Psalm »individuell« zu deuten ist, haben Hupfeld, Halevy, Cheyne, Budde, Kittel, Buhl[2] richtig gesehen; seit der prinzipiellen und systematischen Untersuchung der Frage bei Balla braucht man meines Erachtens nicht mehr diese These zu beweisen. Erstens hat der Psalm ganz und gar den Stil und den Inhalt der individuellen Dankopferpsalmen, z. B. 116. Zweitens beweist die Aufforderung des Beters an die (anderen) Frommen Jahwä's, Gott zu preisen und danken (V. 5), daß der Beter ein Einzelner ist. Ich verweise einfach auf die Analyse bei Balla, Das Ich der Psalmen, S. 30 f.

Dagegen ist es eine durchaus unbegründete Behauptung Ballas, wenn er den Psalm zu den »geistlichen«, das heißt nichtkultischen Dankpsalmen

rechnet[1]. Wenn man bedenkt, wie populär das Dankopfer bis in die späteste Zeit gewesen sein muß und tatsächlich gewesen ist, so muß man
bestimmt verlangen, daß ein positiver Beweis erbracht wird, ehe man die
kultische Art eines Dankpsalms leugnet. Es liegt wahrhaftig kein Grund
zu der Annahme vor, daß jeder Dankopferpsalm ausdrücklich das Schlachten und Opfern und Essen erwähnen *müsse*. Wir wissen, daß die älteste
Christengemeinde, ja sogar Paulus an die Opferhandlungen im Tempel teil-
genommen haben (Act. 21, 26); wie viel eher dann die Mitglieder der jü
dischen Gemeinde, auch wenn sie zu der Überzeugung gekommen sein
sollten, daß die eigentlichen Opfer der Lobpreis und der Dank seien,
während die äußeren Opfer als »Symbole« zu spiritualisieren seien oder
nur als Gehorsamserweisungen in Betracht kämen. Was wir wissen, ist
daß der Dankpsalm im Tempel bei dem Dankopfer angestimmt wurde; daß
man sich damit begnügt habe, im engeren Kreise der Familie oder der
Konventikel individuelle Dankpsalmen zu singen (BALLA), ist lediglich eine
Hypothese, und zwar eine unwahrscheinliche. Denn aus der Analogie des
Psalmodierens am Passafeier darf man nichts folgern; denn das Passa war
ein religiöses Fest, das nach dem Gesetz in den Häusern gefeiert werden
sollte; da war es notwendig, die Sitte des Psalmensingens aus den Tempel-
(Bama-)feiern auf die Hausfeier zu übertragen. Hier wurde aber auch die
ganze Feier mit Passaopfer usw. in die Häuser verlegt. Der Dankpsalm
war aber nur ein Teil der vollständigen Danksagung, und zwar nach der
Ansicht der großen Menge der weniger wichtige Teil. BALLA meint, man
habe nach der Kultzentralisation in Jerusalem, infolge der es vielen unmöglich wurde, auf dem Altare ihre Dankopfer zu bringen, »sich mit
einem Liede daheim beholfen«. Das wäre nach jüdischer Ansicht der
entlegneste Ausweg. Sicher hat man es getan, wie diejenigen in Act. 21,
die ein Gelübde auf sich hatten, aber zu arm waren, sich zu lösen: man
hat gewartet, bis eine Gelegenheit kam. Der kranke und wieder geheilte
Jude, der ein Dankopfer und Psalm gelobt hatte, hat einfach mit der Erfüllung gewartet, bis es ihm einmal möglich wurde, nach Jerusalem zu
kommen und dort das Gelübde einzufreien. Daher hat man auch im Tempel große gemeinsame Dankfeier gehalten, bei denen die Geretteten und

---

[1] Es ist schon schlimm genug, wenn er den alten Königspsalm 18, der die
Errettung eines Königs aus Kriegsgefahr besingt und somit zu den natürlich
religiösen, d. h. kultischen Siegesfeierlichkeiten gehört haben muß, zu derselben geistlichen Gattung rechnet. Wenn wir aber sehen, daß er noch
Ps. 41 und 65 zu derselben zählt, so weigert man sich einfach, seinen
Augen zu glauben. Vergebens sucht man aber im Buche ein Druckfehler-
verzeichnis.

Geholfenen gruppenweise hervortraten und opferten und sangen, wie die Liturgie für ein solches Fest, Ps. 107, beweist.

Ps. 30 ist somit ursprünglich ein individuelles kultisches, wahrscheinlich für einen geheilten Kranken bestimmtes Danklied; der Betende ist schon fast in Scheol, unter denen ins Grab Heruntergestiegenen gewesen; diese Hyperbel bezeichnet meistens gefährliche Krankheit [1]. Er lebte einmal, dank der göttlichen Gnade und Behütung, in Glück [2], so daß er fast glauben möchte, er würde nie Unglück und Not erleben. Dann kam aber die Stunde, da ihm Jahwä (wegen irgend einer Sünde) seinen Schutz entzog, und nun »wurde er von Schrecken befallen«. Dann demütigte er sich aber und rief zu Jahwä, der ihn gnädig aus der Grube hinaufzog; dafür hat er jetzt ihm zu danken und loben ewiglich.

Der leidende und wieder gerettete Beter ist nun in der Makkabäerzeit auf das geknechtete und durch Judas wieder befreite Volk gedeutet worden. Durch die Verfolgungen des Antiochos war das Volk fast dem Untergang (dem »Tode«) anheimgefallen; es hat aber Buße getan, um Hilfe geschrieen und hat die Hilfe Jahwä's erfahren; statt Trauer- und Bußfeiern kann es jetzt Dankfeste mit Freude und Tanz halten. Dieser Psalm ist dann bei den Freudenfesten der Tempelreinigung, I Makk. 4, 52 gesungen worden. —

Dieselbe »kollektive« Deutung des leidenden und wieder geretteten Ich setzt es voraus, wenn der Dankpsalm 92 als Sabbatspsalm der Gemeinde gebraucht worden ist. Daß man am Sabbat einen Freudenpsalm wählte, begreift sich leicht. —

Desgleichen Ps. 94, 8 ff. als Gemeindepsalm am Laubhüttenfest. Der Psalm ist ein individueller Klagepsalm, wie wir es des öfteren oben gesehen haben. Hier lag jedoch die Deutung auf die Gemeinde insofern viel näher, als die Verfolger des Betenden zugleich als die Peiniger des Volkes betrachtet werden; um so leichter könnte der Beter mit dem Volke identifiziert werden. —

So haben wir wohl auch in der durch das alphabetische Schema zweifellos als Zusatz entlarvten פ-Strophe V. 23 im Dankpsalm 34 eine ähnliche Umdeutung des Psalms zu sehen. Der sehr didaktische und als Dankpsalm gedachte Psalm ist ursprünglich individuell gemeint (so die meisten

---

[1] GUNKEL, Ausgewählte Psalmen [4], S. 212 ff.

[2] שַׁלְוִי bedeutet hier nicht sündige Sicherheit, sondern Gesundheit. — Von Sünde ist überhaupt in V. 7 nicht die Rede. Wodurch das „Wanken", d. h. das Unglücklichwerden des Beters, das Sich-abwenden Jahwäs begründet war, sagt er uns nicht; natürlich hat er einmal gesündigt, aber nicht dadurch, daß er an das Dauern des Glücks glaubte, was an sich dem Frommen recht ist.

Exegeten). Es liegt kein Grund vor, ihn als nichtkultisch (BALLA) zu betrachten. Der Zusatz lautet nun:

Jahwä erlöst die Seele seiner Knechte,
und alle die sich bei ihm bergen, werden nicht büßen.

Daß er im Zusammenhang mit der kollektiven Deutung des Psalms
steht, wird sehr wahrscheinlich, wenn man ihn mit dem entsprechenden
ם-Zusatz Ps. 25, 22 vergleicht:

Erlöse, o Gott, Israel aus allen seinen Nöten!

Daß auch dieser Psalm ursprünglich individuell ist, wird demjenigen
einleuchten, der den Charakter der Klagepsalmen überhaupt erkannt hat.
Der Betende ist von Feinden umgeben, die sich in nichts von den Zauberern der Aunpsalmen unterscheiden. Wenn der Zusatz um die Errettung
Israels aus allen seinen Nöten betet, so liegt die Annahme sehr nahe, daß
er mit einer kollektiven Umdeutung und dem Gebrauch als Gemeindepsalm
statt wie ursprünglich als Krankheitreinigungspsalm zusammenhängt. —
Überhaupt lag wohl meistens die kollektive Umdeutung der Klagepsalmen viel näher als bei den Dankpsalmen. Israel war ja schließlich
permanent leidend und bedrückt.

Ganz deutlich liegt diese Umdeutung auf Israel vor in Ps. 130 und
131. Diese Psalmen sind Maʿalotpsalmen, d. h. sie gehören zu dem großen
Aufzuge *(maʿᵃlā)*, der einen wichtigen Teil des Neujahrs- und Herbstfestes
bildete[1] und schließlich wohl eine Bezeichnung dieses Festes geworden ist.
Dieses Fest ist aber ein Gemeindefest. Nach dem jetzigen Zusammenhang
kann man trotz GUNKEL und BALLA nicht umhin, in dem Ich dieser Psalmen insofern Israel zu sehen, als hier der Vorsinger oder irgend ein anderer als kultischer Vertreter der Gemeinde und aus ihrem Herzen heraus
spricht, genau wie in Ps. 118; 122 und 123 und wohl auch in Ps. 121; es ist
GUNKEL nicht gelungen, die rein individuelle Deutung dieser Psalmen als
privater Dichtungen durchzuführen[2]; auch nach ihm geht im Ps. 123 das
Ich des Dichters in das Ich der Gemeinde auf, und in Ps. 131 nimmt er
ganz richtig einen späteren Zusatz an. Dagegen ist es völlig richtig, daß
Stil und Gedanken in den genannten Psalmen aus der Gattung der individuellen Klagepsalmen herstammen; die Formen der individuellen Dichtung
sind hier auf die Gemeindepsalmen übertragen — was um so leichter

---

[1] MOWINCKEL, Tronstigningssalmerne og Jahves tronstigningsfest, NTT 1917,
Reformationsjubiläumsheft, S. 51, A. 4. — (Dieser Aufsatz soll demnächst
völlig umgearbeitet als „Psalmenstudien II" in deutscher Sprache erscheinen).

[2] Ausgewählte Psalmen[4].

geschehen konnte, als die Auffassung der Gemeinschaft als eines »Groß
Ich« genuin semitisch — und gemeinprimitiv — ist und sich besonders
im Kulte, wo die *communio sanctorum* als ein Leib und eine Seele auftritt,
geltend macht[1].

Bei dieser Übertragung hat man sich nun indessen mitunter die Sache
so leicht gemacht, daß man einfach einige umdeutende Zusätze zu ursprünglichen Ichpsalmen gemacht hat, und das ist eben in Ps. 130 und 131 der
Fall. Letzterer ist inhaltlich ganz individuell. Daß der Leidende still und
gleichsam wunschlos das Eingreifen Gottes erwarte, wird nicht selten als
»Motiv« in den Psalmen verwendet (z. B. Ps. 39, 2—4. 10). Und eben dieser Psalm ist insofern mehr als gewöhnlich »individuell«, als er im Gegensatz zu den meisten Klagepsalmen, die rein traditionell sind und wohl auch
ohne besondere persönliche Erlebnisse von den professionellen Psalmdichtern gedichtet sind, das Gepräge des ganz persönlich Empfundenen
und Echten auf der Stirne trägt. Mit diesem indirekten Gebet, mehr einem
Seufzer des Geistes als einem Gebet mit Worten, steht der Schluß:

Israel, harre auf Jahwä von nun an bis in Ewigkeit —

in keinem innerlichen Zusammenhang. Dazu kommt, daß V. 3 strophisch[2]
überschüssig ist — der Psalm besteht aus zwei zweizeiligen Fünferstrophen[3];
er ist somit ein umdeutender Zusatz.

Dasselbe gilt von Ps. 130. In den drei ersten Strophen (zweizeilige
Fünferstrophen) steht kein einziges Wort, das auf Israel als ganzes den
Gedanken brächte. Und nun sieht man auch hier, daß die letzte, vierte,
Strophe überfüllt ist; er hat 3 st. 2 Fünfer; ferner, daß V. 8 weitgehende
Übereinstimmungen mit V. 25, 22 aufweist, und endlich daß wir auch hier
denselben Übergang von Vertrauensmotiven und Bitten zu der Aufforderung
an Israel wie in Ps. 131 haben. Die Schlußfolgerung muß somit hier dieselbe wie dort sein. — Zugegeben muß werden, daß die Bearbeitung und
Umdeutung hier mit viel poetischem Geschick und Geschmack vorgenommen worden ist. — Auf derselben Umdeutung beruht auch die Aufnahme
von Ps. 120 unter den Maʿalotpsalmen.

---

[1] Hier liegt das Wahrheitsmoment der Auffassung SMENDS, wenn er in dem
Ich der Psalmen nicht ein Individuum, sondern die Gemeinde sieht. Das
hat BALLA nicht genügend beachtet.

[2] Ich wage es, mit DUHM u. a., mich als Anhänger des regelmäßigen Stro-
phenbaus zu bekennen; er ist zwar nicht immer, jedoch sehr häufig
beabsichtigt. Nur übertreibe man nicht das Zusammentreffen der logischen
und strophischen Absätze.

[3] L. in V. 2 [לְבִי] ודוממתי נפשי שויתי אם־לא und vok. תִּגָּמֵל statt
כִּגָמֻל[2].

Diese Tatsache der kollektiven Umdeutung erklärt zugleich das viel besprochene Rätsel von Ps. 102. Nach Duhm, Balla, Kittel u. a. besteht er aus zwei ursprünglich selbständigen, nur zufällig zusammengekommenen Stücken. Ich glaube eher an eine bewußte Umdeutung und Überarbeitung.

Den Grundstock bilden die V. 2—12. 24—28. Dieser Teil ist ein individuelles Klagelied der üblichen Art. Der Betende ist krank, abgemagert V. 6. 24, dem Tode nahe V. 12. 25; die Feinde haben das verschuldet, und triumphierend verspotten sie ihn nun V. 9. Daß der Psalm zum (kultischen) Gebrauch eines jeden Leidenden und nicht als Schilderung der Erlebnisse einer bestimmten Persönlichkeit geschrieben ist, zeigt zum Überfluß die Überschrift V. 1: Gebet für einen (d. h. zum Gebrauch[1] eines) Unglücklichen, wenn er in Not ist und seine Klage »vor Jahwä ausschüttet«.

Dieser Unglückliche ist nun später auf das unglückliche Sion gedeutet worden. Der Psalm — oder ein Bruchstück des ursprünglichen Psalms — ist zu einem vertrauensvollen Gebet für das zerstörte Sion umgedichtet worden V. 13—23 (+ 29, der wohl vor 22 seinen Platz hat, siehe Duhm, Buhl u. a.) — denn um ein Gebet mit stark hervortretenden Vertrauensmotiven, nicht um ein öffentliches eschotologisches Danklied, wie Balla will, handelt es sich hier. Diese Erweiterung ist nur möglich unter der Voraussetzung, daß das Ich auf Sion, d. h. das leidende Volk gedeutet worden ist. — Da Sion in Ruinen liegt und als Steine und Schutthaufen bezeichnet wird, so kann diese Bearbeitung nicht jünger als Nehemia sein; vielleicht stammt sie noch aus der Zeit des Exils. So alt ist somit die kollektive (Duhm »allegorische«) Deutung.

Aus derselben Umdeutung sind auch die Zusätze zu Ps. 51 (V. 20—21) und Ps. 69 (V. 35—37) zu erklären. — Ebenso die Änderung des ursprünglichen $gē'īm$ in Ps. 59, 6. 9, in $gōjīm$ und des ursprünglichen $'azzīm$ in Ps. 7, 8 f. (s. N. u. B.) und Ps. 56, 8 in $'ammīm$, s. S. 71, N. 2.

2. Die Ursachen.

Warum wir nun diese Frage, die eigentlich Balla hätte behandeln müssen, hier berührt haben? Weil es von vorherein wahrscheinlich ist, daß diese Umdeutung der kultischen Krankheits- und Reinigungspsalmen, deren Anfänge wir schon im Psalter beobachten können, mit einem Außergebrauchkommen der Krankenheilungsriten zusammenhängt. Ob das nun der Fall ist, das wage ich nicht endgültig zu entscheiden, denn dazu wissen wir von den kultischen Gebräuchen der spätesten Zeit viel zu wenig.

---

[1] Was ל in den Psalmüberschriften ursprünglich bedeutet, kann man hier lernen.

Es scheint jedoch wenigstens so, als wäre der ursprüngliche Gebrauch dieser Psalmen noch vor dem Untergang des zweiten Tempels fast in Vergessenheit geraten. Schon die häufige Umdeutung spricht dafür.

Wie ich in einem folgenden Aufsatz zeigen werde, beziehen sich die Psalmüberschriften häufig auf den ursprünglichen kultischen Gebrauch der Psalmen. Die Tatsache, daß LXX diese Überschriften meistens nicht verstanden haben, deutet darauf hin, daß der kultische Gebrauch nicht mehr genau bekannt war. Wenn man ferner die Nichterwähnung solcher Riten und der Mischna und die scheinbar private »medizinische« Wirksamkeit der Exorzisten der neutestamentlichen Zeit in Betracht zieht, so könnte man fast auf den Gedanken kommen, daß man zu Jesu Zeiten die Reinigungsriten nicht mehr als übliche Krankenheilungen, sondern nur in den im Gesetz zufällig gebotenen Fällen kannte, also nach Heilung des Aussatzes, nach Geburten und Menstruationen und bewußten Berührungen mit unreinen Tieren oder mit einem Aas u. dgl.

Drei Umstände können hier mitgewirkt haben.

Erstens das durch fremden Einschluß geförderte Überwuchern des Dämonenglaubens, zunächst in den unteren Schichten des Volkes. Wenn die Dämonen, wie wir oben gesehen haben, in den Krankheitspsalmen eine sehr zurücktretende Rolle spielen, so steht zu Jesu Zeit die ganze Krankheitslehre unter dem Bann des Dämonenglaubens. Ein solches Erstärken ist kaum ohne fremden Einfluß denkbar; wissen wir auch, daß in nachexilischer Zeit babylonische Dämonennamen im A. T. auftauchen. Mit dem Dämonenglauben sind aber natürlich zugleich Heilmittel gegen die Dämonen eingewandert. Diese wurden zunächst nicht offiziell anerkannt, blieben somit Zauberei. Sie werden sich aber in den unteren Schichten weit verbreitet und die alten kultischen Heilmittel zurückgedrängt haben.

Zweitens müssen wir uns vorstellen, daß mit dem Einströmen der hellenistischen Kultur auch eine rein profane Heilkunde aufgekommen ist. Sie wird in derselben Richtung gewirkt haben.

Drittens wird die Autorität des geschriebenen Gesetzes und die immer mehr umsichgreifende äußerliche Verehrung des Buchstabes desselben dazu beigetragen haben, daß nur was zufällig darin ausdrücklich stand, als verpflichtend gefühlt wurde. So könnten die zufällig nicht erwähnten Reinigungs- und Heilungsriten um so leichter außer Gebrauch kommen. Der gewöhnliche Kranke ging zum Arzt oder zum Zauberer und Exorzisten. — Die Krankenpsalmen wurden für andere Verwendungen frei.

NACHTRÄGE UND BERICHTIGUNGEN.

Zu S. 5 ff. (I 2): Eine andere Stelle, die das Töten des Unglücklichen als Absicht der Auntäter offen darstellt, ist Ps. 7, 13 f.:

Täglich [13'] *er wetzt sein Schwert, spannt den Bogen und stellt ihn ein,* [14] *und für 'mich' macht er Todeswaffen bereit und macht seine Pfeile scharf.*

(V. 7—12 sind Fünfer, *bᵉ-chol-jōm* »täglich« V. 12 muß daher zu V. 13 gehören; *im lō jāšûb* »wenn er sich nicht bekehrt« ist eine Randglosse zu dem letzten Glied in V. 12. statt *wᵉlō* in V. 14 ist natürlich *wᵉlī* zu lesen). »Er« ist der Feind in V. 2 f. 6, der in V. 15 als Auntäter charakterisiert wird. — S. ferner Ps. 10, 8—11; 14,4; 41,6.9; 55,19, vgl. V. 4; 141 8—10.

S. 11, Z. 12 v. o. lies: klar zu Tage tritt, s. II 6 c; IV 4 d, vgl. auch die kurze Zusammenfassung IV 4 h.

S. 14, Z. 6 v. o. lies: sein böses Tun zu üben; vgl. Micha 2, 1; Ps. 36,5.

Zu S. 15, erstem Absatz: Die hinterlistige Falschheit des Aunmannes äußert sich auch darin, daß er öffentlich als Freund seines Opfers auftritt und ihm gute und freundliche Worte sagt; hinter seinem Rücken sendet er dagegen die schädlichen Aunworte gegen ihn aus. Er ist daher ein um so gefährlicher Gegner, als er sehr schwer zu erkennen ist. So Ps. 5, 10, der die Auntäter (V. 6) folgendermaßen charakterisiert:

Sie haben nichts Wahres im Munde, ihr Sinnen ist Verderben,
ein offenes Grab ist ihre Kehle, die Zunge jedoch glatt.

Ähnliches Ps. 28, 3; 36, 3 (vgl. V. 4. 13); ebenso 55, 22 (vgl. V. 4. 11):

Glatter als Rahm ist sein Mund, aber Streit sein Sinnen,
linder als Öl seine Worte, und doch Schwerterklingen.

Eine technische Bezeichnung der Auntäter (dies Wort fehlt freilich) scheint »die Listigen« zu sein, denn in Ps. 49, 6 ist statt *'aqēbī* ein *'aqūbbīm* zu lesen. Es sind nicht die weltlichgesinnten Reichen an sich, mit denen der Dichter sich hier beschäftigt, sondern die mächtigen (Reichtum beruht auf einer besonderen *mana*, vgl. S. 22) Feinde, die einmal ihn ins Unglück gestürzt hatten (der Psalm wird, wie 73, als ein belehrendes Dank- und Vertrauenslied nach der Rettung gemeint sein, siehe S. 127 f.).

S. 15, Z. 18 v. o. lies: Zu den Worten der Auntäter Hiob 22, 15 vgl. Ps. 14, 1; 36, 2; 64, 6; 94, 8, siehe oben I 1, 2.

S. 15, Z. 16 v. u. lies: . . . . . hervor, Ps. 36, 4, und wird mit der Zunge gemacht, Ps. 5, 10 (vgl. V. 6); 55, 10 (vgl. V. 4. 11).

Zu S. 15, letztem Absatz: *ălă* ist hier geradezu als Terminus des Zauberwortes aufzufassen, vgl. den in den babylonischen Psalmen und Sühnritualen häufigen Ausdruck »der (böse) Fluch« als Bezeichnung der Unglücksmacht, die den Kranken mittels der Worte und Künste der Zauberer und Dämonen getroffen hat. In demselben Sinne *qᵉlălă* Ps. 109, 17—18 und das Verb *qillēl* Ps. 37, 22; 62, 5; 109, 28.

Zu S. 17, Z. 1 ff. v. o.: Daß die Aunworte »Sünde« d. h. Unglück, Unreinheit, Jahwäferne über einen Unschuldigen bringen können, sagt auch Ps. 36, 3 (vgl. V. 4. 13):

Denn glatt macht er 'seine Worte' vor seinen Augen und 'seine Zunge',
damit er Schuld auf ihn bringe

(statt *lišᵉnō* ist natürlich *lᵉšōnō* zu punktieren und als Parallele dazu *ᵃmărăw* statt *ēlăw* zu lesen). Wörtlich steht hier »seine Schuld zu finden«, der Sinn muß aber wie oben übersetzt sein: durch seine Worte bringt der Aunmann die Schuld seines Opfers, d. h. die einmal ihn treffen könnende »Schuld«, vor den Tag, d. h. läßt sie ihn treffen. Was aber »Schuld« in dieser Verbindung besagen will, ist klar; das ist der Zustand der Sündigkeit, des Unglücks.

S. 17, Z. 3 f. v. u. lies: auf eigenen Erlebnissen.

Zu S. 19, Z. 10 f. v. o.: Zu den triumphierenden Worten der Feinde, die sein Opfer niedergestreckt zu haben glauben, Ps. 41, 9, ist zu vergleichen Ps. 13, 5: »Ich habe ihm (schon) ein Ende gemacht« und Ps. 35, 25: »Wir haben ihn (schon) verschlungen« (*billaʿ* ist Terminus für den Tod und die Unterwelt, die die Menschen »verschlingen« Ex. 15, 12; Num. 16, 30. 32. 34; 26, 10; Dtn. 11. 6; Ps. 69, 16; 106, 17; Tr. 1, 12; vgl. Jer. 51, 34; Hos, 8, 7; Ps. 124, 3). — Ebenso Ps. 35, 21: die Feinde sagen: »Haha, mit eigenen Augen haben wir (es schon) gesehen«, nämlich wie er jetzt an unseren »Lügenworten« (V. 20) zu Grunde gehen muß (so, nicht: seine böse Taten und Sünden, wie Baumgartner, Klageged. d. Jer., S. 12, deutet).

S. 20, Z. 22 v. o. (nach »gelten, siehe II 6 c«) setze hinzu: ebenso Ps. 12, 3 — 5.

S. 20, Z. 25 v. o. lies: Thema II 6 c; siehe übrigens IV 4 a

S. 21, Z. 14 v. u. lies: einige auf die Machtausrüstung gehende Ausdrücke.

S. 24, Z. 14 v. u. lies: Ez. 6, 11; 21, 19. 22

S. 26, Z. 2 v. u. lies: II 6 e.

Zu S. 26 f. (Anblasen als Zaubermittel): Der fluchwirkende, unheilbringende, mit den verheerenden Wirkungen des glühenden Wüstenwindes verglichene Hauch des Zauberers, bezw. des Dämonen, ist auch in Ps. 119, 53 erwähnt: »ein Gluthauch von den Frevlern hat mich ergriffen«. Gewöhnlich übersetzt man hier: ich bin von glühendem Zorn gegen die Frevler ergriffen. Das kann aber die Präp. *min* nicht bedeuten; sie gibt den Ausgangspunkt des unheilwirkenden *zalʿăfă* an, durch den die *zēðīm* den Betenden »gekrümmt haben«, vgl. V. 78.

Zum Anblasen als Zaubermittel in Babylonien vgl. flg. Zeile aus einem Klagepsalm (siehe S. 87): »die Hand des Utukku und der Atem des

(Dämonen) Burruda hat mich überlistet und ergriffen«. »Der böse Hauch (Wind)« ist in Babylonien sogar als Dämon personifiziert worden, siehe JASTROW, I, S. 280. — Das Anblasen und die Zauberknoten stehen neben einander im Koran, Sure 113,4 f. Vgl. ferner JOHS. PEDERSEN, Israel I—II, Anm. 2 zu S. 350.

S. 35, Z. 5 v. u. lies: näheren zur Stelle I 7; III 2 c.

Zu S. 36, Z. 6 ff. v. o.: Auch wenn diese Deutung von Ps. 14 richtig ist, brauchen die Auntäter nicht notwendig äußere Feinde zu sein. Selbstverständlich kann man an einem jährlichen Bettag auch um Schutz gegen Zauberer und böse Geister gebetet haben.

Zu S. 36, Z. 12 f. v. o.: Ps. 125 ist nach der Überschrift ziemlich sicher für das große Jahresfest im Herbst bestimmt; er betet um Schutz und Hilfe gegen mögliche Feinde. Unter diesen werden auch die Zauberer mit einbeschlossen; $p\bar{o}^{\prime a}l\bar{e}$ $\bar{a}w\ddot{a}n$ braucht daher nicht notwendig Schimpfname der nationalen Feinde zu sein.

S. 38, Z. 2 v. u. lies: Kulte.

S. 43, Z. 2 v. o. lies: Ps. 5, 6; 10, 7; 36, 4; 55, 12. 24.

Zu S. 44, N. 1: Ein weiterer Beweis dafür, daß in Ps. 27 die Feinde als Zauberer gedacht sind, ist V. 2: »die Bösewichte nähern sich, mein Fleisch zu fressen«. In Ps. 14, 4 heißt es von Auntätern, daß sie »das Volk Jahwä's auffressen«. Das ist eben ein Zug, den die Zauberer mit den Dämonen gemeinsam haben (s. III 2 c); von den Totengeistern heißt es in Babylonien, daß sie, wenn sie auf die Erde heraufkommen, »die Lebendigen fressen« (Ištar sagt: *ušéllâ mêtûti akilûti balṭûti*, Höllenf. d. Ist. Z. 19; die Übersetzung der Worte, die Ungnad unter Zweifel bevorzugt: ich führe die Toten hinauf, daß sie essen und leben, ist nicht richtig, da das nach antiken Begriffen keine Drohung und nichts Furchtbares wäre; wenn sie »leben«, so sind sie ja keine Totengeister mehr, sondern Menschen; daß die Unterweltgöttin damit bedroht wird, daß die Lebendigen von den Totengeistern geplagt werden sollen, stimmt eben mit der naiven Anthropozentrizität des Epos).

Zu S. 45, letztem Absatz: Auch in Ps. 50, 19 dürfte mit *mirmā* an Zauberworte gedacht sein; in der Gemeinde finden sich neben Dieben und Hurern auch Leute, die »den Mund mit Bösem aussenden und deren Zunge *mirmā* spinnt« mit dem Ergebnis, daß sie »Schande« (l. *bōšäþ*) und »Befleckung«, also Unreinheit und Unglück über den Landsmann bringen V. 20. Das sind aber Zauberkundige. Diebe, Hurer, Zauberer (die schließlich das Opfer töten), das sind die drei schlimmsten Verbrecherklassen der primitiven Kultur.

Zu den im Texte behandelten Stellen seien hier einige, wo das Wort *šäqär* in demselben Sinne vorkommt, erwähnt. Neben *mirmā* hat Ps. 38 auch *šäqär* in derselben Bedeutung (siehe S. 43, Z. 2 v. o.): »die welche mich mit Lüge *šäqär* hassen«, V. 20. Das ist kaum als »grundlos« (so GES.-BUHL) aufzufassen, sondern: die ihm mit »Lüge« befehden. »Lüge« ist somit hier Terminus für etwas Unheilbringendes, das den Mann krank gemacht hat. — Ebenso ist auch Ps. 35, 19 aufzufassen, siehe S. 43 unten.

Danach auch Ps. 69, 5; wie S. 100 gezeigt betet auch hier einer, den die
Feinde mittels geheimer Künste krank gemacht haben. — In diesem Sinne
steht *šäqär* auch in Ps. 119, 69 (»die *zēđīm*, nach S. 72 ff. entweder die
Dämonen oder die Zauberer, vgl. *āwän* V. 133, bestreichen mich mit *šäqär*«,
d. h etwas Sündiges, Nichtiges, das Unheil wirkt), ebenda V. 78 (»die *zēđīm*
haben mich mit *šäqär* gekrümmt«) und V. 86 (»die *zēđīm* — s. V. 85 —
verfolgen mich mit *šäqär*«).

Der Übersicht halber sei hier ein Verzeichnis der Psalmenstellen gegeben, an denen die verschiedenen Synonyme für Lüge, Nichtigkeit, Trug
usw. sich in irgend einer Weise auf den Zauber beziehen: *šäqär* Ps. 7, 15;
27, 12; 31, 19; 35, 19; 38, 20; 52, 5; 63, 12; 69, 5; 101, 7; 109, 2; 119, 29.
69. 78. 86; 120, 2; 144, 8. 11. *šāw* Ps. 12, 3; [24, 4]; 26, 4; 31, 7; 41, 7;
119, 37; 139, 20; 144, 8. 11. *kāzāb* Ps 4, 3; 5, 7; 40, 5; 58, 2; 62, 5. *mirmā*
5, 7; 10, 7; 34, 14; 35, 20; 36, 4; 38, 13; 43, 1; 50, 19; 52, 6; 55, 12. 24; 109, 2.
rᵉmījā 32, 2; 52, 4; 101, 7; 120, 2. 3. *kaḥaš* 59, 13. *rīq* Ps. 4, 3. — Außer den
Psalmenstellen gibt es, wie schon mehrmals gezeigt, nicht wenige Stellen,
an denen die hier genannten Wörter in mehr oder weniger deutlicher
Beziehung zum Zauber stehen, besonders in den Sprüchen. Da aber der
genaue Sinn aus dem Zusammenhang der kurzen Gnomen schwer festzustellen ist, so verzichten wie hier auf die Registrierung dieser Stellen;
wenn auch an vielen derselben der Autor an den Zauber gedacht haben
mag, so ist es in den einzelnen Fällen meistens nicht wohl möglich, den
exakten Beweis dafür zu liefern, daß das betreffende Wort hier diese besondere Sünde bezeichne und nicht vielmehr als Bezeichnung der Sünde,
des Bösen überhaupt (s. S. 46 ff.) stehe.

S. 46, Z. 5 v. o. lies: nur 2 Zeilen.

S. 47, Z. 7 v. o. lies: Stammesgenossenschaft.

Zu S. 65, N. 1: S. besonders die Nr. XXXIV, XLVI, XLVII, XLIX,
und dazu N. 4 auf S. 150.

Zu S. 71, Z. 1 ff. v. o.: »Der Starke« (*geš-rū*) kommt auch in Babylonien als Bezeichnung des Dämonen vor, siehe S. 92, N. 3.

Zu S. 71, Z. 9 ff v. o.: Die Emendierung *ʿazzīm* statt *ʿammīm* kommt
auch in Ps. 7, 8 in Betracht. Die Feinde der Beters sind Auntäter V. 15,
die ihn mit dem Tode bedrohen, V. 2 f. 6. Da sind die Völker in V. 8
recht auffallend. Emendiert man dagegen *ʿazzīm*, so bilden die Objekte
des Gerichts in V. 8 eine genaue Parallele zu denen in V. 10, den *rᵉšāʿīm*.
Ob »die Starken« hier die Dämonen oder die Zauberer seien, läßt sich
nicht sicher sagen.

Zu S. 71, Z. 15 ff.: Neben *gēʾīm* kommt einmal das synonyme *gaʾ-
jōnīm* vor Ps. 123, 4. Dieser Psalm, der wohl zum großen Jahresfeste gehört (siehe S. 123), ist wohl wie Ps. 14 und vielleicht auch 125, s. S. 36 und
»Nachträge« dazu, zu beurteilen; er enthält entweder eine Bitte um Hilfe
gegen die Zauberer, bezw. die Dämonen, oder gegen mögliche nationale
Feinde; im letzteren Falle ist das die erstere Klasse von Feinden bezeichnende Wort auf diese übertragen worden.

Synonym *geʾīm* ist auch *gåbōᵃh*, das in dem Dankpsalm Ps. 138,6 die
Feinde des Betenden (V 7) bezeichnet. Ob Zauberer oder Dämonen gemeint sind, läßt sich nicht entscheiden. Siehe übrigens S. 130.

Zu S. 71, Z. 17 ff. v. o.: Auch in Ps. 9—10, der die Feinde als Auntäter darstellt, ist die von DUHM vorgeschlagene Emendierung *geʾīm* statt
gōjīm sehr erwägenswert, jedoch meiner Ansicht nach nur in Ps. 9, 20
und 10, 16. Ps. 9, 2—17 ist wohl ein Stück eines nationalen Dankpsalms,
der einen Sieg über »die Völker« besang. Er ist von einem Späteren als
Introduktion zu einem individuellen Klagepsalm benutzt worden; dieser
»Dichter« wollte über Zauberer und Krankheit klagen; ihm gehören vielleicht Ps. 9, 18—19, ziemlich sicher die verfrühte Qôfstrophe Ps. 9, 20, und
er hat sich wohl nicht über »die Nationen« beklagt.

Zu S. 72, Z. 10 v. o.: Die massoretische Lesart *zårīm* in Ps. 54, 5
kommt gegenüber Ps. 86, 14 und mehreren Handschriften und Targum nicht
in Betracht.

Zu S. 72, Z. 15 ff.: ῾*årīṣīm* scheint ein stehender, traditioneller Synonym zu *zēdīm* zu sein; so Jes. 13, 11; 25, 5 LXX; Ps. 54, 5; 86, 14. Ich
halte es jetzt für überwiegend wahrscheinlich, daß der Terminus ursprünglich eine Dämonenbezeichnung war; die Grundbedeutung: »die Schrecken
einflößenden Bedränger« spricht deutlich dafür, vgl. den babylonischen
Dämonennamen Sadiru, der Bedränger. Für die ursprüngliche Verbindung
der ῾*årīṣīm* mit dem Reiche der Dämonen und des Zaubers spricht noch
der vielleicht vom Verfasser des betreffenden Stückes nicht mehr recht verstandene Spruch in Jes. 25, 4: »der Hauch der ῾*årīṣīm* ist wie ein eiskalter
Regenguß«, vgl. hierzu das S. 26 f. über das Anblasen als Zaubermittel
Gesagte. Bezeichnend für die ῾*årīṣīm* ist nach derselben Stelle ihr »Singen« *zåmīr*; das erinnert uns an das Hervorsingen von Zauberliedern, das
sehr oft als die sachgemäße Vortragsweise vorkommt; so werden z. B. bei
den Lappländern die Zauberlieder immer gesungen. Diese ursprüngliche
Bedeutung dürfte das Wort noch an folgenden Stellen haben: Ps. 54, 5;
86, 14; Hiob 6, 23 (siehe oben S. 110). — Den Zauberer bezeichnet es in
Jes. 29, 20, den mehr oder weniger im Bilde des Zauberers gezeichneten
»Gottlosen«: Jer. 15, 21; Ps. 37, 35; Hi. 15, 20; 27, 13. Auf die feindlichen
Bedrücker des Volkes übertragen: Jes. 13, 11; 25, 3. 4. 5; 29, 5; Ez. 28, 3;
30, 11; 31, 12; 32, 13.

S. 73, Z. 4 v. o. lies: Gewalt.

S. 73, Z. 6 v. o. lies: Ps. 119, 51. 78. 85.

S. 73, Z. 8 v. o. lies: V. 21 (statt 78).

S. 73, Z. 1 v. u. lies: אמרן zu lesen.

Zu S. 75: Auch in Ps. 58 ist vielleicht ausschließlich an die Dämonen
als Feinde des Betenden gedacht. Denn jedenfalls nach dem jetzigen Zusammenhang des Textes (siehe jedoch S. 46) liegt es ohne jede Frage am
nächsten, in den *rešåᶜīm* V. 4 dieselben Wesen wie die *ēlīm* V. 2 zu sehen;
daß ein Totengeist ein *ᵘlōhīm* genannt wird, ist bekannt. Diese »Frevler«
werden in V. 5 ff. zweifellos im Bilde der Zauberer geschildert, siehe S. 46,
vgl. S. 22; über diese Darstellungsweise ist oben S. 68 ff. gesprochen; wenn

in V. 11 vom Blute der Frevler gesprochen wird, so spielt wohl die Vorstellung von den menschlichen Ebenbildern der Dämonen, den Zauberern, mit hinein; ebenso wenn von ihrer Geburt geredet wird V. 4. Zum Tode der *ēlīm* V. 7 ff. vgl. Ps. 82, 7. — Wenn die Frage nach dem gerechten Regiment dieser *ēlīm* aufgeworfen wird V. 2, so beruht das gesetzten Falles auf eine Zusammenstellung der Dämonen mit den niedrigeren (heidnischen) Göttern, vgl. S. 38 f.

An sich ist natürlich nichts gegen die Annahme einzuwenden, daß auch in Ps. 54 und 86, die über die Anfeindungen der *zēdīm* klagen, lediglich an die Dämonen gedacht sei, sie ist sogar ohne jede Frage die nächstliegende; nur läßt sie sich nicht mit absoluter Sicherheit beweisen. Dasselbe gilt auch Ps. 7, siehe N. u. B. zu S. 71, Z. 9 ff., und vielleicht Ps. 119.

S. 94, Z. 15 v. u. lies: S. 87 (statt 89).

Zu S. 97, Z. 4 ff.: Nicht ohne Bedeutung in diesem Zusammenhang ist das Schwanken vieler Psalmen betreffs der Anschauung der Feinde, indem diese bald als eine Mehrheit, bald als eine Einzelperson dargestellt werden (Ps. 7; 13; 17; 35; 41 [siehe V. 12]; 55; 109; 120; 140; 143) Einiges kann hier der Neigung zur Individualisierung eines Kollektivums zugeschrieben werden. Es fragt sich aber, ob das eine ausreichende Erklärung sei. Die herkömmliche Exegese (auch BALLA) redet hier davon, daß der Betende einen Einzelnen, besonders Hervortretenden unter seinen vielen Feinden im Auge habe. Warum aber dann die unanschauliche Darstellung einer so konkreten und eindrucksvollen Tatsache? Die richtige Erklärung ist, daß der Dichter überhaupt keine auf wirklicher Anschauung und Empirie in unserem Sinne des Wortes fußende Auffassung der Feinde hat. Der einzelne Kranke selbst *kennt* meistens seine Feinde gar nicht, er schließt aus der Krankheit zu ihrer Existenz; die professionellen Psalmdichter dichten aus demselben Mangel an empirischem Wissen heraus und geben die landläufigen Anschauungen wieder. Der einzelne Kranke weiß eben nicht mit Sicherheit, ob ihn ein Einzelner oder Mehrere ins Unglück gestürzt haben. In praxi werden wohl viele Kranke an irgend einem einzelnen, ihm nicht besonders gutgesinnten oder in üblem Ruf stehenden Mann aus der Nachbarschaft gedacht, und somit auch die Dichter aus dieser Anschauung heraus gedichtet haben. So ergibt sich die gelegentlich durchgeführte Darstellung einiger Psalmen von einem einzelnen Feinde (z. B. Ps. 52). Das primitive Denken überhaupt neigt aber zu einer Vervielfachung solcher unbekannter Feinde, und der herkömmliche Psalmenstil operiert meistens mit einer Mehrzahl. So ergab sich in vielen Fällen die Schwankung, die für das ganz Traditionelle dieser Dichtungen sehr charakteristisch ist.

Zu S. 101, Z. 1 ff.: Wichtig für das Verständnis der Krankheit als fast ausnahmslosen Veranlassungsgrund der Klagepsalmen, ist es, auf den Zusammenhang, der zwischen Krankheit und Sündopfer besteht, zu achten; denn wie Kap. VI gezeigt, besteht zwischen Sündopfer und Klagepsalm ein naher Zusammenhang. Hier liefert, abgesehen von dem S. 136 f. Dargelegten, Ps. 107 einen interessanten Beitrag zur Frage. Dieser Psalm ist ein Dankpsalm für ein allgemeines Dankopferfest, bei dem die Geretteten und Dankenden in

Gruppen, je nach ihrem besonderen Falle, hervorgeführt werden. Die 4 hier
vorkommenden Klassen sind: die Wanderer, die in der Wüste sich verirrten,
die Seefahrer, die Gefangenen und die Kranken. Sicher haben wir es hier
mit den wichtigsten vorkommenden Fällen zu tun; die Dankopfer Bringenden werden im allgemeinen einer dieser 4 Klassen zugehört haben. Nur
bei der letztgenannten Klasse, den Kranken, wird es nun im Psalm gesagt,
daß ihr Unglück eine Folge ihrer Sünde gewesen, V. 17 (V. 11 ist aner-
kanntermaßen ein Einschub jenes Allegoristen, der auch V. 3 hinzufügte
und den Psalm auf das Exil und die Diaspora deutete); nur dieses Unglück
ist als ein Zustand der Sündigkeit und Unreinheit aufgefaßt, während die
anderen Fälle ganz natürlich auf die alltägliche Bosheit der Menschen
oder die geckenden Djinnen der Wüste oder etwa Sturmdämonen des
Meeres zurückgeführt worden sind (auch V. 25 gehört zu den späteren
Zusätzen). Von allen den üblichen Unglücksfällen ist es somit *nur* die
Krankheit (leibliche oder seelische), die nach israelitischer Auffassung als
Unreinheit gilt und daher ein Sündopfer und andere Reinigungen notwendig gemacht haben wird. Daß die Krankheit—Unreinheit tatsächlich
ein derartiges Verfahren gefordert hat, dürfen wir als sicher betrachten,
siehe oben S. 136 f. — Von den 4 Klassen Leidenden in Ps. 107 sind es
eben nur die Kranken, die »in der Stunde der Not« überhaupt Gelegenheit gehabt hatten, ein Sündopfer darzubringen und sich den Sühnriten zu
unterwerfen; das haben weder die Seefahrer noch die verirrten Karawanen-
reisenden noch die Gefesselten tun können. Ist dem aber so, so folgt
daraus, daß die Sühnepsalmen, die individuellen Klagepsalmen, in der
Regel für Kranke und Besessene zur Verwendung kamen und somit von
vornherein auf diesen Fall zurecht gemacht waren, d. h. daß das Unglück,
von denen sie sprechen, in der Regel, ja fast ausnahmslos, leibliche und
seelische Krankheit (Unreinheit) ist.

    Zu S. 106, letztem Absatz: Es ist für die richtige Beurteilung von
Hi. 19, 13 ff. von Bedeutung, daß Hiob selbst durch die Wahl der Ausdrücke
andeutet, daß er hier die Beurteilung der spottenden Freunde als Feinde
von einem anderen Gebiete auf sie übertragen hat. Genauer zugesehen
will er eigentlich — staunend und halb ungläubig — das Betragen seiner
unzuverlässigen Freunde mit den Anfeindungen der eigentlichen Feinde in
Notlagen wie der seinigen und in den dazu gehörigen Klagen verglichen
wissen. Denn in V. 22 muß folgendermaßen übersetzt werden: »Warum
verfolgt Ihr mich wie ein Dämon und werdet nicht satt, mein Fleisch zu
fressen?« *kᵉmō-ēl* kann hier nicht: »wie Gott« übersetzt werden; dem
ganzen Bau des Verses nach muß als zweites Vergleichsglied ein Wesen
genannt werden, für das es charakteristisch ist, daß es die Menschen »verfolgt« *rā̆ðaf* und »ihr Fleisch frißt«. Das kann man aber nicht von
Gott Jahwä sagen. Dagegen ist *rōðēf* sowohl in den Ps. als in Babylonien
ein Terminus für die Dämonen und die Zauberer, siehe S. 92, und das
Fressen des Fleisches ist ebenso Sache dieser Wesen, siehe N. u. B. zu
S. 44, N. 1; *ēl* muß somit hier Dämon bedeuten, vgl. I Sam. 28, 13 und
Ps. 58, 2 siehe N. u. B. zu S. 75. — Wenn Hiob hier die unzuverlässigen

Freunde einmal auf einer Linie mit den traditionellen Feinden des Leidenden setzt, so tut er es immerhin nur in der Form eines Vergleichs, er
deutet somit an, daß die eigentlichen Feinde und Verfolger andere als
die treulosen oder verspottenden Freunde sind. — Für die schlechthinnige
Identität der Feinde mit den Verspottern kann man somit aus Hi. 19 kein
Kapital schlagen.

Zu S. 108, N. 2: Statt מֵעִלי Hi. 30, 17 a ist wohl irgend eine Form
der Wurzel עָמַל zu lesen, etwa ein (sonst nicht bezeugtes) Ptzp. Piel:
מְעַמְּלַי meine Peiniger. — Das j°mê ʿōnī V. 16 ist vielleicht in Ordnung;
das Verb אָחַז setzt jedoch ein als ein persönliches oder jedenfalls als ein
handelndes Wesen gedachtes Subjekt voraus. Ein solches bietet auch TM,
wenn man voraussetzen darf, daß die Tage mythisch personifiziert wurden, oder daß hinter den einzelnen Tagen als Leiter derselben übernatürliche Wesen standen, die je nach dem Charakter der betreffenden
Tage als Glückswesen oder Unglückswesen (böse Dämonen) aufgefaßt wurden. »Die Tage meines Unglücks« wäre dann hier soviel wie die hinter
meinen Unglückstagen stehenden bösen Wesen, parallel »meine Peiniger«
und »meine Nager« V. 17.

Zu S. 123, Z. 23: In Ps. 69 heißt es jedoch von den Feinden, die den
Betenden krank gemacht haben, daß sie »šäqär-Feinde« sind. Das ist nach
dem oben zu S. 45 Nachgetragenen wohl nicht als: Leute die mich grundlos befehden, sondern als: Leute die mich mit Lüge, d. h. unter Umständen
auch mit Zauberkünsten, befehden.

Zu S. 129, Z. 13 v. o.: In Ps. 40 A sind doch die Feinde erwähnt.
Denn V. 5, in denen der Sänger sich in einen indirekt angedeuteten
Gegensatz zu einer gewissen Klasse von Frevlern setzt, muß nach Ps. 26, 9
und 28, 3 ff. erklärt werden (siehe S. 9 f.; 141). Der Vers hat die Form
der Seeligpreisung, ist aber seinem Inhalte nach als eine Mahnung an
die versammelte Gemeinde aufzufassen: mögen die Frommen wie er, der
Sänger, tun; er selbst habe sich nicht »zu den Rehabim und den zur
Lüge Abgefallenen gewendet«, wie gewisse andere Leute getan haben.
Selbstverständlich liegt in diesem Gegensatz eine Hindeutung auf Leute, die
etwas mit der ganzen Sache und der Situation des Sängers zu tun gehabt
haben; er deutet eben auf seine Feinde hin, die ihn ins Unglück gebracht
hatten, und die er hier als Teufelsverehrer und »zur Lüge Abgefallenen«
charakterisiert. Nach dem was wir oben über Lüge kāzāb als Terminus
der Abgötterei und der Zauberei, und über den Bund des Zauberers mit
den Mächten der Unterwelt, den Rehabim, gesagt haben (S. 40 ff.; 65 ff.),
kann es nicht zweifelhaft sein, daß der Sänger in Ps. 40 A seine Feinde
als Zauberer hat bezeichnen wollen.

STELLENREGISTER.

T = Text, N = Noten.   Die Verszahlen sind kursiv gedruckt.

Jeremia.

1, *10*: S. 151 N;
2, *30*: S. 55;
4, *14*: S. 14; 36; 38;
  15: S. 35;
  30: S. 55;
5, *13*: S. 148;
6, *29*: S. 55;
14, *2—10*: S. 97;
15, *21*: S. 172;
17, *5—8*: S. 121;
18, *7*: S. 151 N;
  15: S. 55;
41, *5*: S. 144;
43, *2*: S. 72;
46, *11*: S. 55;
48, *45*: S. 57;
51, *34*: S. 169.

Ezechiel.

6, *11*: S. 24 (s. 169);
8, *1ff.*: S. 39;
  15: S. 39 N;
11, *2*: S. 36; 39;
12, *24*: S. 55;
13, *6*: S. 55;
  7: S. 55;
  8: S 55;
  9: S. 55;
  17ff.: S. 51; 65; 78;
  23: S. 55;
21, *19*: S. 24 (s. 169);
  22: S. 24 (s. 169);
  26: S. 64 N;
  28: S. 55;
  34: S. 55;
22, *28*: S. 55;
28, *3*: S. 172;
30, *11*: S. 172;
31, *12*: S. 172;
32, *13*. S. 172.

Hosea.

6, *8*: S. 6; 34; 36; 39;
7, *3*: S. 58;
8, *7*: S. 169;
10, *4*: S. 52;
  5: S 67;
  8: S. 36; 39; 67;
  13: S. 58;
12, *1*: S. 58;
  2: S 55; 58;
  4: S. 31;
  12: S. 39; 50.

Amos.

2, *4f.*: S. 40;
  7: S. 113;
5, *5*: S. 35; 67;
8, *4*: S. 113.

Jona.

2, *3—10*: S. 125;
  9: S. 28; 52; 129.

Micha.

2, *1f.*: S. 5; 8 f.; 14 (siehe 168); 33.

Nahum.

3, *1*: S. 58.

Habakkuk.

1, *3*: S. 6; 20; 34; 36.

Zefanja.

2, *3*: S. 113; 114.

Zacharja.

10, *2*: S. 30; 39; 50; 55.

Malachi.

3, *14*: S. 55;
  15: S. 72;
  19: S. 72.

Psalmen.

1: S. 121;
  4: S. 47;
3: S. 123;
  2: S. 97;
  6: S. 155; 156 f.;
  7: S. 97;
  8: S. 101;
4: S. 122; 156;
  2: S. 101; 102;
  3: S. 45; 48; 96; 171;
  9: S. 155; 156;
5: S. 122; 146 f.;
  3: S. 146 N;
  4: S. 64 N; 146 f.;
  5—9: S. 147;
  6: S. 6; 15 (s. 168); 20;
    33: 35; 36; 39; 43 (s. 170); 50; 90 N; 168;
  6f.: S. 16; 130;
  7: S. 171;
  8: S. 140; 147;
  9: S. 102;
  10: S. 15 (s. 168); 168;

6: S. 10 f.; 106; 122; 149 f.;
  2—9: S. 149;
  3: S. 10 N; 101; 102;
  3—8: S. 10;
  7—8: S. 149; 150;
  9: S. 33; 34; 149;
7: S. 106; 122; 173;
  2: S. 102; 168; 171;
  6: S. 168; 171;
  7: S. 101;
  8: S. 171;
  8f.: S. 166;
  9: S. 101; 103;
  10: S. 171;
  12: S. 168;
  13f.: S. 132; 168;
  15—17: S. 23:
  15: S. 23; 33; 34; 35; 39; 50; 58; 88 N; 168; 171;
8, *6*: S. 53 N;
9, *2—17*: S. 172;
  13: S. 114;
  14: S. 101;
  18—19: S. 172;
  19: S. 114;
  20: S. 172;
10: S. 122;
  2: S. 26; 113; 115;
  3: S. 26; 112;
  3f.: S. 130;
  4: S. 112;
  5: S. 26: 27;
  7: S. 6; 14; 15; 26; 33; 34; 39; 43; 50; 130; 171;
  7—11: S. 14: 122 N:
  8: S. 14 N;
  8—10: S. 123; 168;
  9: S. 14 N; 113; 115;
  10: S. 14 N;
  11: S. 3; 112;
  12: S. 101; 114;
  13: S. 112;
  16: S. 172;
  17: S. 114;
11: S. 122 N; 123; 126;
  2: S. 14; 95; 102;
12: S. 122;
  2: S. 44; 147;
  2—5: S. 53 f.; 96:
  3: S. 53 f.: 171;
  3—5: S. 20 (s. 169); 147;
  5: S. 23;
  6: S. 27; 54; 114; 147;
  7—8: S. 54;
  9: S. 54;

13: S. 123; 173;
  4: S. 101;
  5: S 95; 169;
14: S. 64; 122; 123; 124;
  170; 171;
  1: S. 2; 3; 15 (s. 168);
  20; 112;
  4: 8; 20; 34; 36; 38;
  90 N; 168; 170;
  6: S. 115;
16: S. 126;
  1: S. 102;
17: S. 106; 123; 155 f.; 173;
  1—5: S. 155;
  8 f.: S. 102;
  9: S. 95; 123;
  9—12: S. 155;
  11 f.: S. 123;
  12: S. 95;
  13: S. 101; 155;
  15: S. 155 f.;
18: S. 120; 125; 162 N;
  21—25: S. 120;
  28: S. 113; 115;
19: S. 120;
  14: S. 72 f.; 102;
20: S. 82;
22: S. 69 N; 73 ff.; 95; 100;
  102; 123;
  4—6: S. 159;
  8 f.: S. 104;
  10 f.: S. 159;
  13 f.: S. 95; 97;
  16 f.: S. 95;
  17: S. 97;
  20: S. 101;
  21 f.: S. 95; 97;
  22: S. 114;
  25: S. 114;
  27: S. 115; 116;
23: S. 125; 126; 131;
  5: S. 131;
24: S. 160;
  4: S. 55; 171;
25: S. 95; 123;
  5: S. 120;
  6: S. 159;
  9: S. 114; 115;
  16: S. 101; 114;
  18: S. 101;
  19: S. 97;
  20: S. 102;
  22: S. 164; 165;
26: S. 122;
  1: S. 103;
  3: S. 120;

4: S. 15; 50; 55; 171;
  5: S. 120;
  6: S. 137;
  6 f.: S. 141 f.:
  6—8: S. 120;
  9: S. 102; 120: 141; 175;
  11: S. 101;
27: S. 123; 126; 148 f.; 170;
  1—6: S. 148:
  2 f.: S. 102;
  4: S. 64 N.; 141; 146;
  5: S. 146;
  7: S. 101; 148;
  8: S. 148;
  10: S. 104;
  11 f.: S. 102;
  12: S. 44 N; 96; 103; 171;
  12 f.: S. 27;
  13: S. 149;
28: S. 9 f.; 82; 110; 122;
  130; 149; 151 f.; 152;
  1: S. 9;
  1—4: S. 151;
  2: S. 101;
  3: S. 15; 20; 33; 35; 36;
  102; 120; 123; 141;
  151; 168;
  3 f.: S. 10; 15; 128; 175;
  5: S. 151 N;
  5 f: S. 149;
  6—8: S. 152;
  7: S. 9: 151, T u. N;
  8: S 151, T u. N;
29: S. 160;
30: S. 125; 130; 161 ff.;
  2: S. 130:
  3: S. 102; 130;
  5: S. 116; 161;
  6: S. 126;
  7: S. 163 N;
31: S. 95; 123; 149; 152 f.;
  1—19: S. 152;
  2: S. 2;
  5: S. 95;
  7: S. 28; 44; 52; 171;
  10: S. 28; 101;
  10 ff.: S. 100;
  12: S. 104;
  14: S. 95; 97;
  19: S. 28; 44; 96; 171;
  19 f.: S. 149;
  20—25: S. 152;
  21: S. 28; 44;
  22 f.: S. 152 f.;
  24: S. 116; 153;
32: S. 125; 127; 129;

2: S. 126;
  6—10: S. 127;
  7: S. 126;
  9: S. 52 f.;
34: S. 95; 121; 125; 130;
  3: S. 115;
  5 ff.: S. 130;
  7: S. 114;
  8: S. 126;
  8 ff.: S. 130;
  11: S. 126;
  12—19: S. 127;
  13 f.: S. 130;
  14: S. 45; 171;
  17: S. 130;
  17—22: S. 126;
  22: S. 130;
  23: S. 163 f.;
35: S. 43; 95; 98; 102; 106;
  123; 173;
  2: S. 101;
  4: S. 43; 95;
  7: S. 43; 95;
  10: S. 114;
  11: S. 44 N; 103;
  12—14: S. 120;
  17: S. 43; 56;
  19: S. 170; 171;
  20: S. 96; 169; 171;
  21: S. 169;
  23: S. 101; 103;
  24: S. 103;
  25: S. 169;
36: S. 64; 122; 124;
  2: S. 3; 15 (s. 168): 112;
  3: S. 168; 169;
  4: S. 15; 33; 34; 43 (s. 170);
  50; 130; 168; 169; 171;
  5: S. 14; (s. 168); 15;
  34; 50;
  6: S. 33;
  10: S. 3;
  12: S. 20; 36;
  12 f.: S. 20;
  13: S 33; 34; 168; 168;
37: S. 4; 118; 119; 121; 125;
  127; 128; 132;
  1: S. 132;
  4: S. 115;
  5—8: S. 128;
  7: S. 132;
  9: S. 132;
  11: S. 116;
  12: S. 132;
  13: S. 4 N;
  14: S. 132;

3: S. 20; 33; 34; 80;
4-6: S. 16; 20;
5: S. 7 N; 14; 15;
6: S. 7 N; 15 (s. 168); 112;
7: S. 7 N;
9: S. 16;
65: S. 160; 162 N;
7-9: S. 56 f.;
8: S. 56;
66: S. 125; 128;
18: S. 120; 122; 128;
68, 11: S. 113; 114; 115;
69: S. 95; 100; 102; 123; 175;
5: S. 97; 102; 103; 171;
9: S. 104;
13: S. 104;
16: S. 169;
30: S. 114;
33: S. 115;
34: S. 114;
35-37: S. 166;
70: S. 102;
2: S. 101; 123;
6: S. 114; 123;
71: S. 95; 102; 123;
4: S. 123;
6: S. 159;
10: S. 123;
12: S. 101;
13: S. 95;
17 f.: S. 159;
20: S. 123;
72: S 116; 117;
2: S. 115;
4: S. 115;
12 f.: S. 115;
73: S. 118; 119; 121; 125; 127 f.; 131 f.; 168;
4: S. 127;
6-8: S. 131;
11: S. 112;
17: S. 127;
19 f.: S. 47;
74: S 97; 117;
3-9: S. 97;
9: S. 147;
19: S. 115;
21: S. 115;
22: S. 101;
76, 10: S. 113; 115;
78, 51: S. 31;
79: S. 97;
2: S. 116;
80: S. 97;
15: S. 101;

81: S. 160;
6: S. 148;
82: S. 39; 160;
2-5: S. 46;
3 f.: S. 115;
7: S. 173;
83: S. 77; 97;
7-9: S. 128;
84: S. 82; 126;
85, 9: S 148;
86: S. 102; 106; 123; 173;
1: S. 114;
2: S. 114 N;
11: S. 120;
14: S. 72; 95; 112; 172;
17: S. 145; 147;
88, 9: S 104;
16: S. 114;
19: S. 104;
89: S. 82; 67;
39-46: S. 97;
48: S. 55;
90: S. 97;
10: S. 35; 122;
92: S. 125; 128 f.; 160 f.; 163;
8: S. 36; 38; 122; 128;
10: S. 36; 38; 122; 129;
11: S. 129;
12: S. 129;
13-16: S. 126;
93: S. 160;
94: S. 64; 65; 71; 102; 122; 160 f.;
2: S. 20; 71;
3: S. 65;
3-6: S. 6;
4: S. 16; 20; 33; 34; 36; 71; 130;
5 f.: S. 90 N;
7: S. 6; 112;
8: S. 6; 15 (s.168); 36; 65;
8 ff.: S. 89; 163;
13: S. 65;
16: S. 6; 20; 33; 34; 65; 71;
16 f.: S. 6;
20: S. 42; 65 ff.;
23: S. 20; 22 N; 33; 34; 65; 71;
96, 4-5: S. 47;
101: S. 116;
7: S. 16; 39; 50; 171;
7 f.: S. 16;
8: S 16; 20; 36; 39; 122;
102: S 95; 102; 166;
1: S. 114;

2-12: S. 123;
103: S. 125 f.; 129;
3: S. 102;
5: S. 52;
6: S. 129;
13-18: S. 126;
105, 36: S. 31;
106, 17: S. 169;
107: S. 163; 173 f.;
3: S. 174;
11: S. 174;
12-22: S. 129;
17: S. 174;
20: S. 102;
25: S. 174;
41: S. 115;
108, 13: S. 55;
109: S. 65 N; 88 N; 95; 99; 102; 123; 173;
2: S. 171;
2 f.: S. 96;
16: S. 115;
17: S. 169;
18: S. 169;
22: S. 114;
25: S. 104;
28: S. 169;
31: S. 114;
112: S. 121;
113-118: S. 160;
113, 7: S. 115;
116: S. 125; 129; 161;
4-6: S. 126;
10: S. 114; 126;
15: S. 129;
16: S 151;
118: S. 160;
119: S. 102; 120 f.; 122;
21: S. 21; 73 (s. 172); 121;
29: S. 171;
37: S. 50; 55; 171;
51: S. 73;
53: S. 169;
69: S. 171;
78: S. 169; 171;
85: S. 73; 171;
86: S. 171;
122: S. 73;
133: S. 33; 73; 122; 171;
154: S. 103;
157: S. 97;
120: S. 45; 102; 122 N; 123; 165; 173;
2: S. 171;
2 f.: S. 20; 96;

PSALMENSTUDIEN

II. DAS THRONBESTEIGUNGSFEST JAHWÄS UND DER URSPRUNG DER ESCHATOLOGIE

VON

SIGMUND MOWINCKEL

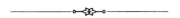

Fremlagt i aarsmøtet den 3. mai 1920.

Übersicht über den Inhalt.

VORWORT.

Den ersten Anstoß zu der hier vorgetragenen Auffassung der »Thron-besteigungspsalmen« hat mir GRESSMANNS Buch Der Ursprung der israeli-tisch-jüdischen Eschatologie gegeben. Greßmann hat hier ein Kapitel über die Thronbesteigung Jahwä's, in dem er den Stil der Thronbesteigungs-psalmen im engeren Sinne aus einer nur halb verstandenen Nachahmung solcher Lieder ableitet, die etwa in Babylonien-Assyrien gesungen wurden und die Thronbesteigung und den Weltregierungsantritt eines neuen Gottes be-singen; die Voraussetzung sei dabei gewesen, daß dieser neue Gott früher nicht Weltkönig gewesen. Ob Greßmann diese babylonische Vorstellung in Verbindung mit kultischen Vorgängen setzt, ist aus seinen Worten nicht ganz klar zu ersehen. Er deutet jedoch an, S. 295, N. 1, daß man in Israel Aufzüge gekannt habe, bei denen Jahwä »in seinem Palladium« als König zum Tempel hinaufzog, führt aber diese Vorstellung auf Übertragung himm-lischer Vorgänge auf irdisch-kultische Vorstellungen zurück. — Nun wußte ich aus ZIMMERNS sehr anregender Bearbeitung der babylonischen Religion in Die Keilinschriften und Das Alte Testament[3], daß in Babylonien die Thronbesteigung Gottes alljährlich im Kulte gefeiert wurde. Auch kannte ich DUHMS Auslegung des Ps. 47 als eines wirklichen Neujahrspsalms, und aus GUNKELS Ausgewählten Psalmen war mir die kultische Deutung des Ps. 24 als eines Prozessionspsalms bekannt. Da stieg vor meiner Phantasie die Möglichkeit einer ähnlichen Deutung der Thronbesteigungspsalmen auf: auch in Israel habe man ein jährliches Fest als das Thronbesteigungsfest Jahwä's gefeiert, und darauf bezögen sich jene Psalmen. Dieses Fest müsse dann mit einer großen Prozession gefeiert worden sein, und das fand ich in Ps. 47, 6 »Jahwä ist unter Jauchzen hinaufgezogen« bestätigt. Es lag dann in der Natur der Sache und wurde auch von der Tradition über Ps. 47. bestätigt, daß dies Fest kein anderes als das alte Neujahrsfest sein konnte; denn so war es auch in Babylonien gewesen.

In dieser embryonischen Gestalt, als eine näher zu untersuchende Hypothese, lag mir meine Auffassung schon im Jahre 1910 vor, ehe ich in Gießen Gunkels persönlicher Schüler wurde und durch ihn zu einem näheren Studium der Psalmen angeregt wurde. — So war ich denn allmäh-lich auch hier (vgl. Ps.st. I) vor die Aufgabe gestellt worden, zu versuchen eine kultische Deutung einer Psalmengattung durchzuführen.

Den dazu nötigen Einblick in das Wesen des primitiven Kultes verdanke ich den Anregungen, die mir zuerst eine Vortragsreihe von VILH.
GRÖNBECH über Sakrament und Mystik in den primitiven Religionen (auf
dem 5. wissenschaftlichen Ferienkursus für Pastoren, Voss in Norwegen 1916)
gegeben hat.

Verschiedene äußere und innere Umstände bewirkten, daß ich erst im
Herbst 1916 die Aufgabe aufnehmen konnte, zunächst jedoch nur zu vor-
läufiger Untersuchung. Das Ergebnis war ein Aufsatz in Norsk Teologisk
Tidsskrift, Reformationshefte 1917, S. 13—79: Tronstigningssalmerne og
Jahves tronstigningsfest. Er bildet eine Vorstufe zu der hier vorliegenden
Arbeit, die jetzt als eine völlige Neubearbeitung jenes Aufsatzes hervortritt.

Erst während dieser letzten Ausarbeitung meiner Auffassung der Thronbesteigungspsalmen ist mir die Verbindung zwischen diesen und der Eschatologie fast blitzartig aufgegangen. In dem ersten norwegischen Entwurf
war mir noch nicht die Konsequenzen meiner Psalmendeutung bezüglich
der Eschatologie klar geworden. Ich dachte damals, daß ich nach der
Abweisung der »eschatologischen« Deutung der genannten Psalmen mich
in diesem Zusammenhang nicht mehr mit der Eschatologie zu befassen
brauchte. Der zweite Teil dieser Arbeit ist somit völlig neu. Betreffend
der Zentralidee der Eschatologie: dem Kommen Jahwä's zur universellen
Königsherrschaft, trifft meine Auffassung mit SELLINS zusammen (Der israelitische Prophetismus, 1912). So wurde ich auch von hier aus zu Greßmanns vortrefflicher Untersuchung über den Ursprung der israelitisch-jüdischen
Eschatologie zurückgeführt und zu einer ausführlichen Auseinandersetzung
mit derselben angeleitet.

Nachdem meine Arbeit am 3. Mai 1920 schon der hiesigen Gesellschaft
der Wissenschaften vorgelegt war, wurde mir das Buch des dam. Dozenten
JOHANNES PEDERSEN in Kopenhagen: Israel I—II. Sjæleliv og Samfundsliv.
Köbenhavn, Pio, 1920, bekannt. Schon ehe dies ganz vorzügliche und
hoffentlich in der alttestamentlichen Wissenschaft neue Bahnen brechende
Buch erschien, war es mir durch persönliche Beziehungen zum Verfasser
bekannt, daß Johannes Pedersen und ich betreffs der Grundzüge der
israelitischen Volksseele und Lebensanschauung im großen ganzen derselben Ansichten waren. Hier fand ich aber eine viel konsequentere, klarere
und tiefergehende Durchführung der Gedanken, als ich sie mir als möglich
vorgestellt hatte. Was mir — unter der zeitlich leider sehr beschränkten
Anregung Grönbechs, der auch Johannes Pedersens Lehrer gewesen —
mehr bruchstückartig und unklar zum Bewußtsein gekommen war, das fand
ich hier in der glänzendsten Weise durchgeführt und dargestellt. Ich habe
daher gewisse Teile meines Manuskripts unter Berücksichtigung des genannten Buches nochmals durchgearbeitet; vielleicht hätte ich es noch viel
gründlicher tun können. —

Hier habe ich auch ein Wort über mein Verhältnis zu VOLZ's Büchlein
Das Neujahrsfest Jahwes, J. C. B. Mohr 1912, zu sagen. Ich wurde erst
verhältnismäßig spät, als meine Untersuchung schon weit fortgeschritten war,
auf dasselbe aufmerksam gemacht, zunächst war es mir aber nicht zugänglich.

Als ich nun bei der Ausarbeitung des II. Teils des hier vorliegenden
Buches aus einer Note in Sellins Buch Der israelitische Prophetismus sah,
daß der damals mir längst klar gewordene »Zusammenhang« zwischen
dem Ausdruck »der Tag Jahwä's« und der Vorstellung von der Thronbesteigung des Gottes auch von Volz »vermutet« war, so entschloß ich
mich, Volz's Büchlein nicht eher zu lesen, bis ich mit meinem Manuskript
fertig war. Dazu trugen zwei Erwägungen bei. Da ich mir der subjektiven
Originalität meiner Auffassung der ganzen hier behandelten Fragen bewußt
war, wollte ich erstens sehen, zu welchen Resultaten Volz und ich unabhängig voneinander kommen würden. Zweitens ersah ich aus der Art
der Sellinschen Erwähnung der Ansicht Volz's, sowie aus dem mir bekannten geringen Umfang seines Büchleins, daß von einer genaueren Begründung der These bei ihm keine Rede war; so fürchtete ich nicht, daß
ich die Gefahr laufen würde, schon bewiesene Tatsachen nochmals zu
beweisen. So habe ich denn erst als mein Manuskript in die Druckerei
gehen sollte, Volz's Büchlein gelesen; direkt auf ihn zurück geht nur eine
nach der Lesung seines Buches vorgenommene Umstellung einiger Abschnitte im I. Teil, Kap. II, sowie die Anregung, die »primitiven« Riten des
Festes in I. Teil, Kap. II 3 b etwas ausführlicher zu besprechen.

Es hat mich aber sehr gefreut, die weitgehenden Übereinstimmungen
zwischen Volz und mir zu konstatieren. Uns beiden gemeinsam ist zunächst die Betonung des Herbstfestes als des eigentlichen Hauptfestes, mit
dem ursprünglich auch Vorstellungen und Psalmen zusammenhängen, die
später dem Päsach beigelegt wurden, sowie die ursprüngliche Einheit der
drei Herbstfeste, der Neujahrscharakter des Laubhüttenfestes, sowie auch
der Zusammenhang vieler Psalmen mit diesem Feste. Ferner die Betonung
der Bedeutung des altbabylonischen Neujahrsfestes für das Verständnis des
israelitischen Festes und der Notwendigkeit, den Ideeninhalt des Festes mit
Hilfe der späteren jüdischen Vorstellungen über den Neujahrstag zu bestimmen. So hat Volz ganz richtig den Zusammenhang des Gerichtsgedankens,
der Schicksalswendung, der Besiegung der Feinde und der Neuschöpfung
mit dem Neujahrsfeste angedeutet. Er hat auch den Zusammenhang desselben mit der Vorstellung von der Königsherrschaft Jahwä's, von dem
Beginn seiner Herrschaft und von der Gründung seiner Kultgemeinde
angedeutet, ja sogar die Verbindung des Festes mit der eschatologischen
Stimmung geahnt.

Und dennoch bin ich mir voll bewußt, nicht nur von Volz völlig unabhängig zu sein, sondern auch eine sehr notwendige, von ihm nicht in
Angriff genommene wissenschaftliche Neuarbeit getan zu haben. Denn
erstens bleibt es bei Volz meistens bei Andeutungen, die nicht auf den
Grund nachgeprüft sind; zweitens ist sehr oft das eigentliche Wesen der
angedeuteten Zusammenhänge von ihm nicht erkannt worden. Er bleibt
in vielen Fällen dabei stehen, eine zwar in der Tradition vorhandene, aber
nur äußerlich dargelegte Zusammenknüpfung festzustellen statt den tief-
begründeten wesentlichen Zusammenhang und die Identität aufzudecken. Und
der Grund ist ganz klar: er hat den Kern und das Wesen des alten Kultes

nicht klar erkannt. So kann er gelegentlich sagen, daß »alle Bewegungen der feiernden Kultgemeinde . . . . . . wie ein Schauspiel ausgeführt wurden« (S. 24); daß aber der Kult und das Fest ein Drama, und zwar ein schöpferisches, die Wirklichkeit hervorbringendes heiliges Drama ist, das hat Volz nicht gesehen. So ist z. B. der Zusammenhang zwischen Kultfest und Neuschöpfung nur ein mehr äußerlicher geblieben, etwa eine jüdische geistreiche Weiterausspinnung des Neujahrsgedankens. So hat er auch nicht mit dem Zusammenhang zwischen dem Kommen zur Königs- herrschaft und der Neuschöpfung, dem Gericht, der Schicksalsbestimmung, der Besiegung der Feinde usw., überhaupt nicht mit dem Gedanken, daß das Fest vor allem das Königsfest, das Thronbesteigungsfest Jahwä's ist, Ernst gemacht. Und doch ist dieser Gedanke der Angelpunkt, um den sich alles dreht.

So hat Volz auch nicht einmal versucht, den tieferen Zusammenhang zwischen Thronbesteigungsfest und Eschatologie bloßzulegen. Nach ihm ist das Verhältnis so, daß die schon vorhandenen eschatologischen Stim- mungen — so weit ich ersehe, meistens durch die Anknüpfungen und Um- biegungen der Propheten veranlaßt — sich mit dem Neujahrsfeste verbinden (S. 15). Richtig deutet Volz an, daß mehrere der eschatologischen Einzel- vorstellungen aus dem Neujahrsfeste erklärt werden müssen. Das alles wäre aber eigentlich auch nur so eine Kanzelgeistreichheit der Volks- prediger, der Propheten, jedenfalls eine sekundäre Erweiterung der aus dem Feste sich natürlich gebenden Stimmungen, und eigentlich, sobald man »Eschatologie« im spezifischen Sinne versteht, ein Widerspruch zu den natürlichen Gefühlen, die dem Feste der Neuschöpfung entspringen; wenn man das Bewußtsein hat, die neue Schöpfung zu feiern, so ist für Escha- tologie im eigentlichen Sinne des Wortes kein Platz mehr, da hofft man nicht mehr auf etwas Fernes, da hat man etwas Gegenwärtiges schon er- lebt. — Erst wenn man den hier angedeuteten Charakter des Neujahrs- festes als Miterleben der neuen Schöpfung des zum Heil kommenden neuen Königs erkannt hat, versteht man die Erwartungen und Hoffnungen auf die von jetzt an beginnende Zeit, die sich an das Fest knüpfen. Und ver- folgt man das weiter, so erkennt man schließlich, daß wir hier nicht vor einem Thema oder vor bequemen Stichwörtern für eschatologische Redner, sondern vor der Wurzel der ganzen Eschatologie stehen.

So meine ich denn auch, daß Volz's Büchlein nicht nur nicht meine Arbeit überflüssig gemacht hat, sondern vielmehr, daß es als ein vor- läufiges Program betrachtet werden kann, das eine Untersuchung wie meine dringend notwendig gemacht hat. Um so eher bin ich auch berech- tigt, meine Unabhängigkeit von Volz ausdrüklich zu betonen — aus rein sachlichen Gründen. Denn wenn wir beide unabhängig voneinander auf so viele Gedanken und Vorstellungen aufmerksam geworden sind, die mit dem Neujahrsfeste in Zusammenhang stehen, so ist erstens dieses Zusam- mentreffen ein Beweis dafür, daß diese Zusammenhänge wirklich vorhanden sind, und zweitens erwächst daraus die wissenschaftliche Aufgabe, den Zu- sammenhängen nachzugehen und ihren letzten Grund und ihr innerstes

Wesen zu erklären. — Das hoffe ich, hier jedenfalls in der Hauptsache getan zu haben, mögen sich auch viele Einzelheiten als Irrtümer zeigen. — Nachdem die Drucklegung meines Buches schon weit vorgeschritten war, wurde ich von Prof. Dr. H. Greßmann auf den neusten Beitrag zum babylonischen Neujahrsfest von ZIMMERN [1] aufmerksam gemacht. Durch neue Keilschriftfunde sind hier einerseits Zimmerns frühere Vermutungen betreffs des besagten Festes bestätigt und erweitert worden. Andererseits liegt darin eine sehr starke Analogiestütze für die Richtigkeit meiner Aufstellungen betreffs des israelitischen Neujahrsfestes. Leider konnte das neue Material nicht mehr im Text meines Buches behandelt werden. So muß ich mich damit begnügen, in den Nachträgen auf die babylonischen Parallelen aufmerksam zu machen, die für mein Thema von besonderer Bedeutung sind. — —

Noch eins möchte ich hier ausdrücklich hervorheben, was sich auf die Methode meiner Darstellung bezieht. Die jetzt in dem fertigen Buche vorliegende Darstellung entpricht natürlich nicht genau dem Gange meiner Untersuchungen und der allmählichen Genesis meiner Anschauung. Ich betone dies, weil ich mir vorstellen kann, daß der kritische Leser schon nach den ersten Seiten mir den Vorwurf machen werde, daß ich den Begriff der Thronbesteigungspsalmen viel zu weit ausgedehnt habe; ich hätte doch zunächst beweisen müssen, daß die in Kap. I 1 b und c erwähnten Psalmen auch als »Thronbesteigungspsalmen« aufzufassen seien; denn stilistisch betrachtet seien viele derselben es durchaus nicht. — Dazu muß ich sagen, ich hätte allerdings dies tun können; nur hätte ich dann vieles wiederholen und zusammenhängende Dinge und Themata auseinander reißen müssen. Tatsächlich bin ich fast lediglich auf Grund der engeren Psalmengruppe 47; 93; 95—100 nebst dem fraglosen Parallelpsalm zu 95, nämlich 81, zu Auffassungen und Ergebnissen gekommen, die als das Gerippe meiner ganzen Ausführung im ersten Teil bezeichnet werden können. Dann hat es sich aber während der Arbeit allmählich gezeigt, daß von diesen Psalmen aus Verbindungslinien zu vielen anderen führten, daß Anschauungen, Kultmythen, Gebräuche usw., die in den Psalmen der engeren Gruppe nur leise und fragmentarisch vorhanden waren oder angedeutet wurden, in anderen Psalmen vollständiger ausgesprochen oder vorausgesetzt waren, und daß diese somit aus dem Ideenkreise und der kultischen Situation jener zu deuten waren. Z. B. ist schon aus Ps. 47, 6 zu ersehen, daß das postulierte Thronbesteigungsfest als ein Prozessionsfest, und dann selbstverständlich als eine Prozession mit der Lade, gefeiert worden ist. Dann ergab sich aber die Verbindung mit Ps. 132 und Ps. 24 von selbst; damit wurde aber die ganze Gruppe der »Aufzugs«-(Maʿaloth-)lieder in den Kreis der Untersuchungen hineingezogen. Das Bewußtsein von dem nunmehr anfangenden Weilen des Königs Jahwä in seiner Stadt ist die tragende

---

[1] Zum babylonischen Neujahrsfest. Zweiter Beitrag. Berichte über die Verhandlungen der sächsischen Gesellschaft der Wissenschaften zu Leipzig, Philologisch-historische Klasse, 70. Band 1918, 5. Heft, B. G. Teubner 1918.

Grundidee in den eigentlichen Thronbesteigungspsalmen. Damit ergab sich,
daß 46 und 48 mit herangezogen werden mußten, und so stellte sich heraus, das der »Völkerkampfmythus« ein Parallelmythus zum Schöpfungs-
und Thronbesteigungsmythus sein mußte, und damit war die Erklärung der
formelhaften Hindeutungen der eigentlichen Thronbesteigungspsalmen auf
das »Richten« des kommenden Königs gegeben. Usw.

Ich hätte somit recht wohl auf Grund der Ps. 47; 93; 95—100; 81
eine knappe Darstellung des Thronbesteigungsfestes und der wichtigsten
Mythen und Gebräuche desselben schreiben können, und danach unter
Heranziehung weiteren Materials mit vielen Wiederholungen eine Ergänzung meiner Darstellung folgen lassen. Das fand ich aber nicht zweck-
mäßig, und zwar sowohl aus sachlichen als aus ästhetischen Gründen.

Meine verehrten Leser und Kritiker werden verstehen, warum ich
meinem Buche diesen »Ichbericht« vorangeschickt habe. Erstens wollte ich
einem jeden das seine geben. — Und zweitens glaube ich, daß dieser
Blick in die Genesis meiner Untersuchung nicht ohne Bedeutung für die
wissenschaftliche Beurteilung der Untersuchung ist. — —

Eine sprachliche Korrektur hat Frau KIRSTEN BJERKELUND gelesen.
Dafür bringe ich ihr auch hier meinen herzlichsten Dank.

Grefsen bei Kristiania, am 5. Mai 1922.

ERSTER TEIL

DIE THRONBESTEIGUNGSPSALMEN UND DAS THRONBESTEIGUNGSFEST JAHWÄS

KAP. I. DIE THRONBESTEIGUNGSPSALMEN UND IHRE DEUTUNG.

1. Das Material und dessen Zusammengehörigkeit.

a) Unter Thronbesteigungspsalmen versteht man traditionell die Ps. 47; 93; 95; 96; 97; 98; 99; 100. Diese Psalmen bilden deutlich eine eigenartige Gruppe. Das charakteristische Wort dieser Psalmen ist »Jahwä ist König geworden« Ps. 47, 9; 93, 1; 96, 10; 97, 1; 99, 1. Auch in anderen Ausdrücken wird Jahwä als der König, der schon seinen Thron bestiegen hat, gefeiert Ps. 95, 3; 98, 6. Dem neuen Könige gebührt ein neues Lied; daher heißt es: »Singt Jahwä ein neues Lied« Ps. 96, 1; 98, 1. Inhaltlich tritt der Gedanke an die Schöpfung sehr hervor Ps. 93, 2 f.; 95, 4 f.; 96, 10; 100, 3. Daneben steht der Gedanke an das gerechte Gericht, das der neue König in Bälde halten wird, und das für Israel eine Handlung des Heils ist Ps. 96, 13; 97, 8; 98, 2 f.; 99, 4, ein Gericht, das sich sowohl über Menschen als Götter zu erstrecken scheint, vgl. Ps. 96, 13; 97, 7 f. — —

b) Neben diesen gibt es aber eine ganze Reihe von anderen Psalmen, die in Verbindung mit dieser Gattung gesetzt werden müssen, wenn sie auch in formeller Hinsicht z. T. ein recht mannigfaltiges, von dem Stil der soeben genannten Hymnen abweichendes Gepräge tragen; durchaus nicht alle Thronbesteigungspsalmen im weiteren Sinne sind Hymnen.

Alle die oben genannten Momente finden wir auch in Ps. 149: die Aufforderung ein neues Lied zu singen V. 1, die Huldigung Jahwä's als König, Schöpfer V. 2, Richter V. 9 und Heiland V. 6—9. — Desgleichen Ps. 33: singt ein neues Lied V. 3, das gerechte Gericht V. 4 f., die Schöpfung V. 6—9, die Rettung Israels durch »Richten« der Völker 10 ff. — Als König feiern auch die Ps. 24; 29; 48; 84; 114; Ex. 15 Jahwä (Ps. 24, 7—10; 29, 10; 48, 3; 84, 4; 114, 2; Ex. 15, 18). Ps. 24, 2 und 29, 3. 10 feiern zudem Jahwä als Schöpfer. Einige von diesen Ps. werden auch aus anderen Gründen zu unserer Gruppe zu rechnen sein, siehe sofort. — In Ps. 47, 6 wird auf einen Königsaufzug (V. 6 ʿālā) Jahwä's hingedeutet; die feierliche

Prozession gehört zur Thronbesteigung. Wenn diesem Gedanken eine kultische Realität entsprochen hat, so müssen wir an eine Prozession denken, bei der der König Jahwä in seinem Palladium, der Lade, zum Tempel hinaufgetragen wurde. Dieser Voraussetzung entsprechen die Ps. 24; 48; 84; 118 und 132; die drei erstgenannten feiern ausdrücklich Jahwä als König (siehe oben); Ps. 48 berührt sich dazu in V. 12 wörtlich mit 97, 8. Zu Ps. 24 ist Ps. 15 eine teilweise Parallele. — Die Aufforderung an die ganze Erde, Jahwä als Herrn zu huldigen, und die Beziehung auf die Schöpfung verbinden auch Ps. 66 A (V. 1—12) mit unseren Psalmen. — Die engere Gruppe der Thronbesteigungspsalmen setzt voraus, daß Jahwä zur Thronbesteigung jetzt gekommen ist und von jetzt an in seiner Stadt residiert, Ps. 96, 13; 98, 9, vgl. Ps. 95 2. 6; 96, 8 f.; 99, 2; siehe zugleich Ps 132, 7 f. 13 ff.; ganz deutlich in Ps. 48, 2—4. Dieselbe Voraussetzung teilen Ps. 46 (siehe V. 6) und Ps. 76 (siehe V. 2 f.); mit Ps. 48 haben diese beiden nicht nur die Grundstimmung, sondern auch die etwas ausführlichere Schilderung des für Israel heilbringenden Gerichts über die Völker, das als ein Niederschmettern geschildert wird Ps. 46, 9—12; 76, 4—10. Die vertrauensvolle Stimmung hat sich in Ps. 48 in einem Sionshymnus Ausdruck gegeben; insofern bildet zu ihm Psalm 87 eine Parallele. — Das Gericht des sich offenbarenden Gottes über die Völker ist das Thema des Ps. 75; der in Ps. 97, 7 angedeutete Gedanke eines Gerichts über die Götter der Heiden wird in Ps. 82 ausdrücklich ausgeführt. Die Theophanie und das Gericht, diesmal über Israel, bilden auch das Thema von Ps. 50. Zu Ps. 95 bildet Ps. 81 eine inhaltliche und formelle Parellele, die dazu die Verheißung einer Zeit des Glückes, der Fruchtbarkeit und des Sieges mit Ps. 132, die traditionelle Verwendung als Neujahrpsalm mit Ps. 47 und die zweifelsohne kultisch-liturgische Überschrift 'al haggittōþ mit Ps. 84 gemeinsam hat. — Dieselbe Überschrift hat auch Ps. 8, der ganz der Schöpfung (siehe oben) gewidmet ist. — Neben den unter a) erwähnten sind somit folgende Ps. zu den Thronbesteigungspsalmen zu rechnen: 8; 15; 24; 29; 33; 46; 48; 50; 66 A; 75; 76; 81; 82; 84; 87; 114; 118; 132; 149; Ex. 15, 1—18.

c) Daß nun die Überschrift von Ps. 132 šīr hamma'alōþ, Sgl. indeterminiert šīr ma'alā[1], in Beziehung zu dem im Psalm vorausgesetzten und

---

[1] Der Ausdruck ist, wie CHEYNE erkannt hat, determinierte Form eines als Kompositum betrachteten und flektierten šīr ma'alā, ein Aufzugslied. Ursprünglich stand das Wort wohl als Titel der ganzen Sammlung Ps. 120—134 und wurde nach der Aufnahme in den Psalter als Überschrift der einzelnen Psalmen der Sammlung gesetzt.

z. T. sogar geschilderten und in Ps. 47, 6 erwähnten Aufzug mit der Lade steht, darf kaum bezweifelt werden, nachdem man einmal über den kultischen Charakter so vieler Psalmen klar geworden ist. ʿālā und maʿᵃlā sind Termini für das Hinaufsteigen zum Heiligtum in kultischer Absicht. Daß der Inhalt des Psalms dieser Überschrift entspricht, werden wir unten II 3 c näher darlegen. Und wenn eine Überschrift in voller Übereinstimmung mit Inhalt, Form, Stil und Gebrauch eines Psalms steht, so ist es auch von vornherein sehr wahrscheinlich, ja fast sicher, daß die anderen Psalmen mit derselben Überschrift dieselbe Bestimmung gehabt haben, — m. a. W. daß sie aus derselben Situation wie die Thronbesteigungspsalmen zu deuten sind. Für uns kommen somit auch die Ps. 120—134 in Betracht. Dann muß freilich zugegeben werden, daß »Aufsteig« hier vielleicht in etwas erweiterter Bedeutung steht. Denn einige dieser Psalmen, wie 134 oder 122; 128, sind doch wohl am ehesten als im Tempel, bezw. im Tempelhof gesungen zu denken. »Der Aufsteig« bezeichnet dann das ganze Fest, dessen Hauptstück und Charakteristikum die heilige Prozession war.

Es zeigt sich nun auch, daß alle diese Psalmen, zu denen auch 85 als inhaltliche Parallele zu 126 kommt, Beziehungen zu den Gedanken der anderen Thronbesteigungspsalmen enthalten. So die Verheißung an das Haus Davids wegen der Tempelgründung (vgl. 132) in 122, 5. Auf die Prozession bezieht sich Ps. 122. Der Schöpfung gedenken 121, 2; 124, 8; 134, 3; des (königlichen) Thronens Jahwä's im Himmel 123, 1, in Jerusalem 121, 1 f.; 125, 2; 134, 2, vgl. 132, 7. Die Stadt ohne Wanken ist die Voraussetzung von 121; 125; 127 A; die Rettung vor den Feinden das Thema von 120; 123; 129. Die Verheißung des göttlichen Segens, der Fruchtbarkeit, Freude und Glück verbürgt, finden wir in Ps. 128; 121, 7 f.; 122, 7—9; 134, 3, vgl. Ps. 133, 3.

Mehrere dieser Psalmen sind Ernte- und Fruchtbarkeitspsalmen (126; 127 A; 128), und wie wir in II 2 sehen werden, stand das Thronbesteigungsfest in naher Beziehung zu dem Erntefest. Es gehören somit zu unseren Psalmen auch 65, der den Gott der Fruchtbarkeit zugleich als Schöpfergott (s. a) preist, und 67, der die Erntefeier mit dem Gedanken des Weltgerichts (s. a) kombiniert hat. Beiden gemeinsam ist die Voraussetzung des soeben erlebten Kommens Jahwä's zu seinem Volke (s. b). Zu den unter a und b erwähnten Psalmen kommen somit auch die folgenden: 65; 67; 85; 120—134.

Der Gedanke der Thronbesteigung und der Königsherrschaft Jahwä's tritt aber in diesen Psalmen nicht hervor. Sie kommen daher als Quellen erst in zweiter Linie in Betracht. — —

Die nähere Begründung der Zusammengehörigkeit aller dieser Psalmen wird aus den folgenden Darlegungen hervorgehen. Wenn es gelingt, die erwähnten Psalmen als Einzelheiten eines einheitlichen und in sich geschlossenen Bildes einzuordnen, so ist eben damit die Zusammengehörigkeit bewiesen.

2. Die in den Thronbesteigungspsalmen vorausgesetzte Situation.

a) Die Thronbesteigung des irdischen Königs.

Diesen Psalmen gemeinsam ist, daß sie Jahwä als König oder Herrscher feiern. Sehr viele gebrauchen wie gesagt ausdrücklich das Wort König, und die meisten von ihnen setzen voraus, daß der König soeben den Thron bestiegen hat. Die charakteristische Wendung ist *Jahwä mālach*, das nicht: Jahwä ist König, sondern Jahwä ist (jetzt) König geworden, bedeutet *Jēhū mālach* oder *Absālōm mālach* ist der Ruf, mit dem dem neuerkorenen Könige von dem versammelten Volke gehuldigt wird in dem Augenblick als er inthronisiert worden ist.

Die Thronbesteigung Jahwä's wird nun in den genannten Ps. natürlich nach der Analogie der Thronbesteigung der judäisch-israelitischen Könige geschildert. Diese wird in den Quellen folgendermaßen geschildert.

Der von Jahwä Erkorene unter den Söhnen des Königs — das will in der Wirklichkeit besagen: wer die Machthaber und die Priester für sich hatte (I Kg. 1, 8. 11 ff.; II Kg. 11, 4 ff.) — wurde in feierlicher Prozession zu dem Orte geleitet, wo die Huldigung vor sich gehen konnte; da Jahwä der egentliche Königserwähler war, so mußte die Zeremonie »vor Jahwä«, an einem heiligen Orte, stattfinden (I Sam. 11, 15; 16, 3 ff.; II 15, 9 f.: I Kg. 1, 9. 38; II Kg. 11, 11 ff.). Der Prinz war natürlich beritten (I Kg. 1, 33; Zach. 9, 9). Um ihn seine Leibwache zu Fuß oder zu Wagen (I Kg. 1, 5. 38; II Kg. 11, 8). Am Heiligtum wurde nun der Prinz von dem Vertreter Jahwä's, dem Priester gesalbt (I Kg. 1, 34. 39; II Kg. 11, 12) und erhielt dadurch den Geist der Kraft und der Weisheit Jahwä's, den er in seinem hohen Amte brauchte (I Sam. 10, 1. 6; Jes. 11, 2 ff.). Dann setzt der Priester dem neuen Könige das Diadem und die Armringe und den übrigen königlichen Schmuck auf (II Kg. 11, 12). Dies alles geht — natürlich unter einem reichen Zeremoniell — im Heiligtum »vor Jahwä« vor sich. Nun wird aber der König vor die Tür des Tempelgebäudes hinausgeführt und steht nun auf einer hohen Stelle, einer Tribune oder wie man nun das Wort deuten soll, allem Volke sichtbar (II Kg. 11, 14). Um ihn die Leibwache, der Hof,

die Priester; vor seinen Füssen das erwartungsvolle Volk. Und in dem
Augenblicke, wo er aus der Tempeltür hinaustritt und sich in all seiner
Pracht und Glanz dem Volke zeigt, bricht der »Königsjubel« los: die
Posaunen schallen, die Drommeten schmettern; das Volk klatscht die Hände
und ruft aus vollen Kehlen: »Salomo ist König geworden!« — »Es lebe
der König!« (I Sam. 10, 24; II Sam. 15, 10; I Kg. 1, 39; II Kg. 9, 13; 11, 12).

Selbstverständlich wurden auch große Opfer geschlachtet und Opfermahle mit Schmausen und Trinken gefeiert — ob vor oder nach der
Salbung ist nicht ganz klar (I Sam. 11, 15; II Sam. 15, 12; I Kg. 1. 9. 19). —
Dann folgt der zweite Hauptteil des Festes: der feierliche Aufzug von
dem Ort der Salbung zur Königsburg hinauf und die danach folgende
symbolische Antretung des Königstums. In tanzähnlicher Gangart (I Kg 1,40
LXX), unter Posaunenschall, »daß die Erde zerbarst«, »zieht man hinauf«
zur Königsburg (I Kg. 1, 40. 45; II Kg. 11, 19). Dorthin angekommen steigt
der König hinauf und »setzt sich auf seinen Thron« (I Kg. 1, 46; II Kg. 11, 19)
und hat damit, wie der Häuptling bei den alten Nordgermanen, das Reich
und die Erbe seines Vaters angetreten. Hier empfängt er nun die Glück-
wünsche seiner Höflinge (I Kg. 1, 47). — Der Tag wird von den Einwohnern
der Hauptstadt, vielleicht von dem ganzen Volke, als ein Festtag gefeiert
(I Kg. 1, 45; II Kg. 11, 20; I Sam. 11, 15). Es gehört auch zum Gepräge
des Freudenfestes, daß der König seine Feinde begnadigt, Amnestie erteilt.
So begnadigt Amel-Marduk bei seiner Thronbesteigung den gefangenen
König Jojakin (II Kg. 25, 27 ff.); bei der Thronbesteigung verspricht Salomo
seinem Nebenbuhler Adonija Verzeihung (I Kg. 1, 50 ff.), und Saul sagt geradezu, als das Volk die Bestrafung seiner persönlichen Feinde verlangte:
»Heute soll niemand getötet werden« (I Sam. 11, 13).

Es scheint, als wenn der Thronbesteigungstag des Königs als ein
jährlicher Festtag gefeiert wurde. So war jedenfalls der Fall in Babylonien,
wo der König jeden Neujahrstag »die Hände Marduks (des Stadtgottes
von Babylon) greifen« mußte und durch diese Zeremonie aufs Neue in das
Amt eingesetzt wurde. Er hatte jedes Jahr einen neuen wirklichen Thronbesteigungstag. Seine Regierung wurde erst von dem ersten Neujahrstag
nach dem Tode des Vorgängers gerechnet; seine erste Thronbesteigung
hatte er am ersten Neujahrstag; der Rest des Antrittsjahres wurde dem
verstorbenen Vorgänger angerechnet und als *rêš šarrûti* (Anfang des Königstums) bezeichnet. Wenn nun in Juda in babylonischer Zeit ein großes
Fest *beʾrešîþ mamlächäþ Jåhūjåqīm* gefeiert wurde, bei dem es als selbstverständlich vorausgesetzt wird, daß alles Volk versammelt ist (Jer. 26, 1 ff.),
so liegt die Annahme sehr nahe, daß man auch in Juda die eigentliche

Thronbesteigung zu der selben Zeit wie in Babylonien, d. h. am Neujahrstage, feierte; denn *rēšīþ mamlāchāþ* ist sprachlich genau dasselbe wie *rēš
šarrûti*[1].

b) Die Thronbesteigung Jahwä's in den Psalmen.

In der entsprechenden Weise wird nun in den Psalmen Jahwä's Thronbesteigung geschildert. Nur fällt natürlich jede Hindeutung auf eine Salbung weg; Jahwä braucht keine Salbung und keine priesterliche Hülfe.
Ebenso fallen die oben erwähnten zwei Hauptakte hier zusammen; denn
Jahwä braucht auch keinen Aufzug zu einer heiligen Salbungsstätte; bei
ihm sind heilige Stätte und Wohnung oder Königsburg Eins.

Es wird nun geschildert, wie Jahwä sich in Festkleid gekleidet, sich
den königlichen Gürtel umgeschnallt und das Diadem aufs Haupt gesetzt hat
(Ps. 93, 1). Sein Volk, »die Gerechten« jubeln ihm entgegen, seine Hauptstadt und alle Städte des Landes halten Fest (Ps. 97, 8. 12), ja alle Völker
der Erde huldigen ihm, klatschen die Hände und stimmen den Königsruf an
(Ps. 47, 2); Posaunen und Hörner schallen (Ps. 47, 6; 98, 6); unter ihrem
Schall ist Jahwä nach seiner Königsburg »hinaufgezogen« (Ps. 47, 6) und
hat sich auf seinen heiligen Thron gesetzt (Ps. 99, 1/5; 47, 9; 97, 2). Und
wie er nun da sitzt, in all seiner Pracht, bricht der Jubel los mit Hände-
klatschen, Gesang, Saitenspiel und Huldigungsrufen aller Völker und Nationen; der Himmel und die Erde, ja die ganze lebendige und leblose Natur
stimmt mit ein; der Himmel verkündet seinen Ruhm, das Meer und sein
Gewimmel erheben ihre Donnerstimmen:

Verkündet's den Völkern: Jahwä ward König! Der Erdkreis steht fest
ohne Wanken[2].
Des freue sich der Himmel und jauchze die Erde, es dröhne das Meer
und was drinnen,
es juble die Flur und all ihr Gewächs, frohlocken die Bäume im
Wald (Ps. 96, 10—12).

Es dröhne das Meer und was drinnen, der Erdkreis und was ihn
bewohnet,
die Ströme sollen klatschen die Hände, die Berge in Jubel ausbrechen
(Ps. 98, 7 f.).

Um seinen Thron versammeln sich alle seine Vasallenkönige, die
himmlischen wie die irdischen:

---

[1] Vgl. hierzu Volz, Die biblischen Altertümer, 1914, S. 452. — Über die
Bedeutung des Tages Näheres II 2.
[2] V. 10 b fehlt in der Parallele I Chr. 16.

Es scharen sich die Fürster der Völker, versammeln sich [1] um
                                        Abrahams Gott;
denn Gottes sind die Schilder der Erde, ja hoch erhaben ist Er
                                        (Ps. 47, 10).

> Jahwä auf Sion ist groß und erhaben [2]
> [heilig ist] er über allen Göttern [3];
> sie preisen deinen Namen so groß und so hehr (Ps. 99, 2 f).

> Beschämt stehn die Bilderanbeter,
> sie alle, die der Götzen sich rühmen,
> jeder Gott wirft sich nieder vor ihn (Ps. 97, 7).

Alle seine Nebenbuhler unter den niedrigeren Göttern und alle, die
auf sie vertrauen, stehen starr vor Scham und Furcht: gegen ihn kommt
niemand auf. — Und wie der irdische König nach seiner Thronbesteigung
Gericht über seine Gegner und Nebenbuhler hält und seine Anhänger von
ihnen »befreit« (I Kg. 1; Ri. 9, 5), so hält auch Jahwä Gericht, als Weltkönig
natürlich ein Weltgericht, und rottet »die Bösen« und »die Frevler« aus:

> Sion vernimmt es und jubelt,
> es jauchzen die Städte Judas
> ob deines Gerichtes, Jahwä (Ps. 97, 8).

> Jahwä liebt die das Böse hassen [4],
> er hütet und schützt seine Frommen
> und löst sie aus der Frevler Gewalt (Ps. 97, 10).

Es ziemt sich aber auch dem neuen Könige, Gnade zu zeigen; so tut
auch Jahwä:

---

[1] *'am* ist sinnlos! vok. *'ammū* von *'mm* sich zusammenschließen.

[2] So oft kommt in diesem Ps. das Vierermetrum vor, das man sich versucht fühlt, es durchzuführen — abgesehen von dem Kehrvers V. 5 u. 9
von 3 Dreiern. Schon der natürliche Sprachrythmus verbietet, das At-
nach bei *gā̊ðōl* zu setzen; gegen die Massora ist *wā̊rā̊m* zu vokalisieren
und mit dem Vorhergehenden zu verbinden. Dann fehlt aber ein Prädikat
in V. 2b; nun ist aber *qā̊ðōš hū* V. 3 ganz überschüssig; denn der Kehrvers V. 5 und 9 zerlegt den Psalmen in zwei symmetrische Hälften; ein
rudimentärer Kehrvers nach V. 3 wäre somit mindestens ein poetischer
Fehler; die beiden Worte gehören vor 2 b, *hū* ist dittographiert. In V. 4
ist *ūmišpā̊ṭ* zu lesen und zum Vorherg. zu ziehen, streiche *waw* vor *ṣᵉðā̊qū*
In V. 8 b ist natürlich *wᵉlō' nōqēm* zu lesen. Wir bekommen also 2 Strophen von je 8 vierhebigen Reihen, nach dem Schema 2 + 3 + 3 zu Perioden verbunden; dazu ein Kehrvers von 3 Dreiern.

[3] L. mit Mnss. *ᵃlōhīm*, siehe BHK.

[4] L. *ōhēḇ* und *śonᵉ'ē* (Wellhausen).

Ein verzeihender Gott du warst für sie
und nahmst [nicht] Rache über ihre Taten (Ps. 99, 8).

Über das Weltgericht bei der Thronbesteigung siehe Näheres unten
II 1 e und III 1, 3.

Mit wenigen Worten gesagt: Diese Psalmen besingen die Errichtung
der Königherrschaft Jahwä's, des Gottesreiches. Sie setzen voraus, daß Jahwä jetzt gekommen ist, sein Reich zu errichten, und daß dieses
Reich Jahwä's ein weltumfassendes Reich ist. — Zwar ist Israel sein erwähltes Volk, und in dem jetzt zu errichtenden Reiche Jahwä's sollen
die Israeliten die Herren, gleichsam die höchsten Beamten Jahwä's sein,
denen die anderen Völker dienen müssen; das Reich ist aber dennoch ein
Weltreich, das das ganze Universum umfaßt und in dem Jahwä fortan als
der einzige Gott und König gelten soll. Darüber näheres III 3.

3. Zu den früheren Deutungsversuchen.

a) Die zeitgeschichtliche Deutung.

Nicht alle diese Psalmen sind gleich charakteristisch. Daß aber jedenfalls einige von ihnen unter einander nahe verwandt sind, haben die Ausleger natürlich immer gesehen. Daß sie aber zugleich als eine eigene
Gruppe ausgesondert und nach einer bestimmten, eben für sie charakteristischen kultisch-liturgischen Situation gedeutet werden müssen,
haben die Ausleger meistens nicht verstanden. — Es handelt sich hier in
erster Linie um die Ps. 47; 93; 95—100. Nach ihnen sind die anderen
zu deuten.

Wenn man überhaupt mehrere oder wenigere dieser Ps. als eine eigene
Gruppe ausgesondert hat, so hat man sie in der Regel »zeitgeschichtlich«, und dann meistens aus derselben geschichtlichen Situation
heraus gedeutet. — Ewald [1], der erste wirklich geschichtliche Ausleger der
Ps., hat die Zusammengehörigkeit der oben genannten engeren Gruppe
erkannt, hat sie aber nicht von den anderen Hymnen als eine besondere
Hymnenart ausgesondert. Er deutet sie als Hymnen, die gelegentlich eines
geschichtlichen Ereignisses gedichtet sind; er denkt dabei an die rettende
Königstat Jahwä's, die er damals übte als er das Reich der Chaldäer gestürzt und ein jüdisches Gemeinwesen in Jerusalem wieder errichtet hatte.
Dadurch daß Jahwä seinem Volke sein »Recht« verschafft habe, habe er
sich als König erwiesen und tatsächlich die Herrschaft angetreten, die schon

[1] Die poetischen Bücher des alten Bundes I 2, 3. Aufl. 1866.

vorher ihm ideell gebührt und gehört. — CHEYNE[1] betont etwas ausdrücklicher als Ewald, daß diese Ps. in Zusammenhang gedeutet werden müssen;
im Übrigen schließt er sich Ewald an. — Auch BAETHGEN[2] folgt im großen
ganzen Ewald, modifiziert aber die rein zeitgeschichtliche Deutung dahin,
daß die erlebten geschichtlichen Ereignisse die Dichter dazu inspiriert
haben, ihre Hymnen gelegentlich zu »messianischen Zukunftsgemälden« zu
erweitern; er berührt sich hierin mit Delitzsch u. a. (siehe unten b); gelegentlich polemisiert er — meistens jedoch indirekt — gegen die Ansätze
zu einer richtigeren Auffassung, die von Duhm vertreten sind (siehe unten).

Zu den zeitgeschichtlichen Auslegern gehört auch WELLHAUSEN[3]; er
denkt an die Begebenheiten der Zeiten Alexanders des Großen als die
wahrscheinlichsten. — Hierin folgt ihm BUHL[4] nach; er äußert sich jedoch
etwas mehr zurückhaltend über die mutmaßlichen konkreten geschichtlichen
Situationen, die die betreffenden Ps. hervorgerufen haben sollen. Übrigens
deutet er die einzelnen Psalmen der Gruppe ohne all zu viele Rücksichten
auf die anderen. Auch nicht in der zweiten Auflage seines Kommentars
ist er der Zusammengehörigkeit der hier behandelten Psalmen ganz gerecht
geworden (siehe XXXIII). Die Abhängigkeit von Deuterojesaja, die seit
Ewald bei den meisten dieser Psalmen behauptet wird, steht auch ihm fest
(2. Aufl., S. XXV).

Zeitgeschichtlich deutet auch OLSHAUSEN[5]. Er findet die Veranlassung
in den geschichtlichen Beweisen der Königsherrschaft Jahwä's, die die
Gemeinde in den Freiheitskämpfen der Makkabäerzeit erlebte. Klarer als
die oben genannten Forscher hat er jedoch die Eigentümlichkeit der betreffenden Psalmgruppe erkannt: den liturgischen Charakter, der ihr anhaftet.
Diesen hat auch DUHM[6] deutlich empfunden. Sein Realismus, sein psy-
chologischer Blick und sein stilistischer und poetischer Takt haben ihn
vor der Geistlosigkeit der zeitgeschichtlichen Deutung aller dieser Psalmen
gerettet. Er erkennt in den meisten von ihnen das was sie wirklich auch
sind: rein liturgische Kompositionen. Für welche kultische Situation sie
aber gedichtet sind, das hat er meistens nicht erkannt, auch selten das
Problem berührt. Im Gegenteil, er hat alle Versuche einer zusammenhängenden Deutung dieser Ps., die das Kreditkonto der oben genannten

---

[1] The Book of Psalms 1888.
[2] Die Psalmen übers. mit Erklärung. 2. Aufl. 1897 (in Nowack's HKAT).
3. Aufl. 1904.
[3] The Book of Psalms in Haupt's The Polychrome Bible, 1898.
[4] Psalmerne, oversatte og fortolkede, Köbenhavn 1900. 2. Aufl. 1918.
[5] Die Psalmen erklärt, 1853.
[6] Die Psalmen 1899 (in Marti's KHCAT).

Forscher ausmachte, aufgegeben; Ps. 93 ist ihm ein Hymnus auf Jahwä als Schöpfergott, Ps. 97 feiert Jahwä, der sich im Gewitter offenbart, Ps. 47 sei dagegen als Neujahrslied gedichtet. Und mit Ps 99 fällt er eigentlich in die zeitgeschichtliche Deutung zurück, indem er ihn für »eine Kundgebung der Sadduzäer«, d. h. der hasmonäischen Partei hält; er soll, wie Ps. 149, eine Lobpreisung Jahwä's, der das hasmonäische König- und Priestertum befestigt habe, sein. —

Daß die zeitgeschichtliche Deutung verfehlt ist, geht erstens aus dem völligen Mangel an konkreten geschichtlichen Hindeutungen und Reminiszenzen hervor. Was von der Thronbesteigung Jahwä's gesagt wird, sind meistens stereotyp-schematische Phrasen; sie bilden einen klaren Gegensatz zu den vielen Hindeutungen in dem Siegesdankpsalm 68 oder in den nationalen Klagepsalmen, die von geschichtlichen Ereignissen reden. Wo man geglaubt hat, geschichtliche Erinnerungen zu finden, da beruhen diese auf irrtümlicher Deutung. So ist in Ps. 149 keine Rede von schon gewonnenen Siegen; es wird vielmehr ganz generell gesagt, daß Jahwä eine Kraft *hādār* (s. unten III 1) für seine Frommen (d. h. das Volk Israel) ist, durch die sie Rache nehmen können, die Völker züchtigen, die Könige fesseln usw. (»Rache zu nehmen usw. — ist Er ein *hādār*, eine übernatürliche, als Lichtglanz zu Tage tretende Kraft für alle seine Frommen« V. 7—9). Und daß die Perfekta Ps. 48, 6—9 nicht als Perf. hist. aufgefaßt werden dürfen, geht erstens daraus hervor, daß wir von einem solchen Angriff der vereinigten Könige auf Jerusalem mit einem solchen Resultat nichts in der Geschichte finden, während er doch zweifellos aufgezeichnet worden wäre, wenn er stattgefunden hätte, und zweitens daraus, daß ein Angriff seefahrender Völker auf Jerusalem (V. 8) nicht vor der Römerzeit oder genauer nicht vor der Kreuzfahrerzeit stattgefunden hat. Entweder müssen die Perf. in V. 6 f. hypothetisch aufgefaßt werden: gesetzt daß die Könige sich zusammenrotteten usw. — ein Beben würde sie ergreifen; oder aber das was hier als vor Jerusalem geschehen vorausgesetzt wird, gehört nicht in der Geschichte, siehe II 1 d, 3 d. — Wenn nun gelegentlich Taten Jahwä's angegeben werden, durch die er sein Königtum errichtet und nach deren Vollendung er seinen Thron bestiegen habe, so sind das eben nicht zeitgeschichtliche Begebenheiten, sondern mythische und urzeitliche: die Schöpfung (Ps. 24, 2; 29, 3. 10; 93, 2 ff.; 95, 4 f.; 96, 10; 100, 3; 149, 2) oder die Rettung am Schilfsee (Ps. 81; 95; Ex. 15), siehe Näheres II 1.

Zweitens spricht gegen die zeitgeschichtliche Auffassung die Tatsache, daß die Schilderungen der Wirkungen der Thronbesteigung Jahwä's so überschwenglich sind und so über jedes irdische Maß hinausgehen, daß sie als Folgerungen irgend eines an sich vielleicht sehr unbedeutenden geschichtlichen Ereignisses psychologisch unverständlich sind Es ist dies der Grund, warum die Ausleger in neuester Zeit wieder zu der eschatologischen Deutung gegriffen haben. Vgl. z. B. Ps. 46, 10; 47, 10; 97, 7; 149, 7—9. Besonders instruktiv ist Ps. 46, 5; einen solchen Fluß wie der hier vorausgesetzte gibt es in Jerusalem nicht; wie Gunkel, Kittel u. a. richtig gesehen haben, so läßt sich der Vers nicht ohne Bezugnahme auf Ez. 47 und den Paradiesstrom erklären: wenn Jahwä in Jerusalem (als König) weilt, so bricht die goldene Zeit mit den paradisischen Zuständen wieder herein. — Eine Zeit, die in dem Glauben an solche Wunder lebt, kann natürlich auch so etwas sagen, wenn irgend ein an sich unbedeutendes geschichtliches Ereignis den schon vorhandenen Glauben zum Emporlodern bringt; ein solches Aufflammen kann aber ebenso gut ohne derartige geschichtliche Veranlassungen geschehen; und wenn nun die betreffenden Ps. sonst nichts von geschichtlichen Vorgängen enthalten, so ist eben zu einer zeitgeschichtlichen Deutung kein Grund vorhanden.

b) Die eschatologische Deutung.

Eine zweite Gruppe Ausleger haben einen ganz anderen Weg eingeschlagen. Sie halten die hier behandelten Psalmen für eschatologische, oder wie sie es zum Teil auch nennen: prophetische Hymnen. Die eschatologische — oder wie man früher sagte: die messianische — Deutung gewisser Psalmen ist in Wirklichkeit so alt wie die Kirche selbst. Ursprünglich beruht nun diese Deutung als Psalmendeutungsprinzip geschichtlich betrachtet auf einem völligen Mißverständnis des Wesens der Psalmdichtung; sie geht auf die mechanische Schriftauffassung zurück, nach der das A. T. hauptsächlich Weissagungen für die Christen enthält. Dennoch enthält sie in gewissen Fällen, wie wir unten Kap. II 4 und III sehen werden, ein richtiges Moment. Auch das ist sogar richtig, daß gewisse Psalmen direkte Prophezeiungen enthalten — so merkwürdig es zunächst einer rationalen geschichtlichen Betrachtung anmuten will, daß die gottesdienstlichen Gebete sakramentale Momente enthalten sollen[1]. Nur haben weder die älteren, noch die neueren Vertreter der eschatologischen Deutung die Sache richtig anzufassen verstanden; sie haben nämlich das Wesen des primitiven Kultes nicht verstanden.

Der typische Vertreter der eschatologischen Deutung in neuerer Zeit ist DELITZSCH[2]. Den Zusammenhang der engeren Gruppe hat er natürlich gesehen. Zwar deutet er Ps. 47 rein zeitgeschichtlich, spricht aber von

---

[1] Darüber in einer folgenden Studie.
[2] Commentar über den Psalter, 2.—5. Aufl. 1859—1894.

einer Gruppe »deuterojesajanischen« Psalmen 91—100, eine Abgrenzung
die sowohl zu eng als zu weit ist. Die meisten dieser Ps. rechnet Delitzsch
zu den von ihm, im Gegensatz zu den »christokratischen«, »theokratisch«
genannten Psalmen. Darunter versteht er solche eschatologische Psalmen, die
die Vollendung nicht als ein Königtum Christi, sondern mehr unvollkommen
als ein Königtum Gottes schildern. Abgesehen von der orthodox-erbau-
lichen ungeschichtlichen Wahrsagungstheorie, mit der diese Auffassung
kombiniert ist, fällt diese Deutung in der Hauptsache mit der neuesten
eschatologischen Deutung der genannten Psalmen zusammen.

In neuester Zeit hat nämlich GUNKEL[1] dieser Deutung eine viel psycho-
logischere und geschichtlich haltbarere Ausformung gegeben. Die Schriftpropheten haben — so sagt er — gelegentlich schon im voraus Psalmen
über das zukünftige Heil gesungen, als sei es schon da; so intensiv lebten
sie im Lande der Zukunft. Und diese lebendige Hoffnung und diese eigentümliche Mischung von prophetischem und psalmistischem Stil und Inhalt
haben die späteren Psalmisten ihnen abgelernt. In ihren Hymnen schildern
diese den Jubel und die Freude der künftigen Seeligkeit, als stünden sie schon
mitten drin. Jahwä sei jetzt nicht eigentlich der König; in der Welt
regieren die niederen Mächte, die Heidengötter und -Völker; erst gegen
Ende des jetzigen Weltlautes werde Jahwä das Reich errichten, als König
der ganzen Welt sichtbar erscheinen. seinem Volke Recht verschaffen und
die Huldigung der ganzen Erde in Empfang nehmen; dann setzt er sich
auf seinen Thron und errichtet »das Reich Gottes«. Davon singen seine
Frommen schon jetzt und jubeln über seine Thronbesteigung. In dem Stil
dieser Ps., die auf die Festlichkeiten der Thronbesteigung mit Prozession,
Investitur und Inthronisation hindeuten, sieht Gunkel eine Nachahmung der
weltlichen Thronbesteigungslieder, die bei der Inthronisation des irdischen
Königs gesungen sein mögen[2]. — Königslieder im Stile der Thronbesteigungspsalmen sind aber nicht bezeugt, so viele der Königspsalmen wir
auch im Psalter haben. Die Psalmen, die bei der Thronbesteigung des
irdischen Königs gesungen wurden, haben nicht den Stil und die Art der
behandelten Psalmen. Sie besingen nicht direkt den König nach der Art der
Hymnen. Hymnen gebühren dem Gotte, nicht dem Könige; so können denn
auch nicht die Gotteshymnen Nachahmungen supponierter Königshymnen
sein. Zwar werden die Königspsalmen wohl auch gelegentlich hymnisch,
in der Hauptsache sind sie aber Orakel, die sich an den König wenden

---

[1] Die israelitische Literatur (in Hinneberg's Kultur der Gegenwart I, VII). —
Artkl. Psalmen in RGG. — Ausgewählte Psalmen, 4. Aufl. S. 201 f.; 134 f.;
Reden und Aufsätze, S. 123 ff.
[2] Die Königspsalmen, Preussische Jahrbücher 158 (1914), S. 65.

und ihm im Namen Gottes etwas versprechen. Die Weltherrschaft wird
ihm versprochen, er wird aber nicht als Weltherrscher geschildert und
besungen. So göttlich Israels König auch gewesen sein mag — und ich
glaube, daß seine Göttlichkeit viel wirklicher aufgefaßt worden ist, als Gunkel je geahnt hat — bei den Festen hebt ihn Gott zu sich hinauf, er wird
nicht von den Menschen in die göttliche Sphäre gehoben. An den König
werden Orakel gerichtet; die Hymnen besingen Gott, der den König so
hoch geehrt hat. — Was Gunkel nicht gesehen hat, ist daß Jahwä nicht
Hymnen bei den Königen zu borgen braucht, sondern daß er selbst einen
Thronbesteigungstag gehabt hat, zu dem die Psalmen gehört haben. Auch
wenn unsere Psalmen eschatologisch sein sollten, so wäre die Anleihe bei
den Königsliedern unnötig; Gunkel braucht daher solche Königslieder nicht
zu postulieren. Denn wie wir sehen werden, hat es Thronbesteigungs-
hymnen Jahwä's gegeben — und gibt es noch — die nicht eschatologisch
im traditionellen Sinne des Wortes sind.

Gunkels Andeutungen sind von Balla[1], Staerk[2] und Kittel[3] aufgenommen und weiter ausgeführt worden. Sie deuten mehrere oder wenigere dieser Psalmen aus der traditionellen Eschatologie heraus. Sie haben
alle jedenfalls die markantesten der betreffenden Psalmen, die wir hier als
Thronbesteigungspsalmen bestimmt haben, als eine besondere Gruppe
»eschatologische Psalmen« ausgesondert.

Jedoch immer ohne volle Konsequenz. So unterscheidet Staerk zwischen Prozessionshymnen, eschatologischen Hymnen und Festhymnen, als
ob nicht ein Festhymnus ein Prozessionshymnus sein oder eschatologische
Züge enthalten könne. Unter den Festhymnen sind auch einige, die er
zeitgeschichtlich deutet (Ps. 99; 149) und mit Ps. 68 zusammenstellt. —
Ähnliches bei Balla. —

Gegen die eschatologische Deutung sind nun zwei Hauptbedenken
geltend zu machen. Erstens, daß die Psalmen mit keinem Worte andeuten,
daß sie auf die fernere Zukunft gehen wollen. Sie haben tatsächlich nichts
von dem prophetischen Stil, nie wird durch prophetische Einleitungsformeln
angedeutet, daß hier etwa Prophetien vorlägen; nie verrät sich eine Spur
von dem prophetischen Selbstbewußtsein, wie eine Andeutung von extati-
schem Schauen der künftigen Dinge[4]. Kurz, Prophetien sind sie nicht. —

[1] Das Ich der Psalmen (Forschungen, Heft 12), 1912, S. 36, Anm. 3.
[2] Die Schriften der A. T. in Auswahl übers. u. erkl. III 1, S. 51 ff.
[3] Die Psalmen, 1914, zu Ps. 47.
[4] In Ps. 75; 81; 95 und 132 sind Orakel hineingelegt worden, die sich
aber sofort als solche im Gegensatz zu dem übrigen Inhalt des Psalms
geben. Siehe darüber Näheres II 3 d und Kap. III.

Delitzsch's vulgär-erbauliche Weissagungs-Theorie ist eben bei diesen Psalmen so übel angebracht wie nur möglich. Sind diese Psalmen eschatologisch,
so müssen sie als poetische Fiktionen aufgefaßt werden. Der Dichter
spreche dann anscheinend von der Gegenwart, in Wirklichkeit meine er
aber die Zukunft. Auch das ist aber mit keinem Worte angedeutet. —
Und gegen diese Möglichkeit spricht nun das zweite Hauptbedenken: die
frappierende Aktualität, die in diesen Gedichten sich geltend macht. Man
hat überall den unmittelbaren Eindruck, daß die Dichter hier nicht poetische
Fiktionen vortragen, sondern daß sie von erlebten Dingen reden. Sie haben es in irgend einer Weise erlebt, ja gesehen, daß Jahwä seinen Thron
bestiegen hat, daß er jetzt mitten in Jerusalem wohnt (Ps. 46, 6), daß seine
Hütte in Salem steht (Ps. 76, 3), daß er (soeben) in feierlicher Prozession
»hinaufgezogen« (d. h. zum Tempel, seiner Königsburg) ist (Ps. 47, 6), daß
er seine Frommen mit Kraft gefüllt hat, Wunderdinge zu tun (Ps. 149,7—9);
ja, es wird sogar ausdrücklich gesagt, daß die feiernde Festversammlung
jetzt davon singt und berichtet, was sie selbst in Jerusalem mit Augen
gesehen hat (Ps. 48, 9).

Ist nun dies etwa ein Argument für die zeitgeschichtliche Deutung?
Keineswegs; sie ist schon abgetan. Wie ist dann die Sache zu erklären?
Das werden wir im folgenden Abschnitt sehen.

4. Die kultische Deutung.

a) Das Prinzip.

Die übliche Anschauung scheint die zu sein: entweder zeitgeschichtlich
oder eschatologisch; tertium non datur. Diese alternative Problemstellung
hat wohl zwei Gründe. Erstens haben die Theologen nie den gottesdienstlichen Charakter der Psalmen klar erkannt und mit einer dementsprechenden Deutung Ernst gemacht. Auch Gunkel nicht, der den Weg
gewiesen hat. Zweitens haben sie von dem wirklichen Wesen und der
Art einer Kultreligion keine rechte Vorstellung; seit Amos und Wellhausen
ist es Theologensitte, auf die Kultreligion zu schimpfen. Auch die »religionsgeschichtliche Schule« ist zu dieser ungeschichtlichen Unart geneigt. In
Wirklichkeit verdient die Schule diesen Namen nicht, wenn derselbe im
Gegensatz zu Wellhausen und der älteren »literarischen« Kritik gebraucht
werden soll; sie hätte richtiger die mythologische oder die mythenverglei-
chende Schule heißen sollen. Daß man das Wesen der Kultreligion eben
im Kulte zu suchen hat, dann aber auch verpflichtet ist, mit Sympathie
und Verständnis statt mit schriftprophetischen und lutherischen Vorurteilen
zu suchen, hat man in praxi nicht recht zugeben wollen. Daß aber die

offizielle Religion Israels mindestens bis zum Exil eine nationale Kultreligion gewesen, ist trotz den Schriftpropheten sicher; eine »prophetische
Epoche« der israelitischen Religion hat es nie gegeben, nur vereinzelte,
in Opposition stehende prophetische Geister.

Gut — aber die Psalmen stammen vielleicht eben aus den nichtoffi-
ziellen Kreisen dieser Vereinzelten? Ich meine, daß die Psalmen eben
von den Vertretern der offiziellen Religion gedichtet worden sind. Die
Psalmenausleger sprechen in schwebenden Ausdrücken von »den Kreisen, aus
denen die Psalmen stammen«, als wären diese Kreise eine recht anonyme
und zunächst unbekannte Größe, die man nun irgendwo in den Konven-
tikeln der Gemeinde und wer weiß wo in den Winkeln des Ländchens zu
suchen hätte. Und doch hätte man ganz genau wissen können, wo besagte
»Kreise« zu suchen seien, wenn man nur nicht von dem Nächstliegenden
und fast Selbstverständlichen abgesehen hätte. Die Psalmen entstammen
ihrer Hauptmasse nach den Tempeldienern, besonders den Sängern, die
zugleich berufsmäßige Dichter der Kultlieder waren. —

Wenn nicht zeitgeschichtlich und nicht eschatologisch zu deuten,
was denn?

Wenn Gressmann[1] erstens nicht in dem massiven Eschatologismus
Gunkel's gefangen gewesen und zweitens nicht so ungenau über das
Wesen des Kultes orientiert wäre, wie das unten folgende Zitat verrät, so
hätte er allem Anscheine nach die prinzipiell richtigen Andeutungen Duhm's
aufgenommen und so das Geheimnis dieser Psalmen lösen können. Er hat
gesehen, daß ein ganzes Komplex von einander ausfüllenden Vorstellungen
sich um die Thronbesteigung Jahwä's gruppiert. Wenn Jahwä den Thron
besteige, so ergreife er damit die Weltherrschaft. Ihrem Wortlaute nach
setze diese Vorstellung voraus, daß er bis da — d. h. jetzt — noch nicht
König sei; da das aber eine unisraelitische, im letzten Grunde polytheistische Vorstellung sei, so sei der ganze Gedanke fremden Ursprungs. —
Nun ist Gressmann zugleich darauf aufmerksam, daß ein bestimmter Tag
in Babylonien und sonstwo als der Thronbesteigungstag des Gottes gefeiert
wurde; diese Sitte habe man nun in Israel nachgeahmt — wie und in
welchem Umfange und mit welchem religiösen Sinn, darüber sagt Gressm.
nichts. »Vielleicht hat die Synagoge eine alte Tradition bewahrt, wenn sie
»Ps. 47 als »Neujahrslied« bezeichnet. Nicht das Posaunenblasen (Baeth-
»gen), nicht der Universalismus (Duhm), sondern die Thronbesteigung
»Jahwä's, die am Anfang jedes neuen Jahres erfolgte, haben den Psalm

[1] Ursprung der isr. jüd. Eschatologie (Forschungen 6), 1905, S. 294 ff.

»zum Neujahrsliede gestempelt. Weil man in Babylonien oder sonstwo bei
»den Nachbarvölkern am Neujahrstage — und ebenso beim Anfang einer
»neuen Welt — die Thronbesteigung eines neuen Gottes (sic!) feierte, so
»ward dieses Beispiel in Israel nachgeahmt, weil es so zum Stil gehörte (!).
»Während anderswo natürlich (!!) verschiedene Götter nach einander den
»Thron bestiegen (!), so mußte man sich in Israel wohl oder übel mit dem
»einen Gott begnügen (!!).«

Richtiges und Falsches sind hier gemischt. Falsch ist das behauptete
Nacheinander der Könige. — Wie in Babylonien der irdische König jeden
Neujahrstag aufs Neue »die Hände Marduks ergreifen«, d. h. modern: in-
thronisiert werden mußte, so wiederholt sich alljährlich die Thronbesteigung
des Gottes Marduk. Was das für einen Sinn hat, werden wir unten sehen.
Unklar bleibt bei G. was man eigentlich in Israel »nachgeahmt« habe: die
Vorstellung von der Thronbesteigung und die poetische Form, oder die
Kultsitte? Falsch ist ebenso die behauptete Begründung der »Nachahmung«
in Israel: »weil es so der Stil verlangte«. Aus Stilgefühl ahmt man nicht
Religion nach[1]. Ist Jahwä überhaupt König, so liegt es in der Natur der
Sache, daß er einmal den Thron bestiegen hat, und wenn man überhaupt
weiß, was primitive Kultübung ist, so weiß man, daß die Thronbesteigung wiederholt werden muß; darüber Näheres unten. — Richtig ist aber,
daß in Israel der Neujahrstag der Thronbesteigungstag Jahwä's war, und
zwar, daß er als solcher kultisch gefeiert, nicht nur — wie G. anzunehmen
scheint — poetisch aufgefaßt wurde. Wenn Gressmann aber den kultischen
Charakter der Vorstellung wirklich erkannt hat — und vielleicht ist das
wirklich seine Meinung — so ist es unbegreiflich, wie er dennoch an der
massiv eschatologischen Deutung Gunkels festhalten kann. Denn wenn sich
etwas im Kulte wiederholt, so ist es eben gegenwärtig und nicht eschatologisch. Eschatologische Kulte gibt es nicht. —

Wie sind nun also diese Psalmen aufzufassen?

Es bleibt nur übrig, sie als Zeugen einer lebendigen, ein wichtiges
Stück der Religion zur Darstellung bringenden Kultsitte zu erklären.
Denn die Annahme, daß ein Psalm des Psalters ein Kultlied ist und als
Kultlied gedichtet worden ist, ist immer die nächstliegende. Gelingt es, diese
Erklärung durchzuführen, so braucht man nicht nach einer anderen Um-
schau zu halten.

Hier erhebt sich nun die Frage: was ist eigentlich Kult?

---

1 Damit ist natürlich nicht geleugnet, daß die Idée der Thronbesteigung in
Israel im letzten Grunde von der babylonischen Sitte abhängig ist. Das
ist aber in diesem Zusammenhange nebensächlich.

b) Der Kult als schöpferisches Drama.

α) *Grundsätzliches.*

Der Kult ist ursprünglich keine Sache des Alltags, wie im Tempel des Judentums oder des alten Ägyptens. Der Kult ist seinem Wesen nach eigentlich F e s t. Er gehört zu den wenigen großen Feiertagen des Jahres, die andersartig als alle die anderen grauen, mühseligen Tage sind; er gehört zu den Tagen, zu denen der primitive Mensch als zu den strahlenden Meilenpfählen des Lebens hinschaut. Die Tage, an denen er alle Sorge fahren läßt, da er groß und reich und allmächtig und satt und glückseelig ist, da er die großen und schönen Stunden seines Lebens erlebt. Man muß wissen, was das Fest den primitiven Menschen ist, um zu verstehen, was Kult ist. Denn Fest ist immer etwas Religiöses, etwas Hochwichtiges, etwas wovon Glück und Gedeihen der Gesellschaft und des Einzelnen abhängen. Und Fest und Kult gehören daher zusammen[1].

Kult (*ʿᵃᵬōðå̄*) war dem alten Israel, wie den primitiven Menschen überhaupt, die feierlichen, heiligen Handlungen, durch die die göttliche Kraft, der S e g e n (*bᵉrå̄châ*) der Gesellschaft, der Gemeinde und dadurch den Einzelnen erworben wurde. Segen ist Besitz der Gesellschaft, der Sippe, des Geschlechts; der vereinzelte Mann hat keinen Segen, ist überhaupt kein Mensch. Der Segen des Mannes beruht darauf, daß er Glied einer Ganzheit ist, daß er innerhalb eines ihn tragenden Bundes (*bᵉrîᵱ*) steht. Der Bund wurzelt aber in der Gottheit; bei der Bundesschließung ist die Gottheit dabei und wird ein Glied des Bundes, zugleich »Herr des Bundes«. Segen gibt es nur, wenn die Gemeinschaft in Bund mit der Gottheit steht. Der Kult ist somit eine heilige, sakramentale Handlung, die einen Bund sowohl zwischen den menschlichen Teilnehmern untereinander als zwischen diesen und Gott stiftet. Dadurch wird der Mensch mit den göttlichen Kräften gefüllt. Der Segen ist ihm zu Teil geworden.

Das ist in den primitiven Kulturen, solange sie frisch und ungebrochen sind, keine Theorie, sondern E r l e b n i s. Der Mensch erlebt im Kulte die Gottheit mit all ihren über den Alltag hinaus erhebenden Kräften. Er erlebt, daß Gott in ihm und er in Gott war. Das ist ihm Erfahrungstatsache,

---

[1] Ich halte es für überflüssig, näher auszuführen, daß es auch Kult ohne persönliche Götter gibt, wie auch Religion ohne Götter. Kult ist überhaupt alle die heiligen Riten und Gebräuche, die das Erhalten und Erhöhen des Lebens, des Gedeihens und des Glücks der Gemeinschaft und dadurch der Einzelnen bezwecken, einerlei ob dadurch Götter oder „die Macht" in Anspruch genommen werden, ob die Riten ex opere operato wirken oder ob es gilt, einen persönlichen Willen zu bewegen.

daß er von dem Kulte als ein anderer Mensch geht, als er dorthin ging. Er hat buchstäblich die neuen Kräfte in sich empfunden, ihre seltsamen Wallungen in seiner Seele gespürt.

Denn was ist es, was der Mensch am Feste erlebt und die ihn zu einem Übermenschen macht? Mit einem Worte: er erlebt die Ekstase. Er erlebt das Einswerden mit der »Quelle des Lebens«, der lebenspendenden Kraftquelle, mit dem Geheimnisvollen, dem Großen, dem »Göttlichen«. Er wird von dem göttlichen Kraftstoff, der »Mana«, der »Hitze«[1] gefüllt. Er wird von einem seelisch-körperlichen, ganz buchstäblich zu nehmenden Gefühl des »Ergriffenseins« durchrieselt[2]. Im Kulte wird der Mensch eins mit Gott, oder mit dem »Göttlichen« — der Unterschied ist belanglos — er wird ἔνθεος, enthusiastisch, ekstatisch. Er erhält dadurch einen Vorrat von göttlicher Lebenskraft, von der er zehrt und lebt bis zum nächsten Fest. — Ekstase ist Kraftgefühl, ist ein Gefühl des Getragenwerdens, der Sicherheit; sie ist auch tatsächlich eine Anspannung und Erhöhung des menschlichen Vermögens bis zur äußersten Leistungsfähigkeit, bis zum »Wunderbaren« hinaus. Diese wirklich erlebte Krafterhöhung durch das Fest, d. h. den Kult, begründet die positive Stellung des Primitiven zum Leben; sie ist die Grundlage seines Lebensgefühls; denn an sie glaubt er, und dadurch lebt er. Er weiß nun, daß »Gott« mit ihm — ja in ihm — ist, wer kann dann wider ihn sein? —

Wenn der Kult aber Bundesstiftung ist, wozu braucht man ihn dann zu wiederholen? Weil nach primitiver Anschauung nichts von absolut un-endlicher Dauer ist ohne Erneuerung. Die Wirkungen auch der stärksten Kraft verlieren sich zuletzt — eine durchaus richtige Annahme, da wo das Reale nur dasjenige ist, das in die Seele aufgenommen worden ist. Die seelischen Wirklichkeiten — wir würden etwa sagen: auf Handlung zielenden Bewußtseinszustände — müssen erneuert werden; sonst lassen sie nach und versiegen. In regelmäßigen Zyklen muß der Bund erneuert, der Kult wiederholt werden.

Durch welche Mittel wird nun jenes Göttliche erlangt? — Dadurch daß die Teilnehmer in die im Kulte dargestellte »göttliche«, »heilige« Wirklichkeit hineingehen und von ihr gleichsam aufgesogen und verwandelt

---

[1] Siehe Söderblom, Gudstrons Uppkomst, Stockholm 1914, S. 98. — Mo-winckel, ZATW 1916, S. 238 f.

[2] Weil die Ekstase zu der ursprünglichen Religion gehört, sind die Schamane, die Medizinmänner, die Propheten usw. ursprünglich immer Ekstatiker, wenn sie nicht halbe Schwindler sind. Aus der Ekstase erklärt sich auch die sehr verbreitete Verwendung der Rauschmittel in der Religion, siehe dar-über Söderblom, Ur Religionens Historia, Stockholm 1915, S. 311 ff.

werden. Im Kulte wird die höchste Wirklichkeit sinnlich dargestellt. Indem die Wirklichkeit illudierend dargestellt wird, wird sie eben zur Wirklichkeit — wenn man Platoniker wäre, könnte man etwa sagen, sie sei vorher nur als Idée da —; sie wird durch die Darstellung geschaffen. Die Darstellenden werden dadurch in Mitleidenschaft hineingezogen und dadurch selbst von der neugeschaffenen Wirklichkeit gefüllt; sie werden Teile und Teilhaber einer höheren Wirklichkeit. — Anders ausgedrückt: im Kulte spielt man eine Wirklichkeit und bringt sie dadurch hervor; die Spielenden werden in diese Wirklichkeit hineingezogen. Denn nach primitiver Grundanschauung ist man, was man spielt.

Diese Sätze von dem kultischen Spiel als Hervorbringer und Wiederholer der kultischen Wirklichkeiten, die in der festlichen Ekstase erlebt werden, bedürfen einer näheren Ausführung und Exemplifizierung.

Der Kult ist nicht nur ursprünglich, sondern überall und immer, ein D r a m a. Kult ist heilige Kunst. Er ist aber zugleich h e i l i g e Wirklichkeit. Nicht lediglich ein gespieltes Drama, ein Spiel, sondern ein wirkliches und Wirklichkeit hervorbringendes Drama, ein Drama, das mit realer Kraft das dramatisierte Ereignis verwirklicht, eine Wirklichkeit, aus der reale Kräfte hervorstrahlen, oder mit anderen Worten ein Sakrament. Das, und nichts weniger ist der Kult dem primitiven Menschen. Und bis auf diesen Tag gibt es keinen wirklichen Kult, der nicht etwas von diesem dramatischen Element enthielte, der nicht Handlung und Gegenhandlung, Rede und Gegenrede des Gottes und des Menschen wäre.

Den I n h a l t dieses Dramas bilden die mythisch oder geschichtlich vorgestellten Handlungen und Ereignisse und Zustände, auf denen die religiöse Gemeinschaft ihren Glauben, ihre Hoffnung und ihr Leben, mit einem Worte ihre Existenz aufbaut. Jedesmal, wenn der Kult geübt wird, so wird die betreffende Wirklichkeit neu geschaffen. Insofern darf man sagen, daß im Kulte das w i e d e r h o l t wird, was einst ein erstes Mal geschah und von grundlegender Bedeutung für die Gesellschaft wurde. Der zu Grunde liegende Gedanke ist dieser: durch die dramatische, »symbolische« Darstellung und Vergegenwärtigung und Wiederbelebung des betreffenden Ereignisses wird dasselbe tatsächlich, real wiederholt; es wiederholt sich, geschieht noch einmal und übt aufs Neue dieselbe kräftige und heilbringende Wirkung, die es das erste Mal am Morgen der Zeiten oder in der längst vergangenen Vorzeit der Geschichte zu unserem Heile übte. — Die Voraussetzung dieses Gedankens ist wiederum der allen Primitiven selbstverständliche Gedanke, daß nichts in der Welt nur Schein und Spiegelung oder »Spiel« ist, sondern daß alles Sichtbare und Vernimmbare und Empfindbare und Vorstellbare ernst und wirklich ist, ebenso ernst und wirklich wie das Leben selbst, ebenso ernst und wirklich wie das »Spiel« dem Kinde ist, wie die Phantasiegestalten sind, mit denen es im Spiele verkehrt und redet. Und wie alles real ist, so bleibt nie eine Handlung, ein Wort »leer«; alles zieht andere Wirklichkeiten nach sich, erzeugt neue Wirklichkeit, wird Folgen haben, die ebenso ernst und wirklich sind, wie die betreffenden Handlungen oder das betreffende Ereignis selber[1]. — Der Kult schafft somit die Wirklichkeiten, die das Leben tragen.

Das Dasein einer jeden Gemeinschaft beruht nämlich darauf und hängt davon ab, daß gewisse Handlungen einer besonderen Art vorgenommen werden. Das sind eben die heiligen Kulthandlungen. Diese Handlungen erhalten zugleich »die Welt«, den Kosmos[2]. Denn Stammesgebiet, oder Nationalstaat, und »Welt« sind ursprünglich und eigentlich dasselbe[3].

So ist einem Indianerstamm etwa der Bison und seine Lebensbedingungen auf der Prärie seine »Welt«[4]. Im Bison hat er das was er braucht. Er ist ihm die Grundlage seines physischen und damit auch seines psychischen Daseins. Gelingt es ihm, auf der Prärie genügend große Jagdbeute zu machen, so blüht und gedeiht er, so lebt er. Das Fleisch des Bisons bietet ihm die »Kraft« seines Lebens; der Träger dieser Kraft ist ihm somit die höchste Realität der Welt, er ist ihm »das Göttliche«, er schließt Welt und Dasein in sich ein. Aufgabe des Kultes ist es nun, diese Kraft in genügender Masse hervorzubringen. Der Kult eines solchen

---

[1] Die beste mir bekannte Darstellung des primitiven Denkens ist die von V. Grönbech. Primitiv Kultur, Stockholm 1915. Auf derselben Grundanschauung fußt sein Buch Vor Folkeæt i Oldtiden I—IV, Köbenhavn 1909 —12. — [Jetzt auch: Johs. Pedersen, Israel I – II, Köbenhavn 1920].

[2] „Das Opfer ist der Nabel der Welt«, heißt es in der vedischen Religion. S. Chantepie de la Saussaye, Lehrbuch der Religionsgeschichte[3], II, S. 32 f. Der Gedanke ist kein ausgeklügelter Theologengedanke, wie man meistens annimmt, sondern echt primitiv und im Wesen der primitiven Religion begründet.

[3] Das hebr. *äräṣ* bedeutet nicht Land und dann Welt, sondern Land ist gleich Welt und ist es in der religiösen Begriffssphäre immer geblieben. Daher ist Jahwä, der Landesgott, zugleich und vom Haus aus zugleich der Weltgott; der König des Landes ist ideell und von Rechts wegen König der ganzen Erde. — Bei vielen Primitiven ist das Wort für Menschen zugleich der Name des eigenen Stammes. So nennen sich die Grönländer *inuit*, d. h. Menschen; die Europäer sind keine *inuit*, sondern nur „weiße Männer".

[4] Die Beispiele hier sind schematisiert und daher z. T. konstruiert, jedoch auf dem Boden der Wirklichkeit. Die tatsächlichen Verhältnisse sind meistens viel komplizierter als hier vorausgesetzt; die Gedanken kreuzen sich und bringen allerlei Mischformen hervor. — Konkrete Beispiele unten *β*.

Stammes wird daher folgerichtig darauf zielen, das Gedeihen des Bisons zu fördern, den Bison »hervorzubringen«. Darauf beruht das Bestehen der Welt. Es wäre nur folgerichtig, wenn dieser Grundgedanke sich auch einen mythischen Ausdruck geschaffen hätte, nach dem der Bison der Weltschöpfer wäre. So ist auch mehreren australischen Stämmen ihr Totemtier der Weltschöpfer (s. unten). Der Kult, der das Totemtier »hervorbringt«[1], bringt somit auch die Welt hervor — oder sagen wir jedenfalls, jedoch abschwächend und modernisierend: erhält sie.

Eine andere Möglichkeit. Das Leben einer Gesellschaft ist an den großen Ereignissen des Jahreswechsels, an dem Kommen und Gehen der Sonne, an dem Wachsen und Sterben des Korns gebunden. Der Zweck des Kultes wird es dann sein, diesen regelmäßigen Wechsel im Gange zu halten, das Kommen der Sonne und des Regens, das Wachsen des Korns alljährlich neu zu sichern. D. h. aber, die Dinge hervorzubringen. Daß hier der Kult welterhaltend, d. h. aber: sie aufs neue schaffend ist, ist deutlich. Dieser Art ist etwa die altmexikanische Religion (s. unten).

Wir können uns die psychologische Seite der schöpferischen Wirkung des kultischen Dramas vergegenwärtigen und somit diese Gedanken — allerdings modernisierend oder platonisierend — verständlicher machen: Die höchste »Wirklichkeit«, die Ziele des Lebens, besitzen die Menschen zunächst nur als Idée, als Ideal, als etwas Erwünschtes und Erstrebenswertes. Indem nun diese ideale Wirklichkeit dramatisch oder mimisch — oder überhaupt sinnengreiflich — dargestellt wird, wird sie zunächst als eine geistige Kraft, somit als eine psychische Realität in den teilnehmenden Menschen verwirklicht. Das Spiel macht Eindruck auf das Gemüt und zieht es in Mitleidenschaft hinein. Das ist schon eine seelische Realität. Eine geistige und psychische Realität ist aber nach primitivem Gedanken zugleich eine physische und eine metaphysische; der Primitive unterscheidet eben nicht.

Diese im Kulte darzustellenden und zu verwirklichenden Wirklichkeiten sind sehr verschieden, je nach der Kulturstufe und den Lebensbedingungen der betreffenden Gesellschaft. Bei einem Stamm ist es die Erschaffung und Erstärkung des Jagdtieres oder des Totemtieres (Beispiel unten), das

---

[1] Auch das ist mitunter absolut zu verstehen und hat sich in dementsprechenden Mythen Ausdruck gegeben: die ersten Menschen haben durch die Kultzeremonien die Totemstammväter hervorgebracht. — Andere Male heißt es, diese seien irgendwoher aus der Ferne gekommen, haben Menschen geschaffen, diese die Zeremonien gelehrt, durch die seitdem die Welt erhalten wird (Vgl. Söderblom, Gudstrons uppkomst, Stockholm 1914, S. 111 ff.).

der Zweck des Kultes ist. Bei einem anderen die Sicherung des Wechsels der Jahreszeiten, das Aufrechterhalten der großen Naturereignisse (so bei den Mexikanern oder bei den Sonnentänzen vieler nord- und zentralamerikanischen Stämme; siehe unten). Bei einem anderen das Wachsen und Gedeihen des Korns (so in dem eleusinischen Demeterkult, s. unten).

Früher oder später wird dieser Inhalt des Kultes in der Form des M y t h u s, der Kultlegende dargestellt, der seinerseits das »Drama« beeinflußt, reicher, »dramatischer« gestaltet. Durch den Mythus sind die kultischen Wirklichkeiten im Begriffe, Götter zu werden; Kult und Mythus gehören zusammen. — Durch den Kult werden dann die Götter, nicht nur die heilige Kraft hervorgebracht — rationalisierend heißt es: sie werden erneuert, am Leben erhalten (so in Altmexiko, siehe unten).

Der Mythus ist die älteste Form der Geschichte. Dem primitiven Denken ist Mythus Geschichte und Geschichte Mythus. Im Mythus heißt es immer: Einmal geschah es. Ich stelle mir vor, daß es der Trieb nach einer Erklärung der Dinge, der äthiologische Trieb ist, der die Dinge so gestaltet, der die kultischen Vorgänge auf einen mythischen Urvorgang zurückführt.

Diese Darstellung der kultischen Wirklichkeiten in der Form des Mythus ist für die Entwickelung der Religion und des religiösen Denkens überaus wichtig. Dadurch werden die im Kulte verwirklichten Wirklichkeiten rückwärts in die Urzeit projiziert. Was jetzt im Kulte geschieht, das ist schon damals geschehen. Damals wurde die Wirklichkeit, der Kosmos zum ersten Male geschaffen. Die heiligen Handlungen, die jetzt das Leben erhalten und Glück und Menschlichkeit verbürgen, werden somit als Erklärung des Ursprungs des Kosmos zurückprojiziert: das Land, das Volk, die »Welt« ist dadurch erstanden, daß ganz ähnliche heilige Handlungen einmal vor den Zeiten von irgend einem Urheros vorgenommen wurden oder dadurch, daß das im Mythus berichtete und im Kulte dargestellte Ereignis damals stattfand. Die Gesellschaft lebt jetzt in jedem Sinne des Wortes von diesen urzeitlichen oder vorzeitlichen »Heilstatsachen« und »heilsgeschichtlichen« Ereignissen.

Gefördert wird diese »Historifizierung« der kultischen Wirklichkeiten durch das Eintreten eines Stammes oder Volkes in das Leben der Geschichte. Der Gott wird dadurch ein sowohl im kosmologischen Mythus als in den Sagen der Vorzeit und der Geschichte des Volkes sich betätigender Gott. Der Gott und das Volk erhalten eine gemeinsame Geschichte. Das Leben des Volkes hängt nunmehr nicht nur von dem regelmäßigen Gange der Natur, sondern auch von den Begebenheiten einer Geschichte ab. Das ganze Denken des Volkes wird historifiziert. Der Gottesmythus, der

in die Vorzeit zurückprojizierte Kultmythus, wird in die Kette der geschichtlichen Ereignisse eingereiht; er wird im eigentlichen Sinne des
Wortes Heilsgeschichte. Was im Kulte gespielt und verwirklicht wird, das
war einmal — so sagt man — Geschichte. Der Kult wird die Neubelebung eines Stückes der Geschichte des Gottes.

Der Kult ist somit das »Prototypische«, aus dem die Wirklichkeit
sowohl rückwärts als vorwärts hervorstrahlt[1]. Die betreffenden Kultüben-
den werden aber im Kulte eher eine Wiederholung sehen, eine Wiederholung der grundlegenden Heilstatsachen. Durch jene werden diese wieder
neu, lebendig, kraftspendend und heilwirkend. So wird denn auch die
Zukunft im Kult geschaffen.

Die betreffenden Heilstatsachen können mythisch oder geschichtlich
vorgestellt werden — nach unserer modernen Terminologie; dem Primitiven ist das einerlei; die Heilstatsachen haben jedenfalls immer einen
kosmischen Charakter. Als grundlegende Heilstatsache kann etwa die Weltschöpfung oder die Ordnung des Kosmos aus dem Chaos betrachtet werden
(so in Babylonien, siehe unten) oder das Wirken eines Kulturheros, der die
ersten Kulturgeräte erfand, den Menschen ihren Gebrauch nebst den ersten
Kenntnissen und den ersten heiligen Zeremonien lehrte (so bei mehreren
australischen Stämmen), oder der Tod und die Auferstehung des Heilsgottes (so besonders in den hellenistischen Mysterienreligionen) usw. betrachtet werden.

Weil nun jede Handlung, selbst die heiligste und kraftvollste, schließlich ihre Kraft verliert, sie gleichsam ausstrahlen läßt, muß die »Urkult-
handlung« durch die späteren regelmäßigen oder unregelmäßigen Kulthandlungen wiederholt werden. Daher die Feste, daher der institutio-
nelle Kult. —

Diese kultische Wiederholung der Heilstatsachen ist es nun, die das Gepräge eines Dramas hat — Drama hier im weitesten Sinne des Wortes.
Der Kult ist insofern dramatisch, als er aus Handlung und Gegenhandlung,
Rede und Gegenrede besteht. Wir dürfen uns nicht hier das Drama nach
dem modernen Theater vorstellen. Die dramatischen Mittel können sehr
primitiv sein. Sehr häufig sieht man nicht die eigentlichen Handlungen
oder was nach modernen Begriffen nach Handlung aussieht, sondern Symbole, mimische Gesten, allerlei Manipulationen mit symbolischen Gegenständen, die von deutenden Worten, häufig in poetischer Form, begleitet

---

[1] Diese Auffassung des Kultes hat Grönbech geltend gemacht, siehe Primitiv
Kultur. Sie ist in seiner vierbändigen, geistreichen und kongenialen Behandlung der altnordischen Kultur und Religion, Vor Folkeæt i Oldtiden,
durchgeführt.

werden. Sehr häufig in allen Weltgegenden ist der kultische Tanz mit mehr oder weniger deutlichen symbolischen Gesten und dramatischen Zügen. Ebenso die kultische Prozession mit ihren Aufzügen und Chören und Soli.

Wenn nun das Kultdrama aufgeführt wird und die Auftretenden, die Vertreter des Stammes, der Gemeinde, in ihre »Rollen« hineingehen, so sind sie eben damit die betreffenden krafterfüllten Wesen, die sie darstellen; sie leiden das Schicksal derselben, und diese werden wiederum nicht unbeeinflußt von den lebenserhöhenden ekstatischen Krafterlebnissen ihrer »Darsteller«, durch das kultische Spiel gewinnen auch die »Götter« an Kraft (s. unten über mexikanische Religion). Der Kult ist eben schöpferisch, bringt die Wirklichkeit hervor. Denn nach primitiver Ansicht ist ein Bild, eine symbolische Darstellung einer Sache nie lediglich ein Schatten oder ein Spiegelbild; es nimmt an dem Wesen der dargestellten Sache oder Person Teil. Wer in die Rolle eines anderen »hineingeht«, der ist damit dieser andere geworden, er besitzt damit all sein Wesen und all seine Kraft.

Andererseits sind die Auftretenden zugleich Vertreter der Gesellschaft. Sie verkörpern die Gesellschaft, den Stamm, das Volk in ihrer Person. Denn nach primitivem Gedanken besteht ein Ich nur als Tei eines — oder genauer: in Identität mit — einem »Großich«, und wo ein »Exemplar« der »Gattung« ist, da ist auch die Gattung, das Großich[1]. So wird das Göttliche durch das Kultdrama Besitz der Gesellschaft.

β. Beispiele.

Im Folgenden werden wir einige Beispiele geben, die die obige Ausführung illustrieren. Wir werden sehen, daß in den verschiedensten Religionen aus den verschiedensten Zeiten, unter den verschiedensten Himmelstrichen und auf den verschiedensten Kulturstufen ein sehr wichtiger Teil des Kultes in der Wiederholung des Lebens der Gottheit oder wenigstens derjenigen Abschnitte des Lebens derselben, die für die Menschen von Bedeutung gewesen, besteht — »Gottheit« hier im weitesten Sinne des Wortes genommen als Bezeichnung derjenigen »höheren Wesen«, von denen der Mensch sich abhängig fühlt. —

Recht deutlich tritt das Dramatische des Kultes zu Tage in den Tierdramen der Australier. — Bei ihren religiösen Festen nehmen viele australische Stämme heilige Zeremonien und Tänze vor, die von

---

[1] Vgl. noch den Märchenstil: der Fuchs, der Bär, der Wolf tat dies und sagte das; niemals: ein Fuchs usw.

heiligen Gesängen begleitet werden. Diese Handlungen sind verschiedener Art und haben je nach dem verschiedene Zwecke. Einige der Lieder handeln jedoch von dem irdischen Leben und Treiben des Totemtieres, bezw. der Totempflanze, und die Zeremonien stellen in mimischer Weise die entsprechenden Szenen dar. Das Totemtier ist diejenige Tierart, zu der sich ein Stamm oder eine einzelne Person in einem besonders nahen Verhältnis stehend wissen, häufig einem Verwandtschaftsverhältnis, und von deren Wohlfahrt und Gedeihen das Gedeihen des betreffenden Stammes oder der betreffenden Einzelperson abhängig ist. Häufiger finden wir dabei die Vorstellung, daß sowohl die betreffende Tierart als die Menschen mit allen ihren heiligen Ordnungen und Sitten und Riten von einem Totemstammvater, der die Gestalt und das Wesen der besagten Tierart trägt, herstammen. — Indem nun Szenen aus dem Leben und Wirken dieses Totemstammvaters, damals als er in der grauen Vorzeit auf Erden lebte, bei den Festen symbolisiert und gespielt werden, so wird seine Kraft und die Kraft seines Wirkens aufs Neue lebendig und wirksam und lebenspendend. Das Drama vermehrt die Kraft des Totemtieres und dadurch zugleich die Kraft und das Glück des betreffenden Stammes. Die Teilnehmer des Festes, die den Kraftzuschuß in den erhebenden und »erbauenden« Gefühlen des Festes erleben, haben nun dadurch etwas erhalten, auf dem sie wirklich bis zum nächsten Fest leben können[1]. — Und so klar haben diese Australier Wesen, Wirkung und Wert des Kultes erfaßt, daß man sogar die Vorstellung ausgesprochen findet, daß es die Menschen gewesen, die in der Urzeit durch diese Zeremonien (*intichiuma*, Zeremonien zur Mehrung der Nahrungsmittel) die verschiedenen Totemtiere geradezu geschaffen haben[2] — der Kult ist das Prototypische, aus dem die Wirklichkeit sowohl rückwärts als vorwärts hervorstrahlt. Im Kultdrama wird sowohl die Vergangenheit als die Zukunft aufgerollt. Es zeigt und wiederholt was gewesen, es schafft was sein soll. Wenn das Drama gespielt wird, hat der Stamm eine Zukunft — und nur dann. —

---

[1] Vgl. Söderblom, Gudstrons uppkomst, S. 120 f. — Derselbe, Ur religionens historia; Mysterier hos et stenåldersfolk och deras ursprung, S. 99 ff. — Grönbech, Primitiv Religion. — Vgl. zugleich Reinach, Cultes, mythes et religion[2], I, Paris 1908, S. 129 ff. — Ausführliche Schilderungen, die eigentlichen Quellen unseres Wissens über die Religion und die Sitten der australischen Stämme, bei Spencer & Gillen, The Native Tribes of Central Australia, London 1899. Dieselben, Across Australia, I—II, besonders S. 255 ff. — Strehlow, Die Aranda- und Loritja-Stämme, Frankfurt a. M. 1908, ist mir nicht zugänglich gewesen.

[2] Söderblom, Ur religionens historia, S. 146.

Ebenso deutlich tritt das Kultdrama uns bei den Indianerstämmen in Nord- und Mittelamerika entgegen. — Erwähnt sei hier beispielsweise der Sonnentanz der Arapaho-Indianer[1], die Winter-Sonnenwendefeier[2] oder die Sommer-Schlangefeier der Oraibi-Indianer[3]. — So kompliziert und wohl auch mit sekundären Erweiterungen und Wildschößlingen bereichert diese Zeremonien auch sein mögen, so viel ist wenigstens an ihnen klar, daß die »dramatischen« durch Gesten und Symbole ausgedrückten Darstellungen der Naturereignisse, etwa des Sonnenlaufes oder des Regens, eine große Rolle spielen, und daß man durch diese Spiele den Gang der Naturereignisse zu beeinflussen glaubt.

Ganz derselben Art war die altmexikanische Religion. In mehreren Abhandlungen hat K. Th. Preuss dies dargelegt. Ich drucke einige Worte aus seinem Übersichtsartikel in RGG ab: »Die Kulthandlungen haben ihren Ursprung im wesentlichen in einer zauberischen[4] Beeinflussung des Naturgeschehens, also des Schicksals der Götter. — — Namentlich tritt der Sinn der Menschenopfer deutlich hervor. Die zu opfernden Menschen waren Abbilder der Götter, wurden als solche verehrt, und in ihnen tötete man die Götter selbst. Einmal war der Grund die Notwendigkeit des Todes der Sterne, damit die Sonne am Leben und in alter Kraft erhalten bleibe; und dann wurden die Götter in jedem Lebensabschnitt durch Tötung erneuert: der Wechsel der Jahreszeiten war nicht selbstverständlich, sondern bedürfte der zauberischen[4] Feste zu allen Zeiten des Jahres, um durch einen Analogievorgang das erwartete und erhoffte Ereignis zu sichern.«

So verrät denn auch das altmexikanische Drama deutlich seinen Ursprung aus der mimischen Darstellung der Fruchtbarkeitsdämonen (bezw. -Götter), die durch die dramatische Belebung zu gesteigerter Kraft gereizt wurden. —

Daß diese Kultform auch den alten Nordgermanen vertraut gewesen, zeigt der bekannte Zusatz zu der Geschichte Olafr Tryggvasons im Flateyiarbok[5]. Mit seinem Wagen, seiner Frau und seinen Dienern zieht

---

[1] Dorsey, The Arapao Sun Dance. Field-Columbian Museum Publications, Anthropological Series, Vol. IV, Chicago 1903.

[2] Dorsey & Voth, The Oraibi Soyal Ceremony, Field Columbian Museum Publications, Anthropological Series, Vol III, Chicago 1901.

[3] Voth, The Oraibi Summer Snake Ceremony, ib,. Chicago 1903.

[4] Falsch ist hier das Wort zauberisch. Was Religion ist, ist nicht Zauber; der Unterschied ist vielmehr fundamental, wenn auch die Formen die gleichen sind. Siehe Psalmenstudien I, S. 59—64.

[5] Schwedische Übersetzung bei Söderblom, Främande Religionsurkunder III, Stockholm 1908, S. 313 ff.

der Hauptgott in Uppsala, Freyr, im Lande umher und wird mit großen Ehren überall empfangen. Die Rolle Freyrs spielt dabei ein Mensch, der allem Anscheine nach zuletzt »geopfert« wird; durch seinen Tod ersteht Freyr zu neuem kraftvollerem Leben. — Daß hier das Leben der Vegetationsgottheit dramatisch verwirklicht wird, liegt auf der Hand. —

In Hellas ist, wie jedermann weiß, das profane Drama, sowohl die Komödie als die Tragödie, aus dem Dionysoskulte hervorgegangen und war ursprünglich ein Teil desselben. Der Kult des trakischen Dionysos ist von jeher ausgeprägt dramatischer Art gewesen, wie denn auch allerlei mimische Handlungen δρώμενα zu jeder Zeit zu den hellenischen Kulten gehört haben. An Dionysos sieht man deutlicher als an vielen anderen Göttern, wie sein Leben, seine Geschichte und sein Wirken sich ursprünglich im Kulte abspielen; der Mythus, der behauptet, dies Alles sei ein Mal, vor vielen Jahrhunderten, in der Urzeit, geschehen, ist eine Spiegelung dessen, was alljährlich im Kulte stattfindet. Ursprünglich wird Dionysos alljährlich geboren, stirbt und steht wieder alljährlich auf. Die Kultteilnehmer erleben das alles jedes Jahr als volle Wirklichkeit; sie erleben es, indem sie von der göttlichen, orgiastischen Kraft, die bis zum wilden Rasen gesteigert wird, gefüllt werden. Und indem sie an der wilden Jagd des Dionysoszuges durch Wald und über Berg teilnehmen, so durchleben sie die Geschichte des Gottes mit ihm. Durch mimische Handlungen und Symbole wird die Geschichte des Gottes dargestellt. »Schnell durchlebte man die verschiedenen Momente des göttlichen Lebens. Der Gott ist erwacht, er ist geboren, wird gepflegt, in einer Schwinge (Liknon) umhergetragen. Er ist zum Jüngling herangewachsen; die Weiber umschwärmen den von Zeugungskraft Erfüllten. Dann aber ist er in Stücke zerrissen. Da zerreißen und zerschneiden die Weiber das den Gott vertretende Opfertier, wahrscheinlich bisweilen auch einen Menschen, der ihnen zufällig in den Weg kam. In wildem Getümmel tanzen sie umher, Stücke des Opfertieres schwingend, bisweilen roh davon kostend.«[1] —

Nicht weniger klar tritt uns das Dramatische des Kultes in den verschiedenen hellenistischen Mysterienreligionen entgegen[2]. Der eigentliche Kern der Mysterienkulten, das letzte und höchste, das dem Mysten bei der Initiation enthüllt wurde, war »das mystische Drama« τὸ δράμα μυστικόν, die szenische, mimisch-symbolische Darstellung des Mythus der betreffenden Mysterien, d. h. des irdischen Lebens der Mysteriengottheit.

---

[1] Holwerda bei Chantepie de la Saussaye, Lehrbuch d. Religionsgeschichte[3] II, Tübingen 1905, S. 310 f.; vgl. 342 f.; 344 ff.
[2] Kurzer Übersichtsartikel von Kroll in RGG IV, Sp. 585 ff.

Durch das schauende Miterleben dieser göttlichen Ereignisse kam der Myste in Verbindung mit der Gottheit, nahm an ihrem Wesen und Natur Teil, wurde »eingegöttert«, ἔνϑεος, wurde der Kraft ihres Todes und Aufer- stehens teilhaftig: was der Gott erlebt hatte, das erlebte seitdem auch der Eingeweihte. — Übrigens wissen wir nicht viel von den Einzelheiten des mystischen Dramas; die Eingeweihten waren zum Schweigen ver- pflichtet. Wir wissen aber z. B., daß man in Eleusis die Trauer der Demeter über die Tochter Kore, die von dem Herrn der Unterwelt ge- raubt worden war, ferner das Suchen der Göttin nach der Tochter und endlich das Wiederfinden und die glückliche Wiedervereinigung der Mutter mit der Tochter und das Auferstehen der letzteren aus Hades darstellte. — Übrigens bildete auch der Festzug, ein sehr wichtiger Teil des Myste- rienkultes, zugleich einen Teil des Kultdramas im weiteren Sinne; er hatte einen tiefen »mystischen« Sinn, stellte eine Wirklichkeit dar, die durch die symbolischen Handlungen der tanzähnlichen Prozession angedeutet wurde[1]. —

Auch in dem alten Ägypten ist der Kult seinem Wesen nach deut- lich dramatisch. Die Feste wurden »an bestimmten Tagen gefeiert, an denen wichtige Ereignisse der Göttersage stattgefunden hatten, etwa am Tage, wo der Gott geboren war oder an dem, wo er seinen Feind be- siegt hatte«[2]. Wenn nach Erman daneben auch »noch die Anfänge der Zeitabschnitte, wie der Neujahrstag oder die Ersten der Monate« begangen wurden, so liegt hier z. T. ein sekundäres Auseinanderfallen von Mythus und Jahreswechsel vor, denn so deutlich sind die ägyptischen Götter ur- sprünglich Natur- und Vegetationsgötter, daß die Behauptung berechtigt erscheint, die Feste seien ursprünglich auf die Merktage des Jahres- wechsels oder des Vegetationslebens gefallen[3]. »Das Fest ist oft geradezu die Wiederholung eines Tages aus dem Leben des Gottes. Das hat denn schon in sehr alter Zeit dazu geführt, daß man bei den Festen Vorgänge aus der Göttersage aufgeführt hat. So erfahren wir auf einem Denksteine der königlichen Sammlung [zu Berlin], daß ein vornehmer Schatzbeamter, der unter König Sesostris III in Abydos zu tun hatte und dabei an den Festen des Osiris teilnahm, etwa bei acht verschiedenen Aufführungen

---

1 Farnell, The Cults of the Greek States III, Oxford 1907, S. 165 ff.
2 Erman, Die ägyptische Religion[2]. Berlin 1909, S. 62.
3 Die Trennung von Götterfesten und Kalenderfesten ist durch die Eigen- tümlichkeit des ägyptischen Kalenders bedingt. Das ägyptische Sonnen- jahr von 365 Tagen wurde nicht mit dem natürlichen Jahre ausgeglichen; der bürgerliche Neujahrstag bewegte sich im Laufe einer Siriusperiode durch das ganze Naturjahr hindurch.

mitwirkte, in denen die ganze Geschichte des Gottes zur Darstellung kam. Am Tage des ersten Auszuges zog Wep-wawet, der schakalsgestaltige Gott aus, um seinen Vater zu schützen. An einem zweiten Tage wurden Kämpfe um die Barke des Gottes vorgestellt, bei denen Orisis obsiegte. Dann aber beim großen Auszuge fand der Tod des Osiris statt, über den die Inschrift ebenso scheu hinweggeht, wie dies später Herodot bei seiner Erzählung dieser Dinge tut. Später wurde Osiris zu seinem Grabe in Peker geleitet, einer Stelle in Abydos, wo man in einem alten Königsgrabe die Ruhestätte des Gottes zeigte. Und dann kamen die Tage des Triumphes: an jenem Tage des großen Kampfes wurden die Feinde des Osiris besiegt und alle auf dem Gewässer von Nedit niedergeworfen. Der Gott aber stieg in die große Barke, und sie trug seine Schönheit und alles Volke frohlockte, als es die Schönheit der Neschmetbarke sah, wie sie in Abydos landete und den Osiris wieder zu seinem Palaste brachte.«[1]. Von einem anderen Osirisfest wird erzählt, daß man das Begräbnis des Osiris feierte; am zweiten Tage erhebt man ihn wieder zum Leben, indem man symbolisch einen Holzpfeiler an Stricken in die Höhe zieht, bis daß er aufrecht steht. Die Menge jubelt und tanzt und springt im Festzuge; andere Haufen gehen aufeinander mit Fäusten und Stöcken los und prügeln einander mit dem tiefsten Ernst und Hinaufgehen in die Aufgabe[2]. Ähnlich ging es auch in der spätesten Zeit vor, am Osirisfeste im November. Es dauert drei Tage; Osiris' Tod wird dargestellt; man sieht, wie Iris seine Leiche sucht und zuletzt findet; man lebt mit ihr in ihrer Trauer über den Gestorbenen[3]. — Es kann keinem Zweifel unterliegen, daß wie hier den eigentlichen Kult der alten Ägypter haben. Der tägliche sogenannte Kult in den ägyptischen Tempeln, der in der Toilette und der Bespeisung und Aufwartung des Gottesbildes bestand, ist etwas sekundär Entwickeltes, eine reine Priestersache, keine Angelegenheit der Gemeinde, geschweige denn der religiösen Gefühle und der Hingebung.

Von besonderem Interesse für unser Thema ist es, daß man im Zusammenhang mit den Osirisfesten das Thronbesteigungsfest des Horus mittels einer dramatischen Liturgie feierte — Horus ist in der ägyptischen Theologi der Osiris redivivus. Von diesem Fest erzählt Ramses IV, »daß er in Abydos dem Osiris Licht angezündet habe, am Tage, wo man seine Mumie balsamiert. Er wehrte den Seth (den Feind und Bruder des Osiris) von ihm ab, als er seine Glieder rauben wollte. Er setzte

---

[1] Erman, op. cit. S. 64.
[2] Ebenda S. 64 f.
[3] Ebenda S. 270.

seinen Sohn Horus als seinen Thronerben ein«[1]. Ebenso ist es — wie
wir oben gesehen haben — für unser Thema von Bedeutung[2], daß man
mit diesem Horusfest ein Fest feierte, das sich auf die Thronbesteigung
des irdischen Königs bezieht, das Sedfest, »das man das erstemal dreißig
Jahre nach der Thronbesteigung feierte und das man dann alle drei Jahre
wiederholte«[3]; Pharao ist eben der irdische Horus. —

An dem babylonisch-assyrischen Neujahrsfeste wurde der
Kampf Marduks, bezw. Assurs, gegen das Ungeheuer des Urmeeres zum
Teil symbolisch-pantomimisch dargestellt[4]. Vielleicht spielte der König die
Rolle des Gottes im Festdrama[5], das heißt aber nach primitiver Auffassung,
daß er der Gott ist; mystisch-sakramentalisch vollzieht sich in dieser Weise
die Verbindung zwischen Volk und Gott in der Person des göttlichen
Königs. — Vielleicht hat man dabei auch die Hochzeit des Gottes drama-
tisch als ein ἱερὸς γάμος gefeiert[6].

Wenn man aber den Kampf Marduks gegen Tiamat dramatisch dar-
gestellt hat, so liegt es in der Natur der Sache, daß den Abschluß des
Dramas die Thronbesteigung Marduks als Götter- und Weltkönig gebildet
haben muß. Denn diese Inthronisation Marduks als oberster Gott und
König ist der eigentliche Sinn des Marduk-Tiamat-Mythus, des sogenannten
Siebentafel- oder Schöpfungsepos; Näheres unten. —

Wenden wir uns nun endlich an den christlichen Kultus, so
finden wir auch hier das Kultdrama. — Im Kulte der griechischen
Kirche ist noch die Darstellung der Kultsage die Hauptsache. Zugleich
sehen wir hier klar, daß das Dramatische nicht notwendig in einer lebens-
treuen Aufführung zu liegen braucht; die Darstellung kann durch Symbole
geschehen, durch Handbewegungen, Beugungen, Körperstellungen, durch

[1] Nach Erman op. cit. S. 64.
[2] Siehe I 2 a.
[3] Ebenda S. 65.
[4] Jeremias, Handbuch der altorientaL. Geisteskultur, Leipzig 1913, S. 312 f.
[5] Ebenda S. 313. Die Deutung Jeremias' beruht hier auf der Ergänzung eines
   im Texte korrupten Zeichens (x-ku = mal-ku, d. h. der König, oder ana-ku,
   d. h. ich, Sanherib, der die Inschrift herstellen ließ). — Wie gewöhnlich
   bei den Panbabylonisten behandelt Jeremias hier als sicher, was nur eine
   recht wahrscheinliche Hypothese ist, vgl. die Rolle des ägyptischen Königs
   in dem Osiris-Horusdrama oben. Eine derartige religiöse Bedeutung des
   Königs würde zu den Anschauungen des alten Orients durchaus stimmen.
[6] Jeremias, op. cit. S. 313 f. — Im Gilgameschepos, Tafel II wird anscheinend auf eine derartige Kulthandlung hingedeutet; der König feiert seine
   heilige Hochzeit mit der Göttin Iš-ḫara; vgl. hierzu in Athen den jährlichen Beischlaf der Basilinna (der Frau des ἄρχων βασιλεῦς) mit Dionysos.

prozessionsähnliche Handlungen, durch Herumtragen symbolischer Gegen·
stände u. ä. So ist es eben in der orthodoxen Kirche. Die Eucharistie,
der Mittelpunkt des Gottesdienstes, ist durch solche liturgischen Handlungen,
die alle einen mystisch-symbolischen Sinn haben, zu einer bildlich-mimi-
schen Darstellung des ganzen Lebens des Heilands, von dem Empfängnis
bis zur Himmelfahrt, ausgewachsen. In diesem Drama ist der Zuschauer
— wie weiland der Myste — ein Mitagierender; durch das schauende Miterleben nicht weniger als durch den Abendmahlsgenuß, wird er in mystischer Weise in den »Vergötterungsprozeß« hineingezogen, auf den das
Ganze zielt; er wird der göttlichen Natur, der Unsterblichkeit teilhaftig.
Und der kirchliche Name des göttlichen Vorganges ist noch »Das heilige
Drama τὸ ἅγιον δρᾶμα« oder »die göttliche Tragödie« ἡ ϑεία τραγῳδία[1].

Ein solches Drama hat in der Wirklichkeit auch die römisch-
katholische Kirche in dem Meßopfer. Es mag vielleicht richtig
sein, daß in der dogmatischen Theorie das Meßopfer den Zweck hat,
»Gott an das einmalige und große Opfer auf Golgatha zu erinnern«, damit
er sich bestimmen ließe, »seine Gnade und Güte den Menschen zuzuwen-
den«, und daß nicht der Gedanke einer »Wiederholung der Opferung des
Menschensohnes«, sondern »nur der Gedanke einer Vergegenwärtigung
des Golgathaopfers vor Gott« in der theologischen Literatur vorhanden ist[2].
Eine »Vergegenwärtigung« dieser Art ist·trotzdem nichts als eine Wiederholung, »geistig« zwar, aber dennoch real. Durch die liturgische Konsekration des Priesters wird das blutige Opfer Christi auf Golgatha unblutig
wiederholt. Das zeigen die populären Vorstellungen der katholischen Kirche,
wie sie etwa in der Legendenbildung hervortreten. Die Hostie wird ver-
wandlet — ekstatisch können die Frommen den verwandelten und gegen
die dogmatische Theorie noch bluttriefenden Leib Christi auf den gehobenen
Händen des Priesters sehen — so z. B. in der Graalslegende — und der
Priester bringt den Leib Christi Gott als ein Opfer dar. Daß es so ist, zeigt
auch der Umstand, daß der Schwerpunkt der katholischen Eucharistie nicht
in dem Genuß der Elemente, sondern in der Konsekration und der sich
damit vollziehenden Transsubstantiation liegt. Die grundlegende Heilstatsache wiederholt sich mit vollständiger Wirkung[3].

---

[1] Vgl. Drews, Geschichte des christlichen Gottesdienstes, RGG II, Sp. 1575.
— Zur Terminologie vgl. Söderblom, Ur religionens historia, Stockholm
1915, S. 57.

[2] Scheel, Artkl. Opfer II, RGG IV, Sp. 971 f.

[3] Das Essen der transsubstansierten Elemente ist eigentlich nach dieser,
auf dem römisch-juristischen Satisfaktionsgedanken fußenden Opfertheorie
überflüssig und daher zurückgedrängt. Das Essen des eingegötterten

Es ist denn auch eine bekannte Tatsache, daß der dem Kulte immanente Trieb zum Drama auch im katholischen Mittelalter sich auf vielen
Punkten geltend gemacht hat[1]. Es genügt hier, auf die Passionsspiele[2]
und die Weihnachtsspiele[3], die beide noch fortleben, wenn auch z. T.
von dem Gottesdienste losgetrennt, hinzuweisen. —

In dem protestantischen Gottesdienst ist nicht mehr viel
vom Drama übrig. Von der dramatischen Wiederholung ist eigentlich nur
die geistige Wiederbelebung und Vergegenwärtigung geblieben. Das Ursprüngliche tritt aber in vielen Formen noch zu Tage. So in dem regelmäßigen Zyklus des Kirchenjahres. Im Laufe des Kirchenjahres
soll sich die Heilsgeschichte, das Leben und Leiden Christi, abspiegeln.
Die Feste werden »zum Gedächtnisse« der großen heilsgeschichtlichen
Ereignisse, Christi Geburt, Auferstehung, Himmelfahrt, Ergießung des
Geistes, gefeiert. Hinter diesen Gedächtnisfeiern liegt aber die dramatisierende Wiederholung, die jetzt zu gewissen rudimentären liturgischen Formeln erstarrt ist. In spiritualisierter Gestalt lebt aber die Wiederholung
fort als »Vergegenwärtigung«. Der Gottesdienst erstrebt eine subjektive,
psychologische Wiederholung der Heilstatsachen bei den Kultgenossen:
Christus muß in den Herzen der Feiernden geboren werden, sterben, auferstehen, erhöht und verherrlicht werden; auch seinen Tod soll die Seele
des Gläubigen mitempfindend erleben, sich in ihn versenken. Noch klingt
daher das Ursprüngliche vielfach nach — bewußt oder unbewußt. »Oss er
i dag en frelser født« (Uns ist heute ein Heiland geboren) singen wir am
Weihnachtstag in unseren (norwegisch-lutherischen) Gottesdiensten; »Christus ist auferstanden«, klingt es — jetzt, indem der Hymnus einherbraust.
Sehr schön klingt uns diese Vergegenwärtigung der Vergangenheit in dem
Psalm Landstad's entgegen:

> Opstanden er den Herre Krist,
> her Syn for Sagn er gangen vist.
> Som fordags led den bitre Død
> at frelse os af al vor Nød.
> For Gravens Dør var lagt en Steen,
> den gjør os nu slet ingen Meen.
> Tre Kvinder gik imorges ud,
> de kom igjen med Livsens Bud[4].

Fleisches hat eigentlich nur dann einen Sinn, wenn es Gott selbst ist,
der getötet wird, oder wenn die göttliche Kraft und „Natur" im Fleische
steckt; dann ist aber ein „Opfer" überflüssig.

[1] Mittelalterliche Mysterien, Übersichtsartkl. von Weber, RGG IV, Sp. 593 f.
[2] Vgl. Süß, Passionsspiele, RGG IV.
[3] Vgl. Kaiser, Weihnachtsspiele, RGG V.
[4] Landstad (1802—1880), Norwegisches Kirchengesangbuch, Nr. 349.

»Vorgestern« (fordags) hat der Herr Christus den Tod gelitten, wurde begraben, das Grab versiegelt; »heute Morgen« (imorges) aber gingen drei Weiber hinaus und sind jetzt mit der Botschaft des Lebens zurückgekommen. In dieser — allerdings nur subjektiv-poetischen — Vergegenwärtigung der Tatsache der Auferstehung hat Landstad, bewußt oder unbewußt, das innerste Wesen des Kultes getroffen [1]. — —

Diese zufällig herausgegriffenen Beispiele des dramatischen Kultes müssen genügen. Sie können beliebig vermehrt werden. Jeder nicht degenerierte Kult hat etwas von der dramatischen Art an sich.

c) Spuren des Kultdramas in Israel.

Von besonderer Bedeutung für unser Thema wird es nun sein, wenn auch der israelitische Kultus derselben Art gewesen, d. h. wenn es uns gelingen sollte, Spuren dieser ursprünglichen Form in ihm nachzuweisen.

Es versteht sich nämlich von selbst, daß der jüdische, in der Priesterschrift kodifizierte Kult im besten Falle nur Spuren des Ursprünglichen enthalten wird. Denn der späte jüdische Tempel- und Opferdienst ist kein echter unbefangener Kult mehr. Das Judentum, dem wir diese Kodifizierung und Systematisierung verdanken, ist in Wirklichkeit keine Kultreligion gewesen. Es ist im Gegensatz zu der vorexilischen nationalen Kultreligion eine ausgesprochene Gesetzesreligion gewesen. In Bezug auf den Kult heißt das. daß derselbe nicht mehr geübt wird, weil man ihn versteht, sondern weil er traditionell ist. Oder mit anderen Worten: nicht weil der Kult das dem ganzen Denken entsprechende logische Mittel ist, gewisse segensreiche Wirklichkeiten der Gemeinde zuströmen zu lassen, hat man den Kult geübt, sondern weil er nun einmal zu den vielen, an sich rein willkürlichen Geboten gehörte, auf die Jahwä die Gemeinde verpflichtet hatte. Wie er Beschneidung, Sabbat, Quasten und Schnüren geboten, weil es ihm so geruht hat, so hat er auch Opfer, Schlachten, Blutbesprengen und Wassergießen geboten — er hätte aber ebensogut etwas ganz anderes gebieten können, die Gemeinde hat ihm jedenfalls nur Gehorsam zu leisten. — Dieser dem alten Kulte gegenüber verständnislose Nomismus einerseits, die schon in vorexilischer Zeit einsetzende Steigerung der priesterlichen Macht und des priesterlichen Selbstbewußtseins andererseits haben nun

---

[1] Er steht in dieser Hinsicht nicht vereinzelt in unserem Kirchengesangbuch da. Man vergleiche z. B. das Himmelfahrtslied des Mystikers Brorsons 1694 — 1763), Kirchengesangbuch Nr. 412, den Abendmahlspsalm von Thomas ab Aquino (ebenda Nr. 309), Kingo's „Over Kedron Jesus træder" (ebenda Nr. 317).

eine Systematisierung und Weiterspinnung der priesterlich-kultischen Einzelheiten herbeigeführt, die den Geist des alten Kultes getötet hat und nur
die überentwickelten äußeren Formen desselben bestehen ließen. Jede Einzelheit wurde für sich als äußeres Gebot betrachtet, und aus ihr wurden
alle möglichen Konsequenzen herausgedreht, bis schließlich das talmudische
System dastand in all seiner Geistlosigkeit und innerer Irrationalität. Der
Kult wurde in dieser Weise reine Priestersache, ohne inneren Zusammenhang mit dem Leben und den religiösen Gefühlen der Gemeinde.
Daher konnte er auch bei der Zerstörung des Tempels in Trümmer
stürzen, ohne eigentlich vermißt zu werden; die wirkliche Religion der
Gemeinde, der innere Trieb der Frömmigkeit hatte sich schon lange in
der Synagoge andere Kultformen geschaffen, die das leisteten, nach dem
die Frömmigkeit sich sehnte.

Dazu ist noch ein anderes in Betracht zu nehmen. Was in P. aufgenommen wurde und was nicht, ist sehr zufällig. Die ursprüngliche
Priesterschrift war bekanntlich kein Gesetzeskodex, sondern ein Geschichts-
werk; nach und nach sind verschiedene Gesetzessammlungen in P. interpoliert worden, zufällig und recht planlos. Das sind meistens Gesetze, die
den Kult von dem Gesichtspunkt der priesterlichen Technik oder der Ab-
gabepflichten der Laien betrachten; daher werden z. B. der Gesang und
die Gebete bei den Opfern und Reinigungen nicht erwähnt. Aus P. läßt
sich somit nur ein sehr dürftiges, lückenhaftes und falsches Bild der wirklichen Gottesdienste gewinnen. Die zweite Hauptquelle unserer Kenntnis
des Kultes, den Psalter, hat man bis jetzt nicht als solche würdigen wollen.

Wir müssen uns somit zufrieden stellen, wenn wir im Gesetz oder
in den geschichtlichen Nachrichten S p u r e n des Ursprünglichen entdecken
können. Die werden wir aber auch finden. —

Im Gesetze nicht bezeugt sind die Zeremonien am siebenten Tage des
Laubhüttenfestes, der in der Mischna (Traktat Sukka) erwähnte Ritus des
W a s s e r a u s g i e ß e n s und das U m s c h r e i t e n des mit Maien geschmückten Altars[1]. Ersteres ist aber in Jes. 12, 3, der bei der genannten
Zeremonie gesungen wurde, bezeugt; denn dieser Gebrauch des Psalms
trifft den ursprünglichen Sinn derselben[2]; letzteres in Ps. 118, der wohl
für diese Zeremonie gedichtet ist und aus ihr seine Erklärung erhält. —

[1] S. Volz, Biblische Altertümer, Calw-Stuttgart 1914, S. 98 f. — Siehe Näheres unten II 3 b.

[2] Der Sammler des Buches Jes. 1—12 hat sein Buch mit einem anschau-
lichen Bilde des kommenden Heils abschließen wollen, und das tut er
durch die Weissagung, daß dereinst das Volk wieder das alte wohlbekannte Festlied von Glück und Frieden und Wohlfahrt singen werde:

Diese beiden Zeremonien haben ein echt primitives, altertümliches und unjüdisches, will heißen israelitisches Gepräge. Sie gehen auf uralte Regen- und Vegetationskulte zurück, die am Anfang des neuen Jahres die Erweckung des Regen- und Vegetationsgottes zum neuen Leben bezwecken. Durch die feierliche Prozession, durch Chöre und Wechselgesang und Posaunenblasen wird noch in der jüdischen Zeit etwas von dem Eindruck des ursprünglichen Fruchtbarkeitsdramas erweckt. Wie das »Drama« einmal auf kananäischem Boden ausgesehen haben mag, darüber können wir natürlich nicht viel sagen. —

Spuren einer ursprünglicheren Kultform zeigt das P e s a c h g e s e t z Ex. 12. Nach P. — wie noch heutzutage — gehört hier zur Festfeier das Erzählen der Festsage. Der jüngste Festteilnehmer soll fragen: warum begehen wir dieses Fest also? Als Antwort soll der Liturg, in diesem Falle der Hausvater, die heilige Geschichte, die Sage von der Auswanderung aus Ägypten, erzählen. — Hinter diesem Erzählen sehen wir aber das primitive Spiel. Das Fest besteht darin, daß man es genau so macht, wie damals bei der ersten Exodus. Die Tür wird geschlossen, das Blut auf die Pfosten gestrichen; denn auch heute geht der Würgeengel draußen umher. In dem noch heute als bundesstiftendem Sakrament aufgefaßten Pesachlamm, dessen Fleisch vollständig aufgegessen werden mußte, war in alter, für uns vorgeschichtlicher Zeit die Kraft des Gottes verkörpert. Daher ist das Mahl ein Sakrament, aus dem lebenserhaltende und zugleich die Bande der Sippe stärkende, dieselbe zu einer Einheit zusammenbindende Kräfte ausgehen. Und noch ursprünglicher war das Lamm die Gottheit selbst, die alljährlich zum Heile ihrer Verehrer im Kulte getötet und verzehrt wurde, die aber jedesmal zum neuen Leben erweckt wurde; die Wiederbelebung zu ermöglichen ist eben der Zweck des Nichtzerbrechens der Gebeine[1]. Ursprünglich wird sich so das Leben der Gottheit wiederholt haben. — Jahwistisch im späteren Sinne ist dies alles nicht; es kann aber dennoch sehr wohl gut altjudäisch oder altisraelitisch gewesen sein. —

Zur Feier des L a u b h ü t t e n f e s t e s gehörte das achttägige Wohnen in Laubhütten, »zum Andenken« der Wüstenzeit, als die Israeliten in

---

wo das alte Lied von dem Wasserchöpfen aus den Quellen des Heils wieder erklingt, da ist das Heil wieder verwirklicht.

[1] Vgl. zu dieser Deutung die Böcke des altnordischen Thors, die allabendlich aufgegessen werden und am folgenden Morgen wieder lebendig sind. Nur wenn die Knochen ungebrochen und ungespalten bleiben, können die Böcke ihre frühere Kraft und Gesundheit wieder erhalten. Als einmal der Schenkelknochen gespalten wurde, hinkte der Bock am folgenden Morgen, er war fußlahm geworden (Snorre, Gylvaginning).

Hütten 40 Jahre lang wohnten. Hier hat der dem Kulte immanente Trieb zum Dramatischen, zur Wiederholung der heilsgeschichtlichen Tatsachen, sich einen schönen Ausdruck gegeben. — Natürlich ist diese Deutung des Laubhütten eine Umdeutung; diese haben ursprünglich in Verbindung mit dem oben erwähnten Fruchtbarkeitskulte gestanden. Daß ist aber hier belanglos. Denn erstens war die Sitte schon in ihrer alten Bedeutung ein Stück eines dramatisierenden Kultes, der aus sinnvollen und tatkräftigen Handlungen bestand, und zweitens beweist eben die Umdeutung, daß das Gefühl für die dramatisch wiederholende Art des Kultes noch lebendig war: im Kulte wird die Heilsgeschichte wieder Wirklichkeit. —

Die deutlichsten Beispiele des dramatischen Kultes in Israel werden unten folgen II 3 c, d.

d) Jahwä's Thronbesteigungstag ein jährlicher Festtag.

Wir haben schon erwähnt, daß die Thronbesteigungspsalmen keine zeitgeschichtlichen Anspielungen enthalten. Sie sind alle sowohl was die Ausdrücke als die Gedanken betrifft, sehr wenig konkret; einen sehr hervortretenden Platz nehmen allerlei augenscheinlich liturgische Formeln ein (»Jahwä ist König geworden«; die sehr stereotypen Aufforderungen zum Lobpreis, z. B. Ps. 96, 10. 12; 98, 7 f.; die sehr abgeschliffenen Hindeutungen auf die Schöpfung als die eigentliche Ruhmes- und Königstat Jahwä's u. a. m.). Daß mehrere von ihnen rein liturgische Kompositionen sind, ohne jede zeitgeschichtliche Veranlassung, haben Olshausen und Duhm richtig erkannt.

Auch ein rein liturgisches Lied hat aber eine Veranlassung und einen Zweck, und zwar einen kultischen. Wenn wir unserer Betrachtung die Hypothese zu Grunde legen dürfen, daß diese Lieder kultische Lieder sind, so müssen die etwaigen Hindeutungen sich auf Begebenheiten aus der Geschichte des Gottes oder auf gewisse Taten desselben, d. h. auf Begebenheiten und Taten, die im Kulte gefeiert, ursprünglicher wiederholt, noch ursprünglicher verwirklicht wurden, beziehen. M. a. W.: wenn unsere Psalmen Kultlieder sind, so muß die Thronbesteigung Jahwä's nicht in der eschatologischen Zukunft oder in den Wünschen und Phantasien der Gläubigen, sondern im Kulte, als eine im Kulte religiös erlebte Wirklichkeit stattgefunden haben. Das heißt aber, daß der Thronbesteigungstag Jahwä's als ein nach gewisser Zeit wiederkehrender Festtag im Kulte gefeiert worden sein muß; und da nun der kultische Festzyklus der Jahreszyklus war, so wird man den Thronbesteigungstag Jahwä's alljährlich zu einer gewissen Zeit gefeiert haben.

Eine andere Erwägung führt zu demselben Ergebnis. Wie überall im
alten Orient[1], so ist es auch in Israel ein charakteristischer Zug im Gottes-
bilde, daß der Volksgott K ö n i g ist. Jahwä ist »der König Jakobs« (Jes.
41, 21), »der König Israels« (Jes. 44, 6). Wenn Jesaja einen Ausdruck
für die überwältigende Majestät der Gotteserscheinung geben soll, so heißt
es: »Den König, Jahwä der Heere, haben meine Augen gesehen« (Jes. 6, 5).
Vgl. noch Dtn. 33, 4; Jes. 33, 17. 22; 43, 15; Jer. 48, 15; Micha 4, 7; Ps. 5, 3;
44, 5; 74, 12. So tief eingewurzelt war in Israel die Idée des Königtums
Jahwä's, daß es sehr häufig Kreise im Volke gegeben, denen das irdische
Königtum als ein Abfall von Jahwä galt (I Sam 12). — Ist dem aber so,
dann muß die Vorstellung von dem Königtum Jahwä's sich im Mythus,
in der Geschichte des Gottes, Ausdruck gegeben haben. Es muß einmal
erzählt worden sein, daß und wie Jahwä König wurde — und daß man
tatsächlich einmal so erzählt hat, werden wir unten II 1 sehen. — Ist aber
der Kult Wiederholung und Wiederbelebung der grundlegenden Heilstatsachen, d. h. der wichtigsten Begebenheiten in der Geschichte des Gottes,
im Gottesmythus, so muß dieses Ereignis, die Thronbesteigung Jahwä's,
im Kulte gefeiert worden sein. —

Drittens: diese These wird von den Analogien aus den anderen orientalischen Religionen und Kulten, denen ihr Hauptgott als König galt,
bestätigt. — Wir erwähnen hier zwei solche Analogien.

»Am Tage vor seinem großen Feste verläßt der Horus von Edfu
seinen Tempel, begleitet von seinem Mitgotte Chons und zieht den beiden
heiligen Wesen entgegen, die von anderen Städten gekommen sind, ihn
zu besuchen, dem Horus von el Kab und der Hathor von Dendera.« —
Diese sind augenscheinlich als seine Helfer und Vasallengötter zu denken.
»Was diese Götter zusammen in vieltägiger Feier wieder durchleben sollen,
ist ihr Triumph über Seth und Seth's Genossen und die Thronbesteigung
des Horus.« Wie oben S. 30 f. erwähnt, wird sowohl der Kampf als die Inthronisation dramatisch wiederholt. An die Thronbesteigungszeremonien schließt
sich ein großes Volksfest; die Fürsten spenden Gaben, und die Gäste aus
den Nachbarstädten »setzen sich und trinken und feiern einen Festtag vor
diesem ehrwürdigen Gotte; sie trinken und salben sich und jubeln sehr

---

[1] Die orientalischen Könige sind vielfach die Statthalter ihres Gottes, des
obersten Königs; so in Babylonien-Assyrien, siehe Jastrow, Die Religion
Bab. u. Ass. I, S. 211. König (*šarru*) ist das stehende Epitheton der
babylonischen Götter. Die ägyptischen Götter Re und Horus waren die
ersten Könige Ägyptens. Der Hauptgott der Ammoniter ist Milkom, d. h.
der König. Usw.

laut, zusammen mit den Einwohnern der Stadt« — wie es in den alten Quellen heißt[1].

Ähnlich in Babylon. Hier ist der Neujahrstag der große Festtag Marduks. Dann zieht er in großer Prozession auf seinem prachtvoll geschmückten Schiffswagen der *via sacra* Babylons entlang von seinem Tempel zu der sogenannten »Schicksalskammer«, einem Heiligtum außerhalb des Marduktempels, wo er mit den anderen niedrigeren Göttern, seinen Vasallen, in großer Götterversammlung das Schicksal des kommenden Jahres bestimmt[2]. — Wie wir oben sahen, war der Neujahrstag der jährliche Thronbesteigungstag des irdischen Königs von Babylon. Und viele Umstände berechtigen uns auch dazu, das Neujahrsfest Marduks als ein Thronbesteigungsfest, ein Fest, an dem die Thronbesteigung des obersten Gottes wiederholt wurde, aufzufassen. Die Götter der Nachbarstädte, vor allem sein Sohn Nabû von Borsippa, kommen in feierlichem Aufzuge, ihm als Oberherrn zu huldigen. Der Name, den er als Schicksalsbestimmer führt, lautet: »der König des Himmels und der Erde«[3]. Das Neujahrsfest ist somit das Fest, das vor allen Marduk als König der Götter und der Welt feiert. — Dann ist es aber auch eine naheliegende und berechtigte Annahme, daß der Mythus, der uns berichtet, wie der junge Marduk von Babylon der Götterkönig geworden ist, nämlich der Weltschöpfungsmythus *Enuma éliš*, der Festmythus des Neujahrtages, des Königtages Marduks, gewesen ist[4]. Die eigentliche Pointe dieses Mythus ist die Inthronisation Marduks als Götterkönig.

Es wird hier erzählt, daß das Ungeheuer Tiamat, das Urmeer, das Urchaos, sich gegen die jüngeren, jedoch höher gestellten Götter empörte. Die Klügsten und Mächtigsten unter ihnen, Anu und Ea, versuchen, den Kampf gegen das Ungeheuer aufzunehmen, müssen sich aber mit unverrichteter Sache davon machen. Dann gehen die Götter zu dem jüngsten unter ihnen, Marduk, dem Sohne Eas, und bitten ihn, gegen Tiamat zu ziehen. Das verspricht er auch unter der Bedingung, daß sie ihn zum König machen und ihm die »Schicksalstafeln«, deren Träger das Recht gebührt, das Schicksal der Welt zu bestimmen, d. h. sie zu beherrschen und über sie zu gebieten, übertragen werden. Da nun Marduk durch ein Wortwunder sie davon überzeugt hat, daß er die zum Kampfe und zur Herrschaft nötige Wundermacht und »Gottheit« besitzt, so brechen sie alle

---

[1] Nach Erman, Ägyptische Religion[2], S. 234 f.

[2] Zimmern, Die Keilinschriften und das Alte Testament[3], S. 541 f.

[3] Zimmern, Op. cit. S. 402, N. 1.

[4] Das ist meines Wissens auch die allgemeine Annahme der Assyriologen.

in Jubel aus, führen ihn zur himmlischen Schicksalskammer und rufen ihn
zum König der Götter und der Welt aus, und zwar mit denselben Worten,
mit denen in den israelitischen Thronbesteigungspsalmen Jahwä als König
proklamiert wird: *Marduk-ma šarru*, Marduk ist König geworden [1]. Dann
zieht er in den Kampf, tötet Tiamat, bindet den Kingu, ihren Wesir und
Gatten, und nimmt ihm die von Tiamat mit Unrecht geraubten Schicksalstafeln ab und legt sie auf seine eigene Brust: jetzt ist er wirklich König.
Den Abschluß des Kampfes bildet die Schöpfung des Kosmos, der aus dem
Leibe des getöteten Chaosungeheuers gebildet wird. Und als nun die Götter
diesen letzten Beweis der überlegenen Weisheit und Macht Marduks sehen,
so wiederholen sie die Königshuldigung und legen ihm alle seine Ehren-
namen bei. Der Schluß des Gedichtes bilden eine Aufforderung zum
Lobpreise Marduks und ein Jubelhymnus auf ihn.

Zwischen dem Mythus und den Zeremonien des Festes finden sich,
wie man sieht, große Übereinstimmungen. In beiden Fällen wird dem Marduk als Götterkönig, als König des Gottesstaates gehuldigt; es sind die anderen Götter, die ihm huldigen. Die Huldigung findet in beiden Fällen in
der Schiksalskammer statt, dort in der himmlischen, hier in deren Abbilde,
der irdischen zu Babylon. Im Mythus wie beim Fest trägt Marduk die
Schicksalstafeln. — Und wenn es nun richtig sein sollte, daß, wie wir
oben erwähnt haben, das Neujahrsfest mit dramatisierenden Darstellungen
des Chaoskampfes gefeiert wurde (S. 32), so ist es völlig klar, daß der
Schöpfungsmythus den Inhalt des Neujahrsfestes spiegelt. Das Fest war eine
Wiederholung des Drachenkampfes und der Schöpfung und der darauf begründeten Thronbesteigung Marduks. Der Schlußhymnus des Epos wird
somit wohl einer der Hymnen gewesen, die am Feste gesungen wurden [3].

Diese Analogien genügen. Erwähnt sei es nur, daß Marduk überhaupt und so auch als Drachenbesieger die Rolle des altbabylonischen
Gottes Enlil übernommen hat; es ist daher fast sicher, daß man früher
ein ganz ähnliches Fest ähnlichen Inhalts dem Enlil gefeiert hat. — Den
Platz Marduks hat seinerzeit wiederum Asur eingenommen; auch er ist
daher als Weltschöpfer und Götterkönig gefeiert worden. — Wenn wir
Genaueres über die vorderasiatischen Götterkulte wüßten, so würden wir
sicher von mehreren Thronbesteigungsfesten erzählen können. — —

---

[1] *Enuma êliš* II 131—141; III 113—124; IV 1—30. Übersetzungen von
Jensen in KB VI 1 und Ungnad bei Greßmann, Altorientalische Texte und
Bilder S. 14 ff.

[2] *Enuma êliš* IV 28.

[3] Ein anderes Einzugslied, jedoch bittender Art, ist von Ungnad, in AOTB
übersetzt, S. 84 f.

Zu diesen apriorischen und analogischen Erwägungen kommen nun
die direkten literarischen Bezeugungen eines solchen Festes wie das von
uns postulierte.

Wir werden unten II 2 eine Reihe von Stellen besprechen, die dort
als Mittel zur Feststellung des Tages des Festes in Betracht kommen, die
wir aber hier als Belege der Existenz eines solchen Festes kurz betrachten wollen.

Aus den »Thronbesteigungspsalmen« läßt sich unter Voraussetzung
ihrer kultischen Benutzung das Bild eines Festes konstruieren, das als ein
Thronbesteigungsfest Jahwä's mit einem großen Aufzug mit der Lade gefeiert wurde, und dessen Kultmythus der Schöpfungsmythus, z. T. im Sinne
der Exoduslegende umgedeutet, daneben aber auch ein »Kampfmythus« und
ein »Gerichtsmythus« gewesen sein müssen. — Das alles werden wir unten
Kap. II 1 näher ausführen.

Es erhebt sich dann die Frage: ist ein jährliches Fest bezeugt, auf
das diese Züge passen?

Zunächst sei hier darauf hingewiesen, daß wir in II Sam. 6 und I Kg. 8
nebst Parallelen zwei scheinbar einmalige Feste finden, die mehrere dieser
Züge aufweisen. Wir werden unten sehen, daß diese Festberichte sich in das
aus den Thronbesteigungspsalmen zu erschließende Bild genau hineinfügen
lassen, so daß man sicher behaupten darf, daß das »einmalige« Fest nach
dem Vorbild des von uns postulierten alljährlichen Festes gebildet worden
ist. Ganz unzweideutig stellt der Chronist I Chr. 16 durch die Wahl der
bei dieser Gelegenheit angeblich gesungenen Psalmen das Fest in II Sam. 6
als ein Thronbesteigungsfest Jahwä's dar. Wie werden aber auch sehen,
daß die »Einmaligkeit« der hier genannten Feste eben nur ein Schein ist.

Wie steht es aber mit anderen noch direkteren Bezeugungen? Gibt es
ein Fest, auf das die oben erwähnten Züge passen? — Ja, eben das Herbst-
und Neujahrsfest. — Denn 1. zur Zeit des Neujahrsfestes hat Salomo die
Lade zu dem neuen Tempel »hinaufziehen« lassen, und in den Hauptzügen
ist dieser Aufzug Salomos eine kultische Wiederholung des Aufzuges der
Lade unter David, der eben deshalb wahrscheinlich am selben Tage stattgefunden haben wird. Beide diese Feierlichkeiten werden nun in der
Chronik mit unseren Thronbesteigungspsalmen in Verbindung gebracht
(siehe oben). 2. Der Neujahrstag ist der besondere Festtag Jahwä's (Nehem.
8, 10). 3. Der Neujahrstag ist das Fest des Schofarblasens; das Schofarblasen ist aber für unser Thronbesteigungsfest charakteristisch (Ps. 47, 6;
81, 4). 4. Der Neujahrstag ist in der Tradition das Fest des Königtums
Jahwä's, wie auch unser Thronbesteigungsfest. 5. Der Neujahrstag ist nach
der Tradition das Fest zum Andenken der Schöpfung. ebenfalls wie unser

Thronbesteigungsfest (siehe II 1 a). 6. Der Neujahrstag ist nach derselben Tradition der Tag des Gerichts; siehe dazu II 1 e. 7. Einige der Thronbesteigungspsalmen werden sowohl in der Tradition (Ps. 47; 81) wie im Texte des betreffenden Psalms (Ps. 81, 4) in Verbindung mit dem Neujahrsfeste gebracht.

Hierzu kann gefügt werden 8. daß »der Königsjubel« nach Num. 23, 21 in Israel alte Sitte gewesen. Nach dem Parallelismus:

Jahwä, sein Gott, ist mit ihm (d. h. Israel) und Königsjubel lautet darin,

kann unter »König« nur Jahwä verstanden werden. Der Vers will sagen, worauf Israels Kraft und Glück und Überlegenheit über die »Heidenvölker« beruht; es beruht alles darauf, daß Jahwä mit ihm ist und daß ihm als König gehuldigt wird. Der Königsjubel *t^erū^caþ mäläch* ist der Jubel bei der Königshuldigung. Aus dem Königwerden, d. h. der Thronbesteigung Jahwä's schöpft Israel Kraft und Glück; denn seitdem ist Jahwä, sein Gott, in seiner Mitte. Der Vers setzt voraus, daß der Königsjubel etwas Dauerndes, das kann hier aber nur heißen: etwas sich immer Wiederholendes, im Leben Israels ist. Hier wird in einer recht alten Quelle auf das Thronbesteigungsfest Jahwä's hingedeutet. Denn aus den im Kulte sich verwirklichenden Wirklichkeiten schöpft eine antike Gesellschaft, ein primitives Volk seine Kraft und sein Vertrauen.

9. Erwähnt sei es auch, daß das recht späte eschatologische Stück Zach. 14 noch weiß, daß es Sitte ist, zur Zeit des Herbstfestes Jahwä als König in Jerusalem zu verehren. Der Verf. sieht sein Zukunftsideal verwirklicht, wenn künftighin die Reste der Völker alljährlich beim Laubhüttenfest hinaufziehen und vor dem König Jahwä der Heerscharen sich niederwerfen werden Zach 14, 16—19.

10. So ist denn auch »der Tag unseres Königs« Hos. 7, 5 der Festtag des Königs Jahwä, d. h. sein Thronbesteigungstag; der Prophet wirft den Israeliten vor, daß sie diesen religiösen Festtag unwürdig durch Zechen und Schlemmen feiern, vgl. Jes. 28, 7 f., Am. 2, 8. —

Nach so vielen Bestätigungen aus den Quellen und aus der Tradition kann die Richtigkeit unserer Hypothese, die kultische Bestimmung der Thronbesteigungspsalmen und die Existenz des daraus erschlossenen Thronbesteigungsfestes Jahwä's, nicht füglich bezweifelt werden.

Den näheren Beweis unserer These und die Durchführung derselben in der Auslegung der hierher gehörigen Psalmen werden die folgenden Kapitel II—III geben.

KAP. II. DAS THRONBESTEIGUNGSFEST JAHWÄ'S.

Wir haben oben die mehr apriorischen und analogischen Erwägungen dargelegt, die zur Annahme eines Thronbesteigungsfestes Jahwä's führen. Wir haben uns dabei auch der Voraussetzung benutzt, daß die Thronbesteigungspsalmen Kultlieder sind und daher auf kultische Wirklichkeiten hindeuten müssen. Es muß aber betont werden, daß unsere apriorischen Erwägungen nicht auf dieser Annahme allein beruhen; sie stützen sich sowohl auf einen Einblick in das Wesen des Kultes überhaupt, der unter den gegebenen Bedingungen die Annahme eines solchen Festes verlangt, als auf die altorientalischen Analogien, die sie in hohem Grade bestätigen.

Dabei dürften wir aber nicht stehen bleiben. Wir mußten weiter ausholen und andere Stellen aus dem A. T. und der jüdischen Tradition herbeiziehen zur Erhärtung unserer Ergebnisse. Als es sich dann zeigte, daß es andere Zeugen für das Vorhandensein eines Festes desselben Inhaltes und Gepräges wie das von uns postulierte Thronbesteigungsfest gab, so dürften wir unsere ganze Aufstellung, sowohl die Postulierung eines solchen Festes als die damit zusammenhängende Deutung der Thronbesteigungspsalmen als kultische Festlieder, als vollständig bewiesen betrachten.

Wir kehren jetzt zu den Psalmen zurück und werden ihr Zeugnis hören. Wir können aber jetzt getrost unsere »Hypothese« von dem kultischen Charakter der Psalmen als Voraussetzung gebrauchen; sie wird schließlich im Laufe der Darstellung durch die innere Wahrheit und Geschlossenheit des sich so ergebenden Bildes als bewiesen dastehen. Diese Methode ist nun kein circulus vitiosus. Eine Hypothese ist »wahr«, wenn sie die vorliegenden Tatsachen befriedigend und restlos zu erklären vermag. Unsere Hypothese, daß die Thronbesteigungspsalmen Kultpsalmen sind und daß es somit einmal ein dementsprechendes Fest gegeben haben muß, muß dann als bewiesen gelten, wenn es uns gelingt, aus ihr die Eigentümlichkeiten der erwähnten Psalmen befriedigend zu erklären. Dies tun wir nun, indem wir versuchen, aus den Psalmen ein zusammenhängendes Bild des Festes zu gewinnen.

1. Der Kultmythus des Festes.

a) Der Schöpfungs- und Drachenkampfmythus.

Welcher dieser Mythus [1] war, darüber brauchen wir nicht lange im
Unsicheren zu sein. Daß die Königsherrschaft Jahwä's im A. T. ursprünglich nicht eine eschatologische war, das ist schon lange zur Genüge bekannt. Sie war den älteren Israeliten eine in der Gegenwart wirksame
Realität, denn Jahwä ist jetzt König, vgl. oben S. 39. Wenn dann überhaupt von einem Königwerden Jahwä's geredet wurde — und das dem tatsächlich so war, zeigt z. B. Dtn. 33, 4 — so muß man von irgend einem
Ereignis in der Vergangenheit geredet haben, bei dem Jahwä König ward.

Wiederholt heißt es nun in den Thronbesteigungspsalmen, daß die
Schöpfung die Grundlage seines Königtums ist. Jahwä ist der
Weltkönig, weil er die Welt selbst geschaffen hat.

So war es, sahen wir, auch in Babylonien. Marduk ist König, weil
er Tiamat besiegt und die Welt gebildet hat. Episch betrachtet ist hier
der Drachenkampf die Vorbedingung der Weltschöpfung; eigentlich ist er
aber nur der mythologische Ausdruck derselben.

Nun zu den Beweisstellen. — Ps. 96, 4 f. preist Jahwä als denjenigen,
der seine Übermacht über die anderen Götter bewiesen hat: sie haben
nichts vermocht, er aber hat die Welt geschaffen. Und in V. 10 heißt es:

---

[1] Wenn ich hier und im Flg. den Ausdruck „Mythus" gebrauche, so ist
damit kein absoluter Gegensatz zu der Geschichte gemeint. In dem Mythus findet sich machmal viel Geschichtliches. Daher rede ich auch im
Flg. von dem „Auszugs-(Exodus-)Mythus". Unter Mythus verstehe ich nicht
die mehr oder weniger episch ausgebildeten Vorstellungen und Darstellungen von dem Handeln und Wirken Gottes, in denen Gott nach menschlicher Analogie als bewegende Kraft neben anderen menschlichen oder
übermenschlichen Wesen und Mächten auftritt, sondern dieselben insofern
jenem Handeln und Wirken „heilsgeschichtliche" Bedeutung beigelegt wird
und sie dementsprechend im Kulte wiederholt und erlebt worden sind.
Kult und Mythus gehören zusammen. — Der Mythus ist die unmittelbare Form des religiösen Denkens und Vorstellens. Auch auf den
höchsten Stufen schafft sich die Religion in Mythen und Symbolen Ausdruck. Die praktische, unmittelbare Religion lebt im Mythus, und nur
der Rationalist und der Orthodoxist sind daher so töricht, den Mythus
gering zu schätzen; beide glauben etwas verwerfen zu müssen, bloß weil
es mythisch ist. — Auch wir Modernen leben im Mythus. Nur wenn wir
religiöse Philosophie (Dogmatik) treiben wollen, müssen wir den Mythus
transponieren; dann müssen wir zu den Erlebnissen zurück, die sich im
Mythus Form geschaffen haben, und diese in philosophischen Begriffen
bearbeiten. Die mythische und symbolische Form brauchen wir besonders
im Kulte — wir wie die Alten.

Verkündet's den Völkern: Jahwä ward König:
der Erdkreis steht fest ohne Wanken [1].

Und in Ps. 95, 3 ff. wird die Aufforderung zum Lobpreis folgendermaßen begründet:

Denn ein großer Gott ist Jahwä, ein [2] König über allen Göttern.
Sein sind die Tiefen der Erde, die Gipfel der Berge sind sein,
    und sein ist das Meer, denn er schuf es, das Festland ist ein Werk
                                                        seiner Hände.

Alles gehört dem König Jahwä; denn er hat es geschaffen. Daher
dürfen auch diese Lieder die ganze Natur und die ganze Schöpfung zum
Lobpreis auffordern: Himmel und Meer und Erde, Flüsse und Berge und
die Bäume des Waldes, Israel und alle Völker, ja alle Engel und Götter.
Die Völker des Orients konnten oft sehen, wie ein kräftiger König sein
Reich selbst schaffen und zusammenerobern mußte; aus dem allgemeinen
Abfall nach dem Tode des Vorgängers mußte oft genug der neue König
sein Reich selbst neu gründen. Nie hat aber — so sagt der Israelit —
ein König mehr buchstäblich sein Reich geschaffen als Jahwä; aus dem
Nichts des Chaos hat er es geschaffen, und daher ist er König.
    So preist denn auch das Einzugslied des Königs Jahwä's Ps. 24 ihn
als Schöpfer und Besitzer des ganzen Universums (V. 1 f.):

Die Erde und ihre Fülle ist Jahwä's, die Welt und ihre Bewohner;
Denn er hat sie auf Fluten gegründet und fest auf Strömen gestellt.

In derselben Weise ist auch Ps. 33, 6—9 aufzufassen. Zwar wird das
Wort König hier nicht genannt. Die Aufforderung aber, Jahwä — dem
neuen Könige — ein neues Lied zu singen (vgl. Ps. 96, 1; 98, 1; 149, 1),
die dem Ps. 98, 4—6 sehr ähnliche Aufforderung zum Lobpreis mit allerlei Saitenspiel, die Betonung seiner Gerechtigkeit (vgl. Ps. 46, 9—11; 48,
11 f.; 97, 8; 98, 2 f.; 99, 4; 149, 6—9) zeigen, daß wir es mit einem Liede
aus demselben Idéenkreise wie die Thronbesteigungspsalmen zu tun haben.
Die Grundlage des Vertrauens der Gemeinde zu ihrem Gott — und König,
fügen wir hinzu — ist auch hier die machtvolle Schöpfung durch das Wort.
Ganz der Schöpfung gewidmet ist Ps 8 (siehe oben I 1 b), in dem übrigens
die jugendliche Selbstbewunderung des Menschen einer noch ungespaltenen
Kulturepoche schön hervortritt. —
    Der israelitische Schöpfungsmythus ist bekanntlich im letzten Grunde
identisch mit dem babylonischen, den wir oben erwähnt haben [3]. Dieser

---

[1] V. 10 b fehlt in der Parallele I Chr. 16.
[2] Str. „großer" metri causa.
[3] Gunkel, Schöpfung und Chaos in Urzeit und Endzeit, Göttingen 1895.

Mythus hat in Israel seit alter Zeit in einer Menge von Varianten existiert. Wir finden nun in den Thronbesteigungspsalmen Hindeutungen nicht nur auf die nackte Tatsache der Schöpfung, sondern auch auf die farbenreichen Einzelheiten der verschiedenen Varianten des Schöpfungsmythus.

Nach einer wohl jüngeren und abgeblaßteren Variante ist der Schöpfung vorausgegangen ein siegreicher Kampf gegen das Meer (die Urmeertradition[1]). Davon singt, wie Duhm richtig erkannt hat, Ps. 93:

> Fest steht der Erdkreis ohn' Wanken,
> fest steht von uran dein Thron,
> von Ewigkeit [bis Ewigkeit][2] bist du.

> Die Fluten erhoben, Jahwä,
> die Fluten erhoben ihr Brüllen,
> die Fluten erhoben ihr Brausen.

> Mehr denn die Donner des Wassers,
> mehr herrlich denn[3] die Wogen des Meeres,
> ja herrlich im Himmel ist Jahwä.

Das Meer, über das sich Jahwä verherrlicht hat, ist das Urmeer, *t'hōm*, babylonisch *tiāmat*, das ursprünglich das All deckte. Jahwä hat es bekämpft und zurückgetrieben und aus dem Trockenen die Erde gebildet. die jetzt ohne Wanken fest im Meere steht[4]. — So abgeblaßt wie die Ausdrücke hier auch sind, so leuchtet es doch noch hindurch, daß ein Kampf gestanden hat. Auf diesen Kampf deutet auch Ps. 29, 3 f. 10 hin. Der Psalm erwähnt eine Reihe von Fällen, in denen Jahwä sich durch seine wunderwirkende Stimme verherrlicht hat[5]. — An erster Stelle steht der Urmeerkampf, wobei die Stimme, das »Wort«, Jahwä's Waffe war; mit ihm hat er das Urmeer gebändigt und die Welt geschaffen:

> 'Es donnerte' die Stimme Jahwä's wider's Wasser,
> es donnerte Jahwä über'm mächtigen Meer;
> [es dröhnte] die Stimme Jahwä's mit Macht,
> [es schallte] die Stimme Jahwä's mit Gewalt[6].

---

[1] Gunkel, op. cit. S. 91 ff. — Das „Vorausgehen" ist natürlich nur epische Darstellungsform. Im Grunde ist die Besiegung des Meeres der mythologische Ausdruck der Schöpfung und insofern mit ihr identisch.

[2] Ergänze *'aḍ 'ōlấm* m. c. (Duhm).

[3] Lies *addīr mimmišb'rê* (Dyserinck).

[4] Die Beziehung des Psalms auf die Schöpfung ist noch den LXX bekannt gewesen; in ihrer Überschrift liegt liturgische Tradition.

[5] Die übliche Auffassung, nach der der Psalm die Offenbarung Jahwä's im Gewitter feiert, ist falsch. Gewitter und Erdbeben sind nur einzelne Momente in der Schilderung.

[6] Der Text ist unter der Voraussetzung, daß der Psalm aus vierhebigen Zeilen besteht, rekonstruiert. Nach dem Versbau in V. 5 b und 8 b ist

Mit seiner wunderbaren Stimme hat Jahwä das tosende Meer ange-
donnert und gezüchtigt. Wie fast immer in diesen Gedichten will der
Sänger nicht schildern; der Kampf ist den Hörern wohlbekannt. Er deutet
nur einige konkrete Einzelheiten in stilisierter Form an. Die Wunderstimme ist es, die Jahwä von anderen Recken unterscheidet, und vor den
Augen des Dichters steigt ein seltsames Bild empor. Er sieht, wie der
Held Jahwä auf das wütende, tosende, brüllende Meer, das noch nie von
den Strahlen der Sonne und der Sterne erleuchtet war, hinabfährt und
seine donnernde Stimme wie einen Blitz über die dunkle Fläche hinaus-
schleudert, und vor dieser Wunderstimme schrickt das Meer geschlagen
zurück. Und in der letzten Strophe deutet der Dichter darauf hin, daß
Jahwä seinen Thron — wohl im Himmel — über das gebändigte Meer
aufgerichtet hat, er thront jetzt über der Flut — *mabbūl* hier nicht Sintflut,
sondern Urmeerflut, *tᵉhōm*[1]; wohl daher dem Volke, dessen König dieser
herrliche Gott ist:

> Jahwä [hoch][2] über der Flut (jetzt) thront,
> als ewiger König thront Jahwä.
> Jahwä verleiht seinem Volke Macht,
> es segnet Jahwä sein Volk mit Heil.

Älter als der Kampf gegen das Meer ist aber der Kampf gegen das
mythologische als Drachen oder Ungeheuer personifizierte Meer[3]. Vor der
Schöpfung der Welt — so hat man in Israel erzählt — waren nur Jahwä

---

nach *hirᵉīm* ein *wajjarᵉēm* zu ergänzen: *ēl hakkābōd* ist Glosse. In V. 4
ist zweimal *hājā* nach *Jhwh* ausgefallen. — *Kābōd* ist hier, wie oft, synon. ᶜōz und bezeichnet die wunderwirkende, mächtige Gottesherrlichkeit.

[1] Das Thronen Jahwä's über der (gebändigten) Flut hat den Auslegern erhebliche Schwierigkeiten bereitet. Duhm und Gunkel haben richtig erkannt,
daß *mabbūl* hier nicht die Sintflut ist; es bezeichnet jedoch nicht den himmlischen Ozean, wie diese Ausleger wollen, sondern die geschlagene und
gespaltete „Flut", über der Jahwä's Thron steht, insofern nämlich, als
aus der „Flut" die Welt gebildet wurde, und hoch über der jetzt gebändigten, d. h. zum Kosmos umgebildeten, „Flut" steht seitdem Gottes Thron.
— Zur Vorstellung von dem über der (gebändigten) Flut errichteten Gottes-
thron vergleiche man die babylonische Vorstellung von dem Gotte, zu
dessen Füßen ein — doch wohl gezähmter oder gebändigter — *abubu*,
d. h. *mabbūl* liegt; so Ningirsu bei Gudea, Zyl. A 4, 14 ff.; hier ist aber
abubu ein dem Gotte dienendes oder von ihm geknechtetes Wesen, und
bedeutet wohl nicht Urmeer, sondern Sturmfluß; so ist *abubu* die Waffe
Marduks im Kampfe gegen Tiamat; auch Ningirsu hat einen *abub taḥazi*
als Waffe (Jastrow, Relig. Bab. und Ass. I, S. 461).

[2] Lies *mē'al lammabbūl* (Duhm).

[3] Gunkel, Schöpfung und Chaos, S. 29—90.

und das furchtbare Ungeheuer *tᵉhōm* oder *rā̆hā̆b* da. Dieses Ungeheuer
hat sich gegen Jahwä empört, er hat es aber nach schrecklichem Ringen
geschlagen, getötet, es »gespaltet« und aus dem gespalteten Leibe des
Drachen die Welt gebildet. — Auch diese Form des Mythus kennen die
Thronbesteigungspsalmen. So haben wir bei Deuterojesaja eine Nachahmung
der Thronbesteigungspsalmen, die bei ihm auf den bevorstehenden Kampf
Jahwä's gegen die chaldäische Weltmacht bezogen wird, Jes. 42, 10—17.
Der Eingang ist ganz im Stile der Thronbesteigungslieder gehalten, vgl.
Ps. 96, 1; 98, 1; 149, 1; ferner Ps. 96, 10—12; 98, 7 f.:

> Singt Jahwä ein neues Lied, seinen Ruhm vom Ende der Erde.
> es lärme das Meer und seine Fülle, die Gestade und ihre Bewohner.
> Es soll'n jubeln[1] die Wüste und ihre Städte, die Gehöfte,
> wo Kedar wohnt,
> und jauchzen die Bewohner von Sela, vom Gipfel der Berge
> aufschreien[2].

Nun wird das Erscheinen Jahwä's zum Kampfe geschildert, hier aber
auf den zukünftigen Kampf mit den Chaldäern umgedeutet:

> Jahwä zieht aus wie ein Held, wie ein Kriegsmann er weckt
> seinen Eifer,
> er erhebt den Kriegsruf und schreit, ermutigt sich gegen seine Feinde:
> »Stumm bin ich gewesen seit lange, war still und hielt an mich,
> jetzt schrei ich wie eine Gebärende und schnaube und schnappe zumal«.

Hier ist das Bändigen des Meeres ein Kampf gegen personifizierte
Wesen. Daß aber der Meermythus im Hintergrunde liegt, zeigt die Fortsetzung, die der Prophet aber auf das Herstellen eines wunderbaren Pfades
durch die Steppe zum Gebrauche der Heimkehrenden bezogen haben will
(siehe V. 16):

> »Ich will ausdörren Berge und Hügel und all ihr Kraut austrocknen,
> will Ströme machen zu Steppen und Lachen will ich austrocknen.

> Ich will Blinde gehen lassen auf dem Wege[3] und wandern auf
> unbekannten Pfaden,
> will Finsternis vor ihnen zum Licht machen und Holpriges zur graden
> Fläche«.

Ganz die Ausdrücke und die Vorstellungswelt der Thronbesteigungspsalmen bietet wieder die Schlußstrophe, vgl Ps. 97, 7; 99, 2 f.:

---

[1] L. mit Targum *jā̆śūśū*.

[2] V. 12 halte ich mit Duhm für eine Variante.

[3] Str. „dem unbekannten" (Duhm).

»Das sind die Dinge [die ich tue], ich tu' sie und lasse nicht ab;
die auf Bilder vertraun steh'n beschämt, die da sagen: »Ihr seid unsre
Götter« [1].

Aber auch in den eigentlichen Thronbesteigungspsalmen wird gelegentlich einmal auf den der Schöpfung vorausgehenden Kampf hingedeutet,
Ps. 98, 1:

Seine Rechte war's die ihm beistand und sein heiliger Arm.

Deutlicher spricht Ps. 65, der in der reichen Ernte eine neue Betätigung der Macht und Güte des Schöpfergottes sieht. Hier wird die Schöpfung als ein Dämpfen des Brausens der Meere und eine Beschwichtigung
»der Bewohner der Enden (der Erde)«, d. h. der mythischen Wesen, die
das um den äußersten Rand der Erde gelagerte Meer bevölkern, bezw.
repräsentieren, V. 7—9:

»Der du machtvoll die Berge gegründet, gegürtet mit Kraft,
der des Meeres Brausen zur Ruh' bringt und das Tosen der Wellen [2].

Da erschraken die Bewohner der Weltenden vor deinen Wundern —
die Paläste [3] des Morgens und des Abends die machtest [du] jubeln.

Wenn die Schöpfung im Kulte alljährlich wiederholt wird, so werden
somit die Menschen Zeitgenossen der Schöpfung. Sie erleben die Herrschaft der Tiamat, den Chaoskampf, den Sieg Jahwä's und die Schöpfung
der Welt mit.

So erklärt sich zunächst die sowohl in Babylonien als im A. T. be-
zeigte Verlegung des Drachenkampfs in die geschichtliche Zeit [4]. Sodann
aber auch die unten c, d, e, f zu behandelnde Vermenschlichung der Thronbesteigungsmythen, besonders der von Jahwä bekämpften Feinde.

b) Der Götterkampfmythus.

Hie und da in den Thronbesteigungspsalmen treffen wir auf Wendungen, die von einem Beschämtwerden der Götter reden (Ps. 97, 7); es
wird von der Huldigung Jahwä's seitens der Götter in Worten geredet,

---

[1] Der Vers ist überfüllt; streiche mit Duhm, Marti *nāsōʒū ā̊ḥōr*, ebenso
bōšäþ und *lammassēchā̊*.

[2] Buhl, Staerk u. a. streichen *šᵉōn gallēhäm* als Glosse und behalten *wahᵃ-
mōn lᵉummīm* „und das Lärmen der Völker" als kurzes Glied bei. Das
widerstreitet aber dem Parallelismus. Über die Glosse siehe unten S. 59.

[3] Wörtlich Ausgänge.

[4] Gunkel, Schöpfung und Chaos, S. 80 f.; 87.

die einen vorausgehenden Kampf vorauszusetzen scheinen (ib); wenn Jahwä kommt, so zeigt er sich »furchtbar über alle Götter« (Ps. 96, 4). — Hier scheint auf einen Kampf angespielt zu werden, in dem Jahwä bei seinem Kommen als König die Götter besiegt habe.

»Die Götter« führen uns auf die älteste, polytheistische, d. h. die babylonische Form des Schöpfungsmythus. Wie ist hier das Verhältnis des Schöpfergottes zu den Göttern?

Wie wir sahen, hatten hier die anderen Götter vergebliche Versuche gemacht, den Kampf gegen Tiamat aufzunehmen, bis es endlich Marduk gelang, sie zu bewältigen. In dem babylonischen Mythus verträgt sich aber Marduk — dem Polytheismus entsprechend — sehr gut mit den anderen Göttern. — Auf dem Gebiete des Jahwismus ist es aber von Anfang an anders gewesen. So oft auch Israel der Vielgötterei verfallen gewesen, so entschieden hat der innere Geist des Jahwismus, wenigstens durch einige seiner Vertreter, gegen jene reagiert; Jahwä duldet keine Götter neben sich; auch wenn sie ihm untertan sind, ist das Verhältnis ein gespanntes. Statt Vasallen werden sie zu leicht seine Feinde. Einen eigentlichen Götterstaat hat es nie in Israel gegeben; die große Schar der himmlischen Wesen, die Jahwä umgibt, und mit der er gelegentlich Rat pflegt (Gen. 1, 26; I Kg. 22, 19 ff.), ist immer anonym geblieben. Denn Jahwä ist ein eifersüchtiger Gott; der Jahwismus strebt immer dem Monotheismus zu. Zwar sind die anderen Götter da; es gibt aber nur einen Gott. Es gibt nur einen wirklich Mächtigen, einen Guten, einen Gnädigen, einen Vollkommenen. Eigentlich sind die anderen Götter böse Wesen, die jeden Augenblick ihre wahre Natur zeigen würden, wenn nicht Jahwä sie mit straffen Zügeln lenkte. Wo die anderen Götter regieren, da waltet das Unrecht; da treibt der Frevler ungestraft sein Spiel (vgl. Ps. 58).

Wir finden dementsprechend, daß man in Israel zwar die polytheistische Urform des Tiamatmythus gekannt, sie aber monolatrisch akzentuiert hat. In Babylonien hat man erzählt, wie Marduk sich du ch den Kampf verherrlicht hat. In Israel hat man dasselbe von Jahwä berichtet, dazu aber auch gezeigt, wie dadurch die anderen Götter beschämt wurden. Und wie die Götter, so ihre Anbeter; »beschämt stehen die Bilderanbeter und alle die der Götzen sich rühmen« (Ps. 97, 7). Man hat erzählt: Jahwä ist König über die Götter geworden, weil er als der einzige es gewagt hat, in den Kampf gegen den Urmeerdrachen zu ziehen; die anderen Götter bebten vor Furcht. Jahwä aber tat, was sie nicht zu tun wagten oder vermochten. Auf diese polytheistische Urform des Mythus geht etwa die Schilderung von dem Leviatan Hiob 40, 32—41, 3 zurück:

Leg' doch an ihn deine Hand — **an den Kampf** wirst du denken,
ihn nicht wiederholen;

als Lüge wird dein[1] Selbstvertrau'n erfunden; selbst einen Gott
wirft sein Anblick nieder[2].

Keiner ist so keck, daß er ihn erweckt, wer wagt es, vor ihn[3]
zu treten?

Wer geht gegen ihn[3] und kommt davon?[4]   Unterm ganzen
Himmel nicht[5] Einer!

Der Dichter deutet hier auf den halbvergessenen Mythus von dem vergeblichen Versuch der Götter, Leviatan = das Chaosungeheuer zu bekämpfen. Seine Gestalt ist so furchtbar, daß sie auch einen Gott niederschmettert; kein Mensch kann das versuchen, was nicht einmal den Himmlischen gelang: gegen ihn zu gehen und unverletzt davon zu kommen. Versuche es mal — du wirst an den Kampf gedenken und nie den Versuch wiederholen[6]. — Jahwä hat aber — das zeigen andere Anspielungen in der Poesie — getan, was keinem anderen gelang; er bleibt Herr, und wenn das Meer sich empört; er hat die Häupter Leviatans zerschmettert (Ps. 89, 10 f.). — So hat Jahwä alle anderen Götter beschämt; und beschämt werden mit ihnen alle, die auf sie vertrauen, vgl. Jes. 42, 17. — Und nun verstehen wir, warum es eben im Thronbesteigungspsalm heißt:

> Beschämt stehen die Bilderanbeter,
> sie alle, die der Götzen sich rühmen,
> jeder Gott wirft sich nieder vor ihn (Ps. 97, 7).

Die Voraussetzung dieser Teilhaftigkeit der Menschen an die Schande der Götter — bezw. ihres Leidens unter dem Angriff der mythischen Feinde Jahwä's, siehe unten — ist eigentlich die Loslösung des Drachen- oder Meereskampfes von der Urzeit, was Gunkel[7] den Übergang des Mythus in eine Sage nennt. Der Kampf Jahwä's gegen die Ungeheuer, bezw. das Meer, findet dann **nach** der Schöpfung statt, nachdem die Menschen schon längst da sind; unter dem verheerenden Treiben des Drachen leiden die Menschen; Jahwä kommt ihnen aber zu Hilfe[8]. Diese Übertragung des Mythus in die geschichtliche Zeit, die wir auch in Babylonien bezeugt finden[9], ist

---

[1] Lies Suff. 2. Pers. (pll. Mnss.).

[2] Punktiere *jā'il* und *ēl* (Symm., Gunkel).

[3] Lies mit mehreren Handschr. Suff. 3. Pers. (Gunkel).

[4] *wajjišlām*, LXX (Gunkel).   [5] *lō'*, Gunkel.

[6] Vgl. Gunkel, Schöpfung und Chaos, S. 55 f.

[7] Schöpfung und Chaos, S. 28.

[8] Gunkel, op. cit. S. 80 f.; 87.

[9] Ib. S. 28; siehe oben S. 50.

nur aus der kultischen Wiederholung erklärbar; der Kampf wiederholt sich jedes Jahr, und gespannt erwarten die Menschen den Sieg der guten Mächte über die Finsternis. —

Dabei ist nun aber nicht die jahwistische Umbildung des Mythus stehen geblieben. Die Götter sind Jahwä's Feinde geworden, die von ihm direkt bekämpft werden — die Götter haben die Rolle der Chaosungeheuer übernehmen müssen. Einst Helfer des Schöpfergottes sind sie zu »Helfern Rahabs« degradiert worden. — »Die Rahabe« ist in Ps. 40, 5 der Name der anderen, »fremden« Götter und Mächte geworden[1]. Wie man in Israel einst erzählt, daß Jahwä das Urmeer oder den Drachen nicht sofort getötet, sondern nur gebändigt, hinter einen Zaun gesetzt, in Gefängnis eingesperrt habe (Hiob 40, 25—29; Ps. 104, 5—9; Hiob 38, 10 f.; Jer. 5, 22 b)[2], so hat man auch von einem Kampf gegen das Heer des Himmels berichtet, nach dem diese Mächte in Gefängnis geworfen wurden; die Sonne und der Mond seien vor Jahwä »zu Schanden geworden«; nach geraumer Zeit wird er diese Mächte bestrafen. — Diesen Mythus besitzen wir nicht in erzählender Form. Er ist aber im Laufe der Zeit — wie alle diese Mythen — auf die Endzeit übertragen worden, und darauf enthält die recht späte Apokalypse Jes. 24 ff. noch eine deutliche Anspielung (Jes. 24, 21—23): »Und geschehen wird es an jenem Tage: heimsuchen wird Jahwä das Heer der Höhe in der Höhe [und die Könige der Erde auf der Erde][3]; und sie werden fortgeführt gefangen zur Grube und verschlossen zum Verschluß herab und nach vielen Tagen heimgesucht werden. Und erröten wird der blasse Mond und erbleichen die Sonne; denn König wird Jahwä der Heere sein auf dem Berge Sion und in Jerusalem, und vor seinen Ältesten[4] ist Lichtglorie«. — Mit reinen Worten wird diese Bekämpfung und Gefangennahme der Götter in Verbindung mit der Thronbesteigung Jahwä's gesetzt. Jahwä ist König geworden, weil er die Götter bekämpft und gefangen genommen hat. —

Wir werden unten (e) sehen, daß man sich die Niederwerfung der Götter auch in anderen Formen vorgestellt habe: Jahwä hat sie gerichtet und ihnen das Todesurteil gesprochen. An die Stelle der freudigen Huldigung Jahwä's seitens der anderen Götter ist eine vernichtende Droh- und Scheltrede Jahwä's getreten (Ps. 82).

---

[1] Gunkel, Schöpfung und Chaos, S. 40.
[2] Vgl. Gunkel op. cit. S. 41 ff.; 97.
[3] Wohl Zusatz.
[4] D. h. wohl die Israeliten, die im Weltreich der Endzeit die Beamten Jahwä's sein sollen.

c) Der Auszugsmythus.

Zu dieser, nach unseren Begriffen rein mythischen, Begründung des Königtums Jahwä's ist — wie früh oder wie spät wissen wir nicht, jedenfalls aber noch vor der Zeit Jesajas, vgl. Jes. 30, 7, siehe sofort — eine nach moderner Auffassung geschichtliche getreten.

Im Mittelpunkt der Welt steht Israel. »Land« und »Erde« sind eins. Höhepunkt und Sinn der Schöpfung ist das Volk, Israel; erst mit der Schöpfung und Ansiedlung Israels im Lande der Verheißung ist die Schöpfung vollendet. Dieser Gedanke findet sich noch in der Priesterschrift, die mit der Weltschöpfung anfängt und mit der Ansiedlung schließt. — Und wie nun die Welt aus dem Wasser heraus geschaffen wurde, so ist Israel als geschichtliches Volk gleichsam aus einer großen Wasserkatastrophe herausgerettet und als Volk geworden. Seit dem Durchgang durch den Schilfsee[1] ist Israel auch aller Welt gegenüber das Volk Jahwä's, d. h. das Herrenvolk der Welt. Durch dieses Wunder hat Jahwä sich sein Volk und Reich geschaffen; damals ist er König Israels geworden (Dtn. 33, 4; Ps. 114, 2).

So werden denn auch in dem religiösen Denken und der Poesie der Drachenkampf und der Sieg über das Urmeer mit der Tradition von dem Ausgang aus Ägypten und dem wunderbaren Durchzug durch den Schilfsee kombiniert, und Rahab wird ein emblematischer Name Ägyptens (Jes. 30, 7; Ps. 87, 4). Ein hübsches Beispiel dieser Kombination bietet Deuterojesaja 51, 9 f., wo es mit Hinblick auf die Befreiung aus Ägypten heißt:

War's nicht du, der Rahab zerschellte und schändete den Drachen?
War's nicht du, der austrocknete das Meer, die Wasser der Urflut,
der da Meerestiefen machte zum Wege, daß hindurchzogen die Erlösten?

Daß nun auch die Thronbesteigungspsalmen die Königsherrschaft auf die Rettung aus Ägypten zurückführt, sehen wie in Ps. 114, 1 f.:

Als Israel fortzog aus Ägypten, Jakob aus dem Land der Barbaren,
da wurde ihm Juda geheiligt, Israel sein Königreich.

---

[1] *Sûf* bedeutet nur Schilf, nie Tang (das unterirdische Meer Jon. 2, 6 ist auch in Babylonien ein Süßwasserozean — das Grundwasser ist süß). Schilf findet sich aber nur bei Süßwasser. *Jâm* bedeutet sowohl Meer als Binnensee, sowohl süßes als salzes Wasser. *Jam sûf* ist somit ein Süßwassersee. — Ist Gosen = Wadi Tumilat, so muß der Schilfsee = Birket et Timsah sein. Durch diese Annahme lösen sich alle Schwierigkeiten, man braucht keine geologische Hilfshypothesen mehr. Freilich, nach der Gegend nach Mekka hin darf man nicht Sinai und die Israeliten verschleppen wollen; Sinai liegt bei Kadesch. — Vgl. Mowinckel, [Dansk] Teologisk Tidsskrift, 1918, S. 94 ff.

Das hat sich damals unter dem lebhaften Mitwirken und Teilnahme
der Natur vollzogen:

> Es sah es das Meer und floh, der Jordan strömte zurück,
> die Berge sprangen wie Böcke, die Hügel hüpften wie Lämmer.

Und mit ganz wunderbarer poetischer Feinheit bringt der Dichter zum
Ausdruck, daß diese Begebenheit heute wieder lebendig und nahe geworden ist; die Wasser, die sich damals zurückzogen, und die Hügel und
Berge, die damals hüpften, die ziehen sich auch jetzt zurück und tanzen
jetzt vor seinen Augen wie hüpfende Lämmer. Mit unvergleichlicher Frische
und sich dem Leser mitteilender Unmittelbarkeit richtet er an die Ströme
und Berge die gleichsam verwunderte Frage:

> Was ist dir Meer, daß du fliehst, was strömst du, Jordan, zurück?
> Was springt ihr, Berge, wie Böcke, ihr Hügel, was hüpft ihr wie Lämmer?

Statt eine Antwort zu geben, fährt der Dichter mit einer Aufforderung
fort, die das Natürliche des scheinbar seltsamen Benehmens der Natur ausdrückt: ihr tut recht, zu beben und zu fliehen, denn ihr bebt ja vor dem
Herrn, der jetzt — das ist die Voraussetzung — erschienen ist und heute
wie damals dieselben gewaltigen Wunder tut:

> Vor dem Herrn erbebe nur, Erde, erbebe vor Jakob's Gott,
> der den Fels zum Wassersee wandelt, den Kiesel zum sprudelnden
> Quell![1]

In den Thronbesteigungspsalmen finden wir nun nicht nur diese Begründung der Königsherrschaft durch den nackten Hinweis auf die Rettung
aus Ägypten; wir treffen auch die Kombination dieser beiden Heilstaten,
Schöpfung und Exodus. So in Ps. 66 A[2]. Nach einer Introduktion, in der
die ganze Welt zum Lobpreis aufgefordert wird, fährt der Sänger — in
Anschluß an die in Ps. 46, 9 vertretene Stiltradition der Thronbesteigungs-
festpsalmen — fort, V. 5—7:

> Kommt her und schauet die Taten Jahwä's,
> dessen Worte so furchtbar über den Menschenkindern.

> Er verwandelte das Meer zum Festland,
> zu Fuß durchzogen sie Ströme,

---

[1] Daß die Bezeichnung dieses Hymnus als „Passahymnus" (Staerk u. a.)
falsch ist, werden wir unten II 2 und IV 4 sehen.

[2] D. h. Ps. 66, 1—12. — Daß V. 13—20, ein individueller Dankpsalm, nicht
ursprünglich mit dem öffentlichen Festhymnus V. 1—12 zusammenhängt,
dürfte klar sein. Der Dichter des letzten Teils hat den Festhymnus als
pompöse Einleitung benutzt.

des freuen wir uns seiner —
der ewiglich herrscht in seiner Kraft,
des Augen durch die Völkerwelt schweifen,
nicht erhebt euch, ihr Empörer, gegen ihn!

Daß der Dichter an das Schilfseewunder denkt, zeigt V. 6 a α klar, ebenso V. 9—12. Daß dagegen seine Sprache aus dem Meereskampfmythus stammt und seine Ausdrücke z. T. doppeldeutig sind, ist ebenso klar. Schon V. 6 a »er verwandelte das Meer in Festland« klingt deutlich an den Schöpfungsmythus an; ebenso »die Empörer« V. 7, die ursprünglich »die Helfer Rahabs«, »die Bewohner der Enden (der Erde)« Ps. 65, 9, bezeichnet haben mögen. — Ob der Dichter sich des Doppeldeutigen seiner Worte noch bewußt gewesen, mag dahingestellt sein; wahrscheinlich hat er bewußt nur an Ägypten gedacht.

Die Königsherrschaft Jahwä's wird in diesem Psalm nicht ausdrücklich genannt. Daß ist dagegen der Fall in dem Hymnus Ex. 15, 1 ff., dem die Errettung aus Ägypten die Grundlage der Königsherrschaft Jahwä's, d. h. die grundlegende Heilstat, die im Kulte erneuert wird, ist, — So gipfelt der Hymnus Ex. 15, die hochpoetische, jedoch stilisierte Schilderung des Schilfseewunders, in die Ansiedlung in Kana'an und die Errichtung des Heiligtums in Jerusalem, wo seitdem Jahwä als ewiger König thront (Ex. 15, 17 f.). Ebenso Ps. 81, der durch die Parallele Ps. 95 als ein Thronbesteigungspsalm erwiesen wird[1]. Die Grundlage des gegenseitigen Verhältnisses zwischen König und Volk ist die Befreiung:

Ich, Jahwä, bin dein Gott, der dich aus Ägypten geführt hat (V. 11).

Ps. 99, 6 ff. deutet auf die Bundesschließung nach dem Exodus an: der König wird an die der Königsherrschaft zu Grunde liegende Tatsache erinnert, und darauf hin wird an seine Gnade appelliert. — Auch Ps. 95, 6 f. und Ps. 100, 3 deuten auf dasselbe Ereignis hin. — In Ps. 76, 7 liegt der Gedanke an das Schilfseewunder im Hintergrunde (»Ross und Reiter«, vgl. Ex. 15, 1). Und wenn Ps. 97 den Aufzug Jahwä's als eine Theophanie mit Wolken und Donner und Blitzen und flammendem Feuer und Rauch schildert, so ist es höchstwahrscheinlich die Sinaioffenbarung, die dem Dichter vorgeschwebt hat; so wie damals, so offenbart sich Jahwä jetzt noch dem Auge des Glaubens, wenn er zum Feste kommt.

---

[1] Es ist somit ganz falsch, wenn die meisten Exegeten Ex. 15 und Ps. 81 — im letzteren Falle gegen das Zeugnis der Tradition — als Päsachhymnen auffassen. Denn wie wir unten sehen werden, war der Thronbesteigungstag nicht der Päsachtag. Die Beziehung des Päsach auf den Exodus ist natürlich etwas Sekundäres; diese Deutung ist aber schließlich die endliche geblieben.

d) Der Völkerkampfmythus.

In Zusammenhang mit der hier behandelten Historifizierung des Schöpfungsmythus steht nun eine sehr interessante Vermenschlichung der Chaosungeheuer, der Feinde Jahwä's, die er in Zusammenhang mit seiner Thronbesteigung besiegt hat und immer wieder besiegen wird. Die Könige und die Großen Ägyptens sind »die Helfer Rahabs«, die Jahwä bei seiner Thronbesteigung geschlagen. Es liegt aber in dem religiösen Drang zur Generalisierung, daß man sich nicht mit Ägypten begnügte, nein in Ägypten hat Jahwä prinzipiell die Könige der Welt besiegt, und er wird sie immer wieder besiegen. Als Feinde Jahwä's bei der Thronbesteigung treten nun alle die Mächte auf, die Israels Feinde gewesen oder sind; das will aber für ein Volk, das im Zentrum der Welt steht, und das tatsächlich manchmal in Feindschaft mit den Nachbaren gelebt hat, die ganze »heidnische«, Jahwä nicht verehrende Welt sagen. Über alle diese Völker und Könige wird bei der Thronbesteigung Jahwä's das Gericht gefällt.

Daß die Feinde der Gegenwart also statt der Feinde der Urzeit treten, ist wiederum (vgl. oben S. 50 und 52) aus der kultischen Wiederholung des Mythus zu erklären: jeden Neujahrstag besteigt Jahwä seinen Thron — »ergo« muß er an dem Tage seine Feinde, d. h. diejenigen, die jetzt seine d. h. Israels Feinde sind, besiegt haben. Oder richtiger gesagt: man hat nie völlig vergessen, daß der Sieg Jahwä's eigentlich in den kultischen Vorgängen stattfindet; der Mythus ist nur eine Projektion der kultischen Wirklichkeit in die Urzeit zurück. —

Aus dieser Umbildung der Feinde Jahwä's heraus sind mehrere der Thronbesteigungspsalmen zu verstehen. In Zusammenhang mit der Umbildung der Feinde steht aber eine merkwürdige und für das Wesen des Kultes vielbesagende Versetzung der Lokalität des Kampfes (oder des Gerichtes). Er findet nach diesen Psalmen vor oder in Jerusalem, auf Sion statt; dort hat Jahwä seine Feinde besiegt, und daraufhin ist er König geworden. Das ist nur aus dem Kulte als Wiederholung der Heilstatsachen zu erklären. Im Fest findet der Kampf, — ob als tatsächliches Festspiel oder nur »in der Idée« ist hier belanglos — auf Sion statt, und so ist die Kultlegende dementsprechend umgebildet, oder richtiger zurückgebildet, worden.

Da der Sieg die Grundlage der Königsherrschaft Jahwä's gelegt hat, so ist hier die gewöhnliche Vorstellung die, daß der Kampf der Thronbesteigung vorausgeht; er wird daher in den Psalmen als etwas jetzt Vollbrachtes betrachtet, in Übereinstimmung mit dem Wesen des Kultes aber als etwas, das soeben jetzt stattgefunden hat. Zwar wird in den hier zu behandelnden Ps. 33; 46; 48; 76 nicht direkt von einer Thronbesteigung geredet; es wird aber vorausgesetzt, daß Jahwä jetzt in Jerusalem ist, und sein Weilen daselbst wird als ein ruhiges triumphierendes Thronen aufgefaßt; demnach wird das Thronen den Abschluß des Kampfes gebildet haben. Vgl. Ex. 15; siehe oben, S. 56.

Aus dieser Vorstellung heraus ist zunächst Ps. 76 zu verstehen. In der ersten Strophe[1] wird es verkündet, daß Jahwä jetzt in »Salem« offenbar geworden ist; dort steht — von jetzt an — seine »Hütte«. Das ist aus dem Vorstellungskreis des Einzuges und der Thronbesteigung zu verstehen: jetzt ist er wieder gekommen und hat im Tempel seine Wohnung aufgeschlagen. Als Thema der folgenden Schilderung wird es verkündet, daß er hier die (feindlichen) Kriegswaffen zerbrochen hat, eben deshalb hat er seine Hütte in Salem aufschlagen können:

> Offenbar in Juda ist Gott, in Israel sein Name ist groß,
> und in Salem steht (jetzt) seine Hütte, auf Sion seine Wohnung;
> dort zerbrach er die Blitze des Bogens, Schild und Schwert[2] des Krieges.

Nach neuer hymnischer Einleitung wird in der flg. Strophe der Kampf geschildert, mit wenigen Strichen, in großen stilisierten Zügen:

> Furchtbar[3] bist du, Gewaltiger, auf den ewigen[4] Bergen, [Jahwä];
> Starkherzige wurden zur Beute[5], den Starken versagten die Hände,
> vor deinem Drohen du Jakobs Gott, ward Roß und Reiter betäubt.

Der Ausdruck »Roß und Reiter« deutet noch darauf hin, daß die Schilfseelegende im Hintergrunde liegt, vgl. Ex. 15, 1. Wie aber die erste Strophe zeigte, ist die Katastrophe jetzt in »Salem« lokalisiert; »dort zerbrach er die Blitze des Bogens«. — Die flg. Strophe schildert — wiederum nach hymnischer Einleitung — die Wirkung der göttlichen Offenbarung und Tat:

> Du[6] bist furchtbar, und wer kann besteh'n vor dir, vor der Gewalt[7]
> deines Zorns?
> Vom Himmel du verkündetest Gericht, die Erde verstummte vor Furcht,
> als Gott sich erhob zum Gericht, die Demütigen[8] der Erde zu retten.

---

[1] Vier Strophen von je drei Doppeldreiern.

[2] Streiche „und".

[3] Lies *nôrā*, Theod., Targum, vgl. V. 8 (BHK).

[4] Lies '*aḏ* statt *ṭāräf* (LXX, vgl. BHK).

[5] Streiche *nāmū š°nāþām*, Variante zu *nirdām* V. 7. Str. „und" metri causa.

[6] Streiche *attā*.

[7] Lies *mē°ōz* (BHK).

[8] D. h. die Frommen, d. h. die Israeliten. '*ānī* und '*ānāw* sind von Anfang an auch religiöse Termini = vor Gott sich demütig beugend, dann auch: von Gott oder Menschen gebeugt, bedrückt.

Die letzte Strophe schildert die Folgen des Gerichts, sowohl für Jahwä als für sein Volk, »die Demütigen«, d. h. die (einzigen) wirklich Frommen auf der Erde, und schließt mit der Aufforderung an das Volk, Jahwä zu preisen und dem triumphierenden Könige Geschenke zu bringen:

Die Blüte[1] der Menschheit soll dich preisen, (ihre) herrlichste Blüte[1]
vor dir festen[2].
Gelobt und erfüllt es dem Jahwä[3]; alle Völker rings um bringen Gaben.
er demütigt den Übermut der Großen — ein Schrecken den Königen
der Erde.

Daß man sich die Beziehungen, oder sagen wir eher: den Parallelismus, zwischen den »Völkern«, die Jerusalem angreifen und von Jahwä vernichtet werden, und den uranfänglichen Empörern gegen die Herrschaft des höchsten Gottes bewußt gewesen, zeigt eine Glosse zu dem oben S. 50 erwähnten Ps. 65. Die Periode: »der des Meeres Brausen zur Ruh bringt und das Tosen der Wellen« ist von einem Späteren durch die Glosse »das Lärmen der Völker« erklärt worden Ps. 65, 9; die in der folgenden Strophe erwähnten »Bewohner der Enden (der Erde)«, d. h. die Meeresungeheuer, sind hier auf die Feinde Jerusalems gedeutet worden.

Denselben Parallelismus zwischen den angreifenden Feinden und den Meeresungeheuern, bezw. dem Meere, finden wir in Ps. 46, der nach Inhalt und Stimmung derselben Art wie der oben behandelte Ps. 76 ist. Der Psalm ist ein »Sionspsalm«; seine tragende Stimmung ist das stolze Vertrauen auf die nie versagende Hilfe des Gottes auf Sion, das Gefühl der Sicherheit der ewigen Stadt, die nie und nimmer wanken kann. Jerusalem wird hier als die Gottes- und Königsstadt besungen, in der Jahwä jetzt in eigener Person wohnt; die Voraussetzung ist deutlich, daß er soeben nach dem siegreichen Kampf hineingezogen ist. Dem erwähnten Gefühl der Sicherheit gibt die erste Strophe (3 achtzeilige Strophen, die Zeile je 4 Hebungen) Ausdruck. Hier wird in der Form eines Konzessivsatzes auf die Katastrophen hingewiesen, aus denen Sion unberührt herauszugehen hoffen darf; deutlich verraten aber die Ausdrücke, daß der Tiamatmythus im Hintergrunde liegt; es wird auf die Verwirrung, das Wanken der Erde

---

[1] Wörtlich: der Rahm, der beste Rahm; sprich *ḥēmap̄* = *häm'ap̄*, vgl. *ḥēmā* Hiob 29, 6 = *häm'ā*. Gemeint ist natürlich Israel. — Zum Ausdruck vgl. *ḥēläḇ hā'āräṣ* Gen. 45, 18, *ḥēläḇ ḥiṭṭā* Ps. 81, 17, das Beste des Landes, das Beste des Weizens; ferner *diš⁽ᵉ⁾nē äräṣ* Ps. 22, 30 (die Vornehmen der Erde — falls richtig überliefert), *mišmannēhäm* Ps. 78, 31. Vgl. dazu *la crème* und *la crème de la crème*.

[2] *taḥōz lāch*, LXX.

[3] Streiche *ᵃlōhēchäm* und *lammōrā* metri causa.

angespielt, das in der Urzeit angerichtet wurde, als das Urmeer sich empörte und gegen die Erde losstürmte: das könne sich alles wieder in Gegenwart und Zukunft wiederholen:

> Jahwä ist für uns eine bergende Wehr,
> eine Hülfe in Nöten, gar wohl bewahrt,
> Drum fürchten wir nicht, wenn die Erde auch weicht,
> wenn die Berge hinstürzen mitten ins Meer.
> [Das Meer] möge brüllen und schäumen seine Wogen,
> die Berge vor seinem Übermut erbeben —
> [mit uns ist Jahwä der Gott der Heere,
> eine feste Burg ist uns Jakob's Gott].

Möge das alles wieder geschehen — Jahwä ist der Übermächtige! In
der zweiten Strophe geht der Dichter auf das, was jetzt tatsächlich geschе-
hen ist, ein. Sion ist die wahre Gottesstadt, das wahre Paradies geworden,
aus dem der Strom des Segens — hier wohl bildlich aufgefaßt oder vom
Dichter vielleicht a u c h auf den Siloastrom bezogen — hervorgeht. Denn
Jahwä ist selber in seiner Mitte, und er wird von jetzt an immer das tun,
was er soeben getan: seine Stadt in der Stunde der höchsten Not retten.
In kurzen Sätzen erzählt der Dichter die Tatsache, auf der dieser Glaube
begründet ist:

> Ein heiliger Strom ist in Gottes Stadt,
> seine Arme erfreu'n die Wohnung des Höchsten [1]
> Jahwä ist in ihr, sie kann nimmer wanken,
> es rettet sie Jahwä wenn der Morgen graut.
> Er bebten Völker, es wankten Reiche, —
> Er erhob seine Stimme, da erzitterte die Erde!
> Mit uns ist Jahwä der Gott der Heere,
> eine feste Burg ist uns Jakob's Gott.

Wir hören hier, daß es die Reiche und die Völker der Erde gewesen,
die sich als die Feinde Jahwä's und Israels betätigt haben; zwischen ihrem
Auftreten und der Erfahrung der Unwankbarkeit Jerusalems besteht eine
Beziehung. Deutlich ist es die Voraussetzung, daß sie einen Angriff auf
Jerusalem vorgenommen haben; in dem letzten Augenblick hat aber Jahwä
sie mit der Gewalt seiner Stimme zum Stocken gebracht. Die Wirkung
wird als eine weltumfassende Katastrophe geschildert; vor seiner Stimme
erbebte die ganze Erde. — Die dritte Strophe beschreibt die Wirkung
des göttlichen Eingreifens; die Feinde sind vernichtet, das Friedensreich

---

[1] Die Lesung *qiddēš* befriedigt nicht recht; das Metrum bleibt schlecht; ich
stelle *qå̄ðōš* und *pᵉlåzâw jᵉśammᵉhū* um und lese *bᵉᶜîr*.

errichtet worden; alle Welt muß jetzt erkennen, daß Jahwä der allein
Wirkende und Mächtige ist — das läßt der Dichter ihn selbst in triumphierenden Worten verkünden:

> Kommt hier und schaut die Taten Jahwä's[1],
> der den Kriegen ein Ende macht in der Welt;
> den Bogen zerbricht er, zerhaut den Speer,
> die Schilder verbrennt er mit Feuer.
> »Laßt ab und erkennt, daß ich bin Jahwä,
> erhaben unter den Völkern, erhaben auf Erden!«

Was es mit dem »Schauen« auf sich hat, werden wir unten sehen.

Zwar wird in diesem Psalm nicht ausdrücklich gesagt, daß Jahwä zur
Rettung oder nach der Rettung in die Stadt hineingezogen sei; man könnte
auch so deuten: Jahwä, der immer auf Sion wohnt, hat jetzt wieder einmal seine Nähe bewiesen und die Stadt gerettet. Das wäre auch richtig;
denn das alljährliche Kommen schließt im primitiven Denken das andauernde
Wohnen nicht aus — im Gegenteil. Dennoch hat man den deutlichen Eindruck, daß der Psalm mehr von dem Kommen als von dem ruhigen Wohnen
handelt; Jahwä ist jetzt in Sion, weil er soeben dorthin gekommen ist.
Erst dann begrift man die nachdrückllche Betonung seines Wohnens, wenn
es als Gegensatz die Tatsache hat, daß es eine Zeit gab, als er da noch
nicht war, nämlich die Zeit der Not und Bedrängung (siehe unten f.).

Ähnlich wie in Ps. 46 liegen die Dinge in Ps. 48. Auch hier ist es
die Meinung des Dichters, daß Jahwä seine Königsherrschaft dadurch begründet und zugleich erwiesen habe, daß er die verbündeten Könige der
Erde, die gegen ihn und seine Stadt heranrückten, durch eine Katastrophe
vernichtet habe.

Auch dieser Psalm ist ein Sionshymnus, der Jahwä erhöht, indem er
seine Stadt preist. Auch hier ist die tragende Stimmung das erhebende
Gefühl der Sicherheit der heiligen Stadt, die jetzt die Wohnung des
Höchsten geworden ist — denn deutlich ist es die Voraussetzung der ersten Strophen, daß die Heiligkeit und Sicherheit der Stadt als Gottesstadt
etwas jetzt Erlebtes ist. So stark wird das Erlebnis betont, daß man auch
hier den bestimmten Eindruck bekommt, daß hier etwas Neues behandelt
wird; Jahwä ist zwar immer in seiner Stadt (s. oben); früher hat man es
jedenfalls nicht so wie jetzt gewußt, erlebt, mit Augen gesehen. Von einem
Einzug ist auch hier keine Rede; wohl aber von einer Epiphanie, die noch
verrät, daß das Kommen des Königs im Hintergrunde liegt.

---

[1] V. 9 b ist Glosse.

Wie gesagt setzt der Psalm mit einer Lobpreisung Sioñs ein; der Lobpreis wird mit dem Hinweis begründet, daß dort der König über allen Königen (jetzt) wohnt und sich als den schlechthin Mächtigen erwiesen hat:

Wie groß und hoch benedeit ist unser Gott in seiner Stadt[1].
Schön erhebt sich sein heiliger Berg, die Wonne der Welt.

Der Götterberg im Norden ist Sion, des Großkönigs Stadt,
Jahwä ist (jetzt) in ihren Bürgen, als Schirm wohl bekannt.

Nun folgt die Begründung dieses Glaubenssatzes: er gründet sich auf einer immer neuen und so auch jetzt erlebten Erfahrung. Hier wird nun die Tatsache erwähnt, durch die Jahwä sich als den auf Sion thronenden Götterkönig erwiesen hat: er hat durch seine Wundermacht den Angriff der Könige der Erde auf Sion vereitelt:

Denn Könige rotteten sich zusammen und rückten heran;
doch wie sie es[2] sahen, sie staunten und flohen bestürzt.

Dort wurden sie von Zittern ergriffen wie der Kreißenden Winden —
ja im Sturme von Osten zerschmetterst du die stolzesten Schiffe.

Die letzte Fünferzeile bezieht sich nicht auf Einzelheiten im Kampfe, sondern illustriert durch ein typisches Beispiel die Gotteskraft, die Jahwä wieder bei der Vernichtung der Könige betätigt hat: wie der Sturmwind Spreu zerstiebt, ja sogar die größten Schiffe zerschmettert, so hat Jahwä jetzt mit den Feinden gehandelt.

Diese Betätigung der Gotteskraft ist nun aber nicht etwas Neues, weder der Form noch dem Inhalte nach. Es hat sich diesmal nur wiederholt, was die Gläubigen schon lange — »von Anfang an« würde Deutero-jesaja sagen — gehört haben:

Wie wir's gehört, so haben wir's gesehen in der Stadt unsres Gottes;
Gott sichert ihr Bestehen auf ewig [und nie wird sie wanken].

Wir stehen hier eben vor dem Geheimnis des Kultmythus: das Neue, das erlebt wird, ist die Wiederholung des Alten, das schon hundertmal da gewesen und von dem die Kinder von den Eltern immer wieder Kunde bekommen (vgl. V. 14). Das ist nun alles noch einmal geschehen. Wir haben somit hier dieselbe Form des Kultmythus wie er in Ps. 46 vorausgesetzt war. — Diese neue Erfahrung der alten Heilstatsache ist es, die die im

[1] Str. *Jhwh* u. l. *beîrô*.
[2] D. h. Jerusalem.

Tempel versammelte Gemeinde jetzt zur tiefsten Andacht stimmt, und die zugleich den Ruhm des Gottes zu den Enden der Erde erklingen läßt:

> Wir gedenken deines Huldes, Jahwä, allhier in deinem Schloß;
> wie dein Name, Jahwä, ist dein Preis bis ans Ende der Welt.

Die folgende Strophe beweist nun durch ihre durchgehende Berührung mit den Thronbesteigungspsalmen im engeren Sinne (Ps. 93—100), wie das alles gemeint ist. Die Bekämpfung der Feinde ist als rettendes Gericht aufgefaßt. Jahwä ist jetzt als König gekommen, die Welt und sein Volk zu richten, d. h. Israel gegen alle Feinde Recht zu verschaffen; durch die Besiegung der Könige hat er das schon getan:

> Deine Rechte ist voll des Rechts, des freut sich der Sion,
> laut jubeln die Städte Juda's ob deines Gerichts.

Daß die zeitgeschichtliche Deutung der hier erwähnten drei Psalmen unmöglich ist, ergibt sich einfach daraus, daß eine solche Katastrophe vor den Toren Jerusalems nie stattgefunden hat; hätte das geschichtliche Israel einen solchen Sieg gewonnen, so würden wir sicher davon in den Quellen hören; die Katastrophe, die das Heer Sanheribs getroffen haben soll, ist ungeschichtlich. Gegen die eschatologische Deutung sprechen ebenso entschieden die Präterita.

Auch in Ps. 33, 10 ff. wird darauf hingedeutet, daß Jahwä die Pläne der Völker gekreuzt hat, und daß Roß und Menschenkraft sich als unzuverlässige Helfer erwiesen haben; Jahwä ist der allein Mächtige; wohl dem Volke dessen Gott und König er ist. — Hier wie in Ps. 46 besteht eine gewisse Beziehung zwischen der Schöpfung (V. 6—9) und der Besiegung der Völker und Könige, und auch hier mag in der Erwähnung der Unzuverlässigkeit der R o s s e eine Reminiszenz aus der Schilfseelegende vorliegen. — Der Dichter feiert in »einem neuen Lied«, d. h. einem Thronbesteigungslied, Jahwä als Weltschöpfer und zugleich als Züchtiger der auf Rosse vertrauenden Völker. — —

Sowohl in Ps. 46 als in Ps. 48 und Ps. 76 ist das Züchtigen der Völker in Verbindung mit Jerusalem gesetzt. Wenn wir nun in unserer Vermutung Recht haben, daß diese Psalmen Kultpsalmen sind, die auf Heilstatsachen, die im Kulte verwirklicht, bezw. wiederholt werden, hindeuten, und wenn die Verben in diesen Psalmen als Präterita aufzufassen sind, so müssen wir aus diesen Psalmen folgern, daß der urzeitliche Kultmythus infolge der Umdeutung auf das Schilfseewunder eine tiefgehende und merkwürdige Umbildung erlitten hat. Aus Rahab ist zunächst Ägypten, bezw. Pharao geworden, aus dem Urmeer der Schilfsee. Aus Pharao und seinen Großen sind dann aber die Könige und Völker der Welt gewor-

den, und statt an dem Schilfsee findet nun die Katastrophe vor Jerusalem statt.

Insofern nun aber der Kult ein schöpferisches Drama, aus dem die
Wirklichkeit hervorstrahlt, ist, so ist diese Umbildung eigentlich keine
Neubildung, sondern nur ein Wiederhervorbrechen des Ursprünglichen.
Der Mythus war als Projizierung der kultischen Wirklichkeiten in die Urzeit zu verstehen (siehe S. 24 f.); wenn nun der Kampf nicht in der Urzeit,
sondern soeben vor Jerusalem stattgefunden hat, so ist das nur was ursprünglich im Kulte »gespielt« und geglaubt wurde.

Der Inhalt des Kultes wird aber notwendig in epische Form ge-
gossen; er ist sonst nicht als Tradition festzuhalten. Der künstlerische
Gestaltungstrieb der Menschen greift nach diesem hochinteressanten Stoffe
und gestaltet ihn zur Festlegende.

Eigentlich findet der siegreiche Kampf jedes Jahr statt. Sobald er
aber in der epischen Form einer Festlegende gefaßt werden soll, so entsteht daraus eine »geschichtliche« Tat, die im Kulte »wiederholt« wird,
bezw. zum »Andenken« deren das Fest gefeiert wird (siehe oben S. 25).
Man muß somit erzählt haben, daß einmal — etwa in der grauen Vorzeit
— die Könige der Welt sich zusammengefunden hatten, um einen großen
Angriff auf Jerusalem zu wagen, von verwegenem Trotz wider Gott geleitet, daß aber Jahwä im letzten Augenblicke (bei Morgengrauen Ps. 46,6)
eingegriffen und plötzlich die Feinde in Schrecken gesetzt und sie vollständig geschlagen und zerstreut habe. Dadurch habe er sich als der
wahre König erwiesen und es aller Welt deutlich gemacht, daß die Stadt,
in der dieser König wohnt, unnahbar ist; mag auch die Welt wanken
unter den Angriffen »der Meereswogen«, Jerusalem wankt nicht (Ps. 46, 4). —
In diesen letzten Sätzen verrät sich noch, wer die Könige ursprünglich
gewesen: sie sind die vermenschlichten »Helfer Rahabs«. Diese Königstat
ist es nun, die jedes Jahr im Kulte gefeiert und erneuert wird: wie damals, so zeigt sich Jahwä immer wieder als König und Bekämpfer der
Weltkönige.

Vielleicht hat diese Kultsage nie in völlig ausgearbeiteter, geschichtlich sein wollender Form, sondern nur in den poetischen Hindeutungen
der Kultlieder existiert. Denkbar ist es auch, daß wenn wir diesen Mythus
in seiner Urgestalt nicht mehr besitzen, so sei vielleicht der Grund der,
daß er nicht in den wirklichen geschichtlichen Erinnerungen und der »wissenschaftlichen« Chronologie der damaligen Zeit verankert gewesen sei,
so daß er etwa von dem Verfasser der Bücher Samuelis und der Könige
benutzt werden könnte. Doch haben wir eben in den geschichtlichen
Büchern einen sehr deutlichen Anklang an diesen aus den Psalmen

erschlossenen Kultmythus. Der im großen Ganzen ungeschichtliche[1] Bericht
über eine über Nacht eingetroffene vernichtende Katastrophe, die Sanheribs Heer vor Jerusalem getroffen habe, II Kg. 18, 17—19, 37, ist nichts
anderes als eine Übertragung unserer Kultlegende auf geschichtliche Personen und Ereignisse. — In voller Ausprägung besitzen wir aber diese
Legende auf die Zukunft übertragen, als ein Stück des eschatologischen
Gemäldes, bei Ezechiel (38 f.) und Deuterozacharja (Zach. 12). Es bestätigt
sich hier wieder die Auffassung Gunkels, daß die Eschatologie in die Zukunft projizierte Urgeschichte ist. — Betreffs der hier behandelten Psalmen
aber verhält es sich nicht so wie Gunkel und seine Anhänger gemeint
haben, daß sie aus der Eschatologie heraus zu erklären seien, sondern
vielmehr umgekehrt; die Eschatologie ist aus dem richtigen Verständnis
dieser Psalmen zu deuten. Darüber unten im II. Teil.

e) Der Gerichtsmythus.

α) Wir haben oben S. 53 erwähnt, daß neben dem Kampf Jahwä's gegen
die feindlichen Götter auch die Vorstellung eines Gerichts über die Götter
vorkommt. — Wie der Kampf vor der Thronbesteigung, so gehört das
Gericht im Sinne vom Rechtsprechen nach derselben. Da aber das Gericht
manchmal eine Bezeichnung für die Bekämpfung ist, so finden wir auch
den als Gericht aufgefaßten Kampf gegen die Feinde als erste Regierungs-
tat des neuen Königs nach der Thronbesteigung dargestellt.

Wie wir sofort sehen werden, haben wir in den Psalmen jedenfalls
zwei Beispiele dieser Auffassung (Ps. 75 und 149). In beiden Fällen sehen
wir aber auch, daß die Bekämpfung als ein Gericht aufgefaßt wird, das
Jahwä über die feindlichen Mächte fällt. Zwar ist in den genannten Psalmen keine eigentliche Gerichtsszene geschildert oder vorausgesetzt wie in
Ps. 82; das Gericht in Ps. 75 scheint recht »bildlich« genommen werden zu
müssen; richten heißt soviel als mit Waffen und Schrecken strafen. In
Ps. 149 ist zwar von einem »geschriebenen Urteil« die Rede; die Hauptsache ist hier aber, daß die Israeliten jetzt die nötige Kraft, dieses Urteil
mit scharfen Schwertern zu vollstrecken, erhalten haben — also wiederum
Gericht eigentlich = Bekämpfung.

Wir werfen zunächst einen Blick auf die beiden hier erwähnten
Psalmen.

---

[1] Das beweist 1) der Vergleich mit II Kg. 18, 13—16; 2) der Bericht Sanheribs auf dem Taylorzylinder — mögen auch gewisse Theologen „Apo-
logie" und Harmonistik treiben soviel sie wollen.

In Ps. 149 wird es mit reinen Worten gesagt, daß das Gericht zwar gesprochen, noch nicht aber verwirklicht ist, V. 7—9. Die Verwirklichung ist erst im Laufe des kommenden »Gnadenjahres« zu erwarten. Der Psalm setzt mit der Aufforderung ein, dem (neuen) Könige Jahwä, dem Schöpfer Israels, »ein neues Lied« zu singen und ihm mit Gesang und Tanz zu huldigen. Die Aufforderung wird damit begründet, daß Jahwä sich seinen Frommen, d. h. Israel gnädig und hilfreich gezeigt; daher jubeln sie ihm jetzt auf ihren »Lagern«, d. h. auf ihren Polstern, wo sie hingestreckt am Opfermahle des Einzugsfestes teilnehmen (vgl. Am. 2, 8), mit Hymnen im Munde und mit scharfen Schwertern in den Händen. Daß die Männer bewaffnet zum Festtanz kamen, ist interessant, aber eigentlich selbstverständlich; galt es doch, den »König« bei seinem Einzuge zu begleiten (siehe unten); dazu gehören aber bewaffnete Mannen (vgl. II Kg. 11, 8). In der letzten (dreizeiligen) Strophe heißt es nun:

> An den Völkern Rache zu nehmen und Ahndungen an den Nationen,
> ihre Könige mit Ketten zu binden, ihre Edlen mit eisernen Fesseln,
> das geschriebene Gericht[1] zu vollstrecken — ist Er[2] eine Kraft[2]
> seinen Frommen.

Das »Gericht« ist (in Jahwä's Buch) »geschrieben«; durch Israel, sein kräftiges Volk, soll es vollstreckt werden; dazu wird Er, der jetzt bei ihnen weilt, ihnen die Kraft sein. —

Nicht nur die Vollstreckung des Gerichts, sondern auch das Fällen des Urteils wird nach der Thronbesteigung Jahwä's versetzt. Wie wir in Ps. 82 eine Gerichtsrede des soeben erschienenen Gottes gegen die Götter lesen, so haben wir dementsprechend in der Form einer Jahwärede eine Verkündigung des jetzt bevorstehenden Gerichts über die Völker, die Israels und Jahwä's Feinde sind, »die Wahnsinnigen« und »die Frevler«, nämlich Ps. 75. Wie der Orakelpsalm 81 (siehe unten III 1), so wird auch Ps. 75 durch einen kurzen Hymnus eingeleitet, der auf die großen Taten Jahwä's hindeutet:

> Wir danken dir, Gott, wir danken dir,
> die deinen Namen bekennen[3] erzählen deine Wunder.

Dann greift Jahwä selber — natürlich durch den Mund eines Priesterpropheten (siehe unten zu Ps. 132 und Ps. 81) das Wort:

> Wenn ich auch mir Zeit dazu nehme, so richte ich doch gerecht;
> mag wanken die Erde und ihre Bewohner, ich stelle ihre Pfeiler
> doch fest.

---

[1] Streiche „auf sie" m. c.

[2] Zu diesen Übersetzungen siehe unten.

[3] Lies qōrᵉ'ê bᵉšimᵉchā (Dyserinck).

Ich sage zu den Rasenden: Rast nicht! Zu den Frevlern:
Hebt nicht das Horn!
erhebt nicht gen droben euer Horn, nicht redet Vermeß'nes
gegen den Fels [1].

Mit Entzücken hat die Gemeinde dieses Wort gehört; hoch lodert das Gottesvertrauen empor: wie unser Gott ist kein anderer; er ist es, der Hilfe bringt, und kein anderer; er wird sicherlich in Bälde das Gericht vollstrecken:

Nein, nicht von Osten oder Westen, auch nicht von der Steppe
noch vom Gebirge [2] —
Gott ist es, der richtet, er demütigt den und jenen erhöht er.
Denn einen Kelch hält Jahwä, voll schäumenden Weins, voll
berauschenden Mischtranks,
und er schenkt dem Einen [nach dem Andern] [3], bis zur Hefe
müssen sie schlürfen [4].

Und in dem vollen Kraftgefühl, das die Nähe und das Wohlwollen eines solchen Gottes einflößt, bricht der Vertreter der Gemeinde — vielleicht der König, siehe zu Ps. 132 (II 3 c) — aus:

Ich aber will immerdar jubeln [5] und singen dem Gotte Jakobs;
der Frevler Hörner zerschlag ich — hoch raget das Horn des Gerechten.

»Der Gerechte« ist Israel — bezw. sein König — der das Gericht in Gottes Kraft vollstrecken soll, vgl. Ps. 149. —

Man hat sich nun aber nicht mit einem Gericht über die Völkerwelt begnügt. Hinter den heidnischen Mächten stehen die heidnischen Götter. Und die Thronbesteigung Jahwä's ist auf einer Bekämpfung der Götter begründet (siehe II 1 d). So hat man denn auch von einem Göttergericht erzählt. Wenn Jahwä erscheint und König wird, so versammelt er die Götter, tritt in ihrem »Rate« auf und verkündet ihnen in einer strafenden Gerichtsrede das Todesurteil. Denn diese Wesen, die Götter sein sollten, haben, wie einst das Urmeer oder Tiamat, »die Grundpfeiler der Erde zum Wanken gebracht«. Das was einmal, d. h. im Tiamatmythus, wörtlich zu nehmen war, das ist hier bildlich, von dem schlechten Regimente der Götter zu verstehen (vgl. Ps. 58).

Wie nun im Kulte die Thronbesteigung wiederholt wird, so wird auch alljährlich das Gericht über die Götter wiederholt. Davon singt Ps. 82:

---

1 Lies *baṣṣūr* (BHK nach LXX).
2 Lies *ūmêhǎrīm.*
3 Nach LXX, Syr.
4 Die vier letzten Worte in V. 9 sind Zusatz.
5 Lies *āǧīl,* LXX.

Jahwä tritt im Götterrat auf, hält Gericht im Kreise der Götter:
»Wie lang' wollt ihr ungerecht richten, der Frevler Partei ergreifen?
Schafft Recht den Schwachen und Waisen, den Bedrückten und
                                        Elenden sprecht frei,
und helfet den Schwachen und den Armen, entreifst sie der
                                        Frevler Faust!
Sie[1] aber tappen im Dunkeln, (denn) es wanken die Pfeiler der Erde.
Ich hab' gesprochen: Götter ihr seid und Söhne des Höchsten zumal —
führwahr, wie Menschen sollt ihr sterben, wie irdische Fürsten fallen«!

Eine Strafrede gegen die Götter, die feierlich von dem Regimente
abgesetzt und zum Tode verurteilt werden. Denn infolge ihres sittenlosen
und ungerechten Regimentes »wanken schon die Pfeiler der Erde«. Der
Jahwismus feiert in diesem Psalm seinen Triumph als die Religion der
sozialen Gerechtigkeit. Wo die Heidengötter herrschen, dort waltet das
Unrecht; bei Jahwä ist Gerechtigkeit und Schutz für die Schwachen. Das
Gericht steht aber unmittelbar bevor; jetzt, schon in diesen Minuten, steht
Jahwä in seiner gewaltigen Majestät im Kreise der bebenden Götter und
verkündet das Urteil, zum Glück der Erde und ihrer Bewohner, am meisten
zum Glück des erkorenen Volkes Jahwä's, die als »Fromme« und »Gerechte«
am meisten unter dem Drucke der Ungerechtigkeit zu leiden haben. Daher
verstehen wir auch die Schlußstrophe des Psalms, die ungeduldig um die
sofortige Verwirklichung des Gerichts bittet:

Ja, erhebe dich, Jahwä, und richte die Erde,
    denn von allen Nationen hast Besitz du ergriffen.

Wer die Götter ursprünglich gewesen, das zeigt der Vers »die Pfeiler
der Erde wanken«; unter dem Angriff der Meeresungeheuer wankte einst
die Erde; Jahwä hat aber die Ordnung wiederhergestellt. — Zugleich sehen wir hier, was die Voraussetzung des Gerichts ist: das Besitzergreifen
(wörtlich Erbschaftantreten) der gesamten Völker der Erde, nämlich als
König; die Voraussetzung ist die Thronbesteigung Jahwä's[2].

Man hat Ps. 82 einen eschatologischen Psalm genannt (Gunkel, Kittel
u. a.). Das ist aber nicht zutreffend. Der Psalm schildert nicht etwas, das
nach dem Dogma einmal in der fernen Zukunft eintreten werde, sondern
was jetzt schon im Werden begriffen ist. Zwar ist das Gericht noch nicht

---

[1] D. h. die Armen, die im Unglück leben müssen wegen der ungerechten
Herrschaft der Götter. 5 a α ist falsche Glosse; die Abschreiber haben
das Bild in a β mifsverstanden.

[2] Vielleicht ist mit Wellh. *timšōl* statt *tinḥal* zu lesen; dann ist die Beziehung auf die Königsherrschaft (Thronbesteigung) ausgesprochen.

exequiert; dem Glauben ist es aber eine fertige Tatsache. Die Voraus-
setzung ist schon erfüllt: Jahwä hat die Herrschaft ergriffen; er ist schon
im Kreise der Götter aufgetreten, er hat schon sein Urteil gesprochen; die
Götter vermögen jetzt nichts mehr zu tun, weil sie schon gerichtet sind.
Was aussteht, ist nur noch die Vollstreckung des Urteils, um die der Schluß-
vers bittet; der Ausdruck »richte« geht hier auf das letzte der nach hebr.
Begriffen im Worte eingeschlossenen Momente: auf die Gerichtsvollstreckung.
Wenn den Göttern schon ihr Urteil gesprochen ist, so ist ihre Macht dem
Ratschluß Jahwä's nach schon gebrochen[1]; der Glaube weiß, daß auch
der Schlußakt kommen muß. — Und doch ist in diesem Psalm die Religion
zu dem Punkte gekommen, wo die bewußte Unterscheidung zwischen Vergangenheit, Gegenwart und Zukunft einsetzt; die Momente des Lebens liegen
nicht mehr in einander, wie bei dem ganz primitiven Menschen und der
ganz einheitlichen, ungebrochenen primitiven Kultur und Religion, in dem
ursprünglichen und unverdorbenen Gegenwartserlebnis des Kultes. Darüber
Näheres unten im II. Teil, Kap. III.

Drei Dinge sind in diesem Psalm bedeutsam. Zunächst, daß die
Götter aus Freunden zu Feinden geworden, die gestraft werden müssen.
Sodann, daß statt einer Bekämpfung eine Gerichtsszene getreten ist; dieses
Gericht ist ethisch begründet worden. Endlich ist die als Gericht aufgefaßte Vernichtung der Feinde statt vor der Thronbesteigung jetzt nach
derselben verlegt. Ursprünglich ging wie gesagt das Züchtigen der Feinde
der Thronbesteigung voraus und bildete die Grundlage derselben; war ja
das Züchtigen nur der mythische Ausdruck des Schöpfungsgedankens. In
beiden Fällen ist aber das Gericht die Einleitung zu der Periode der Königsherrschaft Jahwä's; nach dem Gericht folgt die Zeit des Heils. — Alle
diese Punkte stehen in Zusammenhang mit einander. Wenn die Götter
die Feinde sind, so zeigen die Erfahrungen, die in der umgebenden Welt
gemacht werden, daß die feindlichen Götter doch noch da sind, auch wenn
Jahwä am Festtag seinen Thron bestiegen hat. Und wenn der Kampf in
ein Gericht umgebildet worden ist, so liegt es nahe, dasselbe nach der
Thronbesteigung stattfinden zu lassen; denn das Richten ist Sache des
Königs, nicht eigentlich des Thronprätendenten, wenn man diesen Ausdruck
gebrauchen darf. —

Daß Jahwä zum Gericht kommt, ist auch die Voraussetzung der Thronbesteigungspsalmen im engeren Sinne. Das ganze Universum wird aufgefordert, Jahwä zu begrüßen; denn jetzt kommt er, »die Erde zu richten«

---

[1] Vgl. Luthers Eine feste Burg: weil schon gerichtet, vermag jetzt der
Teufel nichts.

(Ps. 96, 13; 98, 9). Das Urteil, über das die Töchter Judas sich freuen (Ps. 97, 7), ist noch nicht gefällt; jetzt ist aber Jahwä in all seinem Glanz gekommen und hat sich auf den Richterstuhl gesetzt; freut euch darum, ihr Gerechten; euch ist schon das Licht aufgegangen. Das Urteil soll unmittelbar nach der Inthronisation gesprochen werden, ja ist insofern schon gesprochen, als es »in Gottes Rat« bestimmt, in Jahwä's Ratschluß verwirklicht ist. Es soll sofort vollzogen werden und gehört nicht »den fernen Tagen« der Eschatologie an. Das Gericht ist auch in diesen Psalmen die sich schon verwirklichende Einleitung zu der heute beginnenden Zeit der Königsherrschaft Jahwä's, der Heilszeit. — —

An fast allen den hier behandelten Stellen bezeichnet »Richten« ein siegreiches Kämpfen. Jahwä richtet, indem er kämpft und siegt. Das ist eine Auffassung, die tief in dem altisraelitischen Denken begründet ist und mit seiner ganzen Auffassung der Wirklichkeit und des Menschen, mit seiner Psychologie zusammenhängt.

Die Begriffe Richten, Recht verschaffen, Strafgericht vollziehen ($\check{s}\tilde{a}fat$, $hi\d{s}d\bar{\imath}q$, $d\bar{\imath}n$) sind im Hebräischen nie so rein juristisch-forensisch gewesen, wie sie von uns aufgefaßt werden. Das Richten ist eigentlich das Sich-als-»Gericht«-Erweisen, es bedeutet seine $\d{s}\tilde{a}\d{o}\tilde{a}q$ zu betätigen und beweisen; $s\tilde{a}\d{o}\tilde{a}q$ ist aber eigentlich das machtvolle Sich-Behaupten; $\d{s}add\bar{\imath}q$ ist derjenige, der sich durch das Gelingen aller seiner Pläne und Ratschlüsse als ein normaler, von der Kraft des Segens gefüllter Mensch erweist und auswirkt. Als $\d{s}add\bar{\imath}q$ erweist sich der König vor allem, wenn er seine und des Volkes Feinde besiegt und so den »Bund«, an dessen Spitze er steht, machtvoll behauptet. Insofern ist der glückliche Kampf immer ein Richten[1].

Diese »richterliche« Tätigkeit des Königs oder des Gottes bezieht sich eigentlich auf die zu Helfenden, zu Aufrechterhaltenden. Richten ist zunächst »rechtfertigen«. Der König, der Gott, beweist seine $\d{s}\tilde{a}\d{o}\tilde{a}q$, indem er den Bund behauptet, den Bundesgenossen aufrecht erhält oder ihn, wenn er gefallen ist, wenn ihm ein »Bruch« zugefügt worden ist, wieder aufrichtet und ihn so mit der Kraft seiner $s\tilde{a}\d{o}\tilde{a}q$ wieder $\d{s}add\bar{\imath}q$ macht, ihn wieder die Möglichkeit der Selbstbehauptung verschafft, ihn wieder »heil«, unverzehrt ($\check{s}all\bar{e}m$) macht, sein Glück den Menschen sichtbar errichtet. Auch Richten, $\check{s}\tilde{a}fat$ hat dieselbe positive Bedeutung wie »rechtfertigen« $hi\d{s}d\bar{\imath}q$. Insofern ist ursprünglich und eigentlich Israel das nächstliegende Objekt des Richtens Jahwä's, aber natürlich immer sensu bono; das Richten ist eine Heilstätigkeit.

---

[1] „Das ganze Leben ist Richten", siehe Johs. Pedersen, Israel I—II, Köbenhavn 1920, S. 260—293.

Natürlich kann man nun auch sagen, daß die Feinde, deren Besiegung Israel »gerecht« macht, die Objekte des Richtens sind; das Richten ist eine sehr umfassende Tätigkeit. Es bedeutet eben, einem jeden das ihm Gebührende geben, bezw. zurück verschaffen; denen, deren Seele aber nicht an sich gerecht ist, nicht die innere Qualität der normalen Gesundheit besitzt, die nicht wirkliche Menschen sind, etwa weil sie Frevler seien oder als Fremde und Feinde außerhalb des Bundes stehen, gebührt aber keine Gerechtigkeit, kein Friede, kein Glück. Die Feinde Jahwä's und Israels sind eben dadurch ungerecht geworden, daß sie Israel vergewaltigt haben, nicht einem jeden das ihm Gebührende gegeben; ihnen gebührt daher die Strafe, die Züchtigung. Richten heißt somit auch strafen, vernichten, besiegen, die Strafe vollstrecken.

Es ist diese Seite des Inhaltes des Begriffes, die in den oben behandelten Psalmen die Hauptsache geworden ist. Objekt des Gerichts sind hier fast immer die Feinde Israels. Der Begriff ist hier verengt worden. In ihrem ursprünglichen und umfassenden Sinne ist die Vorstellung, daß Jahwä richtet, eigentlich keine andere als die, daß er kämpft und siegt und Israel schützt; sie braucht nicht in der Sprache der Religion in einem eigenen von dem Kampfmythus zu unterscheidenden »Gerichtsmythus« ausgedrückt zu werden. Wir würden in moderner Sprache sagen, daß sie ein »Bild« der Vorstellung vom Kampfe sei. In dem hier besprochenen verengten Sinne aber ist sie eine gewissermaßen selbständige Vorstellung geworden. Sie ist im Begriff, forensisch im eigentlichen Sinne dieses Wortes zu werden. Sie ruft sehr leicht, und wohl in steigendem Grade, die Vorstellung von einer Gerichtssitzung hervor, wenn auch der Gedanke an den Kampf immer noch hindurchschimmert oder gar obwaltet. — Dabei sind nun aber die Vorstellungen der Thronbesteigungspsalmen nicht stehen geblieben. In Ps. 96, 13; 97, 8; 98, 9 haben wir es nur mit Formeln, die sich ebensowohl auf Israel (in dem Sinne von Rechtfertigung) als auf die Feinde (im Sinne von Bestrafung) beziehen können. Ebenso in Ps. 48, 12 und Ps. 76, 9; an der letzteren Stelle sind aber die Feinde Objekt. In Ps. 75, 3 dagegen scheint der Gedanke an eine Gerichtsverhandlung mit darauf folgender Gerichtsvollstreckung wenigstens im Hintergrunde zu stehen; denn der Psalm benutzt den Gedanken an die Strafe des Giftbecherleerens (V. 9). Nach Ps. 149 hat Jahwä einmal (in seinem Rate) ein Urteil gesprochen und das Gericht in sein Buch hineingetragen; jetzt soll es seinen Dienern, den Israeliten, zufallen, das geschriebene Gericht mit scharfen Schwertern zu vollstrecken.

Hier ist der Gedanke des Richtens ein wirklicher selbständiger Gerichtsmythus geworden. Das ist in Ps. 82 noch deutlicher zu sehen. Jahwä versammelt die Götter; dann tritt er mitten in ihrem Kreise auf.

Er ist selbst sowohl Kläger als Zeuge und Richter. Er wirft ihnen ihre bösen Taten vor und fällt in feierlicher Sitzung das Todesurteil über sie. Richten ist hier in diesem Mythus überall ein forensicher Akt, und der Begriff hat einen »negativen« Sinn = verurteilen erhalten. Es ist somit ein wirklicher Gerichtsmythus, den wir hier vor uns haben, nicht nur eine altisraelitische Anschauungsform der Bekämpfung und Besiegung.

Das Gericht ist — wie die Bekämpfung — von universellem Umfang; es ist ein Weltgericht. Freilich mit der Ausnahme, daß Israel bei dieser Bedeutung des Wortes nicht mehr Objekt ist. Gerichtet werden die Götter (Ps. 82), die Bilderanbeter (Ps. 97, 7), die ganze heidnische Welt; Israel aber freut sich über die Verurteilung der Feinde (Ps. 97, 7—8)[1]. — Ein Weltgericht ist das Gericht, weil Jahwä als Weltkönig kommt und die Lage seines Volkes Israels die der Welt sicherstellen, die neue Weltschöpfung durchführen soll. — —

Es finden sich nun aber in den Ideen des Thronbesteigungsfestes und den diesbezüglichen Psalmen Ansätze zu einer Erweiterung des Gerichts im negativen Sinne auf Israel. »Negativ« darf freilich hier nicht absolut genommen werden. Es handelt sich nicht um eine Verurteilung des Volkes, etwa wie bei Amos und den ihm nachfolgenden Gerichtspropheten, sondern um eine κρίσις, eine Unterscheidung innerhalb des Volkes, eine Aussonderung der bösen Elemente. — Dieser Gedanke hat ursprünglich nichts mit dem Gerichtsmythus im eigentlichen Sinne zu tun; hier ist Israel nie Objekt des Gerichts; und er steht wohl auch nur in fernerem Zusammenhang mit dem »Richten« Jahwä's in seinem ursprünglichen umfassenden Sinne (= »Rechtfertigung«); ein solcher Zusammenhang ist wohl eigentlich nur insofern vorhanden, als man tatsächlich jede rettende und wiederherstellende und die Ordnung und das Recht aufrechterhaltende Tat ein Richten nennen konnte (s. oben). — Von zwei Ausgangspunkten konnte man zu einer solchen Ausscheidung der bösen Elemente kommen. Erstens von dem kultischen aus. Unreine und Frevler gibt es immer in einem Volke, wenn auch mitunter nur geheime. Ihre Anwesenheit im Volke, besonders aber beim Festkulte, ist für das Wohl des Volkes eine drohende Gefahr. Denn jede Unreinheit und Sünde erweckt Jahwä's Widerwillen; er muß gegen sie einschreiten. Insofern er dadurch den heiligen Bund aufrechterhält, ist das auch ein Richten. Auf diese Ausscheidung nehmen auch die Gebräuche des Festes Bezug. Wenn das Volk zum Tempel zur Festfeier hinaufkommt, wird durch den Mund der Priester die Forderung der Ausscheidung, des Zurücktretens der unlauteren Elemente gestellt (Ps. 24; 15).

---

[1] Anders wohl in Ps. 48, 11 f., wo Juda sich über die „Rechtfertigung" freut.

Der kultischen Sitte entspricht aber eine mythische Darstellung: dieselben Forderungen wird Jahwä bei seinem Kommen an sein Volk stellen. Jahwä will nur in Verbindung mit einem reinen Volke treten. Wer unreinen Herzens und unreiner Hände ist, darf nicht seinen heiligen Berg betreten (Ps. 15; 24). — Andererseits betet auch die Gemeinde selbst um Maßnahmen von Seiten Jahwä's, die auf eine Ausscheidung gewisser Elemente hinauslaufen. Unter den Feinden, die das Volk »ungerecht« machen und um deren Beseitigung im Kulte gebetet wird, gehören auch, wie unten näher darzulegen (II 3 c; III 2), gewisse Elemente im Volke selbst: die geheimen Zauberer, die das Volk beunruhigen und peinigen und es unrein und ungerecht machen (siehe Ps. 12; 14; 125, Ps.-St. I, S. 36, 170). Von dem Kommen Jahwä's zur Herrschaft erhofft die Gemeinde die Ausscheidung und Bestrafung dieser Leute. Und wiederum entspricht der Kultsitte eine mythische Darstellungsform. In Ps. 14 hören wir, wie Jahwä selber mit einer Strafrede gegen sie eingreift. — Die ausdrückliche Gleichsetzung dieser göttlichen Tätigkeiten mit dem Richten fehlt aber in den betreffenden Psalmen. Sie bezeichnen aber ein Rechtverschaffen, eine Rechtfertigung, und sind insofern ein Richten. Sie brauchten nur ausdrücklich in Verbindung mit der Vorstellung des Richtens gebracht zu werden, so hat man den Gedanken der κρίσις im späteren Sinne.

Diese Kombination scheint tatsächlich in Ps. 50 vorzuliegen, und auch dieser Psalm wird, wie unten III 1 zu zeigen, aus den Ideen des Thronbesteigungsfestes hervorgegangen sein. Der Psalm reiht sich, wie unten näher darzulegen, in den Zusammenhang, der von den Ps. 81 und 95 bezeichnet wird, ein. Wir werden sehen, daß Jahwä zum Thronbesteigungsfeste kommt und den Bund mit seinem Volke erneuert. Dabei legt er ihm seine Forderungen, den Inhalt des Bundes, dar. Er ermahnt das Volk, diesmal die Gebote treu zu halten; sonst werde es ihm, wie so oft, übel gehen; wenn er aber gehorche, werde ihm jeder Segen zu Teil werden. Durch den Mund eines Propheten wird diese Mahnrede gehalten (Ps. 81; 95). Auf diese kultische Mahnrede geht Ps. 50 zurück. Der kultischen Sitte entspricht wiederum die mythische Darstellung. Jahwä erscheint selber und stellt die Forderungen, die im Kulte seine Priester vertreten. In Ps. 50 erscheint Jahwä, sein Volk zu »richten« (V. 4). Indessen zeigt der Psalm selber, wie das »Richten« hier aufzufassen ist. Es ist jedenfalls nicht negativ, als verwerfende Verurteilung und Bestrafung gemeint. Die offiziellen Leiter des Kultes, aus deren Kreise die Kultlieder[1] und Litur-

---

[1] Es ist einfach selbstverständlich, daß wir die Psalmendichter nicht „unter den einfachen Männern des frommen Volkes" (Gunkel), sondern unter den Tempeldienern, näher bestimmt unter den „Sängern" zu suchen haben. Denn die Psalmen sind eben Kultlieder.

gien stammen, haben den Gerichtsgedanken, insofern er sich auf das
Kommen Jahwä's am Thronbesteigungstage bezieht, nicht all zu ernst
genommen. Denn Israel ist ja im großen Ganzen gerecht, und Jahwä
ist ein gnädiger Gott. So bleibt es in Ps. 50, trotz feierlicher Einleitung
und Theofanie und Berufung des ganzen Universums als Zeugen und aller
zum Fache gehörigen Ausstattung, eigentlich bei einer Schelt- und Mahnrede und einer Warnung; das Volke möge selbst die Diebe und Ehebrecher
aus seiner Mitte entfernen. Trotzdem Jahwä zum Gericht kommt, so begnügt er sich damit, dem Volke eine scharfe Rüge zuzuteilen. In praxi ist
das Gericht gar nicht so schlimm wie etwa Unheilspropheten und andere
Volksaufwiegler behaupten.

Das Richten ist hier höchstens im Sinne der $\varkappa\rho\iota\sigma\iota\varsigma$ gemeint. Und
selbst die Durchführung dieser $\varkappa\rho\iota\sigma\iota\varsigma$ wird der Gemeinde selbst überlassen.
Im Grunde unterscheidet sich der Psalm nicht viel von Ps. 15 und 24. —
Das Originelle bei ihm ist die Kombination der Ermahnung zur Bundestreue mit dem Gerichtsgedanken im Sinne der $\varkappa\rho\iota\sigma\iota\varsigma$. — —

Das Richten bedeutet somit ursprünglich allgemein gesagt: Israel zu
dem ihm gebührenden Platz »in der Sonne« zu verhelfen. Das tut Jahwä
indem er u. a. auch seine und des Volkes Feinde vernichtet. Später ist der
Gedanke in forensischer Richtung einseitig entwickelt worden: das Richten
bezeichnet besonders die nach feierlicher Gerichtssitzung folgende Verurteilung und Bestrafung der Feinde, darunter auch der vereinzelten Bösewichte in Israel. Daß die Bestrafung mittels eines Kampfes vollzogen wird,
ist auch hier oft festgehalten worden. Insofern die Zauberer und ähnliche
israelitische Frevler von der Strafe mit betroffen werden, kann das Gericht
als $\varkappa\rho\iota\sigma\iota\varsigma$ aufgefaßt werden, und diese Vorstellung liegt wohl in Ps. 50 im
Hintergrunde; hier ist übrigens der Gerichtsgedanke mit der Vorstellung
von der göttlichen Mahnrede zur Bundestreue bei der Neuerrichtung des
Bundes kombiniert worden.

Sonst ist der Gedanke eines Gerichts über Israel der volkstümlichen
Religion der Thronbesteigungspsalmen fremd. In diesen Psalmen ist eben
recht wenig von der Religion der großen Unheilspropheten zu spüren.

β) In spätester Zeit ist nun die Vorstellung von dem neujährlichen
Gericht (Neujahr ist Thronbesteigungszeit, siehe unten) mit einer anderen
Vorstellung kombiniert worden, die im Grunde denselben religiösen Grund-
gedanken ausdrückt, jedoch diesem eine andere mythische Einkleidung gibt.

In der Tosephtatraktet Roš haššana heißt es I 13: »Alle werden gerichtet
am Neujahr und ihr Urteil wird gesiegelt am Versöhnungstag. Dies sind
die Worte des Rabbi Meïr. Rabbi Jehūda sagt im Namen des Rabbi Aqiba:
alle werden gerichtet am Neujahr, und das Urteil jedes Einzelnen wird

gesiegelt in einer Zeit am Pesach in bezug auf das Getreide, am Wochen-
fest in bezug auf die Baumfrüchte, und am Laubhüttenfest in bezug auf
das Wasser, und das Urteil jedes Einzelnen wird besiegelt am Versöhnungstag [1].« — Hierzu bemerkt Fiebig ganz richtig: »Aus dieser Stelle ergibt
sich einerseits, daß der Begriff des *dīn* nicht bloß das »Richten« bedeutet
im Sinne von »aburteilen« und »bestrafen«, etwa lediglich auf Menschen
bezogen, sondern daß darin allgemeiner das Festsetzen dessen, was überhaupt geschehen soll, liegt, Segen und Fluch.« — »Richten« ist somit hier
soviel als das Festsetzen, das Bestimmen des Schicksals.

Diese Auffassung der Rabbinen ist nun keine späte und sekundäre
Neuerung: sie ist vielmehr sehr alt und zeigt uns eine ursprüngliche
Form des Thronbesteigungsmythus. Denn sie ist schon in dem babylonischen Thronbesteigungsmythus des Marduk, dem Schöpfungsmythus, dem
Prototypen des Jahwä-Thronbesteigungsmythus, vertreten, siehe S. 40 f. —
Am Neujahrstag zieht Marduk von seinem Tempel zu der »Schicksalskammer«, wohin sich auch die anderen Götter einfinden; in diesem Rate
der Götter werden die Schicksale des kommenden Jahres bestimmt, die
»Urteile« über die verschiedenen Menschen, Länder, Dinge, Verhältnisse
werden gesprochen, aufgeschrieben und versiegelt [2]. Jedes Neujahr wird
somit eine neue Schicksalsreihe geöffnet, das Schicksal wendet sich und
fängt wieder von vorne an. — Daß man diesen Gedanken eines Neuan-
fangens des Schicksals auch in Israel gekannt hat, zeigt der Ausdruck
šūb šᵉbūþ.

Daß dieser Ausdruck von der Massora, die ihn aus der Wurzel *šbj*
ableitet und immer auf die Befreiung aus dem Exil bezieht, falsch gedeutet
ist, wird allgemein zugegeben. Er bedeutet wörtlich: die Wendung wenden (siehe Ges.-Buhl [16]). Das heißt in dieser Verbindung: den Lauf der
Dinge wieder von Anfang beginnen lassen, den Anfang einer neuen Schicksalsreihe setzen. Es liegt im Ausdruck, daß dieses neue Welt-Schicksal
im großen Ganzen als eine Wiederholung, ein Neu-Anfang von dem ursprünglichen Anfangspunkte aus, betrachtet wird [3]. Es zeigt sich somit hier
deutlich, daß die ganze Vorstellung in Verbindung mit der neuen Schöpfung, der Wiederholung der grundlegenden Heilstatsache, steht und somit
im Kulte ihren Ursprung hat. — Der Neuanfang wird nun natürlich nicht so

---

[1] Nach Fiebig, Rosch haschana (Die Mischna, herausgeg. von Beer und
Holtzmann), Gießen 1914, S. 42 f.

[2] Jeremias, Altbabylonische Geisteskultur, Leipzig 1913, S. 314 f.

[3] Die in der Natur der menschlichen Seele begründete selbstverständliche
Voraussetzung ist dabei immer, daß die Wendung eine Wendung zum
Besseren sei. So wird der Ausdruck immer gebraucht.

aufgefaßt, als wenn er einen alle Einzelheiten in genauer Identität wiederholenden Verlauf der Dinge in sich schlösse; der Ton liegt nicht etwa auf
dem Gedanken, daß die Dinge sich wiederholen, sondern darauf, daß sie
wieder zum Anfang zurückkehren und daher diesmal einen »richtigen«
Verlauf nehmen können, sich nach der ihnen innewohnenden Natur und
der Intention des Schöpfers, unbehindert von den Hemmungen und feindlichen Mächten, die früher ihren Lauf in schiefer Richtung abgebogen
haben mögen, entwickeln können. Insofern liegt im Ausdrucke immer
etwas von dem Gedanken der Restitution, der Wiederherstellung — ein
Gedanke, der in der Eschatologie der beherrschende geworden ist. Wenn
Jahwä seinem Volke »die Wendung wendet«, so führt er es gleichsam zu
dem ursprünglichen Anfangspunkt zurück und stattet es mit der ursprünglichen »Gerechtigkeit« und Segen aus in der Absicht, daß es von da an unbehindert, unbehemmt, allen Widerständen trotzend und sie besiegend seinen
»Weg« in »Recht« und »Frieden« (ṣädäq und šālōm) wandeln solle. Jahwä
gibt ihm die Kraft und Möglichkeit eines gesegneten, glücklichen Lebens
in aller Zukunft, legt die dazu nötigen Kräfte (Gerechtigkeit, »Ganzheit«,
Friede) in seine Seele hinein[1] und bestimmt ihm, schafft ihm insofern ein
neues Schicksal. In diesem Sinne ist die in neuerer Zeit übliche Übersetzung »das Schicksal wenden« richtig. Sachlich entspricht der Ausdruck
dem babylonischen: das (die) Schicksal(e) bestimmen (»setzen«). — Es liegt
in der Natur der menschlichen Seele überhaupt, daß diese Wendung immer
als eine Wendung zum Besseren betrachtet wird. Das Erwartete ist immer
viel schöner als das Erlebte. Das eben vergangene Jahr hat immer
Hinderungen, Enttäuschungen, Unglücksfälle, Nichterfüllung der Hoffnungen
und Erwartungen aufzuweisen; die alltägliche Wirklichkeit bleibt immer
hinter dem im Hochgefühl des religiösen Erlebnisses (hier im Kulte) Empfundenen und Erhofften weit zurück[2]. Die dem ursprünglichen Anfang
innewohnenden Möglichkeiten sind nie zu voller Verwirklichung gekommen. So wird die Wendung, die Rückkehr zum Anfang mit allen seinen
Möglichkeiten, immer als Wendung zum Besseren empfunden.

---

[1] Er kann das tun, weil Israels Seele schon an sich „gerecht" ist, eine
Glücks- und Friedens- und Segensseele ist, weil Israel von der ihm seit
dem Bunde innewohnenden Natur aus zum Glück bestimmt ist. Nichts
kann in eine Seele hineingelegt werden, daß ihrer Natur und Wesen
nicht entspricht, ohne sie zu zersprengen.

[2] Das wissen auch wir Christen, denen die Sünde ein bleibendes Hindernis
der ungestörten, auf den Höhepunkten des Lebens als dauernden Besitzes
gekosteten Gottesgemeinschaft ist.

Was hier gesagt ist, zeigt uns, daß diejenigen Psalmen, die von der Wendung des Schicksals reden, in irgend einer Verbindung mit dem Neujahrs- und Thronbesteigungsfeste stehen (Ps. 14 = 53; 85; 126). Auch diese Psalmen hat man eschatologisch deuten wollen; tatsächlich ist auch der Ausdruck »das Schicksal wenden« in die Eschatologie übergegangen. Ursprünglich hat er aber, wie gezeigt, nichts mit der Eschatologie zu tun. Und keine der genannten Psalmen sind eschatologisch. Ps. 85 und 126 blicken auf die schon wiederholten Male zurück, wo Jahwä das Schicksal des Volkes gewandt hat, und beten, er möge dasselbe — d. h. hier natürlich: zum Besseren, wie man es immer bei einem Neuanfang erwartet — auch jetzt tun. Worin das neue bessere Schicksal bestehen soll, wird auch ausdrücklich gesagt: in einem guten, mit allem Glück und besonders mit einer reichen Ernte gesegneten Jahre. In Ps. 14 besteht das neue bessere Schicksal in der Befreiung von den Zauberern (siehe unten III 1). Wie man sich am Neujahrsfeste diese Wendung vorgestellt und was man in sie gelegt hat, werden wir unten näher betrachten.

Schon im babylonischen Mythus geht die Schicksalbestimmung in der Form einer Gerichtssitzung vor sich. Die Götter sitzen über der Welt zu Gericht, Marduk ist der Oberpräsident der Versammlung. — Ähnlich wird man es sich wohl auch in Israel vorgestellt haben: in seinem Rate bestimmt Jahwä das Schicksal des Jahres. — Die Schicksalbestimmung enthält somit von jeher etwas vom »Richten«, sowohl in dem ursprünglichen, umfassenden Sinne: sich als Herr und Bundesbehaupter zu betätigen und einen jeden auf den ihm gebührenden Platz zu setzen und ihn dort aufrecht zu erhalten, als in dem mehr forensischen Sinne: in feierlicher Sitzung das Urteil eines jeden zu sprechen. Der in dem umfassenden Sinne des Richtens enthaltene Zusammenhang zwischen Gericht und Schicksalbestimmung schimmert in Ps. 85 durch: das Recht und die Gerechtigkeit Jahwä's »schreiten einher« und schlagen im Lande ihre Sitze auf, wenn er das Schicksal wendet. Die ausdrückliche Kombination der Schicksalbestimmung mit dem Gerichtsgedanken im forensischen Sinne ist somit wohl begreiflich und natürlich.

f) Die Rettung aus der Not.

Alle diese Mythen setzen eine Zeit der Not voraus.

Wie erklärt es sich nun, daß das alljährliche Kommen Jahwä's als das Ende einer Zeit der Not und des Elends aufgefaßt wird, aus der Jahwä entweder durch einen Sieg oder durch ein Gericht Rettung bringen wird?

Man könnte vielleicht sagen: das liegt eben darin, daß die Thronbesteigung in dem Mythus den Abschluß der Herrschaft des Chaos, der

Ungeheuer ist; zwar haben die Ungeheuer, bezw. das Urmeer, eigentlich keine Bedrückung geübt; sobald aber der Mythus durch die kultische Wiederholung in die Geschichte hineingesetzt und von der Schöpfung gelöst worden war, so waren auch sofort Menschen da, die natürlich unter der Herrschaft der Ungeheuer zu leiden hatten.

Nun ist aber, wie wir oben betont haben, diese Umbildung nur von dem Gesichtspunkt der Mythengeschichte aus etwas Sekundäres; das religiös Ursprüngliche ist, daß der Kampf und der Sieg des Gottes eben im Kulte, mitten unter den Menschen stattfindet; und dadurch wird erst alles neu geschaffen, die Erde, die Menschen, das Glück werden neu wiederhergestellt, treten in eine vita nuova hinein. Der Mythus ist nur die Vorstellungsform dieser kultischen Erlebnisse, durch welche Form das Erlebte in die Urgeschichte zurück projiziert wird. Wenn der Schöpfungsmythus vor unserer Betrachtung allmählich die Formen eines geschichtlichen Mythus (»Sage« nennt Gunkel u. a. ihn) annimmt, so sind es ursprüngliche religiöse Gedanken und Erfahrungen, die hier eingreifen. Es ist sogar wohl möglich, daß religionsgeschichtlich betrachtet der Schöpfungsmythus gar nicht die »ursprüngliche«, d. h. zeitlich erstgebildete Form des Kultmythus unseres Festes gewesen, sondern daß eine ursprünglichere Form hinter einer der mythengeschichtlich »späteren«, »vermenschlichten« Varianten, die wir oben betrachtet haben, etwa hinter dem Exodusmythus oder dem Mythus von dem Angriffe der Völker auf Jerusalem, stecke.

Man muß hier scharf zwischen der mythengeschichtlichen und der religionsgeschichtlichen Betrachtungsweise unterscheiden. Wenn wir oben nur der mythengeschichtlichen Betrachtung Ausdruck gegeben haben, so kommt das davon, daß wir die Stadien des religionsgeschichtlichen Prozesses gar nicht kennen und unsere Quellen nicht chronologisch zu ordnen vermögen; dafür fehlen alle Anhaltspunkte. Es ist ein Ding der Unmöglichkeit, innerhalb der Thronbesteigungspsalmen zwischen zeitlich Früherem und Späterem zu unterscheiden. Die Sachlage ist aber die, daß unter den vielen Formen des Kultmythus, von denen wir Spuren in den Psalmen haben, der Schöpfungsmythus als der bei weitem klarest hervortretende erscheint, und diese Form ist es auch, die sich in der späteren Tradition als der Kultmythus des Thronbesteigungstages erhalten hat (siehe II 2 a, III 1). Und wenn wir nun die anderen Formen prüfen, so finden wir immer, daß Reminiszenzen des Schöpfungsmythus mit ihnen mehr oder weniger deutlich verschmolzen sind, »im Hintergrunde liegen«. Darauf haben wir oben wiederholt hingewiesen. Insofern sind wir berechtigt, mythengeschichtlich den Schöpfungs-(Urmeer-Tiamat- oder Drachenkampf-)mythus als eine Urform des Kultmythus zu betrachten und die anderen Formen so zu gruppieren, daß sie in entwickelungsgeschichtlichem Zusammenhang mit jenem treten und als mehr oder weniger gradlinige und echte Entwickelungsformen, bezw. Kreuzungsformen desselben betrachtet werden können — wie wir es oben getan haben. Über den Verlauf der Religionsgeschichte des Festes ist damit noch nichts gesagt, und darüber können wir auch fast nichts sagen.

Religionsgeschichtlich betrachtet ist es — das können wir aber jedenfalls sagen — ein ursprünglicher Zug, wenn die Thronbesteigung in den »vermenschlichten« Formen des Kultmythus als das Ende einer Zeit der Not betrachtet wird; dieser Zug muß somit religiös, d. h. psychologisch, nicht mythengeschichtlich (Gressmann würde es religionsgeschichtlich nennen) erklärt werden, und zwar folgendermaßen.

Es ist eine ewig menschliche Eigentümlichkeit, daß die Erwartungen immer höher gehen als die Erfüllung es erlaubt. Die Zeit, die wir durchgelebt haben, hat fast nie das eingefreit, was sie uns zu versprechen schien. Sehr oft ist sie vielmehr eine Zeit des Drangsals und des Trübsals gewesen. Die Spannkraft des Lebens liegt darin, daß wir immer wieder unsere Hoffnung auf die jetzt kommende Zeit setzen. Und diese Hoffnung konzentriert sich und wird uns immer am klärsten bewußt, wenn wir an den Wendepunkten des Lebens, vor einer neuen Epoche, vor einem neuen Jahre stehen: die jetzt kommende Periode wird hoffentlich das Ende des Trübsals, der Enttäuschungen bringen. — So hat der Mensch immer gedacht, seitdem er Mensch ward. So denkt auch der primitive Mensch, wenn er nicht völlig verkümmert und heruntergekommen ist. — Die kultischen Feste haben nun den Zweck, dem primitiven Menschen die neue Zeit zu bringen. Das ist es, was er in seinen Mythen ausdrücken will. Die »Wendung des Schicksals«, das ist es, was er im Kulte erlebt. Freilich um sehr oft wieder enttäuscht zu werden; er erlebt doch immer wieder den hoffnungserregenden Anfang in der Hingabe des Festes, in dem Gefühl des Heiligen, in der Ekstase. Der primitive Mensch ist nicht nüchtern; er ist vielmehr maßlos; entweder himmelhoch jauchzend oder zum Tode betrübt. Seine Denkform ist der Mythus, und die Kunstform ist die Übertreibung. Wenn er im Lichte der im Feste neugeweckten Hoffnungen auf ein reicheres und schöneres Leben für das kommende Jahr das eben vergangene betrachtet, so erscheint es ihm von einer Seite aus als eine Zeit der Enttäuschungen, des Trübsals, der Not; er sieht es so, auch wenn er wenige Stunden vorher oder nachher der Gottheit für reichen Segen im vergangenen Jahre danken kann — jäher Stimmungswechsel ist das Charakteristikum des primitiven Menschen und seiner Religion (vgl. Neh. 8, 9—12).

So kann auch Israels Gemeinde am selben Feste[1] sagen: »Barmherzigkeit,
Jahwä, Barmherzigkeit, denn schon längst sind wir des Spottes satt« (Ps.
123, 3), und kurz danach: »Gelobt sei Jahwä, der uns nicht als Raub ihrer
Zähne ließ; den Vögeln gleich sind wir frei aus dem Netze des Vöglers«
(Ps. 124, 6 f.).

In der mythischen Ausformung der religiösen Erlebnisse wird nun
dieses psychische Gefühl der Enttäuschung, des Trübsals, in der Form eines
Berichtes über eine bestimmte große Not dargeboten, deren nähere Ausformung von der jeweiligen Kultur des betreffenden Volkes abhängt. In
Israel ist sie von dem kriegerischen Geist und den politischen Erfahrungen
geprägt worden: »einst« bedrückten uns die Feinde, die Ägypter; einst
rückten die vereinigten Völker und Könige gegen Jerusalem hervor — da
griff Jahwä ein und rettete uns. In dieser mythischen Form drückt sich
aus das Erlebnis der Gottesnähe und die im Lichte der Erfahrung vorgenommene Beurteilung der Gefühle und Stimmungen der vergangen Zeit, als
man noch nicht die Nähe des Gottes empfand, als er noch nicht »gekommen war«, als noch nicht Fest war, als das nächstvorhergehende Fest und
seine Wirkungen schon verblaßt waren. Das heißt auf mythologisch: damals herrschte eine schwere Not, Feindesnot, Todesnot, aus der uns zu
retten Gott jetzt — zum Feste — gekommen ist.

Wir haben hier mit der Frage nach der Erklärung der Zeit der Not
einen Blick in d a s W e r d e n — das religiöse Werden — d e s K u l t-
m y t h u s gemacht. Da wir unter Mythus nur eine Erzählung, die im Zusammenhang mit der im Kulte sich betätigenden Religion steht, verstehen,
so müssen wir verlangen, daß ein Mythus religiös, d. h. aus dem Kulte,
erklärt werden soll. Das haben wir hier getan. — Hiermit soll aber —
und das muß ausdrücklich betont werden — nicht gesagt sein, daß die hier
in Betracht kommenden mythischen E r z ä h l u n g e n als Erzählungsmotive
vom Haus aus für diesen religiösen Gebrauch gebildet wurden. Höchstwahrscheinlich haben manchmal die Erzählungen ihr eigenes Leben gehabt,
als Märchen, ehe sie Mythen wurden; denn das Märchen ist älter als der
Mythus. Worauf es hier ankommt, ist, daß die Umbildung einer Erzählung
in einen Mythus religiös erklärt werden muß. Und wir glauben hier in
den Erfahrungen und Stimmungen des Festes die Erklärung der Thronbesteigungsmythen gefunden zu haben.

---

[1] Die Ma'alothpsalmen gehören alle zum Herbst-(Thronbesteigungs-)Feste,
siehe I 1 c.

2. Der Termin des Festes.

a) Der Neujahrstag.

Ehe wir die Beschreibung des Festes nach den Quellen geben, wollen wir den Tag desselben bestimmen. Wir müssen dabei in einem Punkte (siehe unten »Drittens«) eine Kombination voraussetzen, die wir unten II 3 c näher begründen sollen.

Ist man erst davon überzeugt worden, daß es einen Thronbesteigungs-tag Jahwä's gegeben, so braucht man nicht lange nach dem Tag des Festes Umschau zu halten. Es ist der Neujahrstag, *rōš haššånå*, *jôm hatt⁽e⁾rū'å* oder *jôm haššōfår*, der »Huldigungstag« oder der »Hornblasentag« am ersten Tischri. Dafür haben wir viele Beweise.

Erstens ist das Schofarblasen und der *t⁽e⁾rū'å*-Schrei, wie es in dem Namen des Tages liegt, ein hervortretendes Merkmal des Neujahrstages; an ihm werden die Silberhörner geblasen *l⁽e⁾zikkårōn* zum Andenken — näm-lich an die Tatsache, daß irgend etwas Wichtiges an dem Tage geschehen ist. Das Schofarblasen ist aber zugleich ein hervortretendes Merkmal des Thronbesteigungstages Jahwä's, auf das die Psalmen wiederholt hindeuten:

Jauchzet[1] vor dem König Jahwä zu Drommeten- und Hörnerschall
(Ps. 98, 6).

Unter Jauchzen[2] ist Gott hinaufgezogen, Jahwä bei der Hörner Schall
(Ps. 47, 6).

Zum Neumond blaset das Horn — — — —   (Ps. 81, 4).

Zweitens stimmt der Neujahrstag zu den babylonischen Analogien, siehe oben S. 32, 40 f. Und wenn man, wie oben S. 7 vermutet, in Israel die Thronbesteigung des irdischen Königs am Neujahrstag feierte, so würde es wiederum zur babylonischen Analogie stimmen, wenn die Thronbesteig-ung des Gottes zur selben Zeit gefeiert wurde. Daß der babylonische Neujahrstag den israelitischen sonst beeinflußt hat, zeigt eben der Name *rōš haššånå = rêš šatti*.

Drittens wurde der »Urtypus« des Festes, der Einzug der Lade in den neuen Tempel I Kg. 8, 2[3] bei dem *ḥåǧ* schlechthin, d. h. bei dem Herbst-fest im Monat Etanim, d. h. nach einer Glosse, im Monat Tischri, gefeiert. Von dem Einzug unter David, II Sam. 6, wird nicht ausdrücklich gesagt,

---

[1] *ḥårī'ū.*   [2] *t⁽e⁾rū'å.*

[3] Über die Beziehung dieses Berichts auf das Thronbesteigungsfest siehe unten II 3 c.

an welchem Tage er stattfand; wenn aber überhaupt unsere Auffassung des Kultes und des Festberichtes in II Sam. 6 richtig ist, so muß er am selben Tage wie die »Wiederholung« I Kg. 8 stattgefunden haben.

Viertens bezeugt uns die rabbinische Tradition ausdrücklich den Neujahrstag als den Festtag, dessen Inhalt mit dem von uns ermittelten Inhalte des postulierten Thronbesteigungsfestes übereinstimmt. Nach der Mischna gehören zu den Lesestücken des Neujahrstages neben den »Schofaroth« (d. h. den Stücken des Alten Test. die von dem Schofarblasen handeln) die »Malkijoth«, d. h. die Stellen, die von der Königsherrschaft Jahwä's handeln, und die »Zichronoth«, d. h. die Stücke, die davon handeln daß Jahwä an seine Geschöpfe denkt (zāchar). Sowohl der babylonische als der jerusalemische Talmud zum Mischnatraktat Rōš-haššānā betonen wiederholt den Zusammenhang zwischen Neujahr und Schöpfung. Und noch heißt es in dem heutigen Einleitungsgebet vor der Vorlesung der Zichronoth: »Du gedenkst an die Schöpfung der Welt und bist alles dessen was in der Urzeit (qāḏām) gebildet wurde eingedenk . . . . Dieser Tag ist der Ursprung deiner Werke. Gedenke des ersten Tages. Denn eine Satzung ist das in Israel, eine Verordnung des Gottes Jakobs.«[1] Wir haben gesehen, daß der Schöpfungsmythus der Kultmythus des Thronbesteigungstages war (II 1 a); ferner beachte man, wie hier im Synagogengebet ein Thronbesteigungspsalm 81, 5 zitiert wird. Das Hauptgebet des heutigen jüdischen Neujahrsfestes ist das bekannte »Unser Vater, unser König«. — Aber nicht nur als Tag der Schöpfung und Tag des Königtums Jahwä's kennt die jüdische Tradition den Neujahrstag; sie weiß auch sehr genau, daß er der Tag des Gerichts, und zwar des Weltgerichts und der Schicksalbestimmung ist. Das gilt sowohl dem Mischnatraktat Roš-haššana (I 2: »An vier Festzeiten wird die Welt gerichtet. — — — Am Neujahrsfest ziehen alle, die in die Welt kommen, vorüber vor Ihm wie Soldaten; denn es ist gesagt: der da schuf alle zumal ihr Herz und achtet auf all ihr Tun«)[2] als der Tosephta[3] (»drei Bücher werden geöffnet [nämlich zum Gericht] am Neujahrstag: eins der völlig Frevelhaften, eins der völlig Gerechten, eins der Mittelmäßigen — — die Mittelmäßigen stehen in der Schwebe von Neujahr bis zum Versöhnungstag«)[4] und der Gegenwart. — So ist es denn auch eine bekannte Sache, daß die beiden Thronbesteigungspsalmen 47 und 81 nach mischnischer Tradition Neujahrspsalmen

1 Nach Fiebig, Rosch-ha-schana (Die Mischna, herausg. von Beer u. Holtzmann), Gießen 1914, S. 45; 48 f.; 53 f.

2 Fiebig, Rosch ha-schana, S. 77.

3 Rōš haššʾ. I 14, s. Fiebig, op. cit. S. 41 ff.

4 So nach Rabbi Jochanan, Fiebig, S. 43.

sind, eine Tradition, die durch unsere Untersuchung eine kaum zu über-
bietende Bestätigung erfahren hat[1].

Fünftens kann darauf hingewiesen werden, daß das Austeilen von
Gaben (siehe II 3 c), das wir als ein Zubehör zum Thronbesteigungsfeste
finden (II Sam. 6, 19), in Neh. 8, 10. 12 als eine Neujahrsfestsitte bezeugt ist.

Sechstens ist der Neujahrstag in besonderem Sinne dem Jahwä
heilig; er ist ein Tag Jahwä's vor den anderen Festtagen des Jahres
(Neh. 8, 9). —

b) Das große Herbstfest.

Das Neujahrsfest am 1. Tischri als eintägiges Fest ist nun eine recht
späte Bildung. In älterer Zeit — d. h. nach meiner Ansicht noch zur Zeit
der Deuteronomium — waren die drei Feste: Neujahrsfest am 1. Tischri,
das große Sühnfest am 10. Tischri und das Laubhüttenfest 15.—21. Tischri noch nicht von einander getrennt[2], jedoch wohl mit Ausnahme des
Sühntages, der aber nicht als selbständiges Fest empfunden wurde (siehe
unten). Man rechnete eben nur mit dem 7-tägigen Herbstfeste, das zugleich
als Neujahrsfest gefeiert wurde. In diesem großen Herbstfeste lagen damals alle die Momente zusammen, die später zur Bildung dreier verschiedener Feste geführt haben. Die alten Festkalender (die Bundesbedingungen
des Jahwisten Ex. 34, siehe V. 18. 22 f.; die Bundesbedingungen des Elo-
histen Ex. 20, 22—26; 22, 17—23, 19[3]; Deuteronomium 16) kennen nur drei
Jahresfeste, von denen das Herbstfest (Laubhüttenfest) das wichtigste, das
Fest Jahwä's (Lev. 23, 39) oder das Fest schlechthin (I Kg. 8, 2; 12, 32;
Hos. 9, 5) ist. Das Herbstfest wurde bei der Jahreswende gefeiert. Da nun
die älteren Gesetze kein bestimmtes Datum nennen, sondern die Ausdrücke
»bei der Jahreswende« (Ex. 34, 22) oder »bei dem Ausgang des Jahres«

---

[1] Das ist natürlich auch von Bedeutung für die Beurteilung der Glaub-
würdigkeit der übrigen mischnischen Angaben über den Gebrauch — und
wir fügen hinzu: die Bestimmung — gewisser Psalmen. So ist es z. B.
nicht mehr zu bezweifeln, daß Ps. 137 für die Klagefeier am 9. Ab nicht
nur benutzt, sondern auch gedichtet ist.

[2] Daß das Neujahrsfest ursprünglich mit dem Laubhüttenfest zusammenfiel,
hat z. B. auch Volz, Biblische Altertümer, S. 99, gesehen. Dagegen hält
er das Sühnfest für ursprünglich selbständig und dem Neujahrsfest vor-
ausgehend.

[3] In diese kultisch-moralische Gesetzsammlung ist später die Mišpatim-
sammlung Ex. 21, 1—22, 16 eingeschoben worden. Welcher dieser Samm-
lungen man nun den Namen Bundesbuch beilegen will, ist Geschmacks-
sache. — Vgl. Mowinckel, Ezra den skriftlærde, Kristiania 1916, S. 99,
102 f.

(Ex. 23, 16) gebrauchen, so haben die älteren Kritiker, denen Israel eine Art von isoliertem Mikrokosmos war, besonders dazu von Gott geschaffen, ein Musterbeispiel der entwickelungsgeschichtlichen Betrachtung zu sein, gefolgert, daß die älteste »primitive« Zeit, »das kein geordnetes Kalenderwesen gehabt«, auch nicht im Stande gewesen sei, genau fixierte Festtage zu erfinden. In Wirklichkeit hat Israel ein jedenfalls einigermaßen geordnetes Kalenderwesen von dem Augenblicke an besessen, als es in Kana'an ansessig wurde; denn die Kana'aniter haben es in vorgeschichtlicher Zeit von den Babyloniern gelernt[1]. Wann das neue Jahr anfing, das wußte man auch in alter Zeit genau; und wenn es von dem Herbstfest heißt, daß es »wenn das Jahr ausgeht« oder »bei der Wendung des Jahres« (Ex. 23, 16; 34, 22) gefeiert werden sollte, so wurde es eben am Neujahr gefeiert[2]. Wenn kein bestimmtes Datum (etwa »am ersten Etanim«, vgl. I Kg. 8, 2) genannt wird, so findet das darin seine Erklärung, daß das Fest mehrere Tage dauerte, nach Deuteronomium 7 (16, 13); daß die großen Feste mehrere Tage dauern, ist bei den primitiven Völkern die Regel.

Als Ernte- und Neujahrsfest ist aber das alte Herbstfest viel inhalts-reicher gewesen als das spätere Neujahrsfest. — Das Herbstfest war ein Dankfest für den Ertrag des alten Jahres. Es wurde gefeiert, als die Frucht und das Obst geerntet und die Weinlese vorüber war (Lev. 19, 24 f.; Ri. 9, 27; Dtn. 16, 13); daher alte Name ḥaʒ hǟʾsǟīf. Dann brachte man Jahwä seinen Dank für die erwiesene Güte und Hilfe während des verstrichenen Jahres. Mit einem festlichen Gelage, wobei man zum ersten Male von der neuen Frucht aß und von dem neugegorenen Most kostete und sich mit Laub bekranzte, wurde das alte Jahr abgeschlossen. Diese Seite des Festes als Landwirtschafsfest ist es, die später fast ausschließlich betont wurde, woraus das Laubhüttenfest entstand. — Der feierliche Abschluß des Alten bildete aber zugleich den Eingang zum Neuen. Das Fest ist nicht lediglich Erntefest. Im Kulte — oder im Fest — sieht man nie nur zurück; das Hauptinteresse ist vorwärts gerichtet. Durch das Fest gilt es in erster Linie die gesicherte Existenzgrundlage für die kommende Zeit zu legen. Das Laubhüttenfest ist bis in die späteste Zeit ein Fruchtbarkeitsfest geblie-ben: durch das Bekränzen des Altars und den Ritus des Wasserschöpfens soll die Fruchtbarkeit des kommenden Jahres gesichert werden (siehe oben S. 36 f). Insofern ist das Herbstfest ein Neujahrsfest im eigentlichen Sinne des Wortes.

---

[1] Sonst wüßte man nämlich nicht, zu welcher Zeit die Grundzüge des babylonischen Kalenders nach Israel gekommen sein sollten.

[2] Siehe Wellhausen, Prolegomena[3] A, Kap. 3.

Wie sind nun aus dem Herbstfest 3 selbständige Feste geworden?
Zuerst wird sich der Sühntag verselbständigt haben. Damit wird es folgendermaßen zusammengehangen haben. Sollte eine gesicherte Grundlage
für das neue Jahr gelegt werden, so mußte zuerst alle alte Unreinheit,
die bei Jahwä Widerwillen erregt hat, entfernt werden; alle alten Sünden
müssen fortgeschafft werden; Land, Volk und Heiligtum müssen wieder rein
und wie neu werden. Daß man auch in alter Zeit so gedacht hat, braucht
einfach keines Beweises; denn es liegt im Wesen der alten Religion. Zum
Herbstfest, oder sagen wir vielleicht eher: zu den Vorbereitungen des
Herbstfestes, müssen von jeher gewisse Reinigungen gehört haben — man
reinigt sich immer vor einem Fest. Reinigung ist aber Sühne. So muß
von jeher eine Art Sühnfest zu den Feierlichkeiten des Herbstfestes gehört
haben. Daraus hat sich das dem Laubhüttenfeste um fünf Tage vorausgehende Sühnfest entwickelt, das aber noch recht spät nicht als selbständiges Fest aufgefaßt wurde, vgl. Dtn. 16.

Wie früh die r e l a t i v e Verselbständigung des Sühntages stattgefunden
hat, wissen wir nicht. Wahrscheinlich ist aber, daß er »von Anfang an«
dem eigentlichen Hauptfeste vorausgegangen hat; die Reinigung und die
Neuweihe gehören vor den eigentlichen Festlichkeiten. Da er aber in den
alten Festkalendern nicht erwähnt ist, so ist er in vorexilischer Zeit nicht
als selbständiges Fest betrachtet worden, sondern immer nur als Vorbereitungstag des Herbstfestes — in den 7 Tagen desselben, die Dtn. voraussetzt, jedoch wohl nicht mitgerechnet (?). In dem Umstande, daß er dem
Hauptfeste um fünf Tage vorausgeht, dürfte ein Rest der altbabylonischen
Fünferwoche (*ḫamuštu*) stecken. — Möglich wäre aber auch eine andere
Erklärung dieser Tatsache. Der Reinigungstag habe als letzter Tag des
alten Jahres gegolten, der erste eigentliche Festtag als Neujahrstag. Zwischen dem alten und dem neuen Jahre läge ein Zeitraum von fünf Tagen,
die fünf Epagomenen, die ein »Mondjahr« von 12 Monaten und 360 Tagen
mit dem (vermeintlichen) Sonnenjahr von 365 Tagen ausgleichen sollten[1].

Nun fragt sich aber: zu welchem Zeitpunkte wurde das alte Herbstfest gefeiert? Nach der priesterlichen Gesetzgebung bekanntlich am 15 —
21. Tischri, d. h. am Vollmondstage anfangend. In der exilischen und

---

[1] Dieser Zusammenhang brauchte den Israeliten, die das echte Mondjahr hatten, nicht bewußt gewesen zu sein; es könne ein vergessener Rest eines
prähistorischen babylonischen Einflusses sein. Nach Jeremias, Altorientalische Geisteskultur, S. 159, ist das „runde" Mondjahr von 360 Tagen in
altsumerischer Zeit bezeugt. Die 5 Epagomenen kennen wir aus Ägypten
(Zeit Pepis II); wahrscheinlich sind sie aber in dem vorderasiatischen
Kulturkreise heimisch oder bekannt.

früheren nachexilischen Zeit wurde dementsprechend (jedenfalls in gewissen Kreisen) der das Fest vorbereitende Sühntag der 10. Tischri als Jahresanfang aufgefaßt; bei Deuteroezechiel[1] (Ez. 40 ff.) ist nicht der 1., sondern der 10. Tischri *rōš haššånå* (Ez. 40, 1), in Lev. 25, 9 ist dieser Tag der Tag des *šōfar t^erūʿå*. Das erklärt sich wohl daraus, daß die Gesetzgeber des Exils und der ersten unglücklichen Restaurationszeit, ihrer Bußstimmung gemäß, bemüht waren, dem Sühntag eine besondere Weihe und Bedeutung beizulegen; es zieme sich, das Jahr mit Buße anzufangen, so lange man noch unter dem Zorn Jahwä's war.

Unleugbar ist aber, daß ein Neujahrsfest, das auf den 15ten eines Monats fällt, auffallend ist. — Hierzu kommt nun das merkwürdige Zeugnis in Ps. 81, 4. Der Psalm, der in der mischnischen Tradition als Neujahrspsalm bezeichnet ist, ist auch, wie Duhm gesehen hat, unleugbar für ein derartiges Fest bestimmt. Er vertritt den Gedanken der am Neujahr im Kulte bei dem Kommen Jahwä's stattfindenden Erneuerung des Bundes (siehe unten III 1), ist für einen *jôm hatterūʿå* (vgl. *hårīʿū* V. 2), einen *jôm haššōfår* (vgl. *tiqʿū šōfår* V. 4) geschrieben. Und fraglos ist er, trotz den beiden in V. 4 genannten Zeitpunkten (siehe sofort) für einen bestimmten Festtag geschrieben, eben den Tag, der hier als *jôm haggēnū*, der Tag unseres (d. h. des den Psalm veranlassenden) Festes. — — In V. 4 lautet nun die Aufforderung: »Am Neumond (*baḥōðåš*) stößt in das Horn, *bakkåså*, am Tag unsres Festes!« Gewöhnlich übersetzt man hier *kåså* mit »Vollmond«. Der Parallelismus scheint hier zu verlangen, daß die beiden Ausdrücke *baḥōðåš* und *bakkåså* identisch sein sollen; der Psalm ist ja für einen bestimmten Festtag geschrieben. Dementsprechend gibt Targum *kåså* mit »Neujahr« wieder. Ob aber das Wort wirklich das bedeutet, scheint mir jetzt[2] zweifelhaft. Für diese Bedeutung ließe sich nur der Parallelismus in Ps. 81, 4 und die mögliche Ableitung aus der Wurzel *ksj* bedecken[3] geltend machen. Der Parallelismus braucht aber keine absolute Identität einzuschließen, und die Ableitung aus *ksj* ist auch dann möglich, wenn das Wort Vollmond bedeutet. Im Assyrischen ist *kuseʾu* ein Synonym zu *agû* = Königsmütze, Tiara; der Mondgott ist »Herr der Tiara«, *bēl agê*; zur Vollmondszeit setzt er sich seine strahlende Königsmütze auf. Das Wort bedeutet demnach eigentlich Turban, Tiara; dann die Tiara des Vollmondgottes; daraus ließe sich Vollmond mit Leichtigkeit

---

[1] Zur Frage nach der Einheitlichkeit des Buches Ezechiel, siehe Mowinckel, Ezra den skriftlærde, S. 125—129.

[2] Gegen die norwegische Urfassung dieses Aufsatzes.

[3] Das Wort wird auch mit *hē* statt *alåf* geschrieben.

erklären. Positiv für diese Bedeutung spricht nun außer der assyrischen
Analogie die Bedeutung im Syrischen und die Stelle Hiob 26, 9, wo statt
kissē ohne jede Frage *kāsä* zu punktieren ist. Einerlei ob hier an eigentliche Mondfinsternisse oder an das regelmäßige allmähliche Abnehmen des
Mondes gedacht ist, so ist jedenfalls der Vollmond gemeint. — Da nun
das Gewicht in Ps. 81, 4 auf das zweite Parallele Glied *kāsä* fällt — dieser
wird als »Tag unseres (jetzt zu feiernden) Festes« bezeichnet — so ist es
demnach höchstwahrscheinlich, daß zur Zeit dieses Psalms nicht der Neumondstag, sondern der Vollmondstag des Herbstmonats (Tischri, bezw.
Etanim) als »Tag des Jauchzens«, »des Schofarblasens«, der Bundeserneuerung und des Neujahrs bezeichnet und betrachtet wurde. Das schließt nun
nicht aus, daß der Psalm zu einer Zeit geschrieben sein könne, die schon
die Zerlegung des Herbstfestes in einen Neujahrstag und ein Laubhüttenfest kannte; im Gegenteil: nur so läßt sich die merkwürdige Parallelisierung von Neumond und Vollmond in V. 4 erklären; wenn wir nicht zu der
Annahme greifen wollen, daß *ḥōḏäš* hier in poetisch·ungenauer Weise =
Mond überhaupt, hier = Vollmond stehe[1], so bleibt wohl nur die Möglichkeit, daß der Psalm nachexilisch ist, die Zerlegung des Herbstfestes schon
kennt, daß aber das Schofarblasen und Jauchzen noch mit zum Herbstfest
gehörte, und daß der Dichter an dieses letztere Fest denkt; da aber das
Jauchzen und Schofarblasen zur Zeit des Dichters auch an dem (neuen)
Neujahrstag am Neumond geübt wurde, so setzt er bei der Aufforderung
zum Jauchzen und Blasen und der Begründung derselben durch den Hinweis auf heilige Sitte und göttliches Gebot, in etwas unlogischer und den
Sinn trübender Weise den Neumondstag in Parallelismus zum Vollmonds·
tag, von dem er eigentlich spricht und sprechen will; daß das Gesetz des
Parallelismus membrorum zu den merkwürdigsten Gedankensprüngen Anlaß
gegeben hat, ist genügend bekannt (vgl. »zwei« # »drei« usw.).

Für die Ursprünglichkeit der Festfeier am Vollmondstage auch in vorexilischer Zeit spricht die Angabe I Kg. 12, 32, daß Jeroboam das Fest am
15ten des achten Monats begangen hat statt im 7ten Monat; er hat den
Zeitpunkt um einen Monat verschoben, an dem Tag aber nicht gerüttelt.

Da nun kaum anzunehmen ist, daß der Neujahrstag am 15ten des
Monats gefeiert wurde, so will das hier dargelegte eben nichts anderes
besagen, als daß die Monatsrechnung in vorexilischer Zeit nach kana'anäischem Kalender eine andere gewesen als die nachexilische nach babylonischer Weise. Der nachexilisch-babylonische Kalender ließ den Monat mit
Neumond anfangen. In vorexilischer Zeit ist nun das Neujahrsfest und

---

[1] Was wohl nicht völlig als ausgeschlossen bezeichnet werden darf.

damit auch der Monatsanfang nicht auf ein anderes Monatsdatum gefallen. Vielmehr muß Benzinger mit seiner Vermutung [1] Recht haben, daß damals der Monatsanfang (der 1ste Tag) auf den Vollmond fiel; das Datum 15 in den Quellen ist demnach als Umrechnung nach dem exilischen babylonischen Kalender zu betrachten. Denn es dürfte in der Natur der Sache liegen, daß ein Fest, das als Neujahrsfest galt, am 1sten Tage des Neujahrsmonats (Etanim-Tischri) gefeiert wurde. Dann hängt die Ausscheidung des ersten Festtages, des Schofartages mit dem Übergang zum babylonischen Kalender zusammen; ein Neujahrstag am 15ten eines Monats wurde als unlogisch empfunden (siehe sofort).

Wenn nun das Herbstfest als ein Thronbesteigungsfest Jahwä's gegolten hat — und das halten wir nach unserer Untersuchung für sicher — so liegt es in der Natur der Sache, daß ein bestimmter Tag der 7 Festtage als der eigentliche Thronbesteigungstag betrachtet und mit dem entsprechenden Festlichkeiten begangen wurde. Da nun in der späteren Tradition, wie wir oben gesehen, der Königstag Jahwä's, der Schöpfungstag, der Gerichtstag usw. als der eigentliche Neujahrstag gilt, so läge die Annahme sehr nahe, daß es in alter Zeit der erste Tag des eigentlichen Festes [2] gewesen, der als der Thronbesteigungs- und Neujahrstag betrachtet wurde. Dieser wäre dann der Tag des »Schofarblasens« und des »Triumphschreiens« und des »Andenkens«. Siehe jedoch S. 92 f. Jedenfalls ist wohl der 1ste Festtag als der 1ste des Monats Etanim-Tischri gerechnet worden. Der Sühntag ist ihm um 5 Tage vorausgegangen; vielleicht ist, wie angedeutet, dieser Tag ursprünglich als der letzte des alten Jahres und die 5 Tage sind als Epagomenen gerechnet worden.

In exilischer Zeit ist nun in Zusammenhang mit dem Übergang zum babylonischen Kalender eine Zerspaltung des ursprünglich einheitlichen Festes eingetreten. Der Monat fing nun mit Neumond an; dieser Tag wurde der 1ste des Monats, der 1ste Tischri der bürgerliche Neujahrstag; das alte Neujahrsfest am 1sten Etanim fiel nun um die Mitte des Tischri. Den Vollmondstag als Tag des Herbstfestes konnte und wollte man nicht aufgeben. Wir sehen denn auch, wie wankend die exilische Tradition betreffs des Jahresanfangstages ist (siehe oben). Zuletzt hat der Trieb nach zahlenmäßiger Genauigkeit dazu geführt, daß man den 1sten Tischri als Jahresanfang festschlug, vgl. Ez. 45, 18, und daß dadurch Jahresanfang und Herbstfest auseinander gerissen wurden. Der Neujahrs- und Schofartag ging von jetzt an dem Herbstfest — ja sogar dem einleitenden Sühntag — voraus,

---

[1] Hebräische Archäologie [2], S. 169. Beweise dafür gibt er nicht.

[2] Abgesehen von dem Sühntag, siehe oben.

was klarlich eine Entleerung des Inhaltes des Tages mit sich bringen mußte[1], siehe unten IV 4.

Der Thronbesteigungstag Jahwä's war somit in älterer Zeit ein bestimmter Tag eines siebentägigen Festes. Insofern könnten wir uns hier vielleicht damit begnügen, diesen einen Tag zu schildern. Es versteht sich aber von selbst, daß das ganze Fest in dem Zeichen der Thronbesteigung, der Ankunft Jahwä's, gefeiert worden ist; die Stimmung des Tages hat die anderen Tage mehr oder weniger beherrscht, und das Ernte- und Fruchtbarkeitsfest feiert nur eine besondere Seite des Segens, den man sich aus dem Kommen Jahwä's erwartet hat. Wenn wir daher im Folgenden den Idéeinhalt und die Stimmung des Festes schildern wollen, so können wir uns nicht auf den einen Tag beschränken, sondern müssen das Fest als Ganzes betrachten. —

Wir werden denn auch sehen, daß die Thronbesteigungspsalmen, besonders die Ma'alothpsalmen, im großen Ganzen ihrem Idéeinhalte nach eher dem alten inhaltsreicheren Herbst- und Neujahrsfest als dem späteren Tage des Schofarblasens entsprechen. Wir müssen somit, wenn wir diese Psalmen verstehen wollen, nicht ausschließlich an den isolierten Neujahrstag, sondern an das große Herbstfest denken, wenn wir von dem Thronbesteigungsfest Jahwä's reden.

3. Die Riten des Festes.

a) Einleitendes.

Äußerlich angesehen verbindet das alte Herbst- und Neujahrsfest in sich zwei Gedankenreihen und scheint einen doppelten Charakter zu tragen. Es ist ein Fest der Königsherrschaft Jahwä's und ein bäuerlich-landwirtschaftliches Fest. — Es würde nahe liegen, hieraus auf einen zusammengesetzten Charakter und einen doppelten Ursprung des Festes zu folgern[2]. Das wäre aber, glaube ich, verkehrt. Die Königstat Jahwä's ist die Schöpfung der Welt. Die Wiederholung derselben im Kulte ist der kultisch-mythische Ausdruck des Neuerweckens des Naturlebens, der Fruchtbarkeit, am Anfang des neuen Jahres.

---

[1] Vgl. das was Ez. 45, 18—20 aus dem alten fröhlichen *rōs haššānā* gemacht hat.

[2] Volz, Das Neujahrsfest Jahwes, S. 16, stellt den „geschichtlich-geistigen Charakter des Festes" als den ursprünglichen dem „bäuerlich-materiellen" als dem sekundären gegenüber. Ursprünglicher als das Geschichtliche ist aber das Mythische (Schöpfung usw.), das sich am besten als Ausdruck des „Wirtschaftlichen", des Naturlebens auffassen läßt.

In einem gewissen Sinne darf man aber von einer Doppelheit des Festes und von einem »Ursprünglicheren« und einem »Späteren« reden. Die Kulte und die Mythen, die das Neuerwecken des Naturlebens be- zwecken, bezw. ausdrücken, sind an sich natürlich älter und ursprünglicher als die besondere Ausprägung dieser Mythen, die die schöpferische Tat der darin wirkenden Gottheit als eine Königstat und ihr Erscheinen als eine Thronbesteigung betrachtet und dementsprechend eine Königsprozession des Gottes (siehe unten) ein wichtiges Stück der kultischen Darstellung sein läßt. Diese spezifische Ausprägung hat Israel natürlich nicht eher haben können, ehe es in einem Lande mit einem alten Königtum heimisch wurde. Das gilt nun aber auch dem zweiten Momente des Festes, dem agrarischen Einen Kult, dessen Zweck es war, die Fruchtbarkeit der Erde und des Ackers sicherzustellen, hat Israel erst in Kanaʿan haben können.

Diese beiden Momente sind nun aber in geschichtlicher Zeit voll- ständig mit einander verschmolzen worden. Ersteres ist tatsächlich nur eine besondere Ausprägung des letzteren, die im nahen Zusammenhang mit dem Stadtkönigtum und der spezifisch kanaʿanäischen Verbindung von bäuerlicher und kleinstädtischer Kultur im Stadtstaat steht.

Und insofern Israel in diese Kulturform hineingegangen ist und es zu einer vollständigen Verschmelzung mit den kanaʿanäischen Elementen gebracht hat, ist es auch ziemlich müßig und uninteressant, Spuren einer früheren, nomadisierenden Daseinsform und Kultur in den Kultgebräuchen des Festes suchen zu wollen.

An sich wäre es sehr wohl möglich, daß der Mondcharakter des Festes mit dem Nomadentum in Verbindung steht. Und damit auch wohl der teil- weise Charakter des Festes als ein Nachtfestes und ein Lichtfest. Das will aber recht wenig besagen. Denn gesetzten Falles haben wir hier eben nur rudimentäre Elemente, deren ursprünglichen Zusammenhang und kul tische Ausprägung wir nicht mehr feststellen können. Sie haben jedenfalls in Kanaʿan eine neue, mit dem agrarischen Charakter des Festes und dem Charakter desselben als Thronbesteigungsfest stimmende Bedeutung an- genommen. Wir wissen z. B. gar nicht, an welchem Zeitpunkt die halb nomadischen Vorfahren der Israeliten gegebenen Falles ihr Lichtfest gefeiert haben. Was wir wissen, ist eigentlich nur das, daß das Neujahrsfest im Herbst in der israelitisch-kanaʿanäischen Mischkultur u. a. auch als ein Fest der Erneuerung des Lichtes gefeiert wurde. Uns interessiert dann am meisten, diesen Zug in Verbindung mit dem Grundcharakter des Festes zu sehen. Überhaupt sollte die alttestamentliche Wissenschaft sich etwas mehr mit dem geschichtlichen Israel beschäftigen und die meistens sehr müßigen Fragen nach dem »ursprünglichen«, vorkanaʿanäischen Israel liegen lassen.

Das kana'anäisierte Israel ist nun einmal die gegebene geschichtliche Tatsache, deren Erforschung uns am nächsten liegt und auch für die Mühe
einigen Ertrag verspricht. Die »mosaische« und erst recht die »vormosaische« Zeit mag so lange auf sich beruhen. —

Ein chronologisches Bild der Riten und Aufzüge der Festtage können
wir nicht geben. Dazu sind die Quellen zu lückenhaft. Auch für die spät-
jüdische Zeit können wir das nicht tun. Damit wir aber einen Hintergrund
für die folgenden Einzelheiten bekommen, sei hier das wenige, was darüber überliefert ist, zusammengestellt.

Den Anfang der Feierlichkeiten bildete im Spätjudentum das große
N a c h t f e s t im Tempelhofe. Der ganze Hof wurde prachtvoll mit Lampen
und Fackeln erleuchtet. In spätester Zeit sollen die Sänger bei dieser Gelegenheit auf den 15 Stufen, die vom Hof zum Tempel hinaufführten, stehend,
die 15 Ma'alot-Lieder gesungen haben (b. Sukka V, 4; Middot II, 5), eine Sitte,
die dem ursprünglichen Sinne vieler dieser Psalmen jedenfalls nicht entspricht.
Dagegen dürfte Ps. 34 sich auf dieses Nachtfest beziehen und für dasselbe
ursprünglich gedichtet sein. — Im Hofe spielte sich in der heiligen Nacht
ein lustiges Volksleben aus. Von besonderer Bedeutung war der F a c k e l -
t a n z, an dem die Männer, jung wie alt, vornehm wie niedrig, teilnahmen.
— Das Fest dauerte, bis der Hahn krähte. Dann gaben zwei Priester
durch drei Posaunenstöße das Zeichen zum Aufhören. Unter feierlichen
Zeremonien — die Priester schreiten posaunenblasend über den Platz bis
zum Osttor, wenden sich gegen Westen und sprechen eine Art Glaubens-
bekenntnisses aus: »Unsere Vorfahren wandten den Rücken zum Tempel
und das Gesicht nach Osten und bückten sich nach Osten zur Sonne;
wir aber wenden unsere Augen zu Gott« — werden die Tore geöffnet
und das Volk hinausgelassen (nach Volz, D. Neujahrsfest Jahwes).

Über den 2ten bis den 6ten Tag ist nichts sicheres mehr zu sagen.
Jeden Tag wurden die reichlichen Festopfer dargebracht. — Genaueres
wissen wir erst über den letzten, 7ten Tag, den »großen« Tag des Festes
(Joh. 7, 37). Er wurde durch die Zeremonie des W a s s e r a u s g i e ß e n s
und durch den 7-maligen R u n d g a n g u m d e n A l t a r ausgezeichnet.
Beide diese Riten werden wir unten näher behandeln. — Den Schluß des
Ganzen bildete der (aharonitische) Segen durch den Hohenpriester. —

Daß viele von diesen Riten in die vorexilische Zeit zurückreichen,
werden wir unten sehen. Und sicher ist es ebenso, daß schon damals das
Fest als ein 7-tägiges gefeiert wurde (Dtn. 16, 13). Ob aber die Verteilung
der einzelnen Riten damals dieselbe war, wie in späterer Zeit, ist eine
andere Frage. — Daß das Nachtfest auch in älterer Zeit den Anfang des
Festes bildete, dürfen wir aus Jes. 30, 29 folgern. Denn das »Heiligen

des Festes« *hiḫqaddäš-hǟᶾ* wird doch wohl den Anfang des Festes bezeichnen. Das geschah durch eine Prozession mit Flötenspiel und Liedern[1].

Die wichtigste und schwierigste Frage ist hier diese: wann fand die große Prozession, die, wie wir sehen werden, in älterer Zeit ein Hauptstück des Festes war, und die als der Königseinzug Jahwä's aufgefaßt wurde, statt? — An sich würde es nahe liegen, sich den Einzug des Gottes als Anfang des Festes vorzustellen, vgl. oben S. 88. Daß aber solche logische Erwägungen nicht maßgebend sind, zeigt das ägyptische Osirisfest, bei dem der Triumphzug des königlichen Gottes den Höhepunkt und den Schluß der Feier bildete (s. oben S. 31). In nachexilischer Zeit aber gehörte eine große Prozession — das Umschreiten des Altars — zum 7ten Tage des Festes. — Nun ist an sich nichts gegen die Annahme einzuwenden, man habe während der 7 Tage mehrere Prozessionen gehabt. So war es auch beim Osirisfest; auch der Tod des Gottes wurde durch »eine große Prozession« gefeiert; sie ging der Prozession des endlichen Triumphes voraus. Und in Ps. 48, der auch zum Neujahrsfeste gehört haben wird, ist von einer Prozession um die Stadt herum die Rede. Sie wird wohl kaum mit dem Königseinzug identisch gewesen sein. — Die Frage ist nun die: dürfen, bezw. müssen wir annehmen, daß die Königsprozession identisch mit dem Umzug um den Altar gewesen sei? Auf den ersten Blick scheint diese Frage zu bejahen zu sein; die Psalmen bezeugen uns eine große Prozession, die Mischna nennt uns den Tag einer großen Prozession; was läge dann näher, als eine Kombination der beiden Nachrichten?

So einfach ist aber die Sache nicht. Ist das in der Mischna erwähnte Umschreiten des Altars eine Prozession, die außerhalb des Tempels anfängt, sich zum Tore hinauf bewegt — so wie es die Königsprozession tatsächlich war — und die dann mit dem Umschreiten abgeschlossen wurde? Die Nachrichten sind undeutlich. Von dem Anfangspunkt des Rundgangs hören wir nichts; vielleicht spielte der ganze Vorgang sich im Tempelhofe ab; das würde zu der Tatsache stimmen, daß in spätester Zeit nur die Priester teilnahmen. Nun deutet aber Ps. 118 sicher auf einen Rundgang hin; allem Anscheine nach ist er eben die Liturgie für die Rundgangsprozession. Dann aber hat diese schon außerhalb des Tempels ihren Anfang genommen; der erste Teil des Psalms spielt sich vor den Tempeltoren ab. In diesem Psalm hören wir aber von der Lade und von Jahwä als König nichts; insofern stimmt er nicht mit den Königsprozessionsliedern Ps. 24 und 132; auch ist der Vorgang vor den Tempeltoren in Ps. 118 ein anderer als in Ps. 24.

---

[1] Doch könnte V. 29 b auch einen neuen Vergleich einführen; somit wäre hier erwähnt: das Nachtfest (29 a) und die (später stattfindende) fröhliche Prozession (29 b).

Noch eine Möglichkeit, die die Sache komplizierter macht, ist hier ins Auge zu fassen. Wir müssen mit der Möglichkeit rechnen, daß die Ps. 132; 24 und 118 sich nicht als verschiedene Akte derselben Feier, so wie diese zu einer gewissen Zeit gefeiert wurde, verteilen lassen, sondern daß sie so zu sagen dasselbe Hauptstück des Festes darstellen, nur in drei (oder zwei) verschiedenen Ausgestaltungen, die je aus drei (oder zwei) verschiedenen Zeiten stammen. Während an die vorexilische Abfassung des Ps. 132 und wohl auch des Ps. 24 billiger Weise nicht gezweifelt werden kann, so spricht in der Tat einiges für den nachexilischen Ursprung des Ps. 118. Dann könnte Ps. 132 die Prozessionsliturgie der vorexilischen Zeit sein, während Ps. 118 uns erzählte, wie dieselbe Prozession in nachexilischer Zeit nach dem Verlust der Lade und dem Verschwinden des nationalen Königtums begangen wurde. Ps. 24 mit dem Vorgang vor den Tempeltoren ließe sich dann leichter als mit Ps. 132 gleichzeitig auffassen, nur zu einem späteren Akte des Aufzuges gehörig als Ps. 132, der deutlich zum Anfang desselben gehört[1].

Irgendwelche Sicherheit ist hier kaum zu erlangen. Die letzt angedeutete Möglichkeit scheint mir, alles recht erwogen, die wahrscheinlichste zu sein. Demnach habe auch in alter Zeit die Königsprozession Jahwä's als Höhepunkt des ganzen Festes am letzten Tage stattgefunden, sei es nun, daß sich schon damals daran das Umschreiten des Altars unmittelbar heranschloß, sei es, daß dasselbe ein selbständigerer Akt gewesen sei, der später, als die Lade verloren war und man somit nicht mehr im alten naiven Sinne den Gott hinaufziehen lassen konnte, als das eigentliche Hauptstück der Prozession aufgefaßt wurde. In beiden Fällen liegt es am nächsten, in Ps. 118 eine spätere Form derselben Prozession zu sehen, die in Ps. 132 vorausgesetzt ist, während Ps. 24 sich leichter als ein späterer Akt dieser in Ps. 132 vorausgesetzten Prozession erklären läßt. — —

Der alles in sich fassende und alle Einzelriten erklärende Idéeinhalt des Herbst- und Neujahrsfestes ist jedenfalls der, daß Jahwä, nachdem er alle bösen und feindlichen Mächte besiegt hat, jetzt als König kommt und von nun an als gerechter und gnädiger und segenspendender König regieren

---

[1] Auch die Möglichkeit ist zu erwägen, daß einige dieser Psalmen, etwa Ps. 24, nicht eigentlich für den Neujahrsaufzug gedichtet worden seien, sondern etwa für eine kasuelle Feierlichkeit, die die Riten und die Gedanken des Neujahrsfestes nachahmen wolle, etwa so wie das späte Tempelweihfest eine deutliche Nachahmung des Laubhüttenfestes ist. Dasselbe könnte vielleicht auch Ps. 118 gelten, obwohl ich zugeben muß, daß mir diese Möglichkeit weder bei Ps. 24 noch bei Ps. 118 besonders wahrscheinlich vorkommt.

wird. Sein Kommen bedeutet eine neue Schöpfung, einen Neuanfang alles Irdischen, vor allem eine Neubelebung der das Volksleben tragenden Kräfte der Natur, den Anfang eines neuen Jahres mit neuem Licht, neuem Regen und Wasser, neuer Fruchtbarkeit, neuem Glück. Die einzelnen Riten und Handlungen des Festes sind einerseits als dramatisch-symbolische Ausdrücke dieses kultischen Erlebnisses, andererseits — und das gilt am meisten den uralten, im gewissen Sinne »vorjahwistischen«, d. h. aus einer Zeit des unpersönlichen Göttlichkeitsbegriffes stammenden Stücken derselben — als wirksame Mittel, den neuen Segen hervorzubringen, zu erklären.

Da wir nun, wie gesagt, eine genaue Schilderung des Festes und ihrer Riten der zeitlichen Reihe nach nicht geben können, so werden wir uns im Folgenden damit begnügen, eine sachliche Ordnung der einzelnen Momente zu geben und sie von diesem Gesichtspunkt heraus zu beschreiben und zu deuten. Sachlich würde es passen, den der Idée der Thronbesteigung des Gottes entsprechenden und ausdrückenden Ritus, die große Prozession, voranzustellen; im Zeichen der göttlichen Thronbesteigung stand gewissermaßen das ganze Fest. Da es aber in hohem Grade wahrscheinlich ist, daß dieser Ritus den Höhepunkt und den Abschluß des Ganzen bildete, wollen wir ihn zum Schluß sparen.

b) Die einzelnen Riten und ihre Bedeutung.

Dem geschichtlichen Jahwismus ist der Segen und die Segensgaben eben Gaben des frei waltenden Gottes. Die Hauptstücke des Kultes dieser Zeit sind die Gebete an die Gottheit um Glück, Segen, Heil, und die zustimmende Antwort der Gottheit, die dies alles verspricht. Daneben stehen aber deutliche und lebenskräftige Reste der älteren Anschauung, nach der der Kult eine schöpferische Tat ist. Durch die Riten werden gewissermaßen ex opere operato die Wirkungen hervorgebracht. Der Übergang zwischen diesen beiden Auffassungen ist eben kein scharfer und bruchähnlicher. Die göttliche Kraft sucht auch die spätere Zeit durch heilige Handlungen zu gewinnen.

So haben wir denn auch Riten, die die schützende Kraft des Gottes direkt und handgreiflich auf das Volk, das Land, die Stadt und die Mauer übertragen sollen. — Solche Riten sind ihrem Grundgedanken nach sehr alt. Sie wurzeln schließlich in einer Religion, der das Göttliche mehr Kraft als Person ist. Für sie charakteristisch ist es eben, daß sie nicht mit den Gedanken der geschichtlichen Stufen der Religion stimmen und daher oft nicht mehr verstanden und daher umgedeutet werden müssen.

Wir wollen im Folgenden zunächst diese Riten und Gebräuche behandeln und ihren mutmaßlichen ursprünglichen Sinn festzustellen versuchen.

In einem folgenden Abschnitt wollen wir die eigentliche jahwistische Seite des Festes betrachten.   Die beiden Themata greifen aber bisweilen ineinander über. — —

Das Herbstfest ist sowohl wie ein Abschluß des alten als wie ein Anfang des neuen Jahres zu betrachten. Eine genaue Unterscheidung dieser beiden Seiten des Festes ist natürlich eine Abstraktion, die wir aber hier der Übersicht halber vornehmen wollen.

Es entspricht dem Abschlußcharakter des Festes, wenn es sich als ein Dankfest gestaltet. Wir werden unten darauf näher eingehen; hier sind die darauf bezüglichen Riten zu behandeln. — Das Herbstfest ist von alters her ein Erntedankfest gewesen. Mit dieser Seite des Festes beschäftigen sich die beiden Psalmen 65 und 67 (siehe unten). Sie wird auch in den beiden Liturgien Ps. 85 und 126 berührt (siehe unten).

Dem Charakter des Festes als agrarischem Dankfest entspricht das Darbringen von den der Gottheit gehörigen Anteilen des Ertrags des Jahres, der Erstlinge und der Zehnten, vgl. Am. 4, 4. Ursprünglich sind vielleicht diese Abgaben aus der Sitte hervorgegangen, einen Rand des Ackers, einige Beeren im Wipfel der Obstbäume übrig zu lassen, damit die Getreidegottheit, die Fruchtgottheit, richtiger und ursprünglicher wohl: die in Getreide, Frucht, Obst usw. sich äußernde göttliche Kraft, eine Zufluchtsstelle, einen Verbergungsort bis zum nächsten Jahre haben sollte. — Insofern standen ursprünglich die Abgaben gewissermaßen auf einer Linie mit den unten zu besprechenden grünen Zweigen. Kraft dem Konservatismus der religiösen Gebräuche sind diese ältesten Sitten neben den weiter entwickelten Neuerungen als außerkultische Gebräuche stehen geblieben (Lev. 19, 9 f.; 23, 22, vgl. Jes. 17, 5—6). Daß diese übrig gelassenen Reste der Ernte später als ein Opfer für den Ba'al des Ackers, das für das Auferhalten des Lebens *näfäš* desselben notwendig war, aufgefaßt wurde, geht aus der Stelle Hiob 31, 38—40 hervor. Die *be'ālīm* der *ªdāmā* sind natürlich nicht, wie die Exegeten behaupten, die menschlichen Besitzer des Feldes, — der Besitzer ist ja Hiob selbst — sondern die Schutzgeister und Götter desselben[1]. Dieses Opfer ist noch später auf Jahwä übertragen worden, und jedenfalls unter Einfluß der alten Sitte ist es dazu gekommen, daß ein gewisser Teil, das erste (und beste) des Ertrags des Feldes, dem Gotte als Abgabe gebührte. — Natürlich ist dies nicht die einzige Wurzel der Abgaben, die auf der heiligen Stätte von der Sippe des

---

[1] *Käsäf* steht hier im übertragenen Sinne für Ersatz, Genugtuung, etwa wie mitunter unsere „Bezahlung“. Die ganze Stelle muß auf den *pē'ā* des Ackers gedeutet werden. So auch Johs. Pedersen, Israel I–II, S. 375.

Opfernden als heiliges Mahl verzehrt wurden; sakramentale Vorstellungen und Mahlzeiten, bei denen das Göttliche ursprünglich wohl nicht nur als Wirt, sondern auch als Speise gedacht wurde, werden mit gewirkt haben.

Jedenfalls wurden in recht früher geschichtlicher Zeit die Abgaben und Zehnten von den Darbringenden im gemeinsamen fröhlichen Mahle verzehrt (I Sam. 1, 4; Dtn. 15, 19 f.). Der Priester war eingeladen, ebenso die Besitzlosen und Armen. — In Jerusalem wurde diese Kulthandlung wohl ziemlich früh liturgisch geregelt, ein festes Ritual bildete sich für die Hauptteile der Handlung aus, vgl. Dtn. 26, 1 ff. Es entspricht der mannigfaltigen Ausprägung des Kultmythus des Festes, wenn das Darbringen in Verbindung mit der Befreiung aus Ägypten gesetzt wurde, das Fest zugleich als ein Dankfest für diese große Rettung aufgefaßt wurde. Wir ersehen aus dem Gebet bei der Darbringung der Erstlinge, daß es in älterer Zeit das Herbstfest, nicht das Massotfest war, das als Fest der Exodus gefeiert wurde; das Gebet bestätigt unsere oben gegebene Darstellung des Exodusmythus als einer Form des Kultmythus des Neujahrsfestes.

Dieses gemeinsame Festmahl ist als ein echt s a k r a m e n t a l e s Mahl zu betrachten. Ursprünglich dachte man sich das Göttliche, die Macht, in den zu essenden und trinkenden Elementen eingeschlossen. Eine Erinnerung daran liegt in I Sam. 9, 13 vor, wenn es heißt, daß der Priesterprophet (der *rō'ä*) erst durch den »Segen« die heilige Kraft in das Opferfleisch hineinlegen muß, ehe das Volk davon genießt. Und auch später hat man gewußt, daß man durch die gemeinsame Speise mit der Gottheit wie mit einander in Gemeinschaft trat. Ein Bund wurde geschlossen; aus den Quellen des Bundes strömen aber die heiligen Kräfte zu den Bundesbrüdern.

Daß auch die W e i n s p e n d e (Hos. 9, 4) zu den Riten des Festes gehört haben und als ein Dankopfer aufgefaßt worden ist, dürfen wir als sicher annehmen; auch zu den privaten Dankfesten gehörte die Weinspende, siehe Ps. 116, 13.

Das Festmahl artet sich übrigens als ein fröhliches Volksfest. Nach Geschlechtern und Sippen kommt das Volk am Heiligtume zusammen; unter den vielen Heiligtümern des Landes wird auch in vordeuteronomischer Zeit Jerusalem als Königstempel und Standort der Lade und als Spielplatz der prachtvollsten Festen recht schnell eine hervorragende Bedeutung erlangt haben. Eine starke Anziehungskraft werden eben die großartigen Thronbesteigungsfestlichkeiten ausgeübt haben. Bei diesem Feste werden die Abgaben gebracht, die Zehnten abgegeben. — Der Priester erhält seinen Teil des Fleisches der mitgebrachten Opfertiere; der Rest wird von der Sippe bei einem fröhlichen Opfermahl verzehrt; man ißt und trinkt und freut sich vor Jahwä; der Besitzlose, d. h. der Lewitpriester, der Prophet, der Naziräer, die Witwe, der Waise und der Fremdling, der Metöke, werden zum Mitgenuß eingeladen; so ist es alte heilige Sitte in Israel (Am. 4, 5; Dtn. 16, 14). Die Mahlzeit wird entweder in einer Halle (*liškå* I Sam. 1, 9. 18 LXX), die einen Teil des Heiligtumsgebäudes ausmacht (vgl. Ri. 9, 27; I Sam. 9, 22), oder in den offenen Höfen, auf dem offenen Felsboden der Höhenheiligtümer verzehrt; in Jerusalem von den Vornehmen in den ihnen gehörigen Kämmern im Tempel (vgl. Neh. 13, 4 f.), von dem Volke in den Tempelhöfen. Man ißt und trinkt gewaltig; betrunkene Personen sind nicht selten zu sehen (I Sam. 1. 13 f.; Am. 2, 8; Jes. 28, 7 f.); man legt seinen Stimmungen keinen Zwang auf, man spart nicht auf die großen Worte (Ri. 9, 27); von dem reichlichen Essen und Trinken beeinflußt treiben die jungen Leute in ihrem Mutwillen Spaß mit dem wunderlichen Nabi oder dem feierlichen Nazir, vor denen sie gewöhnlich einen abergläubischen Scheu empfinden: sie befehlen dem Nabi, seinen Mund zu halten, und vergnügen sich damit, den Nazir zum Trinken zu verführen[1] (Am. 2. 12). Überhaupt ein lustiges Volksfest — was aber nicht die tieferen und edleren religiösen Gefühle ausschließt, wie unten II 4 zu zeigen. — Es liegt auf der Hand, daß die Deutung des Festes als Dankfest nicht urprimitiv, sondern »jahwistisch« (früher: »ba'alisch«) ist. — —

Wichtiger noch als der Abschlußcharakter des Festes ist jedoch der Anfangscharakter desselben. Seinem ureigensten Wesen nach ist das Herbstfest ein landwirtschaftliches Neujahrsfest. Im Kulte des Festes soll die neue Grundlage des gesamten Lebens des Volkes gelegt werden, ihm aufs Neue die lebensschaffenden Segenskräfte eingeflößt werden, die sich in dem Gelingen und Gedeihen aller seiner Werke und jeglicher Arbeit äußern sollen. Und da das kana'anäische Israel in alter Zeit von Anfang der geschichtlichen Zeit an ein Bauernvolk gewesen, dessen wichtigste Lebensbedingung das Gedeihen der Bodenkultur und der Viehzucht war, so ist »von Anfang an« diese Seite des Festes die Grundlage alles Anderen gewesen. Der wieder erscheinende Gott schafft wieder die »Welt«, die Israel braucht, d. h. vor allem die Fruchtbarkeit des Volkes, des Viehs und des Bodens. Die Fruchtbarkeit ist auch immer der Hauptinhalt des israelitischen Begriffes »Segens« geblieben, vgl. Gen. 49, 25 f.: »Segnungen des Himmels drohen, Segnungen der Flut, die drunten lagert, Segnungen an Brüsten und Schoß, Segnungen 'an Vater, an Mann und Kind'[2], Segnungen

---

[1] Das wird ihnen von den strengen Propheten, die das alles als tödlichen Ernst und überlegte Bosheit auffassen, sehr übel genommen (ib.).

[2] Nach Gunkels Konjektur.

der ewigen 'Berge', das Köstlichste der uralten Hügel.« Durch das Fest
soll der Grund des Segens des kommenden Jahres gelegt werden. Aus
dieser Absicht erklären sich die vielen Riten des Festes. —

Wenn die obige Erklärung des Ursprungs der Ernteabgaben richtig
ist, so liegt schon darin eine Vorbereitung des Segens des neuen Jahres.
Durch diese Riten wird die Gottheit »gesegnet«, damit sie wieder den
Menschen neuen Segen gebe; ihr Leben und ihre Kraft wird erhalten zum
Nutzen der Zukunft. Jahwistisch gedacht: durch die in den Gaben sich
äußernde fromme Gesinnung wird der Gott gnädig gestimmt, so daß er
das neue Jahr segnen wird. Oder mit einer anderen Vorstellung: durch
das gemeinsame Mahl wird mit der Gottheit ein Bund geschlossen, infolge
dessen diese segnen wird. Auf diese Bundesvorstellung werden wir im
folgenden zurückkommen.

Die ganze nützliche und gute Welt soll durch den Kult des Festes
erneuert werden. So gilt es, durch die Riten des Festes die Wieder-
erlebung und das Fortdauern aller guten Grundelemente und Grundkräfte des
Universums sicher zu stellen. Das sind Gedanken und Absichten, die der
tatsächlichen Lage der natürlichen Verhältnisse entsprechen. Im Herbst,
wenn alles ins Haus gebracht ist, wenn eine Periode des Naturlebens abgeschlossen ist, steht im Kana'an die Regenzeit bevor. Und von dem Herbst-
und Winterregen ist alles Leben des kommenden Jahres abhängig. Durch
den Regen wird die ganze Welt erneuert. Diesen Sinn hat man in Israel
in den ursprünglich babylonischen Schöpfungsmythus hineingelegt. Dieser
Mythus ist ein Neujahrs- und Frühlingsmythus. Wie in Babylonien das
neue Jahr aus den Fluten der Überschwemmung wieder emportaucht, so
schuf einst der Gott die Welt aus den Fluten des Chaos — und umgekehrt.
Und in Israel sagt man: wie Jahwä die Welt aus dem Urozean heraus
schuf, wie er Israel aus den Fluten des Schilfsees als neugeschaffenes Volk
... vorgehen ließ, so schafft er jetzt eine neue Welt und ein neues Jahr
durch den von dem himmlischen Ozean, von dem Bache Gottes, stammenden
Regen (vgl. Ps. 65).

So wird bei dem Kommen Jahwä's zum Neujahrsfeste das ganze
Universum, insofern es gut und segenspendend ist, erneuert; das Böse
und Schädliche wird abgetan und ausgerottet, wie die Chaosmächte einst
bei der Urschöpfung — auch der Sieg Jahwä's über alle Feinde wiederholt
sich im Feste, wie die verschiedenen Formen des Kultmythus uns gezeigt
haben. —

Wie das Licht die erste Schöpfung Jahwä's war, so steht am Anfang
der Festriten das Licht- und Feuerfest der ersten heiligen Festnacht.

Der Charakter des Festes als das Fest des neuen Lichtes, die in der Illumination, dem Fackeltanz und dem Zünden der neuen Lichter zum Ausdruck kommt, ist diejenige Seite desselben, die am wenigsten kalendarisch-astronomisch begründet ist. Für ein solches Fest wäre der Zeitpunkt der Wintersonnenwende passender als der des Herbstäquinoctiums. Das ist aber eben ein Beweis dafür, daß nicht das Astronomische im eigentlichen Sinne der Ursprung dieses Zuges des Festes ist. Das Licht, das Feuer ist nicht nur das Feuer der Gestirne; ebenso wichtig ist für die Auffassung der primitiven Menschen dasjenige Feuer, das im Feuer des Herdes in Erscheinung tritt. Licht und Feuer ist für das Leben überhaupt notwendig. Wie alle Grundkräfte des Lebens werden sie im Kulte verwirklicht und erneuert. Eine Kultur, für die das Licht und das Feuer als lebenstragende Kräfte in Betracht kommen, wird es immer natürlich finden, bei ihrem kultischen Hauptfest auch die Wiederbelebung des Lichtes sicherzustellen. Daß dies eben dann stattfindet, wenn das betreffende Hauptfest gefeiert wird, sagt sich dann fast von selbst, auch wenn der Zeitpunkt ein von kosmisch-astronomischem Gesichtspunkt gesehen dafür weniger passender sein sollte. Wir haben es im Orient nicht in dem Grade wie etwa im hohen Norden mit Völkern und Lebensverhältnissen zu tun, denen sich der Zusammenhang des Lichtes und der Wärme mit dem Gang des Jahres besonders deutlich aus Naturbeobachtung aufdrängt. So empfindet der Orientale die Inkonzinnizität zwischen Licht- und Feuerfest einerseits und Herbstäquinoctium andererseits nicht so deutlich wie sie etwa hier bei uns empfunden werden würde. Das Hauptgewicht liegt ihm eben darauf, daß auch diese Grundkraft des Lebens von Zeit zu Zeit erneuert, wiederbelebt werden muß.

Wenn nun das Herbstfest als ein Lichtfest aufgefaßt wurde, so haben wohl höchstwahrscheinlich auch die Mondfeste der alten nomadischen und halbnomadischen Zeit mit hineingespielt. Auch in Kana'an war der Neujahrstag ein Vollmondstag, bezw. ein Neumondstag. Besonders deutlich kam eben darin die Erneuerung des Lichtes zum Ausdruck.

Wie gesagt handelt es sich aber im Herbstfeste nicht nur um das kosmische Licht. Eine ebenso große Rolle spielt das Feuer als Kulturmacht. — Das kommt nun in den Riten des Festes zum Ausdruck.

In spätjüdischer Zeit wurde das Fest, wie oben gesagt, mit dem großen Nachtfest eröffnet; dazu gehörte auch die Illumination des Tempels mit Lampen und Fackeln (bab. Sukka V 3; jer. Sukka 55 b). Das sind an sich Riten, die sich auf die Erneuerung des kosmischen Lichtes beziehen lassen, obwohl das Anzünden der Fackeln eher als ein Feuerritus aussieht. Durch diese Riten wurden ursprünglich, gleichsam ex opere operato, das Licht schöpferisch erneuert. Später wurden sie natürlich symbolisch gedeutet und auf die Schöpfertätigkeit Jahwä's bezogen. Wie alt dieser Zug ist, läßt sich nicht sicher sagen. Jedenfalls wird in Ps. 118, 27 darauf hingedeutet, wie schon viele Exegeten angenommen haben:

> Jahwä ist Gott, er ist unser Licht;

nach der Art der mit Vorliebe geübten Form der altorientalischen Geistreichkeit, der Doppeldeutigkeit, liegt in dieser Stelle eine Hindeutung sowohl auf die Lichter als auf den dem Feste zu Grunde liegenden Exodusmythus, nach dem Jahwä in der Gestalt einer Feuersäule nachts die Israeliten durch die Wüste begleitet habe.

Läßt sich die Illumination eher auf die Erneuerung des kosmischen Lichtes beziehen, so scheint der Fackeltanz, wie Volz angedeutet hat [1], sich eher als ein Ritus der Erneuerung des Feuers auffassen zu lassen. An sich ist es wahrscheinlich, daß die Fackeln am heiligen Feuer des Altars entzündet wurden; darüber wissen wir aber nichts. Auch nicht, ob das alte Feuer in den Häusern gelöscht und am Feste am Tempelfeuer erneuert wurde, wie Volz es sich denkt; der von ihm für diese Auffassung gegebene Beleg ist zu schwach [2]. —

Ebenso wichtig wie das Licht und das Feuer ist, wie schon oben angedeutet, das Wasser. Auf die Erneuerung des Wassers und die Hervorbringung von Regen bezieht sich der Ritus des Wasserausgießens, die wir aus der Mischnatraktat Sukka kennen. Von der Teichquelle Siloaḥ ursprünglich wohl direkt von der Gihonquelle im Kedrontal, wird Wasser im feierlichen Aufzug geholt und als Trankopfer auf den Boden des Altars unter Trompetenblasen und Proskynese gegossen. Das »lebende« Wasser ist Träger der Fruchtbarkeit und der Lebenskraft. Durch die Zeremonien sollen diese Güter der Gemeinde für das kommende Jahr gesichert werden.

Diese heilige Handlung ist höchstwahrscheinlich uralt [3], und ich glaube, daß die in der spätesten Zeit dabei geübte Sitte, Jes. 12, 3 zu zitieren, den richtigen und ursprünglichen Sinn dieser Worte treffen. Es ist nämlich zu beachten, daß die Worte Jes. 12, 3 allem Anscheine nach nicht zu dem zitierten Psalm V. 4—6 (der vielleicht mit V. 1 b—2 zusammengehört) gehört, sondern die verbindende Bemerkung des Sammlers des kleinen Buches Jes. 1—12 ist. Daraus sind zwei Dinge zu folgern. Erstens, daß

---

[1] Das Neujahrsfest Jahwä's, S. 28.
[2] Auch die Folgerung, die er daselbst aus der Stelle Ex. 35, 3 zieht, ist unbeweisbar.
[3] Vgl. I Sam. 7, 6.

der Sammler diese Sitte als alte (Kult)-Sitte bei irgend einem frohen Dankfeste, die die »Wendung des Schicksals« (siehe unten) feiert, kennt und
voraussetzt. Und zweitens, daß dabei Psalmen gesungen wurden, die auf
das dabei erlebte und noch als sich weiter auswirkend erhoffte Heil Bezug
nahmen. Wenn wir nun den Psalm, den der Sammler sich dabei als einmal in der Zukunft gesungen vorstellt, näher betrachten, so ist doch wohl
erstens klar, daß weder er noch Jesaja diesen Psalm für den jetzigen Zusammenhang gedichtet haben; der Psalm bezieht sich mit keinem Worte
auf die im Vorhergehenden vorausgesetzte Situation, sondern bewegt sich
in ganz allgemeinen kultisch-liturgischen Ausdrücken. Der Sammler hat
somit ein schon vorhandenes Psalmstück auf die seiner Meinung nach von
Jesaja verheißene Zukunft gedeutet oder bezogen. Und zweitens sehen
wir leicht, daß die Vorstellungen und Ausdrücke des Psalms sich ganz
mit denen der Thronbesteigungs- und Herbstfestpsalmen decken. V. 2 b
ist = Ps. 118, 14; Ex. 15, 2; Jahwä weilt jetzt auf Sion als der Heilige Israels, begrüßt von den Bewohnern der Stadt, vgl. Ps. 48, 12; 97, 8; er
habe eine Großtat geübt, die die Gemeinde aller Welt verkünden möge,
vgl. Ps. 96, 2 f.; 98, 2 f.; sein Name sei daher groß in der Welt, vgl. Ps.
76, 2; 96, 2 f.; 99, 3; 100, 4; er habe $g^e\bar{u}\phi$ geübt, vgl. Ps. 93, 1; Ex. 15, 1.
Die Annahme ist sehr naheliegend, daß der Sammler ein Stück eines
Thronbesteigungspsalms aufgenommen habe und es nach der Sitte seiner Zeit
mit dem Ritus des Wasserschöpfens in Verbindung gesetzt. Er will dabei
sagen: Einmal werdet ihr wieder mit Freude und auch im geistigen Sinne
diese alte heilbringende Zeremonie wieder aufnehmen können, wenn Jahwä
wirklich wieder als König in Jerusalem herrscht. — Diese Sammlung dürfte
im Exil — oder zur Zeit des Exils — gemacht worden sein. — Aus dem
hier behandelten Ritus wird auch das Wassertor seinen Namen haben[1].

Was man durch diese Zeremonie erreichen wollte, sagt der besagte
Redaktor: »Ihr werdet Wasser schöpfen aus den Quellen des Heils«,
ma'ajnê j^e'šū'ā. Zugegeben, daß er diesen Ausdruck spiritualisiert verstanden
haben will, so hat er ihn doch nicht ad hoc geprägt. Er ist ursprünglich
gar nicht mehr »geistig« als alle anderen solchen Ausdrücke im alten Testament gemeint. In den Worten liegt, daß das Wasser aus Heil, d. h Glück
und Segen, auch und besonders im materiellen Sinne, bringenden Quellen
kommt, daher selbst Glück und Segen bringt. Der Ritus bringt als solcher
den Regen und die Fruchtbarkeit, das ist der ursprüngliche, im primitiven
Denken tief begründete Sinn.

---

[1] So auch Volz, Das Neujahrsfest, S. 29 f., was ich nachträglich sehe.

Wir haben aber ein weit älteres Zeugnis für das Vorhandensein eines ähnlichen Ritus als regenbringende Kultzeremonie, nämlich in der Erzählung von dem Opfer Elijas auf Karmel, I Kg. 18, 16 ff. Es wird hier erzählt, Elija habe, um Regen zu verschaffen, einen Altar gebaut und ein Opfer zubereitet; um den Altar habe er dann eine Rinne in einem Um-kreis von etwa 2 Sea Aussat gegraben und in diese Rinne Wasser ge-gossen. In der jetzigen Form der Legende ist der Sinn dieser Handlung verwischt. Elija gießt das Wasser über das Opfer, daß es in die Rinne herunterlief. Dadurch soll das Wunder, daß Feuer vom Himmel das Opfer anzündete, noch gesteigert werden. Wenn aber das Feuer vom Himmel fällt, so hat die Rinne keinen Sinn; dadurch ·vird das Anstecken des Opfers nicht erschwert. Klar wird die Sache, wenn man sich daran erinnert, daß die Opferzeremonie das Kommen des Regens bezweckt, I Kg. 18, 41 – 46. Das ist eben der ursprüngliche Sinn des Gottesurteils auf Karmel: wer hat die lange Dürre gesandt und wer kann wieder den Regen bringen, Ba'al oder Jahwä? Wer Regen bringen kann, der hat auch die Dürre verhängt. Durch den Ausgang wird bewiesen, daß Jahwä, nicht Ba'al »der Gott« ist. Sehen wir nun den Bericht im Lichte des in der Mischna bezeugten Ritus, so ist der Sinn völlig durchsichtig; es handelt sich um einen Regenritus [1]. —

Es liegt im Wesen der alten Kulte, daß man immer mehr die Riten häuft. So hat man sich nicht mit dem Regenritus begnügt; man hat auch durch andere Riten die Fruchtbarkeit, die Wiederlebung der Natur, sicher-stellen wollen. Das bezweckt der Gebrauch der grünen Zweige, der in spätester Zeit sowie im Ps. 118 mit dem Umschreiten des Altars verbunden war. Diese Verbindung braucht nicht notwendig ursprünglich zu sein. Der Zweigenritus hat auch ohne den Rundgang einen Sinn. Die Verknüpfung ist aber leicht verständlich.

Nach II Makk. 10, 6 f. und der Mischna trugen die Festteilnehmer bei der großen Prozession Zweige gewisser Baumarten nebst gewissen Baum-früchten in der Hand. Der Strauß wird *lūlāḇ* genannt, die Früchte *äþrōӡ*. Oberflächlich angesehen scheinen das der Forderung des Gesetzes gegen-über Neuerungen zu sein. Häufig findet man im Gesetze nur das Bauen von Laubhütten erwähnt, eine Sitte, die dem Fest seinen späteren Namen Laubhüttenfest *ḥaӡ hassukkōþ* gegeben hat. Nach dem Gesetz Lev. 23, 39 a β—43 sollen die Israeliten bei diesem Feste Laubhütten aus gewissen Baumarten errichten und in denselben während des Festes wohnen. Das

---

[1] Diesen Zusammenhang hat Volz angedeutet, op. cit. S. 31. Ich habe hier seine Andeutungen weiter ausgeführt.

ist aber als eine spätere Neuerung zu betrachten[1]. Mit dieser haben wir hier nicht zu tun. Denn das Gesetz läßt selbst ahnen, daß ursprünglich gar nicht lediglich an Bauen von Laubhütten gedacht war. Es wird nämlich auch geboten, »die Früchte des Prachtbaumes« zu nehmen; aus Früchten macht man aber keine Laubhütten. Hier ist schon der Etrog vorausgesetzt. Und wozu die Zweige verwendet wurden, zeigt uns eben II Makk.

---

[1] Diese Bestimmung ist in dem Heiligkeitsgesetz überliefert, ist wohl aber in Wirklichkeit seinem Grundstocke nach viel älter. Der betreffende Abschnitt nennt das Fest *ḥaʒ Jahwä*, kennt nicht den deuteronomischen Namen *ḥaʒ hassukkōþ*. Bei genauerer Untersuchung zeigt es sich nun, daß dieses Gesetz, das nach Ausscheidung der dem P. gehörigen Zusätze übrig bleibt (siehe Kuenen, Einleitung I § 6, Anm. 27), selbst nicht einheitlich ist. Das Gesetz über das Hüttenfest ist schon mit V. 41 abgeschlossen; zunächst wird bestimmt, mit welchen Laubarten und mit welcher Ausstattung es gefeiert werden soll, V. 40 a, und dann, wie lange es dauern soll V. 40 b; dann folgt die übliche Schlußformel: „Dies soll euch ein ewig gültiges Gesetz in allen euren Geschlechtern sein" V. 41 b α. (In V. 41 a ist nur das letzte Wort *baššānā* ursprünglich, der Rest fehlt bei LXX und ist Glosse nach Num. 29, 12; *baššānā* ist mit dem vorhergehenden Vers zu verbinden, wie bei LXX. V. 41 b β gehört zum folgenden). Wir hören somit hier, daß die Zweige mit zur Feier des Herbstfestes gehören; wozu man sie aber gebrauchen soll, wird nicht gesagt, das wird als bekannt vorausgesetzt — wie wir auch nicht zu sagen brauchen, wozu man einen Weihnachtsbaum gebrauchen soll. Das Gesetz will nur die Baumarten vorschreiben; von dem Gebrauch steht nur, daß die Zweige bei der Feier des Festes Jahwä's „vor Jahwä" benutzt werden sollen, somit bei den kultischen Zeremonien im Heiligtume. — Zu diesem Gesetz ist nun später ein Zusatz gemacht worden V. 41 b β —43, in dem vorgeschrieben wird, daß man aus den Zweigen Laubhütten machen und in ihnen wohnen solle. In Neh. 8 hören wir, daß diese Bestimmung wohl von den Exulanten, nicht aber von den palästinensischen Juden vor Ezra praktisiert wurde; Ezra habe aber die Gemeinde in diesem Stücke „reformiert". (Daraus folgt nicht, daß sie nicht vorher im Gesetzbuche stand. Die gesammelte Pentateuch ist meiner Ansicht nach älter als Ezra, siehe mein Buch Ezra den skriftlærde, Kristiania 1916). Die Zweige hatten somit früher eine andere Verwendung. Ich denke mir, daß das Hütten bauen eine besondere jerusalemische, städtische Sitte ist — auf dem Lande braucht man solche Künsteleien nicht —, die durch Deuteronomium „rechtgläubig" wurde, daher von den Exulanten geübt, von den Zurückgebliebenen wieder zu Gunsten des Alten bei Seite geschoben wurde, bis sie von Ezra eines Besseren belehrt wurden. Zu dieser ganzen Frage siehe Ezra den skriftlærde, S. 149 ff. Meine Erklärung des Namens *ḥaʒ has sukkōþ* ebenda S. 155 nehme ich zurück.

10, 6 f., Ps. 118, 27 und die Mischna; die ältere Sitte ist neben der jüngeren beibehalten worden.

Dieser Gebrauch ist nach der literarischen Bezeugung sicher vorexilisch. Denn die eben behandelte Gesetzesstelle ist in H überliefert. Ist aber die Sammlung von H. spätestens exilisch, so sind die kultischen Bestimmungen derselben vorexilisch; kultische Neuerungen sind jedenfalls nicht im Exil gemacht worden. Schon Dtn. kennt den Namen »Hüttenfest«, der, wie wir sahen, wohl auf einer Umbildung des Laubritus beruht; dann ist aber der »eigentliche« Gebrauch noch älter.

Die grünen Zweige und die frischen Früchte bedeuten hier wie sonst die Kraft der Fruchtbarkeit, die in den Naturdingen eingeschlossen ist und mit der man durch die Dinge in Verbindung kommt. In den Zweigen wird die Fruchtbarkeit, der Segen (vgl. Jes. 65, 8), die göttliche Kraft in die Mitte des Volkes, in die Stadt, in das Heiligtum hineingebracht, durch die Berührung wird sie auf die Menschen übertragen. Das sind alles wohlbekannte Vorstellungen. Aus den germanischen Kulten kennen wir solche Riten besonders als Frühlingsgebräuche; die schon neubelebte Naturkraft wird auf die Menschen, das Volk, die Häuser usw. übertragen. — Hier haben wir sie als Herbstfestriten, entsprechend der Bedeutung des Herbstes als Wendepunkt des Jahres und Grundlage des Neuen — durch den bevorstehenden Herbstregen, siehe oben. Die noch lebende Kraft wird auf die Gemeinde usw. übertragen, damit sie die Kraftquelle für das kommende Jahr bilde und jetzt in Bälde wieder aufblühe.

Wie gesagt sind in Israel diese Riten mit einer großen Prozession verbunden worden. Durch die Prozession wird die Kraft über die ganze Stadt und damit »symbolisch-real« über das ganze Land und Volk hinausgetragen, siehe unten zum Rundgang um die Stadt Ps. 48. Das ist sehr begreiflich und weit verbreitet. Eben in der festlichen, tanzähnlichen Prozession mit Singen, Jubeln und Jauchzen, mit der ganzen gegenseitigen Suggestion des gemeinsam Durchgemachten und Erlebten, stellt sich am leichtesten das ekstatische Ergriffensein ein, das den Primitiven ein Beweis für das Innewohnen der göttlichen Macht ist.

In spätester Zeit scheint das Umschreiten des Altars die Hauptsache der Prozession gewesen zu sein. Vielleicht spielte sich damals das Ganze innerhalb des Tempelbezirkes ab. Nach Ps. 118 dagegen hat die Prozession sich teilweise auch durch die Stadt bewegt; erst in V. 19 ist sie vor den Tempeltoren angekommen. Ein merkwürdiger Gebrauch spiegelt nun den Grundgedanken der Übertragung der Macht auf die Teilnehmer ab. Es heißt in V. 27:

Schließt den Festreigen mit Zweigen bis zu den Hörnern des Altars[1].

Das kann nur so aufgefaßt werden, daß mit den Zweigen die Reihen der Einherschreitenden zu einem in sich geschlossenen Reigen verbunden wurden; man trug die Zweige so, daß der Eine den Anderen mit seinen Zweigen berührte, und so eine zusammenhängende Reihe gebildet wurde. So übertrug sich die Kraft vom einen zum anderen, vgl. den Gedanken in Ps. 133.

In dieser Weise bewegte sich die Prozession feierlich 7 Mal um den Altar herum, während die Tempelkapelle, auf einer Tribune stehend, spielte und die Festgenossen sangen und jauchzten. Schließlich wurde der Reigen »bis zu den Hörnern des Altars« geschlossen; das erklärt sich so, daß man zuletzt mit den Zweigen die Hörner des Altars — vielleicht steht das hier nur poetisch für den Altar selber (pars pro toto) — berührte. Daran schließt sich gut die in der Traktat Sukka belegte Sitte an, daß die Zweige zu allerletzt um den Altar herum aufgestellt wurden, so daß sie ihn völlig bekränzten, und daß die Festgenossen dabei den Segen sprachen: »Schönheit für dich, o Altar« *(jofî lᵉchā hammizbēᵃḥ).* »Schönheit« ist hier sicher kein ästhetischer Begriff, sondern eine Bezeichnung der übermenschlichen Macht, die sich als Segen auswirkt, wie es in Ps. 93, 5 »Heiligkeit« *qōdāš* ist. Auch die heilige Segenskraft des Altars muß von Zeit zu Zeit erneuert werden, damit sie reichlich zu der Gemeinde zurückströmen könne. Durch die Berührung mit den Zweigen wird die Kraft in den Altar hineingelegt, bezw. die darin enthaltene Kraft gesteigert. — So ist die Fruchtbarkeit des folgenden Jahres sichergestellt.

Auch die oben erwähnte Weinspende dürfte ursprünglich den Zweck gehabt, eine reichlige Weinernte für das kommende Jahr zu sichern. —

Die Übertragung der göttlichen Kraft auf Volk und Stadt bezweckt auch der in Ps. 48, 13 f. vorausgesetzte Ritus, der feierliche U m z u g u m d i e M a u e r n d e r S t a d t. Der ursprüngliche Sinn eines solchen Umzuges ist völlig durchsichtig und klingt noch in dem Psalm nach, dessen Thema die Uneinnehmbarkeit der Gottesstadt ist. Durch den Umzug — wobei vielleicht irgendwelche heilige Gegenstände mitgetragen wurden, vgl. das Tragen der Reliquien in den römischen Prozessionen — soll die heilige

---

[1] Zur Deutung der vielumstrittenen Stelle s. Haupt, ZATW 1915, S. 102 ff. In der Hauptsache hat er das Richtige getroffen. Doch kann ich seiner Verbindung von *baᵃʿᵃbōþ* mit *ha3* „ein Siegespalmenfestzug" nicht beistimmen; das würde doch wohl eher durch eine Genetivkonstruktion ausgedrückt worden sein. *Baᵃʿᵃbōþ* gehört zum Verb und bezeichnet das Mittel, durch das der Reigen, der Festzug „geschlossen", in sich zusammengebunden wird.

Kraft des »in den Palästen der Stadt« weilenden Gottes auf die ganze Befestigungsanlage übertragen werden und sie uneinnehmbar machen. — Derselbe Grundgedanke liegt hinter der Prozession bei der Mauerweihe des Nehemia, Neh. 12, 27 ff. »Die Priester und die Leviten heiligen sich, und heiligen dann das Volk, die Pforten und die Mauer.« Voll heiliger Kraft schreiten die beiden Prozessionen auf der Mauer einander entgegen hin und treffen sich im Tempel, wo die großen Opfer dargebracht und das große Freudenfest gefeiert wird. So übertragen sie die Heiligkeit, die als Gotteskraft zum Schutz dienen soll, auf die neue Mauer.

Eine ähnliche Zeremonie hat man, wie gesagt, auch bei dem Thronbesteigungs- und Herbstfeste vollzogen; das beweist Ps. 48, der vor der Prozession gesungen worden sein mag. An welchem Tage des Festes wissen wir nicht. Hier geht die Prozession von dem Tempel aus, s. V. 10. Voraussetzung ist, daß Jahwä soeben nach seiner Stadt gekommen ist, in ihren Palästen seine Wohnung aufgeschlagen hat — Er, der schon so oft als der Schutz der Stadt gefunden worden ist. Jubelnd weist die Gemeinde auf die soeben erlebte Wiederholung der im Völkerkampfmythus (II 1 d) ausgedrückten Rettung der Stadt aus größter Not hin; in irgend einer Weise hat sie wieder diese große Tat mit Augen gesehen — ob mit den Augen des Glaubens oder in den Symbolen der Festspiele, muß dahingestellt sein (siehe unten). Aus diesem Erlebnis hat sie die Gewißheit der Uneinnehmbarkeit der Gottesstadt, der auf dem wahren Götterberge im äußersten Norden, d. h. auf dem höchsten Punkt der gewölbten Erdscheibe, auf dem Nabel der Erde, belegenen Hauptstadt des Großkönigs, geschöpft. Dieser Gnadentat gedenkt die Gemeinde, im Tempel Jahwä anbetend, in der festen Überzeugung, daß diese Tat den Ruhm Gottes zu den äußersten Enden der Erde bringen werde; denn Jahwä ist der Gott des gerechten Gerichts; über sein Gericht jubeln Land und Stadt.

Es entspricht nun völlig dieser Überzeugung, nach der die Stadt schon aus der Not gerettet und durch die Nähe Jahwä's uneinnehmbar sei, wenn der Zweck des bevorstehenden Umzugs umgedeutet, spiritualisiert — oder sagen wir eher: rationalisiert? — worden ist; der Zweck sei jetzt, sich von der Uneinnehmbarkeit zu überzeugen, und diesen Glauben samt der Offenbarungstat Jahwä's, auf der sie gegründet ist, den Nachkommen mitzuteilen:

> Umwandelt Sion, umzieht es und zählt seine Türme,
> habt Acht auf seine Mauern und Wälle und mustert seine Burge;
> erzählt[1] es den kommenden Geschlechtern, daß Er Jahwä ist,
> unser Gott für immer und ewig, Er wird uns führen. —

---

[1] Str. *le_ma'an* — dem Sinne nach richtig, metrisch störend und überflüssig.

Ob diese Prozession mit der großen Hauptprozession (siehe unten) überhaupt oder zum Teil oder etwa zu einer gewissen Zeit identisch gewesen ist, können wir nicht sagen. An sich sind mehrere Prozessionen und Rundgänge während des 7-tägigen Festes nichts Unwahrscheinliches. Vgl. oben S. 92.

c) Der Einzug Jahwä's.

Alle diese oben genannten Riten machen nun in geschichtlicher Zeit nicht das eigentliche Wesen des Festes aus. Zwar ist auch in der alten Königszeit der Kult eine schöpferische Tat. Es sind aber nicht mehr die Kultteilnehmer und die vorgenommenen Handlungen an sich, die ex opere operato die segenstiftende Wirkung hervorbringen, sondern Jahwä kommt selber und schafft. Jahwä kommt als König und tut Dinge, aus denen das Heil hervorgeht. Er übt gewaltige Taten und stiftet Segen für sein Volk.

Diese Verschiebung beruht eben darauf, daß der Gottesbegriff persönlich geworden ist und im Bilde des Königs gezeichnet wird. Statt der mehr unpersönlichen, in den Dingen und Handlungen des Kultes waltenden göttlichen Kraft ist der persönliche, willende Jahwä getreten.

Die göttliche Kraft, die Macht, ist eine der Grundbegriffe der primitiven Religion. Sie ist auch immer in der israelitischen Religion ein Begriff von großer Bedeutung geblieben. Jetzt heißt es aber meistens, daß Jahwä der Geber der Kraft ist (vgl. Ps. 29, 11). Daneben aber auch, daß er die Kraft ist (Ps. 149, 9). Auch hier macht sich der persönliche Gottesbegriff Israels geltend.

Die primitive Religion und Kultur erlebt die Kraftbeseelung im Kulte. In dem ekstatischen Gefühl des Ergriffenseins und in den seelisch-körperlichen Äußerungen dieser Zustände sieht der Primitive den Beweis dafür, daß er die Kraft in sich hat. So zielen denn viele seiner Kulthandlungen darauf hin, diese Zustände und dieses Gefühl hervorzurufen; er ist damit des Göttlichen teilhaft geworden.

Von diesen primitiven Grundgedanken ist vieles in der Religion Israels und in den Vorstellungen des Hauptfestes übrig geblieben, wenn auch mit den eigentlichen jahwistischen Grundgedanken einigermaßen verschmolzen.

Der Hauptgedanke des Festes ist aber immer das Kommen des persönlichen Gottes. Das muß sich nun auch im Kulte abspiegeln. Das Kommen des Gottes mit all den großen Taten, die er dabei übt, gestaltet sich im Kulte als ein Drama, das erlebt wird und aus dem Heilswirkungen hervorgehen. Diese dramatische Darstellung ist somit das Wichtigste aller Riten des Festes, in ihr erreicht das Fest seinen Höhepunkt. Es sind die

diesbezüglichen Riten, die das eigentliche Kultdrama des Festes gebildet
haben, die wir in diesem und den folgenden Abschnitten behandeln sollen.

  Wenn der Kult, wie oben dargelegt, das Wiedererleben der im Kultmythus dargestellten Heilstat ist, so muß eben den Inhalt des eigentlichen
Thronbesteigungsfestes eine dramatisierende Darstellung der Vorgänge bei
dem ersten (mythischen) Thronbesteigungsfeste gebildet haben. Diese brauchen nun natürlich nicht in ihrer Gesamtheit wirklich gespielt worden
zu sein; vieles kann durch Symbole zu Darstellung gekommen sein. Und
das Hauptgewicht der wiederholenden Darstellung kann an sich auf verschiedene Punkte der mythisch-kultischen Vorgänge gelegt worden sein. —
Wenn wir rein apriorisch rekonstruieren dürften, so würden wir etwa
sagen, daß eine Dramatisierung des Tiamatkampfes oder des Ausganges
aus Ägypten das Hauptstück des Festes gebildet hätte. An sich ist es
aber möglich, daß der Schwerpunkt anderswo läge, etwa auf der Inthronisation oder der feierlichen Prozession, die auch bei der Thronbesteigung
des irdischen Königs ein Hauptstück war, während die eigentlich mythisch-
geschichtlichen Vorgänge leichter angedeutet worden wären.

  Wir werden nun sofort sehen, daß nach den Quellen eben der
Einzug, die heilige Prozession, das Hauptstück des Festes gewesen. Dagegen finden sich nur schwächere und schwerer zu deutende Spuren einer
Dramatisierung der mythischen oder geschichtlichen Vorgänge, die der
Königsherrschaft Jahwä's zu Grunde lagen. Der Schwerpunkt des Festes
ist somit auf den Abschluß und Höhepunkt der Vorgänge gelegt worden —
nach dem bekannten ästhetischen Gesetz der alten Hebräer, daß ihre
Schilderungen und Darstellungen nie Vollständigkeit, sondern die größtmögliche anschauliche Konkretheit erstreben; sie greifen immer einen
besonders charakteristischen Zug der Dinge heraus, der für die ganze
darzustellende Wirklichkeit symptomatisch ist: wo eine Königsprozession ist,
da ist die Thronbesteigung, da ist alles andere, was dazu gehört; auch die
notwendigen Voraussetzungen[1]; wer als König einzieht, der muß schon über
die inneren oder äußeren Feinde gesiegt haben. —

  Daß die Inthronisation den Inhalt eines Kultdramas des Thronbesteigungstages bildete, ist uns unmittelbar verständlich. Denn zwar waren es
der Chaoskampf und die Schöpfung, die die Grundlage des Königtums
Jahwä's bildeten; er hat es aber erst mit der nach der feierlichen Prozession folgenden Inthronisation formell angetreten. Denken wir aber,

---

[1] Daß die Liturgien in Übereinstimmung mit den jeweilig herrschenden ästhetischen Normen gebildet werden, ist bekannt und selbstverständlich. Die
Gottesdienste sind immer „schön".

wie das alte Israel zugleich getan hat, an die Errettung aus Ägypten als die Grundlage, so hat Jahwä seine Königsherrschaft als seinen gesicherten, ruhigen Besitz erst nach langen Kämpfen und Wanderungen angetreten, eigentlich erst nur dann, als er eine »Heimat *(mᵉnūḥå)* für ewig« (Ps. 132,14) gefunden hatte, als er seine bleibende Hauptstadt und einen Palast hatte, den Tempel, in dem »sein Name wohnen konnte«. M. a. W. den Schlußakt des ersten Regierungsantritts bildete der erste feierliche Einzug auf den Sion unter David, ein Einzug, der unter Salomo nach Vollendung des Tempels wiederholt wurde. —

Daß die Thronbesteigungspsalmen, wenn sie Kultpsalmen sind, als Hauptstück des Festes einen Einzug voraussetzen, ist leicht zu sehen. Auf diesen Einzug deutet Ps. 47, 6 hin:

Unter Jauchzen ist Gott hinaufgezogen, Jahwä bei der Hörner Schall[1].

Und Ps. 24; 84 und 132, die alle Jahwä als König feiern, sind nur unter der Annahme verständlich, daß wir es mit Liturgien bei einer Kultprozession zu tun haben. Und wie Staerk gesehen hat, deuten Ps. 100,4; 95, 2. 6 und 48, 13 f. darauf hin, daß diese Psalmen Prozessionslieder sind. — —

Hier ist nun aber der Punkt, wo wir auch andere Quellen als die Psalmen heranziehen dürfen. Es ist in den geschichtlichen Quellen tatsächlich bezeugt, daß man in alter Zeit ein Fest gefeiert hat, das sich als ein Einzug des Königs Jahwä's in seine Wohnung auf Sion gestaltete. Ich denke eben an die Berichte über den Einzug der Lade in die Davidsburg, bezw. in den neuen Tempel II Sam. 6 ＋ I Chr. 15 f. und 1 Kg. 8 ＋ II Chr. 5—7.

Man wird nun vielleicht einwenden, daß die genannten Stellen von einmaligen Festen erzählen, die nichts betreffs einer festen kultischen Institution beweisen. — Man wird mir aber zugeben müssen, daß es wenigstens im höchsten Grade unwahrscheinlich ist, daß der exilische Verfasser der Königsbücher oder der späte nachexilische Verfasser der Chronik zeitgenössische Berichte über die Festlichkeiten der Einzüge unter David und Salomo besessen haben sollten. Woher haben sie dann ihre Kunde über die Einzelheiten des Festes? Etwa lediglich aus der Phantasie? Mit nichten. Sie haben hier dasselbe getan, wie so oft sonst, und was so viele andere Geschichtserzähler aus alter Zeit getan haben: sie werden die Feste nach den Gebräuchen geschildert haben, die zu ihrer eigenen Zeit üblich waren;

---

[1] Der Psalm spricht somit nicht von einer Himmelfahrt Jahwä's, wie noch Gressmann, Urspr. d. isr. jüd. Eschatologie[1], S. 299 annimmt.

diese Festgebräuche haben sie ganz unbefangen in die Zeit Davids und Salomos verlegt. Schon diese an sich eigentlich selbstverständliche Annahme berechtigt uns zu der Folgerung: zu ihrer Zeit — oder etwas früher — hat man ein Thronbesteigungsfest Jahwä's mit einem großen Einzug gefeiert.

Ein zweiter Umstand berechtigt uns, die genannten Festberichte mit den Thronbesteigungspsalmen zu kombinieren und diese aus jenen zu deuten: der Chronist hat selbst diese Kombination vorgenommen. In I Chr. 16 gibt er uns auch den Psalm, der bei dem Einzug der Lade auf Sion gesungen worden soll. Einen Teil dieses Psalms I Chr. 16, 23—33 bildet Ps. 96, 1—13 — ein Thronbesteigungspsalm! Aber nicht nur das. Der ganze Psalm I Chr. 16 — an sich ein Flickwerk, das sind aber so viele liturgische Psalmen — ist nach Stil und Inhalt ein Thronbesteigungspsalm. Er setzt mit einer Aufforderung zum Lobpreis ein V. 8—13; es wird auf Jahwä's große Taten, und besonders auf seine richterliche Tätigkeit angespielt V. 14; als Grundlage seines Verhältnisses zu Israel gilt die Ansiedlung in Kana'an, die das Volk zum Volk machte. Den zweiten Teil bildet dann Ps. 96. — Dieselbe Kombination wiederholt sich II Chr. 6, 41 f. Der Chronist läßt hier Salomo sein Tempelweihgebet mit den Worten Ps. 132, 8—10 abschließen — wiederum ein Thronbesteigungspsalm[1]. — Daß nun aber Ps. 132 tatsächlich ein Thronbesteigungslied und zu Ps. 93. 95— 100 zu stellen ist, d. h. daß der in Ps. 132 einziehende Jahwä als König vorgestellt wird, geht erstens aus der Lade hervor, denn die Lade symbolisiert Jahwä als König; und zweitens aus dem inhaltlichen und formellen Parallelismus zu Ps. 24. der Jahwä ausdrücklich als einziehenden König feiert.

Dies hat nun aber der Chronist sicher nicht aus wissenschaftlichen Erwägungen heraus getan. Auch nicht das wird der Grund gewesen sein, daß etwa diese Psalmen tatsächlich aus Davids, bezw. Salomos Zeit stammten und tatsächlich damals benutzt worden wären; Ps. 132 ist jedenfalls später; das Haus Davids hat schon eine Geschichte hinter sich. Der Grund kann kein anderer gewesen, als der, daß diese Psalmen zur Zeit des Chronisten tatsächlich bei dem den beiden genannten Festlichkeiten entsprechenden Feste gesungen wurden. Als der Chronist — und vor ihm der Verfasser

---

[1] Er ist nur eine Exegese der Verzweiflung über die wider die Theorien hartnäckigen Tatsachen, wenn Hitzig, Wellhausen, Duhm, Buhl[2] u. a. den Psalmdichter den Chronisten plagiieren lassen. Der Chr. hat den Psalm zitiert, aber ungeschickt; er läßt Salomo die Worte Ps. 132, 8—10 nach der Opferung im Tempel, nach der Einführung der Lade sprechen; die Worte passen aber nur vor dem Anfang des Aufzuges.

der Königsbücher — die Einzugsfestlichkeiten unter David und Salomo schildern sollte, so hat er ein Fest aus seiner eigenen Zeit geschildert, das sich als ein Einzugsfest gestaltete, und bei dem Thronbesteigungspsalmen gesungen wurden.

Es ist somit bewiesen, daß ein solches Thronbesteigungsfest noch zur Zeit der Vorlage des Chronisten und schon zur Zeit der Königsbücher, d. h. aber in Wirklichkeit vor dem Exil existiert hat — denn der im Exil schreibende Historiker schildert natürlich vorexilische Kultsitte. Weitere Beweise oben S. 42 f. und unten Kap. IV. — —

Und nun zur Prozession. Hier setzt Ps. 132 ein[1]. Daß er dramatisch aufgebaut ist und auf verschiedene Chöre und Stimmen zu verteilen ist, sieht man beim ersten Blick. — Es ist die Kultprozession, die sich als ein dramatisches »Spiel« artet. Das dramatische tritt eben darin zu Tage, daß verschiedene Chöre und Soli auftreten, die jedenfalls z. T. andere Personen vorstellen, bezw. vertreten, als sie die Singenden im Alltagsleben sind. So treten in Ps. 132 David, seine Mannen und die unter ihm amtierenden Priester auf. Die. »Hauptrollen« sind natürlich in den Händen der Priester und Kultdiener. Zu den Priestern gehörten aber der König und die Prinzen (II Sam 6, 13 f.; 8, 18); daß der König bei dem Feste dabei ist, zeigt II Sam. 6. Der Chorgesang wird wohl von den männlichen und weiblichen[2] Tempelsängern vorgetragen, die aber zugleich die königliche Hofkapelle bildeten[3]. Den Gesang werden wir uns wohl so vorstellen müssen, daß der eigentliche Gesangtext von Vorsängern — oder vielleicht von kleineren Chören — gesungen wurde, während das größere Chor nach jedem Abschnitt oder nach jeder Strophe mit einem kurzen Refrain einfällt, in dem das Thema oder der Grundgedanke des Psalms kurz wiederholt wird. So wird von dem Vortragen des Hymnus Ex. 15 ausdrücklich erzählt; den Hymnus singt die Vorsängerin (Mirjam); der Kehrvers, der zugleich den Introitus und das Thema des Hymnus bildet, wird von den »paukenschlagenden Jungfrauen« (Ps. 68, 26) gesungen:

Singet (bezw. ich will singen) Jahwä, denn hoch erhob er sich,
Roß und Reiter warf er ins Meer[4].

---

[1] Die prinzipiell richtige Deutung dieses Psalms als einer dramatischen Festliturgie, zum Andenken der ersten Einholung der Lade unter David, hat Gunkel, Die Königspsalmen, Preußische Jahrbücher 1914, gegeben. Den weiteren Zusammenhang hat er nicht gesehen.

[2] Vgl. Ps. 68, 26 f.

[3] Vgl. Sanherib über die Sänger und Sängerinnen Hiskias, Taylorzylinder III 38 f. (Ungnad in AOTB).

[4] Es ist somit ein Mißverständnis, wenn Gunkel und nach ihm Kittel, Staerk u. a. diesen Kehrvers für das ursprüngliche „Mirjamlied" halten, über

Der Anteil des gemeinen Volkes an dem Drama hat wohl in dem
»Jauchzen« und dem Rufen der Kultrufe wie Halleluja, Hosianna u. ä.
bestanden

Die Prozession ist kein ruhiges Dahinschreiten; sie ist, wie so oft,
Tanz (II Sam. 6, 5; Ps. 42, 5; 87, 7; 150, 4). Das hat seinen guten Grund.
Der Tanz ist die natürliche Bewegungsform der ekstatischen, von Gott
ergriffenen und von seiner Kraft seelisch und körperlich gefüllten Kultteilnehmer. Daß Gott eingezogen ist, das erleben die Teilnehmer als eine
seelische und körperliche, mitunter ekstatische Wirklichkeit (vgl. oben
S. 20). Daß das Gotterleben sich in Ekstase äußert, das können wir auch
heutzutage, und zwar in den sogenannten Kulturländern, mehrfach beobachten (Lästadianer, Irwingianer, Zungenredner, u. a.). — Andererseits
führt der Tanz zur Ekstase; er ist ein religiöses »Kraftmittel«, ein Mittel
zum Erlangen der göttlichen Kraft (vgl. die tanzenden Derwische; ebenso
die Nebiim I Sam. 10, 5 f.; II Kg. 3, 15). Der Primitive kennt aber unseren
Kausalitätsbegriff nicht; was heute Wirkung ist, kann morgen ebensogut
Ursache sein; er kennt nur die Tatsache des Zusammenhanges Wo Ekstase, d. h. Gott ist, da ist Tanz; es ist ihm daher — rational veranlagt wie
er nach Kräften ist — ganz unbedenklich, durch gewollten Tanz die Ekstase
und damit das Sicheinfinden des Göttlichen hervorzurufen. — Auch dem
alten Israel war die ekstatische Festfreude ein Beweis, daß der gnädige
Gott aus freiem Willen zu seinem Volk gekommen war (vgl. Neh. 8, 10).

Ps. 132 ist nun die dramatische Prozessionsliturgie eines Festes, der
den ersten Einzug der Lade, d. h. Jahwä's auf Sion wiederholt. Er wird,
wie erwähnt, von dem Chronisten mit dem Einzug der Lade in den fertigen Tempel, welcher Einzug der Natur der Sache nach als eine Wiederholung des ersten gefeiert wurde, in Verbindung gesetzt. Diese Kombination wird durch die Überschrift des Psalms bestätigt: er ist ein *šīr*
ma'ălā, ein »Aufzugspsalm«, ein Psalm bei dem Aufzug zum Tempel.

Die Voraussetzung des Festdramas in Ps. 132 bilden die Sagen von
der Lade I Sam. 4—6. Wir erinnern uns daran, daß die Lade schon vor den
Tagen Sauls von den Philistern genommen worden war, daß sie aber überall wo sie aufgestellt wurde, Landesplage und Unheil mit sich brachte, weil
Jahwä sich auf die unreinen Fremden, die ihn besiegt zu haben glaubten,

> das der Hymnus Ex. 15 später gedichtet worden ist. Es verhält sich viel-
> mehr umgekehrt: der Kehrvers ist aus dem Hymnus genommen und hat
> nie eine Sonderexistenz gehabt; er ist immer Introduktion und Kehrvers
> gewesen. — Daß der Kehrvers ein genügend langes Lied für das Auf-
> fassungsvermögen der ältesten kindlichen Zeit gewesen, wie Gunkel meint,
> ist eine völlig unbegründete Schematisierung der Entwickelungstheorie.

furchtbar rächte; so mußten sie sie schließlich von sich schicken. Sie
setzten sie auf einen neuen Wagen, mit zwei jungen säugenden Kühen vor-
gespannt, führten den Wagen zur Landesgrenze und ließen dann die Kühe
gehen wohin sie wollten, d. h. nach damaliger Anschauung: wohin Jahwä,
der auf oder in der Lade saß, sie lenkte[1]. — In Sauls Tagen haben
nun die Israeliten nicht nach der Lade gefragt (I Chr. 13, 3) — nach der
religiösen Theorie und Polemik der Davididen eine schwere Sünde Sauls.
Die Voraussetzung ist nun ferner, daß man noch zu Davids Zeit nicht
weiß, wo sie sich befindet — nur das Gerücht ist zu David in Efratha —
der Gegend um Bethlehem, der Heimat Davids — gekommen, daß sie irgendwo in einem Winkel des Landes steht (V. 6 a). Nun hat David seine
Mannen hinausgeschickt, um nach der Lade zu forschen, damit er Jahwä
eine würdige Wohnstätte geben könne[2].

Der Psalm setzt nun auf dem Punkte ein, wo die heilige Prozession ihren Anfang nehmen soll. Das ganze Israel ist versammelt, die
Priester sind bereit, der König David ist auch dabei. — Daß der regierende König die Rolle Davids spielt, ist selbstverständlich, in ihm lebt
David, der gottgeliebte Ahnherr weiter. Im Psalm geht auch die Fürbitte
für »David« von selbst in eine Fürbitte für den regierenden König über

---

1 Selbstverständlich ist dies alles reine Sage; „der geschichtliche Kern"
besteht lediglich in dem Verlust der Lade. Freiwillig haben die Philister
ein solches Palladium nicht ausgeliefert, und wenn David sie mit Gewalt
zurückgenommen hätte, so hätte man sicher davon in den Quellen erzählt. In Wirklichkeit wird David einfach eine neue Lade haben herstellen lassen — und daran trug man in ältester Zeit kein Bedenken;
wenn ein Kultgerät abhanden gekommen ist, so verfertigt man ein neues,
nur muß es die Form des alten haben, denn an der Form hängt die
Identität. Die sagenbildende Volksseele glaubt aber an die stoffliche Identität, und die Priester haben diesen Glauben gestärkt. Die Sagen I Sam.
4—6 haben den Zweck, die Tatsache zu erklären, daß die verlorene Lade
sich wieder im Tempel befände.

2 Daß diese Auffassung nicht aus II Sam. 6 entnommen sein kann, wird
zugegeben. Wie man aber behaupten könne, daß der Dichter notwendig
eine späte haggadische Quelle benutzt haben müsse (Duhm, Buhl[2] u. a),
ist weniger leicht verständlich. Daß das Hauptheiligtum lange Zeit hindurch irgendwo unbekannt gestanden habe, ist die urwüchsige, so vielen
Kultsagen zu Grunde liegende Vorstellung (vlg. Gen. 28, 10 ff.); erst den
späteren reflektierter, theologischer und unpoetischer Denkenden ist es
dagegen unverständlich, daß ein so großes Heiligtum wirklich nicht sofort
von sich hören lassen habe; David habe natürlich 20 Jahre hindurch nichts
besseres zu tun gehabt, als an die Rückbringung der Lade aus Kirjat-Jearim
zu denken.

(V. 10), und die göttliche Verheißung an »David« gestaltet sich als eine Verheißung an sein Haus auf dem Throne (11 f.). — Es ist nun ganz in Übereinstimmung mit der alten religiösen Beurteilung des Königs und des Königstums alt des Leitkanals der göttlichen Gnade und Kraft, als des Einheitspunktes des Gottes und des Volkes[1], daß die Fürbitte sich um den König sammelt, und daß die göttliche Verheißung erst aus der Gottgefälligkeit des Königs das Glück des Volkes ableitet; in dem Könige segnet Jahwä das Volk — urprimitiv und ursprünglich israelitisch zugleich: in der Person des göttlichen Königs wird das Göttliche dem Volke zu Teil[2].

Die Prozession wird also mit einer Fürbitte für »David« geöffnet:

Gedenke dem David, Jahwä, [zum Guten][3] wie er sich mühte,
ihm, der Jahwä geschworen, gelobt dem Stiere Jakobs:
»Nicht will ich mein Haus betreten, meine Lagerstätte besteigen,
nicht gönne ich Schlaf meinen Augen, [nicht] Schlummer
                                        meinen Lidern,
bis eine Stätte dem Jahwä ich gefunden, eine Wohnung dem
                                        Stiere Jakobs.«

Nun sind die ausgesandten Kundschafter zurückgekehrt mit der Freudenbotschaft: die Lade ist gefunden in dem entlegenen Kirjat-Je'arim:

Sieh wir hörten davon in Ephrata, wir fanden sie auf Ja'ars Gefielden!

Und sofort sind nun König, Priester und das ganze Volk zur Stelle, die Lade hinaufzuführen; der Ortswechsel geht im primitiven Drama schnell von statten; man braucht nicht viele äußere Mittel, um in eine vollkommene Illusion hineingezogen zu werden; es ist eben nicht Illusion, es ist Wirklichkeit. In und mit der Lade ist nun Jahwä in eigener Person in der Mitte seines Volkes. Es ist unsicher, ob man in Israel die Lade als einen Thron, auf dem Jahwä unsichtbar thront, aufgefaßt hat[4], oder ob sie ein Gottesschrein, der ein Bild des Gottes umschloß, gewesen[5]. Auf alle Fälle ist sie ein tragbares Prozessionsheiligtum, zum Transportieren des Gottes bestimmt; sie »symbolisiert« die Nähe Gottes; wo die Lade ist, dort ist auch Jahwä. Auch wenn sie ein Schrein mit einem Gottesbild gewesen,

---

[1] S. mein Buch Kongesalmerne i det gamle testamente, Kr.a 1916, S. 25 ff.
[2] Doppelt erklärlich wird das Hervortreten des Königs, wenn man in Israel die Thronbesteigung des Gottes und des Königs am selben Tage gefeiert hat — wie in Babylonien, siehe 7. f.
[3] Nach LXX.
[4] So Dibelius, Die Lade Jahves, Göttingen 1906.
[5] So neustens Gressmann, Die Lade Jahwes. W. Kohlhammer, Berlin, Stuttgart, Leipzig 1920.

ist es wahrscheinlich, daß der Gott als thronend (»auf den Cheruben sitzend«) dargestellt war[1]. — Gott ist also da! Nun hinauf zu der Stätte, die Jahwä sich erwählt hat! Jubelnd bricht das ganze Volk aus:

> Laßt uns ziehen zu seiner Wohnung, vor den Schemel seiner Füsse
> niederfallen!

Nun geziemt es sich aber nicht, den Thron des Königs der Herrlichkeit so ohne Weiteres zu greifen und davon zu tragen, als wäre er ein profanes Ding; denn auf dem Throne sitzt ja Er selber. Ihm steht es zu, das Zeichen zum Aufbrechen zu geben. Seine Diener haben nur in aller Ehrfurcht ihn daran zu erinnern, daß jetzt alles bereit sei; die Priester, die ihn tragen sollen, stehen schon da, im heiligen Gewande und in der rechten heilbringenden inneren Verfassung der »Gerechtigkeit« »gekleidet«, die Frommen, d. h. das ganze Volk, jubeln ihm schon entgegen. So klingt es denn jetzt nach der Weise des alten Aufbruchsliedes im Lager (Num. 10, 35):

> Brich auf denn, Jahwä, zu deiner Heimat, du und deine machtvolle
> Lade!
> Deine Priester sind in Rechttun gekleidet, deine Frommen jubeln
> [vor Glück][2].

Stillschweigend stimmt Jahwä zu. Die Priester erheben die Lade[3], der Zug setzt sich in Bewegung. — Vor der Lade tanzt der König in

---

[1] Gressmann denkt an ein Stierbild.

[2] Erg. *battōb* nach II Chr. 6, 41.

[3] „Das stark hervortretende Mitwirken der Priester" hier, sowie die Einteilung des Volkes in Priester und Fromme wird von vielen Auslegern als ein Beweis einer späten, sogar einer nachexilischen Abfassung unseren Psalms betrachtet (z. B. Duhm, Buhl[2]). Das beruht doch auf einer merkwürdigen Voreingenommenheit. Das Hervortreten der Priester im Psalm soll angeblich nicht mit II Sam. 6 stimmen, umsomehr aber mit I Chr. 15. In II Sam. 6 wird aber nicht gesagt, wer die Lade trug, weil es selbstverständlich ist. Trug schon zu Sauls Zeit der Priester den Ephod, so erst recht die Lade; nach I Sam. 4, 4 folgen die beiden Priester, die Elisöhne, der Lade — doch wohl als Träger und Aufwärter; sie finden den Tod, als das Palladium genommen wird. Ebenso I Sam. 7,1; II 6,3 f.; wenn Abinadab ein Haus auf der Bama hat, in dem die Lade stand, so ist er eben Priester; dann sind aber auch seine beiden Söhne Uzza und Aḥjo, die die Lade auf den Wagen heben und sie stützen, ebenfalls Priester. Daß man schon in der ersten Zeit des salomonischen Tempels besondere Amtspriester hatte, wird wohl niemand leugnen. Dann besteht aber das Volk, das am Feste teilnimmt, eben aus Priestern und Frommen — aus Priestern die handeln, und aus Frommen, die mittun. Dann ist es aber verständlich,

Priestertracht (II Sam. 6, 5. 14). Um den Gott herum jubelt das ganze Volk, Hohe und Niedrige (II Sam. 6, 5; Ps. 132, 9). Nach 6 Schritten wird Halt gemacht, Opfer werden dargebracht; der König ist selbst Opferpriester (II Sam. 6, 13).

Zum Opfer gehört natürlich das Gebet. Und da der König »Opferherr« (wie die Babylonier sagen[1]) ist, so ist es natürlich, daß das Gebet ein Gebet für den König ist. Auf das Opfer unterwegs bezieht sich daher höchstwahrscheinlich der folgende Abschnitt des Psalms mit dem Gebet:

Um Davids, deines Knechtes willen, weise deinen Gesalbten[2] nicht ab!

---

wenn ein Kultlied, d. h. ein von Priestern verfaßtes Lied, die Priester besonders hervorhebt; nach ihrer eigenen Ansicht sind sie eben die wichtigsten Personen des Festes, ohne die nichts daraus wird; die Priester sind eben die Vermittler des göttlichen Heils — und sind es immer gewesen, sobald man einen regelmäßigen und feierlichen Kult hat. — Daß das ganze Volk ohne Ausnahme „die Frommen" genannt wird, ist eben altertümlich; in der nachexilischen Zeit sind „die Frommen" eine Richtung, in der Makkabäerzeit sogar eine Partei.

[1] *Bêl nikê.*

[2] Es ist einer der allerunglücklichsten Ausflüchte Wellhausens, daß „der Gesalbte" hier — und in Ps. 89 — das Volk und der Ps. daher nachexilisch sei. Die Worte sollen im Munde der Zeitgenossen Davids unmotiviert sein, es sei denn, daß der Gesalbte David selbst sei, was aber auf das vorhergehende „um Davids willen" scheitert (so z. B. Buhl[2]). Die Redenden sind aber hier die Zeitgenossen des jeweilig den David vertretenden Königs; diese Doppelheit liegt eben in dem Wesen des dramatisch-mystischen, die Vergangenheit wiederholenden Kultes; die auftretenden Personen sind eben zur selben Zeit sowohl David und seine Zeitgenossen als sich selbst, der jeweilig regierende König, seine Priester und sein Volk. — Die messianische Deutung, die z. B. Baethgen und Staerk vertreten, ist ebenso unnötig und unberechtigt, wie die von Duhm, Staerk, Buhl[2] u. a. vertretene Ausscheidung des Verses, bezw. der Verse 8—10 als spätere Interpolation. Mit diesen grundlosen Umdeutungen fallen auch jede vermeintliche Notwendigkeit, den Psalm als nachexilisch zu betrachten (Hengstenberg, Ewald, Cheyne, Baethgen, Wellhausen, Duhm, Briggs, Buhl[2], Staerk). Für diese Annahme wird neben dem oben S. 115, N 3 erwähnten Grund zugleich die rein religiöse Gestalt Davids ins Feld geführt: „Davids Bedeutung geht hier darin auf, daß er Zion zur bleibenden Wohnung Jahwä's gemacht hat" (so Buhl[2]); das führe in eine spätere, dem Chronisten verwandte Zeit. Der Psalm ist aber kein geschichtlicher Rückblick, sondern ein religiöses Lied, ein Kultpsalm; der im Kulte auftretende „David" ist eben der David, der den Jahwäkult in Jerusalem gegründet hat, und so wird es wohl auch einigermaßen zu Davids eigener Zeit gewesen sein; es liegt eben in der Natur der Sache. In den religiösen Texten

Auf das Gebet folgt unmittelbar die göttliche Antwort, der Form nach prophetisch, dem Geiste nach mehr priesterlich. Es war eben beim Opferfeste, daß die berufsmäßigen Nebiim ihre Orakel empfingen; hier sehen wir, daß es auch kultische Orakel gab, die »agendarisch gebundene« Stücke einer festen und regelmäßig wiederholten Liturgie waren. Sei es, daß die zu gebende Orakelantwort durch technische Mittel (Urim und Tummim, Opferschau oder dgl.) seinem Sinne nach gewonnen ward, oder daß die Propheten gleichsam frei vom Geiste ergriffen wurden (vgl. Ps. 81 und 85, siehe unten III 1), so war es jedenfalls im Ritual des Festes vorgeschrieben, daß und wie geantwortet werden sollte. Vielleicht stand auch der Wortlaut des Orakels »agendarisch« fest[1]. Auf die Form und den Schein der freien momentanen Inspiration hat man aber Gewicht gelegt; die Regel wird es wohl gewesen, daß man die Form des Orakels der Inspiration des betreffenden amtierenden Priesterpropheten überließ[2]. Der Inhalt desselben ist jedenfalls ein Teil einer festen und regelmäßig wiederholten Liturgie gewesen. — Der Priesterprophet verspricht hier unter Berufung auf die Zusagen, die schon David erhalten haben soll, dem Königshause ewiges Glück, wenn es die Gebote Jahwä's hält, und mit dem Königsglück wird auch das Volk beglückt: seine Nahrung wird gesegnet, seine Armen gesättigt; seine Priester sollen rechte Priester sein, die den Segen, das Heil, von Jahwä richtig vermitteln können; immer werden König und Volk siegreich die Feinde überwinden:

Jahwä hat David geschworen — wahr ist es, nicht nimmt er's zurück:
aus der Frucht deines Leibes will ich (immer) auf deinen Thron
einen setzen.
Und wenn mein Gesetz sie beachten, die Gebote, die ich sie lehre,
dann sitzen auch ihre Söhne immer nach dir auf dem Thron.
Denn Jahwä hat sich Sion erwählt, und dort begehrt er zu wohnen:
Dies ist mein Heim für immer, hier wohn' ich, so hab' ich's begehrt.
Seine Nahrung will reichlich ich segnen, seine Armen sätt'gen mit Brot,
ich kleide in Heil seine Priester, laut werden seine Frommen
aufjauchzen!

sind auch die ägyptischen Könige nichts als Opferpriester und Gottesdiener (Erman, Ägypt. Religion[2], S. 67). — Die Gründung des Jahwäkultes in Jerusalem und die Überführuug der Lade sind eben Davids religiöse Ruhmestaten, und wenn man sich Jahwä gegenüber auf Davids Verdienste berufen will, so beruft man sich eben auf seine besonderen religiösen Verdienste an dem Kulte; denn Religion war Kult.

[1] Darauf könnte die Benutzung desselben Orakels in zwei verschiedenen Psalmen 60 und 108 deuten.

[2] Darauf deutet die Mannigfaltigkeit der im Psalter vorkommenden kultischen Orakel („prophetischen Psalmen").

Ein Horn´laß' ich David hier sprossen, entzünd' meinem Gesalbten
                                        ein Licht;
  seine Feinde kleid' ich in Schmach, doch ihm seine Krone
                                        soll funkeln.

Es ist der Gedanke der Erneuerung des Bundes, den dieser
Psalm vertritt. Unter Berufung auf den mit David geschlossenen Bund
gewährt Jahwä heute wieder aufs Neue dem Königshaus und dem Volke
seinen gnädigen Bund, — denn der Bund ist eine Gabe Gottes, ein Gnaden-
bund. Näheres über die Bundeserneuerung unten III 1 zu Ps. 81. —
    Ein Lied auf dem Wege hinauf zum Tempel ist auch Ps. 84. Daß
er zum Aufzug der Lade gedichtet ist, wird nicht ausdrücklich gesagt;
daß er ein Prozessionslied ist, ist aber klar. Jahwä wird als König ge-
grüßt (V. 4), als die Kraftquelle des Volkes (V. 5. 8); in seinem Tempel, wo
er jetzt anwesend ist, ist alles Glück und alles Heil zu finden (V. 11 f.).
Und wie Ps. 132 enthält der Psalm eine — übrigens wohl später eingelegte [1] — Fürbitte für den König, den Gesalbten Jahwä's und das Schild des
Volkes (9 f.). — Übrigens ist der Psalm — obwohl ein Prozessions-, also ein
Gemeindelied — durch seinen innigen persönlichen Ton ausgezeichnet; der
Dichter hat einen rein persönlichen Eindruck von der Nähe, der Gnade
und der Herrlichkeit Gottes bei diesen Festen gehabt, und sein Ich tritt
mehrfach hervor und hat dem Psalm etwas von dem Ton und dem Stil
der »individuellen« Lieder verliehen. Doch redet der Dichter immer als
Typus der Frommen, in seiner Stimmung vertritt er die Gemeinde; insofern ist in Wirklichkeit die Gemeinde das Subjekt des Psalms. So tritt
denn auch das Wir neben dem Ich hervor (V. 10), und die Stimmungen des
Dichters nehmen die Form des Allgemeingiltigen an; er spricht nicht nur
von sich, sondern in gnomischen, an den Maschalstil anklingenden Sätzen
von dem Tempelbesucher überhaupt. —
    Indessen ist die Prozession in der Nähe des Tempeltores angelangt.
Hier setzt Ps. 24 ein. Auf dem letzten Stück Wege vor dem Tore klingt
ein kurzer Hymnus auf Jahwä, den Weltschöpfer, der jetzt wieder als König
die Welt in Besitz genommen hat:

  Die Erde und ihre Fülle ist Jahwä's, die Welt und ihre Bewohner;
  denn er hat sie auf Fluten gegründet und fest auf Strömen gestellt.

    Nun stehen die Festteilnehmer vor dem Tempeltor. Jetzt erhebt sich
aber die Frage: Sind nun alle Teilnehmer der Prozession würdige Teilnehmer? Sind sie alle »heilig«? Entsprechen sie den Forderungen Jahwä's,

---

[1] V. 11 schließt sich besser an V. 8 als an V. 10 an.

so daß sie seinen Segen empfangen können? Unheilvoll und dem ganzen Volke gefährlich würde es sein, wenn sich unter den Teilnehmern welche befänden, die den Zorn Jahwä's erregen würden, wenn in dieser Stunde der allerheiligsten Bundesschließung ein Unwürdiger und Unreiner dabei wäre. Damit man nun das sicher wisse, wird ausdrücklich nach den Bedingungen gefragt; einer tritt hervor und fragt für das Volk:

> Wer darf steigen hinauf zum Jahwä-Berg, wer darf steh'n an seiner
> heiligen Stätte?

Von dem Tempeltore klingt die feierliche Antwort des priesterlichen Torwächters:

> Wessen Hände und Herz sind rein, wer nicht richtet auf Eitles
> seinen Sinn [1],
> der wird Segen von Jahwä empfahn und sein Recht von dem
> Gott seines Heils.
> So ist das Geschlecht der [Jahwä]sucher, die da fragen nach
> Jakobs Gott [2].

»Eitles« steht hier für für alles Böse und Gottverhaßte: Abgötterei, heimliche Sünde, unmoralisches Handeln; wer nicht äußerlich »lewitisch« unrein ist, wessen »Herz« nicht böse Gedanken hegt, wer überhaupt nicht etwas Böses getan oder geplant hat, der darf kommen. Die Voraussetzung ist klarlich, daß jeder, der sich nicht in Übereinstimmung mit den Forderungen weiß, jetzt »Gott die Ehre geben« und zurücktreten soll, ehe er den Zorn Jahwä's über sich und Israel entladet. Jeder prüfe sich selbst! Γνῶϑι σεαυτόν. — Eine ausführlichere Parallele zu diesem Teil der Liturgie bietet Ps. 15 [3]. — Wenn nun alle rein in weitestem Sinne des Wortes sind, so kann der Zug hineinziehen. Wir bilden ja das Geleit des Königs Jahwä's. Öffnet die Tore dem Könige! Der Chor singt:

> Erhebet, ihr Tore, die Häupter,
> erhebt euch, ihr uralten Pforten,
> daß der herrliche König einziehe!

---

[1] V. 4 b wohl eine metrisch überschüssige Ausfüllung nach Ps. 15.

[2] Lies ðōr⁽ᵉ⁾šê Jahwä und ⁽ᵃ⁾lōhê statt pănächặ.

[3] Ich sehe keinen Grund ein, Ps. 15 für eine nichtkultische Nachahmung der Stilart der Einzugsthora (so Staerk und Kittel) zu halten. Auch ist es nicht richtig, daß hier eine reine akultische, „prophetische" Frömmigkeit redet. Denn daß die Teilnehmer sich äußerlich gereinigt haben, daß wissen die Priester, die solches überwachen; hier wird das Unkontrollierbare ausdrücklich gefordert — das sind aber meistens „ethische" Tugenden.

Es genügt nicht, daß die Türen geöffnet werden, die Tore müssen ihre
Wölbungen erheben, damit die Reckengestalt des Königs einherziehe; in
übermenschlicher Größe thront Jahwä auf — oder in — der Lade[1]. —
Zum Einzug eines Königs gehören aber immer gewisse Formalitäten;
wie vor der Burg des irdischen Königs die Wache keinen hereinziehen
lassen darf, dessen richtigen Namen und Rang sie nicht kennt, so auch
hier. Ist es der rechtmäßige König selber, der da kommt? Daher antwortet die Torwache:

> Wer ist denn der herrliche König?

Und wie ein donnernder Jubelruf folgt die Antwort der Kommenden:

> Jahwä, der starke Held,
> Jahwä, der Held im Streit!

Noch einmal wird das Ganze wiederholt — ein Kunstmittel, die die
Liturgie mit dem Gesang und der Dichtung teilt:

> Erhebet, ihr Tore, die Häupter,
> erhebt euch, ihr uralten Pforten,
> daß der herrliche König einziehe!

Und wiederum die Frage:

> Wer ist er, der herrliche König?

Und nun folgt Jahwä's voller Kultname: vor ihm springen alle Tore auf:

> Jahwä, [der Gott] der Heere;
> Er ist der herrliche König[2].

So zieht der Zug durch die Tore hinein. — —

Inwiefern der oben besprochene Umzug um die Mauer der Stadt (Ps.
48) eine Fortsetzung, bezw. einen ersten Teil der Königsprozession — die
dann auch von dem Tempel ausgehen würde, siehe Ps. 48, 10 — gebildet
habe, können wir nicht entscheiden. Für die Annahme, daß die Lade
gelegentlich in einer Prozession um die Stadt herum getragen wurde,
könnte die Jericholegende sprechen. — —

Der großen Einzugsprozession der Lade sehr ähnlich und doch durch
charakteristische Unterschiede ausgezeichnet ist die in Ps. 118 vorausgesetzte Prozession. Wenn sie auch kaum als mit der alten Königsprozession

---

[1] Dieser Zug ist der Auffassung der Lade als eines Throns günstiger als
der eines Schreins.

[2] Die prinzipiell richtige Deutung dieses Psalms verdanken wir zuerst Gunkel.
Mit ihm ist überhaupt die unentbehrliche künstlerische Phantasie in die
alttestamentliche Wissenschaft eingezogen.

identisch zu betrachten ist, so gehört sie jedenfalls zu einer Kultübung, die in sehr wesentlichen Stücken als eine Nachahmung derselben aufzufassen ist. Wie wir oben S, 92 f. sahen, ist die wahrscheinlichste Annahme die, daß der Psalm uns eine spätere, eine nachexilische Form der alten Hauptprozession des Festes gibt. Wir wollen ihn daher kurz analysieren.

Auch hier ist das eigentliche exegetische Problem: zeitgeschichtlich oder kultisch-liturgisch? Oder genauer: Ist der Psalm als Dankliturgie für ein einmaliges Siegesfest oder für ein regelmäßig sich wiederholendes Kultfest geschrieben? Im ersteren Falle weisen V. 10—13. 18 auf bestimmte geschichtliche Ereignisse aus der Gegenwart des Dichters hin; im letzteren Falle blickt hier das Volk — oder der Kultvertreter des Volkes — auf das Charakteristische seiner ganzen Geschichte vom Anfang bis jetzt zurück. Für die letztere Auffassung entscheiden sowohl die Imperfecta der Nach-sätze als der vollständige Mangel an konkreten Angaben und Hindeutungen. Der ganze Psalm ist von der Allgemeinheit einer stehenden Festliturgie geprägt. — Daß unsere Liturgie zu den Feierlichkeiten des Herbstfestes gehört, zeigt erstens die Tradition, die den Psalm in Verbindung mit der Prozession am 7ten Laubhüttenfesttage setzt; zweitens der Hinweis auf den besonderen Tag Jahwä's, vgl. Nehem. 8, 9, siehe oben S. 83; drittens die Berührungen mit Ex. 15 (V. 14 vgl. Ex. 15, 2; V. 21 ibidem; V. 28 vgl. Ex. 15, 2); viertens der Königsruf Hosianna V. 25.

Inhaltlich ist der Psalm nicht sehr bedeutend, und für den Thron-besteigungsmythus und die Ideen des Festes wirft er nicht viel ab. Das der Gesangtext V. 1—18 auf mehrere Chöre oder Stimmen zu verteilen ist, liegt auf der Hand. Die Verteilung ist aber im Einzelnen nicht mehr durchsichtig. Daß man die ganze Zeit während des Aufzuges zum Tempel allerlei Lobgesänge und Gebete gesungen habe, ist an sich selbstverständlich; schweigend schreitet kein solcher Festzug einher. — Im folgenden ein Versuch, ein einigermaßen anschauliches Bild der Dankprozession zu geben.

Daß das Ich der Liturgie die Gemeinde ist, darf nicht bezweifelt werden. Die Liturgie hat die Form des Dankliedes. Die Introduktion V. 1—4 ist sehr reich und wirkungsvoll. Wir haben uns wohl vorzustellen, daß der Vorsänger durch seine Aufforderung das Zeichen gibt:

Danket Jahwä, der so gütig!

worauf der ganze Chor jubelnd einfällt:

Denn ewig währet seine Huld!

Der Vorsänger:

Es sage Israels [Haus] —

worauf der der Gemeinde vertretende Chor der Lewiten und wohl auch die ganze Gemeinde:

>Denn ewig währet seine Huld!

Der Vorsänger:

>Es sage Ahrons Haus —

und der Chor der teilnehmenden Priester fällt ein:

>Denn ewig währet seine Huld!

Der Vorsänger:

>Es sagen alle die Frommen —

und brausend fallen die beiden Chöre und die ganze Festversammlung ein:

>Denn ewig währet seine Huld!

Nun folgt das Danklied V. 5—18. Ob hier der Vorsänger (Ich) allein im Namen der Gemeinde oder etwa der ganze Chor singt, ist nicht zu sagen; wir wissen eben nicht genug von der Musik der alten Orientalen. Zunächst das Thema des ganzen Dankliedes V. 5:

>Ich rief aus der Not zu Jahwä,
>und er hat mich erhört und befreit.

Ehe er nun zu der Erzählung des Erlebten schreitet, legt er das bekennende Zeugnis vor der Gemeinde, ein stehender Zug der Dankliedes, V. 6—9 ab. Daß es hier, wo die Gemeinde selbst der Dankende ist, eigentlich logisch überflüssig ist, will nicht viel besagen; es ist aus dem Stil des Dankliedes des Einzelnen übernommen — und entspricht trotz aller Logik einem religiösen Trieb; die Gemeinde legt das Bekenntnis vor der Welt, vor Gott ab; sie gibt einfach dem überströmenden Drang zu jubelndem Dank nach. Was der Dankende von Jahwä erfahren hat, das soll alle Welt wissen, ihr zu Frommen, Jahwä zu Ehre.

>für mich — ich fürchte mich nicht — was können mir Menschen
>denn antun!
>Jahwä ist mein Helfer, und ich triumphiere über alle meine Feinde.

>Es ist besser, bei Jahwä sich zu bergen als auf Menschen zu bauen;
>es ist besser bei Jahwä sich zu bergen als auf Fürsten zu bauen.

Nun folgt die Erzählung von dem Erlebten, natürlich in stark stilisierter Form, V. 10—12. Es soll ja die Erfahrung der ganzen Geschichte Gemeinde in ein einziges Bild zusammengepreßt werden. Das Danklied erzählte immer von einer einzelnen Begebenheit. Der Stil verlangte es somit, daß die Erlebnisse der ganzen Geschichte so dargelegt werden sollten, daß sie als eine einzige konkrete Situation aussehen könnten. So schildert denn die Gemeinde, wie sie von allen Völkern umgeben stand; alle rückten sie zum Angriff gegen sie hervor, sie schwärmten um sie wie die Bienen um den sich den Waben Nähernden, sie drohten über sie zusammenzuschlagen, wie der Steppenbrand über den Wanderer. Dann hat sie sie aber mit der Hilfe des Namens Jahwä vernichtet.

> Es umringten mich alle Völker —
>   mit dem Namen Jahwä's ich zerschlug sie;
> sie umringten mich um und um —
>   mit dem Namen Jahwä's ich zerschlug sie.
>
> Sie umringten mich wie die Bienen —
>   [mit dem Namen Jahwä ich zerschlug sie],
> sie flammten[1] wie Feuer in Dornen —
>   mit dem Namen Jahwä's ich zerschlug sie.

Daß hier die Geschichte Israels nach dem »Völkerkampfmythus« stilisiert worden ist, sieht man sofort, siehe II 1 d. — Daß hier die ganze Versammlung das viermal wiederholte »mit dem Namen Jahwä's ich zerschlug sie« mit aufnimmt, ist wohl sehr wahrscheinlich.

In den folgenden Strophen V. 13—18 wird das Resultat dieser Erlebnisse gezogen und als Grundlage der Danksagung ausgesprochen. Weil das Volk also oft hart betroffen worden ist, immer wieder aber die Hilfe Jahwä's erfahren hat, daher kann es jetzt das Fest Jahwä's mit Lobgesang feiern; Jahwä ist seine Kraft gewesen, und aus dieser das Volk beseelenden göttlichen Kraft quillt auch der Lobpreis hervor, Dichtung und Gesang ist göttliche Inspiration; daher erklingen jetzt in den Zelten der Gerechten die Jubelrufe über die — in dem Kommen Jahwä's noch ein mal — erlebte Rettung aus allen drückenden und drohenden Nöten:

> Man stieß mich, daß ich käme zu Fall, doch Jahwä war mein Helfer;
> meine Kraft und mein Gesang ist Jahwä, so ward er meine Rettung.
>
> Horch, Jubel- und Siegesgesang in den Zelten der Gerechten:
> »Die Rechte Jahwä's macht Wunder[2], die Rechte Jahwä's erhöht![3]«

Und noch einmal zieht der Dichter die Summe der Erfahrungen der Gemeinde, diesmal aber durch das teleologische Erkenntnis des göttlichen Zweckes bereichert: eine Züchtigung der Sünden Israels sind die Leiden

---

[1] Lies *ba'arū* statt *dō'chū*. Das *κηριον* der LXX ist doch wohl nur Glosse. Das Metrum und die Symmetrie erfordert die Einsetzung des Kehrverses.

[2] Wörtlich: Kraft(werke).

[3] V. 16 b Dittographie.

gewesen; Jahwä hat die Leiden gebracht und wieder aus ihnen gerettet, damit das Volk seine Taten verherrliche, V. 17 f.:

.Ich soll nicht sterben, sondern leben und die Taten Jahwä's
                                        verkünden;
hart hat Jahwä mich gezüchtigt, doch dem Tode mich nicht
                                        überlassen.

Indessen ist der Zug vor den Toren des Tempels angekommen. Hier spielt sich eine ähnliche dramatische Szene ab, wie wir sie schon aus Ps. 24 kennen. Im Namen der Kommenden bittet der Vorsänger — oder der Chor — um Einlaß:

Tut mir auf die Pforten des Heils,
daß ich einzieh', Jahwä zu danken.

Für Heil steht im Text »Recht«; Recht ist aber so viel als die göttliche Heilswirksamkeit, die den Frommen ihr »Recht«, d. h. Glück und Heil verschafft, bezw. der Zustand des Heils, der durch die besagte göttliche »Rechtfertigung« oder Heilstätigkeit gewirkt wird. Als Gerechte und somit als Heilsberechtigte wissen sich hier die Kommenden. Das wird auch .von den Torwächtern anerkannt. Die Antwort lautet:

Hier ist die Pforte Jahwa's,
durch die die Gerechten geh'n.

Die Tore werden geöffnet, der Zug zieht hinein. Während er nun durch die breiten Gewölbe passiert, wird das folgende kleine Danklied V. 21—24 gesungen, in dem das Volk für die wiederholte Rettung und Hilfe dankt; es schien (manchmal) schier verworfen zu sein, ist aber dennoch der Eckstein des Gebäudes, d. h. der bevorzugte Liebling Jahwä's geworden. Von Jahwä ist das alles gekommen, und wundervoll ist alles was er für das Volk getan, wundervoll die Rettung, die er ihm jedesmal gebracht; und jetzt ist ja wieder der Tag Jahwä's gekommen, der Tag der ihm heilig ist, der Tag, den er geschaffen, da alles wieder von Neuem anfängt, da Israel wieder gerettet und gerecht vor ihm steht, — so wollen wir uns daher freuen und jubeln in Ihm:

Ich danke dir, daß du mich erlöst hast und' daß du meine Rettung
                                        geworden:
der Stein, den die Bauenden verworfen, ist der Eckstein (des Hauses)
                                        geworden.

Von Jahwä ist dies (alles) gekommen — wie wunderbar in unseren
                                        Augen.
Dies der Tag, den Jahwä geschaffen — laßt uns jubeln und jauchzen
                                        in Ihm.

Nun ist der Festzug wohl auf den Tempelhof hineingekommen, und vielleicht sind nun irgendwelche Handlungen und Zeremonien vorgenommen worden. Jedenfalls ist V. 25 als die Bitte der Gemeinde um den göttlichen Segen aufzufassen. Der Tag ist wieder gekommen; ein neues Jahr unter der Herrschaft Jahwä's steht bevor. Natürlich weiß der Glaube, daß es ein Jahr der Gnade sein wird; Jahwä, der jetzt gekommen, ist ja eben zum Segen gekommen; dennoch bittet das Volk um den Segen, wie es sich ziemt. Möge das, was heute im Kommen begriffen ist, dem Volke zum Heil und Glück geraten:

> Jahwä, schaff fürder uns Heil,
> Jahwä, gib fürder uns Glück!

Und der Priester antwortet:

> Sei gesegnet wer kommt, mit dem Namen Jahwä's.
> Wir segnen euch (jetzt) von dem Hause Jahwä's.

Das folgende enthält einige interessante Hindeutungen auf die Kultgebräuche des Festes, auf den Gebrauch der grünen Zweige und auf die Lichter und Fackeln, die für den ersten Festabend charakteristisch waren, s. oben. Wir haben uns wohl die Strophe V. 27 als bei dem Rundgang um den Altar gesungen vorzustellen:

> Jahwä ist Gott, er ist unser Licht.
> Schließet den Reigen mit Zweigen bis zu den Hörnern des Altars!

Zu der Selbstaufforderung in V. 27 b vergleiche man etwa die Lieder der Kinderspiele und -Tänze. — Der kleine Dankhymnus, der den Schluß des Psalms bildet und die Grundstimmung desselben noch einmal zusammenfaßt, ist vielleicht gesungen worden, nachdem der Altar bekränzt worden war:

> Ich danke dir, denn du bist mein Gott,
> meine Gottheit, drum sing ich deinen Preis.
> (Ja) danket Jahwä, der so gütig,
> denn ewig währet seine Huld!

Nach der Mischna folgte nun zuletzt der aharonitische Segen (Num. 6, 24—26), den der Hohepriester mit ausgebreiteten Händen sprach, während das ganze Volk sich zur Erde niederwarf — ein Abschluß des ganzen Festes, der den ganzen Inhalt desselben in wenigen monumentalen Worten zusammenfaßte und der kaum schöner und würdiger gedacht werden kann. — Da diese Segensformel fraglos in recht alter Zeit zurückreicht, so hindert uns nichts an dem Gedanken, daß man auch in vorexilischer Zeit das Herbstfest in ähnlicher Weise abgeschlossen habe — —

Ein lustiges Mahl, das Krönungsmahl Jahwä's folgt nach II
Sam. 6, 18 f.; I Kg. 8, 62—66 auch nach dem großen Aufzug. Bei diesem
Feste war es Sitte, daß der König den Gästen Geschenke von Essen,
Leckerbissen und wohl auch von Wein gab (II Sam. 6, 19). Das Fest ist
eben ein allgemeines Freudenfest. Wir finden diesen Zug in sehr später
Zeit wieder Neh. 8, 10. — Ob dieses »Krönungsmahl« mit dem Dankopfer-
mahl des Herbstfestes identisch gewesen, oder ob man etwa im Laufe der
7 Tage mehrere Opfermahlzeiten gefeiert habe, können wir nicht sagen.

d) Spuren anderer Festspiele?

Wir sind aber noch nicht mit dem Festzuge fertig.

Es gibt Stellen in den von uns als hierher gehörig betrachteten Psalmen, die nicht nur auf den Einzug sich beziehen, sondern auch mit ziem-
licher Sicherheit darauf hindeuten, daß dem Einzug etwas vorausgegangen
sein muß, das den die Grundlage der Königsherrschaft bildenden Sieg
Jawäh's über seine Feinde darstellte — darstellte hier in weitesten
Sinne des Wortes, siehe die Vorbemerkungen zu II 3 c, S. 108, vgl. S. 25 f.

In Ps. 48, 9 heißt es im Anschluß an die oben S. 62 abgedruckten
Verse über das Heranrücken der Könige:

> Wie wir's gehört, so haben wir's gesehen in der Stadt unsres Gottes[1];
> Gott sichert ihr Bestehen auf ewig, [und nie wird sie wanken][2].

Was die Festteilnehmer gesehen, das muß nach dieser Strophe ein
Beweis dafür sein, daß Jahwä die ewige Existenz Jerusalems sichert. Somit ein Tatsachenbeweis für die rettende Tätigkeit Gottes. — Nun könnte
man sich denken, daß dieser Beweis nur in dem Einzug des herrlichen
Königs bestanden habe; aus seiner Nähe folgert der Glaube auf die Sicherheit Jerusalems. So müßte man es in der Tat auslegen, wenn man — wie
ich in der norwegischen Fassung dieses Aufsatzes getan — die Perfekta in
V. 5—7 konzessiv faßt (= gesetzt daß die Könige sich zusammenrotteten usw.)
und folgendermaßen übersetzt: »Und wenn die Könige sich zusammentäten,
so würden sie, als sie die Stadt in Gesicht bekämen, erstarren und vor
Furcht zerstieben« usw. — Immerhin wird man zugeben müssen, daß diese
Deutung dem »so haben wir gesehen« nicht gerecht wird. Das Aufrechterhalten würden sie dann eigentlich nicht gesehen haben, sondern nur im
Glauben erfaßt. Dazu kommt, daß Impf. die eigentliche Form der Konzessiv-

---

[1] „In der Stadt des Jahwä Sebaot" ist Dublette, — wie Jahwä hier im
Elohimpsalter zeigt.
[2] Ein Zweier fehlt; ergänzt nach Ps. 46, 6.

sätze ist. Das Nächstliegende ist ohne jede Frage, die Perf. als Präterita zu deuten, und den machtvollen Sieg Jahwä's über die Könige als das von der Gemeinde Geschaute aufzufassen. — Würde nun aber das nicht entweder auf die zeitgeschichtliche oder die rein eschatologische Deutung hinauslaufen? Das ist nicht möglich. Gegen die erstere spricht, daß eine derartige Katastrophe vor den Mauern Jerusalems nie stattgefunden hat, gegen die letztere, daß es mit keinem Worte angedeutet ist, daß das Lied eine poetische Fiktion darstellt und daß der Dichter sich kraft eines künstlerischen Willensaktes in eine noch nicht gekommene Zeit versetzt habe. — Wenn man aber erkannt hat, daß das eben jetzt aktuelle Wohnen Jahwä's in der Gottesstadt eine mit dem kultischen Einzug Jahwä's in den Tempel erlebte Tatsache und daß somit der Psalm ein Thronbesteigungspsalm ist, so bleibt nur die Deutung auf eine im Kulte des Festes erlebte Tatsache möglich.

Wir werden somit zu der Annahme geführt, daß die oben S. 57 ff. ermittelte Kultlegende bei den Festlichkeiten in irgend einer Weise zur Darstellung gekommen ist.

Zu demselben Ergebnis führt uns Ps. 46. — Hier könnte man mit etwas mehr Recht die Verba in V. 7 konzessiv fassen: mögen die Völker beben, die Nationen wanken, möge Er seine Stimme (zum Strafgericht über die Heiden) erheben, möge die Erde wanken. — Jahwä Sebaoth ist doch mit uns. In V. 4 ist jedoch das Konzessive durch Impf. ausgedrückt, und bei dieser Fassung würde man doch eher das *nā̆ṭan bᵉqōlô* als das erste der koordinierten Glieder des Verses erwarten. Anders wenn man die Perf. als Präterita faßt; dann fügt V. 7 b den Grund des Wankens und Bebens der Reiche ein, und das Rufen Jahwä's steht auf seinem logisch richtigen Platz. Der Auffassung als Präterita entspricht nun die letzte Strophe des Psalms: »Kommt hier und schaut die Taten Jahwä's«. Hier wird nun geschildert, wie Jahwä den Kriegen auf der Erde ein Ende gesetzt hat: er hat die Waffen, nämlich diejenigen der ihn, bezw. seine Stadt, angreifenden »Reiche und Völker« (V. 7) — zerbrochen und sich als der Gott der Erde bewiesen; eben deshalb steht jetzt Jerusalem fest und unnahbar; er ist ja selber darinnen, und wie ein Paradiesstrom fließt von jetzt an sein Segen aus dem Tempel hervor.

Gegen die zeitgeschichtliche und die rein eschatologische Deutung ist hier dasselbe zu sagen wie bei Ps. 48. Der Psalm bezieht sich dann — wenn perfektisch zu übersetzen — auf das Kultspiel. Im Feste konnten die Teilnehmer sehen, wie Jahwä die Waffen der feindlichen Mächte, die gegen Jerusalem heranrückten, zerbrach. Der Psalm fordert zu miterlebendem Betrachten dieser sich jetzt wiederholenden Heilstatsachen auf.

Als Hindeutungen auf den Sieg Jahwä's in den Festspielen seien dann auch Ps. 33 und 76 aufzufassen.

Nun ist zu beachten, daß »Spiel« hier nicht als Drama in modernem technischem Sinne zu verstehen ist. Man braucht sich nur die Frage vor-zulegen: wer habe die »Rolle« Jahwä's »gespielt«, um zu sehen, daß wir es mit einem Drama mit anderen technischen Mitteln als den unsrigen zu tun haben. Der Kampf und der Sieg über die heranrückenden Feinde brauchen nur durch Symbole und symbolisch-mimische Handlungen angedeu-tet worden zu sein. Man vergleiche die »Darstellung« der Geschichte des Logos in dem griechischen Gottesdienste. — Wir dürfen hier vielleicht an symbolische Handlungen etwa wie das Speerwerfen der Arvalpriester in Rom oder Ähnliches denken. Vielleicht hat man Pfeile und Bogen unter Beachtung gewisser rituellen Vorschriften zerbrochen, Schilder verbrannt u. ä. Das Wie kennen wir nicht; wir müssen uns mit der Feststellung des Daß begnügen. —

Für die hier hervorgeführte Annahme lassen sich die Analogien sowohl aus Ägypten als aus Babylonien-Assyrien geltend machen, s. oben I 4 b β. In Assyrien ist der Sieg Ašurs über Tiamat am Feste dramatisch darge-stellt worden, s. S. 32. — Ausdrücklich möchte ich aber noch hier den hypothetischen Charakter unserer Annahmen betonen. Es wäre schließlich möglich, daß das »Schauen« in den beiden hier genannten Psalmen nicht auf etwas mit den leiblichen Augen Geschautes zu beziehen wäre, sondern daß der begeisterte Glaube der Festgenossen so zu sagen im Geiste den Sieg Jahwä's gesehen hätte, während ihre Augen nur das, was nach Glauben und Mythus die Folge des Sieges war: die Thronbesteigung, die Königs-prozession des Gottes, gesehen hätten; aus der Prozession folgere der Glaube auf den vorhergehenden Sieg.

e) Die Prozessionsstraße.

Die Königsprozession hat natürlich ihr Endziel im Palaste des Kö-nigs, hier somit im Tempel Jahwä's. Dorthinauf bewegt sich der feierliche Einzug. Es wird daher auch das Verb ʿālā hinaufsteigen gebraucht (Ps. 47, 6), das Terminus für das Hinaufziehen zum Tempel ist (Ps. 24, 3). Einige der Psalmen sind auf dem Wege gesungen worden (Ps. 24; 95; 100; 132), andere vielleicht nach der Ankunft in dem Tempel (Ps. 48, 10).

Die ᴌade, die das Zentrum der Prozession bildete (Ps. 24; 132; II Sam. 6), muß somit vor dem Feste irgendwo außerhalb des Tempels hinaus-gebracht worden sein. Nach II Sam. 6, 11 f. stand sie vor dem ersten Einzug »im Hause des Obed-Edom«. Nach I Chron. 26, 4 u. a. St. ist Obed-Edom ein

Lewitengeschlecht, und was nun auch »der Gattit« II Sam. 6, 11 bedeuten mag, so braucht jedenfalls diese Stelle jener Angabe nicht zu widerstreiten; denn »Lewit« ist ursprünglich ein Amtsname, kein Stammesname. — Der Gattit Obed-Edom ist höchstwahrscheinlich — wie die übrigen Einzelheiten des Berichtes II Sam. 6 — keine geschichtliche Person, sondern die legendarische Projektion des Lewitengeschlechtes in die Zeit Davids hinauf. Nach dem Zusammenhange stand das Haus Obed-Edoms in Jerusalem, aber außerhalb der Davidsstadt; somit wohl in der Weststadt. In ein dort befindliches Gebäude wurde somit die Lade vor dem Feste gebracht. Hier nahm die Prozession ihren Ausgangspunkt[1]. — Das bestätigt uns Psalm 132, siehe oben.

Zu einer alljährlich wiederholten heiligen Prozession gehört die Prozessionsstraße, die *via sacra*. Die gab es in Rom, in Eleusis, in Athen, in Babylon (zwischen dem Marduktempel und der Schicksalkammer); eine solche hat es auch in Jerusalem gegeben. Sie muß, und zwar wohl von der Weststadt aus, zum Sion, d. h. dem Osthügel, der Davidsburg und dem Tempelberg hinauf geführt haben. — Die Prozessionsstraße wird nach vielen Analogien eine gebaute, gepflasterte Straße gewesen sein; so im alten Babylon. Diese gepflasterte Straße *m°sillā* zum Tempel hinauf ist uns in dem Prozessionspsalm 84 bezeugt. Der Dichter preist in V. 5 f. diejenigen glücklich, die an dem Jahwäkult im Hause Jawä's teilnehmen (*jāšab* nicht buchstäblich, sondern von dem kultischen Besuch, vgl. *gūr* und *šāchan* Ps. 15, 1); das drückt er folgendermaßen aus: »Glücklich der, dessen Kraft in dir, der *m°sillōþ* im Herzen hat«; der Plur. ist nur der amplifikative Plur. des poetischen Stils; *m°sillā*, die gepflasterte Straße, steht hier als *concretum pro abstracto* statt Hinaufziehen, nämlich zum Tempel, *ma°lā*, und so haben LXX richtig das Wort verstanden (ἀναβάσεις); wir können wohl auch in demselben Sinne sagen: glücklich wer den Kirchenweg im Sinne hat, statt Kirchengang. Der Sinn ist also: glücklich wer die Tempelstraße im Gedanken hat, auf der wir jetzt schon hinaufziehen, bezw. hinaufgezogen sind.

Diese nach Sion hinaufführende *m°sillā*, bezw. *m°lōþ*, ist uns auch sonst bezeugt; es ist »der Aufsteig. der zur Davidsburg hinaufführt« Neh. 3, 15; 12, 37, der wieder von Schick und Guthe entdeckt worden ist (ZDPV 1882, 315). Der Aufsteig heißt *hamma°lōþ*, wie die Psalmen bei

---

[1] Eine Erinnerung an dem außerhalb des Tempels befindlichen „Ausgangspunkt" der Prozession dürfte in dem Namen *môṣā* vorliegen, der nach mischnischer Tradition (b. Sukka IV, 5) den Ort unterhalb Jerusalems bezeichnet, an dem die grünen Zweige für das Bekränzen des Altars nach der Prozession gesammelt wurden.

der Prozession die *ma'ᵃlōp*-Lieder genannt werden. Möglich ist, daß Name und Sache in nachexilischer Zeit auf die vom Westen nach dem Tempel über den Käsemachertal hinaufführende Straße übertragen worden sei; jedenfalls spricht die topographische Notiz I Chr. 26, 16. 18 von einer gepflasterten Straße, die hier zum Tempel führt; sie heißt die *mᵉsillā* schlechthin; gepflasterte Straßen gab es wohl eben nicht viele in Jerusalem.

4. Die Stimmung des Festes.

Die beiden Stimmungspole der israelitischen Religion sind die Furcht vor Jahwä und die Freude in Jahwä. Die Furcht ist die normale Haltung des Menschen; die Freude in Jahwä gehört vor allem zum Feste.

Im Feste gibt aber der Mensch sich so wie er ist. Er ist nach dem ganzen Inhalte seiner Religion dabei tätig. Es wäre wenig gesagt, wenn wir sagen würden, daß die Freude die Grundstimmung des Tages sei. Im Fest durchläuft man die ganze Skala der religiösen Gefühle und Stimmungen, soll es wenigstens tun (vgl. Neh. 8, 9 ff.). Denn im Fest soll man die ganze Religion erleben; man kommt als Suchende, mit den Gefühlen und Stimmungen eines Bedürftigen und Suchenden; man geht als solche die gefunden haben, von dem Hochgefühl des Erlebthabens getragen. Man kommt als Hungrige und kehrt wieder gesättigt nach Hause.

So hat auch die Furcht bei dem Feste ihren Platz. Nicht nur die ängstliche Scheu des Sündigen und Schuldigen, des Bedürftigen und Armen. Sondern vor allem das was den Israeliten zunächst in der Gottesfurcht lag: die Ehrfurcht, die das Leben des Menschen bestimmt und ihm seine Handlungen und Unterlassungen vorschreibt. Die Furcht, die eine Frucht der empfangenen Wohltaten Gottes ist, wie es so bezeichnend im Psalm heißt:

bei dir ist Vergebung der Sünden, damit man dich fürchte (Ps. 130, 4).

Hier ist Furcht fast soviel wie Anbetung; in dem Worte Furcht drückt hier der Dichter die ganze Fülle seiner Religion aus: die Angst vor der Sünde, die Dankbarkeit, die Liebe, das Vertrauen zu Gott, die Ehrfurcht vor ihm, dem Heiligen, der sich auch in der Verzeihung und der Gnade als Heilig betätigt, weil Verzeihung eben Entfernung der Sünde und der Unreinheit ist.

Das Fest ist der Anfang des Neuen. Daraus ergibt sich eine Reihe von verschiedenen Stimmungen, die z. T. im Widerspruch miteinander zu stehen scheinen. — Wenn man über das Vergangene zurückschaut, so ist vieles anders gewesen, als man es erhofft hatte. Die Vergangenheit ist an Enttäuschungen reich. Vor allem hat der religiöse Mensch die Erfahrung gemacht, daß die schönsten Hoffnungen, Vorsätze, Verheißungen, manchmal von Sünde und Unreinheit zunichte gemacht worden sind. So ist es denn die Bedingung des Kommens Jahwä's, daß das Volk sich vor ihm reinige. Was wird der Heilige tun, wenn er jetzt zu dem sündigen Volke kommt? So mischen sich bange Ahnungen in die Freude. Denn Jahwä fordert ein heiliges Volk (vgl. Ps. 81). So führt der Weg zu dem neuen »Gnaden- jahr« durch das dunkle Tal der Reue und der Buße. Der Dankpsalm Ps. 65 erinnert zunächst an die Schuld und an die Sündenvergebung.

Mit R e u e muß es anfangen. Denn das Volk ist ein Volk mit un- reinen Lippen und unreinen Herzen, und zu ihm kommt der dreifaltig heilige König (vgl. Jes. 6, 1 ff.). Auf dieser Religionsstufe ist die Reue aus dem Unglück geboren. Gar viele Enttäuschungen hat das Volk in der ver- gangenen Zeit erlebt, unter gar vielen Plagern und Peinigern hat es zu leiden gehabt. Vielleicht haben äußere Feinde geplündert. Im Inneren sind die heimlichen Zauberer immer eine Ursache des Leidens und der Unsicherheit der Einzelnen und dadurch des Volkes gewesen. Beide wer- den in den Gebeten des Tages erwähnt (Ps. 123; 124; 129; ferner Ps. 125; 120; 14). Unglück beweist aber Sünde, Unreinheit. Zum Feste gehört daher die Reinigung, die Sühne als Vorbereitung; an dem Feste dürfen keine Sünder und Frevler teilnehmen. Nur wer reine Hände hat und rei- nes Herzens und reines Wortes ist, darf auf dem heiligen Berge Jahwä's stehen (Ps. 24). So müssen denn die Sünder vor der verzehrenden Flamme des erscheinenden Gottes erschrecken; wer darf bei dem fressenden Feuer bestehen (vgl. Jes. 33, 14). — Wer Reinigung und Sündenvergebung will, muß bereuen und beichten (Ps. 32). Und reumütig bekennt die Gemeinde:

Aus der Tiefe ich[1] rufe dich, Jahwä, erhöre[2] mein Beten,
ach laß deine Ohren doch lauschen meinem brünstigen Flehn!

Wenn du, Jahwä, nicht Sünden vergäbest, o Herr, wer bestünde!
Doch bei dir ist Vergebung der Sünden, auf daß man dich fürchte.

Mit Sehnsucht ich warte [auf] Jahwä[3] und hoffe auf sein Wort,
[es harrt] meine Seele [den Herrn] mehr denn Wächter den Morgen
(Ps. 130).

---

[1] Das Ich bezeichnet hier die Gemeinde — was allerdings nicht den ur- sprünglichen Sinn des Psalms trifft. Die spätere Zeit hat aber viele Ichpsalmen als Gemeindepsalmen verwendet und das Ich auf Israel ge- deutet.

[2] Str. $^a\underline{d}\bar{o}nai$ V. 2, m. c.

[3] $qaww\bar{\imath}\underline{p}\bar{a}$ V. 5 gehört vor $naf\check{s}\bar{\imath}$ V. 6.

Aus der Reue erwächst die Sehnsucht, die Sehnsucht nach Gott. Die bange Sehnsucht, mit der der Sündige den Heiligen erwartet. Denn Israel weiß, daß sein Gott gnädig und barmherzig ist; wenn er kommt, so wird er sich erbarmen; denn die Gemeinde hat sich demütig vor ihm gereinigt, sich auf sein Kommen vorbereitet; sie darf daher hoffen und mit Sehnen die große Ankunft erwarten. Daher heißt es auch:

> So, Israel, harre den Herrn mehr denn Wächter den Morgen,
> denn bei Jahwä ist Gnade und bei ihm ist reiche Erlösung.
> Gewiß, er wird Israel lösen von all seinen Sünden[1] (Ps. 130, 6 c—8).

Reue und Sehnsucht erzeugen Demut. Wunderbar malt Ps. 131 die Demut, die die Begleiterin der Reue ist.

> Ich bin nicht hochfahren, Jahwä, mein Blick ist nicht stolz,
> ich trag nicht vermess'ne Gedanken, die mir zu hoch.

> Nein, ruhig mir ward [meine Seele] und still mein Herz;
> wie das Kind gestillt bei der Mutter[2], so ruht mir mein Herz[3].

Quietistisch ist aber Israels Religion nie gewesen. Auch die Reue drängt vorwärts; die Sündenvergebung hat ihre positive Kehrseite; dessen Sünde vergeben und Schuld getilgt, der darf sich neues Glück und Segen von Gott erbeten. Wer um Sündenvergebung betet, der betet zugleich um Befreiung aus dem Unglück, den Leiden, Rettung vor den Peinigern und Feinden (Ps. 123; 125). Wer etwas begehrt, dessen Herz ist unruhig. Nur selten ist die Stimmung so ruhig, so abgeklärt wie in Ps. 131. Stürmisch sieht das Herz der Ankunft Jahwä's entgegen. Denn diese Ankunft bedeutet Befreiung, Rettung aus allen Nöten, aus jeder Bedrückung, vor allen Feinden. Die stille und demütige Sehnsucht verwandelt sich daher oft genug in stürmisches Verlangen, in leidenschaftliche Gebetrufe. So fängt Ps. 123 ganz leise und gedämpft an, als würde der Dichter sich ermahnen: nur ja nicht ungeduldig, nur warten bis die Stunde des Herrn gekommen:

---

[1] Diese Strophe ist länger als die drei vorhergehenden. Das kommt daher, daß sie erweitert worden ist, damals als der Ichpsalm in einen Gemeindepsalm umgedichtet wurde. Das Ursprüngliche läßt sich leicht wiederherherstellen: man lese „meine Seele" statt „Israel" V. 7 und str. V. 8.

[2] Erg. *libbî* V. 2 a, l. st. *kaggāmūl*[2] (im Anschluß an LXX) *tiggāmîl*.

[3] Auch hier ist ein urprünglicher Ichpsalm auf Israel gedeutet worden, wie der strophisch überschüssige V. 3 verrät.

Zu dir erheb' ich[1] mein Auge, der du thronest im Himmel!
Sieh, wie die Augen der Sklaven auf die Hand ihres Herrn,
[sieh], wie der Sklavin Auge auf die Hand ihrer Herrin —
so schaut unser Auge auf Gott bis er gnädig uns ansieht.

Dann stürmen aber die Gedanken an all den erlittenen Schmach und die Not der Gegenwart auf das Herz des Sängers hinein; sein Herz schwillt, und stürmisch erhebt er sich zu Gott mit leidenschaftlichen Hilferufen — denn jetzt gilt es, sich vor seinen Thron zu drängen, jetzt wo er kommt als König, als Richter, als Helfer:

Sei gnädig, Jahwä, sei gnädig, denn des Spottes sind wir satt,
ja übersatt ist uns die Seele des Hohnes der Stolzen![2]

Das Thronbesteigungsfest ist das Fest der großen Ankunft. Es ist ein Fest, das die Seelen mit den hochfliegendsten Hoffnungen erfüllt — denn was wird nicht alles geschehen, wenn Jahwä, der König kommt! So ist denn auch die Erwartung die tragende Stimmung des Tages. Die Reue, die Demut, die Sehnsucht, alle bereiten sie die Erwartung vor und münden in sie aus, die träumende, die bebende, die hochfliegende, die frohe Erwartung.

Die religiöse Erwartung, wenn sie lebendig, echt und natürlich ist, nicht exaltiert, wie in eschatologisch orientierten Sturm- und Unglückszeiten, gründet sich auf dem Erlebnis, auf der Erfahrung. So auch damals, als das Thronbesteigungsfest Jahwä's eine lebendige Wirklichkeit war. — Schon so oft hat das Volk die gnädige Hilfe Jahwä's in allen Nöten erfahren, schon so oft hat es die Erfüllung seiner Gebete gesehen, schon so oft hat es die Erfahrung des beglückenden, die Seele erfüllenden Kommens Jahwä's bei seinem Feste erlebt, daß das Fest seiner Ankunft es jedesmal aufs Neue mit der freudigen Erwartung zu füllen vermag. Sehr schön wird dieser Zusammenhang zwischen Erlebnis und Erwartung in Ps. 126 ausgedrückt. Nicht minder schön, weil es die aller einfachsten Güter des Lebens sind, die hier der Gegenstand der Erwartung und des Gebets sind: ein gesegnetes Jahr und eine gute und reichliche Ernte. Reizend ist die

---

[1] „Ich" bezeichnet hier die Gemeinde — ursprünglich wohl den Vorsänger. Daß der Psalm ein Gemeindepsalm ist, zeigt das Wir im folgenden. — In der späteren Zeit sind die Formen der Ichpsalmen auf Gemeindepsalmen übertragen worden — ein Zeichen des wachsenden Individualismus. Vgl. den indivualistischen Geist in dem Gemeindepsalm Ps. 90.

[2] Die beiden vorhergehenden Worte sind Varianten. — Vielleicht ist auch dieser Psalm gegen die Zauberer und Dämonen gerichtet („die Stolzen"), siehe Psalmenstudien I S. 71 f., 171; vgl. unten zu Ps. 12 und 14, III 1.

Schlichtheit sowohl der Kultur als der Gesinnung, die aus diesem Psalm
spricht; die einfachsten, natürlichsten Güter genügen, um das ganze äußere
und innere Leben dieses Bauernvolkes auszufüllen. — Zunächst erinnert
der Dichter in tiefer Dankbarkeit an die vielen Erfahrungen der Vergangenheit, auf denen die Erwartung begründet ist[1]:

> Wenn Jahwä Sions Schicksal wandte, uns war's wie ein Traum,
>   da ward unser Mund voll Lachens, unsere Zunge voll Jubel;
>   da sprach man wohl[2]: Großes hat Jahwä an ihnen getan.
> Ja, Großes hat Jahwä an uns getan, drum freuten wir uns.

Was »das Schicksal wenden« bedeutet, haben wir oben gesehen.
Jedesmal, wenn Jahwä seinem Volke das neue Schicksal bestimmt hat, so
ist es, sagt der Psalm, so schön gewesen, daß es ihm wie ein Traum erschienen ist. Daß dies eine Idealisierung in der Hochstimmung des Festes
ist, das ist nur was wir erwarten müssen. — Aus dieser Erfahrung ist nun
die Erwartung einer heute stattfindenden noch schöneren »Schicksalswendung« geboren. Diese Erwartung hat das Gebet inspiriert. Die Voraussetzung der Worte des Gebets ist die allgemeinmenschliche Neigung, das
soeben Vergangene als bleich und minderwertig im Vergleich mit der in
dem Rosenschimmer der Hoffnung verschönerten, jetzt zu erwartenden Zukunft zu betrachten; nur die fernere Vergangenheit idealisiert man. Aus
der Bitte um eine Wendung des Schicksals kann somit nicht auf eine
schlechte Lage der Betenden gefolgert werden, wohl aber zeigt sie, daß
die Hoffnung und die Erwartung alles schöner als die schon erlebte Wirklichkeit strahlen lassen. Also betet die Gemeinde jetzt wo die neue Schicksalswendung bevorsteht:

> So wende, Jahwä, unser Schicksal, gleich Bächen im Südland.
> Mögen die, die mit Tränen sähen, ernten mit Jubel;
> Und wenn sie auch weinend dahingehn, den Samen streuend[3],
> so kehren sie jubelnd nach Hause, die Garben tragend.

Am Erntefest ist es die Zeit, den Segen über die Saat und die Ernte
des jetzt anbrechenden Jahres zu erbeten. Denn nun soll auf jeden Fall

---

[1] Zur Exegese sei bemerkt, daß ich die Imperfekta als Bezeichnung der
wiederholten Erfahrungen der gnädigen Schicksalswendungen der Geschichte
fasse. Die Strophe deutet nicht zunächst auf die Befreiung aus dem Exil
hin; daß aber der Dichter auch an sie gedacht haben könne, ist wohl
möglich — will sagen: wenn der Psalm nachexilisch ist, was wir aber
nicht entscheiden können.

[2] „Unter den Völkern" ist richtige Glosse, metrisch überschüssig.

[3] Lies *mōšĕch*, str. *nōśē* (Wellhausen).

eine »Wendung des Schicksals« stattfinden. Möge daher die Schicksalswendung, die heute bevorsteht, eine glückliche sein. Nicht um die Wendung des Schicksals an sich betet die Gemeinde; die wird auch so jeden
Neujahrstag kommen; sondern darum betet sie, daß Jahwä ihr eine »Schicksalswendung« wie sie die Bäche des Südens darstellen, bescheren möge,
so daß alle Sorgen im Nu in Glück verwandelt werden. Die Sorgen und
die bangen Ahnungen können nicht ausbleiben; wer kann überhaupt bei
dem Klima Palästinas säen ohne »Tränen«, wie der Dichter übertreibend sagt, ohne Unruhe und bange Gedanken? Möge daher Jahwä uns
wie so oft ein gutes Geschick für das kommende Jahr bescheren! — Dann
wird aber die Glaubensgewißheit aus der ahnungsvollen, bebenden und
doch mutigen Erwartung geboren: Gewiß wird er es tun! Denn jetzt
kommt er selber, der Mächtige, der Gnädige! Wir haben es ja so oft
früher erlebt. Wir haben die sichere Erwartung, daß das Schicksal des
Jahres ein gutes werden wird, daß die Säenden einmal mit reicher Ernte
heimkehren werden, und wenn sie mit Tränen die Saat streuten. So geht
denn die Bitte in die Form der festen Gewißheit über; Imperativ V. 4 f.
wird in V. 6 von Impf. — der Form des Tatsächlichen — abgelöst.

Wenn nun Jahwä in seinen Tempel hinaufgezogen ist, so wird die
Erwartung zu der Gewißheit, die die Zukunft schon ihr eigen nennt, die
Hoffnung zu dem Glauben, der dessen gewiß ist, was er nicht sieht. So
löst denn der brausende Jubel und die fast ekstatische Freude
die Spannung ab: laßt uns jauchzen dem Jahwä, der gekommen, ja gekommen, die Erde mit Gerechtigkeit zu richten (vgl. Ps. 96, 12 f.). Er ist gekommen und es wird uns alles geben; drum jauchzen wir ihm!

Stolz triumphiert jetzt das Volk des sich offenbarenden Weltkönigs:
dieser herrliche Gott hat uns erwählt, wir sind sein Volk. Mögen jetzt
alle kommen, die uns feind sind; wer kann jetzt gegen uns sein, wenn
Gott für uns ist! Mögen jetzt die Feinde gegen unsere Stadt heranrücken:
Jahwä wohnt hier, und Er ist unser Schutz! Möge auch das Meer wie
im Uranfang die Erde zum Wanken bringen — Jerusalem steht. Diesem
Gefühl der Sicherheit geben mehrere Psalmen Ausdruck. Vgl. die oben
abgedruckten Ps. 46 und 48 (S. 60 ff.).

Sowohl das Vertrauen auf den göttlichen Schutz gegen alle Feinde als
das Gebet um diesen Schutz drückt auch Ps. 125 sehr schön aus. Jerusalem darf sich ewiger Sicherheit und Unabhängigkeit freuen:

Die da vertrauen auf Jahwä sind wie Sion, das nimmer wankt,
sollen sitzen [wie] Jerusalem (fest), das von Bergen umgeben.
Und rings um sein Volk ist Jahwä von jetzt an bis ewig;
nicht soll ruhen das Szepter der Frevler auf dem Lose der Frommen.

Sehr häufig reden die hierhergehörigen Psalmen von dem unantast-
baren Sion, dem rechten Götterberge im äußersten Norden, der Stadt des
Großkönigs (Ps. 48, 2 f.), der Jahwä selbst eine feste Burg ist (Ps. 46), weil
er dort als König sitzt (Ps. 76, 3). So werden die Jahwähymnen mitunter
geradezu zu Sionshymnen (Ps. 48; 86; 125), Hymnen auf die feste Stadt
(Ps. 122, 3), in der alle Quellen der im Festzuge tanzenden Festteilnehmer
fließen (Ps. 87, 7).

Und wenn es nun einmal in der Wirklichkeit dazu kommen sollte,
daß die Feinde dennoch im Begriffe sein sollten, die Stadt zu nehmen, so
kommt ihr Jahwä im letzten Augenblicke zur Hilfe und rettet sein Volk —
wie damals in der Urzeit, wie damals in der Mythenzeit, von der die
Kultlegende so erbaulich erzählt hat und auf die die Kulthymnen anspielen
(vgl. noch Ps. 124; 129).

Diese gewissermaßen defensive Stimmung ist aber nicht die überwiegende. Das ist sie erst im Laufe der Geschichte geworden. Anfänglich war
Israel ein Volk der frohen Offensive. Es ist in Übereinstimmung sowohl
mit dem Denken als mit den Kultformen eines antiken Volkes, wenn diese
offensive Stimmung sich in dem kultischen Fluchlied gegen die nationalen
Feinde Ausdruck gegeben hat (Ps. 129). Der Fluch ist das Machtwort, kraft
dessen die Macht der Feinde gebrochen wird; das faßt man natürlich in späterer Zeit als eine Tat Gottes auf: Jahwä gibt den Worten des Priesters
seine verheerende Kraft In Ps. 129 wird der Fluch durch einen Hinweis
auf die Leiden, die die Feinde über Israel gebracht haben, die aber dank
der gnädigen Hilfe Jahwä's immer überwunden worden sind, begründet:

> Hart drängten sie mich seit meiner Jugend, soll Israel sagen,
> hart drängten sie mich seit meiner Jugend, doch, sie zwangen
> mich nicht.

> Auf meinem Rücken pflügten die Pflüger die langen Furchen;
> doch Jahwä ist gerecht, er zerhieb der Gottlosen Joch.

Nach der Art der hebräischen Poesie wechseln die Bilder unvermittelt
und jäh; Israel ist sowohl Pflugland als Pflugtier gewesen. Nun folgt der
Fluch: möge es ihnen in allem entgegengesetzt dem gehen, das wir uns
wünschen — die Vorstellungen und Bilder des Herbstfestes stehen hier
im Vordergrunde:

> Beschämt sollen werden und weichen alle Sions Feinde,
> sollen werden wie das Gras auf den Dächern, das verdorrt eh' es schießt,

> mit dem der Schnitter die Hand nicht füllt, noch der Binder den Arm,
> und wo nicht die Wanderer rufen: Jahwä's Segen über euch!

Auch hier die Metabasis eis allo genos im Bilde: das verdorrte Gras auf dem Dache bringt den Dichter auf den Gedanken an den versengten Acker, wo nichts mehr zu ernten ist — möge es unseren Feinden also gehen! —

Das stolze Bewußtsein des Erwähltseins, das in diesen Sionshymnen und Vertrauenspsalmen klingt, beruht auf der Gabe des Festes, dem Erlebnis des wunderbaren, erhebenden Kraftgefühls. Dieses Bewußtsein ist somit nur eine andere Seite des auf dem Erlebnis begründeten Vertrauens. Wie glauben diese Dichter unbedingt an ihren Gott! Er vermag alles und er will alles. Er kann helfen und er will helfen. Er bleibt nicht aus, er ist eine ewige, unversiegbare Kraft- und Lebensquelle für seine Frommen. Er hat von Ewigkeit an gesiegt, und er wird in Ewigkeit siegen. Die Vergangenheit gehört ihm, die Gegenwart gehört ihm, und die Zukunft gehört ihm und keinem anderen. Die Stadt, die er sich erwählt hat, wird in allen Stürmen bestehen, und wenn Himmel und Erde wankten. Sicher und ohne Wanken ruhen diese Dichter in dem Vertrauen, das bei ihnen auf der Erfahrung des Erlebnisses gegründet ist. Sie vertrauen seiner Gnade und vergebenden Barmherzigkeit nicht weniger als seiner furchtbaren und verheerenden Macht; denn Jahwä ist ein vergebender Gott, der nicht über die Sünden der Väter Rache genommen und daher auch ihnen, den Kindern, ihre Sünden verzeihen wird (Ps. 99, 8).

Das Gefühl der Sicherheit und das Vertrauen auf Jahwä beruhen auf dem Bewußtsein, daß man schon früher und jetzt einmal wieder die wunderbarsten Gaben von ihm empfangen hat; man hat seine Güte, seine Huld und seine Gnade erlebt. Das haben sie nicht nur im Krieg, sondern auch im Frieden erlebt. Das erlebt der Bauer jedesmal wenn er eine gesegnete Ernte nach Hause gebracht hat. Wir erinnern uns daran, daß das Königsfest Jahwä's zugleich das Erntedankfest war. Da bringt man Jahwä die Abgaben und Zehnten der Ernte als Dank für seine Huld und seine Gnade während des vergangenen Jahres. Da diese Seite des Festes bekannt genug ist, gehen wir nicht weiter auf ihre Einzelheiten ein. Vgl. S. 95 f. — Dementsprechend ist die freudige Dankbarkeit die vorherrschende Stimmung. Das drückt sich auch in den Psalmen dieses Teils des Festes aus. Hier gehört vor allem Ps. 65, der diesem Gefühl der Dankbarkeit seinen so schönen Ausdruck gibt. Hier gehört auch Ps. 67, aus ähnlicher Stimmung geboren (siehe unten III 3).

Wir drucken den für die alte Religion so charakteristischen Ps. 65 ab. Der Psalm ist ein Erntedanklied, der den Dank der Gemeinde für ein von Anfang bis zum Schluß in jeder Beziehung reichlich gesegnetes Jahr ausspricht. Der Dichter überblickt die Ereignisse des Jahres, von dem seg-

nenden Regen, der den Grund gelegt, bis zum jetzt, wo das ganze Land
in Jubel über den reichen Ertrag steht.

Die Voraussetzung des Psalms ist, daß Jahwä jetzt auf seinem Wagen[1]
gekommen ist (V. 12) und auf Sion thront. Und jetzt wird er von den
Dankhymnen seiner Frommen begrüßt. Diese gebühren ihm, der jetzt
wieder seinem Volke so Großes getan hat, so variiert diesmal in etwas
freierer Weise der Dichter den traditionellen Eingang des Hymnus mit der
Aufforderung zum Lobpreis:

> Es ziemt sich'[2], dich zu preisen, Jahwä auf Sion!
> Vor dir bezahlt man Gelübde, du Erhörer der Gebete!

Der Dank des Erntefestes wird hier als Einfreiung der früheren Gelübde betrachtet; denn natürlich legt beim Sähen jedermann vor Gott
ein Gelübde ab, damit er eine reiche Ernte bekomme; denn viele Gefahren
drohen dem Acker: Dürre, Heuschrecken, Szirocko, Kornbrand; so sucht
man Gott durch Gelübde zu gewinnen. Zu ihm geht man in der drohenden Not; von ihm kommt aber immer wieder die Hilfe, die zu Lobpreis
nötigt. In dem dem Volke widerfahrenen Segen sieht der Dichter einen
Ausschlag der sündenvergebenden Gnade Gottes; es ist dem Israeliten
selbstverständlich, daß die drohende Not ein Zeichen der Sünde der Menschen ist; ebenso verständlich ist es, daß der Segen eine Vergebung der
Sünden in sich schließt. Weil aber die Gemeinde diese Gesinnung kennt,
so kommt sie — »alles Fleisch«, sagt der Dichter pathetisch — immer wieder zu ihm, erhält die Sündenvergebung und als Bestätigung derselben
die »Rechtfertigung«, den Segen, das Heil. So erweitert sich dem Dichter
der Gesichtskreis der ersten Strophe zu dem allgemeineren Gedanken der
zweiten Strophe; zu dir kommen überhaupt alle, die von ihren Sünden
bedrückt und bedroht sind, und du hilfst ihnen:

> Zu dir kommen alle Menschen wenn die Sünden drücken[3],
> wenn die Sünden uns[4] übermannen, so vergibst du uns sie.

Daß der Dichter mit »allen Menschen« eigentlich nur Israel meint,
zeigt die dritte Strophe, die den Gedanken weiterführt und diejenigen
selig preisen, denen ein solches Verhältnis zu Gott beschert ist:

---

[1] Daß der Wagen als Transportmittel bei den Gottesprozessionen auch in
Israel nicht unbekannt war, darf man aus der Sage I Sam. 6, 7 ff. schließen.

[2] Lies *dōmījā̃*, LXX, siehe BHK.

[3] Verb. die beiden ersten Worte in V. 4 mit V. 3; wörtlich: wegen der
Sünden.

[4] Lies mit LXX *mimmännü*.

Wohl denen die du gnädig erlaubt hast in deinen Höfen zu wohnen;
du sättigst uns am Gut deines Hauses, an dem Heiligen deines
Tempels.

Jahwä hat Israel erwählt, damit es immer den Segen seiner sündenvergebenden Gnade genieße; heilig sind alle guten Erzeugnisse des Landes,
insofern sie von der heiligen, aus dem Tempel hervorströmenden Gotteskraft gewirkt werden.

Dieser Gedanke, daß Jahwä sein Volk mit guten Gaben segnet, es
mit der heiligen Segenskraft seines Hauses labt, wird nun im folgenden
weiter ausgeführt: er hat jetzt wieder dasselbe getan, das er immer wieder
getan hat, als er sein Volk mit seinen Wundern aus der Not rettete. Daß
er auch jetzt Sünden vergeben, Gebete erhört hat, das können die Frommen aus dem gesegneten Jahre ersehen, für das sie jetzt ihren Dank
bringen. Daher baut und vertraut auf ihm die ganze weite Welt — wie
immer gehen für die religiöse Begeisterung Israel und Welt ineinander über:

Du erhörtest uns gerecht mit Wundern, Gott unsres Heils,
du, das Vertrauen des Weltalls, (auch) der fernsten 'Gestaden'![1]

»Gerecht« ist es, wenn Jahwä ṣo gegen Israel gehandelt hat; denn so
hat er es bei der Bundesschließung versprochen. Der Blick des Dichters
drängt dann zurück zu den ersten Anfängen, zu dem, das den ersten Grund
des Vertrauens der Gemeinde bildet, zu der ersten grundlegenden, sich immer
wiederholenden Wohltat Jahwä's: die Bändigung des Urmeeres und der
schrecklichen Wesen draußen im Ozean und die Schöpfung der geordneten
Welt, der Wohnungen des Morgens und des Abends, die seitdem alltäglich
seinem Schöpfer zujauchzen. Nach dem Stil der Hymnen fügt er dieses
»hymnische Motiv« in der Form appositioneller Partizipien zu der Erwähnung Gottes in vorhergehender Strophe:

Der du machtvoll die Berge errichtet, gegürtet mit Kraft,
der des Meeres Brausen gedämpft und das Tosen der Wellen[2].

Daß erschraken die Bewohner der Enden ob all deiner Wunder;
die Wohnungen des Morgens und des Abends die machtest [du] jubeln.

»Die Bewohner der (Welt)enden« sind hier kaum die Menschen, sondern die furchtbaren Ungeheuer, die das um die Erde gelagerte Meer

---

[1] Lies *ijjīm*, BHK.

[2] Das „Lärmen der Völker" ist eine das Metrum störende Glosse, die —
nach altisraelitischer Anschauung richtig genug — das Urmeer auch als die
feindliche Völkerwelt deutet (Chaoskampfmythus = Völkerkampfmythus).

bevölkerten, »die Helfer Rahabs«. — Diese Erwähnung der Schöpfung
ist nun keine Abschweifung von dem Thema des Dankliedes. In der jetzt
erlebten reichen Ernte sieht der Dichter eine Wiederholung und Weiter-
führung des Schöpferwerkes: die Erhaltung ist immer fortgesetzte Schöpfung, das ist primitiv und kultreligiös — nicht nur modern — gedacht.
Wie Jahwä damals alle Hinderungen eines geordneten Kosmos besiegte
und beseitigte, so hat er auch jetzt alle feindlichen Mächte, die dem
natürlichen Leben des Wachstums und der Menschen feindlich sein könnten, beseitigt, hat alles Böse und Schädliche, Dürre, Kornbrand und Ähnliches, Frevler, Sünde und Unreinheit, die auch das Land hätten unrein
und den Acker verflucht machen können, aus dem Lande weggescheucht
und wie damals eine paradiesähnliche Fruchtbarkeit des Bodens entstehen
lassen. Damit ist der Psalm zum eigentlichen Danklied gekommen: Wir
danken dir, Jahwä, weil wir wieder einmal deine wunderbare von sünden-
vergebender Gnade zeugende Schöpfertat erlebt haben; indem du das Jahr
deiner guten Gaben (das Jahr deines Wohlwollens) gekrönt hast, bist du
wieder einmal zu uns als Schöpfer des Paradieses gekommen; der wunderbare Gottesstrom fließt wieder durch unser Land, in den Geleisen deines
Wagens sprießen Glück und Segen hervor; wieder einmal haben wir es
erlebt, daß der Erntejubel alle Hügel umbrauste, daß die Triften voll Lämmer und die Täler mit wogendem Korn standen; drum danken wir dir jetzt:

Unser Land hast du besucht und getränkt, es überreich gemacht,
voll Wassers ist der Bach Jahwä's, sein[1] Korn hast du bereitet[2],

du hast reichlich seine Furchen getränkt, seine Schollen erweicht,
mit Regengüssen hast du es gelockert und gesegnet sein Gewächs;

das Jahr deiner Huld hast du gekrönt, denn so hattest du's bestimmt,
deine Wagenspuren triefen von Segen, die Steppenauen triefen;

die Hügel gürten sich mit Jauchzen, stehn mit Lämmern[3] bekleidet,
mit wogendem Korn stehn die Täler, und man jauchzet und singt.

Das Fest steht überhaupt zum größten Teil in dem Zeichen des
Dankes; es ist ein Dankfest. Und nicht nur ein Erntedankfest; es ist
auch als ein Dankfest für all die Gaben und Segnungen, die man im
Laufe der Geschichte von Jahwä empfangen hat und die man im kommenden Jahr wieder zu empfangen hofft. Sehr deutlich tritt das in der von

---

[1] Des Landes, lies $d^e\check{z}\bar{a}n\bar{a}h$, Syr. hex, siehe BHK.
[2] V. 10 b β stelle ich nach V. 12 a.
[3] $ha\d{s}\d{s}\bar{o}n$ ist wohl Glosse zu „Lämmer"

der Tradition zum Herbstfest hingeführten Liturgie Ps. 118 hervor. Nach Stil und Inhalt ist sie als eine große nationale Dankliturgie aufzufassen; einen hervortretenden Platz nimmt in ihr der dankbare Rückblick auf die frühere Geschichte des Volkes, im Lichte des »Völkerkampfmythus« gedeutet, ein, siehe oben. Dasselbe sehen wir in Ps. 124 und Ps. 129. Vgl. auch Ps. 68; Ex. 15. — Ähnliches gilt auch den mythisch-geschichtlichen Dankpsalmen 46; 48; 75; 76; alle die verschiedenen Formen des Thronbesteigungsmythus lassen sich auf die geschichtlichen Erlebnisse applizieren und als Themata einer dankbaren Lobpreisung Jahwä's benutzen; in den zuletzt genannten Psalmen hat man wohl jedesmal eben das Erfreuliche hineingedeutet, das die Gemeinde während der letzten vorhergehenden Zeit erlebt hatte.

Schon die bewundernde Betrachtung der Schöpfung und der Natur erwekt bei diesem Feste des Schöpfers die demütige und doch frohe und zugleich stolze Dankbarkeit in dem empfänglichen Gemüte. Wunderschön sind diese einander scheinbar widersprechenden Gefühle im Ps. 8 ausgedrückt.

Der göttlichen Hilfe in den Erlebnissen der Geschichte gilt der Dank in Ps. 124:

Wenn Jahwä nicht für uns gewesen — so spreche Israel[s Haus] —
wenn Jahwä nicht für uns gewesen, als Menschen sich wider
                                    uns stellten,
dann hätten sie uns lebend verschlungen, so flammte gegen
                                    uns ihre Wut[1],
dann hätten über uns sich ergossen die wild übermutigen Fluten.

Gelobt sei Jahwä, daß er nicht als Raub ihrer Zähne uns ließ,
den Vögelein gleich sind wir frei, aus dem Netze der Vögler
                                    entkommen;
die Falle zerbrach [und das Netz zerriß][2] und wir sind frei;
unsre Hilfe ist der Name Jahwä's, der Himmel und Erde geschaffen.

Vgl. den oben zitierten Dank- und Fluchpsalm 129: »Hart drängten sie mich seit meiner Jugend«.

Die Dankbarkeit wird zur Hingebung und Liebe zu Gott. Denn der Gott des Alten Testamentes ist nicht nur ein Gott, der gefürchtet, sondern auch ein Gott, der geliebt wird. Die Liebe zu Gott hängt in dieser Zeit sehr oft an äußeren Dingen. Sie tritt als Liebe zum Kult, zum Heiligtum, zu der heiligen Stadt Jerusalem, aus der aller Segen hervorströmt, auf.

---

[1] V. 4 wohl eine Dublette zu V. 5 (das Ganze zwei vierzeilige Strophen).
[2] So etwa zu ergänzen.

Sie fließt mit der Liebe zum heiligen Volk zusammen, das in der heiligen Stadt ihre Heimat hat. Sehr schön malt Ps. 122 diese Stimmungen. Der Psalm — auch er von den Stilformen der individuellen Lieder beeinflußt — drückt die Gefühle der in Jerusalem zum Fest zusammenströmenden Gemeinde aus, ist somit nach V. 4 nachdeuteronomisch, wenn auch vorexilisch (siehe IV 3 a). Die Form des Wechselgesangs und des priesterlichen Segens deutet auf kultische Bestimmung des Psalms:

Ich freue mich, wenn man mir sagt: »Laßt uns wallen zum Tempel«.
So stehen denn jetzt unsere Füsse in Jerusalems Toren[1].

O Jerusalem, du festgebaute Burg, deren Volk[2] wohnt zusammen —
wohin die Stämme wallfahrten, die Stämme Jahwä's.

Gesetz für Israel ist es Jahwä dort[3] zu preisen;
denn dort stehn die Thronen errichtet dem Hause Davids.

Die Pflicht, die Feste Jahwä's in Jerusalem zu feiern, wird dadurch begründet, daß dort der Sitz des die Gottheit vertretenden, ihre Verheißungen verbürgenden Königshauses ist, dessen Ahn den Jahwäkult in Jerusalem gegründet hat; denn dort ist — das ist die Voraussetzung — zugleich der Gott; denn der König, der Sohn Gottes, wohnt im Schatten seines Gottes. — Jerusalem ist überhaupt Stolz und Wehr des Volkes; daher fordert im F.g. die Gemeinde zur Fürbitte für Jerusalem auf: mögen diejenigen, deren Beruf und Vorrecht es ist, Segen zu verteilen, den wirksamen Segenspruch über Jerusalem aussprechen.

So betet für Jerusalem um Heil, um Friede ihren Zelten[4]:
Heil herrsche in deinen Mauern und Friede in deinen Burgen.

Und höchstwahrscheinlich antwortet nun der Priester:

Um meiner Brüder und Nächsten willen sprech'[5] ich Heil über dich,
um des Hauses unsres Gottes willen bitt' ich Glück über dich.

Durch den Segensspruch wird Heil und Glück tatsächlich über Stadt und Volk herabbeschworen, der Priester schafft Heil, weil er in Heil gekleidet ist (Ps. 132, 16).

---

[1] Lies ša'arê nach LXX.
[2] Spr. šāḥābrā.
[3] Lies šām leʲahwä.
[4] Lies wešalwā leohålåhå, LXX.
[5] Str. nå.

Der Jubel mit der lärmenden Freude ist recht oft eine wenig tiefgehende Stimmung. Das Fest löst aber auch die tieferen Rührungen der
Seele aus. Es hat auf allen Saiten der Seele der alten Israeliten gespielt,
es hat ihm die höchste Potenzierung der ganzen Wirklichkeit in ihrer
idealsten Gestalt dargeboten.

Weil Jahwä sich bei dem Feste in seiner ganzen Herrlichkeit und
Hoheit, in seiner ganzen Gnade und Güte offenbart und mitteilt, so ist
die Dankbarkeit eine natürliche Gemütsregung derer, die das Kommen und
den Segen Gottes als eine felsenfeste Wirklichkeit erlebt haben. Darüber
ist schon oben geredet worden.

Vertieft und vergeistigt wird die demütige Dankbarkeit Anbetung. Die
vor der Offenbarung, »der Schönheit« des Gottes (vgl. Ps. 27, 4) versunkene,
dankbare und demütige Anbetung ist ein hervortretender Zug des Stim-
mungsbildes des Festes. In heiliger Anbetung, in stiller innerer Ekstase
versunken, kniet Jesaja an diesem Tage auf der Schwelle des Heiligtums —
sieh, da werden seine Augen geöffnet, und er sieht den dreifaltig Heiligen,
den König, Jahwä der Heerscharen auf seinem hohen und ragenden Thron
sitzen (Jes. 6, 1 ff.). Die künstlerische Form der Anbetung ist der Hymnus.
Daher die meisten der Thronbesteigungspsalmen Hymnen sind.

Die Dichter dieser Psalmen sind von der unbedingtesten, der glühend-
sten Begeisterung für ihren Gott erfüllt; von seiner Großheit haben sie
so lebendige Eindrücke erhalten, daß alles andere neben ihm klein erscheint. Seine Herrlichkeit und Majestät reißen sie zu den höchsten Ausdrücken der Sprache hin, und bisweilen prägt sich diese Entzückung in
Worten und Schilderungen der größten dichterischen Schönheit, in Bilder
der intensivsten Kraft aus (Ps. 29; 114). Vor seiner Macht und Größe knien
sie anbetend nieder (Ps. 95, 6; 96, 9; 131). Dankbar erinnern sie sich all
seiner Wohltaten gegen sein Volk in Vergangenheit und Gegenwart; seine
Güte und Gnade und Treue erfüllen sie mit Entzücken (Ps. 98; 99). Die
Anbetung wird gelegentlich von einem Ernste, einem tiefen Gefühl der
eigenen Geringheit geprägt, das sich in aufrichtiges Sündenbewußtsein und
ein bebendes Gefühl des Unverdienten der göttlichen Gnade umsetzen kann
(Ps. 81; 95; 130); und dennoch verzweifeln sie nicht; denn Jahwä ist ein
Gott, der Sünden vergibt (Ps. 130, 4 f.).

Auf dem persönlichen Erlebnis ist dies alles begründet. Daher ist
nichts diesen Dichtern so wirklich wie Gott. Er ist die gewaltigste
Wirklichkeit in ihrem und ihres Volkes Leben. Eine Wirklichkeit, groß
und schön und herrlich wie keine andere. Und wo Gott eine lebendige
und große Wirklichkeit ist, da wachsen diese einander gewissermaßen
entgegengesetzten und doch einander bedingenden Stimmungen empor, die

Anbetung und das Vetrauen. Auf die Wirklichkeit kann man vertrauen; vor
der erhabenen Wirklichkeit kniet der fromm veranlagte Mensch in tiefer
Ehrfurcht, in tiefem Wundern, in heiliger Anbetung nieder.

Aus diesen Voraussetzungen wächst der Monotheismus auf. Wie
Jahwä wirklich ist, so ist er auch einzig. Einzigkeit schließt nicht die
Existenz der anderen aus. So ist denn der Monotheismus zunächst praktischer Art, ist Monolatri. Im Prinzip ist ja der Jahwismus immer monolatrisch gewesen. Der Festmythus des Neujahrsfestes war es aber ursprünglich
nicht, wie oben II 1 a, b gezeigt. So sind auch die ursprünglichen Thronbesteigungslieder wohl sicher was ihre Vorstellungen betrifft polytheistisch
gewesen: Jahwä ist der König der vielen Götter (vgl. Ps. 82; 96, 4; 97, 7).
Und doch sind auch sie in der Praxis monolatrisch: für uns Israeliten kann
nur von dem einen Gott Jahwä die Rede sein; mögen die Völker ihre
Statthaltergötter behalten — unser Gott ist der König selber. So enden
denn die Thronbesteigungspsalmen so nahe dem wirklichen Monotheismus
wie es vor dem monistischen Denken der Griechen möglich gewesen ist.
Wenn es in Ps. 96, 5 heißt:

> Die Götter der Völker sind nichts —
> doch Jahwä hat den Himmel geschaffen —

so ist dies eigentlich als ein Werturteil gemeint; denn wenn es im vorhergehenden heißt:

> Denn groß ist Jahwä und gar preiswürdig,
> ja furchtbar ist er über allen Göttern —

so sieht man, daß es nicht die Absicht des Dichters ist, die Existenz der
anderen Götter zu leugnen; wohl aber leugnet er ihren Wert; sie sind
»Nichtse«, *ælīm*, wie der Hebräer — vielleicht nur Kraft einer Volksety-
mologie — sagt; sie haben nichts von dem, was Jahwä zu dem Gott
schlechthin macht — und ihn allein. Das religiöse Werturteil und das
dichterische Pathos gehen hier zusammen und arbeiten dem theoretischen
Monotheismus vor. — Der Monotheismus dieser Psalmengruppe ist somit
nichts von Deuterojesaja Erlerntes, wie man wohl nach der üblichen Auffassung des Verhältnisses zwischen diesem Propheten und den Psalmen
meistens annimmt — auch dann nicht, wenn mehrere der Ps. 93—100 tatsächlich der nachdeuterojesajanischen Zeit entstammen sollten, was übrigens
meiner Ansicht nach nicht bewiesen werden kann; der Monotheismus liegt
vielmehr in dem Idéenkreise des Festes und des Kultes, aus dem die erwähnten Ps. entsprungen sind; er liegt implicite schon in der Ausschließ-
lichkeit, mit der Jahwä im Feste verehrt wird — und verehrt werden mußte;
er ist ja eben König, weil er die anderen Götter »beschämt« hat und ihre

Nichtigkeit zur Schau gestellt hat, als er allein das tat, was sie nicht tun konnten, vgl. oben II 1 b.

Wir haben oben gesehen, daß jedenfalls in der entwickelteren Form des mit dem Feste verbundenen Idéenkreises eigentlich nur der Anfang all des Herrlichen erlebt wird, was Jahwä bei seiner Thronbesteigung seinem Volke antun wird. In seiner ganzen Fülle wird es sich erst im Laufe des Jahres entfalten. Das Schönste steht noch aus, wird sich aber in Bälde vollziehen. Und wie schön und herrlich wird es nicht werden! Was haben wir jetzt nicht zu erwarten! So kommen wir denn noch einmal auf die Erwartung als das Hauptelement der Stimmung des Festes zurück. Wie zittert nicht eine hochgespannte Erwartung in den Psalmen 126 oder 123, und wie klingen nicht die Orakel der Ps. 75; 81; 132 als Antworten auf die ungeduldigen Fragen der Erwartung. Großes hat Jahwä an uns getan; wir standen wie Träumende. Aber noch Größeres wird er an uns jetzt tun, da er wieder einmal zu uns gekommen ist. Daher warten wir immer noch auf Jahwä, eifriger wie der Wächter auf den Morgen.

KAP. III. DIE KÖNIGSHERRSCHAFT
(DAS REICH) JAHWÄ'S.

Wir wollen in diesem Kapitel die Gedanken und Erwartungen, die sich mit dem Feste verknüpfen, behandeln, besonders insofern sie sich in den Psalmen und Liturgien desselben Ausdruck gegeben haben. Wir werden die Hoffnungen und Erwartungen zu behandeln haben, die sich an die Ankunft Jahwä's schließen und in dem Erlebnis derselben begründet sind, die Gebete der Gemeinde um die Verwirklichung dieser im kultischen Erlebnis schon ergriffenen Erwartungen und die göttlichen Antworten, die der Gemeinde alle die im kultischen Erlebnis schon eingeschlossenen Gaben und Segnungen versprechen. Vieles haben wir schon oben bei der Besprechung des Kultmythus des Festes berührt.

1. Die Gaben.

Die erste und selbstverständliche Folge der Ankunft und der Thronbesteigung Jahwä's ist die Errichtung seiner Königsherrschaft. Es ist ganz einleuchtend, daß die Idée des Reiches Gottes in unmittelbarem Zusammenhang mit der Vorstellung von der Thronbesteigung des Gottes steht, daß sie somit — sagen wir hier vorsichtig — jedenfalls eine stark hervortretende kultische Seite hat und sich im Kulte der alten Nationalreligion Ausdruck gegeben hat. Daß der Zusammenhang ein noch intimerer ist, werden wir im zweiten Teil ersehen.

Es scheint nun immer noch nicht genügend beachtet, jedenfalls nicht damit Ernst genug gemacht, obwohl allgemein eingestanden, daß das Reich Jahwä's ursprünglich nicht eine eschatologische Größe gewesen ist. Eben weil man trotz dieses Erkenntnisses immer wieder bewußt oder unbewußt fast alle Reich-Gottes-Stellen im A. T. unter dem Eindruck der späteren Eschatologie gelesen hat, hat man auch die Thronbesteigungspsalmen eschatologisch deuten können und den nächstliegenden Weg nicht gefunden.

Jahwä ist schon in der Gegenwart der König Israels und ist es schon seit der Bundesschließung gewesen (Dtn. 33,4). Vgl. übrigens S. 39.

Diese Idée ist im alten Israel kein leeres Dogma gewesen. Immer wieder hat man die Tatsache des Reiches, der Königsherrschaft Jahwä's erlebt. Denn jedes Jahr aufs Neue besteigt Jahwä seinen Thron.

Wenn Jahwä seinen Thron besteigt, so errichtet er damit sein Reich. Der Thronbesteigungstag ist der Gründungstag des Reiches Gottes, das Fest ist ein Reich-Gottes-Fest.

Wir haben oben gesehen, auf welche Taten Jahwä das Reich gegründet hatte. Der Glaube an seine Königsherrschaft ist Sache eines religiösen Erlebnisses; der Thronbesteigungsmythus, oder richtiger die vielen Thronbesteigungsmythen, zeigen, wie man sich die Tatsache vorgestellt hat. Dabei haben wir nicht wenige Seiten des Inhaltes des Reich-Gottes-Gedanken berühren müssen. — Wir haben ferner gesehen, wie man in alter Zeit das Fest des Königtums Jahwä's gefeiert hat; auch diese Betrachtung hat uns z. T. tief in den religiösen Gehalt hineinblicken lassen.

Hier soll nun der Inhalt des ursprünglichen Reich-Gottes-Gedanken in seinem Zusammenhang skizziert und die Andeutungen in den vorhergehenden Abschnitten mit einander verbunden werden. — —

In den Vorstellungen, die sich um die Thronbesteigung des Gottes gruppieren, tritt nun das eigentlich Jahwistische im Gegensatz zu den altertümlichen, mehr ex opere operato wirkenden Riten, die wir oben behandelten, deutlich zu Tage. Sie vertreten das »eigentlich Jahwistische«, insofern sie dem dem Jahwismus innewohnenden Trieb, die Transzendenz und die Persönlichkeit der Gottheit immer stärker hervortreten zu lassen, entsprungen sind. Inwiefern das auch »ursprünglich jahwistisch« etwa im Gegensatz zum Kana'anäismus oder auch in dem Sinne, daß es von Mose herstammt, sei, das ist für mich eine müßige Frage, die wir mit unseren Quellen nicht beantworten können. Wir kennen eigentlich nur den Jahwismus desjenigen Israels, das ein Resultat der Mischung der eingewanderten hebräischen Stämme mit den ihnen sicher kulturell überlegenen kana'anäischen Völkern ist. In dieser Mischkultur und -Religion können wir mit größerer oder geringerer Sicherheit gewisse Züge als aus der Kultur und der Denkweise der Beduinen und Halbnomaden stammend erkennen, und wir können beobachten, wie diese allmählich unter dem Einfluß des bäuerlichen Lebens und der städtischen Kultur und Religion geändert und umgebogen werden. Die Frage aber, ob mosaisch oder nicht-mosaisch, sollte lieber nicht gestellt werden; sie ist eigentlich prinzipiell falsch. Mose als religiöse Persönlichkeit ist ein Typus und ein Symbol. In diesem Sinne mosaisch ist alles das, was für den geschichtlichen Jahwismus charakteristisch ist, einerlei ob es aus der Wüste, aus Kana'an oder etwa aus Babylonien stammt. In diesem Sinne ist Mose auch die Autorität

des alten Israel wie des Judentums gewesen; um den geschichtlichen Mose
haben sie sich nicht gekümmert. Einigermaßen sicher Geschichtliches
können wir über Mose nur auf dem Gebiete der Profangeschichte sagen,
in der Religionsgeschichte höchstens nur indirekt, insofern als seine geschichtliche Tat, die Sammlung der Stämme unter der Führung Jahwä's
zwecks Einwanderung in Kana'an, auch eminent wichtige religionsgeschichtliche Folgen gehabt hat.

Das Charakteristische dieses geschichtlichen Jahwismus ist nun die
Transzendenz und die wollende Persönlichkeit Gottes. Wenn Einer das etwa
»prophetisch« nennen will, so meinetwegen gern, um Worte streite ich nicht.
Allerdings finde ich das Wort sehr unglücklich gewählt.

Auf dem uns hier interessierenden Gebiete kommt dieses Jahwistische
besonders darin zum Vorschein, daß die urprimitiven Riten, die die göttliche Kraft mittels ex opere operato wirkenden Handlungen zum Besitz der
Gemeinde machen wollten, mehr zurücktreten; das Fest bedeutet vor allem
das Kommen und das Handeln und das Regieren des persönlichen Gottes.
Und das tritt nun auch im Kulte sehr deutlich zu Tage. Statt der mehr
oder weniger der »Magie« ähnlichen Gebräuche und Riten[1] tritt der Kult
in einer auch uns unmittelbar verständlichen Weise hervor, Kult als Handeln und Gegenhandeln, Rede und Gegenrede von Gott und Gemeinde —
das was die Liturgiker »das Sakramentale und das Sakrifizielle des Kultes« genannt haben. Die Opfer werden immer mehr als direkte Gaben
oder schließlich gar als symbolische Zeichen der inneren Gesinnung aufgefaßt, ja mitunter sogar im Bewußtsein einzelner Kreise von dem Opfer
der schönen Psalmen und Gebete in den Hintergrund gedrängt (Ps. 40;
50; 51; 69). Die priesterlichen Handlungen werden Träger der göttlichen
Segenskräfte, weil Jahwä es so gewollt und verordnet hat. Einen immer
wichtigeren Teil des Kultes nehmen die Bitt- und Dankgebete der Gemeinde einerseits und die priesterlich-prophetischen Antworten im Namen
der Gottheit andererseits ein. Und was ursprünglich die Wirkung der
heiligen Riten war, das wird jetzt Gnadengabe der frei wollenden und
handelnden Gottheit.

Natürlich stehen überall die primitiveren Anschauungen im Hintergrunde, drängen sich überall hervor, kreuzen und färben das »Jahwistische«.
Eine reinliche Scheidung ist nur mittels einer Abstraktion möglich. Israel
hat überhaupt nie den Boden der primitiven Denkweise verlassen; das Israel
der Richterzeit und der ältesten Königszeit ist sogar ein Musterbeispiel
einer einheitlichen und schönen primitiven Kultur. Vor allem ist die schöp-

---

[1] Zum Verhältnis zwischen Religion und „Magie" s. Psalmenst. I, S. 59 ff.

ferische und prototypische Art des Kultes damals völlig klar aufgefaßt
worden. Kult war Erlebnis der Schöpfermacht Gottes. Auf diesem Hintergrunde werden wir nun die Erlebnisse und Gaben des Festes und der
Königsherrschaft im Lichte der dazu gehörigen Liturgien betrachten. — —

Dieser vergeistigende Einfluß des Jahwismus auf die alten Grundgedanken zeigt sich auch auf einem anderen Punkte. Es ist für die Religion Israels — wie für wahre Religion überhaupt — bezeichnend, daß um
dieselben Güter, die als sichere Begleiterscheinungen des Kommens Jahwä's
erhofft werden, auch demütig gebetet wird. Unter den Psalmen des Festes
nehmen die Gebete einen breiten Platz neben den Hymnen und Dankpsalmen ein. Sehr häufig sind Gebete, Verheißungen und Hymnen zu
Liturgien verbunden: am Feste betätigt sich die ganze Religion.

Diese beiden Betrachtungsweisen, von denen die erstere in den Thronbesteigungsmythen und Hymnen, die andere in den Thronbesteigungs-
gebeten vertreten ist, entsprechen überhaupt zwei wichtigen Seiten der
Religion: dem vorwärtsdrängenden Glauben, der schon alles das besitzt, was
sich erfahrungsgemäß erst nach und nach verwirklicht[1], und der Gebets-
stimmung, die aus den Nöten und Erfahrungen des Alltags hervorgeht.

Die Mythen und die Hymnen erzählen, daß wenn Jahwä den Thron besteigt und seine Feinde schon vernichtet, die bedrohte Stadt schon gerettet,
die Götter und die Welt schon gerichtet habe, so ist in und mit seinem
in der Kultprozession erlebten Kommen schon alles geschehen, was Israel
erhofft und erwartet. Die Gebete wissen aber, daß alle diese Dinge sich erst
als Folgen der Thronbesteigung einstellen werden. Die Ereignisse sind
»ideell« schon geschehen, die Dinge sind schon da — wie auch die Zukunft
schon präexistent bei Gott da ist und von den Propheten geschaut und empfunden werden kann; sie sind aber noch nicht »gekommen« (vgl. Hab. 2, 3).
Die praktische Alltagsreligion hofft und bittet, daß alle die schon vorhandenen Segen und Heilstaten sich im Laufe des jetzt inaugurierten »Jahres
des Wohlwollens« verwirklichen, in Erscheinung treten werden.

So wird man, wie oben S. 141 gesagt, die Bekämpfung der Feinde auf
die im Laufe des Jahres zu erhoffende Besiegung der empirischen Feinde
Israels bezogen haben. Jahwä hat schon die Götter gerichtet, und dennoch
betet man, er möge sich jetzt, da er die Erde in Besitz ergriffen habe,
erheben und die Erde richten (Ps. 82). Den im Mythus (Ps. 48) vollzogenen Angriff der Völker auf Jerusalem, das Wanken der Erde, das Brausen
des tosenden Meeres (Ps. 46) wird man — einem häufigen Gebrauche des

---

[1] Vgl. etwa die Haltung des Johannesevangeliums zum Besitz des ewigen
Lebens.

hebräischen Perfekts entsprechend — hypothetisch gedeutet haben: wenn einmal dies geschehen werde, dann wird der jetzt gekommene König den Angriff zurückschlagen, seine Stadt ohne Wanken befestigen.

Die Religion bittet um das, was sie im Glauben schon besitzt. — Auf diesem Punkte hat die von Gunkel, Greßmann u. a. verteidigte eschatologische Deutung eingesetzt, damit aber auch das Selbsterlebte und Lebendige der Religion dieser Psalmen abgestreift und sie zu dogmatischer Dichtung herabgesetzt. — Man sieht aber zugleich, daß diese Auslegung ein Körnchen von Wahrheit in sich birgt; nur hat sie, wie überhaupt die bisherige Psalmenexegese, etwas zu handfest die Psalmen genommen, ohne die nötigen Kentnisse der Kultreligion eines noch im primitiven Denken stehenden Volkes zu besitzen. — —

Mit der Thronbesteigung Jahwä's, seinem Antritt der Königsherrschaft, ist dem Volke alles, was es nötig hat, verbürgt. Aus dieser Quelle fließen ihm jede Kraft und jeder Segen, strömen ihm Leben und Glück zu. Zunächst für das kommende Jahr. Das Verhältnis kann und wird aber immer erneuert werden.

Die Vorstellung von dem Antritt der Königsherrschaft des Gottes ist wohl die besondere gemein-orientalisch-kana'anäische Form des ursprünglichen israelitischen — und wohl gemein-primitiven — Gedankens des im Kulte geschlossenen und erneuerten B u n d e s mit der Gottheit.

Jede Lebensgemeinschaft beruht nach israelitischem Denken auf einem Bunde. Quelle und Kraft und Bürgschaft des Bundes ist die Gottheit. Diese ist in jedem Bunde mit eingeschlossen. Vom religiösen Gesichtspunkte aus ist das ganze Leben als ein Bundesverhältnis mit der Gottheit zu betrachten, ein Bund, der eben im Kulte geschlossen und erneuert wird. Im Kulte werden die einzelnen Mitglieder der Gesellschaft miteinander und wird diese wiederum mit der Gottheit zu einem Bunde vereinigt. Eigentlich sind nur zwei Teilnehmer da; denn die Gesellschaft, die Sippe, die Gemeinde, das Volk, ist eine Einheit, ein Ich, eine Persönlichkeit, in der der Stammvater weiter lebt, und deren einzelne Glieder eben nur als Glieder derselben Existenz und Leben haben. Die ungestörte Einheit, die Harmonie (*šålōm*) dieser »größeren Persönlichkeit«, dieses »Großichs« [1], wird aber im Kulte fester gefügt. — Zweck der kultischen Bundesschließung ist es, den göttlichen Segen, die göttliche Kraft der Gemeinde zufließen zu lassen. Die Nähe der Gottheit, das Lebensverhältnis zur Gottheit wird eben in dem im Kulte erlebten seelischen und körperligen Kraftgefühl empfunden. Die Gottheit teilt sich als Kraft mit. Glück (*šålōm*), Segen und Kraft gibt es überhaupt nur

---

[1] Der Ausdruck stammt von Vilh. Grönbech, aus einem Briefe an den Verf.

innerhalb eines Bundes. Segen ist kein Besitz eines Einzelnen — der iso-
lierte Mensch ist nie gesegn'et, im Gegenteil: er ist verflucht[1] — sondern
immer nur ein gemeinsamer Besitz einer größeren Einheit. Der Segen
ist die gemeinsame Kraftquelle und der gemeinsame Kraftschatz der Gesellschaft. Es ist daher immer notwendig, den Bund, in dem die Gottheit
mit eingeschlossen ist, zu erneuern und zu stärken.

Auf diesem Hintergrunde muß die Ankunft und die Thronbesteigung
Jahwä's gesehen werden. Der neue König schließt mit seinem Volke einen
segenspendenden Bund, voll Kraft des Glücks und des Segens, deren letzte
Quelle er selber ist.

Es liegt in der Tendenz des geschichtlichen Jahwismus, diese Grundgedanken immer mehr einseitig in der transzendenten Richtung auszu-
arbeiten. Die hier skizzierte Grundanschauung braucht nicht notwendig
eine starke Hervorhebung der Persönlichkeit Gottes. Wir finden sie auch
bei primitiven Völkern, deren Götter oder Gottheit ein sehr wenig persönliches Gepräge tragen. Jahwä ist aber überall sehr energisch als Person
aufgefaßt worden, wie übrigens auch die meisten anderen Götter des semitischen Orients[2]. Das wird bei einem Gotte, der nach dem Bilde des allmächtigen orientalischen Großkönigs aufgefaßt wurde, immer mehr der Fall
gewesen sein. Der orientalische König ist der Herrscher, der das tut, was
er will — nur durch die in der Natur des von ihm vertretenen und ver-
körperten Bundes liegenden Sitten und Traditionen, Rechte und Pflichten
beschränkt. In den ureigentlichen primitiven Kulten wird, wie wir sahen, die
»göttliche« Kraft durch die Riten des Kultes einfach gewonnen, genommen,
geschaffen. Das ist im Jahwäkult nicht mehr der Fall, mögen auch einzelne Riten oder sogar wichtige Züge des Kultes auf diese Grundanschauung
zurückgehen. Der König, der am israelitischen Neujahrsfest einen Bund
mit seinem Volke schließt und ihm seine Gaben verleiht, tut das aus freiem
Willen; es ist ein Gnadenakt des persönlichen Gottes, der Kraft und
Wille ist und seinen Segen dem Volk gibt, das er sich erwählt hat.

So wird schon recht früh der Bund eigentlich ein einseitiger Akt des
Gottes, der »den Bund gibt» nā́p̄an oder »befiehlt« siwwā́. Das Volk hat
nur gehorsam zu empfangen, sowohl die Bedingungen als die Verheißungen.

---

[1] Vgl. Kain und Esau. Er ist es, auch wenn keiner den Fluch direkt über
ihn ausgesprochen hat. Denn er hat Fluch in sich — das dürfte die
Grundbedeutung der qātūl-Form bā́rūch, ā́rūr usw. sein, siehe Johannes
Pedersen, Israel I—II, S. 149, N. 2.

[2] Ausnahmen bilden die chthonischen Vegetationsgötter wie Tammuz, deren
Naturgrundlage sehr deutlich ist.

Die auf der Gnade und dem freien Willensbeschlusse Jahwä's beruhende Bewilligung eines Bundes, der trotz der Sünde des Volkes diesem
ganz unverdient gegeben wird, ist, wie wir sahen, die Voraussetzung der
Gottesreden in den Psalmen 132; 81; 95; Jahwä bewilligt hier einen
Bund, wie er es schon am Sinai getan. In Ps. 132 wird von der Bundesschließung ausdrücklich geredet: der Davidsbund wird jetzt wiederholt.
Und mit klaren Worten wird in Ps. 99 die Wiederholung des Sinaibundes,
die Konzentration der ganzen früheren Geschichte des Volkes im Momente
des Festes erwähnt:

> Mose und Ahron sind[1] unter seinen Priestern;
> und Samuel mit denen, die ihn anrufen.
> Sie rufen zu Jahwä, und er antwortet ihnen,
> in der Wolkensäule spricht er zu ihnen.
> Jahwä, unser Gott, du hast sie erhört,
> ein verzeihender Gott bist du ihnen geworden,
> und suchest nicht[2] ihre Taten heim!

Wie damals, so sind jetzt am Feste Mose und Ahron unter den Priestern Jahwä's, der Fürbeter des Volkes ist auch heute ein Samuel. So
darf es hoffen, daß Jahwä sich auch diesmal so gnädig zeigen werde, wie
er es damals tat, daß auch heute der Bund geschlossen werde — spricht ja
schon Jahwä aus der (den Tempel füllenden) Säule der Wolken des Weih-
rauchopfers zu ihnen, wie damals aus der Wolkensäule auf dem Berge Sinai[3].

Liturgien, die direkt auf die jetzt zu vollziehende Bundesschließung
hinweisen, sind Ps. 81 und 95. — Ps. 81 ist durch seine Parallelität zu
Ps. 95 als Thronbesteigungspsalm erwiesen und in der mischnischen Tradition direkt als Neujahrspsalm bezeugt. — An welchem Punkte des Festes
er seinen liturgischen Platz gehabt haben mag, wissen wir nicht. Wir
dürfen vielleicht an den Zeitpunkt denken, als der Festzug hinaufgekom-
men, die Lade auf ihren Platz niedergesetzt ist und die großen Hauptopfer
des Tages dargebracht werden (II Sam. 6, 17; I Kg. 8, 62). Diese Opfer sind
natürlich von Hymnen und Gebeten begleitet. — Wir wollen jetzt den
Psalm unter dieser Voraussetzung analysieren.

---

[1] Die Ptzpp. mit folgenden Impff. müssen präsentisch wiedergeben werden.
[2] Lies *welō nōqēm*.
[3] Die Wolkensäule auf dem Sinai und in der Wüste stammt wohl nicht aus
irgend einem Vulkan, wie Gunkel, Gressmann u. a. wollen; denn Vulkane
gibt es nicht dort, wo der Sinai gesucht werden muß, sondern aus der
kultischen Wolkensäule über dem Altar im Debir, wo Jahwä sich den
Orakelpriestern offenbart.

Die Lade steht schon auf ihrem Platz in dem geheimnisvollen Dunkel des Inneren des Tempels; die Tore stehen offen, die Frommen füllen den Tempelhof, die Andächtigen, die etwas auf dem Herzen haben oder deren Seele die Majestät des herrlichen Königs zu versunkener Anbetung gestimmt hat, knien auf der Schwelle des Hauses[1]; sie sehen die Umrisse der Lade im Dunkel verschwimmen, geheimnisvoll heben sich die Keruben über ihr, duftende Wolken von Weihrauch hüllen die unsichtbare Gestalt des Gottes ein. Der König Jahwä sitzt in seiner Thronhalle und empfängt die Huldigung und die Bittgesuche seiner Untertanen. — Dann setzt der Jubelhymnus ein:

> Jubelt Jahwä, unsrer Stärke, jauchzet dem Gotte Jakobs,
> stimmt an den Gesang, rührt die Pauke, die Zither so hold
> 　　　　　　　　　　　　　samt der Harfe,
> am Mondtage[2] stoßt in das Horn, am Vollmond am Tag' unsres Festes,
> denn für Israel ist das eine Satzung, eine Verordnung des Gottes Jakobs,
> ein Gebot, das er gab in Josef, als er zog aus[3] dem Lande Ägypten.

Das Hornblasen gehört zur Königshuldigung (s. S. 7, 8, 42 f., 82); seitdem Jahwä bei dem Aufzug aus Ägypten seine Königsherrschaft gegründet, hat er ein ewiges Anrecht auf diese Huldigung seitens seines Volkes erworben. Durch den Hinweis auf diese in der Geschichte Israels grundlegende Tatsache wird die Aufforderung zum Lobgesang begründet.

Die letzten Töne des kurzen Hymnus verklingen. Eine Weile andächtigen Schweigens. Dann tritt einer der Priesterpropheten Jahwä's hervor. Wie versunken steht er einen Augenblick da; so klingen seine Worte über die horchenden Scharen hinaus. Zunächst träumend, als horchte er auf überirdische Stimmen:

> Ich höre eine Lippe, die ich nicht kenne.

---

[1] Weiter durfte auch in vorexilischer Zeit der Laie nicht kommen (mit dem Könige und den Großwürdenträgern ist es eine andere Sache); das dürfen wir daraus schließen, daß schon die vorexilische Zeit — denn der Psalm 84 mit der eingelegten Fürbitte für den König ist natürlich vorexilisch — ein Verb. *histōfēf* = auf der Schwelle liegen, synon. *dōr* sich aufhalten, gebildet hat Ps. 84, 11. — An diesem Tage hat wohl auch Jesaja seine große Vision erlebt, während er auf der Schwelle kniet; eben deshalb merkt er wie „die Schwellen" vor dem Gesang der Seraphen beben Jes. 6, 4. Und weil es am Thronbesteigungsfeste geschah, gibt er seiner Vision in folgenden Worten Ausdruck: Den König, Jahwä der Heerscharen haben meine Augen gesehen, Jes. 6, 5.

[2] Siehe oben II 2 b, S. 86 f.

[3] Nach LXX, Hieron.

Wer ist es, der zum Propheten redet, und den nur er hören kann?
Plötzlich weiß er es aber: er ist inspiriert, Jahwä selber redet durch ihn
(vgl. Ps. 85, 9). Der König redet zu seinem Volke und der Prophet ist
sein Mund[1]. Hören wir, was er redet!

Noch einmal ist Jahwä von dem jubelnden Volke als König gehuldigt
worden. Dann hat er aber das Recht, Treue und Gehorsam zu erwarten.
Wie der irdische König, so stellt auch Jahwä bei der Thronbesteigung
seine Forderungen an das Volk. Bedeutungsvoll ist nun die Art und Weise,
auf die Jahwä sich dem Volke offenbart. Alles was gesagt wird, geht
von dem zwar nicht ausgesprochenen, doch aber deutlich vorausgesetzten
Gedanken aus, daß jetzt die Bundesschließung wiederholt, der Bund erneuert
werden soll. Wie wir oben sahen, war das im Ps. 132 fast mit klaren
Worten gesagt. Während aber dort die Bundesschließung als eine Erneuerung des Bundes mit David betrachtet wurde — ein Gedanke der sich aus
der ganzen Situation des Psalms als Aufzugsliedes der Lade und aus der
Rolle, die der König dabei spielte, erklärt — tritt sie hier als eine Erneuerung des Sinaibundes, der ersten Bundesschließung mit dem Volke, auf.

Wie damals am Sinai fängt Jahwä mit der Selbstoffenbarung an, wie
damals stellt er sich als den Gott der früheren Wohltaten, die heute über-
troffen werden sollen, vor: Ich bin der Gott, der dich von Ägypten befreit hat:

Ich nahm von deinem Rücken die Bürde, des Lastkorbs wurden ledig
deine[2] Hände;
als du riefst in der Not, hörte ich dich, aus Donnerwolkenhülle dich
erhörend.

Mit den letzten Worten ist die Rede schon am »Sinai« angelangt;
jetzt steht wieder die Tat von Sinai bevor. Ganz wie wenn Jahwä sich
jetzt zum ersten Male dem Volke offenbarte und ihm seine Forderungen,
seine Bundesbedingungen stellte, so stellt er heute seine Grundforderung
auf. Deutlich ist hier die Voraussetzung: jetzt soll wie damals ein Bund
geschlossen werden; Israel möge daher zunächst hören, was Gott von
ihm fordert:

Merk auf, mein Volk, ich will dich weisen, o Israel, höre auf mich:
keinen anderen Gott sollst du haben und beug' dich nicht
fremden Göttern.

---

[1] Diese Deutung der lange verkannten und sehr mishandelten Stelle verdanke ich Gunkel.

[2] Lies *šichmāchā* und *kappāchā*.

Das ist das Gebot, mit dem alles gesagt ist: nur Einer sei Herr im Lande. Wer Gott ist, der allein darf gebieten. — Und wie damals am Sinai, so hören wir auch jetzt, als wäre es das erste Mal, den Namen des einen Gottes, den Israel verehren soll:

> Ich bin Jahwä, dein Gott, der dich aus Ägypten geführt hat,·
> am Haderwasser prüfte ich dich[1]: Tu auf deinen Mund meinen Gaben.

Ich bin es, der dich damals meine gnädigen Wunder sehen ließ und sehen lassen wollte. Schon in der Aufforderung zum Hören und Sich-weisen-lassen war es leise angedeutet, daß Israel während der vergangenen Zeiten sich manchmal nicht hatte weisen lassen wollen. Und nun erinnert Jahwä es an die Widerspenstigkeit, die Israel schon in der Wüste nach der ersten Bundesschließung gezeigt; der Bund wurde damals durch Israels Sünde und Unfolgsamkeit gebrochen:

> Doch hörte mein Volk nicht auf mich, nein, Israel war mir
> nicht folgsam;
> da gab ich die Verstockten preis, sie folgten dem eigenen Sinne.

Ganz nach der Art und Vorstellungsweise des die Urzeit wiederholen-den Kultes wird hier die ganze dazwischen liegende Zeit überschlagen; die Erneuerung knüpft an die Urbundesschließung an. Indirekt liegt es aber hierin, daß es so jedesmal mit dem Bunde gegangen ist; er ist immer wieder von Israel gebrochen worden. Wie wird es nun diesmal gehen? Soll es auch nicht diesmal besser gehen? O, wenn es doch ge-schähe! Dann wäre für Israel die Zeit des Heils, des ewigen Glückes gekommen. Denn Er, der den Bund und seine Huld darbietet, ist ja der Gott der Macht und der Gnade, der Spender alles Segens:

> O daß doch mein Volk auf mich hörte, daß Israel auf meinen Wegen
> wollt' gehen.
> Bald beugte ich dann seine Feinde und reckte wider sie meine Hand.

Heute darf aber Jahwä hoffen, ein gehorsames Volk zu finden. So geht denn wohl auch der hypothetische Spruch der vorhergehenden Strophe in eine zuversichtlichere Verheißung über, obwohl die an sich mehrdeutigen Verbalformen dieselben bleiben:

> Jahwä's Feinde sollen ihm schmeicheln, ihre Frohnzeit soll ewig dauern,
> ihn sättige[2] ich mit der Kraft des Weizens und speise ihn[3] aus dem
> Felsen mit Honig.

---

[1] Die beiden einfachen Dreier V. 8 b und V. 11 b gehören zusammen (Duhm). Die Gottesrede besteht aus zweizeiligen Strophen.

[2] Lies *we'ōchīlēhū.*

[3] Statt „dich" nach 1 Mns., Syr. (siehe BHK).

Diese göttliche Verheißung bildet den Höhepunkt des Festes. In diesem Jahwäworte hat das Volk alles, was es für das kommende Jahr braucht: es weiß jetzt, daß es seinen starken und reichen und gnädigen Gott in seiner Mitte hat.

Eine Parallele zu dieser Liturgie bildet Ps. 95, dem doch der Schluß wohl fehlt. —

Aus dieser liturgischen Sitte, das Volk über die Forderungen Jahwä's durch Prophetenmund zu belehren, erklärt sich auch Ps. 50 (s. S. 73 f.), im Verhältnis zu dessen »prophetischem« Geist jedoch Ps. 81 viel urwüchsiger und ursprünglicher ist. In Ps. 81 redet der Geist eines noch siegesfrohen Bauernvolkes, das noch eine nationale Existenz hat; in Ps. 50 dagegen eine Gemeinde, eine Religionsgemeinschaft, der die Frage nach dem richtigen Gottesdienste eine Hauptfrage ist. Ps. 50 ist ohne das Exil und den moralisierenden Nomismus nicht verständlich. Im Ps. 81 ist dagegen der praktische Monotheismus das große Ideal; das Hauptgebot ist, keinen anderen Gott als Jahwä zu verehren. Und doch verbietet nichts die Annahme, daß auch Ps. 50 für den Thronbesteigungstag oder dessen spätere Äquivalente gedichtet worden sei. Mit den Thronbesteigungspsalmen hat er die großartige Theophanie und das Kommen Jahwä's gemeinsam (vgl. Ps. 97). —

Im Zeichen der Bundesschließung steht auch das festliche Opfermahl des Herbstfestes, oder das Krönungsmahl, siehe oben S. 126, denn schon ursprünglich war es doch wohl als sakramentale Bundesstiftung, vgl. Ex. 24, gemeint. Durch das gemeinsame Essen treten Jahwä und Israel miteinander in einen Bund hinein, durch den der Segen und die Kraft des »Bundesherrn« in die anderen Teilnehmer im Bunde hineingelegt werden. So wird dem Volke die göttliche Kraft zu Teil; es schließt mit seinem königlichen Gotte eine alles umfassende Lebensgemeinschaft, einen »Friedensbund«, einen auf »Ganzheit« und Glück (šālōm) und Ehre zielenden Bund. —

Durch den Bund fließen den Bundesgenossen Kraft und Segen zu. Wenn der Israelit alles, was den positiven Inhalt des Lebens ausmacht, zusammenfassen will, so tut er das in den Worten Kraft ʿōz und Friede šālōm, vgl. Ps. 29, 11. Er kann dafür auch Segen bᵉrāchā und Gerechtigkeit ṣᵉðāqā sagen, Ps. 24, 5. Der Sinn dieser Worte ist derselbe. Der Unterschied ist hauptsächlich der, daß ʿōz und bᵉrāchā (vgl. die Zusammenstellung »mit Kraft segnen« Ps. 29, 11) mehr die sich in Glück und Heil auswirkende Machtquelle bezeichnen, die beiden anderen Worte dagegen mehr — wenigstens šālōm, während ṣᵉðāqā den beiden ersteren etwas näher steht[1] — die sicht-

---

1 Sᵉðāqā betont mehr die moralische, im Laufe der Zeit immer mehr die individuell-moralische, Sei e der Seelenkraft, während šālōm vielleicht

baren Auswirkungen jener Macht. Weil Kult, wie gesagt, Bund und Bund Kult, eine Sache der Religion, ist, so ʻ es der Hauptzweck des Kultes, die Macht und den Segen zu verschaffen .ʻd zu vermitteln. Das Wort Segen genügt eigentlich dem Hebräer, um überhaupt alles Wünschenswerte, Wertvolle und Gute zusammenzufassen. Eben weil *beràchă* eine die Gesellschaft und die einzelnen Bundesbrüder erfüllende gemeinsame Kraft ist, so kann er dafür ʻ*ōz*, Macht oder Kraft sagen. Mit der Macht, die als Segen wirkt, in Verbindung zu setzen, sie zu steigern, sie in alle einzelne Glieder der Gesellschaft hineinfließen zu lassen, das ist eben der Zweck des Kultes. Diese Machtübertragung und Machtsteigerung war, sahen wir, der Sinn der oben besprochenen Riten des Festes.

Insofern kann man sagen, daß Segen und Macht sowohl der zusammenfassende Ausdruck für die Bundesgaben des göttlichen Königs als Bezeichnungen der ersten und wichtigsten dieser Gaben sind.

Das begreifen wir um so leichter, als die Macht einmal eine Bezeichnung des Göttlichen überhaupt gewesen sein muß; sowohl der Etymologie des Wortes nach als auch für das Bewußtsein des geschichtlichen Israels ist ein *ēl* ein Machtwesen[1]. Die Macht war ursprünglich das im Kulte sich mitteilende oder daselbst errungene Göttliche. Es ist durch den Einfluß des geschichtlichen Jahwismus bedingt, wenn die Macht eine Gabe des persönlichen Gottes neben anderen geworden ist, siehe oben S. 148.

Der ursrprüngliche Zusammenhang wirkt aber auch in geschichtlicher Zeit immer nach. Noch immer wird die Gottheit im Machtgefühl der ekstatisch ergriffenen Teilnehmer des Festes erlebt und empfunden. Im Kulte erlebt der primitive Mensch das sich bis zur Ekstase steigernde Gefühl der Ergriffenheit (siehe oben S. 20); er wird von fast ungeahnten Kräften erfüllt und in Besitz genommen. Er vermag alles in Dem, der ihn stark macht. Dieses Erlebnis — das in allen Stärkegraden vertreten sein kann, von der milden Stimmung des Gerührtseins bis zum wilden Taumel der Ekstase — ist ihm ein Beweis dafür, daß das Göttliche, daß Gott jetzt bei ihm — und in ihm — weilt. Daß man sich noch in recht später Zeit diesen Zusammenhang zwischen der ekstatischen, »von Jahwä stammenden Festfreude« und der Kraft des Volkes bewußt gewesen, zeigen die Worte Ezras Neh. 8, 10 (NB am Neujahrstag!).

---

immer etwas mehr sozial betont ist und noch mehr als *ṣedăqă* das äußere Glück bezeichnet.

[1] Die Etymologie *ēl* = Macht hätte überhaupt nie bezweifelt werden sollen. Das Hebräische hat noch ein Substantiv *ēl* = Macht, Kraft. Nicht immer ist das Naheliegende das Falsche.

So heißt es noch in Ps. 84, 8 von den Kultteilnehmern, daß »sie von Kraft zu Kraft« wandeln[1]. Alles ist aber dem möglich, der die Kraft hat. So heißt es denn ferner im selben Psalm:

Wohl dem, dessen Kraft in dir, mit Tempelgang im Herzen!

Und in Ps. 29, 11 heißt es:

Jahwä wird schenken seinem Volke Kraft,
Jahwä wird segnen sein Volk mit Heil.

Kraft und Heil sind hier Synonymen; wer die Kraft hat, der hat alles Glück, das in dem Worte *šālōm* liegt. — Noch deutlicher tritt der ursprüngliche Zusammenhang in Ps. 149, 9 hervor. Der Psalmist drückt sein ganzes Gottsvertrauen in folgenden Worten aus:

— — — Er ist allen seinen Frommen eine Kraft[2].

---

[1] Nichts beweist so schlagend wie die von Baethgen befürwortete Übersetzung „von Mauer zu Mauer", wie herzlich wenig die Theologen manchmal von primitiver Religion verstanden haben.

[2] Zwar übersetzt man hier meines Wissens ausnahmslos: an den Völkern Rache zu üben usw. — — — das ist allen seinen Frommen eine Ehre. Wie man aber *hū* mit „das" übersetzen kann, ist mir hier völlig unbegreiflich. *Hū* kann hier natürlich nur auf Jahwä gehen; er ist allen seinen Frommen ein *hādār*. Dieses Wort ist ein Synonym zu *kābōd* (Ps. 8, 6); ein zweites Synonym ist *hōd* (Ps. 104, 1; 96, 6; von einem Menschen Ps. 45, 4, vgl. Ps. 8, 6). Alle diese Wörter bezeichnen nun nicht den modernen abstrakten Begriff Ehre, sondern etwas Konkretes, Handgreifbares, nämlich die überirdische Lichtsubstanz, die Jahwä umgibt und so zu sagen den Stoff bildet, aus dem er besteht. Im Grunde bezeichnen sie aber den Inhalt des Wesens, der „Seele", die göttliche (und menschliche) Seelenmacht. Teils stellt man sich den Kabod als eine Kleidung, eine Hülle, die die Gottheit umgibt (Ps. 104, 1) vor, teils hypostatiert man ihn und macht ihn zu einem Diener Jahwä's, der ihm vorauseilt (Ps. 96, 6). Es ist nun diese Lichtsubstanz, die alle die sie sehen, zu Boden strecken: sie ist „heilig" *qādōš*, d. h. unnahbar, „tabu" (Ex. 15, 11; 33, 18. 20). Sie ist somit die beste Waffe Jahwä's und seiner Diener gegen alle Feinde. Der Kabod Jahwä's äußert sich somit in kräftigen Taten; in ihm kommt die Wundermacht Jahwä's zu Erscheinung. So können denn die genannten Synonymen zugleich als Synonymen zu Begriffen wie Macht, Kraft vorkommen; so ist *kābōd* Ps. 29, 1 synon. *ʿōz* (das nie Lobgesang bedeuten kann, wie man aus Ex. 15, 2; Jes. 12, 2; Ps. 118, 14 hat folgern wollen, sondern nur Macht) und in Ps. 29, 4 zu *kōaḥ*; weil die Stimme Jahwä's *kōaḥ* und *hādār* hat, kann sie die Zedern Libanons zerbrechen. Dieselbe Bedeutung „überirdische" Kraft hat auch *hōd*, siehe Jes. 30, 30; Hiob 39, 20. So auch *hādār* hier in Ps. 149, 9.

Der Vers will sagen, woher das Volk die wunderbare Kraft hat, die sich in den in den vorhergehendeu Zeilen erwähnten Großtaten betätigt; jetzt, nachdem es die Nähe Jahwä's im Königseinzuge erlebt hat, hat es die Macht, die ersehnte Rache über die Völker zu nehmen, ihre Könige in eiserne Fesseln zu schlagen und so das »geschriebene Gericht« zu voll-strecken; denn zu diesen Taten ist ihm sein Gott Jahwä eine Kraft.

In dem geschichtlichen Israel ist aber, wie gesagt, die Macht mehr eine freie Gabe des persönlichen Gottes geworden. Sie wird denen zu Teil, die auf Jahwä ihr Vertrauen setzen, alles von ihm erhoffen, sich »nicht zu den Rehabim wenden« (Ps. 40, 5), sondern an den gottgewollten heiligen Übungen und Riten Jahwä's teilnehmen und ihn um Hilfe bitten.

Eben weil Jahwä an die Stelle der unpersönlichen Macht getreten ist, hat man in Ps. 48 kein deutliches Bewußtsein mehr davon, daß die Kraftübertragung der Zweck der Mauerumkreisung ist; jetzt betrachtet man es als den Zweck derselben, die Festteilnehmer davon zu überzeugen, daß die Mauer völlig unversehrt nach dem Kampfe und gefeit gegen alle weitere Versuche ist.

Wenn man nun den Inhalt des neuen Bundes, die einzelnen Bundes-gaben, darstellen soll, so wird man immer auf diese Doppelheit stoßen: das eine Mal werden die Segen als göttliche Gaben, das andere als so zu sagen natürliche Ausflüsse der im Kulte erworbenen göttlichen Kraft aufgefaßt.

Ausdrücklich möchten wir hier noch auf ein anderes aufmerksam machen. Das, was unten als besondere Akte der göttlichen Tat dargestellt werden muß, sind in Wirklichkeit manchmal nur als verschiedene mythische Aus-formungen eines und desselben Gedankens aufzufassen. Neue Schöpfung, Bekämpfung der Feinde, Gericht usw. sind ursprünglich nicht verschiedene Dinge, sie liegen alle ineinander; nur im Mythus, oder vielleicht wohl erst in der Eschatologie sind sie verschiedene Akte eines großen Dramas geworden. —

Die Erfahrung und der Glaube, der sich in der Vorstellung einer Erneuerung des Bundes Ausdruck gegeben, haben sich auch in der Vor-stellung der »Wendung des Schicksals« Form genommen. Sie bezeichnet die ganze, für Israel heilbringende, das Universum umspannende Tätigkeit des neuen Königs. Wie wir oben S. 75 ff. gesehen, geht dieser Ausdruck auf den Gedanken der Schicksalsbestimmung am Neujahr zurück und bezeichnet die Eröffnung einer neuen Schicksalsreihe für das neue Jahr. Diese weltumspannende Schicksalsbestimmung geschieht natürlich — so glaubt der fromme Israelit — zu Gunsten Israels; immer hofft er, daß das Neue, das dem Volke Jahwä's bestimmt wird, besser — oder noch besser — als das

Vergangene sein wird; ihm seien natürlich alle guten Gaben und jegliches Glück als Schicksal bestimmt. So hat der Ausdruck in praxi die Bedeutung: »ein besseres Schicksal bestimmen und geben« erhalten. Psychologisch verständlich genug; denn das Erhoffte ist immer noch viel schöner als das schon Erlebte. Die Wirklichkeit, die nach den Tagen jedes Festes folgt ist im Allgemeinen hart genug; wenn man auf die jüngst verflossenen Tage im Lichte der neu aufdämmernden Hoffnung zurückblickt, so stehn sie wohl manchmal als eine Zeit der Not und der Trauer vor der Seele. So betet denn Israel manchmal mit Tränen um die Wendung des Schicksals. Andererseits sind die längst verstrichenen Tage im Gegensatz zu den jüngst vergangenen in der Erinnerung oft zu einer Zeit des ungetrübten Glücks verklärt worden. Die Bitte kann daher durch den Hinweis darauf motiviert werden, daß Jahwä schon so oft — nämlich in alter Zeit — in so wunderbarer Weise das Schicksal gewendet habe; möge es ihm daher geruhen, heute einmal wieder dieselbe Gnade zu zeigen. Der Ausdruck »das Schicksal wenden« bekommt so geradezu die Bedeutung: wiederherstellen, wieder in den ursprünglichen Stand setzen. — Diesen wechselnden Stimmungen gibt Ps. 126 einen so schönen und ergreifenden Ausdruck (siehe S. 133 ff).

Dieselben Erfahrungen, denselben Glauben und dieselbe Hoffnung drückt nun auch die erste (siebenzeilige) Strophe des Ps. 85 aus. Als Liturgie mit Gebet und prophetischer Antwort steht der Psalm auf einer Linie mit Ps. 132 und Ps. 81, die wir oben analysiert haben. — Zunächst die Berufung auf die früheren Erfahrungen und die Bitte um Erneuerung des seligen Erlebnisses:

> Du bist hold deinem Lande, Jahwä, hast Jakobs Schicksal gewendet,
> deinem Volk die Strafschuld erlassen und all' ihre Sünden verziehen,
> du nimmst all deinen Grimm zurück und stillst deines Zornes Glut
> So stell uns wieder her, unser Heilsgott, laß dein Unmut wider uns
>   fahren!
> Willst du uns denn ewiglich zürnen, deinen Zorn für und für hinziehen?
> Willst du uns nicht wieder beleben, daß dein Volk sich deiner freue?
> Laß uns schauen deine Huld, Jahwä, und verleihe uns dein Heil!

Daß wir uns dieses Gebet bei dem Fest im Tempel gebetet vorzustellen haben, zeigt die Fortsetzung. Genau wie in Ps. 81 tritt einer der inspirierten Kultpropheten — ein Kultprophet ist ex professo inspiriert, wenn die Liturgie es verlangt — hervor und verkündet die göttliche Antwort. Und die lautet dahin: ein Zustand, der nur als paradisisch bezeichnet werden darf, steht bevor. Inhaltlich bezieht sich dieses Orakel auf den Fruchtbarkeitscharakter des Festes. Der Psalm kann mit einem Ausdruck aus der Kultsprache unserer altnordischen Vorfahren »Für Friede und gutes Jahr« überschrieben werden; wie in Ps. 126 besteht die Wendung des Schicksals vor allem darin, daß das kommende Jahr eine gesegnete Ernte gibt. Wie holde Gottesengel, so sagt der Prophet, sollen von jetzt an die hypostasierten Heilseigenschaften Jahwä's mitten unter dem Volke wohnen und wandeln; die ganze göttliche kraftwirkende, heilspendende »Herrlichkeit« wird im Lande wohnen; Jahwä gibt all seinen Segen, und das gesegnete Land gibt seinen reichsten Ertrag; denn Jahwä kommt ja jetzt selber; als Herolde bei seinem königlichen Einzug schreitet »Recht« vor ihm, und »Heil« folgt ihm nach, vielleicht dem jubelnden Volke die Geschenke des Königs zuwerfend. Der Prophet spricht:

Ich will lauschen was Gott durch mich[1] redet: Jahwä, ja er redet
vom Heil,
zu seinem Volke und seinen Getreuen, zu denen, die das Herz zu
ihm wenden[2].
Ja, nah' ist seine Hilfe seinen Frommen, daß die »Herrlichkeit« wohn'
in unsrem Lande;
Güte und Treue begegnen sich, Gerechtigkeit und Heil sich treffen,
aus der Erde sproßt Treue hervor, und Recht schaut vom Himmel
herab,
Jahwä gibt selbst alles Gute, unser Land gibt seinen Ertrag;
vor ihm schreitet »Recht« einher und »Heil«[3] auf dem Wege seiner
Schritte.

»Also: Heil und Gnade — hier und da, oben und unten und überall. So werden die Trauernden Sions getröstet«[4].

In der Gebetsliturgie Ps. 14 = Ps. 53 ist es die Befreiung von Zauberern und anderen Feinden, die als Wendung des Schicksals betrachtet wird, siehe unten. —

Infolge der neuen Schicksalsbestimmung fängt mit dem Tage der Ankunft Jahwä's als König ein »Jahr des Wohlwollens« an, Ps. 65, 12. Das ist jedesmal lebendiger Glaube gewesen. Was dann geschehen wird, das malt man sich jedesmal mit Hilfe der Thronbesteigungsmythen unter Bezugnahme auf die jeweilige Situation und die jeweiligen Nöte und Bedürfnisse aus, bald wohl so, bald so. Es ist aber für die israelitische Kultur bezeichnend, daß man den Ausdruck, wie auch den Ausdruck »das

---

[1] LXX + *bī*.

[2] Lies V. 9 *we͑ăl jāšîbū ălăw libbām* (Baethgen, Duhm nach LXX).

[3] V. 14 lies *we͑šālōm* (Dyserinck).

[4] Nach Gunkel, Ausgewählte Psalmen[4], S. 118.

Schicksal wenden« mit Vorliebe auf die erhoffte Ernte bezogen zu haben
scheint, wie aus Ps. 65 zu ersehen[1]. —

Nach dem Mythus und dem ursprünglichen Grundgedanken des Kultes
bedeutet dies neue Jahr der Gnade nichts geringeres als eine neue
Schöpfung. Das ist wohl im allgemeinen als eine Neuordnung
aller Verhältnisse aufgefaßt worden. Wie ernst man es aber noch in
später Zeit mit dem Gedanken der Neuschöpfung im buchstäblichen Sinne
nahm, zeigt eine — eschatologisch umgebogene — wohl kaum vom Propheten selber direkt verstandene Stelle bei Deuterojesaja. Jahwä legt seine
Worte in den Mund des Propheten, damit dieser als göttlicher Willens-
vollstrecker »den Himmel ausspanne und die Erde befestige und zu Sion
sage: Du bist mein Volk« (Jes. 51, 16); wenn Jahwä jetzt kommt um
Sion zu befreien und die neue Zeit zu bringen, so schafft er zur selben Zeit (wieder) — durch den Mund des Propheten — den Himmel und
die Erde[2].

Die Alten sind nun keine Systematiker gewesen; der Mythus ist überhaupt nicht Systematik, ehe er nicht von den Theologen in Metaphysik und
Dogmatik verwandelt worden ist. So haben die Alten auch nicht aus der
Tatsache der (kultischen) Neuschöpfung auf einen vorhergehenden (kosmischen) Untergang der Welt gefolgert; das ist den Späteren vorbehalten
geblieben. Die Neuschöpfung im Kulte bedeutet eine Neubelebung durch
eine Einflößung neuer Kräfte, die durch den Kult in irgend einer Weise
hergestellt oder herbeigebracht werden. Sie ist eine wunderbare, schöpferische Verwandlung des Altgewordenen, Heruntergekommenen. — Eine
Analogie bildet die Vorstellung von dem Jungwerden des Altgewordenen;
das Alte, Abgenutzte wird durch ein schöpferisches Wunder Gottes verwandelt, und wieder jung, siehe Ps. 103, 5; Jes. 40, 31, vgl. den Namen der
Wunderpflanze im Gilgameschepos: »Als Greis wird der Mensch wieder
jung«, Gilg. XI 298.

Nach primitiver Anschauung hat nichts an sich einen ewigen Bestand.
Wir sahen oben, daß in mehreren Religionen sogar das Leben und die
Lebenskraft der Götter von Zeit zu Zeit erneuert werden mußte. Auch die

---

1 Abgesehen von der eschatologischen Stelle Jes. 61, 2, wo statt $š^e naþ\ \bar{to}b\bar{a}$
das sachliche identische $š^e naþ\ r\bar{a}ṣ\bar{o}n$ steht (siehe II. Teil), kommt das ebenfalls sachlich identische $^ceþ\ r\bar{a}ṣ\bar{o}n$ Ps. 69, 14 vor, anscheinend in übertragenem Sinne von der kultischen Zeit, zu der es Jahwä gefällt, den
kranken und leidenden Beter zu erhören; der Text des Verses ist aber
so entstellt, daß sichere Schlüsse nicht möglich sind.

2 Der Sinn würde ganz derselbe sein, auch wenn man Jahwä und nicht
den Propheten als das Subjekt der Infinitive auffassen wollte.

Welt wird alt und schwach und muß sterben, ja stirbt tatsächlich, wenn sie nicht erneuert wird. Das ersieht man ja eben am Leben der Natur. Jeden Herbst stirbt die Welt — und viele Religionen fügen konsequenter Weise hinzu: und die Götter. Wenn die Sonne im Laufe des Sommers und des Herbstes alles zur Reife gebracht und dann verbrannt hat, wenn das Gereifte geerntet ist und nur das Verbrannte übrig steht, so ist die Erde, die Welt des Israeliten, für dies Mal tot; ihre Kräfte sind für dies Mal verbraucht; sie ist wie ein lange getragenes und zerlumptes Kleid geworden. Die Sache ist somit nicht mit der ersten uranfänglichen Schöpfung getan. Die Welt muß wieder geschaffen werden; neue belebende Kräfte müssen ihr wieder eingeflößt werden. Das ist in der primitiven Religion eben Sache des Kultes. Durch den Kult wird die Welt wieder geschaffen. Wenn die Welt alt und zerfallen geworden ist, so kommt der Schöpfer und König Jahwä im Fest und schafft sie wieder neu, flößt ihr neue Kräfte ein. Sehr klar drückt Ps. 102, 25—28 diesen Grundgedanken der primitiven Weltanschauung aus:

Vordem hast du die Erde gegründet, der Himmel ist das Werk
                                  deiner Hände;
sie vergehen, doch du bleibst, ja sie alle zerfallen wie ein Kleid,
du wechselst sie und sie werden gewechselt wie ein Kleid, —
                      du bleibst derselbe, ohn' Ende deine Jahre.

Von einem katastrophalen Weltuntergange steht hier nichts, nur von dem immer sich wiederholenden Altwerden und »Vergehen« der Welt redet der Dichter.

Neubelebung ist Neuordnung dessen, was heruntergekommen ist. Das ist natürlich eine Neuordnung der natürlichen, politischen und sozialen Verhältnisse im Sinne der Ideale und Wünsche Israels. Das Ideale ist aber das, was im Anfang war. Neuschöpfung ist Rückkehr zu den anfänglichen Zuständen. Das erwartet man sich alljährlich, wenn Jahwä im Feste kommt.— Zwar wird in unseren Texten nicht von einem Wiederkommen des Paradieses geredet. In den Schilderungen der wunderbaren Fruchtbarkeit, die die prophetischen Verheißungen des Tages geben, klingen doch vielleicht ähnliche Vorstellungen hindurch. So vielleicht Ps. 81, 17, wo das Sättigen mit Honig an die Götterspeise Milch und Honig erinnert. Und wenn in Ps. 121, 6 von einer Änderung der Natur, so daß Sonne und Mond nicht schädigen können, geredet wird, so liegt wohl die Paradiesvorstellung im Hintergrunde.

Mehr direkt von der Rückkehr der paradiesischen Zustände reden die Aussagen über Jerusalem, die Gottesstadt. Wenn von jetzt an Jahwä mitten in ihren Palästen wohnen soll, so ist sie damit die mythische Gottes-

wohnung auf dem Götterberge im äußersten Norden geworden (Ps. 48, 2 f.).
Paradies ist aber ursprünglich Göttergarten, Götterwohnung. Und wie das
Paradies von einem wunderbaren Fluß mit vielen Armen gewässert wurde
(Gen. 2, 10 f.), so freuen von jetzt an ein heiliger Fluß und seine Arme
die Gottesstadt Jerusalem (Ps. 46, 5) — eine Vorstellung, die wohl im allgemeinen bildlich gedeutet und auf den vom Tempel strömenden Segen
bezogen wurde. Den segenspendenden Gottesstrom finden wir auch im
Erntedankpsalm 65, der so viele Berührungen mit dem Ideenkreise des
Thronbesteigungsfestes aufweist. Das Land ist wieder wie ein Paradies
gesegnet worden, weil »der Strom Gottes mit Wasser gefüllt ist«, sein
Wunderstrom hat das Land, ja sogar die Steppe verwandelt. Das wird
in Beziehung zur Weltschöpfung gesetzt. Der Gott, der diese schuf, hat
auch jetzt ein Paradies hervorgebracht. —

Im Anfang herrschte nach dem Mythus auch der allgemeine F r i e d e
— das Lebensideal Israels prägt sich in den Urzeitsmythen aus. Dieses
Ideal des mehr passiv und negativ aufgefaßten Friedens ist zwar nicht
echt altisraelitisch; den Einwanderern und den Israeliten der Richterzeit war
der Krieg an sich kein Unglück; auch im Krieg konnte der »Friede«, šālōm
behauptet werden. Im Laufe der Zeit ist aber der Inhalt des Begriffes šālōm
mehr in der Richtung unseren »Friedens« entwickelt worden. Zum vollen
Glück (šālōm) gehört jetzt auch, daß es keinen Krieg mehr gibt. Das Ideal
verlangt jetzt, daß, um dieses Ziel zu erreichen, alle Völker ein für alle
Mal niedergeschlagen, die Waffen endgiltig vernichtet werden; so erst kann
Israel hoffen, ungestört zu bleiben.

Bei seinem Kommen als König errichtet nun Jahwä ein solches Reich
des Friedens (Ps. 46, 9—12; 76, 4—10, vgl. Ps. 33, 10 ff.). — Nach dem
Mythus tut er das, nachdem er die Dämonen des Chaos, bezw. seine und
Israels menschlichen F e i n d e besiegt hat. Ähnlich erwartet man es
auch in den Thronbesteigungspsalmen; er bringt die Kriege zum Aufhören
überall auf der Erde, nachdem er die Waffen der Feinde zerbrochen und
zerschmettert hat (Ps. 46; 76; vgl. Ps. 48). — Dieser Zug des Mythus ist
natürlich jedesmal auf die jemaligen empirischen Feinde bezogen worden,
vgl. oben über die Sanheribsage II 1 d. — Israel hat immer Feinde und
Nebenbuhler und Gegner gehabt, auf die der Mythus als Erwartung bezogen werden konnte; ein Volk in Israels Lage und unter den damaligen
Kulturverhältnissen lebt natürlich immer in Reibereien und Zänkereien mit
den Nachbarn; wenn keine andere Reibereien da sind, hat man jedenfalls sehr oft unter den Räubereien der Beduinen und Halbnomaden der
Wüste zu leiden. Je nach dem erwartete man bei dem Kommen Jahwä's
den S i e g über alle diese Feinde, die Befreiung vor ihnen. Ursprünglich

durch die dem Volke kraft des Kulterlebnisses innewohnende göttliche Kraft, später durch das Eingreifen und Handeln Jahwä's. — Es sind meistens die Ideale der späteren Königszeit, etwa wie sie im Deuteronomium ausgedrückt sind, die in unseren Texten vertreten sind. Statt froher Kampfesfreude und siegreichen Selbstvertrauens steht die Hoffnung auf Unantastbarkeit und Sicherheit in Jahwä's Schutz. Um Schutz mehr als um Kraft wird gebeten. Insofern steht Ps. 149 mit seinem altertümlichen Kraftgefühl ziemlich vereinzelt da. —

Durch die zu erwartenden Siege Israels und Jahwä's werden die anderen Völker g e r i c h t e t und ihre Bosheit bestraft; denn Jahwä kommt, die ganze Erde mit gerechtem Gericht zu richten (Ps. 96,13; 67, 8; 84,12; 75; 82). Denn, was nun auch der Ursprung des »Gerichtsmythus« gewesen sein mag (s. oben II 1 e), in unseren Psalmen ist der Gerichtsgedanke nur ein anderer Ausdruck für die Besiegung der Feinde Jahwä's. In und mit der neuen Schöpfung sind alle dem Kosmos — d. h. in praxi dem Glück Israels — feindlichen Mächte bekämpft, besiegt und gerichtet. Das gilt den G ö t t e r n d e r H e i d e n nicht weniger als den Ungeheuern und Dämonen des Chaos und den menschlichen Feinden Israels. Durch die Tat Jahwä's stehen die Heidengötter in all ihrer Nichtigkeit da, durch seine Machtbeweise beschämt und geschlagen; im Kreise der Götter spricht Jahwä an diesem Tage das Todesurteil der Götter (Ps. 96, 4; 97,7; 82). Mögen auch die Israeliten manchmal gedacht haben, daß die anderen Folgen der Thronbesteigung Jahwä's, etwa die Verwirklichung der Weltherrschaft Israels, nicht so schnell von statten gehen würde — das Gericht am Neujahr über die feindlichen Götter ist ihnen doch sicher volle Wirklichkeit des Glaubens gewesen. Sie sind schon gerichtet und müssen daher schließlich fallen; einmal wird Israel es mit den Augen sehen. —

Die Folge der Bekämpfung und des Gerichts wird die W e l t h e r r - s c h a f t Jahwä's werden. Das bedeutet aber in praxi die Weltherrschaft Israels. Der Friede kann nur dadurch gesichert werden, daß Israels Feinde entweder völlig geknechtet oder ausgerottet werden — Israels Feinde sind aber die gesamten Völker. Durch die Machtbetätigung seines Gottes wird Israel hochgeachtet, beneidet und als H e r r und Gebieter anerkannt, oder wenigstens gefürchtet, es wird unantastbar und sakrosankt dastehen. Denn alle Völker der Erde, die die Großtaten Jahwä's sehen, werden die Ü b e r l e g e n h e i t d e s G o t t e s I s r a e l s a n e r k e n n e n; sie werden, durch das Unglück und den Schaden klug gemacht, gestehen, daß kein Volk kraft Fleisch und Rosse siegen könne (Ps. 33, 16 f.) und daß nur Jahwä Gott ist (Ps. 46,11); sie werden sich daher um den Gott Abrahams versammeln (Ps. 47, 10), mit Gaben nach seinem Tempel wallfahrten

(Ps. 96, 7—9) und ihn anbeten. Über diesen Punkt wird unten genauer geredet. — —

Durch alle diese Heilstaten Jahwä's wird das Glück Israels sicher-gestellt. Oder richtiger: alle diese Heilstaten sind die mythischen Ausdrücke der Erfahrung, daß die Gemeinde im Festkulte die göttliche segenspen-dende Kraft erworben hat, aus der Glück und Heil und Friede strömen.

In dem Worte Segen (*berāchā*) und dessen mehr oder weniger iden-tischen Synonymen (*šālōm, jeśūʿā, tōb*, vgl. Ps. 122, 6 f. 9; 128, 4) faßt Israel alle materiellen und geistigen Güter zusammen, die ihm begehrenswert er-scheinen und die es im Kulte sucht. — Die Unterscheidung »geistig« und »materiell« ist aber modern, nicht primitiv, israelitisch. Was wir materielle Güter nennen, das ist dem Primitiven zugleich geistig, insofern Besitz, Schätze, Ehre, Ruhm die »Seele« des Menschen stärkt und sie reicher macht, wie umgekehrt Hunger, Durst, Elend, Not, Krankheit, Trauer, Schande, Unreinheit, Spott, Hohn seine »Seele erschöpft«, so daß sie »wie Wasser ausgegossen wird«. Und die materiellen Güter sind dem alten Israeliten insofern auch religiöse Güter, als er sie als Gaben der Gottheit empfängt und durch sie in Gottvertrauen und »Gottesfurcht« bestärkt wird; der Gott, der gnädig gibt und gnädig verzeiht, der wird gefürchtet (Ps. 130, 4).

Welche einzelne Güter bilden nun den wichtigsten Inhalt des »Segens«, des »Frieden«, des »Heils«?

Zunächst braucht das Volk R e i n i g u n g und S ü n d e n v e r g e b u n g. Denn der kommende König ist der heilige, furchtbare, verzehrende Jahwä, der nichts Unreines und »Abscheuliches« duldet. Er kann nur in der Mitte eines reinen und heiligen Volkes wohnen. — Unreinheit und Sünde sind aber auch an sich böse Mächte, die die Seele und die Kraft des Volkes vergiften. Sie sind »Flüche«, die auf ihm lasten und ihn ungerecht, ungesund, unglücklich machen. Sie müssen daher »getilgt werden«, ehe das Glück gedeihen kann.

Der starke, gewaltige Jahwä ist aber zugleich ein gnädiger Gott, ein »vergebender Gott, der nicht Rache nimmt« (Ps. 99, 8), bei dem vielmehr Sündenvergebung und völlige Erlösung aus der Unreinheit und der Straf-schuld zu finden ist (Ps. 130), wenn sein Volk nur bittend und vertrauens-voll seine Augen auf ihn richtet (vgl. Ps. 123) und demütig auf ihn wartet (Ps. 131; 129, 5—8). —

Die Reinigung und die Sündenvergebung ist aber nur die eine Seite der » R e c h t f e r t i g u n g «, die Jahwä seinem Volke geben muß. — Die »Gerechtigkeit«[1] (*ședāqā*) ist die notwendige seelische Voraussetzur

---

[1] Vgl. Johs. Pedersen, Israel I—II, S. 260 ff.

Segens; der Segen ist nicht etwas, was voraussetzungslos von außen her in den Mensch hineingelegt werden kann; er hat ihn in sich als Seelenkraft, als eine sich auswirken müssende Möglichkeit. Diese Seelenkraft, der Kern des Segens und des Friedens, ist eben die Gerechtigkeit. Sie ist eben die seelische Qualität, die Charaktereigentümlichkeit des normalen, »richtigen« Mannes, gleichzeitig seelische Qualität, die Äußerungen derselben in Handlung und ihre Folgen im äußeren und inneren Glück und Wohlergehen. Nur der Gerechte hat Segen, denn nur wer innerhalb des Bundes steht, ist gerecht; »sich entfremden« und ungerecht werden sind eins (siehe Ps. 58, 4). Die Gerechtigkeit umfaßt daher sowohl die Rechte als die Pflichten des Mannes — eben die Rechte und Pflichten, die mit dem Charakter des Bundes gegeben sind, in dem er steht. Gerecht sein heißt den Bund behaupten, »rechtfertigen« daher, einen jeden auf dem ihm gebührenden Platz innerhalb des Bundes aufrecht zu erhalten, bezw. den von seinem Platze unrechtmäßig Vertriebenen wieder herzustellen und »Recht verschaffen«.

Nun ist es aber immer die Voraussetzung des Festes, daß der Bund im Laufe des soeben vergangenen Jahres zerrüttet worden ist; Israel — oder gewisse Israeliten — haben immer Sünden begangen, die als Bruch der Bundesverpflichtungen gelten (Ps. 81; 95; 50). So sind damit alle gewissermaßen »ungerecht« geworden und bedürfen der Rechtfertigung. Auch damit mag gerechnet werden, daß äußere Feinde oder etwa Frevler und Zauberer das Volk »zum Sünder gemacht haben« (Jes. 29, 20 f.), es von seinem guten »Recht« entfernt, »sein Recht gekrümmt«, wie der Hebräer sagt und es ins Unrecht gesetzt haben. Die dadurch notwendige »Rechtfertigung« kann nur Jahwä, der Herr und Haupt des Bundes, der selbstverständliche »Richter» und Verteidiger desselben, bringen. Jahwä kommt wieder zur Erneuerung des Bundes, stellt diesen und die Ordnungen desselben wieder her, macht wieder die »zu Sündern gewordenen« gerecht. Das heißt nicht nur, daß er ihre Sünden vergibt, ihre Unreinheit entfernt, sondern auch, daß er ihr vereiteltes Glück, ihr Heil, ihren »Frieden«, die zerbrochene »Ganzheit« wiederherstellt. Er verschafft Israel wieder den ihm nach dem Bunde zukommenden »Platz an der Sonne«, stellt sein »Recht« in der Welt und unter den Völkern wieder her. Das »Recht«, die »Gerechtigkeit« Israels ist aber eben dies, Herr und Gebieter und Glückskind unter den Völkern, Zentrum der Welt zu sein — wenn es Jahwä treu verehrt. — In diesem Sinne ist die Bekämpfung der Feinde die Beglückung Israels, das »Richten«, d. h. die Bestrafung der Völker eine Tat der »Rechtfertigung« Israels, und in diesem Sinne — aber nur in diesem Sinne — wird auch Israel bei der Thronbesteigung Jahwä's »gerichtet«, d. h. wieder

»gerecht« gemacht. (Vgl. Ps. 48, 11 f.; 65, 6; 67, 5; 75; 76, 9 f.; 82, 8; 85, 16—15; 96, 13; 97, 6. 8; 98, 2. 9; 99, 4). Die Rechtfertigung bedeutet somit, daß Jahwä als der Stärkere im Bunde den Schwächeren und durch die »Sünde« Geschwächten das Vermögen der Selbstbehauptung gemäß der ihm als Glied des Bundes eigenen Seelenkraft, der ihm gebührenden »Gerechtigkeit«, wieder verschafft. Das kann Jahwä tun, weil er selbst eine »seelische« Kraft des Segens und des »Friedens« hat, weil er selbst das Vermögen, immer sich selbst unbehindert zu behaupten hat und damit auch den schwächeren Bundesgenossen diese Kraft, diesen Segen, einflößen kann. — Insofern ist die »Rechtfertigung« ein alles umfassender Ausdruck der Heilstätigkeit, die Jahwä als neuer König übt, wie es etwa die »Wendung des Schicksals« oder die »Erneuerung des Bundes« ist.

So werden denn auch in der »Thronrede« Jahwä's dem Volke r i c h t i g e P r i e s t e r versprochen, die »in Gerechtigkeit — oder wie es in der Variante heißt: in Heil — gekleidet« ihres hohen Amtes walten und dem Volke das Heil von Jahwä vermitteln können (Ps. 132, 9. 16). —

Die kultische Bundeserneuerung mit dem gemeinsamen Erlebnis des Festes, das alle Teilnehmer durchströmende Gefühl der Kraft und Ergriffenheit, fügt sie alle zu einer großen Brüderkette zusammen, vgl. Ps. 122, 3 f. Auch dies ist eine notwendige Voraussetzung des Heils; denn ohne den nach innen festgefügten Bund, ohne den »Frieden«, die »Ganzheit« gibt es keinen Segen. Auch das ist eine gnädige Gabe Gottes; denn was braucht ein Volk mehr als E i n t r a c h t und F r i e d e? »Schön und lieblich ist es, wenn die Brüder beisammen wohnen« und einander helfen, wenn alles gemeinsam ist, wenn einer dem anderen sein Glück und Segen abgibt, wie wenn der vom Himmel fallende Tau, der auf Hermon fällt, von dort auf die dürren Hügel am Fuß des Berges herabfließt (Ps. 133, lies *ṣijjā*, statt *ṣijjōn*). —

Vor allem tritt aber die »Kraft« in der Fruchtbarkeit des Landes und des Volkes und in dem kriegerischen Geist und der energischen Tätigkeit desselben deutlich zu Tage.

Es entspricht der Kultur eines vorwiegenden Bauernvolkes, daß die F r u c h t b a r k e i t d e s L a n d e s u n d d e s V o l k e s den vornehmsten Platz in den Gebeten, Orakeln und Segen des Festes einnimmt — war doch das Neujahrsfest zugleich das Herbstfest und die Weihe für das kommende Jahr. Wir haben oben die göttlichen Verheißungen in Ps. 81 und 132 abgedruckt. Das Fett des Weizens und Honig aus dem Fels, Brot zum Sättigen der Armen und überhaupt reichen Segen über jede Nahrung und über das Werk der Hände verspricht Jahwä hier seinen Verehrern. Und in Ps. 85

bestand, wie wir sahen, der Hauptinhalt des Segens, des Heils und der Rechtfertigung darin, daß die Erde ihre reiche Frucht geben werde.

Derselben Art ist auch der schöne Psalm 126, wo die für das kom·mende Jahr erhoffte Fruchtbarkeit der Erde als die Wendung des Schicksals dargestellt wird — statt *šībap* V. 1 ist natürlich mit Ps. 85, 2. ff. und anderen Stellen *š°būp* zu lesen; denn auf die Rückkehr aus dem Exil bezieht sich der erste Teil des Psalms natürlich nicht, zwischen diesem Ereignis und der erhofften Fruchtbarkeit des Landes im zweiten Teil würde kein rechter Parallelismus bestehen. Trotz dem Perfekt in V. 1 handelt der erste Teil nicht von einem einmaligen Ereignis; das Perf. geht sofort in Imperfekta über. Zweck des ersten Teils ist es, als »Vertrauensmotiv« den zweiten Teil zu unterbauen; und da nun nichts darauf deutet, daß das Säen und Ernten im 2. Teil nicht buchstäblich gemeint sein sollte, so würde ein Mißverhältnis zwischen den beiden Teilen bestehen, wenn der erste auf ein einmaliges geschichtliches Ereignis Bezug nähme. Der erste Teil muß ganz allgemein aufgefaßt werden und überhaupt alles, was unter dem Begriffe »das Schicksal wenden« hineingehen kann, sowohl geschichtliche als naturhafte Segenstaten Gottes, und somit auch etwa alle früheren reichen Ernten des Landes, mit umfassen. Eben weil man nach der Voraussetzung des Psalms vor einer neuen »Wendung des Schicksals«, einer neuen Schicksalsbestimmung für das kommende Jahr steht, blickt der Psalm auf alle die früheren »Wendungen« zum Guten zurück und bittet, die jetzt kommende möge ebenso schön und segensreich wie jene werden. Es ist somit im V. 1 nicht zu übersetzen: als Jahwä einst wendete, sondern: (jedesmal) wenn Jahwä das Schicksal wendete. Zurückschauend auf die vielen früheren Erfahrungen und aus ihnen Mut, Trost und Vertrauen schöpfend, bittet die Gemeinde, daß auch das kommende Jahr sich als eine Wendung des Schicksals im traditionellen, guten Sinne darstellen möge, und bezieht diese Bitte auf das, was ihr als einer Gemeinde von Ackerbauern am meisten am Herzen liegt, auf eine gute und gesegnete Ernte, trotz all der bangen Ahnungen, die der palästinensische Bauer vor dem Eintreffen des Regens — beachte die Anspielung darauf in Vers 4 — im Busen hegen mag. So oft mögen die Hoffnungen fehlgeschlagen haben; daher geht das Säen nicht ohne bange Ahnungen — Tränen sagt der Dichter, dem Stil der orientalischen Poesie und dem leidenschaftlichen Temperament der alten Israeliten entsprechend — vor sich; dennoch hoffen die Leute, einst unter Jauchzen die fruchtschweren Garben nach Hause tragen zu dürfen. Siehe Weiteres oben S. 133 ff.

Andere Lieder des Festes beziehen sich auf die Fruchtbarkeit der Menschen, auf den Kindersegen. — In der Form des Weisheitspruches preist

die Gemeinde denjenigen glücklich, dem viele Söhne beschieden werden —
in dieser Seligpreisung liegen ein Wunsch und eine Bitte mit eingeschlossen
(Ps. 127, 3—5). — In einer Nachahmung eines priesterlichen Segenspruches
wird reicher Kindersegen, gewinnbringender Ertrag der Arbeit, langes Leben und Glück dem Manne zugesprochen, der Jahwä fürchtet, Ps. 128:

> Wohl dem, der da fürchtet Jahwä, wer geht auf seinen Wegen,
> den Ertrag deiner Hände darfst du essen — wohl dir und heil!

> Dein Weib ist wie ein fruchtbarer Weinstock drinnen im Hause,
> deine Söhne wie Ölbaumpflänzchen rings um deinen Tisch.

> So wird der Mann gesegnet, der fürchtet Jahwä.
> Es segne Jahwä dich von Sion, [der Schöpfer des Himmels][1].

> Du sollst sehen Jerusalems Glück alle Tage deines Lebens,
> und Kindeskinder dich schauen! Über Israel Heil! —

Nach dem, was wir oben über die Formen des Thronbesteigungsmythus dargelegt haben, versteht es sich von selbst, daß Gottes S c h u t z
u n d W e h r gegen alle feindlichen Mächte und Hilfe in allen Nöten zu den
Gaben des Tages gehört. Der Thronbesteigungstag ist der Tag der Befreiung aus der Not.

Es sind nun viele Feinde und Unholde, gegen die ein antikes Volk
Schutz braucht. Da hat man die feindlichen und schädlichen dämonischen
Kräfte der Natur; am Tage schlägt die Sonne; des Nachts verderbt der
Mond. Dem Volke, dessen König und Hüter Jahwä ist, wird aber Gefeit-
heit gegen diese Gefahren zugesprochen. In wunderbaren schlichten und
innigen Worten spricht davon die Wechselliturgie Ps. 121, dessen Ich der
Vertreter der Gemeinde ist, wenn auch der ganze Psalm von den Vor-
stellungs- und Stilformen der individuellen Lieder stark beeinflußt ist. Die
erste Strophe singt der die Gemeinde vertretende Chor; der Tempelsucher
stellt sich zunächst als einen Hilfesuchenden vor, der nicht recht weiß, wo
die Hilfe zu finden sei: er hebe zu den Bergen, die alle Heiligtümer und
Götter tragen, seine Augen: wo ist Hilfe zu finden? Es sind ja der Berge
so viele! Doch nein — so fragt man nicht in vollem Ernste — er weiß
sofort: von Jahwä kommt das Heil; unter all' den Bergen ist nur Einer
der Berg, von dem Hilfe kommt:

> Ich blicke empor zu den Bergen — von wannen kommt mir wohl Heil?
> Von Jahwä wird Heil mir kommen, dem Schöpfer von Himmel
> und Erde.

---

[1] Ein kurzes Glied fehlt; oben nach Ps. 124, 8 u. a. St.

Die folgenden Strophen sind wohl von dem Chor der Priester gesungen zu denken[1]. Ja, hier ist Jahwä wahrhaftig gegenwärtig. Er ist
Gott, er ist Herr der Welt, er ist der Hüter Israels, — in seinem Namen
dürfen wir dir Schutz und Glück und Heil versprechen; denn seine Augen
sind unaufhörlich auf Israel zum Guten gerichtet:

Er lasse deinen Fuß nicht gleiten, nicht schlummre er, dein Hüter;
nein, nicht er schläft und nimmermehr schlummert Israels Hüter.

Jahwä ist dein Hüter, Jahwä ist dein Schirmherr, er geht dir
                                        zu Rechten,
nicht sticht dich des Tages die Sonne, noch [schadet] der Mond
                                        [dir] des Nachts.

Jahwä wird dich hüten vor allem Übel, dein Leben behüten,
wird behüten dein Gehen und Kommen von jetzt an in Ewigkeit.

Ferner hat man unter den eigenen Volksgliedern die furchtbaren und
unheimlichen unbekannten Unheilsstifter, die Zauberer, vor denen jedes
primitive Volk bebt. Der Zauberer ist die größte Gefahr für das Wohl
und Leben des friedlichen und ordentlichen und braven (»gerechten«)
Bürgers. Denn niemand kennt jene Ausgeburt der Hölle; unbekannt, im
Dunkel und unter der Maske der Freundschaft übt sie ihr unheilvolles Tun
und legt mit ihrer bösen Zunge und ihren »lügenhaften« Worten »Fluch«,
»Unheil«, »Sünde« in die Seele der Gerechten hinein und bringt sie äußerlich und innerlich zu Fall. Und neben dem Zauberer stehen seine Eben-
bilder, die bösen Dämonen[2]. — So gehört es denn auch zum Tage, daß
man um Schutz gegen die Zauberer und Dämonen bittet (Ps. 125, 5), ja
sogar ganze Liturgien gegen diese Peiniger gerichtet hat und dabei Jahwä's
gnädiges Versprechen, gegen die Zauberer einzugreifen, empfängt.

Solche Psalmen sind, glaube ich, Ps. 12; 14 = 53, vielleicht auch Ps. 125.
Da die Zauberer und Dämonen in den Psalmen, wie in dem Volksglauben
und in dem Kulte der Israeliten besonders als die Peiniger der einzelnen
Menschen, und besonders häufig als Urheber von Krankheit, in Betracht
kommen, und da demnach die meisten Psalmen, die sich mit ihnen beschäftigen, »individuelle Klagepsalmen« zum Gebrauch bei dem Sündopfer
und den Krankenreinigungsriten sind[3], so ist es sehr wohl begreiflich,
daß die wenigen Gemeindeglieder, die sich mit den Zauberern als Feinden

---

[1] Woher Staerk und Kittel wissen, daß der priesterliche Ton und die
   Wechselrede hier „nur noch Form" sei, haben sie leider nicht gesagt.

[2] Siehe meine Psalmenstudien I, besonders Kap. I—IV.

[3] Siehe Psalmenstudien I, Kap. V.

beschäftigen, ziemlich stark von den Stilformen der individuellen Lieder beeinflußt und von den sonstigen »kollektiven Klageliedern« sich recht deutlich abheben[1].

Daß Ps. 14 zum Herbstfest gehört, zeigt der Ausdruck »das Schicksal wenden« V. 7. Seinem Hauptcharakter nach ist er ein Klage- und Bittgebet. Der Betende ist die Gemeinde, das ganze Volk (siehe V. 4 f. 7). Die Feinde, über die der Psalm klagt, sind die *po'ᵃlê ᾱwän* V. 4, die in V. 1 als »Toren«, Wahnsinnige charakterisiert werden, d. h. als Frevler, die mit jedem Menschentum, mit aller Moral und aller Religion und aller Sitte gebrochen haben. In Psalmenstudien I habe ich gezeigt, daß diese Åwäntäter die Zauberer sind, die den Bittenden der individuellen Klagepsalmen mit Krankheit geschlagen haben. — In Ps. 14 ist nun nicht von einem einzelnen Kranken die Rede, sondern von dem ganzen Volke. Wir wissen, welche Landplage die Zauberer, oder richtiger: die Zauberfurcht, in alter Zeit gewesen, die Zauberer gehören zu den überall gegenwärtigen Feinden, gegen die ein Volk immer den Schutz der Religion braucht. So kann es uns nicht wundern, daß man auch am großen Jahresfest um Hilfe gegen diese geheimen und unheimlichen Wesen gebetet hat. — Eine inhaltliche und formale Parallele zu Ps. 14 bildet nun Ps. 12. Auch er ist ein Gemeindegebet (siehe V. 6 und Plur. V. 8)[2]. Auch er ist gegen die Zauberer gerichtet; denn wie ich in der obenerwähnten Arbeit gezeigt habe, sind die Zunge und die bösen Worte die Mittel, deren sich die Zauberer bedienen; »die Männer der (falschen) Zunge« sind in den Klagepsalmen immer die Zauberer[3]. — Als Gemeindegebet ist nun Ps. 12 keine kasuelle Bitte eines beliebigen Kranken, sondern ein für eine bestimmte kultische Gelegenheit gedichtetes Gebet, ein regelmäßig wiederkehrendes Bittfest-Gebet.

Wir nehmen zunächst Ps. 12, den in liturgischer Hinsicht deutlicheren.

Wie gewöhnlich in den Klagepsalmen setzt er mit dem Hilferuf ein und gibt dann eine klagende Schilderung der Bedrücker; übertreibend spricht er, wie wenn lauter Zauberer und Frevler in der ganzen Welt seien und alle Tugend dahin; dadurch erwartet die Gemeinde, Jahwä zu sofortiger Erhörung zu bewegen:

---

[1] So hatte ich noch in Psalmenstudien I den „kollektiven" Charakter von Ps. 14 und Ps. 125 nur unklar (siehe S. 36 und 170) und von Ps. 12 überhaupt nicht erkannt (vgl. daselbst S. 27 und 54).

[2] Die von mir Psalmenstudien I, S. 54 vorgeschlagene Korrektur in V. 8, die den Plural beseitigt, ist somit nicht notwendig; *tiṣṣᵉrēnū* ist beizubehalten, statt *tišmᵉrēm* ist mit einigen Handschr. LXX. Hier, *tišmᵉrēnū* zu lesen.

[3] Psalmenstudien I, S. 15 ff. Siehe übrigens daselbst zu Ps. 12 im Register.

Ach hilf, Jahwä, denn die Frömmigkeit[1] ist dahin;
die Treue ist aus der Menschenwelt verschwunden!
Nur Unheilsworte[2] reden sie, Einer zum Andern,
mit gleißnerischer Lippe und falschen Herzen.

Die zweite Strophe geht zur Bitte über, die hier die Form einer Ver-
wünschung hat; die Gemeinde appelliert an Jahwä's Ehre: die Menschen
glauben sich unüberwindlich und erkennen keinen Gott und Herrn über
sich an; will sich aber Jahwä darin finden?

Daß Jahwä doch vertilgte alle Gleißnerlippen
[und jede][3] Zunge, die Vermeßnes redet!
Die da sagen: »Kraft unsrer Zungen sind wir stark,
unsere Lippen sind mit uns, wer ist uns wohl über?«

Jahwä ist aber zum Helfen sofort bereit. Zauber ist nach primitiver
Auffassung das schlimmste und gottverhaßteste Verbrechen, das es gibt;
Zauberei und Abfall, Abgötterei sind im A. T. synonyme Begriffe[4]. Wenn
nicht Jahwä der Helfer gegen diese Verbrechen wäre, so müßte der
Mensch und die ganze Gesellschaft schier zu Grunde gehen. Daher kann
nun der Priesterprophet sofort die Antwort Jahwä's melden:

»Ob der Not der Bedrückten, ob des Seufzens der Armen
erheb' ich mich jetzt« — ist der Spruch Jahwä's. —
»In Freiheit will ich setzen [den armen Bedrängten],
ihn, [den der Frevler] hat angeblasen«[5].

Die Bedrückten und die Armen nennt Jahwä hier die Gemeinde, —
die in der folgenden Reihe als eine Einheit in Sgl. erwähnt wird. Jahwä
ist ja eben gekommen um sein Volk aus der Not und der Bedrückung
zu retten; so will er ihnen auch gegen diese Feinde helfen.

Mit dankbarer Freude hat die Gemeinde die Antwort gehört; in einem
kleinen Danklied spricht sie nun ihre Freude und ihr Vertrauen auf ihren
gütigen und mächtigen Gott aus:

Die Worte Jahwä's sind köstliche Worte,
rein wie das Silber, das siebenmal geläutert.
Du Jahwä wirst uns hüten vor den Unheilsmenschen,
uns immer vor dieser Sippe schirmen[6].

---

[1] Spr. ḥäsäð (Wellhausen).

[2] šåw ist hier ein Synonym zu åwän, siehe Psalmenstudien I, S. 53 f.

[3] Erg. wechål m. c.

[4] Psalmenstudien I, S. 53—58.

[5] Zur Textrekonstruktion und Erklärung siehe Psalmenstudien I, S. 28. Das
  Anblasen ist hier das wohlbekannte Zaubermittel, s. ebenda S. 26 f., 169 f.

[6] Zum Text siehe Psalmenstudien I, S. 54 und oben S. 172, Note 2. V. 9
  halte ich für eine verschriebene Variante zu V. 1—2.

Ps. 14 unterscheidet sich dadurch von den üblichen Klagepsalmen, daß das Gebet die scheinbar objektive Form einer Schilderung eines allgemeinen Zustandes hat. Der Dichter klagt nicht — er braucht, meint er, nicht Jahwä zu erzählen, wie schlimm es ist; denn der im Himmel Thronende weiß es selbst; er habe vom Himmel die Lage der Menschen gesehen, er weiß, »daß die Frömmigkeit dahin«, daß die Gottlosen die Herren spielen — wie es auch hier übertreibend gedacht wird. Daher kann der Prophet wie in Ps. 82 sofort hervortreten und statt einer Klage die Resultate der göttlichen Untersuchung bringen; dazu schließt sich das eigentliche Orakel, die göttliche Verheißung der Hilfe:

Die Ruchlosen sprechen bei sich: »Hier ist kein Gott«.
Verderbt und abscheulich handeln sie, das Gute tut niemand.

Jahwä schaut vom Himmel herab auf die Menschenkinder
zu sehn' ob Vernünftige da, die nach Gotte fragen.

Sie alle sind abgefallen[1] und alle verdorben,
hier ist keiner der Gutes tut, kein einziger, nein.

So muß wohl die Gemeinde in großer Not sein und inbrünstig zu Jahwä um Hilfe gebeten haben. Nun folgen aber die Worte Jahwä's, die leider in textlicher Hinsicht sehr unklar sind; Jahwä ist aber jetzt zum Eingreifen bereit:

Sollen denn nicht die[2] Zauberer (es) fühlen[3], die da fressen mein Volk,
die [sein] Brot verzehren . . . .[4] doch Jahwä nicht 'fürchten'[5].

Dann packt sie der Schrecken, denn Gott steht Gerechten bei,
doch der 'Gottlosen' Rat wird zu Schanden, denn Jahwä
                                    'verabscheut sie'[6].

Die Liturgie hat nun mit Ps. 82 gemeinsam, daß sie zum Schluß um die Erfüllung dessen bittet, was Jahwä der Gemeinde schon zugesagt hat;

---

[1] Lies *nåsōz åḥōr* statt *sr* (in Ps. 54, 4 *sg*).

[2] Str. „alle" mit Ps. 53, 5.

[3] *jåḏᵉ'ū* steht hier absolut; als Objekt ist die Strafe gemeint.

[4] Das Suffiks ist zu ergänzen; „sein Brot verzehren" ist hier bildlich für: jemand der Existenzmittel und der Lebenskraft berauben, vgl. über die Auntäter Jes. 36, 6 f. (Psalmenstudien I, S. 8). Ein Wort fehlt.

[5] So wohl nach BHK; der Sinn ist auch in TM derselbe.

[6] *'aṣap* in 14 ist dem *'aṣmōp* in 53 vorzuziehen. Wenn das *tåbīšū* 14 oder *hᵃbīšōpå* 53 einigermaßen richtig ist, so kann *'ånī* nicht ursprünglich sein, ebensowenig aber das *ḥōnach* 53; letzteres zeigt aber auf die richtige Spur, es wird *ḥånēf* zu lesen sein, graphisch sehr leicht. Das *maḥsēhū* 14 hängt mit *'ånī* zusammen; richtig ist das *mᵉåsåm* 53.

der Glaube und die Hoffnung ist der Erfahrung voraus; die Sehnsucht
bittet, bis sie die volle Erfüllung sieht. Das Gebet schließt sich einem
Hauptgedanken des Tages, dem Gedanken der Schicksalswendung an: möge
sie sofort kommen, die erwartete Wendung zum Besseren; dann werden
wir auch über die Erfüllung dieser Bitte jubeln können:

> O käme aus Sion Israels Heil!
> Wenn Jahwä (jetzt) wendet das Schicksal seines Volkes,
> wird Jakob sich freuen, Israel jauchzen.

Mit eingeschlossen unter den Feinden in Ps. 125 sind vielleicht auch
die Zauberer, obwohl der Psalm seinem Inhalte nach eigentlich die äußeren
Feinde im Auge zu haben scheint. Jedenfalls hat ein Glossator die Zauberer mit hineinnehmen wollen und daher *äp pō'atê āwän* in V. 5 hinzu
gesetzt[1]. —

Vor allem braucht das Volk S c h u t z   g e g e n   ä u ß e r e   F e i n d e
(vgl. Ps. 81, 15 f.; 129, 5; 132, 18). Denn es ist von gierigen Feinden umgeben. Daher hat die Gemeinde ein ursprünglich individuelles Klagelied
gegen die Zauberer (»die Männer der falschen Zunge«) auf sich und seine
Feinde bezogen und unter die Ma'alotlieder aufgenommen (Ps. 120)[2]; daß
die Heiden und die Abgötterischen als »Zauberer« betrachtet werden und mit
diesem Namen benannt werden, das kennen wir aus fast allen Religionen;
die Religion der Heiden ist keine Religion, sondern Zauberei[3]. — Wenn
Jahwä nicht für Israel gewesen wäre, so hätten es manchmal seine Feinde
lebendig verschlungen (Ps. 124); denn vielfach haben sie es bedrückt, auf
seinem Rücken tiefe Furchen gepflügt (Ps. 129). Jahwä ist aber der Hüter
Israels (Ps. 121, 3 f); wie eine Mauer umgibt er Jerusalem, das unnahbare
und unantastbare.

So gibt denn auch Ps. 125 dem Gefühl der Sicherheit im Schutze
Jahwä's Ausdruck in vertrauensvollen Worten, die in der zweiten Strophe
des Psalms ganz wie eine wirksame Beschwörung gegen die Feinde klingen.
Ebenso fest und unzerstörbar wie Sion, der Gottesberg, die Wohnung
Jahwä's (vgl. Ps. 46 und 48), sind auch diejenigen die auf Jahwä vertrauen;
wie die Berge eine Mauer um Jerusalem bilden, so ist Jahwä seinen
Frommen eine feste Mauer:

---

[1] Sowohl die Nota accusativi als das Metrum (Fünfer) zeigen, daß diese
Worte Zusatz sind. Die letzten Worte „Über Israel Heil" stehen ebenfalls außerhalb des Metrums, sind aber wohl als das von der Gemeinde
gesungene Refrain des Psalms aufzufassen.

[2] Siehe Psalmenstudien I, S. 45, 165.

[3] Psalmenstudien I, S. 35—39.

Die auf Jahwä vertrauen, sind wie Sion, der nimmer wankt.
(Fest) sitzet Jerusalem [ewig] von Bergen umgeben[1].

So umheget Jahwä sein Volk von jetzt bis auf ewig.
"Der Gottlosen Stab soll nicht ruhen auf dem Loose der Gerechten"[2].

Die Voraussetzung dieses Psalms ist dieselbe wie im Ps. 46 und 48: Jahwä ist soeben selber gekommen; »von jetzt an« wohnt er als König im Tempel, »in den Burgen und Palästen« der Stadt; darauf deutet auch »von jetzt bis auf ewig« V. 2 hin. In der dritten Strophe geht das Vertrauen in die Bitte über: Möge Jahwä jetzt auch wirklich das verheißene und schon hervorbrechende Heil immer mehr verwirklichen und uns immer von allen Feinden, welche sie auch seien, befreien:

Zeig den Guten deine Güte, Jahwä, den redlichen Herzens!
Doch die, deren Wege nicht recht, raff sie hin, Jahwä!

Es entspricht dem Wesen des alten Kultes, wenn wir unter den Kultliedern auch einen direkten Fluch über die Feinde Israels finden Ps. 129, 5—8. Neben den Gebeten, die das Heil und den Schutz als eine Gabe Gottes betrachten und diese demütig von ihm verlangen, stehen die machtwirkenden Worte, die apotropäisch alle denkbaren Feinde in der Zukunft fern halten sollen, indem sie das Unheil auf sie herabschwören.

Mögen alle, die Sion hassen, beschämt zurück weichen,
   mögen werden wie das Gras auf den Dächern, das verdorrt
                                        ehe es schießt,
   mit dem der Schnitter die Hand nicht füllt, noch der Binder den Arm,
   und wo nicht die Wanderer rufen: Es segne euch Jahwä!

Übrigens ist über den zu erwartenden göttlichen Schutz schon oben bei Ps. 46, 48 u. a. genügend geredet. —

Die späteren Psalmen warten mitunter ganz passiv und gelassen, höchstens mit ungeduldigem Sehnen, auf die göttliche Hilfe. Siehe Ps. 124; 125; 129; 131. Es war aber nicht immer so. Es versteht sich von selbst, daß ein stolzes, selbstbewußtes Volk, wie Israel es einst war, das ringsum von Feinden umgeben wohnte, auch die kriegerische Kraft nötig hat. Immer hat sich in Israel die Kraft Gottes vor allem im Kriege gegen die Feinde betätigt; und wenn auch der Bauer und der gemeine Mann den

---

[1] Lies *tēšēb* und verbinde mit V. 2; ergänze m. c. (Fünfer) ein dem *le'ō-lām* V. 1 synonymes Wort.

[2] Str. *kī*, BHK. V. 3 b ist ein Zusatz aus den Verhältnissen der antiochenischen oder vielleicht eher der ersten makkabäischen Zeit und beschränkt den umfassenden Sinn des ursprünglichen Psalms.

[3] Zum Text siehe oben S. 175.

Frieden vorgezogen haben mochten, so sind es die Ideale der Regierenden, des Königs und des Hofes und der die Erinnerungen der alten Ein-
wanderungs- und Erobererzeit pflegenden Priesterschaft[1], die sich in den
Gebeten und Texten der offiziellen Religion Ausdruck verschaffen. Die
kraftvolle Selbstverteidigung, der siegreiche Angriff auf die Feinde, das
Niedertreten und Unterjochen der Gegner Jahwä's und Israels, das sind
Aufgaben, denen sich das Volk »in der Kraft Jahwä's« gewachsen fühlt,
und deren Durchführung es sich im Kulte durch die Priesterpropheten
Jahwä's versprechen läßt (Ps. 81, 15 f.; 132, 18). — Israels Glück hat als
Gegenstück die Schande der Feinde; wie den Segen über Israel, so spricht die
Kultliturgie wie wir sahen, den Fluch über die Feinde Israels aus (Ps. 129,
5—8). In keinem der Thronbesteigungspsalmen klingt uns das stolze, kriegerische Selbstgefühl kühner und hochfahrender entgegen als in Ps. 149, wo
es ausdrücklich betont wird, daß Jahwä die Kraft ist, die solches tut. Die
Frommen, die Demütigen, d. h. die die rechte Religion haben, Israel,
preisen hier in »einem neuen Lied« den König und Schöpfer, weil er
seinem Volke seine wunderbare Kraft gegeben hat (siehe zu den Einzelheiten II 1 e und S. 158):

> Singt Jahwä ein neues Lied, sein Lob in der Gemeinde der Frommen;
> seines Schöpfers soll Israel jauchzen, Sions Söhne über ihren König
> frohlocken,
> seinen Namen in Reigen preisen, ihm singen mit Pauke und Zither.

> Denn lieb hat Jahwä sein Volk, die Demütigen krönt er mit Heil;
> verherrlicht jauchzen die Frommen und jubeln auf ihren Polstern,
> Lobpreisungen Gottes im Munde, in der Hand zweischneidiges Schwert.

> An den Völkern Rache zu nehmen und Ahndungen an den Nationen,
> ihre Könige mit Ketten zu binden, ihre Edlen mit eisernen Fesseln,
> das geschriebene Gericht zu vollstrecken, ist Er eine Kraft
> seinen Frommen.

Daher gehört auch ein kräftiger König, über dem die Huld Gottes
waltet, zu den Gütern, die Israel im Feste verheißen werden. Der König
soll in sich das Glück des Volkes verkörpern, und in seinem Glück hat der
Volk seinen festen Halt. Um Davids willen segnet Jahwä Jerusalem und
Israel — so heißt es in der Sprache und den Begriffen des die Persönlichkeit sowohl Gottes als des Menschen betonenden Jahwismus (Ps. 132);
früher war der Häuptling der sakramental-mystische Vertreter der Gemeinschaft, in dem die heilige Kraft gleichsam aufgespeichert war; daraus erklärt

---

[1] Vgl. die bluttriefende Besiedelung des Landes unter Josua in der Priesterschrift.

sich seine hervortretende Rolle im Kulte und in der religiös-poetischen
Sprache der Königspsalmen. — Und auch nach späteren Begriffen ist der
König gleichsam der Kanal, durch den die göttliche Gnade und der göttliche
Segen dem Volke zufließen. Von ihm verpflanzt sich die göttliche Huld zu
dem Volke. Alles hängt davon ab, daß das Volk den richtigen, Gott gefäl-
ligen und von ihm erwählten König hat. Wenn nicht, wenn der König
»gottlos« ist, ist alles umsonst. — Daher auch die Fürbitte für den König in
mehreren unserer Festpsalmen, in Ps. 132, wo uns auch die göttliche Antwort, die in der Liturgie gesprochen wurde, mitgeteilt wird, und in dem
Prozessionspsalm 84, in den auch eine Fürbitte für den Gesalbten hineingelegt ist, V. 9—10[1]. Es ist nicht an sich unmöglich, daß das Gelübde
des König Ps. 101 oder die Fürbitte mit Segenswünschen für den König
Ps. 72 zu den regelmäßig wiederholten Stücken der Herbstfestliturgien gehört haben, beweisen läßt sich das aber nicht[2].

2. Die Forderungen.

Dies erinnert uns nun daran, daß in unseren Psalmen die göttliche
Gnade an gewisse Bedingungen geknüpft wird. Wie Jahwä bei der
ersten Bundesschließung Bedingungen stellte, so auch jetzt. — Wie zu
erwarten, tritt der ethische Zug der Religion in diesen Festhymnen nicht
besonders hervor; von den beiden in der späteren Königszeit ringenden
Grundkräften der Religion, dem Ethicismus eines Amos, Jesaja, Jeremia
und dem Nationalismus des alten Jahwismus, ist, wie unten III 3 zu zeigen
letztere bei weitem die Überwiegende. Die erstere Grundkraft fehlt jedoch
nicht; es hat überhaupt unseres Wissens nie eine Zeit in Israel gegeben,
in der nicht die ethischen Forderungen — darunter auch solches, das wir
Ethik nennen — zu den göttlichen Forderungen, zu der Religion gehörte;
die »Schriftpropheten« haben selbstverständlich nicht die ethische Strömung
der Religion geschaffen[3].

So wird es denn als unerläßliche Bedingung an die Verheißung an
»David« in Ps. 132 geknüpft, daß die Könige den Bund und die Satzungen

---

[1] Vielleicht ist diese Strophe später hineingelegt worden; kī V. 11 schließt
sich ohne jede Frage besser an V. 8 wie an V. 10, sowohl formell als
inhaltlich.

[2] Wenn sie nicht zum Neujahrsfeste gehört haben, werden sie ziemlich
sicher in Verbindung mit den religiösen Feierlichkeiten der Salbung und
Inthronisation des Königs gestanden haben.

[3] Daher es auch so irreführend ist, von einem „prophetischen" Einfluß auf
J und E zu reden.

Jahwä's halten werden (Vers 12). Sehr ernst und eindringend klingt die Gottesrede in Ps. 81: Hüten muß sich das Volk, daß es sich nicht, wie die Väter in der Wüste, gegen Jahwä widerspenstig zeige, nicht »harten Herzens« werde und »nach eignem Rat« gehe; sonst werde auch Jahwä seine Hand von ihm zurückziehen und es wie die Väter behandeln — diese Drohung wird zwar nicht ausgesprochen, sie liegt aber doch in dem Hinweis auf die Väter eingeschlossen.

Als positive Bedingung stellt Ps. 81 nur die eine auf, keinen anderen Gott neben Jahwä zu verehren. Und worin die Satzungen Jahwä's bestehen, das wird in Ps. 132 nicht gesagt. — Deutlicher spricht aber Ps. 24, 3—6 und die Parallele Ps. 15. Zunächst ist hier indirekt die Forderung gestellt, alle Sünder aus dem Volke zu entfernen; die Sünder dürfen nicht an dem Fest teilnehmen, überhaupt nicht im Volke bleiben, wenn der Heilige kommt, in dessen Mitte zu weilen. Sodann werden konkrete Forderungen aufgestellt. »Reine Hände und reines Herz«, d. h. Erfüllung sowohl der kultischen als der im weitesten Sinne moralischen Forderungen, verlangt Ps. 24; wer Jahwä's Gast sein will, der darf überhaupt nichts begehen, was wider den Willen Gottes verstößt, das unter dem verwerfenden Urteil der »Lüge« fällt. Und neben den allgemeinen und umfassenden Ausdrücken »vollkommen wandeln«, »das Rechte tun«, »das Wahre denken«, »den (von Jahwä) verworfenen verachten«, »die Gottesfürchtigen ehren« hebt Ps. 15 einige zwar negativ formulierte, jedoch sehr schöne Tugenden, die aus den Pflichten der Brüdergemeinschaft fließen, hervor: nicht verleumden, dem Landsmann nichts Böses antun, den Verwandten nicht beschämen, einen geschworenen Eid nicht brechen, sein Geld nicht gegen Zinsen darleihen, nicht Bestechungen gegen jemanden nehmen. Das sind alles Tugenden, die aus dem Wesen der primitiven Stammesgemeinschaft stammen, und die zum Teil, wie das Zinsverbot, ein »kulturfeindliches« Gepräge haben[1]; ohne diese enge Geschlossenheit der »Bruderschaft« kann eine primitive Gellschaft überhaupt nicht bestehen. — So ist es denn auch sehr verständlich, wenn Ps. 133 indirekt, oder deutlich genug, die gemeinsame Pflicht des Zusammenhaltens und der gegenseitigen Hilfe »der Brüder« einschärft und zu Bedingung des göttlichen Segens macht. — Und in Ps. 82 hat sich der Jahwismus ein schönes Denkmal als die Religion der sozialen Gerechtigkeit gesetzt: draußen im Heidenlande, wo »die Götter« regieren, dort waltet das Unrecht und die Bedrückung, die sich leider Gottes auch in Israel — vgl. die Schlußbitte —

---

[1] Weshalb man gar nicht einsieht, warum nicht auch dieser Psalm, wie Ps. 24, vorexilisch sein könne.

dank der unheilvollen Einmengung der Statthaltergötter in die Regierungs-
sachen Jahwä's, merkbar genug macht; wo aber Jahwä König ist, dort wird
den Armen und Bedrückten geholfen; gepriesen sei daher Jahwä, der jedes
Jahr seinen Thron besteigt und die Götter »richtet«.

In erster Linie stehen doch die religiösen Bedingungen, an die
das Heil geknüpft ist. Jahwä soll der einzige Gott und König sein (Ps. 81, 10).
Seinen Bund und seine Satzungen müssen König und Volk beobachten
(Ps. 132, 12). Mit einem Worte: Gottesfurcht fordert er; wenn er aber
die findet, dann segnet er reichlich (Ps. 128, 4). — Religion ist aber vor
allem Kultus und Fest und was dazu alles gehört an Handlungen und
Stimmungen. So gehört es denn auch zu den religiösen Forderungen, daß
das Volk den kommenden König freudig und jubelnd begrüßt
(Ps. 47, 2. 7; 95, 1—2. 6; 96; 97, 1; 98; 99, 5. 9; 100; 132, 7 und vor allem
81, 2—6). — Dankbar soll Israel am Tage des Festes sich all der Wohltaten Jahwä's erinnern, wie er das so oft und so hart geplagte und
verfolgte Volk aus der Not gerettet, es zu neuer Herrlichkeit und zu Wohlstand erhoben und seine Feinde gezüchtigt hat (Ps. 124; 126, 1—3; 129);
wenn Jahwä nicht sein Helfer gewesen, dann hätten seine Feinde ihn manchmal schier verschlungen (Ps. 124, 1—5); denn nur Jahwä ist ein Gott, der
helfen kann (Ps. 75, 7 f.; 121, 1 f.)

Jahwä fordert aber auch, daß man demütig sich in seine Fügungen
schickt und auf seine Stunde wartet, daß man nicht mit Gedanken umgeht,
die einem zu hoch sind. So hat denn auch die Gemeinde das ursprünglich »individuelle« Vertrauenslied Ps. 131 auf sich bezogen und durch einen
Zusatz als Herbstfestgebet (Ma'alotlied) zurechtgemacht. — Und es bekennt,
daß die Augen der Getreuen auf Jahwä geduldig warten, daß er sich ihrer
erbarme, so geduldig und aufmerksam wie die Knechte und die Mägde auf
die Hand des Herrn und der Herrin warten, um ihren Befehlen möglichst
schnell zu gehorchen.

Bedingungsloses Vertrauen, das ist es, was Jahwä von seinen Verehrern vor allem fordert; durch die meisten der Lieder klingt dieser Ton,
entweder ausgesprochen als Hauptmotiv, wie in Ps. 121; 123; 124; 125;
129; 130; 131, oder als ein Unterton, der dem Gebet und dem Lobpreis
seine eigentümliche innige Klangfarbe gibt. Das Zarteste und das Innigste
im ganzen Psalter finden wir in der kleinen Sammlung Ma'alotlieder.

Dieses Vertrauen muß ausgesprochen werden, damit die Gemeinde
dadurch Jahwä Ehre gebe. Das durch Wort und Tat bewährte Vertrauen,
der Glaube, bildet gewissermaßen das Korrelat zu der Rechtfertigung von
Seiten Jahwä's. Wie der Stärkere den Schwächeren aufrecht hält, recht-
fertigt und so seine Kraft steigert, ist es Pflicht des Schwächeren, auch

seinerseits den Stärkeren zu erhöhter Ehre und Kraft dadurch zu verhelfen, daß er ihn »fest und wahrhaftig macht« (*hä'ᵃmīn*); darauf hat der
Stärkere ein Recht, das in der Art des Bundes begründet ist[1]. Das tut
der Schwächere, indem er seinen Willen unter den stärkeren Bundesherrn
beugt, seine Taten anerkennt, ihm Ehre gibt, fest auf ihn vertraut. Die
Aufforderung der Psalmen »Gebet Jahwä Ehre« (Ps. 29, 1 f.; 96, 7 f.) ist
gleich der Aufforderung, ihm »Macht« zu geben, d. h. seine Macht durch
die Anerkennung sowohl in Tat als in Wort, durch Gehorsam, Vertrauen,
Lobpreisungen tatsächlich zu steigern und vergrößern. Es wird wohl
nur auf Zufall beruhen, daß das Wort *hä'ᵃmīn* in unseren Psalmen nicht
vorkommt. —

Wenn wir nun die ganze Reihe von Bedingungen, an die das Heil geknüpft wird, überblicken, und auf den Ton der wiederholten Enttäuschungen
lauschen, die in den Worten Jahwä's in den Psalmen 81 und 95 klingen,
merken wir, daß wir hier vor der Theodizé dieses uns utopisch dünken-
den Glaubens stehen. In Ps. 81 wird gesagt, daß die Folgen der vorigen
Bundesschließungen durch die Treulosigkeit und die Sünden des Volkes
vereitelt wurden. Und diesen Vorwurf erhebt Jahwä durch Ps. 81 jeden
Neujahrstag aufs Neue. Und das Volk beugt sich demütig und reuig dem
göttlichen Vorwurf. Denn es weiß, daß es gesündigt hat. Wenn dann die
Frage sich erhebt: warum bleibt immer alles beim Alten, wenn Jahwä
doch jeden Neujahrstag als König kommt? warum geht es uns immer
noch so schlecht? warum kommt nicht das Paradies, das Gottesreich? so
weiß Israel immer die Antwort: diesmal kam es nicht, weil wir gesündigt
hatten; am nächsten Neujahrstag wird aber Jahwä wieder erscheinen! —
Das ist aber die Stimmung einer späteren Zeit. In alter Zeit erlebte man
das Kommen am Festtage; wenigstens diese kurzen Tage hindurch war es
Wirklichkeit geworden. Hier stehen wir aber vor der Türe der Eschatologie.

3. Universalismus und Nationalismus.

Durch die ganze Geschichte des Reich-Gottes-Gedankens zieht sich die
Spannung zwischen Universalismus und Nationalismus. Wir werden hier
sehen, daß beide Elemente schon von Anfang da waren. Der Universalismus ist nicht durch eine gradlinige Entwickelung aus dem Nationalismus
hervorgegangen. —

a) An unserer Auffassung der hier behandelten Psalmen als Festpsalmen bei einem Neujahrs- und Thronbesteigungsfeste, dessen Kultmythus

---

[1] Vgl. Johs. Pedersen, Israel I—II, S. 269 f.

der Schöpfungsmythus gewesen, erhält der Universalismus derselben seine befriedigende Erklärung.

Jahwä ist König geworden, weil er der Schöpfer ist. Der Schöpfungsgedanke ist aber seinem Wesen nach universalistisch (vgl. oben I 4 b α); von dem Schöpfergott kann nicht weniger ausgesagt werden, als daß er die Welt geschaffen, sei die »Welt« auch noch so klein. Denn der Schöpfungsgedanke ist in dem Bewußtsein der Menschen als Antwort auf die Frage: wie ist unsere »Welt« geworden? aufgekommen[1]. So weit wir die Gedanken Israels in einigermaßen bestimmterem Zusammenhange in der Zeit zurückverfolgen können, hat es seinen Jahwä als den Schöpfer verehrt[2]. Dies ist eben eins der festesten Themata des Kulthymnus. Und wenn Jahwä nun auf Grund der Schöpfung und des Chaos- bezw. Götterkampfes, König geworden, so liegt es in der Natur der Sache, daß er als König der Welt, nicht nur über Israel, hervortritt.

Von Rechtswegen gehört die Welt ihm, weil er sie geschaffen hat. Daher empfängt er die Huldigung sämtlicher Götter (Ps. 97, 7); alle Völker der Welt begrüßen seine Thronbesteigung mit Jubel (Ps. 47, 2; 98, 4) und scharen sich zu dem Gotte Abrahams (Ps. 47, 10); alle Enden der Erde werden die »Rettung«, die er aus der Gewalt der bösen Mächte bringt, sehen und erfahren (Ps. 98, 2); er kommt, die ganze Erde zu richten (Ps. 98, 9). — In dem hier dargelegten Sinne ist Israel universalistisch gewesen, mindestens seitdem es in der kana'anäischen Kultur ansässig wurde. Denn den Schöpfungsmythus hat es schon damals kennen gelernt und somit den Schöpfungsgedanken mindestens seitdem besessen. Schon im Deboralied ist Jahwä der Lenker des Universums; auf sein Geheiß streiten die Sterne für Israel gegen Sisera (Ri. 5, 20).

b) Nun darf man aber nicht diesen Universalismus überschätzen. Er ist eigentlich nur eine selbstverständliche Folgerung aus dem Schöpfungswerke; es ging aber in Israel wie so häufig: auf das was vor dem religiösen Bewußtsein als selbstverständlich dasteht, legt die Frömmigkeit weniger Gewicht; es bekommt für die praktische Religion geringere Bedeutung. Der Universalismus dieser Psalmen ist mehr hymnisch-pathetischer als praktisch-religiöser Art. Mit dem praktisch gerichteten Universalismus eines Deuterojesajas, der in den großzügigen Visionen vom weltumfassenden Sühne- und Missionsberuf des Knechtes Jahwä's zum Vorschein kommt, oder mit dem Missionseifer der nachexilischen Zeit, hat dieser Universalismus wenig gemeinsam.

---

[1] Vgl. Söderblom, Gudstrons Uppkomst, Stockholm 1914, Kap. IV.
[2] Das hat Gunkel mit Recht erkannt und gegen die ältere Kritik behauptet, Schöpfung und Chaos.

Tatsächlich bleibt der Gedanke auf Israel beschränkt, wie denn auch die
Schöpfung in nicht wenigen dieser Psalmen in die Befreiung Israels aus
Ägypten umgedeutet wird; als der König der übrigen Völker zeigt sich
Jahwä auch in diesen Psalmen meistens dadurch, daß er sie niederschlägt
und züchtigt. — Die wirkliche Stimmung, die hinter der dichterischen Rheto-
rik liegt, ersieht man aus Psalmen wie 46; 47; 48; 75; 149; vgl. Ps. 96, 8;
97, 7; 81, 15 f.; 129, 5—8; 132, 18.   Den anderen Völkern steht Israel in
ausgesprochen feindlicher Haltung gegenüber.   Sie sind »die Frevler«, aus
deren Gewalt Jahwä sein Volk befreien wird (Ps. 97, 10), die »die auf die
Bilder stolz waren«, die beschämt werden sollen (Ps. 97, 7), die Feinde Jahwä's und Israels, die ihm schmeicheln sollen und deren Frohnzeit ewig
dauern soll (Ps. 81, 16); über sie soll die heiß erwünschte »Rache mit zwei-
schneidigen Schwertern« vollzogen werden (Ps. 149, 6 ff.).

Das »Recht«, von dem diese Psalmen reden, dessen die Hand Jahwä's
voll ist (Ps. 48, 11), und das er der Erde bringen wird, ist unserer christlichen Anschauung nach alles eher als Recht und Gerechtigkeit.   Es ist
mit der Rettung, dem Heil und dem Glück Israels identisch, es bedeutet
Israels Herrschaft auf Kosten der umwohnenden Völker, die von den Füssen des Volkes Jahwä's zertreten werden sollen.   Es ist für Israel ein
Anrecht, das Heil auf Kosten der Völker zu erlangen.   Jahwä's »Gerechtigkeit« ist in diesen Psalmen — wie noch gelegentlich bei Deuterojesája —
auf Israel beschränkt.   Nach dem Bewußtsein der Dichter ist damit dem
Begriffe keine andere Bedeutung als die übliche beigelegt; es ist eben
»gerecht«, daß Israel die Herrschaft über die Völker mit allen nötigen
Mitteln ausübt; denn Israel steht mindestens so hoch über den anderen
Völker der Erde, wie die Engländer ihrer eigenen Ansicht nach über Iren
und Afrikanern und den anderen Menschen der Erde stehen. — Denn nur
Israel hat Religion; die Israeliten sind die Jahwäverehrer, »die Frommen«,
»die Gerechten« (Ps. 97, 10—12; 132, 9. 16; 149, 1 f. 5); die anderen Völker sind »Bilderverehrer, die von Nichtsen prahlen« (Ps. 97, 7); Religion
ist aber Menschlichkeit; wer nicht Religion hat, ist ein Thor, ein Verrückter (vgl. Ps. 14, 1), ein Wahnsinniger; er ist ein Tier, kein Mensch
(vgl. Ps 73, 22).   Die Völker — wie die Einzelnen — die Jahwä nicht verehren, sind daher zugleich »Frevler«, oder richtiger *niðingr*, wie die alten
Nordgermanen sagten — hebr. *rāšāʿ*, d. h. sie haben weder Ethos noch
wahres Menschentum[1] (Ps. 97, 10).   Daß aber den wirklichen Menschen die
Herrschaft gebührt, das versteht sich von selbst. — Die göttliche Gerechtigkeit besteht formell darin, daß Gott jedem das antut, was er verdient hat;

---

[1] Siehe Psalmenstudien I, Kap. I 1.

daß aber nur die Israeliten, die Frommen, die Gerechten es verdienen, die Günstlinge des Weltkönigs und die menschlichen Organe seiner Herrschaft zu sein, das weiß jeder Israelite ganz genau — und hat es vermutlich schon seit David gewußt. Denn daß schon Davids Priesterpropheten ihm als Lohn seiner kräftigen Führung der Kriege Jahwä's und der Errichtung des Jahwä-Kultes in Jerusalem, nach dem Muster des orientalischen Hofstiles, etwas wie eine Weltherrschaft versprochen haben (vgl. Ps. 89, 20 ff.; 2; 72; 110), das ist in hohem Grade wahrscheinlich, weil in dem Wesen des altorientalischen religiösen Königstums liegend. Insofern der — natürlich rein ideelle und theoretische — Anspruch auf Weltherrschaft sich auf Jahwä's Verheißungen berufen hat, kann man sagen, daß Jahwä's »Gerechtigkeit« sich auf die Treue bezieht, mit der er sein Wort hält; es ist »gerecht«, sein Versprechen zu halten; einen prinzipiell anderen Inhalt hat aber der Begriff »Gerechtigkeit« dadurch nicht erhalten.

Es ist somit einleuchtend, daß die hier behandelten Psalmen, trotz dem scheinbaren Universalismus, durchaus auf dem Boden der alten Nationalreligion stehen. Auch dann, wenn die Errichtung eines Friedenreiches auf Erden die große Königstat Jahwä's ist, wie in Ps. 46 und 76, wird dies Ziel dadurch erreicht, daß er die anderen Völker und Reiche zerschlägt, damit Jerusalem als der einzige feste Punkt in der Welt stehen bleibe. Es ist sehr bedeutungsvoll, daß es fast nie in diesen Psalmen heißt, daß die Erde oder die Völker sich über das Gericht Jahwä's freuen; das Gericht ist nur für Israel, für Sion, für »die Töchter Judas« eine Freude (Ps. 48, 12; 97, 8); wenn Jahwä als König erscheint, haben die Völker vielmehr allen Grund, von Furcht und Schrecken ergriffen zu werden.

Wenn Jahwä König wird, wenn sein »Reich« errichtet wird, dann wird Israel das, worauf es ein uraltes »Anrecht« hat: es wird das Herrenvolk auf Erden — das ist kurz gesagt die »politische« Seite der Religion dieser Psalmen.

Natürlich werden nun in der Wirklichkeit nicht die anderen Völker völlig vernichtet; das geschieht nur in dem lyrischen Überschwang. Denn sonst würde ja Israel keine Diener und Jahwä gar zu wenig Untertanen haben. Die Waffen werden zerbrochen, die feindlichen Könige und ihre Heere zerstört (Ps. 46; 48; 76), und insofern als die Frommen als Jahwä's Organe das Gericht vollstrecken werden, freuen sie sich, mit scharfen Schwertern blutige Rache zu nehmen (Ps. 149). Die Völker werden aber als Israels Vasallen bestehen bleiben; um etwas von dem Glück des Herrenvolkes zu erhalten, gesellen sie sich ihm zu (Ps. 47, 10). Von den Tatsachen überzeugt, werden sie erkennen, daß Jahwä der mächtigste, wenn nicht der einzige Gott ist (Ps. 46, 11); sie werden Sions Glück sehen und dadurch

zu der Überzeugung kommen, daß Jahwä seine Anhänger reichlich belohnt
(Ps. 67). Sie werden daher ihre Geschenke nehmen und zu seinen Höfen
kommen (Ps. 96, 7—9). Sie werden auch gestehen müssen, daß ihnen so
nur ihr Recht geschieht, daß Israel das Herrenvolk von Rechts wegen
ist. Ganz naiv gehen die Dichter davon aus, daß auch die Heiden die
Beglückung Israels als ein »gerechtes Gericht« betrachten werden und
Jahwä dafür preisen (Ps. 67); auch die Heiden werden über die dem Israel
zu Teil gewordene »Rettung« und die dadurch bezeugte göttliche »Gerechtigkeit« mit jubeln (Ps. 98). —

Es wäre aber gegen die »ältere« Anschauung der Thronbesteigungspsalmen ungerecht, wenn es unerwähnt bliebe, daß wir eben in ihrem
Kreise einen entwickelteren religiösen Universalismus als den hier skiz-
zierten, eine Vorstufe zu dem wirklichen Universalismus eines Deuterojesaja[1]
finden, und zwar in Ps. 87, über den ich der ketzerischen Ansicht bin, daß
er älter als das Exil ist, und daß die ältere, von der kirchlichen Tradition
vertretene Auffassung desselben richtiger als die neuere ist, zu der sich
Hitzig, Wellhausen, Duhm, Kittel, Bertholet, Buhl u. a. bekennen[2].

---

[1] Siehe unten IV 2 e.

[2] Die traditionelle Exegese deutet den Ps. als eine Weissagung auf die aus
den Heiden kommenden Proselyten; die oben genannten Ausleger fassen
ihn als einen Hymnus auf Sion auf, die geistige Mutter der in allen
Ländern vertretenen jüdischen Diaspora. Wenn der Ps. von der Diaspora
spreche, so muß er nachexilisch sein. Das ist aber wegen der Auswahl
der Völkernamen ziemlich unmöglich. Warum Babel, da doch Babel gestürzt war? Warum kein Wort von dem mächtigen Perserreich, von der
susianischen Diaspora, die doch nach dem Zeugnis des Estherbuches (richtig verstanden, siehe Gunkel, Esther, Tübingen 1916, Relig.-gesch. Volks-
bücher II 19—20) schon in persischer Zeit recht zahlreich gewesen sein
muß? Und nun Kusch? In Äthiopien hat es in vorchristlicher Zeit keine
jüdische Diaspora gegeben, — Syene = Elephantine ist nie in der hier
in Betracht kommenden Zeit zu Äthiopien gerechnet worden. Dazu kommt
das Zeugnis von V. 4. Die Übersetzung, die u. a. Buhl vertritt: Ich nenne
R. und B. wegen (*l^e*) meiner Anhänger, kann auch nicht durch einen
Hinweis auf Jes. 14, 9; 36, 9 verteidigt werden. *Azkīr l^e* (oder nach LXX
Kal) kann nur übersetzt werden: ich nenne R. u. B. als zu meinen Bekennern gehörend. Dann kann man aber nicht mit Wellhausen para-
phrasieren: Leute aus R. und B. rechne ich zu meinen Bekennern; denn
es ist ganz klar, daß R. und B. selbst zu den Bekennern gerechnet werden;
das kann nur bedeuten, daß sich R. und B. zu Jahwä bekehren werden
oder bekehrt haben. Dagegen wende man nicht mit Duhm ein, daß Rahab hier ein odiöser Spottname sei; augenscheinlich ist die Gleichung
Rahab = Ägypten im Laufe der Zeit eine traditionelle „Geistreichkeit"

Mit Genugtuung und Freude, jedoch ohne Haß und Groll, setzt dieser
Psalm voraus, daß die Völker, Babel, Ägypten und die anderen, sich den
Bekennern Jahwä's angeschlossen haben. Auf welche Weise das geschehen soll, sagt der Dichter nicht; er läßt jedoch Jahwä Sion als die — wir
würden sagen: geistige — Mutter aller Völker bezeichnen; aus Sion quillt
ihnen alles Leben und Glück. Zwar geschieht dies alles in erster Linie aus
Rücksicht auf Sion, die Stadt, die Jahwä vor allen liebt. Jahwä's Gefühle
den Völkern gegenüber sind doch nur freundlich und wohlwollend; mit
Genugtuung schlägt er nach im Buche der Völker und findet, daß sie alle,
wo sie auch geboren sein mögen, in Sion ihre Mutter anerkennen — und
wir dürfen wohl ergänzen: in Jahwä ihren Vater und Gott. Da nun von
einer Bekämpfung und »Beschämung« der Völker keine Rede ist, dürfen

---

geworden, die man in dem poetischen Stil nachspricht, ohne viel über
den ursprünglichen Sinn zu reflektieren. — Ist diese Deutung von V. 4
richtig, so redet aber der Psalm nicht von Proselyten aus B. und R.,
sondern von diesen Völkern als Ganzem; die Völker als solche werden sich
zu Jahwä bekehrt haben. Gegen diese Auffassung kann auch nicht V. 5 b
geltend gemacht werden (so Buhl[2]); denn auch von den Diasporajuden
kann es nur in übertragenem Sinne heißen, daß sie in Sion geboren seien;
wenn so, warum dann auch nicht von den bekehrten Heiden? Buhl wendet ferner ein, daß es zu einem Durchblättern der Einwohnerlisten der
einzelnen Nationen, in der Absicht, den Geburtsort dieses oder jenes Proselyten festzustellen, kein Grund sei: es steht aber nichts von den Einwohnerlisten der einzelnen Nationen, sondern von dem Buch der Völker, d. h.
dem Buche, in dem die Völker als solche hineingetragen waren; $z\ddot{a}—z\ddot{a}$
bezieht sich nicht auf die Einzelpersonen, sondern auf die Völker. — Aus
welcher Zeit der Psalm stammt, sieht man aus dem geographisch-politischen
Horizont des Dichters. Die beiden großen Weltreiche sind Babel und
Ägypten, die als die ersten genannt sind; das sagenumsponnene Kusch
(vergleiche Jes. 18, 2) vertritt das äußerste Ende der Welt, der alte aus
den Geschichtstraditionen wohlbekannte Erbfeind, die Philister, und Tyros,
der Vorort der Phöniker, die Nachbarstaaten Judäas. Von Assur und dem
medisch-persischen Reich hören wir dagegen nichts. Das führt auf die
Zeit nach dem Fall Ninives — oder da diese Zeit doch für Juda eine
sehr unruhige und unerfreuliche war, auf die Zeit kurz vor dieser Katastrophe, nachdem Assur schon auf das Gebiet der Stadt Ninive beschränkt
war und Babel und Ägypten die Vormächte in Vorderasien geworden.
D. h. auf die Zeit des Josia (so auch Briggs). — Damals war Syrien-
Palästina schon ganz unabhängig; damals loderten die national-religiösen
Hoffnungen hoch empor; da schien eine Heilszeit bevorzustehen. So erklärt sich auch am besten die Hervorhebung Sions vor „den anderen
Wohnungen Jakobs"; das ist der deuteronomische Gedanke, der sich hier
siegesbewußt einen Ausdruck gegeben hat.

wir wohl annehmen, daß solche Gedanken jedenfalls keine Hauptgedanken des Dichters gewesen, sondern daß er in der Anerkennung der Überlegenheit Jahwä's als Heilsgottes den eigentlichen Grund zum Anschluß der Völker gesehen.

Die Situation des Psalms, der wohl nur ein Fragment ist, ist das Fest; daher redet der Dichter von den tanzenden und singenden Scharen, die in Sion die Quellen (ihres Lebens und Heils) finden. In erster Linie denkt er wohl hier an die Israeliten, die im Jubel des Festes die Nähe Gottes erleben, weil Gott auf Sion ist, daher fließen dort alle ihre Quellen; denn Jahwä ist die Quelle des Lebens (Ps. 36,10). Eben die aus dem Glück Sions erschlossene Erkenntnis dieser Tatsache ist es wohl, die nach Ansicht des Dichters die Völker zu Jahwä bringen, vgl. Ps. 67, s. unten.

Ich übersetze den Psalm, soweit der schwer verdorbene Text restituiert werden kann[1]:

Es liebt Jahwä die Thore Sions vor allen Wohnungen Jakobs.
Auf heiligem Berge ist sie gegründet, und der Höchste ist selbst
ihr Schutz,
gar Herrliches spricht er[2] in dir [du bist ja] Gottes Stadt.

Jahwä schlägt nach in der Völker Buch:
»Ich zähle Rahab und Babel zu meinen Bekennern,
sieh, hier ist Philistäa, Äthiopien und Tyrus;
der stammt von hier und der stammt von dort;
doch Sion wird [Mutter] genannt, sie alle sind dort geboren«.

Und singende wie Tanzende [so sprechen sie alle][3]:
»Alle meine Quellen in dir.«

— — — — — — — — — — — — —
[Fortsetzung fehlt].

So sehen wir denn auch, daß es auch andere Beweismittel als die Siege Jahwä's über die Heidengötter und ihre Beschämung und Vernichtung gibt, durch die die Völker von der Einzigkeit Jahwä's überzeugt werden. Naiv und schön ist in Ps. 67, der als Erntepsalm und Gerichtspsalm zu dem Herbstfeste im alten Sinne gehört, die »Hilfe«, das »gerechte Gericht«, die die Völker überzeugen und zur Bekehrung bringen, keine blutige

---

[1] Durch irgendwelchen äußeren Unfall sind die Stiche des Psalms in Unordnung geraten, wie das beziehungslose Suff. im ersten Worte und der Mangel an Zusammenhang verrät. In Anschluß an Gunkel (mündlich) glaube ich rekonstruieren zu dürfen: 2a + 2b; 1b + 5b; 3a + 3b; 6a + 4aα; 4aβ + 4b + 6b; 5aα + 5aβ; 7 + X.
[2] Sprich *meðabbēr*.
[3] Erraten und sehr unsicher.

Machttaten, keine die Heiden vernichtenden Katastrophen, sondern die reiche
Ernte, mit der Jahwä bei seinem Kommen, durch die Gnade seines leuchtenden Antlitzes, sein Volk gesegnet hat, vgl. den Ausruf der Völker in
Ps. 126, 2, jedesmal, wenn Jahwä Israel ein gnädiges Schicksal bescheert
hat: »Großes hat er an diesen getan« (siehe S. 134). Hat »Hilfe« *j^{e}šū'ā* hier
einen ganz ursprünglichen, umfassenden Sinn, so ist »Richten« dagegen
ein ganz abgeschliffener Terminus geworden, der eigentlich nichts anderes
als Regierung bedeutet. Jahwä ist gnädig und gütig gegen Sion; er hilft
seinem Volke, wenn es Hilfe nötig hat; jetzt hat er ihm mit einer reichen
Ernte geholfen und sich dadurch als einen gerechten Erdenrichter gezeigt
— denn wem sollte er vor allen helfen, wenn nicht Israel? Sicher werden auch die Heiden zugeben müssen, daß das gerecht gehandelt sei und
Jahwä für seine gerechte Leitung der Völker preisen und sich darüber freuen:

> Gott gebe uns Gnade und Segen, er lasse sein Antlitz uns leuchten,
> daß die Welt dein Walten erkenne, ja alle Völker deine Hilfe.

> Die Völker werden dich preisen, ja alle Völker dich preisen,
> Nationen sich freuen und jubeln; denn du richtest [die Erde gerecht.

> Du richtest][1] mit Gerechtigkeit die Völker und leitest die Nationen
> der Erde;
> die Völker werden dich preisen, ja alle Völker dich preisen.

> Die Erde[2] hat reichlich getragen, Jahwä unser Gott uns gesegnet.
> Gott segne uns fürder, auf daß ihn fürchten die Enden der Erde.

Mögen wir, Israel, gesegnet werden, damit alle Welt es schaue und
sich zu Jahwä bekehre! — Die Ausdrücke, in denen hier von dem »Richten
der Völker« geredet wird, verraten aber, daß sie auf ältere Vorstellungen
zurückgehen. Im Hintergrunde, aber ganz zurückgedrängt und vergessen,
liegt der Gerichtsmythus: das Kommen Jahwä's ist ein blutiges Gericht
über die Heiden und daher für Israel eine »Rettung« und eine Betätigung
der Gerechtigkeit Gottes.

---

[1] Nach Syr. hex., siehe BHK.
[2] Oder das Land: die Erde ist eben das Land Israels.

KAP. IV. DAS ALTER DES FESTES.

1. Allgemeine Erwägungen und literarische Bezeugungen ausserhalb des Psalters.

Wenn man sich die Idéen und religiösen Vorstellungen, die im Vorhergehenden als der Inhalt des Festes dargelegt sind, vergegenwärtigt, kann man keinen Augenblick darüber in Zweifel sein, daß sie nicht dem Judentum, sondern der nationalen Kultreligion des Volkes Israels angehören.

Wir haben hier echten, ursprünglichen, unverderbten Kult gefunden; der jüdische Nomismus weiß aber nicht mehr, was Kult ist. Ihm besteht der Kult nur aus einigen unter vielen anderen göttlichen Geboten, die erfüllt werden müssen, weil sie einmal von Gott gegeben sind. Daß der Kult an sich etwas ist, daß er etwas wirkt und gibt, was logisch in seinem Wesen begründet ist, davon hat das Judentum nunmehr höchstens eine dunkle Ahnung. Nationale Kultreligion, das ist die Religion des alten vorexilischen Israels. Nomismus, das ist das Judentum. Das oben ermittelte Fest gehört primär der Ersteren, nicht Letzterem an. — Dadurch ist natürlich nicht ausgeschlossen, daß auch das Judentum das Fest in mehr oder weniger ursprünglicher Form gefeiert hat; diese Religionsstufe kann es aber nie und nimmer von sich aus hervorgebracht haben. Dazu gehört einheitliche, noch nicht zerrissene primitive Kultur. Das Bewußtsein des Judentums ist aber nie ein ungespaltenes, in sich ruhendes gewesen. In den verborgenen Tiefen der Seele ist das Judentum nie seines Gottes völlig gewiß gewesen. Nie ist das Bewußtsein von dem göttlichen Zorn völlig gewichen. Mag auch der Einzelne sich gerecht und seines Gottes gewiß gefühlt haben: das Volk war noch insofern unter dem Zorne, es lebte noch in der Strafzeit, als das Glück, das Heil immer ein rein zukünftiges, erst zu erwartendes war. Das frohe Bewußtsein, daß Gott in seiner Mitte gnädig weilte, hat das Judentum zwar, an den Kultur- und Religionsresten der Vorzeit weiterzehrend, gelegentlich gleichsam nachempfindend verspüren können; nie wird es aber darin das eigentliche Erlebnis seines Kultes und seiner Feste gefunden haben können; nie wird es ein Fest gebildet haben können, dessen Zweck es wäre, dieses Erlebnis und dieses Bewußtsein zum Ausdruck zu bringen.

Hat es somit jemals ein Fest wie das oben beschriebene gegeben, muß es vorexilischen Ursprungs gewesen, wenn auch, wie wir I 4 d gesehen haben, nicht wenig von seinem Inhalte sich bis in späte, talmudische Zeit, ja, bis jetzt erhalten hat.

So haben wir denn auch schon oben wiederholt darauf hingewiesen, daß diese und jene Belegstelle der vorexilischen Zeit entstamme. Wir stellen hier die Belege zusammen.

Wenn die Berichte II Sam. 6 und I Kg. 8 in Verbindung mit unserem Feste gesetzt werden können — was mir unwiderlegbar erscheint — so ist das vorexilische Alter des Festes bezeugt. Denn der im Exil schreibende Verfasser des Geschichtswerkes, bezw. seine Quellen, beschreibt hier natürlich die Kultsitte, wie sie spätestens in den Tagen vor der Eroberung Jerusalems geübt wurde — wie viel früher können wir nicht sicher sagen. Denn freie Dichtung sind die Einzelheiten der genannten Schilderungen natürlich nicht (siehe II 2 a).

Der »Königsjubel«, d. h. die festliche Huldigung Jahwä's als König bei seiner Thronbesteigung, ist in dem recht alten, unleugbar vorexilischen Bileamsspruch Num. 23, 21 bezeugt (siehe I 4 d S. 43).

Hosea erwähnt den Tag des Königs (d. h. Jahwä's) 7, 5, siehe ebenda.

Die nur aus dem Idéengehalt des Festes erklärliche Übertragung des Schöpfungsmythus aus Ägypten (siehe II 1 c) ist schon von Jesaja bezeugt (Jes. 30, 7).

2. Das Alter der verschiedenen Thronbesteigungspsalmen.

Wir wenden uns nun zu dem Zeugnis der Thronbesteigungspsalmen. Die meisten dieser Psalmen werden von der älteren Kritik für nachexilisch gehalten; so Ewald, Wellhausen, Smend, Buhl, Cheyne u. a. Duhm hält fast alle für makkabäisch, und selbst Delitzsch, der den vorexilischen Ursprung der Psalmen 33; 46; 47; 48 verteidigt, erklärt die Gruppe Ps. 93—100 für sicher nachexilisch. Der wichtigste Grund ist für ihn wie für die späteren, die vermeintliche Abhängigkeit von Deuterojesaja, worüber unten.

Hier hat nun aber die spätere Zeit einen gesunden Umschwung gebracht, wenn auch die Priorität Deuterojesajas den Ps. 93—100 gegenüber den Exegeten eine selbstverständliche Voraussetzung ist.

a) Unleugbar vorexilisch sind Ps. 24, 84 und 132. — Nach der einzigen Deutung, die auf Wahrscheinlichkeit und innere Beweiskraft Anspruch machen kann, gehört Ps. 24 zu einer Prozession mit der Lade; eine Lade

gab es aber nach dem Exil nicht. — In Ps. 132 wird die Lade ausdrücklich als anwesend erwähnt; der Psalm ist nur als Prozessionslied mit der
Lade verständlich. Da er zugleich das Bestehen des Davidischen Königstums voraussetzt, kann über seinen vorexilischen Ursprung kein ernst zu
nehmender Zweifel aufkommen [1]. — Das Bestehen des Königstums setzt auch
Ps. 84 mit dem eingelegten Gebet für den König voraus.

Vorexilisch ist zugleich Ex. 15, 1 ff., der in E. aufgenommen worden
ist und dessen Schilderung der Schilfmeerkatastrophe sich nicht an P. oder
den gesamten Pentateuch, sondern an J. hält (V. 8[2] vgl. Ex. 14, 21).

Das Bestehen des vorexilischen Königstums setzt höchstwahrscheinlich
auch Ps. 122 voraus — es sei denn, daß die Worte »für das Haus Davids«
V. 5 späterer Zusatz seien. Denn sicher wird hier nicht auf die ferne
eschatologische Zukunft hingewiesen; in dem Falle könnte der Vers nicht
das Aufziehen der Stämme Israels begründen; derselbe Grund verbietet auch
die Annahme, daß der Dichter hier auf die jetzt verschwundene Herrlichkeit des Davidshauses hindeutet; die Worte können nur bedeuten, daß die
Stämme Jahwä's nach Jerusalem hinaufziehen, weil dort der Sitz des die
Gnade und die Verheißungen Gottes verbürgenden Davidshauses ist; selbstverständlich ist es dabei, daß auch Jahwä selbst dort wohnt; denn der
König wohnt in dem Schatten seines Gottes [3].

Daß Ps. 87 vorexilisch sein muß, haben wir bei unserer Analyse
S. 185 f. gesehen.

Höchstwahrscheinlich ist »Hinaufziehen« Ps. 47, 6 nicht nur eine stilistische, nunmehr vielleicht nicht verstandene Reminiszenz an eine Zeit als
die Lade wirklich hinaufzog, sondern die Stelle bezieht sich wohlbewußt
auf eine noch geübte, lebendige Kultsitte. Dann ist aber auch dieser
Psalm vorexilisch.

b) Gilt dies aber den genannten Psalmen, so dürfte es nicht weniger
den Ps. 8; 29; 46; 48; 65; 66; 67; 75; 76; 81; 85; 114 gelten. Hat
man erst die rein eschatologische Deutung aufgegeben und das Recht einer
kultischen Erklärung anerkannt, so zwingt hier auch gar nichts zu einer

---

[1] Siehe oben II 3 c, S. 115, N. 3 und 116, N. 2.

[2] Hier ist nicht von einer Straße durch den See wie in P. die Rede, sondern von einer Stauung des Wassers desselben in dem einen Ende des
Seebeckens, durch das Wehen des Odems Gottes bewirkt, wie in J.

[3] Dagegen dürfte wohl der Ps. nachdeuteronomisch sein, vgl. Gunkel, Ausgew. Ps.⁴. Der Gebrauch des relativen שֶׁ beweist an sich nicht nachexilische Zeit, vgl. das Deboralied. — Daß V. 5 zu lang ist, hat Budde
richtig gesehen; zu streichen ist *lᵉmišpā̄t*, *kissō̄p*, ersteres als Glosse,
letzteres als Dublette.

nachexilischen Datierung. Auch in dem Ausdruck »das Schicksal wenden«
Ps. 85; 126 liegt kein Hinweis auf das Exil — mag es auch von den Punk-
tatoren so aufgefaßt worden sein — auch keine Nachahmung der Propheten,
etwa des Jeremia. Wir haben oben gesehen, daß der Ausdruck viel älter
als die Propheten ist und aus der in Israel vielleicht schon halbvergessenen
Vorstellung der Schicksalsbestimmung am Neujahrstage stammt, die ihrerseits in dem (babylonischen) Schöpfungs- und Neujahrsmythus ihre Erklärung findet (II 1 e). Es sind die wiederholten Schicksalswendungen der
vergangenen Jahresfeste, auf die beide Psalmen hinweisen.

Psalm 118 wird fast allgemein für nachexilich erklärt. Man weist
erstens auf »die Gottesfürchtigen« Vers 4 hin: das seien die Proselyten;
das hält aber kaum Stich; die Reihenfolge: Israel — Ahron — die
Gottesfürchtigen spricht dagegen, die nächstliegende Annahme ist die, daß
der Vers die beiden vorhergehenden Kategorien zusammenfaßt: das ganze
heilige, gottesfürchtige Volk. — Zweitens weist man auf den Mangel an
Originalität und auf die Benutzung älterer Dichtungen hin. Ist aber Mangel
an dichterischer Begabung etwa erst seit dem Exil in die Welt eingetreten?
Wenn der Psalm nachexilisch wäre, hätte man dann nicht in V. 10—18
einen deutlichen Hinweis auf das Exil erwarten sollen? Immerhin mag zugegeben werden, daß Ps. 118 nachexilisch sei; er ist aber auch in sachlicher
Hinsicht, wie wir oben sahen, höchstwahrscheinlich eine der späteren
liturgischen Schöpfungen des Herbstfestes. Er ist am ehesten als Umbildung älterer Kultgebräuche zu verstehen; sein Alter hat daher wenig für
das Alter des Festes zu besagen.

Den in literarischer Hinsicht sekundärsten Eindruck aller hier behandelten Psalmen macht Ps. 33; hier darf man mitunter füglich bezweifeln, daß
der Dichter sein ihm von dem traditionellen Stil aufgegebenes Thema wirklich verstanden hat; daß daher der Psalm im großen Ganzen auf den
Thronbesteigungsmythus geht, ist noch völlig durchsichtig.

c) Was die Aufzugspsalmen 120—134 betrifft, haben wir schon gesehen, daß unter ihnen sicher Ps. 132 und höchstwahrscheinlich Ps. 122
vorexilisch sind; in Ps. 122 muß die nachexilische Auffassung durch das
prekäre Mittel einer Streichung verteidigt werden. Sind nun aber diese
Psalmen vorexilisch, so sind damit die aus einer angeblichen Einsicht in
die hebräische Sprachgeschichte geholten Argumente für die nachexilische
Abfassung der meisten Aufzugspsalmen hinfällig geworden. Denn sowohl
das relative שׁ wie Aramaismen finden wir in jenen beiden Psalmen vertreten. Argumente aus der Sprachgeschichte sind bei einer Sprache wie der
hebräischen, aus deren Literatur wir nur Bruchstücke kennen, und die
tatsächlich durch einen längeren Teil der Zeit, aus der wir Literaturreste

besitzen, schon eine tote, eine rein literarische Sprache gewesen, sind immer von etwas zweifelhaftem Wert. — Unsere Kenntnisse der hebräischen Sprachgeschichte sind fast ausschließlich auf den Resultaten der höheren Kritik gegründet, die ihrerseits großenteils aus inneren Gründen die Chronologie der nicht datierten Schriften bestimmen muß. Ebensowenig wie die Wellhausensche Geschichtskonstruktion ist die daraus gezogene Sprachgeschichte eine endgültige. Entweder sind schon in der späteren vorexilischen (assyrisch-babylonischen) Zeit allerlei Aramaismen und »späte« Formen in die Sprache hineingedrungen; oder aber wir haben anzunehmen, daß die Sprachform der Kultpsalmen allmählich »modernisiert« worden sei — was eben bei Kultpsalmen, die in stetigem Gebrauche sind, sehr natürlich ist, vgl. unsere Kirchengesangbücher. – Inhaltlich steht nun in den »Aufzugspsalmen« nichts, das aus nachexilischer Zeit stammen müßte. Über die Wendung des Schicksals Ps. 126 haben wir schon gesprochen.. — In Ps. 120 ist nicht von der Zerstreuung die Rede; in V. 5 sind die »Bogenspanner« (lies $mōš^ech\hat{e}\ q\tilde{a}š\hat{a}\mathring{p}$) und die Bewohner der Zelte Kedars Bilder für die feindlichen Zauberer (»die Lügenlippen« V. 2 f.; siehe Psalmenstudien I, S. 45).

d) Auch nicht bei Ps. 149 ist die übliche späte Datierung notwendig. Im Gegenteil, sie ist unserer Ansicht nach sehr übel angebracht. Weil aber der Psalm zu den festesten Stützen der Anhänger der »makkabäischen« Psalmen gehört, gehen wir hier etwas ausführlicher auf diese Frage ein. — In der norwegischen Vorstufe dieses Aufsatzes bin ich (S. 72, N. 2) auf die Gründe, auf denen sich die makkabäische Datierung mutmaßlich stützt — denn so selbstverständlich erscheint diese Datierung ihren Anhängern, daß die Gründe fast nie angegeben werden; man muß sie erraten — eingegangen und habe zu zeigen versucht, daß die betreffenden Ausdrücke des Psalms sich ebenso gut aus der vorexilischen wie aus der makkabäischen Zeit erklären lassen (vgl. ib. S. 79). Darauf antwortet Buhl, daß diese meine Ansicht »zu den Geheimnissen der neuesten Entwickelung der alttestamentlichen Wissenschaft gehört« (Psalmerne², S. 872, N).

Man hätte dann glauben sollen, daß ein so gründlicher und umsichtlicher Forscher wie Buhl auch die Gründe für seine makkabäische Datierung gegeben hätte. Er begnügt sich aber mit der Paraphrasierung des Inhaltes: »Die bis jetzt bedrückten Frommen haben zum Schwert gegriffen und jubeln über die Niederlagen, die sie den Heiden zugefügt haben, und in denen sie den Anfang der Erfüllung der Verheißungen sehen«; dazu erklärt er: »wenn irgend ein Psalm mit Bestimmtheit das Gepräge der Makkabäerzeit trägt, so tut es dieser«. Von einzelnen Argumenten finde ich nur die Behauptung, die auch Baethgen u. v. a. haben, daß die $ḥ^asīdīm$ des Psalms die Ασιδαιοι des Makkabäerbuches sind.

Zwar hat nun Buhl gegen Gunkel (Ausgew. Psalmen [4]) u. a., die den
Psalm eschatologisch, als verkappte Weissagung deuten, darin völlig recht,
daß die Worte des Psalms »so aktuell wie nur möglich klingen«. Diese
Aktualität führt aber nicht notwendig auf zeitgeschichtliche Begebenheiten
als Anlaß, sondern findet durch die kultischen Erlebnisse ihre völlig befriedigende Erklärung, vgl. oben S. 66 und bes. S. 177. Buhls Paraphrasierung des Inhaltes des Psalms — die für die makkabäische Auffassung
typisch ist — ist aber falsch. Es steht im Psalm kein Wort von Siegen,
die schon gewonnen, und Niederlagen, die schon zugefügt worden sind.
$J^e\check{s}\bar{u}^c\bar{a}$ V. 4 bedeutet nicht notwendig »Sieg«, wie B. übersetzt, und die
Imperfekta in V. 4 reden von der Wohltat, die Jahwä immer seinem Volke
antut; über die Gewißheit der göttlichen Hilfe, wo immer man sie braucht,
jubelt der Psalm, nicht über neue, in der Gegenwart gewonnene Siege.
Nicht der Sieg, sondern das Kraftgefühl, das in gegebenen Fällen auch Siege
verschaffen wird, ist das aktuelle, ist die Erfahrung, über die hier gejubelt
wird. Und die letzte Strophe redet nicht davon, daß das Volk schon durch
militärische Siege das verheißene Gericht vollstreckt hat, sondern davon,
daß sein Gott und Schöpfer und König, der jetzt in seiner Mitte weilt,
die Kraft ist, durch die es sicher und bald die geschriebene Rache werde
nehmen können.

Was nun die Einzelheiten betrifft, so sind »die Frommen« dem ganzen
Zusammenhange nach nicht eine Partei, sondern »Israel«, »die Sioniten«.
Daß aber »die Frommen« oder »die Frommen Jahwä's« schon in vorexilischer Zeit das ganze Volk als diejenigen bezeichnet, die allein wahrhaft
fromm, weil sie den eigentlichen Gott verehren, zeigt z. B. I Sam. 2, 9; denn
dieser Psalm, der das Vertrauen ausspricht, Jahwä werde »seinem Gesalbten«, d. h. dem König Israels helfen, ist vorexilisch; nach dem Exil gab
es keinen König. Auch $^{c a}n\bar{a}w\bar{\imath}m$ V. 4 wird von Buhl falsch gedeutet (»die
bis jetzt bedrückten Frommen«). Das Wort bedeutet nicht primär »bedrückt«,
sondern demütig (urspr. gebeugt; in religiösem Sinne: wer gebeugt vor
dem Gotte steht), und ist eine der orientalischen Auffassung des religiösen
Verhältnisses durchaus entsprechende Bezeichnung der Verehrer eines
Gottes; es ist somit schon von Haus aus ein Synonym zu $h^a s\bar{\imath} d\bar{\imath} m, \, s\!a\!d\!d\bar{\imath} q\bar{\imath} m$
usw. In diesem religiösen Sinne kommt das völlig Synonyme $^c\bar{a}n\bar{\imath}$ schon
in den vorexilischen Königspsalmen 18, 28 und 72, 2 vor. Daß die übliche
Auffassung von $^c\bar{a}n\bar{a}w$ und $^c\bar{a}n\bar{\imath}$ in den Psalmen als religiöse Parteibezeich-
nungen falsch ist, habe ich in Psalmenstudien I, Kap. IV 4 g gezeigt. —
Daß die kriegerische Stimmung des Psalms ebenso gut in der älteren wie
in der makkabäischen Zeit paßt, braucht man nicht zu beweisen.

Da nun das Vorhandensein von makkabäischen Psalmen in Betracht der Geschichte des Psalters immerhin eine Schwierigkeit ist, so kommt immer diese Deutung unter mehreren sonst gleichberechtigten in letzter Reihe. Und wie hier gezeigt, verbietet nichts eine frühere Datierung. Im Gegenteil, das noch ungebrochene und kriegerische Gefühl der nationalen und religiösen Kraft deutet am ehesten auf die Periode der nationalen Kultreligion und das Bestehen des nationalen Staates. Ich bezweifle sehr, daß eine so echt primitive und ursprüngliche Bedeutung des Wortes *hådãr*, wie wir in V. 9 haben, in der spätesten Zeit überhaupt möglich wäre.

e) Daß Stilart und Form und Inhalt der Ps. 93—100 älter als Deuterojesaja ist, geht aus der oben S. 49 f. behandelten Nachahmung dieser Dichtart in Jes. 42, 10 ff. hervor. Der Prophet ahmt hier einem echten Thronbesteigungspsalm nach. Er singt dem sich bald als Sieger betätigenden Jahwä »ein neues Lied«, er fordert »die weite Erde«, »das Meer und seine Fülle«, die fernen Gestaden und ihre Bewohner, die Steppe und die Berge und die Städte — kurz die ganze belebte und unbelebte Natur zum Lobpreis auf. Wie viele fast wörtlichen Anklänge an die Thronbesteigungspsalmen 93—100 sich hier finden, erkennt jeder Leser sofort. Er besingt ferner Jahwä als den gewaltigen Krieger, der sich anschickt, wider seine Feinde zu ziehen. Und er beschreibt den bevorstehenden Kampf in Ausdrücken, die eben nicht auf das eigentliche Thema: den Kampf gegen Babylon und das Zurückführen der Exulanten durch die Wüste, passen, sondern deutlich auf den Urmeermythus hinweisen: er wird das Wasser trocken legen und die Sümpfe ausdörren, die Hügel versengen und die Vegetation verwelken lassen. Da der Dichter an den bevorstehenden Wüstenzug denkt, hätte man das Umgekehrte erwarten sollen: Jahwä werde für die Wanderung möglichst viel Wasser verschaffen; er ist aber von seiner Vorlage gebunden, die er allegorisierend umdeutet. — Nun ist es völlig klar, daß der wörtliche Gebrauch der Vorstellungen und Gedanken, wie wir ihn in den Thronbesteigungsliedern Ps. 93—100 finden, älter als die allegorisierende Umdeutung ist. Es ist somit bewiesen, daß Psalmen der Art der Ps. 47 u. 93—100 noch im vorexilischen Tempel gesungen wurden — denn in der Zeit des Exils will man sich doch wohl nicht das Aufkommen dieser Gattung denken.

Der Einfluß der Thronbesteigungspsalmen auf Stil und Ideeninhalt des Deuterojesaja geht viel weiter als hier angedeutet. Sein Stil ist überhaupt als eine Mischform von prophetischem und lyrisch-hymnischem aufzufassen. Das hat man schon lange gefühlt, erst Gunkel hat es aber klar erkannt[1]. Die ältere Kritik, die sehr wenig von vorexilischen Psalmen

---

[1] Siehe auch Greßmann, Die literarische Analyse Deuterojesajas, ZATW 34, S. 254 ff.

wissen wollte, scheint auch mehrfach der Ansicht gewesen zu sein, daß es die Psalmdichter, besonders die Dichter der Ps. 93—100, sind, die dem Deuterojesaja nachgeahmt haben, sowohl dem Stile als dem Inhalte nach. Eine merkwürdige Ansicht, als könnte die Mischung sein, ehe die Grund-elemente da waren. Von prophetischem Stil zeigt aber die genannte Psalmengruppe — abgesehen von 95 — keine Spur. Deuterojesaja hat aber ebensowenig wie Jeremia die Psalmdichtung geschaffen. Er ist hier Nachahmer, wie jener. Wir geben im folgenden einige weitere Beispiele.

Wir haben schon gesehen, daß Jes. 42, 10—17 ein regelrechter Thron-besteigungspsalm ist. Der Drachenkampf ist hier umgedeutet und auf den bevorstehenden Kampf mit dem Chaldäern, die Spaltung des Meeres auf die Wunderstraße durch die Wüste bezogen worden. Da die Umdeu-tung jünger als der buchstäbliche Sinn ist, so ist Deuterojesaja hier sekundär.

Hier sei auch Jes. 48, 17—19 erwähnt. Dazu gehört als Einleitung V. 16[1]. Das Stück bildet eine inhaltliche und formale Parallele zu dem Thronbesteigungspsalm 81. Zu der Einleitungsformel des Propheten V. 16 vgl. Ps. 81, 6 b. Dann folgt an beiden Stellen die Selbstvorstellung Jahwä's, indem er das Volk an seine Wohltaten erinnert Jes. 48, 17, vgl. Ps. 81, 7 f. Dann die Aufforderung, der göttlichen Mahnung zu lauschen Jes. 48, 18 a, vgl. Ps. 81, 9; die Nennung des Inhaltes der Gebote und die Erinnerung an die Treulosigkeit Israels Ps. 81, 10—13 fehlt dagegen bei Deuterojesaja. Beiden gemeinsam ist aber die Verheißung, die nach der Aufforderung folgt: wenn du auf mich hören willst, dann mache ich dein Glück riesengroß und beispiellos Jes. 48, 18 b—19, vgl. Ps. 81, 14—17. — In Ps. 81 bezieht sich die Aufforderung ganz deutlich auf die Erneuerung des Bundes, nachdem Jahwä am Neujahrstag wieder seinen Thron bestiegen. Diese deutliche und organische Beziehung fehlt dagegen bei Deuterojesaja. Wenn man etwas auf den Zusammenhang geben darf, so versteht er unter dem Gebote Jahwä's die Ermahnung zum Glauben und Vertrauen an die Heilsbotschaft des Propheten Jes. 48, 1—15. — Merkwürdig ist die Verheißung in Jes. 48, 18 f. Es wird von Glück und »Recht«, hier Heil, geredet, und das ist echt deuterojesajanisch Wenn aber das Glück näher bestimmt werden soll, so wird von großem Kindersegen und zahlreichen Nachkommen, von ewigem

---

[1] Duhm, Buhl u. a. deuten den in 16 b Redenden als Jahwä — was nach Jes. 45, 19 sehr nahe liegt — und streichen V. 16 b als Zusatz. Das ist sehr einfach und verführererisch und würde sich auch empfehlen, wenn man nur erklären könnte, wie und warum der Zusatz gemacht worden wäre. Das tun die Genannten nicht. Dann muß aber das Ich im ganzen Vers die Prophet sein. Dann gehört aber der Vers zum folgenden.

Bestehen vor dem Angesicht Jahwä's geredet. Das nächstliegende wäre doch, vor allem die Befreiung und die Rückkehr aus Babel zu verheißen, das folgt auch in V. 20 f., und wenn wir aus dem Zusammenhang argumentieren dürfen, so ist es auch die Rückkehr, an den der Prophet eigentlich gedacht hat, als er von dem »Recht« Israels sprach. Dann hat er sich aber in V. 18 f. wenigstens sehr unklar ausgedrückt. Woher diese Unklarheit? Sie ist darin begründet, daß er mit übernommenen Vorstellungen und Ausdrücken operiert, die auf eine geschichtliche Situation gedeutet werden. Die Verheißung der Fruchtbarkeit gehört eigentlich zum Thronbesteigungs- und Herbstfest, aus dem sowohl Gedanken als Formen in Jes. 48, 16—19 stammen.

Daß auch die Beschämung der Bilderanbeter bei dem Kommen Jahwä's in wörtlichen Anklängen an das Thronbesteigungslied Ps. 97, 7 f. erwähnt wird (Jes. 45, 16 f.), kann uns hier nicht wundern.

Eine echt deuterojesajanische Umdeutung eines traditionellen Gedankens des Thronbesteigungsfestes haben wir in Jes. 45, 8:

Träufelt, ihr Himmel oben, und die Wolken rieseln Recht,
es öffne die Erde [ihr Schoß][1], daß Heil [und Friede][1] wachsen,
und Gerechtigkeit läßt sie sprossen zumal — ich Jahwä, ich schaff's.

Die Anklänge an Ps. 85, 10 ff. sind unverkennbar:

Ja, nahe ist sein Heil den Frommen, daß Herrlichkeit unter uns wohne,
Liebe und Treue vereinen sich, Gerechtigkeit und Friede sich küssen,
Treue sproßt auf von der Erde und Gnade blickt vom Himmel herab.
So gibt uns Jahwä alles Gute, unser Land bringt uns
(reichliche) Frucht.

Daß dieser Psalm zum Herbstfeste gehört, ist klar, vgl. oben S. 160 f. Unter Heil, Gerechtigkeit usw. sind hier die idealen Zustände und Tugenden gemeint, die das Kommen Jahwä's begleiten. Die Gerechtigkeit ist hier der Inbegriff der Tugenden eines »Gerechten«, d. h. eines frommen, seine Pflichten erfüllenden Mannes, samt den äußeren Folgen dieses inneren Zustandes: Segen, Glück, Wohlergehen usw. Daß diese idealen Zustände und Tugenden mit der sproßenden Frucht der Erde verglichen werden, ist in einem Herbstfestliede wohlbegründet. — Bei Deuterojesaja bedeuten »Recht« und »Gerechtigkeit« dagegen, hier wie sonst, die Heilstat der Befreiung aus dem Exil. Hier ist der Vergleich mit der von dem Regen hervorgelockten, aus der Erde sproßenden Frucht unplastisch und unanschaulich. Er läßt sich nur durch die Übernahme und Umdeutung traditioneller, anderswoher stammender Vorstellungsformen erklären.

---

[1] Nach Duhm.

Aus den Thronbesteigungspsalmen stammt auch die Vorstellung von
dem in Triumph nach seinem Tempel in feierlicher Prozession hinaufziehenden siegreichen König Jahwä, wie sie in Jes. 40, 9—11 und 52, 7—10
vorliegt (siehe weiteres unten II Teil, Kap. II 2). Im Geiste nach dem jetzt
wieder erbauten Sion versetzt sieht der Prophet die Freudenboten, die dem
Zuge voraus eilenden Herolden, die frohe Botschaft überbringen: Dein Gott
ist König geworden, jetzt kommt er in Prozession. Der feierliche Aufzug
ist in Ps. 47, 6 deutlich erwähnt und gewinnt durch die Kombination mit
Ps. 132 und 24 volles Leben und Klarheit. Er gehört hier zu den notwendigen Voraussetzungen dieser Psalmen; gemeint ist die wirklich im
Kulte stattfindende Prozession des Königs Jahwä, der als Triumphator nach
der Bekämpfung seiner mythischen Feinde unter dem Jubel seines Volkes
hineinzieht. Die Psalmen gehören hier zu einem Stück wirklichen Lebens.
— Anders dagegen bei Deuterojesaja. Nur sehr undeutlich schimmert es
hier noch hindurch, daß eine kultische Königsprozession gemeint ist. Die
jubelnden, den Gott begleitenden Kultteilnehmer, das Volk des Königs, sind
hier zu den von dem Gott aus dem Exil befreiten, über diese Befreiung jubelnden Juden geworden. Ob die vorauseilenden Herolden und die von den
Mauern hinausspähenden Wächter dem Bilde etwa nach dem Muster des Einzugs eines vom Kriege heimkehrenden irdischen Königs hinzugefügt worden
sind, oder sie auch im kultischen Aufzug ihren Platz gehabt, können wir nicht
sagen Jedenfalls hat Deuterojesaja eine kultische Vorstellung und die dieser
entsprechenden Anschauungs- und Stilformen der kultischen Lieder auf ein
erwartetes) geschichtlich-eschatologisches Ereignis übertragen und dementsprechend umgebildet. Im Thronbesteigungsfeste sind die Begleiter schon
in oder vor der Stadt; der König kommt (mit seinem himmlischen Heer) und
wird vom Volke empfangen und nach dem Tempel begleitet. Dementsprechend befinden sich im Völkerkampf- und Befreiermythus die bedrängten
Israeliten in der Stadt, von den Feinden belagert oder bedroht (Ps. 46; 48).
Anders in der Umdeutung des Deuterojesaja. Hier bringt der König das
ihn begleitende Volk als Beute vom Kampfe mit: es sind die von ihm
befreiten Exulanten, die nach Jerusalem zurückgeführt werden. — Die
Sekundarität des Deuterojesajas ist deutlich. Er hat eine kultische Vorstellung und einen Mythus auf die (jetzt noch werdende) Geschichte
übertragen.

Zu den hier erwähnten Stücken kommt eine Reihe von lyrischen
Anklängen an die Thronbesteigungspsalmen hinzu. Bezeichnend sind die
wiederholten Aufforderungen an die Natur, Jahwä ob seiner großen Tat,
seines Kommens, seines Heils zu preisen, Jes. 42, 10 f.; 44, 23; 49, 13; 55, 12 f.
Oder es wird gesagt, daß der Einzug des kommenden Königs von der

Natur jubelnd begrüßt wird. Die Anklänge an die Thronbesteigungspsalmen im engeren Sinne (Ps. 47; 93—100) sind z. T. ganz wörtlich: das
Meer und seine Fülle, die Küsten und ihre Bewohner, die Gehöfte Kedars
und die Bewohner der Klippen und Felsburgen (Jes. 42, 10 f.), die Himmel
und die Tiefen der Erde, die Berge und alle Bäume des Waldes (Jes. 44,
23; 49, 13; 55, 12) begrüßen Jahwä, seine Tat und seine Erlösten, singen
dem neuen Könige ein neues Lied (Jes. 42, 10).

Wir haben gesehen, daß diese Begrüßung von Seiten der Natur zum
Stile der Thronbesteigungspsalmen gehört; sie hat hier ihre natürliche
Stelle, denn die Schöpfung der Welt und der Natur ist ja eben die Voraus-
setzung der Thronbesteigung Jahwä's (s. oben S. 8; 46); daher nimmt die
Natur an der Huldigung des Königs Teil. Bei der Rückkehr der Exulanten
ist der Jubel der Natur nicht so gut logisch begründet, wenn er auch dem
patriotischen Herzen wohlverständlich und natürlich sein mag. Die freie
Erfindung dieses Zuges von Seiten des Deuterojesaja würde aber ein
Naturgefühl voraussetzen, wie es der alte Orient nicht kennt: das Hineinlegen der menschlichen Stimmungen in die Natur ist romantisch-modern.
Als Teil eines Schöpfungs- (und Thronbesteigungs-)mythus ist der Jubel der
Natur aber auch bei den Alten begreiflich. Da ist der Mensch eben nur
ein Teil des Ganzen.

Diese Beispiele bestätigen uns, daß der Stil des Deuterojesajas von
den Thronbesteigungspsalmen stark beeinflußt ist. Er ist überhaupt ein
Mischstil, der sich nur dadurch erklärt, daß die Vorstellungen, die Deuterojesaja in diesen Stil kleidet, und für die dieser Stil geschaffen ist, ursprünglich nicht eschatologische Vorstellungen gewesen, sondern daß sowohl
sie als der für sie geschaffene Stil aus dem Ideenkreise des Thronbesteigungsfeste, aus den verschiedenen Formen des Thronbesteigungsmythus, die
in den Anspielungen der Festpsalmen — und manchmal vielleicht nur in
diesen — überliefert wurden, stammen. Mit den genannten Vorstellungen
ist zugleich der lyrisch-hymnische Stil, der an ihnen haftete, in das eschatologische Gemälde übergegangen, von wo auch Deuterojesaja beides übernommen und auf das bevorstehende, in der Befreiung aus dem Exil resul-
tierende Kommen Jahwä's übertragen hat. Der Stil verrät zugleich den
Ursprung der Ideen. —

Inhaltlich besteht aber ein tiefer Unterschied zwischen den Thronbesteigungspsalmen und Deuterojesaja. Zunächst der bedeutende Unterschied, daß das Reich Jahwä's, die nahe heran gekommene Herrlichkeit, eschatologisch ist. Deuterojesaja betrachtet seine Verkündigung als die Erfüllung
uralter, traditioneller Weissagungen und Erwartungen. Das Reich Jahwä's
in den Thronbesteigungspsalmen ist aber keine eschatologische, sondern

eine jetzt — im Kulte — erlebte Tatsache. Das Erlebnis, das Gegenwärtige, ist aber das Primäre. Daß Deuterojesajas direkt oder indirekt von
den Ideen und Formen der Thronbesteigungspsalmen abhängig ist, werden
wir unten im II Teil zeigen. —

Was werden nun für positive Beweise für die Abhängigkeit jener
Psalmen von Deuterojesaja gegeben? Soweit ich sehe fast keine. Man
sieht in den Psalmen die nähere Ausführung des deuterojesajanischen
Wortes »dein Gott ist König geworden« (Jes. 52, 7); in den angeblich zeitgeschichtlichen Ereignissen, die jene Psalmen veranlaßt haben sollen, habe
der Dichter die Erfüllung jenes Wortes gesehen. Eine merkwürdige Ansicht!
Die ganze Vorstellungswelt, die ganze poetische — und wir fügen hinzu:
kultische — Situation jener Psalmen, die Thronbesteigung und das Königs-
tum Jahwä's sollte sich aus jenem Worte entwickelt haben? Im Gegenteil,
Deuterojesaja deutet mit seinem Worte, das deutlich eine traditionelle Formel
ist, auf ein längst gegebenes Ideenkomplex hin; er will sagen: jetzt wird
das Wirklichkeit, das von dem du längst gehört und was du lange erwartet
hast: Jahwä ist nun endlich wirklich König geworden! Ein zusammenhängendes Ideenkomplex entwickelt sich nicht aus einer Formel. Die hin-
deutende Formel ist immer das Sekundäre. Statt eines Beweises genügt,
scheint es, den Exegeten, die Behauptung oder die als selbstverständlich
hingestellte Voraussetzung, daß die Propheten die schöpferischen Geister
sind, die die Idéen bilden; erst nach ihnen kommen die Dichter, die ihre
Idéen für die Lyrik ausbeuten; wo man daher Berührungen zwischen
Propheten und Psalmen findet, geht man einfach davon aus, daß die Priorität bei den ersteren zu suchen sei. — Wenn der Allgemeinsatz von den
Propheten als den Schöpfern der Idéen zum Dogma und literargeschicht-
liches Schibboleth wird, wird er falsch und verwerflich. Da ist er keinen-
falls als selbstverständliche Voraussetzung zu gebrauchen. Denn auch die
Propheten haben ihre Voraussetzungen; auch sie haben vorgefundene Idéen
aufgenommen, verwertet, umgebildet, vertieft, aber jedenfalls benutzt. Und
was besonders Deuterojesaja betrifft, so ist sein reichlicher Gebrauch des
Hymnenstils und Tons eine bekannte Tatsache. Mit dem Stil und der
Form übernimmt man aber unwillkürlich etwas von dem Inhalte.

Natürlich kann ein positiver Beweis dafür, daß etwa die Psalmen 93—
100 vorexilisch sein müssen, nicht erbracht werden; dazu sind sie viel zu
unbestimmt, allgemein, traditionell. Darauf kommt es aber nicht an. Mögen
die einzelnen Exemplare der Gattung, die wir in Ps. 93—100 besitzen, tatsächlich in der Zeit nach Deuterojesaja gedichtet worden sein, so ist jedoch
die Gattung als solche sowohl ihrem Stil wie ihrem ganzen Ideeninhalte
nach älter als der Prophet. Deuterojesaja bewegt sich durchaus in dem

Ideenkreise des Thronbesteigungsmythus; er[1] hat aber überall denselben umgedeutet und umgebildet. Der Mythus ist bei ihm zunächst Eschatologie, dann aber allegorische Einkleidung gewisser jetzt im Werden begriffenen geschichtlich-politischer Tatsachen geworden. Darauf soll im zweiten Teil näher eingegangen werden.

Daß die Berührungen der betreffenden Thronbesteigungspsalmen mit Deuterojesaja nicht als Entlehnungen betrachtet werden können, geht einfach daraus hervor, daß die betreffenden Gedanken (Jahwä der Schöpfer und daher der Besitzer und Herr des Universums, Jahwä der König; das Lobsingen der ganzen Welt, aller Völker, der ganzen Natur, der Berge und der Meere, der Gestade und ihrer Bewohner; das Kommen zum Gericht; das Betätigen seiner Gerechtigkeit, d. h. seiner heilswirkenden Huld Israel gegenüber; das Beschämtwerden der Götter und der Bilderanbeter; das Kommen der Völker nach Jerusalem, um Jahwä zu huldigen und Teil an Israels Heil und Glück zu erlangen usw.) sich in den Thronbesteigungspsalmen als organische und ursprüngliche Teile des Tronbesteigungsmythus — und nur so — erklären lassen. Bei Deuterojesaja dagegen, bei dem freilich alle diese Gedanken vorkommen, wird nie ausdrücklich von einer Thronbesteigung geredet; nur unklar schimmert es hindurch, daß dieser Gedanke im Hintergrunde des Vorstellungskomplexes steht und eigentlich die Voraussetzung der anderen Gedanken und Vorstellungen ist. Was somit in den Psalmen auf seinen organischen Platz und in seinem ursprünglichen Zusammenhang steht, das steht bei Deuterojesaja gewissermaßen von seiner eigenen Wurzel losgetrennt und in rein eschatologischen Zusammenhang hineingesetzt.

Zwar kann es nun ebensowenig bewiesen werden, daß alle die betreffenden Psalmen wirklich v o r Deuterojesaja geschrieben wurden. Das ist aber völlig nebensächlich. Sowohl ihrem Stile als ihrem religiösen Inhalte nach vertreten sie eine Stufe, die älter als Deuterojesaja ist.

f) Was wir hier b – e über das Alter der Psalmen kurz angedeutet haben, bezweckt nicht, ein Beweis für den vorexilischen Ursprung aller einzelnen Psalmen an sich zu sein. Ich gebe unumwunden zu, daß dieser bei vielen der hier in Frage kommenden Ps. ebensowenig gegeben werden kann, wie der Beweis für den nachexilischen Ursprung. Es genügt vollständig, wenn man bewiesen hat, daß einige dieser Ps. sicheren vorexilischen Ursprungs sind — wie unter a) gezeigt. Denn die von vielen Kritikern seit Wellhausen, und zuletzt noch von Buhl[2] verteidigte Auffassung, daß im Falle der Nichtmöglichkeit einer Entscheidung die Präzedenz

---

[1] Oder die Tradition, von der er abhängig ist.

für nachexilischen Ursprung sei, ist einfach als ein in nichts begründetes falsches Vorurteil abzuweisen. Es ist der Forschung der späteren, mit weiterer religionsgeschichtlicher Horizont arbeitenden Zeit gelungen, so viele sichere vorexilische Psalmen nachzuweisen, daß das noch von Gunkel gehuldigte Urteil der älteren Kritik, daß die große Masse der Lieder des Psalters nachexilisch seien, nicht mehr begründet erscheint. — In meinen Psalmenstudien I habe ich die Hauptstütze dieser irrigen Ansicht umgestoßen, die Meinung nämlich, daß die individuellen Klagepsalmen aus den religiösen und sozialen Gegensätzen des nachexilischen Judentums heraus gesprochen seien.

Wir haben nun oben gezeigt, daß einige der von uns hier behandelten Psalmen sicher vorexilisch sind; daß andere ihrem Stile und religiösen Inhalte nach sicher »vordeuterojesajanisch« und insofern — da sie nicht exilisch sind — vorexilisch; daß von den Übrigen keine die spezifischen Merkmale der nachexilischen Religion, den Nomismus und den Observantismus, das mangelnde Verständnis des echten Kultes und den dogmatisch-literarisch gewordenen Messianismus aufweisen; vielmehr, diese Psalmen sind echte Kultlieder, nicht nomistisch, nicht eschatologisch. Nur eine einzige Ausnahme haben wir neben dem Zweifelhaften Ps. 118 gefunden, Ps. 50, der überhaupt gegen die übrigen Thronbesteigungspsalmen absticht und ein ganz sekundäres Gepräge aufweist — ein Ausnahme, die die Regel bestätigt.

Diesem Tatbestande gegenüber ist es nun vollkommen gleichgiltig, inwiefern die einzelnen nicht datierbaren Lieder vor oder nach dem Exil geschrieben sind; sie vertreten die Religion der vorexilischen Zeit. —

Wir bleiben somit dabei, daß sowohl der religiöse Inhalt des Festes als der Inhalt der einzelnen Thronbesteigungspsalmen mit den direkten Zeugnissen der datierten Quellen darin übereinstimmen, daß unser Fest in der Zeit des nationalen Königtums und der nationalen Kultreligion gehört.

3. Das mutmassliche Alter des Festes.

Wie hoch in die vorexilische Zeit hinaufreichend dürfen wir uns nun das Thronbesteigungsfest vorstellen?

Wir haben schon oben (S. 153, N. 1) angedeutet, daß Jes. 6 eine feierliche Gelegenheit voraussetzt, bei der der Tempel allen offen steht, während Jahwä drinnen als König auf seinem hohen und ragenden Thron sitzt. Das paßt durchaus auf ein Fest wie unser Thronbesteigungsfest nach dem Abschluß der großen Prozession mit der Lade. Demnach würde Jesaja unser Fest gekannt haben. Ungefähr aus derselben Zeit stammt die Erwähnung des Tages bei Hosea 7, 5.

Amos 5, 26 ist für Amos' Zeit eine religiöse Königsprozession des Gottes Sakkūt erwähnt, wobei er samt seinem Stern Kaiwan getragen werden. Wenn diese Sitte damals Eingang gefunden hat, so könnte man ex analogia folgern, daß man damals auch Königsprozessionen Jahwä's kannte; denn in Wirklichkeit ist die Königsprozession und die Thronbesteigung ein charakteristisches Merkmal vieler orientalischen Götter, deren Kulte einander in den Grundzügen sehr ähnlich sind.

Wir brauchen aber für diese recht alte Zeit diese immerhin schwache Analogiestütze nicht. Wie wir oben S. 43 u. 190 gesehen haben, ist der Königsjubel für Jahwä schon in den Bileamsliedern bezeugt Num. 23, 21. Diese Lieder werden von Gressmann (Die Schriften des AT II 1) mit beachtenswerten Gründen in die Zeit Sauls gesetzt; viel jünger als David dürften sie nicht sein.

Aus der früheren Königszeit dürfte auch die Beschreibung des Festes II Sam 6 stammen; denn der exilische Verfasser des Königsbuches hat nach allgemeiner Ansicht nicht nur vorexilische Kultsitte beschrieben, sondern auch ältere schriftliche Quellen benutzt.

Das Fest reicht somit mindestens in die älteste Königszeit zurück. —

Wir haben oben I 4 b β, d gesehen, daß es ein Charakteristikum der babylonischen und ägyptischen Götter ist, daß sie Könige sind und ihre jährlichen Thronbesteigungsfeste haben. Daß nun die Kulte mehrerer dieser Götter schon in sehr alter Zeit in Kana'an bekannt gewesen, dürfen wir nicht bezweifeln. Für einen alten Kult des Gottes Nebo oder Nabu spricht der Gebirgsname Nebo; daß Sakkūts (d. h. wohl Ninibs) Königsprozession in Palästina bekannt gewesen, haben wie soeben gesehen. Daß man in der Amarnazeit ägyptische Götter verehrt hat, ist in den Amarnabriefen bezeugt.

Es ist somit von vornherein wahrscheinlich, daß es nicht lange nach der Ansiedlung in Kana'an gedauert hat, ehe man auch in Israel anfing, Jahwä als König des Volkes und des Landes zu verehren und den babylonischen Schöpfungs- und Thronbesteigungsmythus — denn diese beiden Momente liegen schon in dem Marduk-Tiamatmythus — auf Jahwä übertrug. Dann wird es aber nicht lange gedauert haben, ehe man auch dem Thronbesteigungsfest nachahmte; haben ja die Israeliten als ihr wichtigstes Fest eben das kana'anäische Herbstfest übernommen, das das wohl ältere und israelitische Päsaḥfest zeitweilig in Schatten gestellt hat.

Mir will scheinen, daß wir nicht notwendig in die Königszeit hinabzugehen brauchen. Könige, d. h. kana'anäische Könige, haben die Israeliten gekannt und bewundert, ehe sie selbst welche hatten.

Andererseits ist das spezifisch jerusalemitische Fest, mit dem wir es
hier zu tun haben, natürlich nicht älter als David — wenn man es nicht
vor ihm dem El Eljon gefeiert hat, was an sich gut möglich ist.

4. Zur Geschichte des Festes.

Daß das Fest innerhalb des langen Zeitraumes der israelitischen Königszeit eine gewisse Entwickelung, sowohl ihren äußeren Riten als ihrem
religiösen Inhalte nach, durchlaufen hat, ist von vornherein wahrscheinlich,
wenn nicht selbstverständlich. Diese Entwickelung auch nur zu skizzieren
verbietet uns die Art unserer Quellen. Denn die Hauptquellen, die Psalmen, können nicht genauer datiert werden. Rein apriorisch dürfen wir
natürlich sagen, daß die Entwickelung des Festes gewissermaßen die Entwickelung der israelitischen Religion abgespiegelt haben wird. Damit ist
eigentlich nicht viel gesagt.

Gewisse Richtlinien können wir jedoch ahnen. So unterliegt es wohl
keinem Zweifel, daß die Auffassung, nach der der Kampf Jahwä's gegen
seine Feinde erst nach der Thronbesteigung, nach der Ankunft auf Sion
stattfindet, spätere Verschiebung ist; das ursprüngliche ist: zuerst Schöpfung = Kampf gegen die Feinde, dann Triumph und Thronbesteigung. —
Hieraus ergibt sich zugleich, daß die oben II 1 e skizzierte Auffassung des
Kampfes als eines Gerichts und des Thronbesteigungstages als eines Ge-
richtstages spätere Entwickelung ist. — So gehören denn auch recht viele
unserer Thronbesteigungspsalmen, nach ihrer Haltung zu dem Gerichtsgedanken, der in ihnen ein Hauptstück ist, zu den verhältnismäßig späteren
Zeiten des Geschichtsverlaufes (Ps. 93—100; 118). Hierüber Genaueres
sagen zu wollen, ist aber unmöglich. — —

Es scheint, als wenn schon in der spätesten vorexilischen Zeit das altisraelitische Päsaḥfest etwas von seiner früheren, unter den halbnomadischen
Vorfahren Israels geltenden Bedeutung wieder erlangt hat, und diesmal
auf Kosten seines ursprünglichen Verdrängers, des Thronbesteigungsfestes.
Denn wenn Josia das Päsaḥfest zur Einführung des Deuteronomiums und
Erneuerung des Bundes wählte (II Kg. 23, 21), so wird wohl der Grund
der gewesen, daß das Päsaḥ, wie in der spätjüdischen Zeit und heutzutage,
als ein, wenn auch wohl kaum das Hauptfest galt.

Ein Zeugnis dieser steigenden Bedeutung des Päsaḥfestes haben wir
in den recht alten Zusätzen zu den Festgesetzen, die die Feier des
Päsaḥ dadurch begründen, daß die Auswanderung aus Ägypten im Monat
Abib stattfand (Ex. 13, 4; 23, 15; 34, 18; Dtn. 16, 1). Dazu stimmt, daß sowohl in P., wie ind E. und J. das Päsaḥ in Verbindung mit dem Auszug
gesetzt wird (Ex. 12). Daß diese Begründung sekundär ist, liegt auf der

Hand; Päsaḥ hat ursprünglich gar nichts mit dem Auszug zu tun (vgl. oben S. 37). In den Psalmen ist das Herbstfest Exodusfest, siehe Seite 54 ff. — Hier sind nun aber verschiedene Stufen der Entwickelung zu unterscheiden. Bei J. und E. (Ex. 12, 11 f.; 12, 27) ist das Päsaḥ das Fest zum »Andenken« des »Vorübergehens«, als der Würgeengel die Ägypter schlug und die Israeliten am Leben ließ; das Fest wird somit hier auf eine Einzelheit der Exodussage bezogen, und ist noch nicht als d a s eigentliche Exodusfest aufgefaßt worden. Anders bei P. Ex. 13. Hier ist die ganze Exodussage die Kultsage des Päsaḥfestes geworden; deutlich betrachtet P. das Päsaḥfest als das Exodusfest; dem entspricht, daß er in seiner Erklärung des Hüttenfestes nur das Andenken an das Wohnen in Zelten während der Wüstenwanderung beibehalten hat (Lev. 23, 42 f.)[1]; das Herbstfest ist bei ihm sicher kein eigentliches Exodusfest. Da es nun weder in J. Ex. 34, 18 noch Ex. 23, 15, noch Dtn. 16, 1 heißt: »Denn im Monat Abib verschonte Jahwä euch als er die Ägypter schlug«, sondern »im Monat Abib führte Jahwä euch aus dem Lande Ägypten«, so ist daraus zu folgern, daß diese Zusätze aus der Anschauung heraus geschrieben wurde, daß das Päsaḥfest d a s Exodusfest sei, und in diesem Sinne hat es R^P Ex. 13, 4 sicher verstanden. Das stimmt nun aber, wie wir soeben sahen, nicht zu der Auffassung bei J und E. Es ist demnach anzunehmen, daß diese Begründung des Festes bei Dtn. ihre ursprüngliche Stelle hat und aus Dtn. in J. und E. hineingekommen ist. Denn wie wir sahen, hatte die deuteronomische Zeit das Päsaḥ als ein Hauptfest aufgefaßt (II Kg. 23).

Diese judäische Bevorzugung des Päsaḥfestes dürfte mit ihrem volkstümlichen Charakter als Familien- und Sippenfest zusammenhängen, während das Thronbesteigungsfest der Natur der Sache nach dazu geneigt haben wird, ein jerusalemisches und höfisches Fest zu werden; dieser volkstümliche und heimatliche Charakter des Päsaḥfestes ist es ja gewesen, der die von Dtn. beabsichtigste Zentralisation desselben hat scheitern lassen. Ein Hauptgrund der steigenden Bedeutung des Päsaḥ ist aber ihre Verbindung mit dem kanaʿanäisch-israelitischen Mazzenfest gewesen. Daß diese Verbindung von Päsaḥ und Massôth nicht ursprünglich ist, ist allgemein zugegeben; Päsaḥ hat ursprünglich schlechterdings keinen agrikulturellen Charakter gehabt.

Es steht aber außer Frage, daß der eigentliche Hauptgrund der späteren Bedeutung des Päsaḥ als Hauptfest mit dem Übergang zum babylonischen Kalender mit Jahresanfang im Frühling gegeben war. Und inwiefern dieser schon zur Zeit des Dtn. vorgenommen worden ist, mag man füglich bezweifeln; allgemein geltend ist er sicher nicht vor dem Exil

---

[1] Ein nachexilischer Zusatz zu H., siehe S. 103, N. 1 und Mowinckel, Ezra den skriftlærde, S. 153 f.

geworden. Insofern ist mit der Möglichkeit zu rechnen, daß die oben behandelte Erklärung des Päsaḥ als Exodusfest samt und· sonders auf die
späteren deuteronomistischen Redaktoren zurückgeht, und daß die josija-
nische Wahl des Päsaḥ als Bundesschließungsfestes zwecks Einführung des
Dtn. eben darin begründet war, daß ein neues allgemeines Gemeindefest
lanziert werden sollte.

Vielleicht hat aber auch das assyrische Herrschaft vor Josija den
babylonischen Kalender im offiziellen Gebrauch bevorzugt und dadurch eine
höhere Betonung des Frühlingsfestes vorbereitet. Ist dem so, so können
unsere literarkritischen Erwägungen oben zu Recht bestehen; nur ist dann
II Kg. 23 kein Beweis dafür, daß das Herbstfest schon wirklich zurückgedrängt worden wäre.

Auch die spätere Zeit hat nie völlig vergessen können, daß ursprünglich das Thronbesteigungsfest das eigentliche Exodusfest war. Denn wie
wir sahen (S. 43 u. 82 f.) wurde der Exoduspsalm 81 noch in der spätesten
Zeit als Neujahrspsalm verwendet.

Die eigentliche Blütezeit des Thronbesteigungsfestes hat somit in der
älteren vorexilischen Zeit gefallen.

Das schließt natürlich nicht aus, daß es noch in der nachexilischen
Zeit gefeiert worden sein kann. Jedenfalls hat man noch bis in die späteste Zeit gewußt, was der Inhalt des Neujahrsfestes sei: die Königherrschaft,
die Schöpfung, das Gericht, die Erneuerung des Bundes.

Den ersten Stoß wird eben das Exil dem Feste gegeben haben. Es
liegt auf der Hand, daß ein Fest wie das oben geschilderte, nur am Heiligtum und nur bei selbständigem Bestehen der Nation gefeiert werden konnte.
Bei der Eroberung der Stadt ging die Lade verloren; da konnte man kein
Fest des Einzugs der Lade mehr feiern.

Verhängnisvoller ist aber ein Anderes geworden, nämlich die oben
(S. 83 ff.) erwähnte Zerlegung des ursprünglichen Herbstfestes in drei selbständige Feste: Neujahr, Sühnefest, Laubhütten. Dadurch verlor der Neujahrstag die Verbindung mit dem Hauptfest, dem Ernte- und Erneuerungsfest
der Laubhütten, siehe oben II 2 b.

Zu der Entwertung des alten Neujahrstages trug auch der im Exil
stattfindende Übergang von altkana·anäischem zu babylonischem Kalender
mit Jahresanfang im Frühling bei. Das kirchliche Jahr fing nun mit dem
1ten Nisan an, das Päsaḥfest war offiziell das Hauptfest geworden — die
Exulanten waren wohl meistens keine Ackerbauer mehr und hatten somit
keinen besonderen Grund, das Herbstfest hochzuhalten. — Der Übergang
und die Zerteilung des Festes scheint zunächst einige Verwirrung gestiftet
zu haben. Wie oben erwähnt (II 2 b) wollten Deuteroezechiel und Heilig-

keitsgesetz nichts mehr von dem fröhlichen Neujahrsfest wissen Sie vindi-
zieren den Namen *rō'š haššānā* und die Sitte des Schofarblasens für den
Sühnetag 10. Tischri; mit Buße und Trauer sollte das Jahr anfangen (Ez.
40, 1; Lev. 25, 9). — Ein »Jahresanfang« an dem 10. Tage eines Monats
ist indessen als zu unnatürlich empfunden worden. Schon ein Zusatz zu
Deuteroezechiel Ez. 45, 18—20 läßt wieder den 1. Tischri der *rō'š haššānā*
sein, versetzt aber einfach den Sühnetag von dem 10. auf den 1. des Monats;
auch dieser Gesetzgeber will den Tag lediglich vom Gesichtspunkt der
Reinigung und Sühne betrachtet haben. Der Einfluß des neuen babylonischen Kalenders macht sich darin geltend, daß er auch den 1. Nisan —
der Symmetrie halber — zu einem ähnlichen Sühne- und Bußtag macht. —
Der Priesterkodex hat ihm darin nicht Folgschaft geleistet. Er behält den
10. als Sühnetag bei — anscheinend weil der fünftägige Zwischenraum
zwischen Vorbereitungstag und Hauptfest zu tief eingewurzelt war —, legt
dem 1. das Schofarblasen (und wohl auch den alten Namen) bei; von dem
alten Inhalt des Tages hören wir aber nichts (Num. 29, 1—11).

Da Deuteroezechiel wohl nach der Rückkehr und vor der endlichen
Ausformung und Aufnahme der vielen kultischen Bestimmungen in P. schrieb[1],
und da P. schon vor Nehemia abgeschlossen und mit JEDtn. zum Pentateuch zusammengearbeitet war[2], so hat sich diese Entwickelung zwischen
586 und ca. 460 vollzogen.

Damit ist, wie gesagt, der Neujahrstag von dem Herbstfeste losgelöst
worden und hat seine Verbindung mit dem wirtschaftlichen und volkstümlichen Leben verloren. Als der wichtigste Tag des Herbstfestes ist der
Neujahrstag überhaupt nicht mehr wieder aufgenommen worden. So ist
es denn überhaupt eine Frage, ob er jemals nach dem Exil der Tag der
großen Prozession gewesen. Die Annahme drängt sich auf, daß dieses
äußere Hauptstück des Festes und damit der ganze dramatische Charakter
desselben, nach dem Verlust der Lade aufgegeben, oder richtiger, nicht
wieder aufgenommen worden sei; der Festzug hatte ja dann eigentlich
sein Zentrum und seinen deutlichen Sinn verloren. Nichts gelingt so
selten, wie die Wiederaufnahme einer einst lebendigen, aus irgendeinem
Grunde außer Gebrauch gekommenen religiösen Sitte; sie wird viel zu leicht
eine künstliche Repristination, eine Galvanisierung einer toten Leiche. Man
müßte dann annehmen, daß das vom Chronisten vorausgesetzte Prozessions-

---

[1] Ezra den skriftlærde, S. 127 f.

[2] Sonst hätten nicht die Samaritaner, die von Nehemia exkommuniziert wurden, den Pentateuch als heilige Schrift behalten können, siehe mein Ezra
den skriftlærde, S. 134 ff.

fest, mit dem er die Thronbesteigungspsalmen kombiniert (siehe oben S. 110),
nicht mehr das eigentliche Neujahrsfest, sondern die Altarprozession am
7. Tage des Laubhüttenfestes (siehe sofort) war.

In derselben Richtung wird wohl auch die inzwischen eingetretene
völlige Eschatologisierung des Reich-Gottes-Gedanken (siehe II Teil) gewirkt
haben. In demselben Maße, als das Kommen Jahwä's etwas rein Zukünftiges wurde — und nach dem Zusammenbruch der deuterojesajanischen
und zacharjanischen Hoffnungen wird das erst recht der Fall gewesen sein
— hat man auch das einst Lebendig-gegenwärtige dieses Gedankens vergessen; denn man erlebte ja nicht mehr das Kommen Jahwä's.

Endlich wird aber auch die geänderte Haltung des Judentums zum
Kulte, über die im Anfang dieses Kapitels gesprochen wurde, siehe zugleich
S. 35 f., dazu beigetragen haben, eine Wiederbelebung unmöglich zu machen.

Das soll nun nicht heißen, daß die heilige Prozession des Herbstfestes
verschwunden sei; nur daß sie keine Königsprozession mit der Lade als
sichtbares Symbol ist. Sie hat somit ihren eigentlichen Sinn und ihren
Hauptinhalt verloren. Aus der mischnischen Tradition wissen wir, daß der
7. Tag des Festes noch in spätester Zeit mit einer Prozession begangen
wurde, und ist unsere Erklärung von Ps. 118 (S. 120 ff.) richtig, so hat jedenfalls noch in der Zeit vor dem Abschluß des Psalters nicht nur eine Prozession innerhalb des Tempelbezirkes — wie vielleicht in spätjüdischer Zeit —
sondern eine, die zum Tempel hinaufging und mit dem Umzug um den Altar
endete, stattgefunden. Hierin zeigt sich aber der große Unterschied zwischen
der von Ps. 132 und der von Ps. 118 bezeugten Prozession. Das Hauptstück dieser ist nicht der Einzug des Königs Jahwä, nicht das Erleben der
Ankunft des persönlichen Gottes zwecks Wohnen in seinem Volke, sondern
der weit primitivere Ritus des Umschreitens des Altars mit grünen Zweigen.
Das bedeutet nun nicht an sich ein Rückfall aus »geschichtlicher« in naturhafte Religion; wohl aber bedeutet es, daß der Zusammenhang der Prozession und ihrer Riten mit dem persönlichen Jahwä undeutlich geworden
ist. Die Prozession ist nunmehr eine alte Sitte, deren eigentlicher Sinn
nicht mehr einleuchtend ist. Auch sie wird von nun an von dem Gesichtspunkt des Nomismus betrachtet worden sein: man übt sie, weil sie geboten
ist. Die Prozession ist eine deutliche Verkümmerung derjenigen in Ps. 132
und Ps. 24.

Und dennoch ist vieles von dem Inhalte des Thronbesteigungstages
beibehalten worden und auf das Laubhüttenfest übergegangen. So ist es
denn an sich möglich, daß mehrere der Thronbesteigungspsalmen — außer
Ps. 118 und 50 etwa Ps. 81 oder einige der Ma'alothpsalmen — nicht für
das alte Herbstfest, sondern für das nachexilische Laubhüttenfest gedichtet

worden seien, wenn das auch nicht bewiesen werden kann; mir scheint, daß die Sammlung dieser Psalmen in einem Heft mit Ps. 132 zusammen dagegen spricht.

Anderes aus dem Idéeninhalte des besonderen Thronbesteigungsfestes ist dem neuen Neujahrstag am 1. Tischri geblieben, wenn auch mehr oder weniger unverstanden, in mehr oder weniger rudimentärer Form.

Daß man diesem Tage noch damals eine nicht geringe Bedeutung als Restitutionstag, als dem Tag des Anfangs der neuen, heiligen Zustände in der Gemeinde, beigelegt hat, ersieht man aus Neh. 8. An diesem Tage feiert die Gola Ezras die Wiedervereinigung mit der Gemeinde der heiligen Stadt; noch damals ist der Tag ein dem Jahwä in besonderer Weise heiliger Tag, ein Tag des Festes, ein Tag der von Jahwä stammenden, die Kraft der Gemeinde bezeugenden Festfreude (Neh. 8,10). Nach dem Gesetze werden reichliche Extraopfer gebracht, und der Tag wird durch das Schofarblasen ausgezeichnet. Noch zu Ezras Zeit, d. h. um 398 v. Chr.[1] gibt man einander am Neujahrstage Geschenke und ißt und trinkt und freut sich vor Jahwä. Früh Morgens kommt man auf dem Tempelplatz[2] zusammen und hört Stücke aus dem Gesetz verlesen und verdolmetscht (Neh. 8)[3]. Ob das Festmahl aber im Tempel oder in den Häusern eingenommen wurde, wird nicht gesagt; ersteres ist immer noch das wahrscheinlichere. Von einer Prozession am Neujahrstage verlautet aber in nachexilischer Zeit nichts. Übrigens wissen wir sehr wenig davon, wie der Tag damals begangen wurde. Daß aber die mischnische Tradition noch die Hauptidéen des Tages, die Schöpfung, und zwar als Grundlage der Königsherrschaft Jahwä's, samt dem Gericht kennt, das haben wir oben gesehen.

---

[1] Mowinckel, Ezra den skriftlærde, S. 68 ff.
[2] Ib. S. 11 f.
[3] Ib. S. 32 ff.

ZWEITER TEIL

DER URSPRUNG DER ISRAELITISCHEN ESCHATOLOGIE

KAP. I. DAS PROBLEM UND DIE THESE.

1. Der kultische Thronbesteigungstag Jahwä's.

Wir fassen hier die Resultate des ersten Teils kurz zusammen.

Die Thronbesteigungspsalmen, die weder zeitgeschichtlich noch eschatologisch zu deuten sind, setzen einen kultischen Thronbesteigungstag Jahwä's voraus, der jedes Jahr am Neujahrstag, vielleicht dem ersten Tag des großen Herbstfestes, begangen wurde. Dem alten Israel war das Reich Gottes keine eschatologische, sondern eine gegenwärtige Größe, eine Tatsache, deren Wirklichkeit und deren immer wiederholte Neubegründung im Kulte des Neujahrsfestes erlebt wurde. Kult ist ein Erlebnis, in dem die grundlegenden Heilstatsachen, auf denen die Existenz und das Heil einer Gemeinde beruhen, immer wieder erneuert, neu geschaffen, wiederholt werden. Da wiederholt sich etwas, was schon früher, ja im Anfang gewesen; es liegt aber in der menschlichen Natur, daß die Wiederholung jedesmal herrlicher als die erfahrenen Tatsachen erwartet und in der Anfangsstunde empfunden wird. Jeden Neujahrstag kommt Jahwä wieder und besteigt seinen Thron. Dieser Tag ist sein »Tag«, der Tag Jahwä's (Neh. 8, 10; Hos. 7, 5), an dem er alle die Großtaten übt, die sein Reich begründen. Man hat den Tag mit einer großen Prozession begangen, dem Königseinzug des siegreichen Gottes, bei dem Jahwä selbst (unsichtbar?) in seinem Palladium, der Lade, zum Tempel hinaufgetragen wurde (Ps. 132; 24; 47, 6; II Sam. 6). Hier erlebt die Gemeinde, das fromme Volk, die Ankunft seines starken gnädigen und segenspendenden Gottes.

Kult ist, wie gesagt, Wiederholung der Urheilstatsache. Dementsprechend hat man in dem Kultmythus des Festes — jedes Fest hat seinen Kultmythus — von einer vorzeitlichen »geschichtlichen« Tat des Gottes erzählt, die den Grund seiner Königsherrschaft gelegt habe. Der echte Mythus ist überhaupt die geschichtliche oder kosmische Projektion dessen was im Kulte regelmäßig erlebt wird. Von diesem Mythus sind die Ideen und Vorstellungen, die sich um das Kommen Jahwä's gruppieren, beeinflußt und bestimmt worden. — Der »Thronbesteigungsmythus« hat in vielen Varianten existiert, der verbreitetste dieser Mythen, der in vielen der

Thronbesteigungspsalmen nachklingt, ist der Drachenkampf-Schöpfungsmythus gewesen. Jahwä ist König der Welt, weil er Tiamat oder die Chaosdrachen besiegt und die Welt geschaffen hat (Ps. 96, 10; 95, 3 ff.; 24, 1 f.; 33, 6—9; 93; 29, 3 f. 10; Jes. 42, 10—17; siehe I Teil, Kap. II 1 a).

Daneben steht auch der Götterkampfmythus: aus den feindlichen Ungeheuern des Drachenkampfmythus sind die feindlichen Götter der heidnischen Mächte geworden. Die Götter haben im Jahwismus die Rolle der »Helfer Rahabs« übernehmen müssen (Ps. 97, 7; 96, 4, vgl. Hi. 40, 32 ff.; in eschatologischer Umdeutung Jes. 24, 21—23; vgl. Ps. 82; siehe I. Teil, Kap. II 1 b).

Der Mythus ist aber historifiziert worden. Israel ist Krone und Sinn der Schöpfung. Parallel der Schöpfung steht daher das Werden Israels als Volk. Schöpfung wird gleich Auszug aus Ägypten; Schilfsee = Urmeer (beide werden »gespaltet«), Rahab = Ägypten, bezw. Pharao, usw. — Als Festmythus finden wir somit auch den Auszugsmythus (Ps. 114; 66 A; Ex. 15, Ps. 81; 95; Dtn. 33, 4; siehe I Teil, Kap. II 1 c).

Die Historifizierung geht aber weiter. Hinter den Heidengöttern (siehe oben) stehen die dem Israel feindlichen Völker, deren Typus Ägypten ist. Alle diese feindlichen Mächte werden von Jahwä an seinem Thronbesteigungstag ideel besiegt — denn wie könnte er sonst als Triumphator in seine Stadt hineinziehen und den Thron besteigen? Mythus ist aber die in die Urzeit zurückprojizierten Glaubenserlebnisse im Kulte. So wird aus diesem Glauben ein Mythus, der Völkerkampfmythus. Jahwä hat einmal alle Völker und Könige der Welt — weniger kann es im Mythus nicht sein — besiegt, als sie seine Stadt angriffen, und hat so Jerusalem in der Stunde der höchsten Not gerettet; das alles wiederholt sich nun dem Glauben jeden Neujahrstag (Ps. 76; 46; 48; 33, 10 ff.; eine Sagenbildung auf dem Grunde von diesem Mythus stellt die Erzählung von der Niederlage Sanheribs dar. Siehe I Teil, Kap. II 1 d).

Diese Bekämpfung der göttlichen und menschlichen Feinde wird als gerechte Strafe aufgefaßt. Daraus entsteht der Gerichtsmythus (I Teil, Kap. II 1 e). Der Tag des Kommens Jahwä's ist ein Tag des Gerichts über die Feinde Israels (Psalmen 149; 75; 82). Israel selbst wird nicht gerichtet, es ist gerecht. Mitwirkend ist die alte Vorstellung von der Schicksalsbestimmung ($\check{s}\bar{u}b$ $\check{s}^e b\bar{u}\not p$) am Neujahrstage gewesen. Israel muß sich aber natürlich bei dem Kommen des Heiligen reinigen, die Sünder wegschaffen. Daraus entsteht im Laufe der Zeit unter dem Einfluß der prophetischen Predigt der Gedanke, daß Israel insofern gerichtet wird, als es eine ernste Rüge und Mahnrede hören muß (Ps. 50; vgl. 81; 95). Der Gedanke eines wirklichen Gerichts oder Strafgerichts über Israel gehört nicht zu dem

Gedankenkreise des Thronbesteigungsfestes. Die am Neujahrstage eröffnete neue Schicksalsreihe bringt ein gutes Schicksal, »Heil« und Glück über Israel, Strafe und Unheil über die Feinde, die Heiden. —

Die Vorstellungen von den Gütern, die der Tag mit sich bringt, sind nun natürlich von diesen Formen des Mythus in mannigfaltiger Weise beeinflußt. Der Festtag bringt ja wieder einmal all das Gute, das einmal war.

Dieser Tag der Ankunft Jahwä's ist ein Tag seiner Offenbarung, ein Tag der Theophanie (Ps. 97), und diese herrliche Offenbarung wird mit allen Mitteln des Mythus und der Sage ausgemalt, mit Zügen die sowohl aus dem Schöpfungsmythus (Ps. 93), der Exodussage (Ps. 97, 2; 99,7) und der Sinaioffenbarung (Ps. 97,3—5), als aus seinem imposanten und furchtbaren Walten in der Natur überhaupt stammen; alles vereint in Ps. 29. Da die göttliche Offenbarung den einen ein Grund zum Schrecken und Entsetzen, den Anderen zur Freude ist, so wird sowohl das Furchtbare der Offenbarung betont: der Tag ist ein Tag der göttlichen Schreckensoffenbarungen und ein Tag der vernichtenden Katastrophen — und dabei bedient man sich vorwiegend der Naturereignisse wie Blitz (Ps. 29,8), Donner (Ps. 29, 3), Sturm (Ps. 48, 8), Erdbeben (Ps. 29, 6; 46,7), Vulkanausbruch (Ps. 29, 7)[1], jedoch auch der Stilisierung und Kombination aller dieser Offenbarungsformen, die in dem Sinaimythus vorliegt (Ps. 97) — als auch das Erhebende und Beglückende derselben (Ps. 97, 2; 99,7). Die Einzelheiten und die Farben dieser Schilderungen nehmen die Dichter wo sie sie nur finden, unbesorgt daß dieselben vielleicht in keinem ursprünglichen und organischen Zusammenhang mit dem Mythus des Tages stehen (Psalm 29).

Eigentlich kommt nun Jahwä, weil das Volk seinen Gott bei sich braucht. Er kommt durch den Kult, der in einem jährlichen Zyklus verlauft. — Dies wird aber in der mythischen Sprache der Religion ausgedrückt, durch Mythen begründet.

Die Veranlassung des Kommens Jahwä's ist dann der Umstand, daß seine Feinde sich gegen ihn und sein Volk empört haben (Ps. 97), zügellos hausiert (Ps. 82) sein Volk angegriffen (Ps. 46; 48; 76) haben. Vor dem Tosen der Feinde gerät die Welt in Wanken, wird wieder einmal fast ein Chaos,

---

[1] Höchstens ganz abgeblaßt und bis zur Unkenntlichkeit stilisiert kommt der vulkanische Ausbruch bei den Theophanien in Betracht; Vulkanausbruch hat Israel nie erlebt. Die von Gunkel, Greßmann, Musil u. a. vertretene Theorie, daß Sinai ein Vulkan sei, halte ich mit Kittel, Geschichte Israels I², S. 537, für irrig. Sinai liegt in der Nähe von Kadesch, und dort sind keine Vulkane.

ein Tohū (Ps. 65, 8). Der göttlichen Epiphanie voraus geht somit eine schreckliche Zeit der Not und des Bedrängnisses, die das Eingreifen Jahwä's notwendig gemacht hat.

Nun kommt er aber, und der Tag seines Kommens ist ein Tag des Kampfes; gegen seine Feinde schickt er sich an zu kämpfen. Die Feinde sind zahlreich wie Sand; denn gegen ihn stehen die Helfer Rahabs (Ps. 29; 93) — die einst alles das füllten was jetzt die Welt ist; oder gegen ihn stehen alle die anderen Götter und ihre Verehrer (Ps. 82; 97, 7) — die ganze Welt außer Israel; oder gegen ihn stehen alle die Völker und Könige, die gegen Jerusalem herangerückt sind (Ps. 46; 48; 76) — auch das eine »Welt« von Feinden. Und wenn die tatsächlichen geschichtlichen Verhält-nisse nicht dieser Voraussetzung entsprechen sollten, so wird man jeden-falls vorausgesetzt haben können, daß die frechen Heiden so etwas planten, übrigens hat ja ein Volk in der geographischen und geschichtlichen Lage Israels immer Feinde oder streitsüchtige Nachbaren gehabt, auf die der Festmythus jedesmal appliziert werden konnte.

Furchtbar, die Welt in Verwirrung setzend, sie verheerend, katastrophal ist das Heranrücken der Feinde (Ps. 46, 3 f.; 75, 4 f.; 82, 5; 93, 3). Furcht-bar wird auch der Kampf. Denn mit allen Mitteln des Schreckens und der Verheerung zieht Jahwä gegen die feindliche Welt aus — mit Blitz, Donner, Erdbeben, Feuer, Sturm (vgl. oben).

Der Sieg bleibt Jahwä's — sein Tag ist ein Tag des Sieges —; seine Feinde werden in einer katastrophalen Niederlage vernichtet — für sie ist der Tag ein Tag der furchtbaren Katastrophen (Ps. 48, 6—8; 149). — Mitunter gestaltet sich sein Kommen fast wie eine Weltkata-strophe; die ganze Welt gerät in Wanken vor dem Kommen Jahwä's und der wunderbaren Donnerkraft seiner Stimme (Ps. 46, 7; 29), wie vor dem Tosen seiner Feinde. Das ist aber poetische Hyperbel, Ausschmückung, hymnische Ornamentik; von einem wirklichen Weltuntergange ist nie die Rede, und wie wir oben (S. 162 f.) sahen, setzt auch die neue Schöpfung keinen wirklichen Weltuntergang voraus.

Wenn so die Feinde vernichtet sind, bricht für Israel ein Jahr (oder eine Zeit) der Huld und des Wohlwollens und der Gnade herein (Ps. 65, 12).

Daraus folgt, daß das Heil Israels eine gegenwärtige, keine eschato-logische Größe war. Wenn Jahwä alle seine Feinde, sei es die Götter, sei es die Könige der Welt, sei es die aktuellen geschichtlichen Feinde Israels, bei seinem Erscheinen in all seiner göttlichen Herrlichkeit und Pracht und Schreckensglanz besiegt und vernichtet hat — zunächst allerdings nur in der Vorstellung der Gläubigen — so zieht er als König ein und weilt in der Mitte seines Volkes, in den Palästen seiner Stadt Jerusalem (Ps. 93 —99; 46—48; 76).

Die Bekämpfung ist zugleich Gericht (siehe oben). Der Tag ist somit auch ein Tag des Gerichts über die Heiden, die Feinde Jahwä's. Was Israel betrifft, so besteht das Gericht in der Wiederherstellung und der tatsächlichen Freisprechung (Rechtfertigung) in dem immer schwebenden »Prozesse«, d. h. Streit zwischen Israel und den Nachbarvölkern. Für Israel ist das Gericht = Heil, Glück, Segenszustand. Jahwä kommt am Neujahr, die ganze Welt zu richten (Ps. 96, 13; 97, 8; 48, 12; 75; 82); über seine Gerichte freuen sich und jubeln Sion und die Städte Judas. — Gerichtet werden auch die Götter; die Theophanie Jahwä's ist ein glänzender Triumph über die Heidengötter, deren Todesurteil er an diesem Tage spricht (Ps. 82; 96, 4); beschämt und betrogen stehen daher ihre Anbeter, die »Bilderverehrer« da (Ps. 97, 7).

Israel soll nicht verurteilt werden; es ist gerecht. Gelegentlich treffen wir aber in späterer Zeit einen anderen Gedanken: auch in Israel sind Sünder und Frevler; die müssen vor dem Gericht zittern (Ps. 50). Es bleibt jedoch bei einer Mahnrede; das Volk als ganzes bleibt bestehen; denn Jahwä ist gnädig und barmherzig (vgl. Ps. 81; 95). So richtet er die Welt gerecht (Ps. 96, 13; 98, 9), indem er die einen (d. h. Israel) erhöht und die anderen (d. h. die Heiden) erniedrigt (Ps. 75, 8). So wird die ganze Welt erkennen, daß dies gerecht ist und ihm daher danken und ihn preisen (Ps. 97, 7 ff.; 98, 3 f.).

Das Ergebnis des Gerichts ist für Israel die politische und religiöse Weltherrschaft. Denn die Israeliten sind die Beamten Jahwä's im Reiche. Alle Völker, soweit sie nicht in der Katastrophe vernichtet worden sind, werden die Überlegenheit des Gottes Israels anerkennen müssen; sie werden sich daher Israel anschließen, um an seinem Glück teilnehmen zu dürfen (Ps. 46, 11; 47, 10; 87; 96, 7—9).

Das endliche Ergebnis der Offenbarung Jahwä's und seines machtvollen Eingreifens ist somit das Friedensreich. Der Tag des Kommens ist ein Tag der Vernichtung der Waffen (Ps. 46; 48; 76).

Das Friedensreich erinnert uns an die uranfänglichen Zustände. Und wie es aus der oben dargelegten Form des Festmythus hervorgeht, hat man sich die Wirkung des Kommens Jahwä's als eine neue Schöpfung vorgestellt. Das bedeutet nun nicht etwa, daß die alte Welt durch irgend eine vernichtende Katastrophe, etwa einen Weltbrand, zu Grunde gehen werde; das mythische Denken ist nicht an unsere logischen Kategorien gebunden. Wie der altgewordene wieder jung wird (Ps. 103, 5; Jes. 40, 31), so wird die alte Welt durch Einflößung göttlicher Kräfte wieder neu geschaffen. Erneuern und Schaffen sind synonyme Begriffe (siehe Ps. 104, 30). Man versteht vielleicht diesen Gedanken besser, wenn man bedenkt, daß es eigentlich der Kultus ist, der immer wieder die »Welt« erhält und neu schafft[1]. — In praxi hat man wohl meistens die Neuschöpfung als eine Neuordnung aller Verhältnisse, und natürlich im Sinne der Ideale Israels, aufgefaßt.

Neuschöpfung ist Rükkehr zu dem Ursprünglichen. Im Anfang war das Paradies. In den Texten, die von dem nichteschatologischen Tag Jahwä's reden, wird nun nicht ausdrücklich von der Wiederkehr des Paradieses geredet. Das jetzt zu erwartende Glück Israels wird aber in Farben und Ausdrücken geschildert, die deutlich von der Vorstellung von den paradiesischen Zuständen herstammen (Ps. 81, 17; 121, 6). Noch deutlicher von dem Paradiesmythus — an sich eine Form des Schöpfungs-mythus — beeinflußt sind die Erwähnungen Jerusalems als Gottesstadt, in der Jahwä seit seiner Ankunft wohnt (Ps. 48, 2 f.; 46, 5; 65, 10).

Dies alles bedeutet, daß Jahwä das S c h i c k s a l s e i n e s V o l k e s w e n d e t (Ps. 85, 2; 126, 1. 4; 14, 7 = 53, 7), d. h. er bestimmt — ursprüng-lich der ganzen Welt, im besonderen aber seinem Volke — ein neues Schicksal; daß das neue Schicksal Israels ein gutes sein werde, ist selbst-verständlich.

Das drückt man auch so aus: Jahwä e r n e u e r t d e n B u n d mit sei-nem Volke — das ist die den Ps. 81; 95; 132 zu Grunde liegende Vor-stellung; noch deutlicher spricht Ps. 99, in dem die Vergegenwärtigung, richtiger die kultische Wiederholung der ersten Bundesschließung klar zu Tage tritt.

Was bringt nun das neue Schicksal, was gibt der neue Bund? — Zunächst bringt er das R e i c h J a h w ä's, das Gottesreich. Das Reich ist, wie gesagt, ein Friedensreich; das ist es aber, weil es ein W e l t r e i c h ist. Im Geiste sieht Israel, wie alle Völker der Erde zu Jahwä auf Sion wallfahren, ihm Tribut und Gaben bringen (Ps. 76, 12; 96, 7 f.), sich vor ihm niederwerfen und ihm als Gott huldigen und sein Volk Israel als ihre Herren aner-kennen; um etwas von dem Segen Israels zu erhalten schließen sie sich dem Volke Abrahams an (Ps. 47, 4. 10); denn die ganze Welt wird die Rettung sehen, die er seinem Volke gebracht (Ps. 98, 3). Israel wird das Beamtenvolk Jahwä's im Weltreich.

Es ist eine H e i l s z e i t, ein »Jahr der Huld«, die so gekommen ist (siehe oben). Mögen die Zeiten manchmal schwer gewesen und der Ertrag der Erde und der Arbeit der Hände gering — jetzt wird alles anders. Die Wendung des Schicksals, der neue Bund, bringt alles was das Volk begehrt und braucht. Alles Glück, alles Heil, jeden Segen. Reinigung

---

[1] Siehe I Teil, Kap I 4 b.

und Sündenvergebung (Ps. 99, 8; 130), richtige, segensvermittelnde Priester (Ps. 132, 9. 16), Eintracht und Friede (Ps. 133), Fruchtbarkeit des Landes, des Volkes und des Viehs (Ps. 81; 132; 65; 85; 126; 128), Schutz gegen alle feindlichen Mächte der Natur und der Menschenwelt (Ps. 121; 125; 14 = 53; 81, 15 f.; 129, 5; 132, 18), Unantastbarkeit der Stadt (Ps. 125; 46; 48; 76); Sieg und kriegerische Kraft (Ps. 29, 11; 132, 18; 149), einen kräftigen, gesegneten, segenspendenden, siegreichen König (Ps. 132)[1].

Natürlich ist das alles an religiöse und moralische Forderungen ge-knüpft[2]. Das kommt aber in dieser Untersuchung nur insofern in Betracht, als es erklärlich macht, wie man immer wieder diese hochgespannten Fest-erfahrungen und Erwartungen mit der kläglichen Wirklichkeit des Alltages ausgleichen konnte. Weil Israel immer wieder in irgend einer Weise, durch irgendwelche Bösewichte und Frevler die feierlichen Bundesverpflichtungen brach, blieb immer so viel des erwarteten Heils aus. Aus diesem Grunde und weil überhaupt die religiösen Güter — wie alle Schätze — nach primi-tiver Anschauung im Laufe der Zeit verbraucht werden, mußte das Kom-men und die Thronbesteigung Jahwä's sich immer wiederholen; jeden Neujahrstag wurde ein neuer Anfang gemacht, ein neuer Grund gelegt. Denn dem bußfertigen Volke gegenüber ist Jahwä immer zum Verzeihen bereit (vgl. Ps. 81; 95). — —

Dies alles ist nocht nicht Eschatologie, wie die übliche Deutung dieser Psalmen will. Denn man erwartet und erlebt es jedes Jahr aufs Neue, erlebt am Neujahrstag mindestens den Anfang davon in dem Gefühl der Gottesnähe und besitzt den Rest im Glauben; das wird alles im Laufe des Jahres allmählich kommen; die im Feste gegebene Wirklichkeit braucht sich nur aufzurollen. Es ist alles Erlebnis, Erfahrung, Gegenwart. In den be-glückenden Gotteserlebnissen des Festes besitzt man es schon. Daraus schöpft man die Gewißheit, daß man die Vollendung als Zugabe bekommen wird.

Es ist einmal eine Zeit gewesen, da dies wahr gewesen. — Wie viel davon man in den nüchternen Stunden des Alltags buchstäblich genommen hat, das können wir nicht sagen. Auf den Höhepunkten des Lebens, im Feste, da erlebt und glaubt man es, und die Dichter haben dieses Erlebnis in den Psalmen festgehalten.

Es ist noch nicht Eschatologie; es sollte es aber einmal im Laufe der Geschichte werden.

---

[1] Siehe I Teil, Kap. III 1.
[2] Siehe I Teil, Kap. III 2.

2. Das Problem. — Gressmann. Gunkel. Sellin.

Man wird sicher nicht die obige kurze Skizze lesen können, ohne einen deutlichen Eindruck von den durchgängigen Berührungen dieser an den Thronbesteigungsfest geknüpften Vorstellungen mit der Eschatologie zu bekommen. Was hier skizziert worden ist, sieht tatsächlich wie Eschatologie aus, und die betreffenden Psalmen sind denn auch in neuster Zeit meistens eschatologisch gedeutet worden.

Es erhebt sich somit hier von selbst die Frage nach dem Verhältnis des Thronbesteigungsfestes zu der Eschatologie.

Hier sei es mir nun gestattet, eine persönliche, jedoch für die Methode und den Gang der Untersuchung nicht unwesentliche Bemerkung vorauszuschicken. — In der oben erwähnten norwegischen Vorstufe zu meiner Untersuchung über die Thronbesteigungspsalmen steht nichts von der Eschatologie. Als ich mit der eschatologischen Deutung der Thronbesteigungspsalmen gebrochen hatte, glaubte ich, mit der Eschatologie in dieser Verbindung fertig zu sein. Erst allmählich, als ich das Problem dieser Psalmen nochmals durchdachte, kam es mir zum Bewußtsein, daß das Fest der Boden der Eschatologie war. Und erst im Laufe der Ausarbeitung des ersten Teils kam mir die frappante Übereinstimmung zwischen den Grundzügen der Eschatologie einerseits und dem Kultmythus und dem Idéenkreise des Festes andererseits zum Bewußtsein, bis ich schließlich sah, daß die ganze Eschatologie ein in die Zukunft verlegtes Thronbesteigungsfest war, und die Erklärung dieser Tatsache entdeckte. So hatte ich tatsächlich die wichtigen Abschnitte über den Kultmythus und den religiösen Idéeninhalt des Festes in der Hauptsache fertig, ehe mir der Zusammenhang mit der Eschatologie völlig klar wurde. — Dieser Gang der Untersuchung scheint mir deshalb wichtig, weil daraus hervorgeht, daß jene Abschnitte nicht etwa in der Absicht zurechtgelegt worden sind, als Grundlage einer Untersuchung über den Ursprung der Eschatologie zu dienen. Ich wollte erst lediglich eine kultisch-religionsgeschichtliche Erklärung einer Psalmengruppe schreiben. Erst allmählich ist mir der Gedanke gekommen, den zweiten Teil über den Ursprung der Eschatologie hinzuzufügen. — Jetzt lege ich aber darauf Gewicht, daß ich den Ursprung ungesucht entdeckt habe. Man entdeckt aber nur, was in die Augen springt. Man sucht Indien und findet dabei Amerika. Letzteres kann dem Entdecker nicht abgesprochen werden; streng genommen braucht er seine Entdeckung gar nicht zu beweisen. — —

Die Frage nach dem Ursprung der israelitischen Eschatologie ist bis jetzt verhältnismäßig wenig behandelt worden. Zwar ist viel über die

Eschatologie geschrieben worden. In der Ursprungsfrage kam man aber lange nicht über individuel-psychologische Erwägungen gelegentlich der Behandlung einzelner Propheten hinaus. Als der erste hat GRESSMANN die ganze Ursprungsfrage aufgerollt. Sein groß angelegtes, das gesamte Material auf seinen Ursprung hin prüfendes und zweifellos die Auffassung der israelitischen Eschatologie in neue Bahnen lenkendes Buch hat er »Der Ursprung der israelitisch-jüdischen Eschatologie«[1] betitelt. Was dieses Buch aber tatsächlich gibt, ist vor Allem der mehr oder weniger wahrscheinliche Ursprung der einzelnen Vorstellungen, die in dem eschatologischen Gemälde zusammengekommen sind. Das Buch gibt vor allem die Analyse der Einzelheiten. Die letzte Synthese wird mehr unklar angedeutet.

Im Einzelnen gehen nun Greßmans Ansichten dahin, daß Unheils- und Heilseschatologie in Israel von jeher unausgeglichen und mehr oder weniger fragmentarisch neben einander bestanden haben; ein Ausgleich sei, was Israel betrifft, zum ersten Male in dem sekundären Restgedanken gegeben. Sowohl die Unheils- als die Heilseschatologie seien ursprünglich rein natur-mythologischer Art gewesen. Die Einzelheiten der Unheilseschatologie seien als Fragmente und Ausmalungen einer ursprünglichen, in Israel aber nur ganz abgeblaßt vorhanden seienden, Theorie von einem Weltuntergange, die die ganze Kreatur in Mitleidenschaft ziehe, zu erklären; der Weltuntergang führe das Zurückwenden des ursprünglichen Chaos mit sich. Die Heilseschatologie gehe auf ein Zurückwenden der paradiesischen Zustände, die im Anfang, nach der Schöpfung bestanden haben, hinaus; auch diese sei somit eigentlich naturmythologischer Art. Diese Theorien seien, sowohl ihren Grundgedanken als auch den meisten ihrer Einzelheiten nach, fremdländischen Ursprungs, wenn auch im Laufe der Zeit die Katastrophen bei dem Weltuntergange einen ausgesprochen palästinenschen Kolorit angenommen haben. — Ursprünglich habe nun aber eine Einheit zwischen Weltuntergang und Welterneuerung bestanden. Diese Einheit sei eine auf der Beobachtung der Präzession der Sonne begründete wissenschaftliche Theorie von einer Reihe einander ablösender Weltperioden, nach Ablauf einer Periode solle die Welt untergehen und die neue Periode mit einer Neuschöpfung ihren Anfang nehmen. Heimat der Theorie: Babylonien.

Zu diesen Aufstellungen ist vieles zu bemerken. Erstens ist, wie Sellin (siehe unten) richtig hervorhebt, nie im A. T. von einem wirklichen Weltuntergang die Rede. Und damit fällt eine der wichtigsten Voraussetzungen Greßmanns. Zweitens ist das Vorhandensein der Weltkatastrophentheorie

---

[1] Göttingen 1905 (Forschungen z. Relig. u. Lit. d. A. u. N. T., herausg. v. Bousset u. Gunkel. Heft 6). — 2te Aufl. unter Vorbereitung.

in der altorientalischen Kulturwelt nicht nachweisbar (s. unten zu Gunkel);
und drittens ist durch diese Erklärung eigentlich die Frage, die unserer
Ansicht nach die wichtigste ist, nicht befriedigend beantwortet.

Denn das eigentliche Problem ist nicht, woher die Einzelvorstellungen
stammen und aus welchen Gründen sie in die Eschatologie hineingeströmt
sein mögen. Greßmann muß eine ganze Reihe von Vorstellungen konstatieren, die ursprünglich gar nichts mit der supponierten Weltperiodentheorie zu tun haben: in der Behandlung dieser Fragen bestehen große
Abschnitte seines Buches. Ja, das eigentliche Problem ist nicht einmal dies:
auf welche Ureschatologie die eschatologischen Vorstellungen zurückgeführt
werden können. Das tiefste Problem ist dies: wie ist es überhaupt dazu
gekommen, daß Israel — soweit wir sehen können als einziges der alten
semitischen Völker, darunter wohl auch Ägypten mit eingeschlossen [1] — eine
Eschatologie hervorgebracht hat, die nicht nur eine den Menschen wenig
angehende Theorie über irgendwelche zukünftigen Begebenheiten, sondern
ein in die Volksseele tief hineingreifender Teil der Religion war. Den
Trieb zum eschatologischen Denken und Hoffen gilt es aufzuspüren und
zu erklären; die Einzelvorstellungen sind im Vergleich damit etwas mehr
Nebensächliches.

Bei den Einzelvorstellungen bleibt auch MESSEL, Die Einheitlichkeit der
jüdischen Eschatologie [2] stehen. Die Frage nach dem Ursprung, die doch
für die Einheitlichkeitsfrage von großer Bedeutung sein muß, hat er sich
nicht gestellt.

Was von Greßmann gilt, das gilt in demselben Grade von seinem
Vorgänger GUNKEL, der in seinem epochemachenden Buch Schöpfung und
Chaos in Urzeit und Endzeit [3] eine sehr wichtige Seite der eschatologischen
Vorstellungswelt zur Untersuchung aufnahm und die an sich sehr richtige
These durch ein besonders deutliches und wichtiges Beispiel illustrierte:
Eschatologie ist Urgeschichte in die Endzeit projiziert. Auch hier fehlt aber
die Hauptsache: wie ist es dazu gekommen, daß man die Urzeit in die
Endzeit hineinprojizierte; was hat bewirkt, daß man den Trieb verspürte,
sich überhaupt ein Bild von einer »Endzeit« zu machen, wie ist man dazu
gekommen, über eine »Endzeit« zu denken?

Später (Genesis², S. 234) hat Gunkel die Gleichung von Urzeit und
Endzeit aus der Kenntnis der Präzession der Sonne zu erklären versucht,

---

[1] Vereinzelte Zukunftsweissagungen literarischer Art sind noch keine Eschatologie (vgl. die Zusammenstellung der betreffenden Texte bei Jeremias,
Altorientalische Geisteskultur, Leipzig 1913, S. 219 ff.).

[2] Gießen 1915, Beiheft zu ZATW 30.

[3] Göttingen 1895.

eine Erklärung, die, wie wir sahen, von Greßmann aufgenommen wurde. Aus seiner Ausdrucksweise geht nicht ganz klar hervor, ob er überhaupt die ganze Eschatologie aus einer solchen »Periodentheorie« (Greßmann) ableiten will. — Seit wann haben aber die Babylonier — denn nur diese kommen in Betracht — die Präzession gekannt und als Kreislauf erkannt? Hervorragende Forscher bestreiten, daß die Präzession vor der Chaldäerzeit bekannt war (z. B. KUGLER); die Eschatologie muß aber viel älter sein. Kann aber diese Theorie die ganze Eschatologie erklären, etwa den Gerichtsgedanken? Und wenn nicht, woher stammt der Rest? Und woher stammt die religiöse Schwungkraft?

Diese Frage ist eine eminent wichtige religionsgeschichtliche Frage. Die Theologenschule aber, die sich den Namen der religionsgeschichtlichen Schule beilegt, hat merkwürdiger Weise — so scheint es wenigstens — dieses Problem nur in sehr geringem Grade als Problem empfunden.

Das Vorhandensein des Problems hat SELLIN empfunden und eine Lösung versucht. — In einem kürzeren Aufsatz[1] hat er Greßmanns Ausführungen einer zum Teil richtigen Kritik unterworfen und vieles in ein besseres Licht gestellt. Sellins Hauptverdienst ist es, daß er eine einheitliche Idée gesucht hat, aus der sich sowohl Heils- als Unheilseschatologie ableiten läßt. Das tat zwar Greßmann auch; er suchte aber den Ursprung dieser Idée in einer noch zu konstruierenden altbabylonischen Theorie. Da aber unseres Wissens in der alten Zeit unter den Völkern des vorderen Orients nur Israel eine Eschatologie besessen hat, die ihm ein sehr lebendiger Teil der Religion war, so muß man doch zunächst versuchen, den Ursprung in Israels eigener Religion — nicht in einer wissenschaftlichen Theorie — zu finden.

Die Einheitsidée der israelitischen Eschatologie hat nun meines Erachtens Sellin ganz richtig bestimmt. Es ist die von Greßmann in einem entlegenen Winkel der Rumpelkammer versteckte Idée von der Thronbesteigung Jahwä's, von seinem zukünftigen Kommen zur Errichtung seiner Königsherrschaft über die Welt. So hat denn auch Sellin dementsprechend den von Greßmann ganz vernachlässigten Gerichtsgedanken zu dem ihm gebührenden Platz im Gesamtbilde verholfen.

Nun versucht Sellin, die tragenden Grundidéen der Eschatologie möglichst früh in die Zeit hinaufzurücken, um so eine Grundlage seiner Beantwortung der Frage nach dem Ursprung zu gewinnen. — Hier gibt aber der Boden nach. Erstens ist seine Exegese der einzelnen Stellen oft alles

---

[1] In dem Buche Der alttestamentliche Prophetismus, 1912.

andere als einwandfrei, und zweitens ist es einem geschichtlich denkenden und fühlenden Geiste ganz unmöglich, den Datierungen vieler der in Betracht kommenden Quellen (z. B. des Liedes Mosis Dtn. 32), die er in seiner Einleitung mit ganz unzureichenden Gründen gegeben hat, beizupflichten. Und erst recht unmöglich wird es, ihm zu folgen, wenn er zur Ursprungsfrage kommt.

Nach Sellin ist die Eschatologie dadurch entstanden, daß die Sinaioffenbarung den Wunsch nach und die Hoffnung auf ein nochmaliges endliches Kommen Jahwä's zwecks Errichtung seines Weltreiches und persönlichen Bleibens mitten im Volke erweckt habe. Diese Hoffnung sei zu einer lebhaften Erwartung geworden; und durch die Näherausführung dieses Glaubens, z. T. mit den Mitteln und Vorstellungen älterer, inländischer und ausländischer Mythologumena, sei allmählich die entwickelte Eschatologie entstanden, in der somit schon von Anfang an der ethische, in dem Gerichtsgedanken sich ausdrückende Zug seinen Platz gehabt habe.

Erstens ist hier nicht erklärt, wie diese Sehnsucht notwendig zu der Erwartung eines Gerichts führen müsse: denn mit der allgemeinen Behauptung, das Richten gehöre doch nach israelitischer Anschauung zu den wichtigsten Funktionen des Königs, ist diese Erklärung nicht gegeben. Denn damit ist nur etwas Potentielles gegeben: der König Jahwä soll wie andere Könige unter Umständen auch richten; daß er aber auch tatsächlich das Gericht in besonderem Sinne halten, eine Unterscheidung, eine χϱισις im Volke vornehmen werde, und zwar sobald er gekommen sei, das ist damit gar nicht gegeben. Und so begreifen wir denn auch nicht, wie »die Offenbarungstat vom Sinai, durch die der Keim zu der Hoffnung eines künftigen analogen Erscheinens Jahwä's zwecks Antritts des schrankenlosen Weltregiments in das Herz des Volkes hineingesenkt wurde« (Prophetismus, S. 148), zu der Entstehung einer Israel betreffenden Unheilseschatologie geführt haben könne, geschweige denn müsse; denn weder war die Sinaioffenbarung eine Gerichtskatastrophe für Israel, noch überhaupt ein Unheil für irgendjemanden, ausgenommen Pharao.

Zweitens beruht aber Sellins Konstruktion der psychologischen Folgen der Sinaioffenbarung auf einer offenbaren Unbekenntnis der primitiven Mentalität und Religion. Er konstruiert als hätte er es mit modernen, etwas sentimental angehauchten Romantikern zu tun, denen nur die Hoffnung und die Sehnsucht bleiben, wenn das große Erlebnis vorüber ist. Der erste Grundsatz der Weltanschauung des primitiven Menschen ist aber der, daß alles möglich ist. In seiner Religion und in seinen Kultübungen hat der Primitive das Mittel, alles das hervorzubringen, was er notwendig braucht.

Wie ich im I Teil, Kap. I, 4 b gezeigt habe, ist es überhaupt der Zweck
des Kultes, das Vergangene wieder lebendig und gegenwärtig und kraft-
wirkend zu machen. Der Kult der Mosezeit, von dem wir nur wenig Zuverlässiges aus den Quellen wissen, muß Mittel gekannt haben, den vollen,
unbescherten Segen des Kommens Jahwä's auch fürderhin dem Volke zuströmen zu lassen, ohne eine neue außer dem sakralen Systeme stehende Sinaioffenbarung zu brauchen. — Und das Wenige, was wir tatsächlich wissen, bestätigt uns dies. Jahwä brauchte nicht in einer außer-
ordentlicher Weise zu kommen; denn er war — durch die Lade repräsen-
tiert — mitten im Volke. Ob er selber oder sein »Angesicht«, das ist
gleichgiltig; die Frage beruht übrigens auf späterer theologischer Spekulation; es ist immer altisraelitischer Glaube gewesen, daß wo die Lade sei,
dort sei Jahwä. In dem heiligen Zelte offenbarte er sich mit Rat und Tat
jedesmal wo es Not tat, mit der Lade ging er selbst dem Volke voran.
Auf dieser Voraussetzung beruhen auch alle die Sagen von der Mosezeit.
Und im Kulte wiederholt sich alljährlich die Sinaioffenbarung.

Nun würde mir vielleicht Einer entgegnen, daß das Israel der Mosezeit kein »primitives« Volk, sondern ein »Kulturvolk« sei; das ist so eine
moderne Lieblingsbehauptung; daß Israel ein primitives Volk gewesen, so
würde der Gegner mir etwa entgegnen, das könnten noch Wellhausen und
seine Schüler behaupten; damals wußte man aber wenig von der noch viel
älteren vorderasiatischen Kultur, in der Israel aufgewachsen sei; und übrigens habe ja Israel längere Zeit in dem Kulturlande Ägypten gelebt. —
Dazu antworte ich: Erstens, es gibt überhaupt nur zwei Denkweisen und
Mentalitäten in der Welt — außer Kreuzungsformen — die primitive (»prä-
logische«) und die wissenschaftliche (»logische«). Der ganze alte Orient
hat auf dem Boden des primitiven Denkens gestanden. — Und zweitens:
so gut wie die Lappländer nun mindestens 1000 Jahre lang neben und
unter den »Kulturvölkern« der Norweger und Schweden gelebt haben und
dennoch bis vor wenigen Jahrzehnten ein ganz primitives Volk geblieben,
so haben auch die halbnomadischen Israeliten längere Zeit in dem ägyptischen Grenz- und Weideland Gosen gelebt — meinetwegen auch früher
als Halb- oder Ganznomaden im »Kulturlande« Kana'an umhergestreift —
und sind dennoch was ihre Denkweise und Mentalität betrifft
genau so primitiv geblieben wie früher in der Wüste. Sie mögen äußere
Kulturerrungenschaften wie Waffen, Geräte, Kleider — meinetwegen auch
Glaubenssätze und Rechtsformen und Kultgebräuche — angenommen haben
— auch die Lappländer haben schon lange etwa die Schießwaffen gekannt
— innerlich sind sie dieselben geblieben die sie waren. Ja, auch wenn

der Dekalog mosaisch wäre — was ich nicht glaube — so würde das nichts
an dieser Tatsache ändern. Ganz selbstverständlich; denn auch die höchste Blüte der ägyptischen Kultur ist primitive Kultur gewesen. — Nur muß
ich hier ein Wort zur Abwehr sagen. Es ist ein weitverbreitetes Mißverständnis, daß primitiv so viel wie kulturlos sei. Im Gegenteil; der
echt primitive Mensch hat das, was wir Modernen noch nicht besitzen:
eine einheitliche, in sich geschlossene Kultur. Er hat das, weil er seine
ganze Wirklichkeitsanschauung aus Erfahrung und Erlebnis hat, während
wir Modernen sehr vieles unseren geistigen Besitzes aus Tradition und
Erziehung, als fertig übernommene Resultate, nicht als selbstgefundene
Erfahrungen, besitzen.

3. Die These.

Das Problem des Ursprungs der Eschatolologie zerfällt, wie oben angedeutet, in zwei Fragen. Erstens: woher stammt der Inhalt, bezw. die
wichtigsten inhaltlichen Ideen und Vorstellungen der Eschatologie? Und
zweitens — und das ist die Hauptfrage —: wie ist es dazu gekommen,
daß eine israelitische Eschatologie entstanden ist?

Zunächst soll die erstere Frage behandelt werden, weil sie nach dem
jetzigen Stand der Dinge die einfachere ist.

Wie oben gesagt: man kann nicht unsere Darstellung des Ideeninhaltes des Thronbesteigungsfestes lesen, ohne von den frappierenden
Übereinstimmung mit der Eschatologie geschlagen zu werden. Und wir
stellen die erste These auf: der Inhalt der Eschatologie stammt
aus dem kultischen Thronbesteigungsfeste.

Das ist nun nicht etwa so zu verstehen, daß eine schon vorhandene
Eschatologie mit Zügen aus dem Thronbesteigungsmythus und dem Ideenkreise des Festes bereichert worden sei, nein, in dem Inhalte und der Stimmung des Festes haben wir die Wurzel der ganzen Eschatologie.

Die Eschatologie ist dadurch entstanden, daß alles das, was man
ursprünglich als unmittelbare, sich im Laufe des Jahres verwirklichende Folgen der im Kulte erlebten alljährlichen
Thronbesteigung Jahwä's erwartete, in eine unbestimmte
Zukunft hinausgeschoben wurde, als etwas das »einmal« kommen
werde, wenn Jahwä seinen Thron zum letzten Male endgültig besteigt, seine
Feinde besiegt, das Gericht hält, das große Glück seinem Volke bringt, alle
Erwartungen und Hoffnungen desselben in Erfüllung gehen läßt und dann
immer in dessen Mitte als Licht- und Lebensquelle weilen wird. — —

Diese unsere These dürfen wir dann für bewiesen halten, wenn wir erstens die Übereinstimmung des eschatologischen Gemäldes mit dem Inhalte des von dem Thronbesteigungsfeste erwarteten Glücks erwiesen haben, und zweitens wenn wir die religionsgeschichtlichen und religionspsychologischen Tatsachen aufgewiesen haben, die eine solche Umbildung bewirkt haben können — daß es eben nur die sich uns darbietenden Faktoren gewesen sind, die die Umbildung tatsächlich bewirkt haben, das wird man bei der Knappheit unserer Quellen kaum behaupten dürfen. — Dieser zweite Teil der Beweisführung enthält die Antwort auf die zweite der oben gestellten Fragen (siehe S. 226).

KAP. II. GRUNDLINIEN DER BEWEISFÜHRUNG.

Wir wollen hier nachweisen, daß die Grundzüge des eschatologischen Gemäldes im großen Ganzen mit dem Kultmythus und dem Ideenkreise des Thronbesteigungsfestes übereinstimmen und aus diesem stammen.

Dieser Nachweis soll hier nur kurz angedeutet werden. Kurz, erstens weil ich die grundlegende Darstellung der wichtigsten Ideen schon in der Darstellung des Thronbesteigungsfestes gegeben habe, und zweitens, weil die Arbeit Greßmanns eine grundlegende Zusammenstellung und Ordnung der Einzelheiten des Zukunftbildes geleistet hat. Damit will ich nicht sagen, daß ich nicht in sehr vielen Punkten anderer Meinung als Greßmann bin; hat er ja die Hauptquelle der Eschatologie, den Thronbesteigungsgedanken, fast nicht gesehen und jedenfalls nur als eine unbedeutende Nebenquelle behandelt[1]; ich bin aber der Ansicht, daß der Nachweis des »religions-geschichtlichen«, soll heißen: mythengeschichtlichen, Ursprungs dieser oder jener Einzelheit des eschatologischen Gemäldes etwas ziemlich Nebensäch-liches in Vergleich mit dem Ursprung der Eschatologie als solcher ist. Und nur um diesen ist es mir hier zu tun; ich will hier keine Geschichte der Eschatologie geben. Ich verzichte daher auch fast ganz auf Auseinander-setzungen betreffend Einzelheiten. Ich darf das tun, weil ich einen ganz neuen Aussichtspunkt gefunden habe. Von dort aus nehmen sich die Ein-zelheiten ganz anders aus, als von den früheren Standörtern. Man müßte mir erst beweisen, daß mein vermeintlich neuer Aussichtspunkt gar nicht existiert, sondern daß ich, um im Bilde zu bleiben, nur den Dingen den Rücken zugedreht habe und so ihre verzerrten Gestalten in einem von mir gemachten Hohlspiegel betrachte.

---

[1] Ohne jede Frage hat Greßmann die Bedeutung der Naturmythologie für die Eschatologie gewaltig übertrieben; darin bin ich, wie es aus meiner Darstellung des Thronbesteigungsmythus hervorgeht, mit Sellin einver-standen, wenn auch auf ganz anderen Prämissen. Ich treffe auch mit Sellin in der stärkeren Betonung der „heilsgeschichtlichen" Elemente der Eschatologie zusammen; vieles von dem, was ich oben Mythus genannt habe, wird er vermutlich Heilsgeschichte nennen.

Der Tag Jahwä's.

1. Endgeschichte = Urgeschichte.

Der Tag Jahwä's bedeutet, wie sofort zu zeigen (2), ursprünglich seinen Thronbesteigungstag. Darin liegt der Schlüssel der ganzen Eschatologie.

Ehe wir aber zur Entwickelung des Inhaltes des Tages schreiten, ist zunächst ein Wort über das formale Prinzip der Eschatologie zu sagen. Dieses läßt sich bekanntlich, wie Gunkel entdeckt und bewiesen hat, folgendermaßen formulieren: E n d g e s c h i c h t e i s t = U r g e s c h i c h t e. Diese Tatsache hat Greßmann durch seine Hypothese von einer uralten gemeinorientalischen, aus Babylon stammenden Weltperiodentheorie erklären wollen (Ursprung, S. 159 ff.). Die Erklärung liegt aber anderswo. Der kultische Tag Jahwä's, der Thronbesteigungstag, ist ja eben eine Wiederholung, eine Neuschöpfung dessen, was in der Urzeit gewesen. Der Kultmythus des Tages war der Chaos- und Drachenkampfmythus in allen seinen Varianten und Anwendungen. Nach der Schöpfung wurde Jahwä zum ersten Male König; jeden Neujahrstag schafft er wieder die Welt und wird wieder König. Da wiederholt sich alles das, von dem die Urzeits- und Tronbesteigungsmythen erzählen. — So ist denn auch der eschatologische Tag Jahwä's und die damit zusammenhängenden Ereignisse eine Wiederholung dessen, was im Anfang war. — Die Frage, inwiefern das alte Babylon die Präzession der Sonnenwendepunkte gekannt habe, ist für die Eschatologie belanglos; wollen wir uns somit nicht in die Sache der Assyriologen mischen. —

Wenn wir uns nun an den oben dargestellten Inhalt des Thronbesteigungsmythus erinnern, so verstehen wir, warum es eben die beiden Jahwätaten der Vorzeit, der Drachenkampf, bezw. die Schöpfung und alles was damit zusammenhängt, und der Auszug aus Ägypten und die damit zusammenhängenden Wunder und Plagen, sind, die in das eschatologische Gemälde aufgenommen worden sind. Auf diese Grundlage lassen sich fast alle Hauptzüge der Eschatologie der verschiedenen Männer und Zeiten zurückführen. Das hat in Einzelheiten schon längst Gunkel und besonders Greßmann bewiesen; die Erklärung der Tatsache haben sie nicht befriedigend geben können. Das Unheil in der Zukunft stammt aus dem Strafgericht, das Jahwä im Anfang über die Ungeheuer, über Ägypten, über seine Feinde hielt; alles Glück und Heil aus dem glücklichen Zustande nach der Schöpfung, aus dem Heil, das er Israel zu Teil werden ließ, als er es von Ägypten befreit oder den Angriff der Völker auf Jerusalem zurückgeschlagen hatte.

2. Der Tag Jahwä's ist der Thronbesteigungstag.

»Der (eschatologische) Tag Jahwä's« ist der künftige, abschließende, alle anderen überstrahlende Thronbesteigungstag des Gottes. Wiederholt wird in den eschatologischen Schilderungen darauf hingewiesen, daß Jahwä »an jenem Tag« König wird. — »An jenem Tag, sagt Jahwä, will ich das Hinkende aufnehmen und das Versprengte sammeln und das von mir Geschädigte. Und ich will das Hinkende zum »Rest« machen und das Kranke zu einem zahlreichen Volke. Und Jahwä wird ihr König sein, von nun an bis in Ewigkeit« (Micha 4, 6 f.) — »Juble, Tochter Sion, jauchze, Israel, freu dich und frohlocke von ganzem Herzen, Tochter Jerusalem! Jahwä hat deine Widersacher aus dem Wege geräumt, deine Feinde fortgefegt; König Israels ist Jahwä in deiner Mitte, du wirst nichts Böses mehr erleben« (Seph. 3, 14). Vgl. ferner Jes. 24, 23; 33, 17. 22; 41, 21; 43, 15; 44, 6; 52, 7; [Jer. 10, 10; 48, 15]; Zach. 14, 9; Obad. 21; Micha 2, 13.

Sehr bedeutungsvoll ist es nun, daß die eschatologische Thronbesteigung Jahwä's an allen diesen Stellen in Verbindung mit vorausgehenden oder nachfolgenden Ereignissen steht, die deutlich ihren Ursprung aus den Thronbesteigungsmythen verraten.

In Micha 4 geht dem Königwerden Jahwä's ein allgemeiner Angriff »vieler Völker« und eine furchtbare Zeit der Not — hier als Exilierung gedeutet — voraus; die Rettung Sions aus dieser Not bildet die Voraussetzung des Königtums Jahwä's — ganz wie im Völkerkampfmythus. Der Mythus liegt hier — wie häufig — in teleologischer Umdeutung (s. unten) vor: Jahwä hat selbst die Völker zum Angriff angetrieben, damit sie vernichtet werden (V. 11—13). — Diesem Stücke V. 6—13 geht ein anderes voraus (V. 1—5), das sich mit derselben eschatologischen Zeit beschäftigt und durch ein »Am jenen Tag« V. 6 mit jenem verbunden ist. Wie im Thronbesteigungsmythus ist hier die Königsherrschaft Jahwä's mit der Vorstellung von dem Weltreich des Gottes (V. 3 a), dem allgemeinen Friedensreich (V. 3 b—4), Jerusalem als Gottesstadt und Welthauptstadt, als höchstem Punkt der Welt (V. 1) verbunden; es ist hier auch nicht bedeutungslos, daß das Wallfahren aller Völker nach Jerusalem in Worten ausgedrückt wird, die ganz deutlich an ein Stück der Prozessionsliturgie des Thronbesteigungsfestes anklingt (V. 2; vgl. Ps. 15, 1; 24, 3 und 132, 7). — Hier darf man nun darauf Gewicht legen, daß die verschiedenen Einzelheiten dieses eschatologischen Ausblickes gar nicht in ausdrücklicher Beziehung zu und organischer Verbindung mit dem Thronbesteigungsgedanken gesetzt sind; sie stehen vielmehr alle als traditionell gegebene,

nur lose neben einander gestellte Einzelzüge, deren verbindender Einheitspunkt dem Propheten kaum mehr bewußt gewesen. Etwa aus Micha 4
hätte wohl niemand unseren im I Teil dargestellten »Thronbesteigungsmythus« oder das Thronbesteigungsfest rekonstruieren können. Wenn wir
aber aus den Kultpsalmen mit verhåltnismäßiger Leichtigkeit ein zusammenhängendes Ideenkomplex herausziehen können, das sich organisch um die
Idee der Thronbesteigung des Gottes auf Grund der sich im Kulte wiederholenden Schöpfungstat als um einen Kern gruppiert, während wir in den
eschatologischen Ausblicken nun die disjecta membra dieses Organismus,
zum Teil nur halbverstanden nebeneinander gestellt, finden, so liegt eben
in dieser Tatsache ein Beweis für die Sekundarität der eschatologischen
Vorstellungen den Thronbesteigungsmythen gegenüber: der Kult ist das
Primäre, die Eschatologie das Abgeleitete. —

Sehr interessant ist Zach. 14, 8—10. »An jenem Tag wird ein lebendiges Wasser von Jerusalem ausgehen, ein Teil nach dem östlichen Meere
und der andere nach dem westlichen Meere; auch im Sommer und Herbst
wird es nicht versiegen. Und Jahwä wird König werden über alle
Welt; an jenem Tage wird Jahwä allein sein und sein Name allein. Der
ganze Landstrich wird zu einer Ebene werden von Gibea an bis Rimmon
südlich von Jerusalem. Und nur Jerusalem wird hoch sein und im alten
Umfang bewohnt werden.« Hier wird auf die eschatologische Umwande-
lung des Landes in ein Paradies, das durch wunderbare Ströme bewässert
wird, angespielt, siehe Näheres unten 9. Wie wir oben gesehen haben,
ist die Wiederkehr des Paradieses bei der Thronbesteigung Jahwä's eine
Form der Vorstellung der Neuschöpfung, d. h. der Wiederholung der anfänglichen Schöpfung (siehe I Teil, III 1, S. 163 f.). Es ist als Schöpfer, daß
Jahwä auch in der Endzeit seinen Thron besteigt. — Ebenso wird hier Jerusalem als der Götterberg vorgestellt; auch das erklärt sich aus demselben
Zusammenhang (s. ebenda, vgl. unten 9). — Endlich liegt in V. 9 b eine
Hindeutung auf die der Thronbesteigung Jahwä's vorausgehende oder nach-
folgende Beseitigung der anderen Götter und »Namen« der Welt vor, sei
sie als Bekämpfung[1], sei sie als Gericht[2] aufgefaßt worden; wenn Jahwä
König geworden ist, so ist er allein der Herrscher; außer ihm gibt es
keinen mächtigen und göttlichen Namen mehr auf der Welt. —

Was oben über Micha 4 gesagt wurde, gilt in noch höherem Grade
dem ganzen Produkte Zach. 12—14: sehr viele der wichtigsten Züge der
Thronbesteigungsmythen und -Vorstellungen finden sich hier in eschatolo-

---

[1] I Teil, Kap. II 1 b.
[2] I Teil, Kap. II 1 e.

gischer Umdeutung, nur noch viel fragmentarischer und in noch größerer
Unordnung als dort; wir haben es hier mit lauter unzusammenhängenden,
bunt durch einander gewürfelten Einzelheiten, Bruchstücken eines ursprünglich zusammenhängenden Bildes oder miteinander verwandter und einander
paralleler Mythen zu tun. — Der Höhepunkt ist wiederum, wie gesagt, das
Weltreich des Königs Jahwä's (14, 9 f.). Diejenigen Völker und Völker-
reste, die nicht vernichtet worden sind, sollen als Israels Vasallen und
Jahwä's Verehrer alljährlich zur Laubhüttenfeier — dem Königsfeste Jahwä's! — nach Jerusalem wallfahren und sich vor »dem Könige (!) Jahwä
der Heerscharen niederwerfen« (14, 16—19). Die Zustände im Reich Jahwä's sind diejenigen der Götterwohnung, des Himmels; es gibt weder Hitze,
noch Kälte, weder Tag noch Nacht; immer herrscht das Licht hier in der
Nähe Jahwä's (14, 6 f., vgl. Jes. 60, 19 f.: Jahwä ist selber Sonne und Mond).
Das Land des Königs — eigentlich die ganze Erde, gelegentlich jedoch in
praxi auf Palästina beschränkt, siehe oben S. 182 ff. — soll ein reich be-
wässertes Land, ursprünglich ein Paradies, werden: in Jerusalem sprudeln
die Quellen des Segens hervor (14, 8—10). Dieses in (oder unter) dem
Tempel (vgl. Ez. 47) hervorsprudelnde Wasser ist natürlich ein »heiliges«,
»reines« und reinigendes Wasser — es entstammt ja ursprünglich den
Strömen des Göttergartens, des Götterberges; Segen, auch der materielle
Segen des Erdbodens, ist vom Haus aus zugleich Reinigung; nur das
Reine wird gesegnet. Auch im Kulte, am Neujahrsfeste, gehören Segen des
kommenden Jahres und Reinigung, Vergebung der Sünden des vergangenen
zusammen (siehe I Teil, Kap. II, 2 b S. 84 f.). Wir begreifen es somit wohl,
wenn es bei »Tritozacharja« mit einer anderen Wendung des hier besprochenen Gedankens heißt, daß »am jenen Tag wird dem Hause Davids und
den Bewohnern Jerusalems ein Quell sich öffnen (zur Reinigung) für Sünde
und Schmutz« (13, 1); der Quell ist wohl vom Propheten hier bildlich
gefaßt worden [1]; ursprünglich ist er aber das reinigende, heilige Wasser
der Götterwohnung. — Der endlichen Errichtung dieses Reiches Jahwä's
geht aber eine furchtbare Zeit der Not und des Bedrängnisses voraus
(13, 7—9). Und wie im Thronbesteigungsmythus besteht die Not darin,
daß alle Völker der Erde sich zusammentun, um Jerusalem zu belagern
und zu erobern (12, 3. 9; 14, 2. 12); vgl. »Völkerkampfmythus«, I Teil,
Kap. II 1 d). Die Not geht hier so weit, daß die Stadt genommen und
geplündert wird, heißt es das eine Mal (14, 2); die Hälfte der Bevölkerung

---

[1] Die Reinigung besteht nach Ansicht des Proph. besonders in der Weg-
schaffung des Götzendienstes und der „unreinen« entarteten Prophetie,
V. 2—6.

wird verschleppt. Ein anderes Mal heißt es, daß nur ein Drittel der Bevölkerung des Landes übrig bleibt (13, 8); die ursprünglichen Gedanken
sind eben in der Eschatologie in der mannigfaltigsten Weise variiert worden. Das eine Mal kommen die Völker anscheinend nach eigenem Antrieb
(12, 9; 14, 1 f. 12). Das andere Mal hat Jahwä sie aufgeboten zwecks Lau-
terung des Volkes (13, 7—9). Dieser Gedanke ist nicht mit dem Bestrafen
der Angreifer ausgeglichen (s. unten 5 u. 7). — Wie im Mythus wird nun
aber die Stadt im letzten Augenblick gerettet (14, 3—5). — Auch hier sehen
wir das Fragmentarische, Unzusammenhängende der ursprünglich organisch
verbundenen Vorstellungen. Der Gedanke der zwecks Läuterung des Volkes herbeigeführten Not steht ganz unvermittelt neben dem des rettenden
Eingreifens Jahwä's; ein anschauliches Bild der Vorgänge kann man nicht
gewinnen. Das erklärt sich eben daraus, daß die ursprünglichen Vorstellungen des Mythus in der Eschatologie in der mannigfaltigsten Weise
variiert und verselbständigt worden sind; diese vielen parallelen Varianten
sind dann von den Späteren ganz unvermittelt nebeneinander gestellt worden, weil sie nun einmal als Bestandteile der Eschatologie gegeben waren.
Auf diese Tatsache werden wir unten häufig treffen. — Auch betreffend
die Art der Errettung aus der Not und der Bestrafung der Feinde ist das
Stück sehr widerspruchsvoll. Das eine Mal schlägt Jahwä die Angreifer
mit Blindheit und Verwirrung (12, 3 f.); sie werden wie Betrunkene und Be-
täubte, wird der Verf. gedacht haben. Das deutet er dadurch an, daß er die
Vorstellung des Gerichtsmythus (I Teil, Kap. II 1 e S. 67) von dem »Taumelbecher Jahwä's« aufnimmt und ziemlich unanschaulich variiert: den Angreifern wird das angegriffene Jerusalem ein »Becher der Berauschung«
(12, 2): er wird wohl gedacht haben: das reiche Jerusalem wird den Heiden so in die Augen fallen, daß sie vor Beutegier ganz verrückt werden
und daher das törichte Wagestück unternehmen, es zu belagern. Ein anderes Mal fährt eine verzehrende Flamme aus der Stadt heraus und vernichtet die Angreifer: Jerusalem wird ihnen »ein Feuerbecken zwischen
Holzscheiten, eine brennende Fackel zwischen Garben« (12, 6). Das erinnert an die verzehrende Flamme bei der Theophanie Jahwä's in den
Thronbesteigungspsalmen, vgl. Ps. 97, 3 ff. In 14, 4— 5 erscheint Jahwä
selbst mit seinem ganzen Heere auf dem Ölberge und bekämpft die Feinde
in offener Schlacht[1]. In 14, 13 entsteht unter ihnen eine große Verwirrung, so daß sie auf einander losschlagen. Damit reimt es sich nun wenig,
wenn es dicht daneben heißt, daß Jahwä sie mit Seuche und Pest schlägt,

---

[1] Die Verse sind wenig deutlich, da sie auf eine sonst unbekannte Form
des Mythus anspielen.

so daß ihr Fleisch verfault und die Augen in den Höhlungen, die Zunge im Munde verfaulen; ebenso wird es ihren Rossen und Maultieren und Troßtieren gehen (14, 12. 14 f.). Der Jahwä, der dies alles tut, ist der Gott »der den Himmel ausspannte, die Erde befestigte und den Geist des Menschen in ihm bildete« (12, 1) — auch das ein Zug, der auf den alten kultisch-mythischen Zusammenhang zwischen der Thronbesteigung und der Schöpfung, zwischen Eschatologie und Kult deutet.

Von einem wirklichen Zusammenhang der vielen Einzelheiten finden sich im ganzen Stück, wie gesagt, nur wenige Spuren. Einigermaßen verständlich wird das alles erst, wenn man es im Lichte der Thronbesteigungsmythen liest. —

Den Zusammenhang der eschatologischen Thronbesteigung mit dem Götterkampfmythus, der in Zach. 14, 9 b hindurchschimmert, finden wir deutlicher in Jes. 24, 23 ausgesprochen. Hier folgt die Thronbesteigung nach der Bekämpfung der (heidnischen) Götter und Mächte in der Höhe, des Heeres des Himmels, nach der »Beschämung« der dem Jahwä feindlichen Planetengötter (Sonne und Mond werden erwähnt). Vgl. hierzu I Teil, Kap II 1 b, S. 53. —

In Seph. 3, 14 geht, wie in Jes. 33, 14, die Niederkämpfung der den Sion angreifenden Völker und Könige der Thronbesteigung voraus, vgl. I Teil, Kap. II 1 d. Das Ergebnis der Rettung ist in Seph. 3 der Anschluß aller Völker an den Jahwäkult in Jerusalem und die Reinigung und Heiligung Israels, das von jetzt an nicht mehr Unrecht tun und »Lüge« reden wird. Beide Gedanken sind uns aus den Thronbesteigungsmythen bekannt, siehe S. 165 und 165 f. —

Bei Obadja steht es mit reinen Worten, daß der Tag Jahwä's der Tag ist, an dem die Königsherrschaft ihm zufällt (V. 15. 21). Dem Tage voraus geht die Zeit der Not — hier auf das Exil bezogen (V. 16). Es entstammt der Amosischen Unheilseschatologie, wenn die Not im letzten Grunde nicht von den Feinden herbeigeführt, sondern von Jahwä als Strafe gesandt worden ist (siehe unten 6). Daher sind es hier die Israeliten, nicht wie im Thronbesteigungsmythus (»Gerichtsmythus«, I Teil, Kap. II 1 e) die Feinde, die aus dem Giftbecher Jahwä's getrunken haben (V. 16). Die Katastrophe der Völker — d. h. bei Obadja vor allen Edom — wird hier durch eine versengende Flamme herbeigeführt, vgl. die verheerende Flamme und den Lichtglanz des zur Bekämpfung der Feinde erscheinende Jahwä's im Thronbesteigungsmythus (Ps. 97, 3 ff.; vgl. Ps. 48, 6). Gewissermaßen als eine »Verpolitisierung« des Mythus aufzufassen ist es, wenn es bei Obadja Jakob—Josef ist, der eine vernichtende Flamme für Edom werden soll (V. 18). —

Die oben genannten Jeremia-Stellen (10, 10 und 48, 15) tragen nicht viel zur Beleuchtung der Sache bei. Soviel ist aber auch hier klar, daß die Königsherrschaft Jahwä's auf seiner Bekämpfung der heidnischen und feindlichen Völker beruht. In Jer. 48 ist das eschatologische Schema auf den Untergang Moabs bezogen worden, vgl. Edom bei Obadja. — Über die Deuterojesaja-Stellen siehe unten. —

Für unser Thema sehr bedeutungsvoll ist *Jes. 33.* Wir haben hier ein insofern zusammenhängendes eschatologisches Stück, als wie hier die Schilderung eines einzelnen Verfassers, nicht eine Redaktorarbeit vor uns haben. Es will eine Schilderung der Ereignisse »jenes Tages« geben. — Hier finden wir nun in Zusammenhang mit der zukünftigen Königsherrschaft Jahwä's eine ganze Reihe von Einzelheiten, die mit den Vorstellungen des Thronbesteigungsfestes- und Mythus übereinstimmen. Die Weissagung will, kurz gesagt, berichten, wie es zugeht, wenn jetzt in Bälde Jahwä als eschatologischer König nach Sion kommt[1].

Wenn wir nun diese liturgisch geformte Weissagung im Lichte des oben über den Thronbesteigungsmythus I Teil, Kap. II 1 und den religiösen Ideeninhalt des Festes ebenda Kap. III Gesagten lesen, so werden wir sofort sehen, daß alle Einzelheiten des Stückes Jes. 33 mit den Vorstellungen des Thronbesteigungsfestes übereinstimmen. Die Weissagung will, kurz gesagt, berichten, wie es zugehen wird, wenn Jahwä als eschatologischer König nach Sion kommt.

Das Kapitel hat die Form des liturgischen Volksklageliedes mit prophetischer Antwort (vgl. Jer. 14; Ps. 60).

---

[1] Aus welcher Zeit das Stück stammt, ist hier nebensächlich. Doch sind die Gründe für die nachexilische Abfassung, die man der behaupteten Spaltung des Volkes in Fromme und Gottlose (V. 14 ff.) entnommen hat (so Buhl, Jesaja[2], Köbenhavn — Kristiania 1912 u. a.), nicht stichhaltig. Sünder, die das Kommen Jahwä's nicht erleben dürfen, hat es auch in der vorexilischen Zeit gegeben (Ps 24, 3—6), vgl. den Königspsalm 101, 4 f. 7 f.); daß das Kommen Jahwä's die Vergebung der Sünden des Volkes bedeutet (V. 24), ist auch in vorexilischer Zeit selbstverständlich gewesen; denn Schwachheitssünden hat es immer gegeben und ebenso ein Sühneinstitut, die Reinigungsopfer; natürlich bringt auch Jahwä's Ankunft Recht und Gerechtigkeit mit (V. 5), s. S. 166 f. und die „Stadt der Festzusammenkünfte" ist Jerusalem mindestens seit Josija, in Wirklichkeit als Reichshauptstadt in nicht geringem Grade schon früher gewesen. Da das feindliche Volk im Anschluß an Jesaja „das barbarisch redende Volk" V. 19 (vgl. Jes. 28, 11) genannt wird, so dürfte auch hier der Feind der Assyrer sein. Seine Herrschaft steht schon vor dem Fall. Die Weissagung dürfte somit aus der letzten Zeit der Assyrerzeit, etwa aus den Tagen Josijas stammen (so schon Kuenen, der jedoch an die Skythen denkt).

In dem jesajanisch klingenden V. 1 wird das Motiv angeschlagen. Der Fall des Tyrannen steht bevor; die Rettung ist nahe. Wie, sagt uns V. 10: »die große Ankunft« ist nahe. In Bälde wird Jahwä sich erheben und die Pläne des Frevlers brechen.

Nach dem Leitmotiv in V. 1 setzt das Gebet des Volkes ein V. 2—9. Wie gewöhnlich enthält es die Klage, woraus die Situation zu ersehen ist. Israel ist in großer Not; das Land verheert, das Volk bedrückt, der barbarische Feind wütet schonungslos und wider alles Recht, alle Humanität und Religion. Hier zeigt sich nun sofort der Einfluß des Thronbesteigungsmythus; der Druck des einzelnen Feindes, des Assyrers, wird als ein Angriff der gesamten Völker auf Jerusalem stilisiert; wenn Jahwä sich erhebt, so wird die Flamme seiner furchtbaren Theophanie sie alle wie Spreu zerstreuen (V. 3. 12). Daß der Dichter an einen Angriff auf Jerusalem gedacht hat, geht aus V. 3, mit V. 20 verglichen, hervor. Wir haben somit hier dieselbe Situation wie in Ps. 46; 48; 76. — So betet denn auch das Volk, daß Jahwä sich erheben möge und wieder einmal sein Volk »am Morgen« erretten V. 2, genau wie er es nach Ps. 46, 6 getan. Denn aus der Erfahrung der früheren Zeiten weiß Israel, daß der Gott, der auf der Höhe, (d. h. Sion) wohnt, seinem Volke eine Rettung und seiner Stadt eine Quelle des »Rechts und der Gerechtigkeit«, d. h. ein rettender Gott ist[1].

Bedeutungsvoll ist es, daß das Wüten der Feinde nach dem Vorbild des verheerenden Waltens des Chaosungeheuers geschildert wird; das Land wird in eine Wüste, in Tohuwabohu verwandelt; öde und leer wie damals, ehe Jahwä den Kampf gegen die Ungeheuer aufnahm, liegt es schon hin Vers 8 f.

In der Form einer Jahwärede verkündet darauf der Prophet die nahe bevorstehende Wendung des Schicksals. — Plötzlich wird Jahwä sich erheben und die Völker wie Dornen verbrennen. In all seiner verheerenden Herrlichkeit steht er plötzlich auf Sion, und vor dem fressenden Feuer, das vor ihm einherfährt und um ihn auflodert (vgl. Ps. 97, 3—5), sind die Feinde im Nu dahin V. 10—12, vgl. Ps. 48, 6 f. Die ganze Welt wird von der Tat Jahwä's hören und seine Kraft erkennen. — Daß der Verfasser diese Rettungstat zugleich als ein gerechtes Gericht über die Völker (vgl. Ps. 75) aufgefaßt haben will, zeigt V. 5.

Das Kommen Jahwä's im Feuer ist aber nicht nur den Völkern, sondern auch den Sündern im eigenen Volke ein Schrecken, ein Verderben und ein Gericht V. 14. Den Gerechten dagegen ist das Kommen Jahwä's der Anfang alles Glücks und Heils V. 15—17. — Bedeutungsvoll ist es

---

[1] „Recht" hat hier den „deuterojesajanischen" Sinn = Heil.

nun, daß der Verfasser, um diesen Gedanken auszudrücken, eben auf die Einzugsfragen vor dem Tempeltore bei der Königsprozession Jahwä's zurückgreift, vgl. Ps. 24 und 15. Wie die Hinaufziehenden in der Königsprozession Jahwä's den Priester nach den Bedingungen des Hineintretens fragen, so stellt der Prophet sich hier vor, daß die Sünder bei dem Anblick der göttlichen Offenbarung von Zittern ergriffen (vgl. Ps. 48, 7) fragen werden: »Wer wird uns weilen bei dem fressenden Feuer, wer wird uns weilen bei den ewigen Gluten?« Und genau nach der Form der Einzugsthora in Ps. 15 und 24 wird auch hier die Antwort gegeben: der Gerechte, der sich nicht mit groben Lastern befleckt hat. Und wie in den genannten Psalmen, so schließt sich auch hier ein verheißender Segen an die Antwort: wer so wandelt, der darf »auf den Höhen wohnen« — er darf auf dem Berg Jahwä's gasten und im Glück, auf den Höhen des Lebens, leben. Er wird alles bekommen was er zum Glücke braucht, jeder irdische Segen wird ihm zu Teil — »sein Brot ist gereicht, sein Wasser sicher«. Vgl. hierzu Ps. 81; 85; 126; 128; 132.

Daß eine Segenszeit jetzt hervorbricht, ist ganz selbstverständlich; denn Jahwä hat sich ja als der auf Sion für immer weilende und waltende Gott offenbart. Ja noch mehr: er ist jetzt als König gekommen; leibhaftig, den Augen seiner Gerechten sichtbar thront er jetzt in seinem Schloß auf Sion; dort dürfen die Gerechten ihn in all seiner Schönheit (vgl. Ps. 27, 4) schauen und von dort aus über die ganze ihm unterworfene und unterwürfige Erde hinausblicken — der König Jahwä auf Sion ist der Weltkönig, dessen Fromme, die natürlich in seinem Auftrag die Welt beherrschen sollen, mit Lust über ihr Reich hinausblicken V. 17[1]. Denn nach der Katastrophe, die Jahwä's Kommen den feindlichen Völkern vor Jerusalem bereitet hat, ist die ganze Welt ihm als rechtmäßiger Besitz anheimgefallen. — Die Not Jerusalems ist eine vorübergehende, durch den Angriff der Feinde verursachte gewesen; das Kommen Jahwä's hat den Feinden eine Katastrophe bereitet, aus der Jerusalem gerettet, zugleich aber gereinigt hervorgangen ist; denn das Feuer hat auch die Sünder fortgerafft. Der Gedanke an ein Gericht über Israel klingt hier nur ganz schwach neben dem »ursprünglicheren« an die unverschuldete Not durch Feindeshand mit (vgl. I Teil, Kap. II 1 e).

Die so gerettete Gottesstadt ist von jetzt an gegen jeden Angriff sicher, gefeiht. Die früheren Schrecken sind nur eine Erinnerung; dahin ist für

---

[1] Daß der König hier ein von Jahwä verschiedener messianischer König sei (Duhm, Buhl[2] u. a.) ist angesichts V. 22 eine mehr als merkwürdige Annahme.

immer das barbarisch redende Volk der Tyrannen. Und wie in Ps. 48 fordert der Dichter das gerettete Volk auf, die jetzt unangreifbare, uneinnehmbare Sion, »die Stadt unserer Festversammlungen« zu betrachten. Und nicht nur uneinnehmbar, unverrückbar, unzerstörbar ist die Gottesstadt, nein, sie ist auch eine mit Wasserströmen, den Quellen alles Segens, reich gesegnete Stadt; was die mächtigen Ströme Mesopotamiens den Hauptstädten Assyriens gewesen, das ist fortan Jahwä seiner Stadt — hier wie in Ps. 46 spielt der Gedanke an die Paradiesströme hinein: wenn Jahwä König geworden ist, dann ist zugleich alles erneuert worden, dann ist »das Land« wieder ein Paradies auf Erden, wie damals nach der Schöpfung. — Im Unterschied von den Flüssen Assyriens und Babyloniens, die manchmal auch eine Gefahr für die Bewohner sein mögen, indem sie den auf Schiffen kommenden Angreifern als Einfallstore in die Städte dienen können, werden die »paradiesischen« Flüsse Sions nie feindlichen Schiffen als Straßen dienen; denn in der Stadt sitzt ja der Unbesiegbare, der alles Hohe Erniedrigende, der »im Sturme von Osten die Tarschischschiffe zerschmettert« (Ps. 48, 8), Jahwä selber, als König und Beschirmer der Stadt: »Jahwä ist unser Richter, Jahwä ist unser Führer, Jahwä ist unser König, der wird uns retten« (V. 20—22). Die Bewohner brauchen von jetzt an nur die Beute der zerstreuten Heere der Angreifer zu sammeln (V. 23 b; vgl. Ps. 76, 4—6). Nicht schwach sind mehr die Bewohner dieser Stadt — sie haben ja ihre Kraftquelle Jahwä in ihrer Mitte (vgl. Ps. 149, 9; 84, 6. 8); wenn der König Jahwä kommt, so schwindet alle schwächende Unreinheit, so vergibt er alle Sünden seines Volkes (V. 24) — das Königsfest Jahwä's ist ein Sühn- und Reinigungsfest, ein Tag der Sündenvergebung (vgl. Ps. 130), ein Tag der Errichtung eines neuen Bundes (Ps. 81; 95; 99)

Zug für Zug ist diese Weissagung eine Eschatologisierung des Thronbesteigungsmythus Jahwä's; den einzigen Kommentar, den wir zu diesem Kapitel brauchen, geben uns die Thronbesteigungspsalmen, wie wir sie oben gedeutet haben. —

Besonders lehrreich ist in dieser Verbindung Deuterojesaja. Denn von ihm besitzen wir eine stattliche Anzahl unzweifelhaft »echter« eschatologischer Gedichte, die voll allerlei Anspielungen auf traditionelle eschatologische Stoffe sind. Hier brauchen wir somit nicht das eschatologische Bild aus Bruchstücken aus vielen Verfassern und Zeiten mosaikartig zusammenzusetzen. Aus Deuterojesaja ist es möglich, ein ziemlich vollständiges Bild der eschatologischen Anschauungen zu gewinnen, die in seinen Umgebungen gelebt haben.

Nach ihrem Inhalte kann die Predigt des Deuterojesaja folgendermaßen zusammengefaßt werden: die große Wendung, der Tag der Ankunft

Jahwä's, die Erfüllung all der alten sich auf eine strahlende Glückszeit
beziehenden Weissagungen und Hoffnungen, steht jetzt unmittelbar bevor.
Das geschichtliche Auftreten des Perserkönigs Kyros ist der Anfang der
Verwirklichung alles dieses. Denn er ist von Jahwä erweckt worden, damit er seine Pläne vollführe. Im Auftrag Jahwä's soll er Babel stürzen,
die Welt vor seine Füße legen, die Exulanten zurückziehen lassen, Jerusalem wieder erbauen; von da an wird Jerusalem und Israel in märchen-
hafter Herrlichkeit und ununterbrochenem Glück leben und strahlen.

Formell betrachtet besteht dementsprechend sein »Buch«, (das wohl
von seinen Jüngern gesammelt worden ist), teils aus Weissagungen, die im
prophetischen Stil die eine oder die andere Seite dieser Verkündigung oder
den gesamten Inhalt derselben in irgend einer der traditionellen eschatologischen Darstellungsformen darstellen, teils aus »eschatologischen« Hymnen, die in einer Mischung von prophetischem und lyrisch-hymnischem Stil
das große bevorstehende Ereignis, die gewaltigen, in Bälde sich verwirklichenden Heilstaten oder Ratschlüsse Jahwä's verherrlichen, teils endlich
auch aus direkten oder indirekten[1] Ermahnungen an das Volk, die richtige
religiöse Stellung zu den Ereignissen der Zeit und den Weissagungen des
Propheten einzunehmen.

Die wenigen Grundgedanken seiner Verkündigung drückt er nun in der
verschiedensten Formen aus. Er spricht von einer Bekämpfung der Götter,
einem zum Untergang derselben führenden Rechtsstreit zwischen ihnen
und Jahwä, von der Beschämung der Bilderanbeter, von dem Triumphzuge
des an der Spitze der befreiten Exulanten heimkehrenden Königs Jahwä,
von einer neuen Schöpfung, einem neuen Bunde, einer Verwandlung der
Natur, von dem Anschluß aller Völker an Israel, von Jerusalem als der
gold- und edelsteinstrahlenden Stadt des Märchens usw. Nie sind alle
diese Ideen miteinander ausgeglichen; wie sich etwa Neuschöpfung, Bundesschließung, Heimkehr der Exulanten, Weltreich Jahwä's und Israels und
Weltreich des Kyros usw. sachlich und zeitlich zu einander verhalten, das
hören wie nie. Ziemlich bestimmt gewinnt man den Eindruck, daß alle
diese Vorstellungen eigentlich parallele Darstellungsformen desselben Gedankens, der Verwirklichung des eschatologischen Zustandes sind. Sehr
häufig können wir beobachten, daß diese Formen aus der Tradition übernommen sind, häufig zugleich aber auch, daß die Tradition auf die jetzt

---

[1] So etwa in den vielen Disputationen zwischen Jahwä und den Heidengöttern, die auf religiöse Aufklärung der Exulanten absehen. Hier macht
sich übrigens sowohl prophetischer als hymnischer Stil geltend: Jahwä
selbst singt in den Formen des Ichhymnus seinen Preis.

im Werden begriffene geschichtlich-politische Situation appliziert worden ist. (Beispiele im Folgenden).

Wenn wir nun versuchen wollen, den Einheitspunkt aller dieser einander scheinbar zum Teil widersprechenden, zum Teil parallel laufenden Vorstellungsformen zu finden, so werden wir sehen, daß eben die anscheinend sehr zurücktretende und vielleicht Dtjes. selbst gar nicht als die zentrale Idee bewußte Vorstellung von der eschatologischen Thronbesteigung Jahwä's, oder vielleicht richtiger: von dem Erscheinen, dem siegreichen Kampf und dem Herrschaftsantritt des in der Mitte des Volkes von da an weilenden Gottes und Königs Jahwä, ist. Seine Dichtungen sind[1] als prophetisch-lyrisch-hymnische Variationen über dieses in den verschiedensten Vorstellungsformen auftretende Thema zu betrachten.

Wenigstens einmal proklamiert Deuterojesaja ausdrücklich die Thronbesteigung Jahwä's, und zwar in den Worten der Thronbesteigungspsalmen; im Geiste sieht er schon die Freudenboten, die Sion den bevorstehenden Einzug des Königs verkünden mit den Worten: »Dein Gott ist König geworden«, *mālach ªlōhāchā* (Jes. 52, 7). Und daß der rettende Gott, dessen Kommen bevorsteht, König ist, das weiß Deuterojesaja auch sonst 41, 21; 43, 15; 44, 6; an allen drei Stellen wird der Name »der König Jakobs, bezw. Israels« als Bezeichnung des Gottes gebraucht, der sowohl die Urzeit, das was im Anfang war, als das Kommende geschaffen und vorausgesagt hat, vgl. den Schöpfungsmythus als Thronbesteigungsmythus.

Schon hier zeigt sich Deuterojesaja sekundär gegenüber der Vorstellungswelt der Thronbesteigungspsalmen. Daß der Ruf »dein Gott ist König geworden« der Huldigungsruf bei der Thronbesteigung ist, ist bei Deuterojesaja sehr undeutlich, während dagegen die Situation der Thronbesteigung in den Psalmen sehr deutlich ist. Bei Deuterojesaja liegt das Hauptgewicht auf der mächtigen Tat Jahwä's und auf der Heimkehr der Exulanten — somit auf den geschichtlichen Ereignissen, die nach dem Thronbesteigungsgedanken gedeutet werden. In den Psalmen dagegen ist die Situation des Einzuges, die kultisch-dramatisch dargestellt werden kann[2], die Hauptsache. Hier wird die Thronbesteigung als eine selbständige, sich selbst genügende Idee behandelt; sie soll nicht gedeutet werden, sie ist eine in sich selbst reale Tatsache. Bei Deuterojesaja wird sie umgedeutet nach einer geschichtlichen Situation. Die Umdeutung ist aber sekundär, der buchstäbliche Sinn primär.

---

[1] Abgesehen von den persönlichen Gedichten über den Knecht Jahwä's, siehe mein Buch Der Knecht Jahwä's, Beiheft zu NTT 1921.

[2] I Teil, Kap. II 3.

Jahwä kommt als König und offenbart sich seinem Volke und der
ganzen Welt (Jes. 40, 3—5. 9—11; 42, 10 ff.; 52, 7—12); es steht ein Tag
der Offenbarung bevor. Leibhaftig kommt er in all seiner herrlichen
Kraft. Ganz im Stil und Ton der Thronbesteigungslieder besingt der Prophet seine herrliche Erscheinung, läßt die ganze Natur den Preis Jahwä's
singen, 42, 10 ff. Schon sieht er im Geiste von Jerusalem aus, wie der siegreiche Held (42, 13) Jahwä an der Spitze der Befreiten, seine ganze Beute
mit sich führend, unter dem Jubel der Städte Judas und der staunenden
Bewunderung der ganzen Welt nach seiner Stadt kommt (40, 9—11; 52,
7—12), auf der wunderbaren Straße einherschreitend, die er quer durch
die Wüste gelegt hat, eine Prozessionsstraße, deren Gleichen kein anderer Gott sich bei seinem Königseinzug hat rühmen können (40, 3 f.; 42,
16. 19; 49, 11).

Wir stehen hier bei einem besonders interessanten Zug in den Vorstellungen des Deuterojesaja. Die Heimkehr der Exulanten, die bei ihm
ein Hauptgedanke ist (40, 9—11; 42, 15 f.; 43, 5—7. 19—21; 45, 13; 48,
20 f.; 49, 8—12. 17—23; 51, 11; 52, 7—12; 55, 12 f.), ist ihm natürlich mit
der historisch-politischen Situation gegeben. In der Ausmalung der Heimkehr finden sich aber viele Züge, die aus dem Thronbesteigungsmythus
stammen. Denn auf den Zug der Heimkehrenden hat Deuterojesaja
den Königseinzug Jahwä's, seine Festprozession übertragen. So
haben wir schon angedeutet, daß die Wunderstraße, die Jahwä durch
die Wüste baut zum Gebrauch der Exulanten, die Prozessionsstraße des
Gotteseinzuges ist[1]. Aktuelle Umbiegung des Gedankens ist es, daß die
Exulanten als die Folgschaft Jahwä's kommen (40, 11; 42, 16; 48, 21; 49, 10);
er ist ihr Führer und Schirmer auf dem Wege, heißt es mit einer anderen,
von den Exodussagen beeinflußten Wendung desselben Gedankens (52, 12,
vgl. Ex. 13, 21)[2]. Sonst wird aber deutlich der Königseinzug geschildert;
so 52, 7 ff.; schon kommen die Turmwächter Sions und melden der Stadt
die frohe Botschaft: dein Gott ist König geworden! Jetzt kehrt er nach
Sion heim, er hat soeben seine göttliche Kraft bewiesen, seinen Arm vor
den Augen aller Welt entblößt, indem er nämlich seine Feinde besiegt,
sein Volk gerettet, Sion befreit; jetzt kommt er, von allen seinen Getreuen
begleitet. — Hier haben wir den ganzen Thronbesteigungsmythus in kurzer
Zusammenfassung. Ebenso 40, 9—11. Desgleichen in 51, 9 ff., die auf

---

[1] Diesen Zusammenhang hat auch Greßmann erkannt, Ursprung S. 223.
[2] Einen Nachklang diesen deuterojesajanischen Gedankens haben wir in
Micha 2, 12 f., hier aber von dem Bild des die Herde leitenden Hirten
beeinflußt.

den Drachenkampf hinspielen. Wieder einmal hat Jahwä ein Machtwunder wie damals und wie am Schilfsee getan; wieder einmal ist das Ungeheuer, d. h. jetzt die Wüste, gespaltet worden und eine Wunderstraße, wie durch den Schilfsee, quer durch sie gelegt; wieder einmal ziehen die Befreiten auf dieser Straße nach der Heimatstadt zurück — ein Königszug unter Jauchzen und Freude. — Schöpfungsmythus und Exodusmythus, die beide in Verbindung mit der Thronbesteigung stehen, haben hier die Formen der Schilderung hergegeben.

Ganz wie in den Thronbesteigungspsalmen, z. T. wörtlich an sie anklingend, heißt es, daß der Zug von der ganzen Natur jubelnd begrüßt wird. Darüber ist schon oben (I Teil. Kap. IV 2 e) gesprochen worden. — Es ist auch hier klar, daß wir es mit einer sekundären Übertragung der Vorstellungen der Thronbesteigungspsalmen zu tun haben.

Wir haben hier gesehen, daß eine ganze Reihe scheinbar unzusammenhängender und isolierter Einzelheiten, sowohl aus der Ideenwelt als im Stil des Propheten, sich plötzlich als organische Glieder eines zusammenhängenden Vorstellungskomplexes enthüllen, sobald man sie nach dem Thronbesteigungsgedanken und dem Thronbesteigungsfeste deutet Das zeigt mit Sicherheit, woher jene Einzelheiten stammen. Kein Mensch hätte aus den kurzen Hindeutungen des Deuterojesaja das einheitliche Bild einer Thronbesteigung Jahwä's herauslesen können, und daß der Ideeinhalt der betreffenden Psalmen aus Deuterojesaja abgeleitet sein sollte, scheint jetzt ein abenteuerlicher Gedanke zu sein. Deuterojesaja kann sich mit diesen kurzen Hindeutungen begnügen, weil er das alles aus einer längst vorhandenen Tradition schöpft, deren Hauptzüge er als allgemein bekannt voraussetzen durfte. In einzelnen Fällen ist auch mit der Möglichkeit zu rechnen, daß der Prophet diese oder jene Einzelheit mit übernommen hat, nicht weil er dabei ausdrücklich an die Endzeit als eine Thronbesteigung Jahwä's dachte, sondern einfach weil sie ihm schon mit dem Stil gegeben waren. Das Vorhandensein eines solchen Stils ist aber nur dann erklärlich, wenn es schon längst Sitte war, die Eschatologie in den Vorstellungen des Thronbesteigungsmythus und der Form der Thronbesteigungspsalmen darzulegen.

Wir werden nun im Folgenden in den betreffenden Abschnitten sehen, daß die Verwandschaft zwischen Thronbesteigungsmythen und Deuterojesaja sich noch viel weiter erstreckt, ja daß alle seine eschatologischen Vorstellungen, wenn wir von der Applizierung auf die gegebene politische Situation und den Gedanken über seine eigene Heilsbedeutung als Knecht Jahwä's absehen, aus den genannten Mythen stammen, wenn er auch nicht selten seine persönliche Religion in sie hineingelegt und sie dadurch geändert oder modifiziert hat. Des Zusammenhangs halber verweisen wir hier kurz auf die wichtigsten der unten an ihrer respektiven Stelle zu behandelnden Einzelheiten.

Die Katastrophe, die das Kommen Jahwä's über seine und Israels Feinde bringt, ist auch bei ihm — trotz der geschichtlichen Situation — universeller Art, trifft sowohl Menschen als Götter als die Natur der ganzen Erde, s. unten 4. Von einem wirklichen Weltuntergang ist aber bei ihm so wenig wie in den Thronbesteigungsmythen die Rede. — Die Israel bedrängenden, in Not bringenden Feinde, die von Jahwä bekämpft werden, sind auch bei ihm wie im Mythus die Mächte der ganzen Welt, obwohl sie in Wirklichkeit nur die Chaldäer sind. Auch die Götter der Heiden sind, wie im Götterkampfmythus, die Feinde des neuen Königs. Wie im Gerichtsmythus wird viel von einem Gericht über die Götter geredet, das Gericht ist aber in die Vorstellung von einem Rechtsstreit, der die Überlegenheit des Schöpfergottes über die nichts vermögenden Heidengötter darlegt, umgebogen, dies in Übereinstimmung mit einem ursprünglichen Zuge im Tiamatkampf-Schöpfungsmythus. Siehe unten 5. — Der Gerichtsgedanke ist bei Deuterojesaja in einer dem ursprünglichen näherstehenden Form vertreten: das Gericht ist eine dem eigenen Volke Recht verschaffende Tat, Recht ist = Heil, Wiederherstellung der dem Israel zukommenden Stellung im Bunde und in der Welt, wie es das Volk von seinem »gerechten«, glückspendenden, siegreichen König erwarten darf. Die geschichtliche Tatsache des Exils hat bei Deuterojesaja eine Rückkehr von dem amosischen Gerichts- (= Verurteilungs-) Gedanken zu dem ursprünglicheren »Rechtfertigungsgedanken« bewirkt, der besonders in den Ideen des Thronbesteigungsfestes seine Stätte hat. Siehe unten 7. — Mit den Thronbesteigungsmythen stimmt Deuterojesaja darin überein, daß das Kommen Jahwä's zur Herrschaft für Israel Heil, für die Feinde Unheil ist. Der Gedanke ist aber in religiösuniversalistischer Richtung modifiziert worden, vergl. 12. — Das Kommen Jahwä's als heilbringender König wird wie im Thronbesteigungsfeste als eine neue Schöpfung aufgefaßt, siehe unten 9. In Verbindung mit der Neuschöpfung steht die Vorstellung von der Rückkehr der paradiesischen Zustände; Deuterojesaja schildert das Heil in Farben und Vorstellungen, die auf diesen Gedanken deutlich zurückgehen, siehe ebenda. — Das Kommen des Königs Jahwä hängt schon im Thronbesteigungsfeste mit der Erneuerung des Bundes zusammen. Dieser ursprünglich echt kultische Gedanke ist auch bei Deuterojesaja deutlich und wiederholt vertreten, siehe unten 11. — Das Ergebnis der Thronbesteigung des Gottes ist auch bei Dtjes. ein Weltreich Jahwä's und Israels — trotz der geschichtlich-politischen Situation, deren tatsächlich mutmaßliches Ergebnis auch ihm wohl bewußt

war. Hier hat aber die dem Dtjes. eigentümliche Religiosität eine Umbiegung des Gedankens bewirkt, zu der aber auch in den Thronbesteigungsmythen Ansätze vorhanden waren. Siehe unten 12. — In Übereinstimmung mit dem Grundgedanken des Thronbesteigungsfestes hat Dtjes.
keinen eigentlichen »messianischen« Heilskönig — wenn er auch einen
neuen David als selbstverständliches Haupt des Volkes vorauszusetzen scheint
(Jes. 55, 3). Er kennt aber wohl die Vorstellung von dem »Messias« im
technisch-eschatologischen Sinne, was seine Übertragung des Titels auf
Kyros beweist. Wichtige Züge der inneren, geistigen Seite des Wirkens
und der Ausrüstung des Messias hat er aber auf sich selbst, den Knecht
Jahwä's, übertragen[1].

Auf viele Einzelheiten dieser Gedanken, die mit den Ideen und Mythen
des Thronbesteigungsfestes übereinstimmen und auf sie zurückgehen, sind in
dieser vorläufigen Übersicht nicht eingegangen worden; sie werden unten
in ihrem resp. Zusammenhange behandelt werden.

3. Der Tag der Theophanie und der Offenbarungsschrecken.

Weil aus dem Thronbesteigungstage stammend, ist der Tag Jahwä's
ein Tag der Offenbarung, der Epiphanie des Gottes, und daher ein Tag
der Theophanien[2]. Vgl. I Teil, Kap. II 3 c. Im Feste kommt ja Jahwä selber, den geistigen Augen der Gläubigen sichtbar; wenn die Lade ein am
Feste ausgestelltes Jahwäbild enthalten haben sollte, so kam er auch den
äußeren Augen sichtbar; da schaute das Volk »den Gott auf Sion, Jahwä
der Heerscharen« (Ps. 84, 8) »in all seiner Schönheit« (vgl. Ps. 27, 4). —
So auch in der Eschatologie: »Den König in seiner Schönheit werden
deine Augen schauen« (Jes. 33, 17). »Jahwä erhebt sich in der Pracht
seiner Majestät, die Erde zu erschüttern« (Jes. 2, 21). — Vor der Zer-
störung erscheint er dem Ezechiel sichtbar (Ez. 8, 4 ff.; 9, 3; 10, 18 ff.). —
»Er läßt hören seinen hehren Donner und läßt sehen die Senkung seiner
Arme mit grimmigem Zorn und der Lohe fressenden Feuers, mit Sturm und
Wetterguß und Hagelstein« (Jes. 30, 30). — »Über dir (d. h. Sion) erstrahlt
Jahwä und seine Herrlichkeit erscheint über dir« (Jes. 60, 2); das gerettete
Jerusalem braucht weder Sonne noch Mond mehr; denn Jahwä ist sein
Licht (Jes. 60, 19). Usw.

Wie nun die Psalmdichter diese Theophanie mit Bildern aus allen
den Wirkungsgebieten, in denen die israelitische Religion eine Offenbarung

---

[1] Siehe über diesen Punkt mein Buch, Der Knecht Jahwä's, S. 31—35.
[2] Greßmann, S. 8 ff.; Sellin S. 132 ff.

Jahwä's sah, aus dem Gewitter, dem Erdbeben, aus dem Mythus und aus der Geschichte (Sage), ausstatten, vgl. Ps. 29, so ist es durchaus natürlich, wenn wir dasselbe krause Bild in der Eschatologie finden. Auf Einheitlichkeit und Zusammengehörigkeit der Einzelheiten wird kein Gewicht gelegt; alles was den kommenden Jahwä verherrlichen kann, wird zusammengerafft. Und daß das Hauptgewicht auf die schrecklichen, zerstörenden, niederschmetternden Seiten der Jahwäoffenbarung gelegt wird, das liegt sowohl in dem Wesen der alten Religion als in dem Charakter des Thronbesteigungstages, insofern nämlich, als dieser Tag von jeher ein Tag des Schreckens und des Beschämtwerdens und des Unterganges der Feinde Jahwä's und Israels gewesen, vergl. I Teil, Kap. II 1. Daß die Festhymnen das Erhebende. Ermutigende, Liebliche der Gottesoffenbarung nicht vergessen haben, das haben wir oben gesehen (z. B. Ps. 81; 132; 48, 12; 97, 8; 99), und desgleichen finden wir denn auch in der Eschatologie (z. B. Jes. 52, 9; 54, 4 f.; 55; 60, 1—3; 62, 4 f. u. v. a. St.). — Es ist insofern richtig, wenn Greßmann, um die Eschatologie zu beleuchten, alle Offenbarungsformen und Wirksamkeiten Jahwä's, kurz sein ganzes Wesen, in die Untersuchung mit hineinzieht (§§ 4—13); nur hätte er dies nicht zur Grundlage der Untersuchung machen sollen; es ist alles mehr Beiwerk; dazu kommt, daß die Zerlegung des Stoffes in Unheils- und Heilseschatologie zwar für eine synthetische Darstellung brauchbar ist, bei der Analyse aber gewaltsam und irreführend; so erhalten wir bei Greßmann ein schiefes Bild davon, was man im alten Israel unter der Offenbarung Jahwä's an seinem Tage verstand, wenn er nur das Schreckenhafte der Offenbarung in Zusammenhang bringt. —

Aus dem Thronbesteigungsmythus erklärt sich auch die von Greßmann nachgewiesene, schon seit alter Zeit mit der »Endkatastrophe« verbundene »Plagentheorie«[1]. Die Plagen scheinen nach Amos 4, 6—12; 7, 1 ff. zu der Bedrängnis zu gehören, die besonders Israel trifft; da aber bei ihm alle Katastrophen über Israels Haupt gebracht sind (siehen unten 6), so beweist das nichts. Rein a priori ist es möglich, daß in der volkstümlichen Eschatologie vor Amos die Plagen über die Völker verhängt wurden. Greßmann ist auf den Zusammenhang mit den ägyptischen Plagen aufmerksam; eine eigentliche Erklärung dieses Schemas hat er nicht gegeben; denn auch eine Weltkatastrophe, wie er sie annimmt, braucht nicht notwendig vorausgehende Plagen. — In Wirklichkeit stammen sie als eschatologische Plagen aus dem Exodusmythus, wenn auch in der jetzigen Form desselben die Plagen stark schematisiert und unpsychologisch sind. Wie

---

[1] Ursprung, S. 168.

Jahwä damals seine Feinde besiegte, als er den Thron zum ersten Male
bestieg, so tut er es immer wieder — und so wird er es in der Zukunft
tun[1]. Wenn dem so ist, so treffen die Plagen ursprünglich die Heiden.

4. Naturkatastrophen und Weltuntergang.

Mit der oben gegebenen Deutung des »Tages« haben wir, wie gesagt,
den Schlüssel der ganzen Eschatologie in den Händen[2]. Greßmann hätte
sich den langen Umweg über allerlei nebensächliche Naturkatastrophen[3], die eigentlich fast lediglich zur Ornamentik gehören und für das
Verständnis des eigentlichen Wesens des Tages sehr wenig einbringen,
ersparen können. Ganz mit Recht hat Sellin betont, daß schon in der
ältesten uns erreichbaren Eschatologie der Tag als ein Tag des Kommens
Jahwä's zur Königsherrschaft gedacht wird[4], und daß er somit von Haus
aus nicht ein Tag der Naturkatastrophen gewesen; nur den Ursprung dieses
Gedankens hat er nicht gesehen; sonst hätte er sich das advokatorische
Plaidoyer auf S. 138 ff. ersparen können. Jetzt wissen wir, warum der
Tag so aufgefaßt wurde.

Wie wir oben gezeigt haben und im Folgenden näher darlegen werden, wird an den oben (1, S. 230) genannten Stellen die eschatologische
Thronbesteigung Jahwä's in Verbindung mit vorhergehenden und nachfolgenden Begebenheiten gesetzt, die sich durchaus mit den entsprechenden
Vorstellungen der kultischen Thronbesteigungsmythen decken. Unleugbar
ist es nun, daß dabei allerlei Naturkatastrophen und -schrecken in
den Unheilsschilderungen eine erhebliche Rolle spielen (siehe bei Greßmann,
Ursprung, §§ 4—9). Sie stehen aber meistens in keinem organischen Zusammenhang mit dem Offenbarungstag Jahwä's als Thronbesteigungstag. Sie
gehören meistens zur Ornamentik der Theophanie, der Bekämpfung der
Feinde und des Gerichts. Ob er seine Feinde etwa durch ein gewaltiges

---

[1] Natürlich hat Greßmann darin Recht, daß das Motiv ursprünglich ein
ästhetisches ist. — Das Unpsychologische — in dem Mythus darf man
nicht zu viel Pschychologie verlangen — in den Exodusplagen übertreibt
Greßmann; vieles beruht auf der redaktionellen Zusammenarbeitung so
vieler Varianten derselben Sage.

[2] Bei Sellin, Prophetismus S. 143, N. 1, sehe ich, daß Volz in seinem Buch,
Das Neujahrsfest Jahwä's „eine nähere Verbindung des Begriffes [des
Tages Jahwä's] mit diesem Feste statuiert“. — Darin daß Volz und ich
unabhängig von einander auf diesen Gedanken gekommen sind, sehe ich
eine willkommene Bestätigung meiner Theorie. [Siehe das Vorwort].

[3] Ursprung S. 12—71.

[4] Prophetismus, S. 132 ff.

Erdbeben (Ez. 38, 19 ff.) oder durch einen Schirokko (Jes. 33, 9) oder einen Gewittersturm (Am. 1, 14) oder durch Feuerflammen (Jes. 66, 15) oder durch einen Schwefelstrom (Jes. 34, 8 ff.) oder durch einen panischen Schrecken (Jes. 2, 19; 22, 5; Ez. 7, 7) oder durch das mythische Schwert (Ez. 21, 13 ff.) oder durch das blinde Wüten der furchtgeschlagenen Menschen unter einander (Ez. 38, 21) oder durch Pest und Seuche (Hos. 13, 14; Zach. 14, 12 f.) oder durch mythische Wesen (Joel 2, 1 ff.) vernichtet — das ist alles verhältnismäßig nebensächlich (s. oben S. 244 f.). Jahwä erscheint und wirkt eben mit allen den Mitteln, über die er sonst verfügt; er offenbart sich eben so wie man sonst erzählt, daß er sich offenbart hat. Darüber ist oben genügend geredet.

Daß wir in diesen Schilderungen auch solche Züge finden, die aus den verschiedenen Formen des Thronbesteigungsmythus stammen, ist nur begreiflich. So etwa, wenn die über die Menschen einherbrechende Not als eine große Flut geschildert wird (z. B. Jes. 8, 5 ff.; 28, 2; 47, 2)[1]; hier liegt deutlich der Chaos- oder Urmeermythus im Hintergrunde. Oder wenn die Offenbarung Jahwä's als ein Austrocknen der Ströme geschildert wird (z. B. Jes. 42, 15; 50, 2 f.), so liegt ebenso deutlich der Kampf Jahwä's gegen das Urmeer dahinter. Sehr beliebt sind die Nachklänge der Sinaioffenbarung gewesen (so etwa viele der eschatologischen Feuer- und Sturmoffenbarungen, die Greßmann, Ursprung §§ 5 und 6 gesammelt hat); ganz natürlich: der Exodus—Sinaimythus haben wir als eine Form des Thronbesteigungsmythus kennen gelernt. — —

Dagegen ist in der alttestamentlichen Eschatologie, wie Sellin[2] und Messel[3] richtig betont haben, nie von einem wirklichen Weltuntergang die Rede. Schon die Tatsache, daß die Eschatologie von Anfang an sowohl Heil als Unheil umfaßt hat (siehe unten), läßt vermuten, daß Greßmann Unrecht hat, wenn er behauptet, daß das Unheil ursprünglich absolut weltumfassend gedacht wurde[4]. Das Unheil, das das Kommen Jahwä's mit sich bringt, hat von jeher vor Israels Grenzen, vor Jerusalems Toren, Halt gemacht. Und somit ist auch die Annahme Greßmanns unrichtig, daß ein Weltuntergang ursprünglich zum eschatologischen Schema gehört habe, oder gar, daß in einer derartigen Theorie die Wurzel der Eschatologie zu suchen sei[5]. Der Weltuntergang ist — insofern er über-

---

[1] Greßmann, Ursprung S. 63 ff.
[2] Prophetismus, S. 122.
[3] Einheitlichkeit der jüdischen Eschatologie, S. 9 ff.
[4] Ursprung S. 144 ff.
[5] Ursprung S. 144 ff. Weder aus Seph. 1 noch aus Jer. 4, 28 ff. kann das gefolgert werden, siehe unten.

haupt in der jüdischen Eschatologie eine Stätte hat — ein sekundärer und sehr später Zug. Ist das Thronbesteigungsfest die Wurzel des eschatologischen Ideeninhaltes, so sind nach allem was wir oben dargelegt haben, Heil und Unheil immer organisch mit einander verbunden — organisch insofern als das Heil für Israel, das Unheil für die Feinde die nächste Folge der Thronbesteigung Jahwä's ist. Der klaffende Abgrund zwischen Heil und Unheil[1] ist eben dadurch entstanden, daß die Gerichtspropheten gegen den ursprünglichen Gedanken das Unheil auf Israel ausgestreckt haben (siehe unten 6).

Die Katastrophen naturhafter Art, die die Theophanie Jahwä's begleiten, beweisen an sich nicht, daß das Unheil ursprünglich ganz universell gedacht war, wie Greßmann anzunehmen scheint. Es empfiehlt sich, zwischen dem (scheinbar) Universellen des Unheils und dem Naturhaften desselben hier zu unterscheiden. — Wenn nun die Eschatologie aus den Thronbesteigungsmythen stammt, so fragt sich: in welchem Sinne ist das Unheil in diesen universell? Das Unheil kommt in den Mythen sozusagen von zwei Seiten her: erstens bringen die Feinde Jahwä's (und Israels) Unheil, dann antwortet Jahwä mit noch größerem Unheil über sie. Die feindlichen Mächte erstrecken ihre unheilvolle Herrschaft fast über die ganze Welt, das Chaos ist schon dabei, die Menschenwelt wieder zu verschlingen (siehe S. 50, 52), die Heiden in der Gestalt des Chaos sind im Begriff, auch Israel und Jerusalem zu vernichten (siehe S. 57 ff.), das chaosähnliche, schlechte, die Säulen der Welt stürzende Regiment der »Götter« umspannt schon die ganze Welt (Ps. 82). Insofern ist das Unheil universell. Dann erscheint aber Jahwä und vernichtet in gewaltigen Katastrophen diese feindliche »Welt« und rettet Israel. — So muß es auch in der ursprünglichen Eschatologie gewesen. Das stimmt zu dem Zeugnis der prophetischen Literatur. Seit Amos verkünden mehrere Propheten ein universelles Unheil, das auch Israel trifft; vor ihm aber war der Tag Jahwä's für Israel ein Tag des Lichts, für die Feinde ein Tag der Finsternis (Am. 5, 20).

Wenn nun die späteren Gerichtspropheten von einem ganz universellen Unheil, mit dem sie aber nur ganz selten wirklich Ernst machen können, reden, so sind sie von Amos abhängig, oder werden von demselben sittlichen Ernste, der ihn trieb, zu ähnlichen Erwartungen getrieben. Zum Teil hat aber sicher auch die poetische Sprache der alten Thronbesteigungsmythen, die Kunstform der Übertreibung und Verallgemeinerung mitgewirkt. Wenn wir bedenken, daß es schon in den Thronbesteigungspsalmen Stilsitte war, die Not, aus der zu retten Jahwä kam, mit den

---

[1] Greßmann, op cit. S. 229 ff.

Farben des Chaosmythus zu schildern (vgl. Ps. 46), und daß es eine ganze Welt von Feinden ist, vor denen Jahwä sein Volk bei seinem Kommen rettet, so verstehen wir, daß die Unheilsschilderungen der späteren Gerichtspropheten mitunter ein ganz universelles Gepräge annehmen konnten, das aber nicht buchstäblich genommen werden wollte. So wird es wohl schon in der voramosischen Eschatologie gewesen sein. So ist die Stilform des Völkerkampfmythus in Seph. 3, 8 deutlich; der ursprüngliche Sinn der Worte ist nur: die gegen Jahwä (und Israel) feindlichen Völker und Reiche, die gegen ihn aufrührerische »Welt«, die er bei seinem Kommen vernichtet. — Ähnlich Jes. 28, 14—22; im Hintergrunde steht auch hier der Völkerkampfmythus: die feindliche »Welt« *äräṣ* V. 22 wird vernichtet, auf dem unzerstörbaren Sion wird aber das Reich errichtet V. 16; nur werden hier auch die Gegner des Propheten, die mit der Welt der »Lüge« gemeinsame Sache gemacht haben, als Feinde Jahwä's betrachtet und mit diesen bestraft. — So auch in Seph. 1—2 und Jer. 4, 28 ff. Denn sowohl Sephanja als Jeremia verraten, daß sie gar nicht an eine vollständige Ausrottung alles Lebens denken. Nach der Strafzeit erwarten sie beide das Heil; Seph. 2 f. läßt sogar ein »Rest« Israels übrig bleiben, der die Heiden plündern soll, und Jeremia läßt, wenn er prosaisch-nüchtern redet, sowohl das chaldäische Weltreich als die Exulantenkolonie in Babel bestehen; aus dieser soll einst das neue Gottesvolk hervorgehen. Die universell anmutenden Schilderungen sind eben nur poetische Übertreibungen — wie wir auch jetzt von einem Zusammenbruch, einer Zerstörung, einer Verwüstung Europas reden, ohne buchstäblich genommen werden zu wollen.

Das Universelle der Unheilsschilderungen ist entweder nur Stil oder etwas Sekundäres, oder beides. Nehmen wir z. B. Jes. 2, 12—17, so besteht der Tag Jahwä's darin, daß er alles »Hohe und Ragende« vernichtet, so daß »keiner außer Ihm an jenem Tag hoch ist«. Als Beispiele werden Berge und Festen, Bäume und Tarschisch-Schiffe u. dgl. erwähnt. Daraus ist aber nicht zu folgern, daß es eine Theorie über einen Weltuntergang gegeben; daß die verheerenden Wirkungen sich auf die tote Natur erstreckt, gehört zum Stil der Theophanie, vgl. Ps. 29; I Kg. 19, 11 f., und beruht wohl letzten Endes auf der Tatsache, daß man in großen Naturkatastrophen die besondere Wirkung des naturhaft aufgefaßten Gottes gesehen hat; diese Wirkungen seines Erscheinens sind im poetischen Stil verallgemeinert und übertrieben und zu Ornament geworden. Wenn nun Jahwä am Thronbesteigungstag — oder zum eschatologischen Tag — kommt, seine (und Israels) Feinde zu vernichten, so wirkt er durch solche Schrecken. Sein katastrophales Wirken erstreckt sich aber eigentlich genau so weit wie die Herrschaft seiner Feinde. Gegen ihn (und Israel) steht eine Welt von Feinden

(Urmeer, Chaosdrachen, die Könige und Reiche der Welt). Insofern, aber auch nur insofern, sind die sein Kommen begleitenden Katastrophen weltumspannend. Israel bleibt verschont. Bei Jesaja ist nun auch Israel unter den Feinden. Nichts Hohes und Ragendes bleibt somit übrig. Das ist aber keine alte Theorie. Und Hauptsache ist immer die Vernichtung der menschlichen Feinde; das andere ist Beiwerk.

Wie verhält es sich nun mit dem Naturhaften der Katastrophen, das den Eindruck einer Vorstellung von einem Weltuntergange erweckt und verstärkt hat? — Zwei Momente sind hier in Betracht zu nehmen. Erstens, wie schon angedeutet, das alte naturhafte Wesen Jahwä's, das besonders in den Theophanien zum Ausdruck kommt. Wenn Jahwä kämpft und richtet, so wirkt er überhaupt durch Naturschrecken, durch Donner, Blitz, Sturm, Feuer usw., vgl. S. 246 f. Ein Beispiel dieser Art bietet uns Seph. 1, 18; hier wird »der Tag der Wut Jahwä's, wenn er durch das Feuer seiner Eifersucht die ganze Erde verzehrt«, erwähnt. Hierzu bemerkt Greßmann, daß man daraus »auf einen Weltbrand schließen könnte« (Ursprung S. 145). Es ist sehr richtig, wenn er sich so reserviert ausdrückt. Von einem Weltbrand als traditionellem eschatologischen Dogma ist nämlich hier gar keine Rede. Wie »die ganze Erde« zu beurteilen ist, haben wir oben gesehen. Es bedeutet tatsächlich nur »die ganze Jahwäfeindliche Welt«, mit Ausnahme Israels (bei Sephanja: mit Ausnahme des »Restes«). Und das Feuer ist ganz gewöhnlicher Theophaniestil. Wenn Jahwä in seinem Grimm oder in seiner Majestät erscheint, so erscheint er immer in Feuer (Sinaioffenbarung, Ps. 18, 9. 13; 50, 3; 77, 19; 97, 3—5), und daß das göttliche Feuer die Feinde Gottes verzehrt, ist eine ganz geläufige Vorstellung (Ps. 97, 3). Die Stelle enthält nur dies: wenn Jahwä in seinem Zorn feuersprühend, wie immer, erscheint, so wird das Feuer seines Zorns die ganze feindliche Welt verzehren. Eine andere Sache ist es, daß die spätere Apokalyptik sehr wohl aus einer Stelle wie dieser ein Dogma von einem Weltbrand hätte eruieren, bezw. in dieser Stelle ein solches, von Außen kommendes Dogma wiederfinden können.

Zweitens hat die amosische Unheilseschatologie zu einer gewaltigen Erweiterung des Schreckensarsenals, das Jahwä bei seinem Erscheinen zur Verfügung steht, geführt. Wenn das Unheil auch Israel trifft, so gehen die Schrecken, mit denen Jahwä bei seinem Kommen seine Feinde vernichtet, und die Not und Drangsal, die die Feinde vor seinem Kommen über sein Volk bringen, ineinander über. Das Alles wird nun Schrecken und Strafmittel, die Jahwä über seine Feinde, besonders aber über sein treuloses Volk bringt. — So ist es dazu gekommen, daß Jahwä mitunter auch mit solchen Vernichtungsmitteln auftritt, die ursprünglich Charakteristika seiner Feinde (der Tiamat, des Urmeeres, Rahab-Ägyptens, der Weltkönige) waren, vgl. schon Am. 9, 3. Da aber die Feinde der Thronbesteigungs-mythen großenteils naturhafter Art sind (Chaos-Urmeer), so werden somit auch die von ihnen entlehnten Schrecken naturhafter, chaotischer, des Kos-mos zerstörender Art. Diese Zusammenwerfung der Chaos-Schrecken und der Jahwä-Schrecken ist in Jer. 4, 28 ff. besonders deutlich; Jahwä straft hier indem er wieder ein Chaos bringt. Das ist aber keine ursprüngliche Eschatologie, denn im Thronbesteigungsmythus kommt Jahwä, das Chaos zu bekämpfen, und so muß es auch in der ursprünglichen Eschatologie gewesen sein. — So erklärt es sich auch, wenn in Seph. 1, 3 oder Hos. 4, 3 auch das Vieh und die Vögel und die Fische von den verheerenden Wir-kungen des Kommens Jahwä's mit betroffen werden: so wüteten ursprüng-lich in der historifizierten Form des Thronbesteigungsmythus (s. S. 50, 52) die Feinde gegen den Kosmos. — Ähnlich verhält es sich in Jes. 28, 17; die Wasserflut ist keine neue Sintflut, die die Welt zerstören soll, sondern ursprünglich der wiederholte Angriff der Tiamat (siehe oben S. 247). Hier ist derselbe aber nicht als eine Empörung wider Jahwä, sondern als ein Strafmittel Jahwä's aufgefaßt. Auch das beruht auf der amosischen Um-kehrung der Eschatologie: Jahwä will nicht retten; er läßt vielmehr die Flut Jerusalem wegspülen. Damit ist die Möglichkeit geöffnet, die Flut, die ursprünglich eine Tat der Jahwäfeindschaft war, als ein von Jahwä verhängtes Strafmittel aufzufassen. Somit auch hier keine alte oder ur-sprüngliche Weltuntergangstheorie. — Das mythische Heer bei Joel ist ursprünglich die »Helfer Rahabs«, hier mit dem Heer der angreifenden Völker der Welt und mit dem »Feind aus Norden« (siehe unten) kombiniert[1]. Seine verheerenden Wirkungen erstrecken sich über die ganze Erde — wie die der Tiamat — und sind insofern naturhafter Art, als auch die Tiamat und das Urmeer naturhafter Art sind. Vor den Toren Jerusalems machen sie aber Halt — der Prophet fügt hinzu: wenn das Volk Buße tut. Von einer Weltuntergangstheorie kann somit auch hier nicht geredet werden. — —

Diese Auffassung des Sachverhaltes bestätigt uns Deuterojesaja. In Widerspruch mit der geschichtlich-politischen Situation, die ihm eine Züchtigung Babels und ein Weltreich des Heiden Kyros erwarten läßt, redet er von einer Bekämpfung, einer Beschämung, einem Richten der Heiden und Heidengötter überhaupt; das Gericht (siehe unten) wird ihm eine universelles Ereignis. Wenn er nun die Sprache des Mythus redet,

---

[1] Ob der Prophet das Heer in Kap. 2 auf die Heuschrecken in Kap. 1 gedeutet haben will, scheint mir sehr zweifelhaft.

so wird daraus eine weltumspannende Katastrophe, die gelegentlich sogar die tote Natur in Mitleidenschaft hineinzuziehen scheint (Jes. 51, 6, vgl. 42, 15). Das ist eben nur eine dekorative Bildersprache, die aus den verschiedenen Formen des Thronbesteigungsmythus stammt — wie auch seine Vorstellung von der universellen Bekämpfung der Völker und Götter denselben Ursprung hat. Der Zusammenhang mit dem Tiamat-Schöpfung-Thronbesteigungsmythus ist in Jes. 42, 11 ohne Weiteres klar. Wir haben hier eine Reminiszenz aus der Bekämpfung des sich empörenden Meeres[1]. Da aber Deuterojesaja hier den Mythus allegorisch auf den Bau der Wunderstraße durch die Wüste (siehe oben) deutet, so ist er hier nicht wörtlich zu nehmen. Die Verheerung ist scheinbar weltumfassend, weil Tiamat in den Thronbesteigungsmythen eine »Welt« von Feinden vertritt oder symbolisiert — Israel immer ausgenommen. — In 51, 6 scheint Deuterojesaja sogar weiter gegangen zu sein als jemals der Thronbesteigungs- oder der ältere eschatologische Mythus, insofern als er hier Ausdrücke verwendet, die einen wirklichen Weltuntergang vorauszusetzen scheinen. Der Gedanke ist aber jedenfalls nur dekorativ-poetisch; Deuterojesaja macht nie mit ihm Ernst, er widerspricht seinen sonstigen mehr realistischen Anschauungen. Die nächstliegende Auffassung ist somit, daß die Worte 51, 6 hypothetisch zu deuten sind: und wenn der Himmel als Rauch verwehen sollte, mein Heil soll doch immer bestehen bleiben. Daß Deuterojesaja hier mit einem Vergehen des Himmels als eine Möglichkeit gerechnet habe — wenn man so viel in die Worte hineinlegen darf — beweist noch lange nicht, daß ein Weltuntergang zum eschatologischen Dogma gehört habe.

Woher der Gedanke dieser Möglichkeit stammt, das können wir sagen. Wir sahen oben, daß der Tiamatmythus in einigen seiner vielen Varianten so zu sagen historifiziert worden war. Es heißt dann, daß das Urmeer einmal die bewohnte Erde bedrängt und beinahe ein neues Chaos herbeigeführt habe — oder wie es poetisch-übertrieben wohl auch gesagt wurde: wirklich herbeigeführt habe. Daß dies aber nicht als buchstäbliche Wirklichkeit aufzufassen sei, geht aus der Fortsetzung hervor: Jahwä habe dann

---

[1] Wenn hier, wie Greßmann, Ursprung S. 27, will, das Ausdörren der Berge und Hügel usw. als durch einen Glutwind verursacht gedacht wird, so ist es nicht eine Theorie von dem Tag Jahwä's als einem Tag des Schirokkos, der im Hintergrunde liegt, sondern der Zug geht zuletzt auf den Wirbelwind (*Imḫullu*) zurück, den Marduk in den Rachen der Tiamat hineinjagt, *Enuma eliš*, Taf. IV, Z. 97—100; vgl. Z. 48 ff, wo die 4 Winde als Helfer Marduks, der Zyklon als seine Waffe, der Sturmwind als sein Wagen auftreten. — Der Zug ist somit aus babylonischen, nicht aus kana'-anitischen Naturverhältnissen zu erklären.

im letzen Augenblick, als die Not der Menschen — diese sind somit noch
da — die äußerste Höhe erreicht hatte, eingegriffen, die Bedrängten gerettet
und die Ordnung wiederhergestellt, s. S. 50. Diese Form des Tiamatmythus
liegt überall da im Hintergrunde, wo dieser Mythus mit dem Exodusmythus
(s. I Teil, Kap. II 1 c) und mit dem Völkerkampfmythus (s. I Teil, Kap. II 1 d)
kombiniert worden ist. So etwa in Ps. 46. Grundlage der Herrschaft Jahwä's
ist hier der Sieg über die Völker und Reiche der Erde. Der Angriff derselben
auf Jerusalem ist nach der Weise des Angriffes des sich empörenden Meeres
geschildert. Wie das Meer damals (beinahe) die Erde gestürzt hätte, so
haben die Feinde beinahe dem Volk Gottes den Garaus gemacht. Hier wird
nun als mit einer Möglichkeit mit dem nochmaligen Zurückkommen dieser
chaotischen Zustände gerechnet: »drum fürchten nicht, und wenn die Erde
wankt, die Berge schreiten ins Schoß des Meeres. Möge brausen [das
Meer], seine Wasser wogen, die Berge vor seinem Hochmut beben — [mit
uns ist Jahwä der Heerscharen]!« (V. 3 f.). Auch hier ist nicht an ein
buchstäbliches Wiederkehren des Chaos gedacht: steht doch wenigstens
Jerusalem zurück als Angriffsziel der wogenden Wellen, und bleibt auch
bestehen. Der Dichter, wie auch der historifizierte Mythus, ist sich den
Unterschied zwischen dem buchstäblichen Chaos und dem poetischen Stil
des Hymnus bewußt. Wohl wiederholt sich bei der Thronbesteigung
Jahwä's alles, was im Uranfang gewesen; so auch das Chaos — immer
aber wird vor der letzten Konsequenz dieses Gedankens Halt gemacht;
das Chaos ist immer nur nahe dabei, alles wieder zu verschlingen; dann
kommt aber Jahwä im letzten Augenblicke.

Aus diesem Ideenkreise stammt auch der deuterojesajanische Gedanke
Jes. 51. 6. Er ist demjenigen in Ps. 46, 3 f. genau parallel. Mit der Möglichkeit einer fast vollständigen Zerstörung des Bestehenden wird gerechnet;
weiter geht der Gedanke nicht. Ob Deuterojesaja die diese Möglichkeit
ausdrückende Vorstellung: das Verwehen des Himmels, als erster geschaffen
hat, können wir nicht sagen, siehe jedoch unten 9. Daß ein wirklicher
Weltuntergang kommen werde, glaubt Deuterojesaja nicht, und hat auch
nicht der Mythus vor ihm behauptet. Ähnliches gilt auch Jes. 65, 17; daß
hier nicht von einem wirklichen Weltuntergang die Rede ist, darin muß ich
Messel[1] beipflichten, wenn ich auch seine Exegese für etwas zu nüchtern
und rationalisierend halte. Denn daß man aus der Neuschöpfung bei Dtjes
und Trtjes. nicht auf einen Weltuntergang schließen kann, werden wir
unten sehen.

Wo scheinbar von einem Weltuntergang die Rede ist, ist somit immer
nur entweder die verheerenden Wirkungen der Feindesnot vor dem Ein-

---

[1] Die Einheitlichkeit d. jüd. Eschatologie, S. 22 ff.

greifen Jahwä's oder seine Bestrafung der Feinde — mitunter auch auf Israel ausgedehnt — gemeint. Das Naturhafte gehört z. T. zur Art der Gottes-theophanien, zum großen Teil aber stammt es aus den Schilderungen des Wütens und der Niederkämpfung der mythischen Feinde Jahwä's in der Urzeit und der vermenschlichten Feinde (Ägypten und die vereinigten, gegen Jerusalem anstürmenden Könige) in der mythischen Geschichte, d. h. aus den Thronbesteigungsmythen. — Dementsprechend werden die Feinde der Endzeit nach den Typen der urzeitlichen Feinde geschildert. Beispiele dafür hat Gunkel in Schöpfung und Chaos in Urzeit und Endzeit in Fülle geliefert[1]. Instar omnium seien die Prophezeihungen Ezechiels gegen Ägypten Ez. 29 ff. und die Übertragung des im Stile der Thron-besteigungslieder geschilderten Chaoskampfes auf den bevorstehenden Unter-gang der Chaldäer bei Deuterojesaja 42, 10 ff. erwähnt. In dem letzteren Beispiel sehen wir, daß auch das Schilfseewunder Züge zur eschatologischen Schilderung hat abgeben müssen. Es versteht sich aber von selbst, daß viele Einzelheiten in den Unheilsschilderungen anderswoher stammen kön-nen, daß man alle Schreckensoffenbarungen Jahwä's aufgeboten hat, um die Katastrophe des Tages so schauderhaft wie möglich zu malen. Das gilt sowohl den Schilderungen, die sich auf den Untergang der Heiden und Jahwäfeinde beziehen, als denen, die zugleich Israel als Feinde Jahwä's behandeln (so die großen Gerichtspropheten, siehe unten).

5. Die Zeit des Bedrängnisses und die Rettung aus der Feindesnot.

Die Voraussetzung des Kommens Jahwä's zur Thronbesteigung ist sowohl in der Eschatologie als in dem Kultmythus, daß sein Volk Israel von furchtbaren Feinden bedrängt ist, siehe I Teil, Kap. II 1. Über diese Feinde Jahwä's und Israels sollen alle die Schrecken kommen, die Jahwä's Offenbarung mit sich bringt. — So erklärt sich aus unserer Auffassung des Ursprungs der Eschatologie das eschatologische Dogma von der dem Heil vorausgehenden Zeit der Not und des Bedrängnisses, die über Israel kommt (z. B. Ez. 38; Zach. 12).

Eigentlich geht somit diese Zeit der Not dem Tage Jahwä's voraus, sie gehört nicht ursprünglich mit zum ›Tage‹ im engeren Sinne. Denn ursprünglich ist diese Zeit die Zeit der Herrschaft des Chaosungeheuers, der Helfer Rahabs, in der vermenschlichten Form des Kultmythus die Zeit des Waltens und des Angriffes der Feinde Jahwä's und Israels, der ver-sammelten Könige der Erde, die der Thronbesteigung vorausgeht, die böse Zeit der Heidengötter, der Jahwä bei seinem Kommen ein Ende macht.

---

[1] Siehe S. 99—110; 314 ff.; 328; 367 ff.

Wenn diese Zeit des Bedrängnisses bei den Gerichtspropheten als mit dem Tage identisch aufgefaßt worden ist, so ist das eine Neuerung des Amos, über die unten zu reden ist.

Es findet sich denn auch in den Schilderungen der großen eschatologischen Not kaum ein einziger wichtiger Zug, der sich nicht aus den verschiedenen aus den Psalmen zu rekonstruierenden Ausformungen des kultischen Thronbesteigungsmythus erklärte. Anwendungen und Wiederholungen des Chaos-Tiamatmythus in der Eschatologie hat schon Gunkel (Schöpfung und Chaos) in Fülle aufgezeigt. Erwähnt seien Jes. 17, 12—14; Hab. 3, 8; Nah. 1, 4; Dan. 7; IV Esra 6, 49—52; Henoch 60, 24 f.; Ap. Joh. 12; 13; 17 (s. op. cit. S. 100 f., 105, 323 ff., 64, 316, 336 ff.). Entweder sind die geschilderten Feinde rein mythische Wesen, die ihren Zusammenhang mit dem Chaosungeheuer und den Helfern Rahabs deutlich verraten; z. B. Dan. 7; Ap. Joh. 12. Oder die Züge des alten Mythus sind auf irgend ein geschichtliches Volk, das als Bringer der letzten großen Not aufgefaßt wird, etwa Assyrer, Babylonier u. a , übertragen worden. So die mythische Schilderung der angreifenden Völker Jes. 17, 12 ff., ferner die Parallelisierung des Urmeers mit den Chaldäern Jes. 42, 10 ff.

Wie wir oben (I Teil, Kap. II 1 d) sahen, war der Völkerkampfmythus recht häufig vertreten in den Thronbesteigungspsalmen. Dementsprechend bildet ein Angriff vieler oder aller Völker auf Jerusalem einen stehenden Zug der Eschatologie. Schon Jesaja kennt diese Vorstellung von dem Angriff aller Völker auf Jerusalem; sie liegt, wie Greßmann gesehen hat[1], in Jes. 8, 9 f. im Hintergrunde. Ebenso Jes. 17, 12 ff. Wie das Brausen des Meeres braust es, wenn die vielen Völker heranrücken — in diesem Vergleich liegt eine blaße Erinnerung an den uralten Zusammenhang des Völkerkampfmythus mit dem Urmeer- und Schöpfungsmythus. Jerusalem gerät in die größte Gefahr. Dann aber in der 12ten Stunde greift Jahwä ein. »Doch er schilt darin und es flieht in die Weite und ist gejagt, wie Spreu der Berge vor dem Winde und wie Wirbelstaub vor der Windsbraut. Zur Zeit des Abends — siehe da: Schrecken; bevor der Morgen da[2], ist es dahin; das ist der Teil unserer Plünderer und das Los unserer Räuber.«

In den mannigfaltigsten Formen ist diese Vorstellung von dem universellen Angriff variiert. Die ausführlichste Schilderung gibt die Gog-Magog-Weissagung Ezechiels 38 f. — wo allerdings zwei Reszensionen desselben Mythus zusammengeschmolzen sind[3]. In der ältesten Form ist allerdings

---

[1] Ursprung, S. 178.

[2] Vergleich Ps. 46, 6.

[3] So Krätzschmar HKAT, Greßmann, Ursprung, S. 181 f.

der Mythus auf ein einzelnes Volk Magog übertragen; dieses Volk steht aber als Typus der gesamten Heidenwelt, ihm folgen viele Völker (Ez. 38, 15); in der zweiten Reszension ist Gog folgerichtig der Leiter einer weltumfassenden Koalition: Rosch, Meschek, Tubal, Perser, Äthiopen und Put, Gomer und Beth-Togarma bilden die schreckliche entente cordiale (38, 1—9). — Wenn der Tag kommt, wird der Feind böse Pläne ausdenken; um Beute zu machen und Raub zu rauben wird er gegen ein friedliches Volk ziehen. Wenn aber Gog an jenem Tag über Israel herfällt, »dann wird mein Grimm — so spricht Jahwä — in meiner Nase auflodern. Und in meinem Eifer, im Feuer meines Grolles, habe ich gesagt: wahrlich an jenem Tage soll ein großes Erdbeben über das Land Israel kommen, und vor mir sollen erbeben die Fische des Meeres und die Vögel unter dem Himmel und das Getier des Feldes und alles Gewürm, das auf dem Erdboden kriecht, und alle Menschen, die auf der Erdoberfläche sind; niedergerissen werden sollen die Berge und umstürzen die Felssteige und alle Mauern zu Boden fallen. — — Und ich will mit ihm rechten mit Pest und Blutvergießen und fortschwemmendem Regen und Hagelsteinen; Feuer und Schwefel will ich regnen lassen über ihn und über seine Kriegsscharen und über die vielen Völker, die mit ihm sind. Und ich will mich groß und heilig erweisen und mich kund tun vor den Augen vieler Völker, damit sie erkennen, daß ich Jahwä bin.« (Ez. 38, 18—23).

Hier vollzieht Jahwä allein mit allen seinen Offenbarungsschrecken das Wunder. Ebenso Zach. 12, 9; 14, 1—5. 12 ff. Man gefällt sich gerade in den furchtbarsten und rachgierigsten Vorstellungen, wie letzteres Beispiel zeigt. In Micha 4, 11 ff. vollzieht Juda selbst in der Kraft Jahwä's die Vernichtung. Gelegentlich findet man auch die Variation, daß es den Völkern gelingt, Jerusalem zu erobern; dann kommt aber die Rache Zach. 14, 1—5. Hier hat wohl die Erinnerung an die Geschichte unter Nebukadressar mitgewirkt. Auch die Vorstellung findet sich, daß Jahwä selber die Völker zum Angreifen antreibt, nicht etwa weil er durch sie Jerusalem bestrafen will, sondern damit er sich auf die Heiden verherrliche (Ez. 38) oder eine blutige Rache über sie üben könne (Joel 4); der Angriff soll gewissermaßen die Rechtsgrundlage der göttlichen Ausrottung der Heiden bilden. Dieser Zug geht wohl auf den Exodusmythus (Verstockung Pharaos) zurück. — —

Der Ursprung der eschatologischen Feinde aus den verschiedenen Thronbesteigungsmythen und die Anpassung dieser traditionellen Vorstellung an die jeweilig gegebene politische Situation ist nun bei Deuterojesaja besonders deutlich. — Nach dem Mythus sollen die bedrängenden Feinde — insofern sie menschlich sind — die gesamte Völkerwelt sein.

In der Applizierung des Mythus auf die Geschichte ist es nun begründet, wenn die Feinde, gegen die Jahwä bei Deuterojesaja zu streiten kommen wird, die Chaldäer (43, 14) oder die Stadt Babel sind, über deren bevorstehenden im voraus geschauten Fall der Prophet schon das Spottlied erhebt (47). Aus dem Mythus stammt es, wenn er trotzdem gelegentlich redet, als wäre die ganze Welt, bezw. die gesamten Völker der Erde, die Feinde Jahwä's und Israels (42, 17; 45, 1—7. 24; vgl. 40, 6—8; 51, 6; 54, 9). Auch hier ist Deuterojesaja der Sekundäre, der die Vorstellungen der Thronbesteigungspsalmen, erst in Eschatologie verwandelt, übernommen und sodann das Übernommene der geschichtlichen Situation angepaßt hat.

Auch die anderen Formen des Thronbesteigungsmythus sind bei Dtjes. vertreten. In der Sprache des Mythus, in der noch die Erinnerungen an den Chaoskampf nachklingen, redet er davon, daß Jahwä bald kommen werde, diese Feinde zu bekämpfen 42, 13—17. Wie damals, so ist auch heute der Feind das Urmeer, der Drache (vgl. 51,9). Der Kampf gegen das die Welt überflutende Meer muß auch jetzt geführt werden; in Zusammenhang mit der Erbauung Jerusalems steht auch jetzt ein Austrocknen der Ströme. So treten die menschlichen Feinde in mythischer Gestalt auf. — Es ist überhaupt auffallend, wie wenig Deuterojes. von den menschlichen Feinden Jahwä's redet, im Gegensatz zu den meisten anderen Heilspropheten, die in der Abschlachtung der geschichtlichen Bedrücker Israels schwelgen.

Diese Feinde sollen nun von Jahwä durch Kyros geschlagen werden (41, 2 f. 25; 45, 1—7; 48, 14). Hier zeigt sich nun wiederum der Einfluß des Thronbesteigungsmythus. Der König, der im Auftrag Jahwä's das Weltreich desselben vorbereiten soll, kann sich dabei natürlich nicht mit einem Teil der Erde begnügen. Dtjes. verspricht ihm dabei die ganze Welt als Reich; als Lösegeld dafür, daß er Sion befreit, gibt Jahwä ihm Ägypten, Äthiopien und Saba — die reichsten und zugleich die »die Enden der Erde« repräsentierenden Länder der Welt (43, 3 f.).

Noch klarer zeigt sich aber der mythische Einschlag in der Art und Weise, wie Dtjes. sich die Strafvollstreckung denkt. Aus dem Gerichtsmythus[1] stammt der Zornesbecher, den er zweimal verwendet; einmal als Strafe für Juda (15, 17), dann aber für ihre Peiniger, die jetzt bald den berauschenden Giftbecher leeren müssen (51, 23).

Wiederum haben wir eine notdürftige Applizierung eines gegebenen Stoffes auf die geschichtliche Situation. Denn wenn in 51, 23 wohl nur an die Chaldäer gedacht ist, so ist an anderen Stellen die Katastrophe

---

[1] Siehe I Teil, Kap. II 1 e S. 67.

universell. Wenn Jahwä mit seinen Schrecken kommt, dann kommt es zu
einer weltumfassenden Katastrophe, die die Menschen überhaupt —
»alles Fleisch« — treffen (40, 6—8) soll. Daß auch dieser Zug der Eschatologie aus dem Thronbesteigungsmythus stammt, ist oben gezeigt worden
(I Teil, Kap. II 1 b, d, e, f, III 3, vgl. S. 248).

Mehr als von den heidnischen Völkern spricht Deuterojesaja von den
Göttern der Heiden. Die eigentlichen Feinde Jahwä's, zu deren Bekämpfung und Bestrafung er jetzt kommt, sind die Götter Babels (46, 1 f.),
oder die »Bilder« überhaupt (42, 17). Daß die feindlichen Götter als die
Feinde Jahwä's dargestellt werden, läßt sich natürlich aus dem national-
religiösen Denken des alten Orients überhaupt erklären. Wenn aber diese
Betrachtungsweise, wie bei Dtjes., durchgängig ist und wenn die menschlichen Feinde ganz zurücktreten, so ist das eben ein Zug, der sich aus
dem Götterkampfmythus[1] erklärt, vgl. oben S. 234.

Noch deutlicher wird dies, wenn wir uns zwei weitere Eigentümlichkeiten aus dem Ideenkreise des Dtjes. vergegenwärtigen. Nicht nur mit den
Göttern des feindlichen Babel, nein mit den Göttern der Welt überhaupt hat Jahwä jetzt einen Streit (41, 21—24; 28 f.; 42, 17; 43, 10; 44,
6—8; 45, 20); daher auch die Polemik des Propheten gegen den Bilderdienst überhaupt (40, 19 f.; 42, 17; 46, 5—9; 48, 5); daher auch die Erwartung der Bekehrung der ganzen Welt zu Jahwä (44, 5; 55, 5—7), s. unten.
Dieser Streit Jahwä's mit den Göttern wird als ein Rechtsstreit aufgefaßt (bes. 41, 1—5. 21 ff.); immer und immer wird auf einen Wettkampf
mit den Göttern hingewiesen, in dem diese den Kürzeren ziehen werden.
Ein Rechtsstreit Jahwä's mit den Göttern, das ist aber zugleich ein Gericht
über diese; denn Jahwä ist sowohl Kläger als Zeuge und Richter; ver-
vergebens fordert er sie auf, ihre Zeugen herzubringen — seine Zeugen
dagegen sprechen laut genug: das sind seine Werke und die Weissagungen
seiner Propheten. Hier berührt sich somit die Vorstellung des Dtjes. mit
der in dem Thronbesteigungspsalm Ps. 82[2], in dem der Weltkönig Jahwä
(siehe V. 8) das Todesurteil der Götter spricht.

Daß Deuterojesaja dieses Gericht ganz universell gedacht hat, liegt auf
der Hand, ebenso jedoch, daß er damit eigentlich seiner »geschichtlich-
politischen« Auffassung widerspricht, wie seine Aussagen über Kyros zeigen;
daß sich Kyros etwa zu Jahwä bekehren werde, das hat er angesichts dem
Spruch 45, 4 jedenfalls in seinen nüchternen Stunden kaum erwartet; Kyros's
Reich soll aber nicht nur nicht zu Grunde gehen, es soll vielmehr das

---

[1] Das Nähere siehe I Teil, Kap. II 1 d.
[2] Vgl. I Teil, Kap. II 1 b und e S. 53 und 67 ff.

Weltreich werden — ein Gedanke, den er ebensowenig mit dem Gedanken der bevorstehenden Königsherrschaft Jahwä's, den er aus der feststehenden Eschatologie übernommen, ausgeglichen hat.

Die voll ausgebildete Form wie in Ps. 82 hat nun der Gerichtsgedanke bei Deuterojesaja nicht; er bleibt bei dem Gedanken des für die Heidengötter allerdings sehr »beschämenden«, d. h. ihre Macht brechenden, Rechtsstreites stehen. — Hier schimmert nun aber deutlich ein anderer ursprünglicher Zug des Thronbesteigungs-Schöpfungsmythus hindurch. Der Rechtsstreit wird meistens als ein Wettkampf aufgefaßt: es gilt, durch »Zeugen« aufs Reine zu bringen, wer unter den Göttern der Mächtige schlechthin sei: Jahwä oder die Heidengötter (40, 18—26; 41, 1—5; 41, 21—29; 43, 8—12; 44, 6—8; 45, 5—7. 11 ff. 18—25; 46, 3—13; 48, 3—7. 13—16). — Die Bevorziehung dieses Gedankens ist in dem praktisch-erbaulichen Zweck der Reden begründet; Dtjes. will den zweifelnden und mutlosen Israeliten die Macht Jahwä's beweisen, sie zur Abkehr von dem illegitimen Bilderdienst bringen und ihre Hoffnung und ihren Glauben aufflammen. — Hier sind es nun zwei Beweise für die Übermacht Jahwä's, die immer und immer betont werden: der Schöpfungsbeweis und der Weissagungsbeweis. Ersterer ist in diesem Zusammenhange der bedeutsamere. Jahwä hat sich dadurch als mächtiger als die Götter erwiesen, daß er in der Urzeit die Welt geschaffen hat. Die Heidengötter haben dagegen nichts schaffen oder tun können, weder Gutes noch Böses, ihre Werke sind Unheil und Nichtigkeit; sie haben sich durch ihre Untätigkeit als Wind und Nichts erwiesen (Jes. 41, 21—29); beschämt und zu Schanden sollen sie daher werden (45, 24), sie selbst und alle die auf sie vertrauen (42, 17; 45, 16). — Woher hat Dtjes. diesen Gedanken? War es denn eigentlich notwendig, den Israeliten in Judäa[1], bezw. den Exulanten, die Überlegenheit Jahwä's über die Heidengötter so ausführlich zu beweisen? — Könnte es nicht genügen, auf das Positive hinzuweisen; war auch die negative Polemik (Ohnmacht der Götter) notwendig? Antwort: der Vergleich mit den nichtsschaffenden Göttern war in der Tradition gegeben; er entstammt dem Schöpfungs- und dem Götterkampfmythus, wie wir ihn oben skizziert haben (I Teil, Kap. II a, b). Schon im Mythus hat man erzählt, wie die anderen Götter vergebens den mit dem Schöpfungswerk identischen Kampf mit Tiamat versucht haben, sie seien aber mit Schanden davongekommen und haben nichts ausrichten können; erst Jahwä habe die Tat vollbracht.

Daß der apologetische Gedanke des Dtjes. aus dem Drachenkampfmythus stammt, das hat er natürlich nicht mehr gewußt; Dtjes. hat daher

---

[1] So, wenn, was ich immerhin für möglich halte, Dtjes. in Judäa gelebt hat.

auch den Machtbeweis durch den Weissagungsbeweis, der ihm als Propheten noch viel näherliegend gewesen sein wird, etwas in den Hintergrund gedrängt: Jahwä hat immer, und so auch jetzt, das Kommende durch seine Propheten vorausgesagt, das haben keine der Heidengötter tun können (41, 23. 26—28; 43, 8—12; 44, 7; 45, 21; 46, 10; 48, 3—7) — ein Gedanke, dessen Richtigkeit jeder »Heide« natürlich leugnen würde, der aber deutlich seinen Ursprung verrät; auch hier hat der alte im Schöpfungs-Thronbesteigungsmythus liegende Vergleich zwischen den Göttern dem prophetischen Selbstbewußtsein seine exklusive polemische Form gegeben.

Wiederum ist somit Dtjes. im Vergleich mit den Thronbesteigungspsalmen sekundär. Der Wettkampf zwischen Jahwä und den Göttern hat nur dann einen Sinn, wenn diese da sind. Dem Deuterojes. sind aber die Götter identisch mit den Bildern, sie existieren nicht (46, 5 ff.). Dann ist aber die ganze Form der Polemik und Apologetik gegenstandslos. Er hätte sich die Sache viel leichter machen können. Er operiert aber mit übernommenen Gedanken.

Auf diesem Hintergrunde wird auch der Gedanke klarer, daß es Jahwä und kein anderer Gott ist, der den Kyros berufen hat, ein Gedanke der auch als Beweis für die überlegene Macht Jahwä's verwendet und durch den Weissagungsbeweis erhärtet wird (Jes. 41, 1— 5. 25—27; 45, 1—7. 12 f.; 46, 9—11). Religiös ist dieser Gedanke in dem überwältigenden Gotteserlebnis und Gottesbegriffe des Propheten begründet. Die polemische Form: nicht die Götter, sondern Jahwä, stammt aber aus dem alten Mythus.

Die Götter sind nun, wie oben gesagt, nicht nur die ohnmächtigen Nebenbuhler Jahwä's, sondern zugleich seine Feinde. Wie Dtjes. sich nun die Bekämpfung der Götter denkt, darüber sagt er wenig. Er begnügt sich damit, daß sie »beschämt« werden sollen (42, 17; 45, 24). Was er darüber sagt, bewegt sich wiederum in den Formen des Chaoskampfmythus 42, 13—17. Wie Jahwä damals das Meer in trockenes Land verwandelte, so wird er auch jetzt durch eine ähnliche Katastrophe die Berge und Hügel verheeren, das Grüne versengen, die Sümpfe und die Ströme austrocknen. Das geschieht alles hier nur zwecks Herstellung der Wunderstraße durch die Wüste — wobei das Austrocknen der Sümpfe recht unnötig ist. Wenn er nun in demselben Zusammenhang von den Feinden Jahwä's redet, wider die dieser sich jetzt erregt und ermutigt, so liegt es am nächsten, an die Götter zu denken, die hier, wie im Götterkampfmythus, wieder einmal die Rolle der Chaosungeheuer haben übernehmen müssen (vgl. I Teil, Kap. I b). So sieht denn auch der Prophet im Geiste wie Bêl stürzt und Nabû zusammenbricht — doch wohl vor dem das Heer des Kyros vorausziehenden

Jahwä, während ihre toten Bilder von dem Eroberer in Exil geführt werden (46, 1 f.). — —

Ein in der Eschatologie recht häufig wiederkehrender Zug ist es, daß die Angreifer Jerusalems — sei es, daß sie von Jahwä zur Bestrafung aufgeboten werden, sei es, daß sie aus eigenem Antrieb heranrücken — aus dem Norden kommen (Jer. 1, 15; 6, 22; Ez. 38, 6; 39, 2; Joel 2, 20); einmal wird er geradezu mit dem Geheimnamen »dem Nördlichen« (Joel 2, 20) bezeichnet[1]. — Läßt sich nun auch dieser Zug aus dem uns bekannten Thronbesteigungsmythus ableiten? Warum kommt der Angreifer Jerusalems oder der Führer derselben aus einem Lande im äußersten Norden? Es scheint als wenn Greßmann immer einen Zusammenhang zwischen dem Angriff auf Jerusalem und dem Kommen eines Feindes aus Norden, wenigstens ursprünglich, konstatieren will; jedenfalls behandelt er den Angriff zusammen mit dem Nördlichen; die Heimat des Feindes müßte dann in einigen Varianten vergessen worden sein. — In den Quellen ist auch dieser Zusammenhang vorhanden. Nun haben wir oben gesehen, daß der Angriff der Völker auf Jerusalem eine Form des Thronbesteigungsmythus darstellt, die wohl mythengeschichtlich in Verbindung mit dem Tiamatmythus steht, wenn sie auch religionsgeschichtlich ihre eigene Wurzel hat. — Kann der Feind aus Norden geschichtlich-politisch oder religionsgeschichtlich[2] erklärt werden? So haben die älteren Kritiker gedacht; die Skythen haben ursprünglich zu dieser Vorstellung Anlaß gegeben. Daß das nicht geht, hat Greßmann gezeigt. Die politisch-geschichtliche Erklärung ließe sich hören, wenn Israel eine geographische Lage hatte, der der Norden die gefährliche Seite war, aus der alle Angriffe kämen; und eine religionsgeschichtliche, in den täglichen Erfahrungen des Volkes begründete Erklärung wäre dann erwägenswert, wenn der Norden dem Israel das Land alles Unheils und Spuks und aller Dämonen wäre, etwa wie es anderen Völkern die Wüste oder die Tundra ist; keine dieser Voraussetzungen hält aber Stich. Dann muß die Vorstellung entweder aus der Fremde entlehnt sein und aus einem Lande stammen, für das eine der oben erwähnten Voraussetzungen zuträfe[3], oder aber die Erklärung muß eine mythengeschichtliche sein. Letzteres ist die Ansicht Greßmanns.

---

[1] Vgl. Greßmann, Ursprung S. 174 f.

[2] Ich nehme das Wort religionsgeschichtlich hier nicht in dem Gunkel-Greßmann'schen Sinne (= mythengeschichtlich), sondern analog etwa kirchengeschichtlich im eigentlichen und umfassenden Sinne des Wortes.

[3] So sind in der persischen Mythologie die Turanier sehr oft die Feinde, wie sie es auch in der Geschichte gewesen sind.

Wenn nun die Eschatologie aus den Thronbesteigungsmythen stammt, so liegt es am nächsten, an den Tiamatmythus zu denken. — Greßmann bezweifelt diesen Zusammenhang, weil er in Verbindung mit der Vorstellung von dem Nördlichen die Spuren einer mythischen Topographie gefunden zu haben glaubt. — Mir scheint das nicht sicher. Von der mythischen Topographie kennen wir nur ein paar Namen[1]; wer darf daraus mit Sicherheit behaupten, daß jene immer in Verbindung mit dem Nördlichen gestanden habe oder gar in unseren Texten in solcher Verbindung stehe? Es scheint mir, daß der Parallelismus zwischen »dem Land des Nordens« und »den Enden der Erde« Jer. 6, 22 eine Andeutung des Ursprünglichen enthält, und diese Andeutung weist eben auf den Tiamatmythus. An den Enden der Erde lagert das große Meer. Das paßt allerdings zunächst nur auf die Zeit nach der Schöpfung. Daß aber der Drachenkampf und der Meereskampf als eine Bezwingung eines Aufruhrs nach der Schöpfung aufgefaßt worden ist, haben wir oben, I Teil, Kap. II 1 a (in Anschluß an Gunkel) gezeigt. Dabei wird man sich vorgestellt haben, daß die »Helfer Rahabs« sich einst wider Jahwä erhoben und von den Enden der Erde gegen ihn heranrückten. Eine Parallele dazu ist es, wenn die mythischen Ungeheuer bei Johannes »aus dem Brunnen des Abgrunds« hervorkommen, Apoc. Joh. 9, 1—11[2]. Denn den Eingang zur Unterwelt hat man sich an den Enden der Erde gedacht; das geht aus Ps. 61, 3 hervor[3]. Derselben Art dürften die mythischen Heuschrecken Joel 2 sein. Unterweltsungeheuer und Urmeerungeheuer gehören aber zusammen; unter der Erde lagert der Ozean; die Unterwelt ist ein Meer, vgl. Ps. 18, 5 f. 16 f. Daß nun der Eingang der Unterwelt gerade im Norden liegt, ist sonst nicht ausdrücklich bezeugt; indirekt sagt es Hiob 37, 22: das Gold kommt aus Norden; das ist geographisch-geschichtlich unverständlich; die Goldminen des alten Vorderasiens lagen im Süden; das Gold steht aber bekanntlich in naher Beziehung zur Unterwelt, zu den chthonischen Mächten[4]; Norden ist hier Unterwelts-

---

[1] Die dazu nicht immer mythisch sind. Warum „der Berg der heiligen Pracht" = Sion mythisch sein müsse, ist nicht einzusehen. Auch nicht das westliche und das östliche Meer, Joel 2, 20, sind mythisch, s. unten 8.

[2] Gunkel, Schöpfung und Chaos, S. 214 f.; 277 ff.

[3] Der Psalm ist, wie die anderen Ich-Klagepsalmen, ein Krankenpsalm (eines Königs). Der Kranke stellt sich als fast tot und aus dem Rachen der Unterwelt schreiend dar.

[4] Vgl. in der germanischen Sagenwelt den Schatz Fafnirs, das Rheingold. Hephaistos ist der Schmied, der Gott der Metalle. In Babylonien ist rot die Farbe des Goldes, zugleich die Farbe des Planeten Mars = dem Unterweltgotte Nergal. — Die Stelle Hi. 37, 22 ist von Greßmann, Ursprung S. 110 falsch erklärt.

gegend. Hier scheint mir eine Linie von den Urmeerdrachen zu den Feinden aus Norden hinüberzuführen. Statt der ursprünglichen Personifikationen
der Mächte des Chaos, bezw. des Meeres sind später allerlei Unterwelts-
mächte, die aus dem Eingang der Unterwelt im Norden hervorkommen,
getreten; von den Propheten sind diese Wesen auf den jeweiligen geschichtlichen Feind gedeutet worden, der ihnen die Verwirklichung der eschatologischen Erwartung zu bringen schien.

Indessen gibt es auch eine andere Möglichkeit, den Feind aus Norden
zu erklären. Im äußersten Norden liegt der Götterberg (Ps. 48, 3). Das
Heer aus dem Norden könnte somit das göttliche Heer sein. Hier sind
nun zwei Alternative, zwischen denen die Wahl wegen der Knappheit des
Stoffes etwas schwierig ist. Die Feinde können dann entweder die Scharen der gegen Jahwä und sein Volk heranrückenden feindlichen Götter
sein und somit aus dem Götterkampfmythus stammen (I Teil, Kap. II 1 b).
Oder aber sie können ursprünglich die Heerscharen des auf dem Götterberge thronenden Jawhä's sein. Ursprünglich kommen dann diese Heerscharen um gegen Jahwä's Feinde zu kämpfen. Infolge der amosischen
Verdrehung des eschatologischen Schemas (siehe unten 6) seien sie aber
zu Strafvollstreckern auch über Israel geworden, und somit zu bösen Mächten gestempelt (so bei Jeremia), die schließlich doch in der nachamosischen,
zum Heilsgedanken zurückkehrenden Eschatologie von Jahwä im letzten
Augenblicke — nach Ablauf der Strafzeit — vernichtet werden (so bei
Joel). — Wenn das Heer aus Norden das Götterheer ist, so glaube ich,
dem ersteren dieser Alternative den Vorrang geben zu müssen.

6. Heil und Unheil.

Und nun wissen wir auch, warum in der israelitischen Eschatologie
immer Unheilsweissagungen und Heilsweissagungen neben
einander gehen[1]. Das ist kein sekundärer, geschweige denn ein durch
spätere literarische Interpolationen entstandener Zug, wie bisweilen die
ältere Kritik nach Wellhausen anzunehmen schien, sondern etwas ganz
Ursprüngliches. Der Thronbesteigungstag Jahwä's bringt Unheil über Israels
Feinde und Heil über Israel, das sind von jeher die beiden Momente der
Erwartung.

Das ursprüngliche Schema hat z. B. Dtjes. in dessen ganzen organischen Zusammenhang beibehalten, eben weil er noch weiß, daß der Tag
ein Tag der Rettung aus der Not — von ihm auf das Exil bezogen — und
ein Tag der Thronbesteigung Jahwä's ist. Das Kommen Jahwä's als König

---

[1] Das Problem hat erst Greßmann scharf erkannt.

ist bei ihm den Einen d. h. Israel, eine Ursache der Freude und des Jubels
(Jes. 40, 1 f. 9 f.; 44, 1 ff.; 45, 25; 48, 20; 49, 13; 51, 11); den Anderen,
d. h. den Feinden Jahwä's und Israels, wird es zur Schande, Bestürzung
und Untergang (42, 17; 45, 24; 46, 1 f.) Bezeichnender Weise ist es daher
noch niemandem eingefallen, diese Doppelseitigkeit bei Deuterojesaja durch
»höhere Kritik« zu entfernen; sie ist eben organisch und ursprünglich.
Dtjes. ist über Amos zum Ursprünglichen zurückgekehrt (siehe unten).

Wie man nun aus dem vorhergehenden Abschnitt sofort ersieht, droht
die eschatologische Gefahr dem israelitischen Volke nicht weil Jahwä kommt;
für Israel ist der Thronbesteigungstag Jahwä's kein Unheilstag, kein kata-
strophaler Tag; im Gegenteil, Jahwä kommt, um Israel aus der drohenden
Gefahr zu retten. Das ist der Sinn der kultischen Thronbesteigungsmythen, und so wird es demnach ursprünglich auch in der Eschatologie
gewesen. Greßmann und die ältere Kritik haben darin durchaus Recht, daß
es erst die »großen« Gerichtspropheten sind, die aus dem »Tage« ein Unheilstag auch für Israel gemacht haben. Es ist etwas Unerhörtes, was Amos
behauptet: »Jahwä's (Thronbesteigungs)tag ist Finsternis und nicht Licht.«

Den Beweis dafür, daß dieser Gedanke erheblich älter als Amos sei,
den Sellin (Prophetismus, S. 119 ff.) geführt zu haben meint, halte ich für
verfehlt[1]. — Man kann nicht, wie Sellin meint, das Vorhandensein der
Auffassung, daß der Tag Jahwä's schon zu Amos's Zeit eine Katastrophe
für Israel bedeute, aus Am. 6, 3. 6 und 5, 15 folgern. Wenn die gewöhnliche Volkserwartung damals dahin ging, daß der Tag Jahwä's »Licht«,
d. h. Leben und Glück, sei, so kann *jôm ra͑* Am. 6, 3 nicht ein volks-
tümlicher, von Amos übernommener Terminus für den Tag Jahwä's sein.
Dann ist aber der Ausdruck entweder nicht eschatologisch, sondern bezeichnet ganz allgemein das Unglück, das einmal auch den Sichersten treffen
könne, oder aber der Ausdruck ist Amos's eigene Bezeichnung desselben
Tages, den die Anderen *jôm ṭôb* nannten[2]. — Daß »Josephs Bruch« Am. 6, 6
nicht den moralischen Schaden bezeichnen kann, darin bin ich mit Sellin
einverstanden. Daraus folgt aber nicht, daß der Ausdruck eschatologisch
sein müsse. Vielmehr muß der Bruch Josephs nach dem Zusammenhange
etwas Gegenwärtiges, schon Eingetretenes sein. Seit Wellhausen geht man
freilich gewöhnlich davon aus, daß Israel sich in glänzenden Verhältnissen
befände, als Amos auftrat. In Vergleich mit den Zeiten Jehus und Joachas's
sind auch wenigstens die späteren Tage Jeroboams II gute Zeiten gewesen.

---

[1] Auch die Suche nach älteren Termini bei den Propheten kann recht geistlos und maßlos getrieben werden. Sie ist jetzt Modesache. Eine Mode-
richtung wird aber früher oder später Karrikatur.

[2] So Greßmann, Ursprung S. 152.

Es wird aber eine Zeit lang gedauert haben, ehe die Lage merkbar ge-
bessert worden sei. Das frühere Elend (II Kg. 13, 7. 22) machte sich noch
unter der Regierung Joas's merkbar (II Kg. 13, 21); wenn er Amasja von
Juda trotz des Sieges so glimpflich behandelte (14, 8—14), so wird er eben
nicht die nötige Kraft, bezw. Bewegungsfreiheit, den Sieg auszunutzen, gehabt haben. Im Buche Amos zwingt uns nun eigentlich nichts zu der
Annahme, daß der Prophet die Verhältnisse als glänzend betrachtet habe.
Zwar läßt er Joseph mit der Eroberung von Lodebar und Karnaim prahlen
(Am. 6, 13); ähnliches läßt aber auch Hosea Ephraim sagen (12, 9), und
dennoch sind die Exegeten darüber einig, daß die Lage damals äußerlich
wie innerlich sehr schlecht war.

Daß nun Amos tatsächlich die Lage Ephraims als schlecht beurteilt
hat, geht aus 4, 6 ff. hervor. Mag hier eine Plagentheorie (s. oben S. 245,
Greßmann, S. 168 ff.) vorliegen, nach der die Schilderung schematisiert sei,
so redet doch Amos hier von den vergangenen Begebenheiten, die das Volk
dezimiert haben; das zeigt V. 12, deren Impf. auf das immer Wiederholte
zeigt; jetzt endlich soll der entscheidende Schlag geführt werden; worin
aber der bestehen soll, wird nicht gesagt; Israel soll seinem Gott begegnen; wer aber Jahwä sieht — stirbt! Daß alle diese Unfälle Schlag in
Schlag gefolgt haben (Greßmann) wird gar nicht gesagt, ist auch keine
notwendige Annahme; vieles mag Amos nur von Hören-sagen kennen.
In schneidendem Gegensatze zu dem oberflächlichen Optimismus des Volkes stellt Amos 6, 6, vielleicht übertreibend, den wirklichen Zustand als
einen Zusammenbruch dar. Mit welchem Maßstab er die Lage gemessen
hat, das können wir nicht genau sagen. Etwa mit der sagenhaft vergoldeten
Zeit Davids? Oder der kraftvollen Eroberungszeit (vgl. 2, 9 f)? — So muß
auch der Ausdruck »der Rest Josephs« 5, 15 aufgefaßt werden. Joseph
ist dann nach Amos's Ansicht nur ein Rest der früheren (sagenhaften) Herrlichkeit. Irgend eine Notwendigkeit, das Wort als eschatologischen Terminus
aufzufassen, liegt nicht vor. Vielmehr zeigen die Worte »Hasset das Böse und
liebt das Gute und richtet das Recht auf im Gericht, vielleicht wird Jahwä
dann dem Reste Josephs gnädig sein« — daß der Rest Josephs eine gegenwärtige Größe sein muß; die Angeredeten sind eben der Rest, sonst hätte
die Aufforderung gar keinen Sinn; »bekehret euch, vielleicht wird dann
Jahwä denjenigen, die nach eurer Abstrafung und Tötung übrig sein mögen,
gnädig sein«! — auf eine so törichte Motivierung hin bekehrt sich kein
Mensch, und Amos wird es auch keinem zugetraut haben[1].

---

[1] „Die Idee des Restes ist hier in eigentümlicher Weise verwertet worden",
sagt Greßmann, nachdem er Amos diese wunderbare Logik beigelegt hat;
ein armer Prophet muß, scheint es, auf vieles vorbereitet sein.

Amos kennt somit keinen Rest, der der Katastrophe entgehen soll; bei
ihm ist der Untergang total, absolut; er ist nur Unheilsprophet (s. unten).
Auch spricht nichts dafür, daß seine Vorstellung des Tages als Unglücks-
tages nicht original gewesen.

Es bleibt somit dabei, daß Amos als der erste den Tag Jahwä's aus
einem Heilstag in einen Unheilstag umgebildet hat. — Das ist natürlich
nicht so zu verstehen, daß er der erste gewesen, der ein katastrophales
Unglück über das Volk Israel geweissagt habe; dasselbe haben auch Elija
und Micha ben Jimla getan. Insofern hat Amos Vorgänger gehabt. Was
aber diese Männer geweissagt haben, das haben sie nicht aus einer
eschatologischen Vorlage, sondern kraft göttlicher Eingabe aus der
augenblicklichen religiösen Situation geweissagt und das Geweissagte als
vorübergehendes Ereignis in der Geschichte des Volkes aufgefaßt.
Sie haben nicht, wie Amos, bewußt einen geltenden volkstümlichen Glaubenssatz eschatologischer Art umgebildet, sich nicht in bewußter Anlehnung
an eine Eschatologie ausgesprochen und nicht den von ihnen geweissagten
Unheilstag für den Tag, für die letzte Wendung ausgegeben. — Worauf
es hier ankommt ist, daß es vor Amos kein feststehender, im technischen
Sinne eschatologischer Glaubenssatz gewesen, daß ein Tag des Unheils über
Israel kommen solle; vielmehr erwartete der Glaube des Volkes nur einen
Heilstag. Seit Amos ist aber der Unheilstag in gewissen Kreisen Escha-
tologie geworden. —

Wie ist es nun zu der von Amos inaugurierten Umdrehung des ursprünglichen Inhalts des »Tages« gekommen? Der Hauptgrund ist natürlich
das persönliche Gotteserlebnis und die sittliche Religion dieser Männer.
Der Umstand aber, daß schon in der älteren Eschatologie eine Periode des
Bedrängnisses dem »Tage« vorausging, ja noch bis zur Morgendämmerung
dieses Tages andauerte (Jes, 17, 14, vgl. Ps. 46, 6), wird die Umbildung
erleichtert haben. Amos hat einfach den letzten Akt des Dramas, das Heil,
gestrichen und die Zeit des Bedrängnisses und den Tag des Kommens in
einander geschoben: der Tag ist die Zeit der Finsternis — in diesem
Ausdrucke klingt noch der Tiamatmythus nach. Die Zeit der Bedrängung
wird die (endlose) Zeit der wohlverdienten Strafe. Und das hat Amos
radikal und absolut behauptet. — Der Schluß des Amosbuches 9, 8 b—15
kann nicht als ursprünglich anerkannt werden. Zwar ist es durchaus berechtigt, wenn Gunkel und Greßmann u. a. die Echtheit vieler Heilsweissagungen
bei den »Schriftpropheten« verteidigen. Jeder neue Gedanke hat aber eine
gewisse Neigung, über das Ziel hinaus zu schießen. Und das tut man, wenn
man die Echtheit von Amos 9, 8 b—15 verteidigen will. Die rein literarische
Art dieser Verse ist mit Händen zu greifen. Wenn jemals ein Späterer

den Sinn einer Schrift in dessen Gegenteil umgedreht hat, so hat es der Interpolator, der nach dem Ja in V. 8 a das Nein in 8 b setzte. »Ich will sie völlig zerstören,« sagt 8 a; ein totalerer Untergang als das Verschwinden von der Oberfläche der Erde kann nicht gedacht werden; »ich will sie gar nicht zerstören,« sagt 8 b. Amos hat von Israel geredet; der Schluß spricht von Juda und dem Haus Davids. In V. 11 ist die Hütte Davids gefallen, also steht sie nicht mehr; das trifft aber für Amos's Zeit nicht zu. Der judäische Haß gegen Edom V. 12 ist exilisch-nachexilisch und widerspricht Amos, siehe 2, 1. Wer 1, 11—12 streicht, der ist verpflichtet, 9, 8 b—15 zu streichen.

Das Bedrängnis, das ursprünglich von den Feinden eine Zeit lang über Israel gebracht wurde, läßt somit Amos, und zum Teil die Unheilspropheten nach ihm. Jahwä selbst für alle Zukunft bringen. So ist es denn dazu gekommen, daß auch Israel von den verheerenden Katastrophen getroffen wird, die eigentlich nur die Feinde treffen sollten; so z. B. Jes. 2[1]. Ebenso ist es geschehen, daß die Völker, die Israel nur in große Not bringen sollten, um dann von Jahwä vernichtet zu werden, das Land und die Stadt wirklich erobern und zerstören — eine furchtbare Verdrehung des alten Thronbesteigungsmythus. So Jes. 5, 26 ff.; Jer. 1, 15; 5, 15 ff.; 6, 22 — wenn auch hier meistens der Prophet an ein bestimmtes Volk (Assyrer, Chaldäer, Skythen?) denkt. S. übrigens oben S. 248 ff. —

Die Eschatologie nach Amos hat aber den Gedanken des endlichen Heils Israels nicht fallen lassen können; sowohl Hosea wie Jesaja, vielleicht auch Micha, ja sogar Jeremia und Ezechiel sind letzten Endes in die Heilseschatologie wieder hineingelenkt. Die endgültige Katastrophe bei Amos ist bei ihnen wieder eine vorübergehende Zeit der Not geworden. Geblieben ist aber die wichtige Änderung, daß die Zeit der Not — und darin unterscheiden sie sich von der älteren Heilseschatologie und vom Thronbesteigungsmythus — nicht als eine Zeit des unschuldigen Leidens, sondern als eine wohlverdiente Strafe, eine Zeit der Reinigung betrachtet wird. Die Strafzeit hat den Zweck der Läuterung und Verbesserung erhalten; wenn die Schuld gebüßt ist, dann kommt das Heil. — So kommt bei diesen Propheten Jahwä eigentlich zwei Mal: das erste Mal mit allen seinen Schrecken zum Strafen, das zweite mit seinen Segen zu Wiederherstellung und Heil. — Es ist dann Jahwä selber, der die Völker wider Juda antreibt; so bei Amos (6, 14). So auch bei Jeremia (1, 15; 5, 15; 6, 6) wie Jahwä die verheerenden Katastrophen bringt, so ist er auch der Urheber

---

[1] Daß Jesaja diesen Gedanken auf die Dauer nicht völlig aufrecht erhalten hat, kommt hier nicht in Betracht.

der Angriffe der Feinde. — Bei Jesaja finden wir nun eine merkwürdige Kombination, eine Nebeneinanderstellung des alten und des neuen Schemas: die Völker kommen, von Jahwä angetrieben, und vernichten Jerusalem; daneben heißt es aber, daß die Völker, bezw. gewisse Völker, kommen und die Stadt angreifen, von Jahwä jedoch vernichtet werden[1] (Jes. 8, 5 f. 10 f.; 17, 4—14). Eine Vermittlung dieser sich einander widersprechenden Vorstellungen haben die Propheten dann gelegentlich in dem Gedanken gefunden, daß die Heiden zwar von Jahwä als Zuchtruten gegen Israel aufgeboten seien, in ihrem Hochmut und Mutwillen aber in der Bestrafung zu weit gegangen seien und die Vollmacht Jahwä's überschritten haben; daher müsse Jahwä sie vernichten; so Jesaja 10, 5 ff., vgl. Jes. 40, 2.

Die Ausführung im Einzelnen gibt zu den mannigfaltigsten Kombinationen Anlaß, die wir hier nicht zu verfolgen brauchen. — So heißt es z. B. in der Gog-Weissagung, daß Jahwä den Gog und seine Vasallen zum Angriff auf Jerusalem antreibt, nicht aber etwa weil er die Stadt strafen will, sondern um sich durch die Vernichtung der Völker zu »verherrlichen« (Ez. 38, 8. 16). Hier haben wir das alte heilseschatologische Schema, mit einem völlig auf den Kopf gestellten Gedanken der Unheilspropheten bereichert. Vgl. die Verstockungstheorie bei den ägyptischen Plagen.

Mitunter kann auch der Angriff auf Jerusalem ausbleiben und das Ende als eine das ganze Weltall, sowohl die Heiden als Israel umfassende, von Jahwä herbeigeführte, mehr oder weniger naturhaft aufgefaßte Katastrophe geschildert werden, aus der jedoch ein kleiner Rest Israels — wie ein Brandscheit aus dem Feuer — gerettet werden soll. So bei Sephanja (1, 1—3, 20), so gelegentlich auch bei Jeremia (vergl. 4, 28 ff.), wenn auch Nachklänge des kriegerischen Angriffes auf Jerusalem in diesen Schilderungen nicht selten sind — die Schilderungen sind eben nicht einheitlich (z. B. Seph. 1, 16). Wir haben aber gesehen, wie die »Naturkatastrophen« zu beurteilen sind, siehe S. 248 ff.

7. Der Tag des Gerichts.

Die oben besprochene Übertragung des Unheils von den Heiden auf Israel können wir auch beobachten, wenn wir zum Tage Jahwä's als Gerichtstag kommen.

Wir haben oben (I Teil, Kap. II 1 e) gezeigt, daß ein Gericht über die Feinde Israels, z. T. auch über die Bösewichte im Volke selbst, zu den Vorstellungen des Thronbesteigungstages gehört habe. So erklärt es sich unschwer, wenn der Tag Jahwä's schon in recht alter Zeit ein Tag des

---

[1] Vgl. Greßmann, Ursprung S. 177 f.

Gerichts ist. Denn darin hat Sellin[1] sicherlich Recht, daß der Gerichtsgedanke schon in »prophetischer« Zeit, vielleicht bereits vor Amos, zur
Eschatologie gehörte. Von einem strafenden Weltgericht war aber nur insofern die Rede, als eine »Welt« von Feinden gegen Israel stand, s. oben.

Der Gerichtsgedanke hatte, sahen wir, mehrere Wurzeln. Er hatte sich
aber recht früh in dem Sinne spezialisiert, daß das Gericht vorwiegend
als ein (strafendes) Verurteilen der Bösewichte aufgefaßt wurde. In diesem
Sinne waren, sahen wir, in den Thronbesteigungsmythen die Objekte des
Gerichts ursprünglich die Feinde Jahwä's und Israels, die Völker und ihre
Könige. So wird es selbstverständlich auch ursprünglich in der Eschatologie gewesen.

Das Gericht über die Feinde ist aber vom Haus aus eo ipso eine
Wiederherstellung der »Gerechtigkeit« Israels, eine »Rechtfertigung« im
Sinne von Rettung und Beglückung gewesen. In diesem Sinne ist Jahwä
sehr früh immer Weltrichter (vgl. Gen. 18, 28), und insofern er die Ordnung
auf der ganzen Erde wiederherstellt, ist sein Gericht bei der Thronbesteigung immer ein »Weltgericht« gewesen (Ps. 96, 10. 13; 98, 9). Dazu gehört
aber auch, daß diejenigen Elemente im Volke, die die »Gerechtigkeit« bedrohen, Zauberer u. dgl. entfernt und bestraft, »gerichtet«, d. h. verurteilt
werden (vgl. Koh. 3, 17). Damit stimmt es, wenn wir in den Thronbesteigungspsalmen gewisse Ansätze zu der Auffassung finden, daß auch Israel
als solches bei dem Kommen Jahwä's gerichtet, d. h. auf seine Bestandteile
hin geprüft werden sollte ($\varkappa\varrho\iota\sigma\iota\varsigma$). Klar ausgesprochen war diese Auffassung nur in dem unzweifelhaft späten, »nachprophetischen« Ps. 50. Sehr
deutliche Ansätze zu einer einem solchen Gerichtsgedanken ähnlichen Vorstellung lagen aber in der Vorstellung von dem neuen Bunde bei der Thronbesteigung, die die Voraussetzung der Ps. 81; 95 und 132 bildete. In den
Forderungen, die hier als Bedingungen der Erneuerung des Bundes aufgestellt
wurden, lag schon der Gedanke der Selbstprüfung und der Möglichkeit,
daß Jahwä bei seinem Kommen ein unwürdiges Volk finden könne, mit
dem er in derselben Weise wie mit den Vätern in der Wüste handeln
müsse, mit hineingeschlossen. In dem ausdrücklichen Hinweis auf das Beispiel der Väter Ps. 81 u. 95 liegt schon indirekt, daß das Kommen Jahwä's
insofern ein Gericht ist, als er den religiösen und moralischen Zustand des
Volkes aufs Reine bringen müsse; »prüfen« und »richten« sind aber mitunter synonyme Begriffe. Und im Ps. 24, vgl. Ps. 15, ist deutlich vorausgesetzt, daß sich unter der Masse des Volkes solche befinden können, die
unwürdig sind, den Berg Jahwä's zu besteigen; sicher dürfen wir hier nach

---

[1] Prophetismus, S. 124 ff.

der prophetischen Nachahmung Jes. 33, 14 ff. folgern, daß auch die Dichter
der Ps. 15 und 24 und die Zeit, die diese Psalmen als Kultpsalmen ver-
wendete, die Voraussetzung gehabt, daß solche Unwürdige und Frevler,
die sich etwa in der Prozession befänden, von der versengenden Flamme
des sich jetzt offenbarenden Jahwä verzehrt würden, wenn sie trotz der
Warnung den Berg betreten würden. — Das sind alles Vorstellungen, die auf
einer Linie mit dem Gerichtsgedanken liegen. — Andererseits zeigt Ps. 50,
daß man es mit dem Gericht nicht all zu ernst nahm, s. I Teil, Kap. II 1 e,
S. 73 f. In praxi ist das Gericht gar nicht so schlimm wie etwa Unheilspropheten und Volksaufwiegler behaupteten.

Diese Ansätze sind in der Eschatologie voll entwickelt, zugleich aber
auch wesentlich geändert worden. Die spätere Eschatologie weiß wohl, daß
auch Israel gerichtet, d. h. verurteilt oder bis auf einen kleinen Rest geläutert
werden soll (Jes. 1, 18—20; 3, 13 ff.; 33, 14 ff.; Ez. 5, 10. 15; 7, 3. 8. 27; 11,
9—11; 14, 21; 16, 38; 36, 19; Am. 3, 2; Hab. 1, 12; Zach. 13, 7—9; Mal.
3, 1—5. 18—21 u. a. St). — Ursprünglich ist das aber nicht; wir haben
es hier mit einer Neuerung des Amos und der späteren »Gerichtspropheten« zu tun, siehe sofort.

Bei den Propheten wie im Thronbesteigungsmythus ist das Gericht
bei dem Kommen Jahwä's ein Weltgericht. Da aber das Gericht meistens
in strafendem Sinne gemeint ist, so wird bald das Gewicht auf das Gericht
über die Heiden (so Sephanja), bald auf das Gericht über das treulose Israel
(so Jesaja, Ezechiel) gelegt. Und weil Israel bei den »Gerichtspropheten«
ein Objekt des Strafgerichts wie es auch ein Objekt der Schreckenskata-
strophen (siehe oben) geworden ist, sieht es mitunter so aus, als wenn sie
ein universelles Strafgericht erwarten. Vollen Ernst macht aber damit nur
Amos; die Späteren lassen einen Rest übrig bleiben, das Gericht ist ein
Läuterungsgericht, durch das die Heiden und die Frevler in Israel vernichtet
werden. Bemerkenswert ist aber, was schon Greßmann (Ursprung S. 297 f.)
betont hat, daß die Gerichtsvorstellung in der Eschatologie — und wir
fügen hinzu: wie in dem Thronbesteigungsmythus — meistens sehr unanschaulich und wenig durchgeführt erscheint; »die Bestrafung der Menschen
wird gewöhnlich nicht durch ein Gericht, sondern durch eine Katastrophe
oder einen Kampf vollzogen.« Das beruht eben auf der sehr umfassenden
Bedeutung des Begriffes Richten im Hebräischen; jede die Ordnung aufrecht
erhaltende und wiederherstellende Tätigkeit, ja eigentlich »das ganze Leben
ist Richten« (Johs. Pedersen, vgl. oben S. 70).

Es kann meiner Ansicht nach nicht zweifelhaft sein, daß der universelle Charakter des Strafgerichts etwas Sekundäres und auf Amos Zurück-
gehendes ist; gilt das für das Unheil über Israel, so auch für das Gericht.

Zwar ist das Gericht auch in der alten volkstümlichen Eschatologie wie im Thronbesteigungsmythus universell; es hat aber hier eine ganz umfassende Bedeutung; auf Israel bezogen bedeutet es Rechtfertigung und Wieder-herstellung, Rechtverschaffen, auf die Feinde bezogen Verurteilung. Sobald nun die Gerichtspropheten in Anschluß an Amos zu der Auffassung gekommen waren, daß Israel als Ganzes oder seiner Mehrheit nach ein sündiges Volk war, wurde ganz von selbst die schon im Thronbesteigungs-mythus liegende Ausscheidung der verhältnismäßig wenigen Bösewichte innerhalb des Volkes zu einem das ganze Volk treffenden Strafgericht oder bei den mehr individualistisch denkenden Männern wie Jesaja, Jeremia und Ezechiel wenigstens zu einem die große Masse vernichtenden und nur den kleinen Rest der Gerechten übrig lassenden Läuterungsgericht.

Eine schwierige Frage ist es nun, wie früh oder spät Israel ein Objekt des eschatologischen Gerichts im Sinne der $\varkappa\varrho\iota\sigma\iota\varsigma$ geworden ist. Ist Amos der erste, der diese Umwertung der Werte vorgenommen hat? Diese Auf-fassung liegt fraglos am nächsten, wenn es richtig ist, daß es Amos ist, der die vorübergehende Zeit der Not zu einer endlichen, von Jahwä ver-hängten Strafzeit umgebildet hat, . siehe oben; denn so wie er die Israel treffende Katastrophe auffaßt und schildert, ist sie eine Strafe wegen der Sünden Israels — Gericht ist aber bei den großen Propheten fast immer zugleich Strafe. — Man könnte sich aber denken, daß Amos's Tat hier nicht in einer Neuschöpfung, sondern in einer sittlichen Vertiefung und einer radikalen Erweiterung des Gerichtsgedanken bestanden habe — denn diese Bedeutung wird man ihm jedenfalls nicht absprechen können. Wenn man aber vor ihm geglaubt hat, daß der Tag Jahwä's zugleich ein Gerichtstag über Israel gewesen, so zeigt eben die von Amos bekämpfte Volksauffassung, daß man sich das Gericht in den gemütlichen Formen des Ps. 50 vorgestellt habe. Über den Gedanken einer ernsten Mahnung Jahwä's an das Volk (vergl. Ps. 81; 95; 132) und einer Bestrafung der wenigen bösen Elemente, der ausgesprochenen Sünder, wie Zauberer (vgl. Ps. 14 = 53), Unreine (»von Jahwä verworfene«), Eidbrüchige, Wucherer und bestechliche Zeugen und Richter (Ps. 15), die in einer noch relativ einheitlichen primitiven Kultur immerhin mehr Ausnahmen sind oder zu sein vorausgesetzt werden, wird man in der Zeit vor Amos, und vielfach auch nach ihm, nicht hinausgegangen sein — ein religiöser »Ethizismus«, der einerseits nicht unterschätzt werden soll, andererseits aber in einer noch leidlich gesunden Kultur eigentlich selbstverständlich ist[1].

---

[1] In diesem Sinne ethisch ist die Religion Altisraels, so viel wir beurteilen können, immer gewesen. Freilich auch viele andere Religionen.

Hier muß aber betont werden, daß ein Beweis für das Vorhandensein dieses Gerichtsgedankens vor Amos nicht erbracht werden kann; Sellin
hat höchstens bewiesen, daß die Zeit vor Amos den Gedanken eines Völkergerichts gekannt habe [1]. Man ist auf allgemeine Erwägungen aus der Auffassung des Gottes als Richter [2] und aus dem Thronbesteigungsmythus
hingewiesen. A priori ist es sehr wahrscheinlich, daß man schon recht
früh sich das alljährliche kultische Kommen Jahwä's als eine Ausscheidung
der unlauteren Elemente im Volke gedacht habe, und daß man dementsprechend schon von Anfang an ähnliche Gedanken mit dem eschatologischen Kommen des Gottes verbunden habe. Dieser Gerichtstag ist aber
in älterer Zeit jedenfalls nicht als ein Tag des Schreckens, ein Tag, der
zu bangen Ahnungen Anlaß gab, sondern als ein Tag der Reinigung, ein
Tag der Befreiung von den Zauberern und anderen »Plagegeistern« des
Volkes (vgl. Ps. 94, 1—7), als ein »Tag des Lichtes« aufgefaßt und erwartet
worden (Amos 5, 18). —

Aus dem Gerichtsgedanken erklärt sich wohl auch die Vorstellung, daß
die Menschen der Endzeit vollkommen sein werden (Greßmann S. 204 f.).
Wenn die Bösen gerichtet sind, so bleiben nur die Frommen, diejenigen
die Jahwä kennen (Jes. 11, 9), die Prophetenähnlichen (Joel 3, 1 ff.) übrig.
In Jer. 31, 31 ff. finden wir diesen Gedanken mit dem Bundesgedanken
kombiniert (siehe unten). Natürlich wird auch dieser Gedanke ins Wunderbare übertrieben. —

Nur in einem ganz besonderen — und uns Modernen schwerer verständlichen — Sinne kann man, wie oben gesagt, in der älteren Eschatologie von Israel als Objekt der »richterlichen« Tätigkeit des neuen Königs
reden: das strafende und vernichtende Gericht über die Heiden, die Feinde,
ist für Israel eine »Rechtfertigung«, eine Wiederherstellung, eine Aufrecht-
erhaltung kraft der göttlichen Hilfe, eine göttliche Behauptung des Bundes,
innerhalb dessen Israel das »Recht« Israels, d. h. Glück, Herrschaft, Sicherheit, Fruchtbarkeit usw. zukommt, siehe S. 269. Dieses »Recht« wird durch
die Angriffe der Feinde, durch die Not und das Unglück, durch den Abkehr
der göttlichen Fürsorge beeinträchtigt, vermindert; es wird ein »Bruch« darin
geschlagen, ja es wird dem an sich vielleicht »gerechten« Volke genommen,
geraubt. Israel steht dann wie ein Hiob da, dessen »Recht« und »Gerechtigkeit« ihm in unrechtmäßiger Weise geraubt worden ist. Hier muß Jahwä
eingreifen und Israel »richten« im Sinne von »rechtfertigen«, d. h. den

---

[1] Sellins Datierung des Moesliedes Dtn. 32 halte ich nicht nur für verfehlt,
sondern auch für jeden geschichtlichen Verständnisses bar. Darauf kann
ich hier nicht eingehen.

[2] Wie Sellin es tatsächlich tut.

Bund behaupten, Israel wiederherstellen, ihm wieder »Rettung« und Glück und den ihm gebührenden Platz verschaffen. — Das ist eine Auffassung, die durchaus mit den Gedanken der Thronbesteigungspsalmen (s. oben S. 70, 166 f. übereinstimmt und in den tiefsten Grundelementen der altisraelitischen Auffassung des Lebens und der Wirklichkeit begründet ist. Sie ist durchaus alt und echt primitiv. — In der Eschatologie finden wir den Gerichtsgedanken in dieser Form deutlichst bei Dtjes. vertreten, s. unten. — —

Sowohl den hier angenommenen Ursprung des Gerichts- und Läuterungsgedankens, als das skizzierte Resultat der Entwicklung finden wir bei Deuterojesaja bestätigt. — Wir beobachten bei ihm eine gewisse Spannung zwischen ursprünglichen und amosischen Gedanken. Die Not und Bedrückung, aus der der König Jahwä sein Volk befreien wird, ist ihm schon Tatsache. Der alten Auffassung und dem Mythus entspricht es, wenn die Not als ein Frevel der unreinen und unbeschnittenen Heiden betrachtet wird (Jes. 52, 1). Andererseits entspricht es dem Wesen der prophetischen Anschauungen seit Amos und dem persönlichen sittlichen Ernst des Dtjes., wenn das Unglück als selbstverschuldete Strafe, von Jahwä verhängt, aufgefaßt wird (Jes. 40, 2; 42, 18—25; 43, 22—28; 44, 22; 48, 4. 8 f; 50, 1; 51, 17 ff.). Weil Israel gesündigt hat, weil es gegen die Worte der Propheten und die Sprache der Geschichte blind und taub gewesen (Jes. 42, 18—20), weil es seine kultischen Pflichten versäumt, die Verehrung und Anrufung Jahwä's (um anderer Götter willen) unterlassen, weil schon Jakob, der Stammvater, ein Sünder gewesen und die Priester und Propheten wider den Willen Jahwä's gehandelt (43, 22—28), weil das Volk hartnäckig sich gegen den göttlichen Willen gesträubt, Jahwä treulos verlassen und fremde Götter und Bilder verehrt (48, 4. 8 f.), darum hat Jahwä das Volk gestraft, die Feinde gegen Israel und Jerusalem aufgeboten. — Es ist aber immerhin bedeutsam, daß Dtjes. nie die Chaldäer als Zuchtruten und Strafvollzieher bezeichnet, ihnen vielmehr den Angriff auf Jerusalem als Schuld anrechnet (51, 17 ff.). Das stammt eben aus dem Thronbesteigungsmythus, dem Völkerkampfmythus, steht aber mit der ethischen Auffassung der Not als Strafe eigentlich in Widerspruch. Vielleicht hat er sich die Sache dadurch zurecht gelegt, daß die Chaldäer Israel viel zu schwer bestraft haben, über die von Jahwä gegebene Vollmacht hinaus gegangen sind (vgl. 40, 2 b); er sagt es nie ausdrücklich. Auch das ist in dem benutzten eschatologischen, aus dem Thronbesteigungsmythus stammenden Schema begründet: die Feinde haben sich an Jerusalem vergriffen und müssen daher büßen.

Interessant ist es nun zu sehen, wie der alte Mythus die Anschauung der Strafe beeinflußt hat. Bei Dtjes. läßt Jahwä Jerusalem den Zornes-

becher, der im Gerichtsmythus den Völkern gereicht wird (I Teil, Kap.
II 1 e), leeren und dadurch dem Elend anheimfallen (51, 17 ff.).

Die Strafe ist aber keine endliche; sie bezweckt eine Läuterung
des Volkes (48, 10); die früher vorhandenen bösen Elemente sind durch
die Leiden des Exils ausgeschieden worden; was übrig ist, ist der von
Jesaja erhoffte (heilige) Rest (46, 3) — Gedanken, die übrigens nur ganz
nebenbei, man möchte sagen: mit dogmatischer Selbstverständlichkeit, berührt
sind. Denn fast immer redet Dtjes., als werde das ganze Volk begnadigt
und gerettet. Der Restgedanke ist kein organisches Glied der Gedanken
des Dtjes.; er ist Heilsprophet, nur die Tatsache des Exils zwingt ihn zur
Verwendung des Straf- und Restgedankens, der ihm mehr Beiwerk ist.

Hier sind amosische Unheilseschatologie und ältere Heilseschatologie
durch die geschichtliche Vermittlung des Exils und des Auftretens des Kyros
ausgeglichen worden. Die Strafe ist wieder aus der Eschatologie entfernt
und der Geschichte überwiesen worden; für die Eschatologie bleibt somit
das ursprüngliche Schema: Israel ist von den Heiden in Not gebracht;
jetzt greift aber Jahwä ein, errichtet sein Reich, vernichtet die Heiden und
beglückt sein Volk. Das ist aber ein Thronbesteigungsmythus.

Trotz seiner Abhängigkeit von dem amosischen Gedanken des Mit-
betroffenwerdens Israels von der universellen Katastrophe, vertritt Dtjes.
somit dennoch den ursprünglichen Gedanken des Thronbesteigungsmythus,
daß die Katastrophe die Völker und Feinde treffen, Israel dagegen sparen
und ihm zum Heil geraten wird (Jes. 51, 6). Das hat er tun können,
weil er die Katastrophe, das Gericht, gleichsam in zwei Teile hat zerlegen
können. Israel ist schon gerichtet und bestraft worden, nämlich durch das
Exil; insofern haben die älteren Propheten von Amos bis Jeremia Recht
behalten. Jetzt kommt aber die Reihe an die Feinde, an die Heiden
und ihre Götter — und nun kann Dtjes. das alte Schema ungeändert
benutzen: der Tag kommt mit Heil für Israel und Unheil für die Heiden,
die Völker — ganz entsprechend seiner zweifachen Verwendung des Zornes-
becher-Gedankens (s. oben). Die geschichtlichen Ereignisse haben es dem
Dtjes. leicht gemacht, Heilsprophet unter Beibehaltung des Ernstes der
Gerichtsgedanken der älteren Propheten zu sein.

Nun spricht aber Dtjes. nicht von einem Gericht über die Feinde; wie
wir oben sahen, hat er, unter dem Einfluß eines ursprünglichen Zuges des
Schöpfungsmythus, den Gedanken eines Gerichts über die Götter in den
eines Rechtsstreites umgebogen[1]. Die Begriffe Gericht, Richten und
Recht gehören bei Dtjes. ausschließlich in der Heilseschatologie. Jahwä

---

[1] Ob er es zum ersten Mal getan, weiß ich nicht.

kommt, sein Recht zu offenbaren (45, 8; 46, 13); es ist der Beruf des Kyros, das Recht auf Erden herzustellen (41, 2; 45, 13), und denselben Beruf hat auch der Gottesknecht (42, 1—4). Das will aber besagen: Jahwä kommt, Israel zu seinem Recht zu verhelfen. R e c h t bedeutet bei Dtjes. H e i l, das heißt aber besonders Rettung, Wiederherstellung (41, 10; 42, 2. 3 f.; 45, 8. 13. 24 f.; 46, 12 f.; 48, 10; 51, 1. 4. 6. 8; 54, 17). Die Bedeutung Heil haben wir zugleich in den Thronbesteigungspsalmen gefunden, sie ist viel älter als Dtjes. (vgl. z. B. Jes. 33, 5 und die verwandte Bedeutung in dem vorexilischen Ps. 24, 5).

Dieser Sprachgebrauch steht, wie wir oben (I Teil, Kap. II 1 e) gesehen haben, in sehr gutem Einklang mit dem israelitischen Denken. Die »Gerechtigkeit« eines Menschen oder eines Volkes ist von jeher sowohl eine innere Qualität als die Auswirkung derselben: Glück, Wohlstand, Ehre, Fruchtbarkeit usw. Der Begriff ist insofern ein Parallelbegriff und ein Synonym zu »Segen«. Der Begriff sowohl des Glückes, als des Gerettetwerdens aus Not — wenn Not vorhanden sein sollte — gehört von Haus aus zu ṣäðäq, seðäqä. Daß Dtjes. der Urheber dieses Sprachgebrauchs sein sollte[1], davon kann keine Rede sein. Das Hauptgewicht lag aber in alter Zeit auf dem ersteren Moment; die Auswirkung der Gerechtigkeit wurde positiver gedacht, mehr in der Richtung von Selbstbehauptung, Gelingen, Glück-Haben, Sieg, als von Befreiung und Rettung aus Not. »Rechtfertigung« bedeutete dementsprechend: einem zu dieser Selbstbehauptung und Kräfteentfaltung zu verhelfen, das Gleichgewicht zwischen innerer Qualität und äußerer Manifestation herzustellen; der Begriff ist nie rein forensisch-deklarativ, sondern das Kausative und das Deklarative liegen beide ineinander[2].

Diese Tätigkeit, jedoch umfassender, drücken auch die Begriffe »Richten« šäfat und Gericht mišpät aus. Das Richten Jahwä's besteht darin, daß er einem jeden, und insbesondere seinem Volke, den ihm gebührenden Platz verschafft. Dazu hat er ja mit Israel einen Bund; darin zeigt er sich in seinem Richten gerecht, daß er den Bund behauptet, daß er die nötige Kraft dazu hat. Für Israel ist der gebührende Platz natürlich »ein Platz in der Sonne«. Mit den Feinden Israels als Objekt heißt »richten« somit verurteilen, strafen, vernichten, mit Israel als Objekt: zum Siege verhelfen, unter Umständen auch: aus Not retten, Synon. jäšaᶜ.

In den Thronbesteigungspsalmen waren, sahen wir, fast immer die Feinde die Objekte des Richtens. Der Gott Israels kommt und zeigt sich dadurch »gerecht«, daß er sich durch Siege und Krafttaten behauptet und

---

[1] Das scheint die Ansicht vieler Exegeten zu sein.

[2] Dementsprechend haben sowohl Hiphil als Piel beide Bedeutungen.

eo ipso Israels »Gerechtigkeit« wiederherstellt. In Übereinstimmung mit dem kriegerischen, selbstvertrauenden Gefühl der alten Zeit heißt es nun nicht selten in den Psalmen, daß Jahwä durch Israel richtet; Israel vollstreckt das Gericht in der Kraft seines Gottes (vgl. Ps. 149). Bei Dtjes. dagegen haben die schlimmen Erfahrungen der Geschichte und die innere Entwicklung des Volksgeistes es mit sich geführt, daß der Inhalt der Gerechtigkeit vorwiegend = Gerettetwerden, und das göttliche Richten = Befreien geworden ist. — Zwar ist er hier nicht ohne Vorgänger in den Thronbesteigungspsalmen, vgl. Ps. 97, 8; 48, 12; die Städte Judas jubeln über die Gerichte Gottes, die in Ps. 48 als rettende Taten gedacht sind. Was aber hier mehr Ausnahme war, ist bei Dtjes. die Regel. Die Stimmung ist hier gleichsam gedrückter und das Selbstvertrauen des Volkes geringer geworden.

Das ist aber die Stimmung einer späteren Zeit, der die Erlebung der göttlichen Kraft in der Volkskraft nicht mehr lebendig war. Dtjes. ist hier den Thronbesteigungspsalmen gegenüber sekundär.

Dtjes. stimmt mit den Thronbesteigungspsalmen darin überein, daß er ein Gericht über Israel in der Bedeutung $\varkappa\varrho\iota\nu\epsilon\iota\nu$ nicht kennt. Das kommt aber daher, daß er das strafende und reinigende Gericht über das Volk schon als vollzogene Tatsache kennt: das Exil. Das Gericht ist für Israel eine Wohltat, eine Beglückung — wie in den Thronbesteigungspsalmen das Gericht, nämlich über die Heiden. — Und dennoch dürfte Deuterojesajas Gebrauch des Richtens = (Israel) Recht verschaffen nicht lediglich auf Altertümlichkeit beruhen. Die Tatsache, daß er im Gegensatz zu den Thronbesteigungspsalmen das Richten so ausschließlich als eine I s r a e l b e t r e f f e n d e (wenn auch beglückende) Tätigkeit auffaßt, dürfte damit zusammenhängen, daß schon vor ihm das (strafende und unterscheidende) Gericht über Israel ein festes eschatologisches (nachamosisches) Dogma der prophetischen Kreise geworden war. Der Gang der Geschichte hat aber bewirkt, daß der Inhalt des Gerichts wieder der voramosische geworden ist. Das Strafgericht über Israel hat schon im Exil stattgefunden. Deuterojesaja bezeichnet somit eine sekundäre Rückkehr in die Richtung des Ursprünglicheren.

8. Der Rest.

Daß der R e s t - Gedanke in technisch-eschatologischem Sinne älter als Amos sei[1], kann ich nicht für bewiesen halten. Ich habe oben gezeigt, daß man den Ausdruck »Rest Josephs« Am. 5, 15 nicht als eschatologischen Terminus auffassen darf. — Sowohl Greßmann als Sellin folgern aus dem

---

[1] So Sellin und Greßmann.

Namen Schear-jaschub bei Jesaja, daß damals der eschatologische Begriff »der Rest« ein alter bekannter und vertrauter Begriff gewesen sei. »In diesem Falle, wo Jesaja auf die öffentliche Meinung einwirken wollte . . . . . . mußte es ein allgemein bekanntes und verbreitetes Schlagwort sein. das kräftig einschlug. Wer es hörte, mußte sofort wissen, worum es sich handelte« (Greßmann S. 234). Man kann aber mit dem gleichen Recht das Gegenteil behaupten. Wenn Jesaja durch die Namensgebung der Öffentlichkeit ein Stück seiner Lehre einprägen wollte, so genügte es, daß der Name sonderbar, aufsichterweckend war; wer es hörte, sollte gezwungen werden, zu fragen: was soll das heißen: ein Rest bekehrt sich? welcher Rest? Und so sollte das Bewußtsein davon, daß der Prophet diesen Gedanken gepredigt hatte, immer lebendig gehalten werden. Das ist auch dann verständlich, wenn der Gedanke neu und original ist[1].

Aus Micha 4, 6 f. und 5, 6—8 darf man nicht folgern, daß der Gedanke älter als Jesaja sei; denn diese Stellen setzen die Eroberung Jerusalems und die Zerstreuung des Volkes voraus. Diese beiden Vorstellungen gehören aber nicht zum ursprünglichen eschatologischen Schema; sie stammen aus der Geschichte.

Der Gedanke an den sich bekehrenden (oder zurückwendenden) Rest finden wir erst bei Jesaja. — Amos ist völlig negativ. Er ist nie über das »vielleicht« 5, 15 hinausgekommen; er hat die alte Heilseschatologie vollständig abgetan; die Heilsweissagung Am. 9, 8 b—15 ist unecht (siehe oben 6). Was er von dem Übrigbleiben des Ohrläppchens und der Knochen sagt (3, 12), bedeutet in guter Prosa: gar nichts bleibt übrig, kein Einziger wird gerettet. — Anders bei Hosea. Nach einer Bußzeit in der Wüste soll das ganze Volk als solches wieder zu Gnaden genommen werden, 2, 16 ff. Vorausgesetzt ist natürlich, daß die wirklichen Frevler ausgerottet werden. Hosea lenkt wieder in die alte Heilseschatologie ein. — Jesaja ist etwas weniger optimistisch — oder sagen wir vielleicht eher: ein etwas strengerer Moralist; er steht Amos näher. Bei ihm finden wir zum ersten Male den Gedanken an den sich bekehrenden (und darum verschont werdenden) Rest.

Zunächst müssen wir den genauen Sinn desselben feststellen. Ist er negativ (nur ein Rest bekehrt sich) oder positiv akzentuiert (ein Rest bekehrt sich wirklich)? Die Stellen sind anscheinend einander widersprechend, wie denn überhaupt die Person Jesaja nach den Quellen, und zwar nach den wirklich glaubwürdig scheinenden, kritisch geprüften Quellen,

---

[1] *Lō 'ammī* bei Hosea 1, 9; 2, 1 ist auch kein „kräftiges und bekanntes Schlagwort" — im Gegenteil.

widerspruchsvoll zu sein scheint; ich gebe zu, daß ich z. Z. nicht recht im Stande bin, einen psychologisch befriedigenden Zusammenhang in der Persönlichkeit Jesajas zu finden; er kommt mir bisweilen wie zwei verschiedene Menschen vor.

Von den Rest-Stellen im Jesajabuche (Kap. 1—39) scheinen nun die meisten kritisch äußerst verdächtig; da ich nicht wie Gunkel oder Greßmann unter dem Bann der Neuentdeckung der alten prophetischen Heilseschatologie, oder wie Sellin unter dem noch fesselnderen Banne eines positiven Verteidigungseifers gegen frühere kritischen Übertreibungen stehe, so kann ich mich der Wucht der von Duhm, Marti u. a. gegen die Echtheit dieser Stellen aufgebrachten Argumente nicht ganz entziehen. Ziemlich sicher scheint außer dem Namen Schear-jaschub 7,3 nur die Stelle 37,32. Nach dieser Stelle muß somit der Name Schear-jaschub gedeutet werden. — Der Restgedanke ist somit bei Jesaja tröstender Art, er ist als eine Heilsweissagung auf dem Hintergrunde einer früheren Unheilsweissagung aufzufassen.

Wie ist nun der Ursprung dieser Vorstellung zu erklären?

Negativ gefaßt, pessimistisch akzentuiert, ist der Restgedanke kein selbständiger Gedanke; er ist so nur eine besonders eindrucksvolle, rhetorisch-dekorative Form der Unheilsdrohung: es soll von Israel soviel übrig bleiben, wie wenn der Hirt ein Ohrläppchen des Schafes aus dem Rachen des Löwen rettet. In diesem Sinn ist der »Restgdanke« schon in der Berufungsvision Jesajas Kap. 6 vorhanden. Israel soll es gehen, wie wenn ein Baum gefällt wird; ein Wurzelstumpf bleibt übrig, den verbrennt man aber mit Feuer. So ganz und gar Unheilsprophet ist er hier, daß er — natürlich etwas retouschierend — behauptet, seine Verkündigung habe von Anfang an den einzigen Zweck gehabt, die Judäer zu verstocken, und sie so für das Strafgericht reif zu machen.

Man muß nun aber zwischen diesen, das allgemeine Unglück durch solche konkrete Details ausmalenden, den Terminus »Rest« jedoch nicht enthaltenden Stellen[1] und denen, die »den Rest« als völlig feststehenden eschatologisch-dogmatischen Terminus hervortreten lassen[2], unterscheiden[3]. An den ersteren ist die Vorstellung eines Restes kein selbständiger Gedanke, sondern nur ein Detail der Ausmalung des Unheils. Es wird hier nie betont, daß ein Rest wirklich zurückbleibt; in Wirklichkeit bleibt nichts übrig. Man kann an diesen Stellen eigentlich nicht von einem Restgedanken

---

[1] Amos 3,12; 5,2 f.; Hos. 9,11.12.16; Jes. 7,5; 24,13.

[2] Jes. 4,2 f.; 10,20—23; 11,11.16; 28,5; 37,32; Mich. 4,7; 5,5—8; Seph. 2,7.9; Joel 3,5.

[3] Das tut Greßmann nicht klar genug.

reden; aus diesen dekorativen Einzelheiten hätte sich gewiß kein dogmatischer Restbegriff im positiven Sinne entwickeln können. Ich kann
daher nicht Greßmann beipflichten, wenn er meint, der Restgedanke —
denn das heißt doch wohl: als bewußte Vorstellung von einem wirklich
übrig bleibenden Reste — sei ursprünglich ein Stück der Unheilseschatologie
gewesen, das dann von den Propheten in positiver Richtung umgedeutet
worden sei, um eine Brücke zwischen der in Israel auseinandergerissenen
Heils- und Unheilseschatologie zu schlagen.

Die wirklichen Reststellen sind alle positiv[1], und so war, sahen wir,
der Gedanke auch bei Jesaja gemeint. Nun haben wir S. 276 f. gesehen,
daß sich keine zwingenden Gründe gegen den jesajanischen Ursprung dieses
Gedankens aufbringen lassen, besonders wenn wir den Sinn desselben
scharf fassen. Die alte Eschatologie hatte gesagt: Israel bleibt übrig. Amos:
Nichts, auch nicht Israel, wird gerettet. Hosea: Israel wird sich doch bekehren und zuletzt gerettet werden. Hier kommt nun Jesaja: Israel geht
freilich zu Grunde; ein (kleiner) Rest bleibt jedoch übrig. Der Sinn ist
somit bei ihm: nur ein Rest, ein solcher aber gewiß. Wenn man hier
zunächst von der Form des Gedankens (»der Rest«) absieht, so ist gewiß nichts gegen eine psychologische Erklärung des Ursprungs desselben
einzuwenden. Denn wie wir oben angedeutet haben: alles spricht dafür,
daß es eine Zeit gewesen, da Jesaja lediglich Unheilsprophet war (Kap. 6)
Später ist er aber, ohne die Unheilsweissagung aufzugeben, Heilsprophet
geworden. Wie er das geworden, das ist schwer zu sagen; die Quellen
sind zu knapp. Sie behaupten aber die Tatsache selbst so bestimmt, daß
wir ihnen glauben müssen. Wahrscheinlich ist die Nationalreligion in ihm
zu stark gewesen, um ganz ausgerottet zu werden; er hat doch den Tempel
und Sion, die Stadt Gottes, nicht aufgeben können. Die reine Unheilseschatologie ist anscheinend bei ihm nur Episode, ein Produkt einer großen
Enttäuschung gewesen. Da muß er sich aber doch die Frage vorgelegt haben:
wie stimmt die Heilsverkündigung zu meiner früheren absoluten Unheilsweissagung? Die Worte Jahwä's können doch nicht »leer« hinausgehen?
Da lag doch der Gedanke nahe: der Gerechten sind wenige, das Unheil
muß kommen; die Gerechten, die »Gläubigen« und »Ruhigen«, werden doch,
gerettet werden. Die Rettung der Wenigen hängt eben von ihrem Verhalten zu Jahwä, von einer »Bekehrung« ab — denn »bekehrt sich« (und
wird demnach gerettet) ist nach dem ganzen Gedankengange des Jesaja
der Sinn des *jāšūb*; von einer Exilierung und einem Zurückkommen spricht

---

[1] Mit Ausnahme von Jes. 10, 22 f., die jedoch wohl nur eine exegetische,
auf kombinierender Reflektion beruhende redaktionelle Bemerkung ist.

Jesaja sonst nicht.   Diese Verkündigung könnte er recht wohl zum ersten
Male in der Namengebung Schear-jaschub ausgesprochen haben. s. oben. —
In diesem Sinne gebe ich Greßmann darin Recht, daß der Restgedanke
eine Brücke zwischen Heilseschatologie und Unheilseschatologie schlagen
soll.   Gr. glaubt aber, daß die Kluft zwischen beiden schon in vorisraeli-
tischer Zeit bestanden habe.   Wie wir aber gesehen haben, so waren von
Anfang an und zwar in Israel Heils- und Unheilseschatologie miteinander
organisch verbunden (siehe oben 6).   Die Kluft ist erst von Amos geschlagen
worden; er machte das Unheil absolut, endlich; die Späteren haben aber
das Heil nicht fallen lassen können.   Der Restgedanke, der von den neuen
Voraussetzungen aus wieder eine Brücke schlagen sollte, muß somit seinem Inhalte nach jünger als Amos sein.

Damit ist aber noch nicht über die Form des Gedankens entschieden.
Jesajas eigenes Eigentum ist nach allem jedenfalls das »bekehrt sich«.
Dieser Glaube steht — obwohl der ganze Gedanke ein Stück Heilseschatologie ist — in deutlichem Zusammenhang mit seiner (früheren) Unheilsweissagung: wenn das Heil, trotz den vielen Unheilsandrohungen, doch
schließlich kommt, so beruht das eben nur darauf, daß sich einige bekehren;
diese werden gerettet — hier ist der Individualismus eines Ezechiels schon
inauguriert.   Hier liegt der Unterschied zwischen Jesaja und Hosea, der
die Bekehrung des ganzen exilierten Volkes erwartete. — Wenn wir die
Stellung der älteren Eschatologie und der früheren Gerichtspropheten berücksichtigen, so ist es auch ziemlich sicher, daß auch die in dem Ausdrucke
Schear-jaschub liegende Begrenzung des Heilsgedanken (»nur ein Rest«)
Jesajas geistiges Eigentum ist; das Positive (»wird wirklich gerettet«) hat
er aus der älteren Eschatologie.

Wie steht es nun aber mit der Idee eines übrig bleibenden »Restes«,
und was ist, wenn Jesaja den Ausdruck übernommen hat, der ursprüngliche
Sinn desselben?

Gegen die ältere Annahme, Jesaja habe selbst den Ausdruck geprägt,
wendet Greßmann und nach ihm Sellin ein, man müsse doch dann bei
dem Propheten etwas von dem Werden dieser Idee hören; »wenn sie [die
Benennung des Sohnes] einer Idee Ausdruck geben sollte, die unter Wehen geboren war (so Meinhold), so hätte der Prophet sie nicht stillschweigend bei seinen Lesern als bekannt voraussetzen dürfen«. — Hat aber
wirklich Jesaja das gegenwärtige Buch Jesaja »für seine Leser« geschrieben?   Auch Greßmann glaubt das nicht.   Hat überhaupt Jesaja ein Buch
geschrieben?   Wir wissen jedenfalls nur Unsicheres darüber.   Besitzen wir
denn die Reden Jesajas vollständig?   Natürlich nicht.   Ferner: ist es überhaupt Prophetensitte, den Hörern zu erklären, wie ihre Ideen entstanden

sind? Ihre tragenden Ideen sind göttliche Eingebungen; weitere Auseinander-
setzungen sind daher überflüssig. Dürfen wir denn leugnen, daß Jesaja
einmal den Hörern etwa ausdrücklich erklärt habe: So hat Jahwä gesagt:
Ein Rest soll sich bekehren? Das erste Mal kann ja eben die Namensgebung gewesen sein, die das Volk zum Staunen und Fragen anleiten sollte
(siehe oben). — Das hätte er aber erzählen müssen, wird man sagen. Gut,
wenn er' das notwendig mußte, dann hat er es eben auch erzählt, etwa
einmal auf der Straße, im Tempelhof, was wissen wir; in den fragmenta-
rischen Aufzeichnungen einer späteren Zeit, die zu uns gelangt sind, ist aber
nichts davon überliefert, vielleicht weil es verloren gegangen ist. — Dem
sei nun aber wie ihm wolle — Greßmanns Einwendung trifft jedenfalls nicht,
wie er zu meinen scheint, den ganzen Gedanken (»der Rest bekehrt sich«);
dieser läßt sich, wie wir gesehen haben, recht wohl psychologisch erklären,
sondern höchstens nur den Ausdruck »der Rest«; wenn »Rest« im eschatologischen Sinne ein bekanntes Wort war, so genügt das völlig, die Namensgebung zu erklären[1]. Notwendig scheint mir aber die Annahme, wie gesagt, nicht[2]. — Die Tatsache aber, daß der Ausdruck »der Rest« seit
Jesaja so massenhaft und als so ausgeprägt erstarrte, technisch-dogmatische
Formel auftritt, ist gewiß der Annahme günstig, daß Jesaja ihn nicht zum
ersten Male geprägt. — Woher stammt er denn?

Sicher nicht aus einer alten weltumfassenden Unheilseschatologie. Er
hat, wie erwähnt, immer positiven Sinn und darf nicht mit den plastischen
Ausmalungen des Unglücks bei Amos u. a. auf einer Linie gestellt werden.
Es fällt auf, daß es nie etwa *šeʾar mijjiśrāʾēl* oder dgl. heißt, sondern immer *šeʾar* oder *pe*lēṭaþ *Jiśrāʾēl*. Ebenso, daß er gelegentlich gar keinen
Rest des Volkes Israel, sondern das ganze Volk als solches bezeichnet.
So Micha 4, 7: »Ich mache das Hinkende zum Rest und das Versprengte
zum zahlreichen Volk«. Ebenso Seph. 2, 7. 9; Joel 3, 5. — Das führt uns
in eine bestimmte Richtung. Wie wir gesehen haben, kannte der Thronbesteigungsmythus (s. I Teil, Kap. II 1 d und f) und die ältere Eschatologie
(s. oben 5) eine fast alle Welt umfassende verheerende Zeit der Not und
des Bedrängnisses, die auch Israel und Jerusalem zu verschlingen droht,
eine Not, die von Feinden Jahwä's und Israels bewirkt ist. Gegen diese
Gefahr greift aber Jahwä ein mit einer nicht weniger umfassenden, die
Feinde vernichtenden Katastrophe, die Israel—Jerusalem im letzten Augen-

---

[1] Vgl. *Lō-ammī* Hos. 1, 9; bekannt ist hier ammi; der Sinn wird aber in
sein Gegenteil verdreht.

[2] Ist auch Maher-schalal-chasch-baz Jes. 8, 1—3 ein bekannter Ausdruck?
Erhält er nicht erst durch die Predigt des Propheten seine Erklärung?

blick rettet. Der gerettete, »entronnene Rest« ist ursprünglich eben Israel selbst, der aus der Feindesnot und der Gerichtskatastrophe als der einzig Gerettete herausgeht. In diesem Sinne wird der Ausdruck dem Volke vor Jesaja bekannt gewesen sein. Jesajas religionsgeschichtlicher Einsatz besteht darin, daß er den Rest zu einem kleinen Rest von Israel gemacht, und die Rettung desselben von der Bekehrung abhängig gemacht hat.

Wir sehen somit auch hier den Zusammenhang zwischen Eschatologie und Thronbesteigungsmythus.

9. Die neue Schöpfung.

Wenn wir nun zur Heilseschatologie im engeren Sinne des Wortes kommen, so ist zunächst, wie sowohl Greßmann als Sellin betont haben, daß eine klar, daß sie ebenso alt und ebenso ursprünglich wie die Unheils-eschatologie ist.

Wenn wir von dem Thronbesteigungsmythus ausgehen und dabei uns das Wesen des Kultes als immer wieder schaffende Wiederholung der Heilstatsachen vergegenwärtigen (siehe I Teil, Kap. I 4 b), so verstehen wir auch, woher der Gedanke und die Ausdrücke stammen, wenn Dtjes. von dem kommenden Heil sagt, daß Jahwä jetzt »Neues schafft« Jes. 43, 19. Wir erinnern uns daran, daß der Schöpfungsmythus die verbreitetste Form des Festmythus war. Und folgerichtigerweise muß der kultische Festtag, dessen Mythus die Schöpfung war, in irgendeiner Weise eine Neuschöpfung mit sich gebracht haben. Der ursprüngliche Sinn der Neuschöpfung war, wie wir oben (I Teil, Kap. III 1) gesehen haben, nicht der einer Wieder-herstellung eines vorher durch irgendeine Weltkatastrophe völlig vernich-teten Kosmos, sondern der einer Neubelebung durch neue, im Kulte sicher-gestellte Kräfte. — In diesem Sinne wird man wohl ursprünglich auch die »letzte«, die eschatologische Neuschöpfung verstanden haben als eine Wiederherstellung der ursprünglichen herrlichen Zustände, wie sie damals gewesen, als Gott zum ersten Male sah, daß alles sehr gut war. Dtjes. hat in 43, 19 den Ausdruck auf die wunderbare Umbildung der Wüste zwecks Heimkehr der Exulanten bezogen.

Daß aber Dtjes. den Gedanken in seinem ursprünglichen Sinne ver-wendet und die Wiederherstellung überhaupt als eine Neuschöpfung be-trachtet hat, geht aus vielen Hindeutungen und direkten Aussagen hervor. Zunächst sei erwähnt, daß er sehr häufig die Macht und das Recht Jahwä's, jetzt das Neue hervorzubringen, sich als König zu betätigen, auf die Schöpfung zurückführt — auch ohne polemische Seitenblicke auf die Götter (Jes. 44, 24 ff.; 50, 2 f.; 51, 9—13). Deutlich setzt er die Neuschöpfung in

Parallele mit der ersten Schöpfung (Jes. 41, 4; 42, 8—9; 43, 15—21; 45, 11[1]; 48, 6 f.). Der Gott, der im Anfang schuf, der wiederholt jetzt, wenn er als König zu seinem Volke kommt, das große Wunder. Was jetzt geschehen soll, ist zwar etwas Neues, etwas nie zuvor Gewesenes und Vorausgesagtes (Jes. 48, 6—8), in Wirklichkeit ist aber das Neue eine Wiederholung dessen was einmal gewesen. Wie Jahwä in alter Zeit den Schilfsee spaltete, eine Straße mitten durch das Wasser hindurch legte, die Wagen und Pferde Pharaos in den See stürzte, sein Volk durch die Wüste führte und um seinetwillen den Fels spaltete und Wasser in der Wüste hervorströmen ließ, so bahnt er auch jetzt seinem Volke eine Straße durch die Wüste und bringt Wasser und Ströme hervor, seinen Erwählten zu tränken (43, 15—21, vgl. 41, 17—20). Das Neue, das Unerhörte besteht eben darin, daß die lange erwartete (letzte) Neuschöpfung jetzt endlich Wirklichkeit werden soll — nachdem die Meisten schon die Hoffnung aufgegeben haben — man sieht, Dtjes. lebt in einer Zeit, die nicht mehr die Erneuerung im Kulte erlebt; die Erneuerung ist längst ein eschatologisches Dogma geworden. So ist denn Jahwä dem Dtjes. »der Bildner der Zukunft« (Jes. 45, 11); das Neue ist schon im Sprossen begriffen (42, 9; 43, 19); wie Jahwä der Erste gewesen, so ist er auch der Letzte (41, 4; 48, 12, vergl. 43, 10). Schon jetzt ist die schöpferische Tätigkeit in vollem Wirken begriffen; denn Jahwä hat sein wunderwirkendes Wort in den Mund des Propheten gelegt, um (dadurch) den Himmel (wieder) auszuspannen und die Erde zu befestigen und zu dem verstoßenen Sion zu sagen: Du bist mein Volk (51, 16)[2]. Eben weil es Jahwä ist, der jetzt das Kommende schafft, kann er, und nur er, die kommenden Ereignisse voraussagen (41, 21—29; 43, 8—12; 44, 6—8; 45, 21).

Auch »Tritojesaja« verwendet den Gedanken der Neuschöpfung in seinem ursprünglichen Sinne. »Siehe, ich schaffe einen neuen Himmel und eine neue Erde« Jes. 65, 17; 66, 22, vgl. 51, 16. Daß er »schaffen« nicht als ein Zerstören des Alten und eine Neuschöpfung aus einem wieder erstandenen Chaos, sondern, wie oben dargelegt, als eine Verherrlichung und Neubelebung und Neugestaltung meint, geht wohl daraus hervor, daß er im selben Momente auch von einer »Schöpfung Jerusalems zur Freude« redet 65, 18; denn wie 60, 1—22 zeigt, ist hier nicht von einem Niederreißen und Wiederaufbauen, sondern von einer wunderbaren, wenn auch z. T. durch die Hände der tributleistenden Völker verwirklichten Verherrlichung oder Verwandlung der schon bestehenden Stadt die Rede. —

---

[1] Lies *jōṣēr hā'ōpījōp*, LXX.

[2] Zur Deutung dieser Stelle siehe Mowinckel, Der Knecht Jahwä's (Beiheft zu Norsk Teol. Tidsskrift 1921), S. 12 ff.

Und so findet auch ein anderer häufiger Zug in der Eschatologie, das Wiederkehren der paradiesischen Zustände[1], seine ungezwungene Erklärung (Es. 47, 1—12; Zach. 14, 8—10; Jes. 11, 6—9). Denn das Paradies ist nach einer — und wohl der ursprünglichen — Rezension des Mythus, wie Gunkel[2] gezeigt hat, nicht eine bestimmte Lokalität, sondern die ganze Erde nach der Schöpfung gewesen (Je); in dieser Form hat auch der Mythus P. vorgelegen. Damals war die ganze Welt ein Gottesgarten, in dem die größtmögliche Fruchtbarkeit, das seligste Glück herrschte, und wo kein Leid zu Hause war. — Und so wird auch das Land Palästina, wenn Jahwä zu seinem Thronbesteigungsfeste kommt und die Herrschaft ergreift; diese überschwängliche Erwartung scheint den Kultteilnehmern in der Stunde der »Festfreude Jahwä's« als etwas ganz Selbstverständliches; so schildern auch die begeisterten Dichter der Thronbesteigungspsalmen das kommende Jahr (Ps. 46, 5 — die Paradiesströme fließen dort; 85, 10 ff. — die göttlichen Heilshypostasen wohnen in dem fruchtbaren Lande; 81, 17 — das Land, das von Honig fließt; 65, 10—14, vergl. 126, 6; 128). — Auch dieser Zug ist nun in die Eschatologie übergegangen (z. B. Amos 9, 13; Joel 4, 18; Jes. 41, 18—20; 11, 6. 9).

Am ausführlichsten spricht von diesen Dingen Dtjes. Das verwüstete Land Palästina wird Jahwä in ein Eden, einen Gottesgarten verwandeln (51, 3); auf allen Hügeln ist Weidland zu finden, nicht sollen die glühende Luft und der Brand der Sonne ihnen schaden (49, 8—11), überall sprudeln Quellen hervor, die eine blühende, wunderbare Vegetation hervorrufen (41, 18—20; 44, 3) — auch auf die Wüste, durch die der Rückzug stattfinden soll, wird diese Verwandlung erstreckt (42, 15 f.; 43, 20; auch in 41, 18 —20 und 49, 8—11 spielt der Gedanke an die Rückwanderung mit ein).

Auch das Volk soll kraft einer wunderbaren Fruchtbarkeit blühen und gedeihen und sich mehren, so daß der Raum in der Stadt zu eng wird (54, 1—3). Das Land, die Erde, wird »paradiesisch«, oder das Paradies kommt wieder (51, 3) — beide Gedanken finden sich nebeneinander. Über Land und Stadt ruht Gottes Segen (54, 13 f.), umsonst wird alles gegeben, Brot, Wein, Milch (55, 1).

Daß diese Fruchtbarkeit eigentlich eine Folge der Gotteskraft ist, die dem Volke im Feste, wenn Jahwä kommt, zu Teil wird[3], daran hat die Sprache des Dtjes. noch eine Erinnerung bewahrt; der wunderbare Zuwachs des Volkes wird damit begründet, daß Jahwä der Ehemann Sions ist, der

---

[1] Greßmann, S. 207 ff.
[2] Genesiskommentar, ad Gen. 2 f.
[3] Siehe I Teil, Kap. III 1.

sie wieder zu sich nimmt (Jes. 54, 1—8). Was Jahwä auch »ursprünglich« gewesen sein mag — in Kanaʻan ist er zugleich ein Nachfolger des Baʻal und ein Fruchtbarkeitsgott geworden. Dieselbe Vorstellung in anderer Form finden wir in 44, 3, wo die schöpferische Gotteskraft als »Geist« aufgefaßt ist; über das dürre Land gießt Jahwä Wasserströme aus, über den Samen und die Nachkommen Jakobs gießt er seinen Geist aus, mit der Folge (Perf. cons), daß sie als das Grüne am Wasser, als die Weiden an den Bächen sprossen und blühen werden. Geist ist hier der materielle Fruchtbarkeitsgeist.

Genau wie in den Thronbesteigungspsalmen finden wir nun auch in der Eschatologie die bekannten Einzelheiten des Paradiesmythus. Im Thronbesteigungsmythus heißt es, daß es die Folge der Befreiung der Stadt vor den Völkern und Königen der Welt sein wird, daß sie von jetzt an von den Paradiesströmen reich gesegnet werde (Ps. 46, 4—5). Dasselbe gilt von der eschatologischen Rettung, sagt Deuterozacharja; das segnende, die ganze Welt[1] fruchtbar machende Wasser soll von jetzt an von Jerusalem ausgehen (Zach. 14, 8). Desgleichen Ez. 47.

In der Ausmalung der herrlichen Zustände ist natürlich für die mannigfaltigsten Kombinationen und Variationen, auf die wir hier nicht einzugehen brauchen, Platz[2]. — So finden wir etwa die Vorstellung vom Friedensreich

---

[1] „Die Hälfte fließt dem östlichen, die andere Hälfte dem westlichen Meere zu". Es ist eine merkwürdige Behauptung Greßmanns, daß das östliche und das westliche Meer mythischen Ursprungs seien, weil sie „in Hinblick auf die Geographie Palästinas absolut unverständlich seien" (Ursprung S. 225). Die beiden Meere sind der persische Meerbusen und das Mittelmeer, babylonisch *tamtu šaplîtu ša ṣît šamši* und *tamtu elenîtu ša šalam šamši*, — vom Standpunkte des Babyloniers geredet; die Ausdrücke sind somit babylonischen, nicht mythischen Ursprungs. Der Satz will so viel besagen wie: von dem einen Ende der Welt bis zum anderen. Von der Welt, nicht von Palästina, ist in V. 8 die Rede, siehe V. 9: „und Jahwä soll König der ganzen Erde sein". Dieselbe Übertragung geographischer Formeln, die eigentlich nur vom Gesichtspunkt Babels passen, auf Jerusalem haben wir auch in Ps. 72, 8. — So erklärt sich auch Joel 2, 20: der Feind aus Norden wird in die syrisch-arabische Wüste getrieben und dort geschlagen und versprengt, so daß der Vortrab in die persische Bucht, der Nachtrab ins Mittelmeer gestürzt wird, d. h. er wird bis zu den äußersten Enden der Erde versprengt, verfolgt und dort vernichtet. — Greßmann findet etwas zu leicht „mythische Vorstellungen" — dies Körnchen Wahrheit liegt in Giesebrechts Kritik einer Eschatologie (Theol. Stud. u. Kritiken 1906).

[2] Woher im letzten Grunde die Paradiesvorstellung stammt, ist für unser Thema belanglos. Hier genügt das Erkenntnis, daß sie mit dem Schöpfungsmythus kombiniert und somit ein Teil des Thronbesteigungsmythus geworden ist, mit dem sie in die Eschatologie übergegangen ist.

mit dem Paradiesmythus verbunden (Hos. 2, 20, vgl. Jes. 2, 4 u. 11,6—8). —
Daß allerlei Wunschmärchenmotive in die eschatologischen Heilsschilderun-
gen hineingekommen sind, ist selbstverständlich; so etwa das lange Leben
der Menschen der Endzeit[1] (Jes. 65, 20; Zach. 8, 4), die edelsteinerne Mauer
Jerusalems (Jes. 54, 11 f.) u. ä. m. Die Glücksschilderungen hat man eben,
sowohl in den Thronbesteigungsmythen als in der Eschatologie, genommen
wo man sie nur fand. Eine einheitliche Erklärung des Ursprungs aller
dieser Einzelheiten ist daher nicht möglich, sondern prinzipiell falsch. —

Eine Parallele zu der Vorstellung von dem irgendwo lokalisierten
Paradies ist die Vorstellung von dem Götterberg im äußersten
Norden (Ps. 48, 3), d. h. auf dem höchsten Punkte der gewölbten Erdscheibe. Wie diese Variante schon in den Vorstellungskreis des Thronbesteigungstages hineingedrungen ist (Ps. 48), so finden wir sie auch in
der Eschatologie (Jes. 2, 2; Ez. 40, 2; Zach. 14, 10). Aus diesem Götter-
bergmythus, sowie aus dem Paradiesmythus, die in mannigfaltiger Weise
miteinander vermischt worden sind, werden wohl die meisten Einzelheiten der
von Greßmann[2] sogenannten »mythischen [eschatologischen]
Topographie« zu erklären sein. — Auch hier sind vielleicht heterogene
Züge anderswoher hineingedrungen[3].

Wie es ein Hauptstück in dem Gedankenkreise des Thronbesteigungsfestes war, daß die Gottesstadt, in die Jahwä jetzt hineingezogen war,
fortan gegen alle Angriffe und alles Unheil gefeit war, so ist es auch
in der Eschatologie. Darüber ist schon oben (2) gelegentlich gesprochen.
Vgl. Jes. 33, 20 ff.; Zach. 14, 9—11. Das sind dieselben Gedanken wie in
Ps. 46; 48; 76. Jerusalem ist sicher, weil dort Jahwä wohnt, das betont
auch Dtjes.; der verborgene Gott hat dort seine Wohnung aufgeschlagen
(Jes. 45, 15); daher kann Gewalt ihr nichts anhaben, Schrecken kommen
ihr nie nahe; nie soll sie mehr von Fremden und Unbeschnittenen betreten
werden, alle Angreifer sollen vor ihr fallen (Jes. 52, 1; 54, 14—17). — Das
ist noch ganz ursprünglicher Thronbesteigungsmythus. Hier berühren sich
wieder die Vorstellungen von dem wiederkehrenden Paradiese mit dem aus
dem Völkerkampfmythus stammenden Friedensreich, siehe unten 12.

---

[1] Als Urzeit-(Schöpfungs)Motiv bei P.: das lange Leben der Urväter; ebenso
in Babylonien.

[2] Ursprung, S. 221 ff.

[3] So etwa das Akaziental Joel 4, 18, vgl. „die Myrthen im Tale« Zach. 1,8.
Das Senken aller (anderen) Berge der Erde zwecks alleiniger Hoheit des
Gottesberges (Jes. 40, 3 f.; 42, 16; 49, 11; Zach. 10, 10) könnte sich wohl
als einheimische Konsequenzmacherei aus der Idee des höchsten Götterberges erklären. Greßmann (Urspr. S. 224) denkt an persischen Ursprung.

10. Die Wendung des Schicksals.

Aus dem Thronbesteigungsmythus erklärt es sich, daß die Heilszeit als eine Wendung des Schicksals hervortritt, eine Gedanke, der in gewissen eschatologischen Stücken sehr beliebt ist.

Wie wir oben (I Teil, Kap. II 1 e) gesehen haben, erklärt sich der Gedanke der Schicksalswendung aus dem babylonischen Schöpfungs- und Thronbesteigungsmythus des Marduk. Ursprünglich bedeutet er: Wendung zum Anfang zurück, Setzung des Anfangs einer neuen Schicksalsreihe, somit Schicksalsbestimmung. Im Ausdruck liegt immer etwas von der Vorstellung von der Rückkehr zum Anfang, zum ursprünglichen Ausgangspunkt mit allen ihren innewohnenden Möglichkeiten. — Immer haftet aber dem Ausdruck der Gedanke an eine Wendung zum Besseren an. Denn das vergangene Jahr hat natürlich immer gewisse Enttäuschungen gebracht, ist nie den Hoffnungen völlig gerecht geworden. Im Lichte der neuerweckten Hoffnungen sieht das Vergangene noch schlimmer aus, als es gewesen. Und das Neue strahlt um so herrlicher, als es zunächst nur als geistiger Besitz und als Hoffnung vorhanden ist. In diesem Sinne kommt die Schicksalswendung in den israelitischen Kultpsalmen vor. »Wende unser Schicksal« — daß heißt: laß uns ein gutes Jahr zu Teil werden (Ps. 85; 126); laß die, die mit Tränen sähen, mit Freuden ernten. Gar oft hat Jahwä das Schicksal des Volkes zum Besseren gewandt, so daß sie wie Träumende dastanden mit Lachen im Munde und Jubel auf der Zunge (Ps. 126); es sind keine einzigartigen Ereignisse, auf die hier hingedeutet wird, sondern etwas, das sich oft wiederholt hat und sich noch jetzt oft wiederholen wird.

In der Eschatologie hat dagegen der Ausdruck einen mehr absoluten Sinn bekommen. Er ist hier mit dem Einbrechen der Heilszeit überhaupt identisch geworden. Die Wendung wird hier als die letzte große Wendung aufgefaßt, die ein für allemal den Übergang vom Unglück zum Glück bringen soll. Es war ja eschatologisches Dogma geworden, daß eine furchtbare Zeit der Not der Heilszeit vorausgehen sollte — ein Dogma, das, wie wir gesehen, im Thronbesteigungsmythus seinen Grund hat. Die Wendung des Schicksals erhält somit klar und bewußt den Inhalt: Wendung vom Unglück zum Glück. Nun haben wir aber gesehen, daß die Heilszeit als Restitution des Ursprünglichen, als neue Schöpfung aufgefaßt wurde. Die Schicksalswendung wird nur ein anderer Ausdruck dieser Restitution. »Das Schicksal wenden« bedeutet von nun an in der Eschatologie: restituieren, das Ursprüngliche wiederherstellen. So ganz klar Ez. 29,14; ferner 16, 53; 39, 25.

Mindestens seit Ezechiel liegt dieser Bedeutungswechsel vor[1]. Es ist wahrscheinlich, daß er die amosische Unheilseschatologie zur Voraussetzung hat. Erst diese hat die dem Heil vorausgehende Not zu einer allgemeinen, Israel ganz niederschmetternden Katastrophe gemacht; in der Volkseschatologie vor ihm war sie mehr eine drohende Gefahr, eine kritische, jedoch durch Jahwä's Eingreifen zum Glück gewendete Stunde. Überall wo das »Schicksal wenden« im eschatologischen Sinne vorkommt, ist die katastrophale Vernichtung Israels die Voraussetzung; die massoretische Vokalisation »die Gefangenschaft zurückführen« ist hier wenigstens sinngemäß.

11. Der neue Bund.

Aus dem Thronbesteigungsmythus und -Feste erklärt sich auch die eschatologische Vorstellung von dem neuen Bunde[2] (Hos. 2, 20; Ez. 16, 60 ff.; 34, 25; 37, 26; Jes. 54, 8—10; 55, 3; 59, 21; 61, 8; Mal. 3, 1).

Wir haben oben gesehen, daß der Thronbesteigungstag eine Wiederholung der Befreiung aus Ägypten war, woran sich der Sinaibund anschloß; so wird auch am Neujahrstag der Bund erneuert Wenn auch diese Worte »Erneuerung des Bundes« in den Thronbesteigungspsalmen nicht vorkommen, so wird doch sehr deutlich auf diesen Gedanken hingewiesen; Jahwä ermahnt die Söhne Davids, den Bund zu halten und wiederholt feierlich alle seine Verheißungen (Ps. 132, 11 ff.); die Situation, die in Ps. 81 und Ps. 95 vorausgesetzt wird, ist die Bundesschließung. So knüpft denn auch in II Sam. das Bundesversprechen Jahwä's an David an den Bericht über das Fest der Einholung der Lade an (Kap. 6—7); dasselbe wiederholt sich bei Salomos Tempelweihe (I Kg. 9, 1 ff.).

Es versteht sich dann fast von selbst, daß das eschatologische Kommen Jahwä's in der Erneuerung des Bundes gipfelt. — Wiederum ist uns Dtjes. ein wichtiger Zeuge (Jes. 55, 3—5, vgl. 54, 12). Israel soll die Erneuerung des alten, mit David geschlossenen Bundes erleben[3]. Wie David

---

[1] Weder die Jeremiastellen, noch die Amos-, Hosea- und Sephanjastellen (siehe Ges.-Buhl s. v.) sind „echt". — Über Amos 9, 14 siehe oben 6. — Zu Hos. 6, 11 und Seph. 3, 20 siehe Wellhausen, Die kleinen Propheten. — Zu Jer. 30—33 siehe Mowinckel, Zur Komposition des Buches Jeremia (Videnskapsselskapets Skrifter. II. Hist.-Filos. Klasse 1913. No. 5) Kristiania 1914, S. 45—48; 64 f.; zu Jer. 48, 47 und 49, 6 ebenda S. 14—17; 65 f.; zu Jer. 29, 14 ebenda S. 48 f.

[2] Greßmann, Ursprung S. 193 ff.

[3] Ein Gegensatz David—Israel, den die Theologen hier haben finden wollen, um daraus Kapital für die „kollektive" Deutung vieler Psalmen und Bibelstellen zu schlagen, ist nicht vorhanden. Israel erhält hier nichts, was

durch die Bundesgnade Jahwä's der Welt ein Zeuge des Segens wurde,
mit dem Jahwä seine Lieblinge segnet, so soll jetzt Israel als der bevorzugte Liebling (Knecht) Jahwä's der Herrscher der Völker werden.

Wie wir oben gesehen, war die Erneuerung des Bundes bei der
Thronbesteigungsfeier an die Bedingung geknüpft, daß Israel die Gebote
Jahwä's halten sollte. So sind wir denn auch berechtigt, das Stück 48,
16—19 bei Dtjes. in Verbindung mit dem Gedanken der Bundeserneuerung
zu setzen, sei es, daß ihm der Zusammenhang bewußt gewesen oder nicht
Denn eben im Thronbesteigungsmythus gehören diese Gedanken zusammen.
Und daß 48,16—19 letzten Endes aus diesem stammt, das beweist die
formelle und inhaltliche Übereinstimmung mit Ps. 81, dem Thronbesteigungspsalm, der die Forderungen Jahwä's an Israel darstellt, und dessen unaus-
gesprochene, aber ganz deutliche Voraussetzung die Erneuerung des Bundes ist; die Anklänge des Stückes an die Ideen und Vorstellungen des Ps. 81
sind gar nicht zu verkennen, siehe S. 196 f. — Hier sind bei Dtjes. zwei
ursprünglich zusammenhörige Gedanken auseinander gerissen worden —
wiederum ein Beweis seiner Sekundarität.

In dem Ideeinhalte des Thronbesteigungsfestes hat der Gedanke der
Erneuerung des Bundes seinen organischen Platz im Zusammenhang mit
dem Auszugsmythus als Kultmythus des Tages; wenn der Auszug, und
was damit zusammenhängt, wiederholt wird, so wird auch die Bundesschließung wiederholt. Bei Dtjes., d. h. in der eschatologischen Umdeutung,
steht der Gedanke gleichsam bruchstückartig und zusammenhangslos. Im
Zusammenhange des Thronbesteigungsfestes gehört die Bundesschließung
als besonderer Akt nach dem Einzug (siehe I Teil, Kap. III 1 S. 150 ff).
Das entspricht der Stellung der Bundesschließung nach dem Exoduszuge.
Bei Dtjes. dagegen weiß man nicht recht, an welcher Stelle des Dramas
die Bundesschließung stattfindet. Die verschiedenen Ideen liegen bei ihm
überhaupt kaleidoskopisch umeinander gewürfelt vor. Er gibt nie zusammenhängende eschatologische Schilderungen, sondern deutet immer nur
vorhandene, längst bekannte, gewissermaßen dogmatisch fixierte Ideen an;
er gibt gelegentliche lyrische Variationen der bekannten Themata und
Vorstellungen, deren organischer Zusammenhang innerhalb eines geschlossenen Dramas ihm kaum bewußt ist und aus seinen Gedichten kaum hätte

---

ihm nicht früher zugesprochen worden ist; denn die Verheißung an David
ist zugleich dem Israel gegeben; durch Davids Glück wird Israel gesegnet.
Deuterojes verheißt hier Israel die Erfüllung der alten dem Volke in der
Person Davids gegebenen Verheißung — mehr liegt nicht in der Stelle.
Siehe übrigens mein Der Knecht Jahwäs, Beiheft zu NTT 1921, S. 35, N. 1.

erschlossen werden können. Er ist somit kein Schöpfer der Gedanken; original ist er nur in seiner Theodizee, die persönlich erlebt und errungen ist, und die er in der Gestalt des Gottesknechts niedergelegt hat. —

Das Ergebnis der Bundesschließung ist der Friede, šālōm; der Bund ist, wie jeder Bund, ein Friedensbund (Jes. 54, 10), ein Akt, der die Errichtung einer harmonischen »Ganzheit« — das ist die Grundbedeutung von šālōm — bezweckt. Zu dieser organischen »Ganzheit« gehören zunächst Jahwä und Israel. Die Feinde sind aber vernichtet, die übrig bleibenden Völker schließen sich Israel als Vasallen an (siehe unten 12). Auch mit den früheren Feinden, den jetzt unterworfenen Resten der Völker der Erde, wird Israel so einen Friedensbund haben — wie es einmal einen Bund mit den Gibeoniten hatte. Ein allgemeiner Friedensbund kommt zu Stande. — Hier berührt sich der Gedanke der Bundesschließung mit dem des Friedensreiches — Greßmann hat insofern Recht, wenn er die »Vernichtung der Waffen« in Zusammenhang mit der Bundessschließung behandelt, obwohl sie wohl eigentlich eine Konsequenz der Besiegung der Feinde (Völkerkampfmythus) ist.

Dieser Gedanke des allgemeinen Friedensbundes, durch den Israels Ruhe und Glück völlig gesichert dastehen, hat nun mitunter eine eigentümliche Ausformung gefunden. Das Absolute und Unbegrenzte des Friedens wird durch den Gedanken ausgedrückt, daß Israel sogar einen Bund mit den Tieren hat; nicht einmal die wilden Tiere werden von jetzt an Israel schaden können (Hos. 2, 20; Jes. 11, 6 ff.; 65, 25; vergl. Hiob 5, 23). Mit Recht hat Greßmann[1] nach Gunkel hier einen Zusammenhang mit dem Paradiesmythus gefunden. Daß die Menschen einen Bund mit den Haustieren haben, ist sicher ein alter und natürlicher israelitischer, wie allgemeinprimitiver Gedanke[2]; jene sind Herren und Schützer, diese sind Knechte und Schutzbefohlene — das ist eben ein Bundesverhältnis. Daß man aber auch mit den wilden Tieren und den Steinen der Erde (Hiob 5, 23) einen Bund hat, so daß diese den Menschen nicht schaden können, das ist wohl ursprünglich ein Märchenmotiv[3], das früh in Verbindung mit dem Paradies, der Götterwohnung gebracht worden ist. Aus dem Paradiesmythus ist es in die Eschatologie übergegangen. Jener Mythus hängt aber seit alter Zeit mit dem Schöpfungsmythus zusammen, dieser ist aber zugleich der Thronbesteigungsmythus.

---

[1] Ursprung, S. 194 ff.

[2] Daß er in die Form eines äthiologischen Märchens gegossen worden sei, wie Greßmann anzunehmen scheint, ist an sich recht naheliegend.

[3] Vgl. den Baldermythus.

12. Das Weltreich Gottes.

Daß das eschatologische Reich Jahwä's ein Weltreich sein wird, ist so allgemein vorausgesetzt, daß man kaum Belegstellen dafür anzugeben braucht, s. Jes. 2, 1 ff.; Micha 4, 1 ff.; Seph. 2, 11; Jes. 66, 18—21; Zach. 14, 8 f. Das wird sehr häufig auch da die selbstverständliche Voraussetzung gewesen sein, wo der Blick in praxi auf Israel und Palästina beschränkt bleibt. Diese Beschränkung ist darin begründet, daß nur das Heil Israels ein praktisches Interesse hat. Die anderen Völker werden vernichtet, unterworfen, als Tributäre behandelt, und Israel ist das Herrenvolk. Alles geschieht um Israels willen; daher wird meistens nur das Land Israels ausdrücklich erwähnt. Ein schönes Beispiel bildet Zach. 14, 8—10, wo die Verwandlung Palästinas in sehr deutlichem Widerspruch zu dem dort vorausgesetzten Weltreich Jahwä's steht; man hätte doch erwarten sollen, daß die ganze Welt so verwandelt werden sollte, daß Jerusalem der höchste Punkt derselben sein würde.

Das Reich ist auf die Vernichtung der Völker gegründet (siehe oben). Diese werden aber meistens nur als politische und militäre Quantitäten vernichtet; ausgerottet sollen sie meistens nicht werden. So bleiben Menschen genug übrig, die Israel dienen können (vergl. Jes. 11, 14; 60, 5—7). — Es verrät die ritualistischen Interessen[1] der späteren Zeit, wenn der Gedanke dahin formuliert wird, daß die Übriggebliebenen zur Feier des Laubhüttenfestes und zum Knien vor Jahwä gezwungen werden sollen (Zach. 14, 16—19).

Mitunter hören wir aber auch edlere Töne. Alle Welt soll das Glück sehen, das Jahwä seinen Verehrern bereitet, und daher nach Sion wallfahrten; denn von Sion gehen Recht und Offenbarung aus; alle Völker werden begehren, die Wege dieses Heilsgottes kennen zu lernen, so entsteht ein allgemeines Friedensreich auf Erden (Jes. 2, 1—4).

Auch dieser Gedanke des Weltreiches erklärt sich aus dem Thronbesteigungsmythus[2]. Jahwä besteigt hier den Thron als der König der Welt; alle Götter, Völker, Menschen, alles Lebendige huldigen ihm als Herrn und König (vgl. Ps. 93—100; 47). Dieser Universalismus ist nicht viel weniger primitiv und ursprünglich als der enge Nationalismus; das Land (*äräṣ*) des

---

[1] Es ist falsch, von dem kultischen Interesse des Judentums zu reden; die Juden verstehen meistens längst nicht mehr, was wirklicher Kult ist. Der Kult interessiert sie als Ritus, als nomistische Observanz, als statutarisches Gebot, nicht als Gotteserlebnis.

[2] Vgl. I Teil, Kap. III 3.

Volkes ist ihm eben seine ganze Erde und Welt (*äräṣ*). Der Universalismus hängt organisch mit dem Schöpfungsgeganken zusammen; der Weltschöpfer errichtet sein Reich, das dementsprechend ein Weltreich sein muß.
In der Eschatologie wie in der Religion des Thronbesteigungsfestes bleibt
aber das praktische Interesse auf Israel—Palästina beschränkt. Denn »Land«
und »Erde« sind von Anfang an der praktischen Betrachtung identische
Begriffe gewesen; und wenn irgendwo, so halten sich die ursprünglichen
Vorstellungen in der Religion.

Das Weltreich ist natürlich, wie schon oben berührt, ein Friedensreich.
Da werden die Völker ihre Schwerter zu Pflugeisen und ihre Lanzenspitzen
zu Winzerstangen umschmieden; nicht erheben sie wider einander das
Schwert und nicht mehr lernen sie Krieg (Jes. 2, 4; Mi. 4, 3, vgl. Jes. 9, 4;
Zach. 9, 10). — Das erklärt sich aus dem Thronbesteigungsgedanken. Der
Friede ist dem Bauernvolke eins der wichtigsten Güter, die durch den
Kult verwirklicht werden sollen. In der Sprache des Mythus: der König
Jahwä bringt den Frieden; Jahwä errichtet sein Reich, nachdem er das
Chaos, die Tiamat gebändigt, vernichtet, oder nachdem er das Heer der Jeru-
salem angreifenden Könige und Völker zersplittert hat (Ps. 46; 48; 76);
dann vernichtet er zugleich die Waffen, zerbricht die Schwerter, verbrennt
die Schilder, errichtet wieder den Frieden; der neue König bringt den
Weltfrieden. Das ist natürlich auch in die Eschatologie übergegangen. —
Daß der Gedanke des Friedensreiches mit den Vorstellungen von dem wiederkehrenden Paradiese kombiniert wurde, haben wir oben gesehen. —
Wir wollen hier einen Blick auf die Vorstellungen des Dtjes. über das
Weltreich Jahwä's werfen. Als Inhalt der mit der Bundesschließung gegebenen göttlichen Verheißung betrachtet Dtjes. es, daß Israel Haupt und
Gebieter aller Völker werden soll. Das entspricht dem alten Gedanken
des Thronbesteigungsfestes, nach dem Jahwä ein Weltreich errichtet, in
dem Israel die herrschende Kaste bilden soll. Die Konsequenz dieses Gedankens wäre es, wenn Dtjes. klar und deutlich von der Königscherrshaft
Jahwä's gesprochen hätte. Ausdrücklich erwähnt er aber diesen Gedanken
nur einmal (Jes. 52, 7), doch wohl von dem Eindruck mitbestimmt, daß die
geschichtlich-politische Lage nur ein Weltreich des Heiden Kyros zuzulassen
schien, ein Gedanke der ihm deutlich bewußt gewesen zu sein scheint
(43, 3; 45, 1—6). — Mit diesem Weltreich des Kyros steht nun auch die
Herrschaft Israels in Widerspruch. Die beiden Gedanken sind nicht ausgeglichen worden; Dtjes. hat sich nicht kühn über die realen Verhältnisse
hinausgesetzt und etwa wirklich erwartet, daß Kyros sich die altruistische
Mühe geben werde, den Israeliten ein Weltreich zusammenzuerobern, um
dann selbst großmütig ihnen die Herrschaft abzutreten. Dtjes. ist realistisch

genug gewesen, ein persisches Weltreich vorauszusehen. Was er von
Kyros für Israel erwartet, ist die Rache über Babel (45, 1 ff.), die Erbauung
Jerusalems (45, 13) und die Befreiung aus der Gefangenschaft (ib.). Zwar
heißt es, daß Kyros dies alles »umsonst« tut (ib.); wenn es dennoch heißt,
daß Jahwä für die Befreiung Israels Ägypten, Kusch und Saba als Löse-
geld gebe (43, 3 f.), so ist doch · ohl damit an das Weltreich gedacht, das
Jahwä Kyros als Lohn dafür gibt, daß er »sein Freund« ist, der seinen
Auftrag ausführt.

Wenn nun trotzdem Dtjes. von dem Weltreich Israels spricht, so ist
der Grund der, daß dieser, aus dem Thronbesteigungsmythus stammende
Gedanke als eschatologisches »Dogma« gegeben war und daher mit den
aus der politischer Lage sich ·ergebenden Zukunftsperspektiven irgendwie
ausgeglichen — oder nicht ausgeglichen — werden mußte.

Einen Ausgleichsversuch, der freilich nicht als solcher bezeichnet wird
darf man in dem Gedanken sehen, daß die Heiden freiwillig sich selbst
und ihre Reichtümer zu Israels Dienst darbieten, um Teil an seinem Glück
zu bekommen (44, 5; 45, 14 f, 22; 51, 4 f.; 55, 5). Was aus Kyros werden
soll, darüber hören wir nichts.

Das ist nun an sich kein originaler Gedanke. Auch die Thronbesteigungspsalmen sprachen mitunter davon, daß die erschreckten Völker sich
Israel, bezw. Jahwä, anschließen würden, weil dort das wahre Glück zu
finden sei (Ps. 47, 10); die durchgängige Betrachtung war aber dort, daß
die Herrschaft Israels mit den Waffen oder durch Jahwä's katastrophale
Schreckenswunder errichtet werden sollte (I Teil, Kap. III 3 b), wenn auch
mitunter von dem Staunen, das die Heilstaten Jahwä's gegen sein Volk bei
den Heiden erregen, die Rede war (Ps. 87; 67; 126, 2). Auch bei Dtjes. geht
die Bekämpfung und Zerstampfung der Völker durch Kyros der »Bekehrung«
voraus. Das Originelle bei Dtjes. liegt darin, daß die freiwillige Bekehrung die vorherrschende Betrachtung ist. Die »Bekehrung« der Heiden
wird nie durch den Schrecken und den Zwang der Rachetaten Jahwä's
durch Kyros ausdrücklich motiviert, sondern immer nur positiv. Die Völker schließen sich Israel an, weil bei ihm der wahre Gott, der allein Gott
ist, weilt, und weil nur bei diesem Gott »Rettung«, d. h. Heil und Glück und
Seligkeit, zu finden ist. »Der Reichtum Ägyptens und der Gewinn Äthio-
piens und die hochwüchsigen Sabäer werden zu dir herüberziehen und dein
sein, hinter dir hergehen; und vor dir werden sie niederfallen und zu dir
flehen: Nur in dir ist Gott, der Einzige, und keiner mehr, fürwahr, bei dir
ist der verborgene Gott, ein Gott des Heils« (45, 14 f.). Um Jahwä's willen
kommen sie alle; »dieser sagt: Jahwä's bin ich, und der nennt sich mit
dem Namen Jakobs, und jener beschreibt seine Hand: Jahwä's eigen, und

empfängt den Zunamen Israel« (44, 5). Das tun sie, weil sie mit eigenen
Augen den Zusammenbruch der Götter und das Heil, das Jahwä seinen
Verehrern zu Teil werden läßt, gesehen haben. Das »Recht«, das Jahwä
bringt, soll das Licht, d. h. die Glücksquelle der Völker werden; daher warten auch die fernen Küsten auf ihn (51, 4 f). So geht denn auch die Ein-
ladung Jahwä's an alle Welt hinaus:

> Kommt zu mir und laßt euch retten, alle Enden der Erde,
> denn ich allein bin Gott, bei mir hab' ich geschworen,
> ٭ aus meinem Munde ist Wahrheit ausgegangen, ein Wort das nicht
> zurückgeht,
> daß mir soll jedes Knie sich beugen, jede Zunge bei mir schwören.
> (45, 22 f.).

Aus freier Überzeugung und religiösem Drang, nicht durch den heiligen
Krieg bezwungen, kommen die Völker zu Jahwä. Zwar ist der Hintergrund
der Bekehrung der Zusammenbruch und die »Beschämung«, die über die
Bilderanbeter ergeht; wenn aber von der »Bekehrung« der Völker geredet
wird, so wird dieser Zusammenhang nur ganz leise angedeutet.

Um diesen Gedanken zu einem Hauptgedanken machen zu können, muß
Dtjes. eine Gotteserfahrung gehabt haben, die ihm einen edleren, höheren
und humaneren Gottesbegriff als den üblichen nationalen beigebracht hat.
In irgendeiner Weise hat er Gott als Liebe, als Heilswille erlebt. Um so
sicherer ist der furchtbare Recke in 42, 13 ff. der Tradition entnommen.

Daß der Universalismus, das Weltreich Jahwä's, bei Dtjes. aus dem
Tronbesteigungsmythus stammt, geht nun daraus hervor, daß er mit dem
Schöpfungsgedanken begründet wird. Der Gott, der im Anfang schuf, der
schafft auch jetzt, schafft eine neue Welt (45, 10 — 13. 18 — 25); weil ihm die
Welt seit dem Anfang gehört, so soll sie ihm auch jetzt wieder gehören;
er ist Weltherrscher seit jeher gewesen. Dtjes., der prophetische Nachahmer
der religiösen Lyrik, besonders des Hymnenstils, hat dies uralte Motiv
des Kult- und besonders des Thronbesteigungsmythus aufgenommen und
als Begründung seiner prophetischen Verkündigung der bevorstehenden
machtvollen Heilstat Gottes verwendet: der Gott, der die Welt geschaffen,
der leitet auch ihre Geschichte; er kann und will in Bälde Israel wiederherstellen und ihm zur Herrschaft und Herrlichkeit verhelfen (40, 12 ff.;
48, 13; 50, 2 f.; 51, 9 ff.).

Es liegt nun aber auf der Hand, daß zwischen dem Universalismus der
Thronbesteigungspsalmen und dem des Dtjes. trotz vielen Berührungen ein
tiefer Unterschied besteht. — Beiden gemeinsam ist, daß der Universalismus theoretisch mit dem Schöpfungsgedanken begründet wird. In den
Psalmen ist aber der Schöpfungsgedanke häufig mehr dekorativ, hymno-

logisch, wird als Motiv der Lobpreisungen verwendet. Bei Dtjes. ist der Gedanke meistens apologetisch; aus der Schöpfung will er beweisen, daß Jahwä die Macht über die ganze Welt und damit auch die Macht, Israel zu erlösen, hat. In den Psalmen begründet der Gedanke etwas Gegenwärtiges, etwas Tatsächliches. Bei Deuterojesaja werden daraus Schlüsse auf der Zukunft gezogen. — Daß hier Deuterojesaja der Abhängige ist, der die Entwicklung weiterführt, ist klar. — Eine Konsequenz des Schöpfungsgedankens ist nun der Universalismus. In den alten Mythen und Hymnen heiß es: der Gott, der die Welt geschaffen, ist zugleich der Herr und der König dieser Welt. Dasselbe sagt auch Deuterojesaja. Die praktisch-religiösen Folgerungen, die aus diesem Glauben gezogen werden, sind aber sehr verschieden. Die »altisraelitische«, jedenfalls die ältere Folgerung, ist die, die wir oben S. 165, 181 ff. dargelegt haben: der Gott der ganzen Welt errichtet aus der Welt ein Heilsreich für sein Volk Israel; Israel ist die Herrschaft beschert; ihm sollen die Völker frohnden. Ähnliches erwartet, wie wir sahen, auch Deuterojesaja. Auch bei ihm besteht die Gerechtigkeit Gottes vor allem darin, daß er Israel aus der ungerechten Bedrückung der Heiden befreit (Jes. 41, 2; 45, 13; 46, 13; 51, 4—6). Dabei bleibt er aber nicht stehen. Er schreitet zu einem Universalismus der Religion vor. Zwar lag es auch in dem Gedankenkreise der Thronbesteigung Jahwä's, daß die Völker Israels Gott huldigen werden (Ps. 67, 87; 96, 7—9; vgl. 98, 4—6); das tun sie aber, wie oben gezeigt, notgedrungen, aus Furcht vor seiner blendenden Herrlichkeit, weil sie beschämt werden und durch die über sie hineinbrechende Katastrophe die Nichtigkeit ihrer Götter und das Hoffnungslose eines Widerstandes erkennen müssen. Auch bei Deuterojesaja finden wir ähnliche Gedanken (Jes. 41, 8—16; 42, 17; 45, 16; 49, 26; 51, 23): sie sind aber nicht die vorherrschenden. Aus dem Universalismus zieht er den Gedanken des Missionsberufes. Der für das Volk Israel eintretende Jahwäknecht soll für die ganze Erde ein Vermittler des Heils sein (42, 1—7; 49, 6 f.); er wird der Verkünder der wahren Religion in der Welt, sein Leiden ist eine stellvertretende Sühne für alle Völker (52, 13—53, 12). Die Völker kommen zu Jahwä, weil sie die herrliche Heilstat geschaut, die er seinem Volke getan, und weil sie daran erkennen, daß Jahwä der einzige Gott ist und daß nur bei ihm Heil, d. h. Rettung und Glück zu finden ist (45, 20—25; 55, 5). Sie werden bekehrt eher als gezwungen. — Das ist eben eine Änderung, die in der persönlichen Religion des Propheten begründet ist. Auch hier ist es Deuterejesaja, der die älteren und »ursprünglicheren« Gedanken weiterführt, und diese »älteren« Gedanken finden wir in dem Thronbesteigungsmythus und den Thronbesteigungspsalmen vertreten.

Die mit den Thronbesteigungspsalmen übereinstimmenden politischen
Züge des Reichsbildes bei Dtjes. sind somit im Grunde als übernommene,
in seine eigentliche persönliche Grundanschauung eingebettete Fremdkörper,
zu betrachten.   Zwar ist die Form dieser religiösen Grundanschauung:
das jetzt kommende Weltreich Jahwä's, aus dem Thronbesteigungsmythus
übernommen.   Was aber Dtjes. unter dem Weltreich Jahwä's versteht, ist
etwas anderes als im Mythus.

Zwar darf man nicht eigentlich sagen, daß er die alten Formen »vergeistigt« hat; Spiritualist ist Dtjes. nicht; seine ganzes Denken bewegt sich
in sehr realistischen Anschauungsformen.   Das Heil ist auch ihm das Sozial-
politische: Glück, Friede, Gerechtigkeit, Fruchtbarkeit der Menschen, des
Ackers, des Viehs, Reichtum, Glanz, Ruhm; religiöse Güter ist ihm dies
alles, weil es göttliche Gaben sind und als solche dankbar empfangen
werden.   Es ist ihm alles ein Ausdruck der Huld und der Liebe Jahwä's,
des Hirten, der seine Herde weidet, die Lämmer in seinem Busen tragend,
die Säugenden führend (40, 11).   Die künftige Gottesgemeinschaft ist ihm
nicht zunächst der geistige Verkehr mit Gott, das innnere Schauen oder
dergleichen, sondern das Weilen Jahwä's in der Mitte seiner Stadt und
seines Volkes.   Es versteht sich aber von selbst, daß er sich dies alles
nach der eigenen persönlichen Erfarung vorgestellt haben muß, und wie
erwähnt setzen seine Worte voraus, daß er persönlich ein reiches inneres
Leben mit Gott gehabt haben muß.   Ihm ist Gott eine sichere, beglückende Tatsache; in seiner Gnade und in seinem Schutze weiß er sich verborgen; in dem verborgenen Leben mit Gott sucht er Kraft in allen Nöten
und Leiden[1].   Er wird wohl daher einen solchen Verkehr mit Gott als den
Besitz aller Frommen der Endzeit gedacht haben.

Was das Gottesreich des Dtjes. von dem des Thronbesteigungsmythus
vor allem unterscheidet, ist die Herzensweite des Ersteren.   Das Reich ist
bei ihm etwas Milderes, Humaneres und Liebevolleres, als bei den Vor-
gängern geworden.   Edleste Menschlichkeit, trotz aller zeitgeschichtlichen
Beschränkung, das ist es, was Dtjes. auszeichnet.

13. Das eschatologische Mahl.

Daß der Festtag Jahwä's mit einem festlichen Mahl endete, liegt in
der Natur der Sache[2].   So finden wir es auch nicht überraschend, wenn
die eschatologischen Schilderungen von einem Festmahl Jahwä's sprechen,

---

[1] Siehe über diesen Punkt vor allem mein Buch Der Knecht Jahwäs.
[2] Siehe I Teil, Kap. II 3 c, S. 126.

das er am Ende der Tage den Völkern bereiten wird (Jes. 25, 6). Das ist, wie Greßmann (Ursprung. S. 300) richtig gesehen hat, das Krönungsmahl. — Wie er aber zugleich erkannt hat (Ursprung S. 136 ff.), haben die Propheten häufig diese Vorstellung »ins grausige verzerrt« und mit grimmiger Ironie von einem großen Opfermahl geredet, das Jahwä den Vögeln und den wilden Tieren bereiten werde, wenn er die Völker, seine Feinde, abschlachtet (Seph. 1, 8; Ez. 39, 17 ff.).

Eine eigentümliche Gestalt hat der Gedanke des eschatologischen Mahls in IV Esra 6, 26, syr. Baruch Apoc. 29, 4 Talmudtr. Baba batra 74 angenommen. Es heißt hier, daß Jahwä aus Livjatan den »Übriggebliebenen« der Messiaszeit ein Mahl bereiten werde. Gunkel[1] wird darin Recht haben, daß diese Vorstellung nicht, wie Wellhausen annahm, aus Ps. 74, 14 ausgesponnen sei, sondern in diese Stelle anderswoher hineingelegt worden ist. Hier ist der ursprüngliche Zug beibehalten worden, daß das Mahl den Anhängern Jahwä's bereitet wird. Statt des Festopfertieres ist aber Livjatan, die Parallelgestalt der Tiamatdrache, der Feind des Schöpfungs-Thronbesteigungsmythus, getreten. Unwillkürlich denkt man an die primitive, auch nicht selten in den Märchen bezeugte Sitte, den Leib, besonders das Herz seines erschlagenen (mythischen, märchenhaften) Feindes zu verzehren, um dadurch sich seiner Kraft zu bemächtigen[2]. Hat man etwa einmal so etwas von Marduk oder einem kana'anäischen Gotte oder gar Jahwä erzählt? Und sind im Mythus die Anhänger Jahwä's Teilnehmer an diesem grausigen »Sakrament« geworden? — Wir wissen es nicht.

14. Der Messias.

Eine jedenfalls in der späteren Eschatologie sehr wichtige Gestalt derselben haben wie bis jetzt nicht erwähnt, nämlich den König, den Messias.

Ein eschatologischer König läßt sich nicht direkt aus den Ideen des Thronbesteigungsfestes ableiten.

Wenn Jahwä kommt, seinen Thron zu besteigen, so kommt er selber; dann braucht er keinen Nebenregenten oder Vertreter. Das wird in den Thronbesteigungspsalmen so nachdrücklich gesagt, daß Delitzsch sich veranlaßt sah, die »Unvollkommenheit« dieser »theokratischen« Psalmen im Vergleich mit den »christokratischen« durch offenbarungsgeschichtliche (heilsgeschichtliche) Betrachtungen zu entschuldigen[3]. Der ganze Grundgedanke

---

[1] Bei Kautzsch, Apokryphen und Pseudepigraphen des A. T. II, S. 368.
[2] Vgl. Siegfried, der das Herz Fafnirs aufißt und dadurch geheime Kräfte und Kunde erhält.
[3] Siehe I Teil, Kap. I 3 b, S. 14.

des Thronbesteigungsmythus ist eben, daß Jahwä selber in all seiner
Herrlichkeit kommt und von jetzt an unmittelbar der König in der Mitte
seines Volkes sein wird. Von hier aus führt keine deutliche Verbindungs-
linie zum Messias hinüber[1].

Darin haben Greßmann und die älteren Kritiker unzweifelhaft Recht:
Messias ist von Haus aus neben dem König Jahwä überflüssig und insofern
eine Art Doppelgänger Jahwä's[2]. Unsere Entdeckung des Thronbesteigungsfestes und der Abstammung der Eschatologie aus jenem Fest bestätigt
gewissermaßen die ältere kritische Auffassung, daß Messias einen sekundären Zug der Eschatologie bildet. Sekundär — vielleicht nicht in dem
Sinne, daß es etwa einmal eine Eschatologie, ohne einen irdischen König
der Zukunft gegeben habe, sondern insofern, als er nicht dem Thronbesteigungsmythus entstammt und nur inkonsequenter Weise in die Eschatologie hineingekommen ist.

Woher stammt dann der Messias? Darüber wollen wie hier, der Vollständigkeit halber, einige Andeutungen geben.

Wir haben oben gesehen (Seite 114, 177 f.), daß der irdische König
Israels einen recht hervortretenden Platz bei den Festlichkeiten des Thronbesteigungsfestes eingenommen hat (vgl. Ps. 132), und daß er ebenso im
Ideenkreise des Festes eine Stelle hat. Der wirkliche Kult rechnet auch
mit dem wirklichen Leben. Der König gehört zu den Gütern, die in dem

---

[1] Diese Erwägung hätte auch Sellin, der eben in dem Kommen Jahwä's
zur Errichtung seines Königstums den Hauptgedanken der Eschatologie
sieht, davor warnen sollen, den Messias als einen ursprünglichen Bestandteil
der israelitischen Eschatologie zu betrachten. Seinen Versuch, die Messiasvorstellung aus der durch die Sinaioffenbarung erweckten Hoffnung an
ein baldiges Wiederkommen Jahwä's zur Herrschaft einerseits und aus
gewissen vormosaischen, gemeinorientalischen mythologischen Ideen eines
göttlichen Urmenschen andererseits zu erklären, betrachte ich als verun-
glückt. Denn erstens hat er nicht das vormosaische oder gar vorkönig-
liche Alter dieser Ideen wahrscheinlich gemacht, geschweige denn bewiesen,
und zweitens sind seine Ausführungen über die „Notwendigkeit seiner
(d. h. Jahwä's) Erscheinung in einem Organe, in dem man seiner Herrlichkeit inne werden konnte, ohne zu sterben" (Prophetismus, S 182), dem
religiösen Denken und Fühlen des primitiven Menschen durchaus zuwider.
Sie schmecken nach moderner lutherischer Scholastik. „Wer Gott schaut,
muß sterben" — das ist zwar primitiv gedacht; das höchste Glück ist,
Gott zu schauen — das ist aber auch primitiv gedacht. Modern, wissen-
schaftlich — allerdings nur scholastisch-wissenschaftlich — ist es, diese
beiden Werturteile systematisch ausgleichen zu wollen.

[2] Nach Greßmann ist er es auch insofern als er ursprünglich ein (sich offen-
barender neuer) Gott gewesen.

empirischen Leben des Volkes die größte Rolle spielen, um die man daher betet und die Jahwä verheißt — unbekümmert darum, daß er eigentlich der Idee der Thronbesteigung Jahwä's widerspricht. Auf diesem Punkte müssen wir einsetzen.

Daß allerlei mythische, gemeinorientalische (richtiger wäre: gemein-primitive) Züge, die auf einen Mythus von der Geburt und der Epiphanie eines (neuen?) Gottes zurückgehen, auf die Messiasgestalt übertragen worden sind, gebe ich rückhaltslos zu. Ebenso, daß wir dieselben Züge z. T. auf den irdischen König aus Davids Haus übertragen finden; so in den Königspsalmen. Soweit haben Gunkel[1], Greßmann[2], Sellin[3] unbedingt Recht. Hier trennen sich aber unsere Wege.

Die genannten Forscher nehmen an, daß die erwähnten mythisch-göttlichen Züge entweder von Haus aus dem Messias eigen gewesen (so Sellin, wenn ich ihn richtig verstehe), oder daß sie zunächst auf den escha-tologischen Messias von irgend einem (oder mehreren) Gotte (Göttern) übertragen worden seien, um dann von Messias sekundär auf den »irdi-schen« König, bezw. auf das irdische Königsideal, übertragen zu werden. Der halbgöttliche irdische König etwa der Königspsalmen sei nach dem Vorbild des Messias kraft der immer lebendigen »messianischen« Hoffnungen geschildert worden. — Wie schon gesagt, empfiehlt es sich aber, bei dem »irdischen« König anzufangen. Wie hat man im alten Israel den König vom religiösen Gesichtspunkt aus betrachtet?

Nach altorientalischem Gedanken ist der König in so hohem Grade Vertreter und Inkorporation der Gemeinschaft, daß zwischen König und Volk in vielen Beziehungen nicht genau unterschieden werden kann. Das zeigt sich besonders deutlich etwa im Königsorakel des oben besprochenen Ps. 132. Die Sache des Königs ist die Sache des Volkes; sein Sieg ist des Volkes Sieg, seine Niederlage das Unglück des Volkes, sein Triumph ist Stolz und Zierde des Volkes. Ist der König fromm, so ist Gott dem Volke gnädig — denn in ihm sind sie alle fromm; ist er gottlos, so wird das Volk bestraft; denn seine Schuld überträgt sich aufs ganze Volk; nach dieser Grundüberzeugung sind die Königsbücher geschrieben und ihr Stoff zurechtgelegt; dasselbe gilt auch von der Chronik. Ein glückliches Orakel an den König ist immer zugleich eine gute Verheißung an das Volk, an die Gemeinde Jahwä's.

---

[1] Die Königspsalmen, Preußische Jahrbücher 1914.
[2] Ursprung, S. 250 ff.
[3] Prophetismus, S. 181 ff.

Diese hohe Stellung hat der König nicht etwa, weil er ein allgewal-
tiger Despot ist, oder weil er diese Machtvollkommenheit tatsächlich immer
besitzt, sondern weil es überhaupt dem primitiven Denken entspricht, das
»Großich« der Gesellschaft, des eigentlichen Trägers der menschlichen
Existenz, in einem Vertreter in »mystischer« Weise gleichsam konzentriert
zu sehen. Wie das Ich des Einzelnen nur in Einheit mit dem größeren
Ich der Gesellschaft, des Stammes, der Gemeinde, als ein Teil desselben
existiert, so ist andererseits dieses »kollektive« Ich — wenn man diesen
etwas schiefen Terminus gebrauchen will — in der Person eines sichtbaren
Vertreters konzentriert. Vertreter ist nach primitiver Anschauung etwas anderes als nach modernen Begriffen; er ist das, was er vertritt, sie sind alle
in ihm. Besonders auf den Höhen des Lebens, bei den religiösen Festen
und Kulthandlungen macht sich dieser Grundgedanke deutlich geltend[1] —
mag er auch im täglichen Leben schon im Sterben begriffen, von den
Anfängen einer individualisierenden Denkweise und einer Auflösung der
alten einheitlichen Kultur und Psychologie zersetzt worden sein. — Diese
Bedeutung des Königs erkennen wir leicht, wenn wir einen Blick auf die
psychologische Grundbetrachtung werfen[2]. Die »Ganzheit« und »Unverzehrtheit« des Volkes hat in der Ganzheit (šālōm) des Königs ihren Kern,
ihren Kristallisationspunkt, wie der Vater die das ganze »Haus« — sowohl
Seelen als Besitz — umfassende »Ganzheit« ist; denn das Volk ist eben
das »Haus« des Königs; zu der »Seele« eines Mannes gehört alles was
von ihm abhängt[3]; zur Seele des Königs gehört das ganze »Haus Israel«.
Das Wesen der normalen, gesunden Seele ist die »Gerechtigkeit« ($ṣ^e\eth\bar{a}q\bar{a}$);
die innere und äußere glückliche Selbstbehauptung, das innere und äußere
Glück gehört aber zum Wesen der Gerechtigkeit; gerecht sein und glücklich sein sind identische Begriffe[4]. In der $ṣ^e\eth\bar{a}q\bar{a}$ des Königs hat somit
die $ṣ^e\eth\bar{a}q\bar{a}$ des Volkes ihren Kern; kraft seiner Gerechtigkeit trägt und
behauptet er die »Ganzheit«, indem er den Bund, auf dem sie beruht[5],
behauptet. — Die Kraft der »Gerechtigkeit«, durch die sie sich behauptet
und entfaltet, ist der »Segen«, die $b^er\bar{a}ch\bar{a}$[6]. Der Segen des Volkes beruht
auf dem Segen des Königs, kraft dessen er mit seiner »Gerechtigkeit« den

---

[1] Das ist das Wahrheitsmoment der Theorie von dem „kollektiven Ich" der
Psalmen. Die Vertreter dieser Theorie haben aber vergessen, ihr die in
einem Einblick in das kultische Leben und Denken eines primitiven Volkes
liegende Stütze zu geben. Vgl. Psalmenstudien I, S. 164 f.

[2] Vgl. Johannes Pedersen, Israel I—II.

[3] Ib. S. 67—134.

[4] Ib. S. 260—293.

[5] Ib. S. 201—239.

[6] Ib. S. 135—160.

Bund und den Frieden, die Ganzheit und die Unverzehrtheit, behauptet. — Alle diese auf dem Denken des primitiven Israels beruhenden Vorstellungen kann man in moderner Sprache kaum anders ausdrücken, als in dem Satze, daß der König die ideale Inkorporation der Volksseele ist; das ist aber in mystisch-realem, nicht nur in begrifflichem Sinne gemeint

Das Korrelat zu diesem Gedanken vom König als Inkorporation der nationalen Gemeinde ist die Idee vom König als Inkarnation des nationalen Gottes. — Im Bunde ist immer die Gottheit dabei; der »Friede«, der aus dem Bunde fließt — denn jeder Bund ist ein »Friedensbund« — hat somit in der Gottheit ihre Quelle. Ursprung und Quelle des Segens ist die Gottheit, die Segen spendet. Urgrund der menschlichen Gerechtigkeit ist die Gerechtigkeit des Gottes; der gerechte Gott macht den ganzen Bund, die durch die Bundesstiftung geschaffene Gesamtheit, deren Haupt und Träger er ist, »gerecht«, »richtet« sie und gibt ihr dadurch die Möglichkeit zur kraftvollen, segensreichen Selbstbehauptung und Entfaltung. — Der sichtbare Ausdruck dieser Einheit, dieser Verbindung zwischen Gott und Volk im Bunde, ist der göttliche König — in alter prähistorischer Zeit wohl der mit göttlichen Kräften ausgestattete, priesterliche und prophetische Funktionen ausübende Häuptling, dessen Typus Moses ist.

Der König ist — und dieser Gedanke liegt auch den israelitischen Formen des Königtums zu Grunde[1] — der Einheitspunkt, in dem Gott und Volk sich treffen. Er ist der Kanal, durch den der göttliche Segen dem Volke zufließt. Primitive Religion — und altisraelitische Religion ist eins der schönsten Paradigmen derselben — ist Gesellschaftsmystik. Ihr Zweck ist, die göttliche Macht — bezw. die persönliche, kraftspendende Gottheit selbst — in die Mitte der Gemeinde zu bringen, damit man sie erlebe und sie daselbst verweilend wisse. In den ekstatischen Erlebnissen und Erfahrungen des Festes wird man — wie oben gezeigt — der göttlichen Kraft inne. Prinzipiell gleichgiltig ist es dabei, ob alle Gemeindeglieder

---

[1] S. mein Kongesalmerne i det gamle testament, Kristiania 1916, S. 25 ff. — Gunkel, und mit ihm Greßmann und Sellin, betrachtet die Gedanken, die sich um die Göttlichkeit des Königs gruppieren — so besonders in den Königspsalmen — als fremde und halbverstandene Stilanleihen. Das ist falsch. Der Glaube an die konzentrierte Heiligkeit und an die Übermenschlichkeit des Königs — und das ist schließlich Göttlichkeit im alten Orient — ist auch in Israel ein lebendiger religiöser Glaube von praktischer Bedeutung gewesen. Mag sein, daß er mehr „kana'anäisch" als „mosaisch" sei. Altisrael ist eben ein kana'anäisches Volk geworden, und hat auch diesen kana'anäische Gedanken assimiliert; der Gedanke ist jedenfalls echt primitiv, und die Israeliten haben keine andere Mentalität als die allgemeinprimitive gehabt.

das erleben, oder ob der berufene Vertreter es mystisch-sakramental für die Gemeinde erlebt. In Israel ist der König — der eben deshalb auch Priester war (Ps. 110, 4; II Sam. 6, 13 f.; 17 f.; I Kg. 8, 54 f; II Sam. 8, 18; I Sam. 13, 9 f.; Ri. 8, 22 ff.; II Sam. 7, 18) — der berufene Vertreter. In ihm teilt Gott sich dem Volke mit. Typus des echten, religiösen israelitischen Königs, der als Vertreter des Volkes vom Göttlichen ergriffen wird, ist David, der in Priestertracht gekleidet, begeistert vor der Lade tanzt und springt, II Sam. 6[1]. Als Vertreter des Volkes erlebt der Häuptling, der König, an den Festen die Einheit mit dem Göttlichen (Ex. 24, 8—10; 34, 29 ff.; Num. 11, 24 ff.; I Sam. 10, 9 f.; II Sam. 6, 13 f.).

Dies Göttliche haftet ihm seit dem Kultakt der Salbung als ein charakter indelebilis an. Er ist göttlich. D. h. er ist mehr als ein Mensch — der Unterschied zwischen Göttlich und Menschlich ist in dem primitiven Denken nicht absolut. Übermenschliche Macht (mana), das ist vor allem das Göttliche — $\bar{e}l$ bedeutet Macht. Die Macht eines Königs ist aber mehr als menschlich. Er »herrscht in der Kraft Jahwä's« (vgl. Mi. 5, 3); er ist ein »Stern« (Num. 24, 17), ein Fruchtbarkeitsspender des Volkes (II Sam. 23, 3 f.; Ps. 72), wie Regen und Sonne. Weil er mit göttlicher Kraft begabt ist, kennt er die Zukunft (Ps. 2, 7; II Sam. 23, 1 ff.), er durchschaut alle Dinge (II Sam. 14, 17), er übt übermenschliche Großtaten auf der Erde (Ps. 110, 5 f.; I Sam. 11, 6 ff.). Das geschichtliche Israel spricht nicht mehr davon, daß Gott in ihm ist — das wäre unjahwistisch; sondern der Vertreter Jahwä's, sein Geist, ist durch die Salbung in den König hineingegangen (I Sam. 16, 13). Dadurch ist er heilig, unantastbar (tabu) geworden; es ist gefährlich, Hand an ihn zu legen (I Sam. 24, 7; 31, 4; II 1, 14). — Ohne einen solchen Mittler zwischen Gott und Volk kann das Volk nicht leben (Hos. 3, 4); er ist im buchstäblicheren Sinne als wir Modernen es ahnen, »der Lebensodem« des Volkes (Thr. 4, 20); in seinem Schatten hat es Leben (ib.).

Der König ist heilig, er ist übermächtig. Das heißt aber, er ist göttlich; denn Heiligkeit und Macht sind die eigentlichen göttlichen Eigenschaften; wer sie hat, der ist eben mehr als ein Mensch. Die Königsvergötterung ist keine Torheit, keine höfische Schmeichelei, sondern lebendige Religion.

Von hier aus erklären sich alle Züge des israelitischen Königsbildes restlos. Der König ist göttlich, er ist »der Herr«, er ist »Gottes Sohn«, von Jahwä adoptiert (Ps. 2, 7; 110, 3), von Gott erwählt (Ps. 45, 8; 89, 21), von ihm erzogen (Ps. 18, 35). Er hat ewiges Leben (I Kg. 1, 31; Ps. 21, 5; 72, 5).

---

[1] Inwiefern der David der Tradition auf ungeschichtlicher Idealisierung beruht oder nicht, ist hier völlig gleichgiltig.

Er ist Priester (I Sam. 13, 9 f.; II Sam. 6, 17 f.; I Kg. 8, 54 f.; II Sam. 7, 18; Ps. 110, 4). Er darf Weltherrschaft beanspruchen, denn sein Vater ist Weltgott (Ps. 2, 8; 72, 8—11; 89, 26 ff.). Er ist der unbesiegbare Kämpfer (Ps. 110, 2. 5 ff.; 72, 9; 45, 4—6), der gerechte Regent (72, 1 f 4. 12—14; 45, 7—8; 101), ein Ideal der Frömmigkeit (Ps. 20, 4; 72, 1; 18, 21—25), ein Glücksmann (Ps. 20, 5 f.; 72, 6. 16).

Was hier skizziert ist, sind die ursprünglichen Grundgedanken. In der konkreten geschichtlichen Entwicklung werden sie immer im Laufe der Zeit mehr oder weniger entleert, rationalisiert oder verzerrt. Die Energie, mit der Israel — oder besser: der Jahwismus — die Persönlichkeit und die Transzendenz Gottes betont hat, hat bald diese primitiven Gedanken zurückgedrängt, sie ihres Inhaltes beraubt, zu Formen degradiert, oder sie direkt bekämpft. Die Machtansprüche der praktischen Ausüber der religiösen Befugnisse des Königs, der jerusalemischen Hierarchie, haben die Heiligkeit des Königs beeinträchtigt, zurückgedrängt[1]. Die Propheten haben alle irdische Hoheit und Erhabenheit in Stücke geschlagen, um Jahwä's Ehre zu menren. Sie haben immer in den Königen das gesehen, was sie wirklich waren, nicht was sie sein sollten und beanspruchten. Sie haben sie der ganzen Göttlichkeit beraubt und dieselbe dem König der Zukunft vorbehalten. Die Übermenschlichkeit des Königs ist vielleicht wirklich zuletzt nur höfische Theorie und steife Etikette geworden — vielleicht; denn in den Tiefen der Volksseele leben die echtprimitiven Gedanken noch lange. Und daß es einmal eine Zeit gegeben, in der die Übermenschlichket des Königs mehr als Form war, das zeigen uns die Davidserzählungen und die Königspsalmen[2].

Der israelitische Jahwismus hat nun diese Göttlichkeit nicht rein naturhaft aufgefaßt. Man hat die Gottessohnschaft als eine auf ethischen und religiösen Tugenden beruhende Erwählung (Ps. 45, 5. 7 f.; 72, 12—14), als eine Adoption (Ps. 2) aufgefaßt. Man hat die göttliche Gnade von der Erfüllung der Gebote abhängig gemacht (Ps. 89, 31—38; 132, 12) und den König (bei seiner Thronbesteigung?) daraufhin ein Versprechen ablegen lassen (Ps. 101). Oder man hat sich die Sache so erklärt, daß die Fülle des Geistes Jahwä's auf dem Könige ruht und ihn zu einem anderen, d. h. natürlich vollkommenen Menschen macht, ihm ein neues Herz gibt

---

[1] Von diesem Gesichtspunkte aus muß die Revolution gegen Atalja (II Kg. 11) und die Einführung Deuteronomiums unter Josija verstanden werden.

[2] Mit der hier gegebenen, allerdings sehr wichtigen Reservation teile ich in der Hauptsache Gunkels Auffassung der Königspsalmen, Preußische Jahrbücher 1914. — Daß sie sämtlich vorexilisch sind, ist mir über jeden Zweifel erhaben.

(I Sam. 10, 6. 9; Jes. 11, 2—5). Hauptsache ist aber, daß man in der Person des Königs die göttliche Kraft und den Kanal des göttlichen Segens in seiner Mitte hat.

Diese Göttlichkeit des Königs hat man mit Zügen des Göttermythus ausgestattet (Ps. 2, 7; 110, 3; der König ist auf einem heiligen Berge aus dem Schoße der Morgenröte geboren[1]), Züge, die wohl meistens aus Babylonien und Ägypten entlehnt sind. —

Daß zwischen diesem göttlichen, mythisch gedachten, irdischen König und dem Messias ein Zusammenhang besteht, ist klar. Aber wie? Greßmann und Sellin stimmen in der Annahme überein, daß der mythische »Messias« dem mythischen König vorausgegangen sein müsse; in irgendeinem mythischen Wesen suchen sie dann den Ursprung des Messias. Dagegen spricht entschieden eine altbekannte Tatsache — die Tatsache, daß der Messias in alter Zeit immer als Davidide, als irdischer Mensch gedacht wird (siehe unten). Diese Tatsache hätte Sellin davon abhalten sollen, in einem mythischen, im Himmel weilenden »Urmenschen« den Ursprung des Messias zu suchen (siehe oben); das Mythische an der Messiasgestalt — insofern es sich nicht einfach aus der Göttlichkeit des Königs als solchen ableiten läßt, und das ist die Regel — beruht auf Übertragung. Daher würde ich auch nicht die Bedeutung der Gestalt des Jahwäknechtes für den Messiasglauben so hoch einschätzen können wie Greßmann, auch wenn ich seine Deutung derselben[2] für richtig hielte.

Sehr naheliegend mußte es aber sein, daß die Messiasvorstellung, nachdem sie einmal da war, von verschiedenen Seiten beeinflußt wurde und so mit anderswoher stammenden mythologischen Zügen ausgestattet worden ist. Ich denke hier nicht, wie schon angedeutet, an die etwaige Beeinflussung durch irgendwelche Vorstellungen von sterbenden und auferstehenden Göttern, wie man sie in der Gestalt des Gottesknechtes bei Dtjes. gefunden hat (Greßmann); denn diese Gestalt ist kein Messias; sie bezeichnet den redenden Propheten selber, wenn er auch auf sich Züge der Messiasgestalt übertragen haben mag[3]; das Leiden und Auferstehen entstammt jedenfalls in erster Linie nicht einer Tammuzgestalt, sondern den Erfahrungen und Hoffnungen des Propheten. — Wohl aber ist es möglich, daß die der

---

[1] Lies z. T. nach LXX und Hieron. *beharerē qōdäš mērähäm šahar jelidlichā*. Das in der LXX fehlende לך טל ist בְּטַל zu lesen und als Glosse zu dem „aus dem Schoße der Morgenröte" aufzufassen.

[2] Eine leidende und auferstehende Tammuzgestalt, als „Messias" aufgefaßt. Siehe Ursprung, S. 310 ff. S. dagegen mein Aufsatz Der Knecht Jahwä's, Beiheft zu NTT 1921.

[3] S. meinen obengenannten Aufsatz Der Knecht Jahwä's, besonders S. 31 ff.

Gestalt des Menschensohnes bei Daniel zu Grunde liegende Vorstellung eines himmlischen »Menschen« einmal in vordanielischer Zeit auf einen Messias bezogen worden sei, wie der »Menschensohn« später als Messias gedeutet worden ist. Bei IV Ezra und im Henochbuche ist »der Menschensohn« der Messias. Diese Gestalt ist sicher mythologischen Ursprungs. Sie hat aber von Haus aus nichts mit einem Messias zu tun, sondern ist auf ihn bezogen worden. Die Vorstellung eines auf den Wolken des Himmels zu Gericht und Königsherrschaft kommenden »Menschen« ist nicht, wie Greßmann meint[1], »eine Parallelgestalt zum Messias«, sondern eine Parallelgestalt zu dem als König und Richter kommenden (neuen) Gott, zu dem zur Thronbesteigung kommenden Jahwä. Aus der Menschengestalt darf nicht auf ursprüngliche Untergöttlichkeit gefolgert werden. Engel und Götter haben — wie Greßmann selbst zeigt — eben menschliche Gestalt. Daß aber die Menschengestalt des (neuen) Gottes betont wird, das erklärt sich vielleicht aus einem ursprünglichen Gegensatze zu anderen Göttern — oder gottesfeindlichen Mächten — die Tiergestalten haben. Führt das schließlich etwa auf den Tiamatmythus zurück?

Auf die ganze Phantastik der spätjüdischen und apokalyptisch-christlichen Messiasgestalt brauchen wir hier nicht einzugehen; wir haben es hier mit dem Ursprung, nicht mit der weiteren Geschichte der Vorstellung zu tun. Der Ursprung liegt aber in dem altisraelitischen, göttlich-menschlichen Könige. Die Voraussetzung der Aufnahme und Anziehung allerlei mythologischer Phantastik ist eben die vollständige Eschatologisierung der Gestalt und die ganze Transzendenzierung der Eschatologie. — In spätjüdischer Zeit ist die ganze Eschatologie sozusagen der Erde entrückt worden. Das Reich und alle seine Herrlichkeiten sind zu himmlischen und präexistenten Größen geworden, die einst vollfertig vom Himmel herabsteigen werden. Das neue Jerusalem ist schon im Himmel vorhanden, der Messias ist ebenda präexistent verborgen. Messias ist damit ein Gott zweiten Ranges geworden oder ein Engel erster Ordnung. Nun kann er allerlei mythologische Stoffe anziehen. Allerlei Mythen, die von der Epiphanie eines (neuen) Gottes handeln, können auf ihn übertragen werden, allerlei Spekulationen über einen himmlischen Urmenschen ebenso, und so ist es auch, wie oben angedeutet, gegangen. Es ist dies ein Prozeß, der eigentlich ziemlich ideelos und geistlos ist, d. h. es häufen sich hier auf den himmlischen Messias Mythologumena (Präexistenz, Kommen auf den Wolken des Himmels, himmlische Geburt u. s. w.), die jetzt nicht mehr im Zusammenhang mit lebendigen Grundgedanken der Religion stehen. — Die

---

[1] Ursprung, S. 342.

Göttlichkeit des irdischen Königs in Altisrael war Religion; dies alles ist
aber nur Spekulation und Phantastik und religiöse Neugier. Der ursprüngliche Sinn der Ideen ist nicht mehr lebendig. Alle diese Vorstellungen
haben nichts mit dem Ursprung der Messiasgestalt zu tun. Die Degenera-
tion ist immer Abschluß, nicht Anfang.

Wie diese ideelose Mythologisierung sachlich sekundär ist, so ist sie
auch, wie schon angedeutet, zeitlich spät. — Ansätze zu einer Mythologisierung haben wir zwar schon in »voreschatologischer« Zeit; der Mythus
von der Geburt des Götterkindes ist in der Poesie schon auf den irdischen
König übertragen worden (Ps. 110, 3, s. oben). So wäre es an sich auch
möglich, daß man schon in vorexilischer Zeit von der geheimen Geburt
des messianischen Götterkindes geredet hätte, und so deuten Greßmann
und H. Schmidt (Schriften des A. T.) die Immanuelstelle Jes. 7, 14 f.: der
Prophet rede hier von der Geburt eines mit Götterspeise genährten Götterkindes, das die messianische Zeit bringen werde. Ich halte aber diese
Deutung für mehr als zweifelhaft [1].

Der Ursprung der Messiasgestalt muß vielmehr, wie schon angedeutet,
in der Gestalt des irdischen, jedoch göttlichen Königs gesucht werden.
Der Messias ist dadurch entstanden, daß der ideale Typus des göttlichen
davidischen Königs in das Zukunftsbild hineingesetzt worden ist. Wie
haben wir uns das vorzustellen?

Wie es aus unserer obigen Skizze der Auffassung des Königstums
hervorgeht, hat der König von jeher zu den ersten und heiligsten Gütern

---

[1] Das ganze Kapitel ist sehr konfus und der Zusammenhang sicher entstellt.
Nach Jes. 7, 13 f. erwartet man eine Unheilsdrohung, und V. 16 b ist sicher
späterer Zusatz (Kittel, Procksch, Buhl). Wie aber Messias Unheil für Juda
bedeuten könne, bleibt rätselhaft. Greßmann, Schmidt u. a. meinen: für
Ahaz Unheil, für Juda Heil; das widerspricht aber V. 17: „und über dein
Volk", ist zudem eine völlig unprimitive Unterscheidung; das Volk haftet
für den König; „Gott mit uns" muß demnach entweder ironisch oder als
Gebetsruf, als Stoßseufzer aufgefaßt werden. Aus Ps. 46 schließe ich,
daß „Immanuel" ein kultischer Ruf wie „Hosianna" oder dgl. gewesen.
Auf diesen greift hier der Prophet zurück, macht aber aus dem Jubelruf
einen Ruf der Verzweiflung. Den Satz „Sieh, das junge Weib ist" usw.
fasse ich demnach hypothetisch: gesetzt daß — daher Perf.; *hā'almā*
muß demnach, wie Duhm meint, irgend ein beliebiges Weib sein; „wenn
jetzt ein junges Weib schwanger ist", so wird sie, wenn sie gebärt — das
ist das furchtbare Zeichen — mit Grund das Kind (das unter so schrecklichen
Umständen geboren wird) — nicht wie ihr jetzt sagt: „Gott ist mit uns",
sondern — „Gott sei mit uns" nennen. Denn es werden so furchtbare
Tage über dich und dein Volk kommen, wie sie noch nie seit dem Abfall
Efraims da gewesen sind.

des Volkes und der Gemeinde gehört. Schon in den Thronbesteigungspsalmen sehen wir, daß er einen hervortretenden Platz am Feste eingenommen hat; die göttlichen Verheißungen an das Volk sind in den Verheißungen an den König mit eingeschlossen, und das Volksglück ist ein
Ausfluß des Königsglückes (Ps. 132). — Wenn es nun einmal dazu gekommen war, daß die eschatologische Zeit als die Realisation alles Glückes
und die Verwirklichung aller Ideale galt, so begreift es sich leicht, daß man
ein Gut wie den gesegneten, segenspendenden, göttlichen König im Zukunfts-
bilde nicht vermissen wollte, unbeachtet dessen, daß dieser König eigentlich
in Widerspruch zu der Königsherrschaft Jahwä's stand. —

Daß dieser zukünftige Idealkönig immer als ein Sproß Davids aufgefaßt worden ist, bedarf keines näheren Nachweises, siehe Jes. 9, 6; 11, 1;
Micha 5, 1 f.; Jer. 23, 5 f.; Ez. 34, 23 f. Auch der Messias ist von Natur
irdisch und menschlich; der Davidsohn wird eben durch Adoption und
Geistessalbung göttlich, wie seine empirischen Väter es wurden. — Es entspricht dem Grundsatz der Wiederholung der Urzeit in der Endzeit, der
Neuerrichtung des Bundes usw., wenn der zukünftige Messias mitunter als
ein neuer — oder wiederbelebter — David bezeichnet wird (Mich. 5, 1 f.;
Ez. 34, 23 f.).

Wir werden uns nun vorzustellen haben, daß diese an das Haus
Davids geknüpften messianischen Hoffnungen vorzugsweise in den Kreisen
des Hofes und der mit dem Könige verbündeten und von ihm abhängigen
Priesterschaft gepflegt wurden. —

Damit sind wir zur Frage nach dem A l t e r dieser Vorstellung
gekommen.

Wellhausen und viele nach ihm haben behauptet, daß der Messias
erst dann entstanden sein könne, wenn das Königtum so tief gesunken
sei, daß sich Ideal und Wirklichkeit nicht mehr einigermaßen entsprächen.
Eher würde man denken dürfen, daß eine Zeit, die nur das gesunkene,
von dem Ehrgeiz und den Machtansprüchen der jerusalemer Hierarchie
zurückgedrängte Königtum kannte, dem in Deuteronomium so enge Schran-
ken gesetzt werden, kaum mehr ein Interesse daran gehabt hätte, einen
solchen König in das Reich der Zukunft, dessen König Jahwä sein sollte,
zu überführen. Wenn der Messias aus der spätesten Zeit des Königtums
stammte, so würde man am ehesten eine nichtssagende, nur nach hierar-
chischen Begriffen »ideale« Figur, wie den Fürsten des Deuteroezechiel Ez.
40 ff., zu finden erwarten. Der königfeindlichen Stimmung gewisser Kreise
der spätesten vorexilischen oder exilischen Zeit (vgl. etwa I Sam. 8) entspricht die ausdrückliche Betonung der Alleinigkeit der Königswürde Jahwä's
(vgl. Jes. 33, 22).

Wenn wir nach den positiven Belegstellen fragen, so ist meines Dafür-
haltens zunächst zu beachten, daß die meisten der von Sellin angegebenen
Stellen nicht in Betracht kommen, weil sie von dem vergöttlichten König
der Gegenwart, nicht von dem der Endzeit reden. So alle die erwähnten
Psalmenstellen. Das gilt auch von dem Bileamsspruch Num. 24, 17 ff., eine
künstliche Weissagung auf David — um von Dtn. 33, 13 ff. zu schweigen,
die überhaupt keine Berührung mit dieser Frage hat. Die älteste in Betracht kommende Stelle ist Gen. 49, 10, die Schiloweissagung; unglück-
licherweise ist sie nicht mit Sicherheit zu deuten; wir können nicht sicher
behaupten, daß sie wirklich »messianisch« sei. — Über Am. 9, 11 ist oben
gesprochen worden (6).

Recht viele Ausleger nehmen nun an, daß die Messiasvorstellung bei Jesaja
bezeugt ist. Über Jes. 7,14 ist oben S. 306 N. geredet worden. Die Echtheit von
Jes. 9, 1—6 und 11, 1—9 wird selbst von dem kritischen Duhm verteidigt.
Ich kann die Gründe für die Echtheit nicht für völlig durchschlagend halten.
In 11, 1—9 scheint es mir immerhin die wahrscheinlichste Voraussetzung,
daß der Stammbaum Isais schon gefällt ist; nur der Stumpf (*gäza°*) steht
noch, d. h. das Haus existiert zwar, ist aber kein regierendes Haus mehr.
Das Stück ist demnach frühestens exilisch, vielleicht erst nachexilisch. —
»Messianisch« ist es insofern, als es die Hoffnung auf eine zukünftige Wiedererrichtung des davidischen Königtums und damit des Reiches Israels ausspricht; diese Wiedererrichtung wird die paradiesische Glückszeit einleiten.
Herbeigeführt wird diese Wendung durch das wunderbare Eingreifen Jahwä's, der die Hoheit der jetzt Herrschenden durch eine gewaltige Katastrophe
stürzen und der Zeit der Not ein Ende setzen wird 10, 33—34[1]. — Übrigens hätte das alte Israel den regierenden Davididen ganz mit denselben
Farben schildern können, wie hier der zukünftige gemalt wird. — Auch
in 9, 1—6 ist der jesajanische, d. h. vorexilische Ursprung wenigstens unsicher. Das Volk, das in *ḥōšäch* und *ṣalmūþ* sitzt, d. h. in dem Zustande
des Todes weilt, in Verhältnissen lebt, die als denen der Unterwelt gleich
aufgefaßt werden, — ist doch wohl das im Exil seufzende und dahin-
schmachtende Volk, nicht nur das zwar etwas bedrückte, immerhin aber
leidlich glimpflich davongekommene der jesajanischen Zeit. Was den Inhalt des Stückes betrifft, so wird auch hier der kommende König nicht
anders geschildert, als man in älterer Zeit den regierenden König hätte
schildern oder besingen können, vgl. Ps. 72; 101; 110. Übrigens halte ich
es für wahrscheinlich, daß das hier besungene Kind nicht eine rein zukünftige Größe, sondern ein schon geborener Sproß des königlichen Hauses

---

[1] In diesen Versen sehe ich die Einleitung des Stückes [?].

ist, an dessen Geburt die hier vorgetragenen Erwartungen und Hoffnungen geknüpft werden[1]. Auf dieses soeben geborene Kind werden die Hoffnungen übertragen, die in dem Königsideal Altisraels lagen und die man wohl bei jedem Thronwechsel an den neuen König und bei jeder Geburt eines Kronprinzen an den Neugeborenen knüpfte, die aber ganz besonders an den erwarteten König der Zukunft geknüpft wurden. Die Eschatologie hat somit hier noch nicht die lebendige Verbindung mit der Gegenwart verloren; wenn das Stück wirklich vorexilisch sein sollte, wird man sogar sagen müssen, daß wir es hier noch nicht mit Eschatologie im eigentlichen Sinne des Wortes zu tun haben, sondern mit den im Königsideal liegenden Gedanken und immer wieder emporsprießenden Hoffnungen. Insofern steht das Stück formell auf einer Linie mit den, an die Thronbesteigung Jahwä's alljährlich geknüpften Erwartungen.

Eine ziemlich sichere vorexilische messianische Stelle haben wir in Jer. 23, 5 f. = 33, 15 f.[2]. Ausschlaggebende Gründe gegen die Echtheit sind nicht gegeben; eine exilische oder nachexilische Situation wird nicht vorausgesetzt; »Sproß« ist hier nicht, wie in Zach. 3, 8; 6, 12, technische Bezeichnung und Geheimname des Messias, sondern steht hier in seiner natürlichen Bedeutung. Durch den Zusatz »gerechter« wird, so scheint es wenigstens, angedeutet, daß es zur Zeit des redenden Propheten auch einen regierenden Sproß Davids, jedoch einen »ungerechten«, Jahwä nicht wohlgefälligen, den Bund nicht haltenden Davidssproß gibt. Das paßt gut auf die Zeit des Jeremia. Hier wird ein davidischer König auch für die eschatologische Zeit (»siehe Tage werden kommen« — eine typisch eschatologische Formel) vorausgesetzt.

Die ganz geläufige Weise, in der Ezechiel 34, 23 von dem wiederkommenden David redet, spricht entschieden gegen die Annahme, daß er hier etwa als erster einen neuen Gedanken ausspräche. — Dem Dtjes. war der Messias im technisch-eschatologischen Sinne ein Datum. Das beweist seine Übertragung des Titels auf Kyros. Denn wenn dieser der Gesalbte Jahwä's genannt wird, so bedeutet der Ausdruck nicht, wie etwa auf David bezogen, den von Jahwä zur Königsherrschaft über Israel Erwählten und Geweihten, sondern den Ausführer und Vermittler der eschatologischen Ratschlüsse Jahwä's.

---

[1] Man denkt dann am ehesten an einen der dem Jojakin nach dessen Freilassung geborenen Söhne. — Diese „präsentische" Deutung ist mir auch dann die wahrscheinlichere, wenn das Stück wirklich vorexilisch sein sollte.

[2] Letztere Stelle nach ersterer interpoliert, siehe mein Buch Zur Komposition des Buches Jeremia, S. 20, N. 4, S. 48 oben.

In die Zeit vor dem Untergang Assurs führt uns Micha 5, 1 ff. Die Erwähnung Assurs als des Hauptfeindes ist ein starker Beweis für den vorexilischen Ursprung der Stelle. Auch hier ist Messias ein Davidide. — Wie schon bemerkt, muß die Möglichkeit einer messianischen Deutung der Schilostelle Gen. 49, 10 zugegeben werden. Sie entstammt vielleicht der ersten nachdavidischen Zeit[1]. —

Mit den literarischen Bezeugungen kommen wir somit hier nicht aus. Die inneren Gründe werden den Ausschlag geben müssen. Als die wahrscheinlichste muß die Annahme bezeichnet werden, daß die Gestalt des Königs in einer Zeit, in der sie hochgeachtet und als religiöse Institution verehrt wurde, in das Zukunftsgemälde aufgenommen worden sei. Und die Quellen sprechen nicht dagegen.

Die Geschichte der Messiasvorstellung zu verfolgen, liegt nicht im Plan dieses Buches. Daher nur einige Striche. — Im Anfang steht, sehen wir, der Glaube an die Göttlichkeit des regierenden Königs. Daran schließt sich jedesmal wo die Wirklichkeit dem Ideal und der Erwartung widersprochen hat, die Hoffnung, das der jeweilige neue König dies Ideal voll verwirklichen werde, und die Bitte, es möge so werden (Ps. 72). Besonders beim Neujahrsfest, der feierlichen Inthronisation des neuen Königs als Vasallen des Großkönigs Jahwä, hat sich diese Erwartung lebhaft geregt. Ein gerechter, idealer, göttlicher König. ist somit sehr früh, wenn nicht vom Anfang an, als eine der Gaben der Thronbesteigung Jahwä's erhofft worden. Von hier aus erklärt es sich, wenn ein gerechter, göttlicher Stellvertreter Jahwä's — inkonsequenter Weise — sehr früh auch als eine Begleiterscheinung der eschatologischen Thronbesteigung des Gottes erwartet wurde, wenn auch diese Vorstellung dem eigentlichen Thronbesteigungsmythus fremd ist — Jahwä allein ist der eigentliche König. Wir haben es hier mit einem Kompromiß zwischen dem eschatologischen Mythus und den selbstverständlichen Forderungen des alltäglichen — wenn auch idealisierten — Lebens zu tun; zu dem normalen, glücklichen Leben der israelitischen Gesellschaft gehört eben auch ein solcher König. Wenn auch Jahwä im Feste als besonders nahe, in eigener Person in der Mitte des Volkes weilend empfunden wurde, so stand er doch dem Alltagsleben etwas ferner; da hatte man es mehr mit seinen Vertretern, den Priestern und dem Könige zu tun. Und unwillkürlich sind gelegentlich ähnliche Gefühle in das eschatologische Zukunftsbild übertragen worden; nach

---

[1] Vordavidisch kann der Spruch über Juda in Gen. 49, 8—12 nicht sein, da erst David Juda zum Herrscherstamm — und überhaupt zu einem „israelitischen" Stamm — gemacht hat.

der Errichtung des Glückszustandes rechnet man eben mit einer ruhigen Fortdauer des Glücks, nach den idealisierten Zuständen der Gegenwart vorgestellt. In dieser wenig reflektierten Form dürfte die Gestalt des davidischen Königs sehr früh und ganz von selbst in die Eschatologie übernommen worden sein — vielleicht ist sie überhaupt so lange da gewesen, als es eine Eschatologie gegeben hat. — Im Laufe der Zeit hat nun die Eschatologie immer mehr die lebendige Verbindung mit den Erlebnissen des Thronbesteigungsfestes verloren (siehe unten Kap. III). Damit ist der eschatologische König immer mehr eine rein zukünftige Figur geworden, die immer weniger mit den wirklichen Königen vergleichbar war, um so weniger je nachdem der alte Glaube an die Göttlichkeit des Königs vom prophetischen Jahwismus zurückgedrängt und ihm der Lebensnerv abgeschnitten wurde. Das ist vollends in und nach dem Exil der Fall geworden. Hier kann nun die oben erwähnte Mythologisierung einsetzen. Messias wird immer mehr der Erde entrückt. Vollständig ist das nie gelungen. Solange die Hoffnung an die Wiedererrichtung eines jüdischen Staatslebens noch bestand, ist der Zusammenhang zwischen Messias und Geschichte und Davidshaus lebendig. Dem Zacharja ist der jetzt lebende Zerubabel der zukünftige Messias[1], wie Kyros es dem Dtjes. in etwas anderem Sinne war (siehe oben). Und die davidische Herkunft des Messias ist nie vergessen worden. In spätjüdischer Zeit ist er aber, jedenfalls in gewissen Kreisen, mehr und mehr ein himmlisches, völlig mythologisiertes Wesen geworden, vielleicht schon auf der Vorstufe der danielischen Menschensohnvision, jedenfalls in IV Ezra und Henoch (s. oben). Was ursprünglich dem neuen Gotte, einmal vielleicht auch Jahwä, galt, ist auf ihn übertragen worden; so schließlich der ganze Epiphaniemythus. — In diesem ganz mythologisch-metaphysischen Sinne werden nun etwa die Königspsalmen messianisch gedeutet; daß einmal der König überhaupt »göttlich« war und in den Formen des Mythus dargestellt wurde, hatte man längst vergessen.

15. Zusammenfassung.

Wir haben nun gesehen, daß alle wichtigeren Vorstellungen der Eschatologie sich aus den Thronbesteigungsmythen und dem Ideenkreise des Festes erklären lassen. Natürlich wird es wohl auch Einzelheiten geben, die anderswoher stammen. So vielleicht Einzelheiten aus der sogenannten mythischen Topographie (s. Greßmann, Ursprung, S. 183 ff.). In Jes. 54,9

---

[1] Der Schattenfürst des Deuteroezechiel kann aber kein „Messias" genannt werden.

spielt der Sintflutmythus hinein — der aber als eine Parallele zu dem Tiamatmythus leicht angezogen werden mußte.

Wir müssen überhaupt damit rechnen, daß die Eschatologie, sowohl ihrer religiösen Bedeutung als ihrer phantasischen Natur wegen, ein Gravitationspunkt gewesen, um den allerlei phantastische und mythische Vorstellungen gekreist haben, um schließlich in die Masse hineinzustürzen und Elemente der endlichen Ausformung zu werden. Von vornherein müssen wir hier erwarten, allerlei heterogene und sekundäre Einzelheiten zu finden.

Bezeichnend für die eschatologischen Schilderungen des A. T. ist es, daß sie fast alle den Eindruck einer aus lauter unzusammenhängenden Einzelheiten bestehenden Bruchstückensammlung machen. Ein anschauliches Bild der eschatologischen Vorgänge ist fast nie zu gewinnen. Davon haben wir oben (II 2) Beispiele gesehen. Die Propheten greifen bald diese, bald jene Einzelvorstellung der eschatologischen Tradition auf, beziehen sie auf irgend ein erwartetes geschichtliches Ereignis und behaupten: so wird der Tag Jahwä's kommen. Oder sie stellen nach der Weise der späteren Apokolyptik mehrere oder wenigere dieser gegebenen Einzelheiten zusammen, richtiger: nebeneinander, und sagen: so wird der Tag Jahwä's werden; »an jenem Tage« wird dies und dies und dies geschehen. Oder sie spielen, wie Dtjes., in lyrisch-hymnischen Liedern auf eine ganze Reihe von Einzelzügen, die als bekannt vorausgesetzt werden, nur ganz leise hindeutend an, als wollten sie sagen: das alles wird jetzt in Erfüllung gehen, drum jubeln wir so. — Ein organischer Zusammenhang zwischen allen diesen Einzelheiten besteht aber bei den Propheten nicht[1]. Wir bekommen häufig den Eindruck, daß mehr oder weniger — vielleicht gar alle — dieser Einzelheiten in irgendeiner Weise etwas miteinander zu tun haben, daß wir hier vor Bruchstücken eines ursprünglichen Organismus stehen; wir sind aber nicht imstande, aus den Prophetenreden den Kern der ursprünglichen Einheit zu erkennen. Beweis dafür liefern die verschiedenen Versuche, die Zentralidee der Eschatologie zu bestimmen: über diesen Punkt hat man keine Einigkeit erreichen können. Vergl. Greßmann und Sellin. So ist man auch dazu gekommen, für die verschiedenen Einzelheiten je sehr verschiedene Ursprungsideen anzunehmen — wie es z. B. Greßmann oft getan.

Es erhebt sich somit für uns die Aufgabe, den Einheitspunkt der vielen eschatologischen Einzelheiten zu finden. Denn es zeigt sich andererseits, daß dieselben Einzelheiten immer und immer wieder in den eschatologischen

---

[1] Das alles hat Greßmann zur Genüge bewiesen.

Schilderungen oder Hindeutungen zusammengestellt sind. Der Gedanke an einen ursprünglichen Zusammenhang läßt sich somit gar nicht abweisen. Wir haben dies häufige Vorkommen derselben Vorstellungskomplexe oben beobachtet; hier sei an Jes. 33 und Dtjes (II 2) erinnert. Diese Schrift-stücke beweisen uns eben, daß nicht w i r die vielen Einzelheiten, die in der auffälligsten Weise mit den Einzelheiten des Thronbesteigungsmythus und den Erwartungen und Erfahrungen des Festes übereinstimmen, gleich-sam als disjecta membra der Eschatologie von allen Kanten willkürlich aufgestöbert und zusammengebracht haben, sondern daß sie als jeden-falls äußerlich verbundene Teile eines einigermaßen zusammenhängenden eschatologischen Bildes überliefert worden sind. Israel selbst hat ein escha-tologisches Bild besessen (und geschaffen), das sich einfach als ein, in der Zukunft stattfindendes Thronbesteigungsfest Jahwä's begreifen läßt.

Nun haben wir gesehen, daß überhaupt fast alle die Einzelheiten, die sich bei den Propheten mehr oder weniger verbunden finden, die von ihnen übernommen und z. T. umgedeutet worden sind oder als halb oder ganz unverstandene Überlieferungselemente dastehen, sich dennoch sehr leicht als organische Einzelheiten eines Bildes, das vom Gedanken der Thron-besteigung Jahwä's zusammengehalten wird, erklären.

Bei näherer Betrachtung zeigt es sich aber, daß das Bild der Thron-besteigung Züge enthält, die unerklärlich wären, wenn die Thronbestei-gung von Anfang an eine eschatologische, eine letzte und endliche, das ungestörte Universalreich Jahwä's einleitende gewesen. So z. B. der oft wiederkehrende Gedanke, Jerusalem werde ganz unangreifbar und un-einnehmbar sein; alle, die sie angreifen, werden vernichtet werden (Jes. 54, 15 ff.). Woher können überhaupt Angreifer kommen, wenn das Weltreich Jahwä's errichtet worden ist und alle Feinde schon vernichtet? Dieser Zug erhält erst dann seine volle Erklärung, wenn die Thronbesteigung Jahwä's ursprünglich erfahrbare Realität war, die zwar in der religiösen Theorie alle Verhältnisse änderte, dennoch aber erfahrungsgemäß viele der gegenwärtigen Einrichtungen, so etwa die Möglichkeit feindlicher Angriffe bestehen ließ, wenn auch mit der bedeutungsvollen Änderung, daß die möglichen Konflikte von jetzt an nur zu Israels Gunsten entschieden werden konnten.

Nun wissen wir aber, daß es ein Gebiet gibt, auf dem sich die reli-giösen Grundheilstatsachen, wie es doch die Thronbesteigung des Gottes eine sein muß, als gegenwärtige Erlebnisse wiederholen. Das ist das Gebiet des Kultes. Im Kulte findet zunächst die Thronbesteigung Jahwä's statt; hier wiederholt sie sich. Alle Einzelheiten des Thronbesteigungsgedankens sind, wie wir es nachgewiesen haben, unter der Voraussetzung verständ-

lich, daß es einmal ein kultisches Fest der Thronbesteigungs Jahwä's gegeben habe.

Nun haben wir aber zugleich aus den Thronbesteigungspsalmen und
aus vielen Anspielungen in der prophetischen, geschichtlichen und rabbi-
nischen Literatur gefolgert, daß es einmal tatsächlich ein solches Fest
gegeben habe.

Aus allen diesen Prämissen ergibt sich uns nun die letzte Schlußfolgerung: die Eschatologie ist aus dem Thronbesteigungsfeste entstanden.

In der Tatsache, daß die vielen eschatologischen Einzelvorstellungen
von einem wirklichen Einheitspunkt, der Idee der Thronbesteigung des
Gottes, zusammengehalten werden, liegt aber umgekehrt eine Bestätigung
der Richtigkeit unserer Zusammenstellung verschiedener Einzelheiten aus
dem Vorstellungskreise derjenigen Psalmen, die sich mit der Königsherrschaft Jahwä's direkt oder indirekt beschäftigen, zu einem einheitlichen
Bilde eines Thronbesteigungsfestes Jahwä's. Denn wenn wir ein in sich
geschlossenes Zukunftsbild etwa wie Jes. 33 vor uns nehmen, so erhebt sich
doch die Frage: woher stammt dieses Bild mit seinen Einzelzügen? So
verdienstvoll auch Greßmanns Nachspürung des Ursprungs der eschatologischen Einzelvorstellungen ist, so fehlt doch bei ihm die letzte Synthese:
wie sind alle diese Einzelheiten, die nach seiner Ansicht sehr verschiedenen
Ursprungs sind, zu einer Einheit zusammengekommen? Darauf erhalten
wir bei Greßmann keine rechte Antwort, und bei Sellin eine sehr falsche.
Die Annahme liegt aber jedenfalls sehr nahe: wenn das Bild einigermaßen
einheitlich ist, so müsse es doch irgendwo und wann ein entsprechendes
Bild, einen entsprechenden Vorstellungskomplex gegeben haben, die einmal
in Eschatologie transformiert worden sind. Gesetzt nun, es habe einmal
diesen (nichteschatologischen) Prototypus des eschatologischen Gemäldes
gegeben, so wäre es eine Aufgabe der Wissenschaft, ihn ausfindig zu
machen. Das ist es aber eben, was wir in unserer Untersuchung über das
Thronbesteigungsfest Jahwä's getan haben.

KAP. III. VOM ERLEBNIS ZUR HOFFNUNG.

Was oben (Kap. II 15) über den Ursprung der Eschatologie aus dem Thronbesteigungsfeste gesagt wurde, will so viel besagen: die Eschatologie hat in dem religiösen Erlebnis der Wirklichkeit und der Gegenwart Jahwä's bei dem großen Jahresfest ihre letzten Wurzeln.

Eschatologie ist Glaube und Hoffnung. Primärer Glaube und Hoffnung ist nur auf Erlebnis gegründet. So im Geistesleben der Menschen überhaupt. So auch in der Religion.

Der eschatologische Glaube ist aber nur selten ein primärer. Er ist am öftesten gewohnheitsmäßiger Glaube an die Tradition, Glaube, dessen ursprüngliche Verbindung mit dem Erlebnis abgeschnitten worden ist.

Es erhebt sich uns somit die Frage: wie ist es gekommen, daß ein Stück lebendiges, gegenwärtiges religiöses Erlebnis Eschatologie geworden, wie ist das Erlebnis zu Glaubenssätzen, die von den Ereignissen einer fernen, nur erhofften Zukunft reden, umgebildet worden? Wie ist das Erlebnis zu Hoffnung geworden?

Wir haben oben (I Teil, Kap. I 4 b) gesehen, daß der Kult den primitiven Menschen die primäre Wirklichkeit darbietet, aus der sich ihnen die ganze Welt aufrollt. Im Kultdrama erlebt er das, was ist, was gewesen, und was werden soll.

Der Kult, das Fest ist in erster Linie vorwärtsschauend. Zwar weilt der Gedanke bei dem, was gewesen ist und was jetzt erneuert wird. Der Zweck ist aber, eine neue, heilbringende Wirklichkeit für die nächste Zukunft, für das kommende Jahr[1] zu schaffen.

In und mit dem Thronbesteigungsfest Jahwä's sind schon von vornherein gewisse Vorstellungen und Erwartungen, die nächste Zukunft — d. h. zunächst das bevorstehende Jahr — betreffend, gegeben. Aus dem Kommen Jahwä's zur Herrschaft erwartet man schon von Anfang an etwas. Denn wenn er auch schon vor der Thronbesteigung seine Feinde

---

[1] Bezw. die Zeit bis zum nächsten Fest. Der Festzyklus in Israel war ein Jahreszyklus.

besiegt hat und noch in der Stunde des Festes seine göttliche Kraft seinen Anbetern eingeflößt hat, so wird diese Kraft, diese Gabe, der Segen seiner Anwesenheit, sich erst im Laufe des kommenden Jahres voll auswirken und sichtbare, genießbare Wirklichkeit für das Volk werden. — Das Fest enthält somit immer ein Moment der Erwartung; adventus ist Erwartung.

Welcher Art und welches Inhaltes diese zu erwartenden Wirklichkeiten sind, haben wir an anderem Orte[1] im Einzelnen dargelegt. In unserer Darstellung des Gerichtsmythus[2] haben wir gezeigt, daß dieser Zug der Erwartung so stark gewesen, daß er — im Bunde mit den Erfahrungen der Wirklichkeit — den Sieg Jahwä's über die Feinde aus einer Voraussetzung der Thronbesteigung in ein erst zu erwartendes, wenn auch sich in Bälde, vielleicht noch heute, verwirklichendes Gericht über sie umgebildet hat.

So wird denn im Kulte die Zukunft, wenn auch zunächst nur das bevorstehende Jahr, aufgerollt und gedeutet; ausdrücklich treten die Propheten auf und verkünden im Namen Jahwä's, wenn auch in den allgemeinsten Wendungen, was im kommenden Jahre geschehen soll (Ps. 14; 75; 81; 85; 132). Die Zukunft steigt aus den Erlebnissen des Kultes empor. Der Lobgesang eilt auf den Flügeln des Glaubens, nein, des Erlebens, in die Zukunft hinein. Das Weltdrama liegt offen vor den Augen der Gläubigen, sein Geheimnis ist aufgedeckt; Israel weiß, was kommen soll.

So hat denn das Thronbesteigungsfest schon von jeher einen Zug, der in eine Eschatologie hineinführt.

Es fragt sich nun, wie die immanenten Möglichkeiten zu Wirklichkeiten geworden sind.

Wir können die Sachlage kurz folgendermaßen zeichnen.

Die in den geschichtlichen Ereignissen des Auszuges und der Einwanderung und somit auch in der geschichtlichen Tat und dem persönlichen Charakter Mosis und der ihm zu Teil gewordenen Gottesoffenbarung begründete Überzeugung Israels, daß es ein erwähltes, ein zu großen Taten und einer großen Zukunft geschaffenes Volk sei, und die Lebendigerhaltung dieser Überzeugung durch die stetigen Kämpfe der Richterzeit, die tatkräftige Selbstbehauptung unter Saul und die allen früheren Erwartungen übertreffenden Eroberungen Davids — das ist die Voraussetzung für das Aufkommen einer Eschatologie. — Die freudige, hoch fliegende Erwartung, die die tragende Stimmung des Thronbesteigungsfestes, d. h. des Hauptkultes und der wichtigsten Betätigung der Religion, war — das ist der Boden, aus dem die Eschatologie erwachsen ist. —

---

[1] I Teil, Kap. III 1.

[2] I Teil, Kap. II 1 e.

Der sichere, auf den Erfahrungen des Festes begründete Glaube, daß wenn Jahwä als König zu seinem Volke kommt, so kommt er mit der herrlichsten Gabe, mit der Gotteskraft und dem Gottessegen, aus dem alles Glück und alles Heil fließen — das ist das Samenkorn, das sich zu dem vielgeästeten und in exotischer Blütenpracht prangenden Baum der Eschatologie entwickelt hat. — Die trüben Erfahrungen des Lebens, die immer, immer das durch die Thronbesteigung inaugurierte Jahr weit hinter den hochgespannten und idealen Erwartungen, die die Ekstase des Festes genährt hatte, zurückbleiben ließen, so daß immer ein unerfüllter Rest übrigblieb[1], und besonders die gewaltigen Enttäuschungen, die die politische Geschichte dem Volke brachte, wie die Knechtung durch die Kana'aniter, der Sturz der davidischen Herrlichkeit, die Teilung des Reiches, die Leiden, die über beide Reiche in der Zeit nach der Reichsteilung hereinbrachen — das ist der bittere, aber fruchtbringende Dünger, der den Samen zur Entwicklung getrieben hat[2].

Wir wollen etwas näher auf diese Dinge eingehen.

Es ist von vornherein wahrscheinlich, daß eine so gewaltige Änderung mit den äußeren und inneren geschichtlichen Erlebnissen, mit der politischen und kulturellen Geschichte des Volkes zusammenhängt.

Denn wenn Israel als das unseres Wissens einzige Volk des semitischen Altertums dasteht, das eine Eschatologie hervorgebracht hat, so muß es doch irgendwie eine geschichtliche Erklärung dafür geben.

Eine bestimmte Religionsform ist immer das Erzeugnis einer bestimmten Kultur. Eine Kultur kann nicht radikal geändert werden, ohne daß es zu einer Änderung der Religionsform kommen muß, weshalb auch jeder Neuorthodoxismus auf die Dauer hoffnungslos ist. — Israel hat mindestens

---

[1] Vgl. was oben 1 Teil, Kap. III 1 b über Ps. 81 und 95 und der darin liegenden Theodizée gesagt ist.

[2] Die hier gegebene Erklärung ist insofern eine psychologische, als sie erklären will, wie durch psychologisch wirkende Kräfte ein gegebener Vorstellungs- und Ideenkomplex aus einer der Gegenwart geltenden Größe zu einer in der Zukunft sich verwirklichenden verwandelt worden ist. Sie ist aber insofern religionsgeschichtlich, als sie erstens die Entstehung dieses Ideenkomplexes religionsgeschichtlich erklären will und zweitens nach den geschichtlichen Ereignissen fragt, die den völkerpsychologischen — nicht individualpsychologischen — Vorgang der Umwandlung bedingt haben. — Wenn Greßmann die letzte und eigentliche Frage: wie ist es in Israel zu einer Eschatologie gekommen, was ist die seelische Voraussetzung dieser Tatsache? aufgeworfen hätte, so hätte er wahrscheinlich etwas milder über die früheren psychologischen Erklärungsversuche geurteilt, als er es jetzt tut (Ursprung, S. 5 f.).

dreimal einen Wechsel der Kultur vollzogen. Das erste Mal, als es aus
der Kultur der Halbnomaden in die Kultur des Ackerbauvolkes überging.
Die seelische Seite dieses Kultur- und Religionswechsels liegt für uns zum
großen Teil im Dunkeln[1]. Zu Sauls und Davids Zeiten ist der Übergang
schon vollzogen; wir finden dann trotz den Schwierigkeiten des Lebens, wie
Krieg, Plünderung, Bedrückung usw. ein »glückliches«, d. h. ein seelisch
ungeteiltes, in einer einheitlichen Wirklichkeitsauffassung oder Kultur leben-
des Volk. Die politischen und kulturellen Verhältnisse im damaligen Palästina,
vor allem die Ohnmacht der Großmächte, die ihre Einmischung und eine
anormale Beeinflussung der natürlichen Entwicklung des eingewanderten
Volkes als Kleinbauern in kleinen und einfachen Verhältnissen verhinderte,
haben diese Einheitlichkeit der Kultur ermöglicht. Dieser Kultur entspricht
in den Grundzügen die Religionsform, die sich in den Thronbesteigungsmythen und dem von uns ermittelten Inhalt des Thronbesteigungsfestes
betätigt.

Das zweite Mal haben eine Reihe von Faktoren — das Eintreten Israels
in die Politik und das Geschäftsleben der umgebenden größeren Staaten
(Tyrus, Damaskus), das dadurch geförderte Aufkommen einer beginnenden
Geldwirtschaft auf Kosten der einfachen Naturalwirtschaft, die durch den beginnenden Frühkapitalismus begünstigte Latifundienbildung, die dadurch
eintretende soziale Differenzierung, die Auflösung der alten Verbände der
Geschlechter durch Königtum, Hof, Beamtenwesen, Geldwirtschaft — einen
Riß durch das Volk geschlagen. Abgestufte soziale Struktur ist aber kulturelle
Zerspaltung. Kapitalismus und kulturelle Zerrissenheit bedingen aber eine
geänderte Stellung zur Wirklichkeit des Lebens und zugleich eine Verschiebung innerhalb der religiösen Einheitlichkeit. Diese Entwicklung geht sehr
langsam von statten. Das Eingreifen der Großmächte bringt noch größere
Verwirrung hinein. Der dadurch bedingte religiöse Synkretismus und die
Reaktionen dagegen erweitern die Gegensätze. Zu vollem Abschluß kommt
diese Entwicklung nicht. Sie wird durch den Untergang des Staates und
der Stadt und die Exilierung des Volkes unterbrochen. — Das dritte Mal
ist der durch das Exil bedingte Übergang zu einem Volk von Geschäfts-
leuten und Handwerkern, die Losreißung von der Scholle, eine Kulturstufe,
deren genuine Religionsform der jüdische Nomismus war. — Wir haben
es hier mit der dritten Stufe der Entwicklung des Volkes, mit der nach-
salomonischen vorexilischen Epoche zu tun. Denn derselbe Amos, der uns

---

[1] Der starke Einschlag der „nomadischen Ideale" (Budde) in Israel, wie sie
etwa in der „Sekte" der Rekabiter zu Tage treten, ist ein Zeuge dieses
Übergangs.

den inneren Zwiespalt der Volksseele indirekt bezeugt, der bezeugt uns zugleich. daß es schon vor ihm eine Eschatologie, ein Hoffen auf einen kommenden Tag Jahwä's, gab (5, 18).

Daß die durch den Frühkapitalismus, die Latifundienbildung und die soziale Zerspaltung charakterisierte Periode auch ähnliche Zerspaltungen, Auflösungen und Neubildungen auf dem religiösen Gebiete aufzuweisen hat, liegt nicht nur in der Natur der Sache, es ist zugleich in den Quellen wiederholt bezeugt.

Diese Auflösung einer harmonischen Kulturepoche und das allmähliche Absterben des ursprünglichen Lebens hat auf religiösem Gebiete eine be-gleitende Erscheinung, die eine wichtige Voraussetzung der Umbildung der Gegenwartshoffnungen in Eschatologie bildet. Das ist die allmähliche Erstarrung der ursprünglichen Lebensfrische des Kultes und das Schwinden der Unmittelbarkeit, der Naivität, der Primitivität in der Auffassuung der kultischen Wirklich-keiten. — Früher oder später, aber allmählich und unmerklich, kommt in jeder Religion der Punkt, wo man die Handlungen mitmacht, ohne mehr deutlich zu wissen, d. h. aus Erlebnis zu wissen, warum. Alte Formen er-starren, das ursprüngliche Leben versiegt. Die Handlungen werden so oft geübt, daß sie zu Gewohnheit werden, und nicht mehr in demselben Grade wie früher die Seele in Mitleidenschaft ziehen, sie beben und zittern und jubeln machen und sie mit Erlebnissen füllen. Allmählich erschöpfen sich die innewohnenden Möglichkeiten einer Kultur. Die alten Lebensquellen ver-siegen. Neue Propheten und Geistesheroen geben sich auf die Suche nach neuen Wirklichkeiten, aus denen sie ihre Seele füllen können; auf den Pfaden, die zu den alten Lebensquellen führen, wächst das Gras empor. Wenn aus den Tiefen der Wirklichkeit eine neue Lebensquelle hervor-sprudelt, so versiegt der alte Sprudel noch mehr, wie ein Krater oft erlischt, wenn ein neuer sich daneben öffnet. Es kommt eine Zeit, da man nicht mehr die primäre Wirklichkeit an den alten Stellen findet[1]; denn man empfindet nicht mehr das Leben in den alten Formen. Der Kult entspricht z. B. nicht mehr einer geänderten, etwa einer mehr wissenschaftlichen Auf-fassung der Welt, der Wirklichkeit, des Göttlichen; und die Folge davon ist, daß man nicht mehr im Kulte die beglückenden, die Seele füllenden, ja sie oft in die Ekstase hineintreibenden Lebenserfahrungen macht. Ent-weder müssen dann die Seelen allmählich verschmachten; die betreffende

---

[1] Vgl. zu diesen Gedanken das schöne Buch von Edv. Lehmann, Stedet og Vejen, Pio 1918, das die Geschichte der Religion vom Gesichtspunkt des Ortes und des Weges, des Suchens und des Ruhens betrachtet.

Kultur und ihre Religion erstarren, sterben, enden in Karrikatur, wie etwa in China, in Polynesien usw. Oder aber die führenden Geister, neue Propheten entdecken neue Wirklichkeiten, zu denen allmählich das Volk strömt und aus denen allmählich eine neue Kultur und eine neue Religionsform emporwachsen. So ging es in Israel.

Daß nun ein solches Abflauen der religiösen Erlebnisse im Kulte und ein dementsprechendes Suchen und Finden neuer Quellorte — denn darum handelt es sich: die Quelle, die an den verschiedenen Stellen hervorbricht, ist immer Gott — in dieser Zeit stattgefunden haben, das bewesien uns die großen Propheten von Amos ab. Schon die Existenz dieser Propheten als Männer, die Gott persönlich als eine dem Gott des Volksglaubens entgegengesetzte Macht erlebt haben, beweist ein Suchen nach neuen Quellorten. Das Abflauen der religiösen Erlebnisse im Kulte beweist ihre Gleichgiltigkeit dem Kulte gegenüber, ihre Geringschätzung desselben, die sich sogar zu grimmiger Polemik steigert. Schier unmöglich wäre diese Haltung gewesen, wenn das Volk als ganzes noch mit ungeteilter Seele und naiven Augen dem Kulte, überhaupt den alten Wirklichkeitsträgern, gegenüber gestanden hätte. Daß aber das Alte noch lange eine Macht war, das beweist uns z. B. Jesaja, sowohl sein Erlebnis im Tempel am Feste Kap. 6, als seine Wertschätzung Jerusalems in der Stunde der überhängenden Gefahr (37, 21 ff.). —

Aus dieser geistigen Lage heraus muß das Werden der Eschatologie begriffen werden[1].

Trotz allen Enttäuschungen des Lebens, hätte man nicht die ganze Verwirklichung der an der Thronbesteigung Jahwä's geknüpften Erwartungen in die ferne Zukunft hinausgeschoben, wenn das Volk als Ganzes noch die ganz frischen, ursprünglichen, ungetrübten Erfahrungen vom Kommen Gottes im Kulte gemacht hätte. Denn das wirkliche, primäre, ganz naiv hingenommene Gotteserlebnis ist mächtig genug, über viele und wiederholte Enttäuschungen hinwegzutragen; aus dem primären Erlebnis schwingt sich das der Wirklichkeit trotzende, gottvertrauende »Und dennoch« empor.

In diese Periode der kulturellen und religiösen Zersetzung ist Israel hineingegangen mit der festen Überzeugung, ein zu großen Taten und einer herrlichen Zukunft erwähltes, mit einem großen Segen gesegnetes Volk zu sein. Das ist eine Überzeugung, die geschichtlich geworden ist. Der Grund zu dieser Überzeugung ist von Mose durch die Tat des Auszuges,

---

[1] Schon das verbietet die Annahme Sellins, die Eschatologie reiche bis in die Zeit des Mose zurück und beruhe auf den damals gemachten Erfahrungen. — Was an diesem Gedanken richtig ist, habe ich schon oben gestreift, S. 316.

der Bundesschließung, der Sammlung der Stämme zwecks Einwanderung in Kana'an und Gewinnung neuer Wohnplätze daselbst unter der Führung des Bundesgottes, des Wüstenzuges und der Eroberung des Ostjordanlandes gelegt worden. Vertrauen auf die Volkskraft und die Kraft des Volksgottes blühte dann empor. Die glückliche Überschreitung des Jordans und die Eroberung einiger festen Städte im Westjordanlande werden dies Vertrauen, diesen nationalen Stolz, diesen Glauben an die Zukunft des Volkes Jahwä's mächtig gestärkt haben. Das junge, kriegerische Israel wird sich von Anfang an den Kana'anitern überlegen gefühlt haben. Die Tatsache, daß die Verteidigung und allmähliche Erweiterung des Gewonnenen trotz vieler Rückschläge in der Richterzeit dennoch gelang, und daß das aus der Einwanderung ins Land hervorgegangene Mischvolk trotz allem Israel und nicht Kana'an, das Volk Jahwä's und nicht etwa des Ba'als war, daß Israel das prädominierende Element der Mischung wurde — hat das nationale Kraftgefühl lebendig erhalten. Mächtig flammte dann das stolze Bewußtsein der Kraft und der großen Möglichkeiten im Freiheitskriege unter Saul empor, um dann unter David den höchsten Gipfel zu erreichen. — Die Herrlichkeit des Davidreiches hat Israel nie vergessen; seitdem hat es das Bewußtsein, das berufene und erwählte Herrenvolk Vorderasiens zu sein. Unter David steht Israel auf der Höhe seiner völkischen Kraft. Es ist der Herr der palästinensischen-syrischen Welt, von Gott zur »Weltherrschaft« berufen. Es hat noch viel von der Zukunft zu erwarten.

Im Kulte des Thronbesteigungsfestes erlebt das Volk die Nähe und die Kraft des Gottes, die es zu allem befähigen. Im Kommen des Gottes ist die Erfüllung aller Hoffnungen verbürgt. Die tragende Stimmung des Tages und der daran geknüpften Erlebnisse ist die frohe Erwartung, daß eine Fülle von Glück und Segen sich von jetzt an über das Volk ergießen wird. Heute fängt ein Jahr des Wohlwollens an, im Laufe dessen Israel die Früchte der Weltherrschaft und des Segens ernten wird, die Jahwä nach dem Mythus des Festes heute siegreich erworben hat. Wenn man es noch nicht heute alles mit den äußeren Augen gesehen hat. so ist es doch sicher verbürgt; im Laufe des Jahres wird es alles kommen; denn der Gott, der alles gibt, ist ja in der Mitte des Volkes. So wächst der feste Glaube empor, daß die kommenden Tage noch viel schöner werden, als die bisherigen es gewesen. Der altisraelitische Kult, der im Thronbesteigungsfeste mit dessen Wirklichkeitserlebnissen seine charakteristischste Form gefunden hat, hat das Volk zu einem Volk des Hoffens, seine Religion zu einer Religion der freudigen Zuversicht gemacht.

Nun kommen aber die trüben Erfahrungen des alltäglichen Lebens. Immer und immer bleibt ein großer Unterschied bestehen zwischen den

in den ekstatischen Erfahrungen des Festes geborenen hochfliegenden idealen
Forderungen und Hoffnungen und der Wirklichkeit, die das so herrlich
inaugurierte Jahr bringt. Das eine Jahr ist nicht viel anders als das andere
geworden. Manchmal ist das neue sogar viel schlechter, als das alte gewesen. Hunger, Pest, Dürre, Plünderung — das sind im alten Orient
wohlbekannte Erscheinungen des Lebens. Und von Salomos Zeit an ist
es tatsächlich mit der Herrlichkeit und Macht des Reiches, mit dem Glück
und den Lebensverhältnissen des gemeinen Mannes immer rückwärts gegangen — trotz gelegentlichen Epochen eines kurzen Aufschwungs. Zwischen
den Verheißungen des Festes und den Erfahrungen des Alltags klafft immer
eine breite und tiefe Kluft; immer bleibt ein großer unerfüllter Rest. So hat
man reichlich genug unter gewaltigen Enttäuschungen gelitten. Oft war das
Volk von Kana'anitern geknechtet; kurz dauerte die Herrlichkeit des Davidreiches; Israel ging dem Hause und Juda verloren; furchtbare Leiden
brachen über das Volk herein, einmal durch die Aramäer, dann durch die
Assyrer, die Babylonier, die Ägypter. Die sozialen Verhältnisse wurden
immer unerträglicher, eine breite Kluft zieht sich durch die Volksseele und
das ganze Volksleben hindurch. Zwischen den alten Religionsformen und
Vorstellungen und der neuen Kultur wird die Unübereinstimmung, wie schon
gesagt, immer größer; die Religion wird von dem Streit zwischen israelitischem und kana'anäischem Geist zerrissen; die Propheten mit ihren ethischen Forderungen untergraben die Macht der alten Kultreligion, die
Herrschsucht und die Geldgier der Priester und ihre gemeinsamen Interessen mit den Höflingen, den Beamten und den Unterdrückern des Volkes
werden eine Mißstimmung gegen ihre Religionsübungen hervorgerufen oder
wenigstens, wie bei den Propheten, mitbefördert haben: die alte Religion
erstarrt und fängt schon an, ihre Macht über die Gemüter zu verlieren —
das beweist eben die antikultische Stimmung der Propheten. Die Erfahrungen im Kulte sind nicht mehr so echt und ursprünglich und unmittelbar
verständlich wie früher — die Erinnerung aber dessen, was man früher
erfuhr und zu erwarten gewohnt war, bleibt. Kurz: von dem Kommen des
Gottesreiches in der Gegenwart erfährt man immer weniger. So wird man —
und das wohl sehr früh — zu einer Theodizee geführt; schon von Anfang
an hieß es wohl: diesmal kam die volle Verwirklichung der Verheißungen
nicht, weil im Volke große Sünder gewesen oder weil das Volk als solches
schwer gesündigt hatte; das nächste Mal wird es aber besser gehen. —
Es ging aber nie besser. Je länger, je mehr wird man aber für die Wand-
lung der Gedanken vorbereitet: noch nicht, vielleicht auch das nächste
Jahr nicht — einmal wird es aber sicher kommen!

Eben weil die Religion des Thronbesteigungsfestes in den handgreif-
lichen Erfahrungen und Erlebnissen des primitiven Menschen — und der
primitive Mensch ist von Natur Optimist — begründet war, und weil Israel
durch seine Geschichte zu großem Selbstbewußtsein und großen Erwartungen erzogen worden war, konnte aber die religiöse Schwungkraft der
Seele trotz allen Enttäuschungen nicht gelähmt werden. Die Geschichte
und die Religion haben hier eine Volksseele von ganz eigentümlicher Vitalität und Widerstandsfähigkeit geschaffen. Die vertrauengebenden Erfahrungen und Erlebnisse wurden ja lange Zeit hindurch immer wieder im
Festkulte gemacht, die Erwartung der großen Ankunft hielt sich so immer
lebendig. Trotz dem unerfüllten Rest. Eine Religion von der Vitalität
des Jahwismus will seinem Gotte nichts von seinen Verheißungen schenken.
Jahwä hat den Glauben erweckt, der alles fordert, der nicht resigniert.
Ungesättigt heute, verlangt dieser Glaube morgen doppelte Befriedigung.
Die Religion ist zähe, widerstandsfähig wie das Volk. Und heißhungrig
wie dieses. Israel ist immer ein hungriges Volk mit einem starken Appetit
auf die Güter des Lebens gewesen — Güter und Leben hier im weitesten
Sinne der Worte. So ist denn auch Israels Religion immer eine starke,
eine leidenschaftliche, eine alles fordernde Religion gewesen. Wie Jahwä
selbst von seinen Verehrern alles fordert — das ganze Herz, die ganze
Seele, den ganzen Sinn, die ganze Kraft — so erwartet auch der Israelit
mit gutem Gewissen alles von Jahwä — denn wo gibt es einen so reichen,
so mächtigen, freigibigen, so gnädigen, so barmherzigen Gott wie Jahwä?
Man hat nicht einen solchen Gott, um von ihm nur Weniges und Dürftiges
zu erbitten. Eben Vitalität ist das bezeichnende Wort sowohl für Israel
als Rasse — bis auf diesen Tag — als für seine Religion. Jahwismus ist
Vitalität. Vitalität ist aber fordernd und unersättlich. Diese Religion fordert den ganzen Menschen — fast bis zur Vernichtung des Ichs, wie bei
Jeremia; sie verlangt aber auch, Gott ganz zu besitzen. Der Ausdruck für
das höchste religiöse Glück — und Glück überhaupt — ist: Gott schauen.
Es ist aber nicht lediglich eine moderne Geistreichheit, wenn ich hinzufüge:
wer aber Gott schaut, muß sterben; denn so gewaltsam konnte diese Religion von einem Menschen Besitz ergreifen, wenn Gott ihm erscheint (vgl.
Jes. 6, 5), ihn betört (vgl. Jer. 20, 7 ff.), ihn ergreift (vgl. Ps. 73, 23—26), daß
Tod und Leben gleichwertige Größen werden konnten. — Eine Religion
von dieser Ursprünglichkeit, dieser Leidenschaft, diesem stürmischen Glau-
bensmut versagt nicht, wenn auch die Versprechungen nicht erfüllt werden.
Sie resigniert nicht; im Gegenteil, der Hunger muß gestillt werden. Was
dieser Glaube nicht in der Gegenwart haben kann, das muß und soll er

in der Zukunft, womöglich der nächsten, haben. So wird der heißhung-
rige, lebensdurstige Glaube eschatologisch.

Die Erwartung und der Glaube sind dieselben geblieben. Der Gegenstand
der Erwartung, den sie in der Gegenwart nicht mehr haben kann, wird
in die Zukunft hinausprojiziert. — Die Entstehung der Eschatologie muß
psychologisch erklärt werden, sonst ist sie überhaupt nicht erklärt. Denn
Hoffnung ist immer auf Erlebnis gegründet. Es ist aber ein psychologisches
Gesetz, daß in einer ungebrochenen Seele wirkliche Erlebung Hoffnung erwecken muß, wenn das Nu sich ändert und die Wirklichkeit bitter wird. —

Die Eschatologie ist als eine Flucht in die Zukunft unter dem enttäuschenden Drucke einer neuen, strengen und noch ungewohnten Erfahrung
der umgebenden Welt, als die alten Erfahrungen nicht mehr mit voller
Echtheit erlebt werden konnten, aufzufassen, als ein Ausweichen vor dem
Drucke in die Richtung des geringsten Widerstandes.

Schlusswort.

Ist die israelitische Eschatologie fremden oder einheimischen Ursprungs?
Für die erstere Antwort entscheidet Greßmann, für die letztere Sellin.

In der Hauptsache muß Sellin Recht gegeben werden.

Zwar ist die Vorstellung der kultischen Thronbesteigung des Gottes
nicht israelitisch, sondern gemeinorientalisch. Als ein Herbst- und Erntefest werden die Israeliten das Thronbesteigungsfest des Gottes von den
Kana'anitern übernommen haben. So werden denn auch viele der Formen
des Festes und viele der mythischen Ausprägungen des Thronbesteigungsgedankens, z. B. der Drachenkampf—Schöpfungsmythus, fremden, d. h. babylonischen Ursprungs sein, während andere israelitisch sind. So z. B. der
Auszugsmythus, der in dem Erlebnis bei der Auswanderung aus Ägypten
wurzelt.

Indessen ist das Herbst- und Thronbesteigungsfest wie kein anderer
Teil des Kultes ein echter Ausdruck der altisraelitischen Volksreligion
geworden. Wenn man von den leuchtenden Sternen der großen Propheten
absieht, so hat es keine andere Erscheinung gegeben, in der die Religion
Altisraels so klar und lebendig zu Tage getreten ist, wie in diesem Feste,
wo sie in all ihrer Größe und Tiefe, in all ihrem Ernst und ihrer Echtheit
zu uns spricht. Davon hoffe ich, in meiner Beschreibung des Inhaltes
des Festes einen Eindruck gegeben zu haben. Will man wissen, was altisraelitische, »vorprophetische« Religion in ihrer besten und doch volkstüm-
lichsten Gestalt gewesen, so muß man das Thronbesteigungsfest Jahwä's
kennen gelernt haben.

Hier kommt es aber nicht eigentlich auf den Ursprung des Thronbesteigungsfestes an. Sondern darauf kommt es an: wer hat die Eindrücke,
die Erlebnisse dieses Festes in der Form eines eschatologischen Glaubens
und einer Zukunftshoffnung auch den Zeiten bewahren und übermitteln
können, die nicht mehr primitiv genug waren, die primären Erlebnisse zu
machen? Wer hat dadurch der späteren, geteilteren, unglücklicheren Zeit
ein Mittel gegeben, sich ihre Religion, ihren Gottesglauben, ihre Gottes-
hoffnung zu retten, und so die Form geschaffen, in der Jesus sich seine
Religion, seinen Glauben an Gott den Vater, an das bevorstehende Reich
Gottes und an seinen persönlichen Beruf im Dienste des Vaters und des
Reiches, zu eigen gemacht hat? — Das hat Israel und nur Israel getan.

Und klingt es nicht wie eine geschichtliche Bestätigung des tiefsten
Gedankens des Deuterojesaja, des Gedankens von dem stellvertretenden
Leiden des Besten, wenn wir gefunden haben, daß es das Unglück, die
geistige Zersplitterung, das Versagen der alten Volkskraft und der alten
Volksreligion, die dadurch bewirkten geistigen Leiden sowohl der Volksseele als der religiösen Heroen gewesen, die Israel dazu gezwungen haben,
sein Erlebnis in der Form der Eschatologie der Zukunft zu bewahren!

Durch die Leiden des Volkes ist uns der Inhalt seiner ursprünglichen
Erlebnisse zwar in erstarrter, aber doch in verständlicher und noch wertvoller Form übermittelt worden. Aus der eschatologischen Stimmung ist
das Christentum, der ewige Reich-Gottes-Gedanke geboren.

NACHTRÄGE UND BERICHTIGUNGEN.

Zu S. 32, Z. 7 ff. v. o.: Soviel ist wenigstens sicher, daß die große Prozession bei dem Thronbesteigungsfest Anus in Uruk als der Aufzug eines siegreichen — oder zum Kampf hinausziehenden Königs gedacht ist. Denn die Götterwagen treten bei der Prozession »speziell als Kriegswagen auf (mit kriegerischer Mannschaft, [Bogen, Pfeilen und] Köchern)«, siehe Zimmern. Zum babylonischen Neujahrsfest, II, S. 25 mit dem Hinweis auf den Text KTAR III, Nr. 132, III 1 ff. In dieser Ausstattung der Götterwagen liegt nach den Regeln des kultischen Dramas schon eine Darstellung des siegreichen Kampfes des Gottes.

Zu S. 40, Z. 2 ff. v. o.: Daß das babylonische Neujahrsfest als das Thronbesteigungsfest Marduks galt, ist jetzt durch die von Zimmern, Zum bab. Neujahrsfest II, behandelten Texte aufs Neue bestätigt worden. Auch das ist jetzt urkundlich bezeugt, daß das Weltschöpfungsepos *Enuma êliš* als Festmythus des Neujahrs- und Thronbesteigungsfestes gedacht und verwendet worden ist, siehe Zum bab. Neujahrsfest II, S. 17 und 19 (KTAR Nr. 143, Z. 34 und 54), ebenda S. 39 (MNB 1848, II 21—26, DT 10 9 II 1—2): am 4. Nisan soll der *urigallu*-Priester von Ekua »von Anfang bis zum Ende *Enuma êliš* vortragen«. — Die von Zimmern op. cit. behandelten Texte werfen auch auf die Einzelheiten der großen dramatischen Festprozession neues Licht. Was aber hier von besonderer Bedeutung ist, ist daß die Analogien zwischen dem babylonischen und dem israelitischen Thronbesteigungs- und Neujahrsfeste auch sonst viel weiter gehen, als ich es in meinem Buche ahnen konnte. Der für diese Frage wichtigste Text ist die von Zimmern op. cit. S. 34 ff. behandelte Hemerologie für das Neujahrsfest in Babylon. Dadurch erhalten sowohl die Richtigkeit meiner Behandlung des ganzen israelitischen Herbstfestes unter dem leitenden Gesichtspunkte der Thronbesteigung Jahwä's, als meine Vermutung der Zugehörigkeit der Ma'alotpsalmen zu diesem Feste eine wesentliche Bestätigung. Hier sei nur das Wichtigste erwähnt.

Oben S. 83 ff. habe ich gezeigt, daß das Sühnfest von Anfang an als Einleitung zum Herbstfest und als mit diesem zusammenhängend zu betrachten ist; ehe Jahwä als König kommen kann, müssen zunächst Land, Volk und Tempel von all der Unreinheit des vergangenen Jahres gereinigt werden; Reinigung und Sündenvergebung gehörten zu den ersten Bedingungen des neuen und besseren Schicksals, siehe oben S. 166 f.; daher gehören auch die Reue und die Bitte um Reinigung und Sündenvergebung zu den Stimmungen des Tages, wie besonders aus mehreren der Maʻaloth-psalmen hervorgeht, siehe oben S. 131. Dasselbe finden wir nun auch in Babylon. »Noch zur Nachtzeit [vor dem 2. Nisan] steht der *urigallu*, der Oberpriester Marduks, auf, und spricht, in ein besonderes Leinengewand gekleidet, vor Bêl-Marduk ein Huldigungsgebet . . . . . Das Gebet enthält eine Lobpreisung Bêls und läuft aus in eine Bitte um Erbarmen für Babel, Esagil und die Einwohnerschaft Babels. A I 33—35 enthält wahrscheinlich die Anweisung, daß während dieses Gebets des *urigallu*-Priesters von Bêl niemand von der Priesterschaft außer ihm allein im Allerheiligsten weilen darf« (Zimmern op. cit. S. 36). Das stimmt auffallend zu Lev. 16, 2. 4. 17, wie auch die Reinigung der Nabûkapelle am 5. Nisan durch den *urigallu*-Priester einen Ritus aufzuweisen hat, der merkwürdig mit dem Ritus des Azazelbockes Lev. 16, 20 ff. übereinstimmt (op. cit. S. 40). Auch von einer besonderen Reinigung des Tempels, und zwar der Marduk- und Nabû-kapellen, ist in Babylonien die Rede, wobei dasselbe Wort wie in Lev. 16 (*kuppuru*) vorkommt. Von dieser Reinigung des Tempels ist auch in Lev. 16 die Rede. Der Unterschied besteht aber, daß in Israel der Reinigungstag in späterer Zeit dem eigentlichen Herbstfeste um 5 Tage vorausgeht, wäh-rend in Babylon die Reinigungsriten sich anscheinend durch das ganze Fest ziehen. Daß man aber auch in Israel während des eigentlichen Herbst-festes auf die erlebte Reinigung Bezug nahm, zeigen, wie erwähnt, mehrere der Maʻalothlieder, und höchstwahrscheinlich bezieht sich auch der Thron-besteigungspsalm im engeren Sinne Ps. 93 darauf: »deinem Hause gebührt — nämlich von jetzt an — Heiligkeit« (V. 5).

Die Riten werden in Babylon immer von Gebeten in poetischer Form begleitet. Dasselbe für Israel sicherzustellen, ist gewissermaßen der Zweck des ganzen ersten Teils meines Buches: die Thronbesteigungs-, Neujahrs- und Maʻalothpsalmen wollen als zu den Riten der Herbstfestes gehörend betrachtet werden. Und wie wir nun unter den israelitischen Psalmen Ge-bete um Schutz gegen allerlei Feinde, auch gegen Zauberer und Unholde finden (s. oben S. 170 ff.), so haben wir auch in Babylon ähnliche Gebete, siehe Zimmern op. cit. S. 36 (A I 5—32), um Huld für Babel und Esagil (A III 7—32) u. m. St. Unter diesen Gebeten haben wir auch ein Beschwö-rungsgebet gegen »die bösen Widersacher (op. cit. S. 36 [A II 14—39]), unter denen wohl höchstwahrscheinlich Zauberer und Dämonen zu verstehen sind (siehe meine Psalmenst. I, S. 91 ff.), also genau wie in Israel. Das Fluch-gebet gegen die Feinde hat in Ps. 129. 5—8 eine Parallele, s. oben S. 176. Die wiederholten Bitten um Huld für Babel, Esagil und die Bewohner Ba-bels (op. cit. S. 38) haben in Ps. 122; 125 ihre Parallelen. Auch das Gebet um günstige Schicksalsbestimmung (»Schicksalswendung«) Ps. 85; 126 hat bei dem babylonischen Fest eine Parallele — selbstverständlich, darf man sagen; ein Gebet an Bêltija-Sarpanitu »preist sie als Helferin gegen Feinde und allerlei Not und bittet alsdann um gute Schicksalsbestimmung« (op. cit. S. 38). — Wie wir oben gesehen haben, nimmt die Fürbitte für den König in den Thronbesteigungspsalmen einen hervortretenden Platz ein (Ps. 132, 1—5; 84, 9—10, siehe oben 177 ᶠ). Selbstverständlich ist das auch in

Babylon der Fall; das soeben erwähnte Gebet um gute Schicksalsbestimmung bezieht sich zunächst auf den König, und ein Hauptstück der Riten
des 5. Nisans bilden diejenigen, die mit dem Gebet zu Marduk um Huld
für den König zusammenhängen (op. cit. S. 41).

Im Anschluß an diese Fürbitte wird bei dem babylonischen Fest der
König nach Esagil hineingeleitet. Er hat dabei, »die Stellung eines Büßers
einzunehmen, ehe er »die Hände Marduks ergreifen« darf und dadurch aufs
Neue in seinem Amte bestätigt wird« (ib.). Eine ähnliche Situation setzt
auch das Aufzugslied Ps. 84 voraus, denn wie das eingelegte Gebet V. 9—
10 zeigt, ist der im Psalm Redende der König. Zwar stellt er sich in
diesem Psalm nicht als Büßer vor, wohl aber als Hilfsbedürftiger, als
einer, der etwas dem Gotte abzubitten hat. Sein Herz und sein Fleisch
haben nach dem lebendigen Gotte geschmachtet, jetzt wird es ihm aber
gestattet, den Gott auf Sion zu schauen. Das sind die Worte derer, die
eine Zeit lang — wie lang, vielleicht einige Tage, vielleicht noch kürzer,
das ist nebensächlich — vom Kulte haben fern bleiben müssen, weil sie
krank und unrein gewesen und jetzt kommen, um Buße zu tun und gereinigt zu werden. Also liegt die Stimmung des Büßers doch hinter den
Worten des Psalms. Sie sind eben als Worte des hinaufziehenden Königs
gemeint, der als Stellvertreter des Volkes jetzt bußfertig kommt, um wieder
in einen Bund mit Jahwä aufgenommen zu werden, und das ist auch, was
der König in dem babylonischen Ritual des 5. Nisan wünscht. Der Unterschied zwischen diesem und Ps. 84 ist gar nicht so groß, wie es beim
ersten Blick scheint; denn das von dem babyl. König bei dieser Gelegenheit zu sprechende Gebet zeigt, daß die Bußriten nicht allzu ernst zu
nehmen sind. Das Gebet ist »eine Unschuldsversicherung des Königs«,
und der Sinn der Demütigungsriten im Vorhergehenden ist wohl eigentlich
nur der, einerseits die fromme Unterwürfigkeit des Königs, andererseits
das Neue, wieder vom ersten Anfang Beginnende der jetzt wiederholten
Investitur des Königs, der »die Hände Marduks fassen« soll, zu betonen:
seine jetzt von neuem anfangende Königswürde ist ganz und gar als eine
von Marduks Gnaden zu betrachten.

Ich habe oben S. 178 die Vermutung gewagt, daß Ps. 101 mit dem
Gelübde eines Königs, treu auf den Wegen Jahwä's zu wandeln, zu den
regelmäßig wiederholten Stücken der Herbstfestliturgien gehört habe; der
Psalm wäre dann als das Gelübde des wieder in den Bund mit der Gottheit
eintretenden, d. h. tatsächlich: wieder als König bestätigten Königs. Auch
diese Vermutung finde ich durch die babylonischen Texte bestätigt. Eine
Parallele dazu haben wir in der soeben erwähnten Unschuldsversicherung
des babylonischen Königs: »nicht war ich lässig gegen deine Gottheit,
nicht habe ich Babel zerstört, Esagil nicht vernichtet« usw. (op. cit. S. 41).
Die Form ist allerdings eine andere als in Ps. 101: hier Gelübde, dort
Undschuldsversicherung, hier die positiven Aussagen (ich will dies und das
tun), dort die negative Versicherung, hier die Beziehung auf die Zukunft,
dort auf die Vergangenheit. Sachlich aber ist die Übereinstimmung groß:
es handelt sich in beiden Fällen darum, den König selbst vor den Gott als

denjenigen hervortreten zu lassen, der sich des richtigen Weges bewußt ist und sich zu dem Wandeln auf diesem Wege verpflichtet — denn das liegt natürlich auch implicite in der babylonischen Unschuldsversicherung: auch künftighin werde ich so handeln. Inwieweit sich auch Übereinstimmungen in den Einzelheiten finden, kann ich nicht sagen, da Zimmern den betreffenden Text nur in knappem Referat wiedergibt.

In dem babylonischen Ritual folgt nach der genannten Unschuldsversicherung eine »Ermahnung des Oberpriesters an den König, allen kultischen Verpflichtungen richtig nachzukommen, die Bêl-Stadt Babel, das Bêl-Heiligtum Esagil und die Bêl-Schützlinge, die Bewohner Babels, gebührend in Obhut zu nehmen, um sich dadurch die Huld Bêls zu sichern« op. cit. S. 42). Auch dazu bieten die Psalmen des israelitischen Neujahrsfestes Parallelen. Eine indirekte, aber deutliche Ermahnung, die Gebote Jahwä's zu halten als Bedingung für die Erlangung seiner Huld und seines Segens liegt in dem Bedingungssatze in Ps. 132, 12. Hier bezieht sich allerdings die Ermahnung nur auf die Söhne Davids, nicht auf ihn selbst; wenn man aber bedenkt, daß der jeweilige König, an den dieses Orakel an jedem Neujahrsfest durch den Mund eines priesterlichen Propheten gerichtet wurde (siehe oben S. 117), immer ein »Sohn Davids« ist, so schwindet die scheinbare Differenz zwischen Ps. 132, 11 ff. und dem genannten babylonischen Text.

Es ist an sich wohl wahrscheinlich, daß viele Übereinstimmungen zwischen den Einzelheiten der eigentlichen Festprozession und den daran sich schließenden Riten in Babylonien und Israel bestanden haben; darüber läßt sich aber nicht viel sagen, da wir so wenig über die Einzelheiten der Königsprozession Jahwä's wissen. Von vornherein ist anzunehmen, daß die Prozession in Israel sich viel einfacher als in Babylonien gestaltet habe; die vielen Götter, die hier bei der Prozession anwesend waren, und deren Bilder bedient und deren Kapellen und Tempel unter besonderen Riten gereinigt werden sollten, hatte man ja in Israel nicht. — Wir haben oben mit der Möglichkeit mehrerer Prozessionen beim Herbstfeste gerechnet (siehe S. 92 ff., 121); beim Neujahrsfest in Uruk (ZbN II S. 20 ff.) zählt man mindestens zwei Prozessionen: vom Tempel zur Schicksalskammer und von dieser zum »Festhause« (bît akîtu), op. cit. S. 26.

Zu S. 41, Z. 9 ff. v. u.: siehe den von Zimmern ZbN II S. 20 ff. behandelten Text über das Neujahrs- und Thronbesteigungsfest Anus in Uruk. — Betreffend das Verhältnis zwischen dem Feste Marduks und älteren Neujahrsfesten (oben S. 41, Z. 11 ff. v. u). siehe die Bemerkung Zimmerns op. cit. S. 22.

S. 50, Z. 15 f. v. u.: lies »bezeugte«.

S. 54—56: Die Beweiskraft der dort gegebenen Belege hätte sich vielleicht dem Leser eindrucksvoller aufgedrängt, wenn ich mit den zweifellosen »Thronbesteigungspsalmen« in engeren Sinne Ps. 95 und 81 statt mit Ps. 114; 66 A und Ex. 15 angefangen hätte. Denn daß Ps. 95 und der Parallelpsalm dazu, der Neujahrspsalm 81, zum Thronbesteigungsfeste Jahwä's gehört haben, daß läßt sich, wenn es überhaupt ein solches Fest gegeben nat, nicht leugnen, während die Zugehörigkeit der Psalmen 114; 66 A und Ex. 15 zu diesem Feste sich nur durch den Hinweis begründen läßt, daß sie sich in den von den Thronbesteigungspsalmen im engeren Sinne dargebotenen Ideenkreis lückenlos einfügen. In Ps. 95 und 81 wird die in und mit dem Thronbesteigungsfeste erlebte Königsherrschaft Jahwä's ausdrücklich in Verbindung mit der Bundesschließung und der Exodus gesetzt. Eben diese Tatsache gibt uns das Recht, auch Ps. 114; 66 A und Ex. 15 mit dem Herbstfeste und nicht, wie traditionell angenommen, mit dem Päsach in Verbindung zu setzen, d. h. sie als »Thronbesteigungspsalmen« im weiteren Sinne aufzufassen.

S. 62, Z. 13 v. o. lies: »die Könige«.

Zu S. 67, Z. 12 ff. v. o.: Als Mitttel der Strafvollstreckung finden wir in Ps. 75, 9 den »Taumelbecher Jahwä's, einen Becher voll schäumenden Weins, voll berauschenden Mischtranks«. Wenn wir von der paradoxalen Anwendung des Motivs in Ps. 60, 5 (siehe unten, »Nachträge« zu S. 273) absehen, kommt jetzt diese Vorstellung außerhalb Ps. 75 nur in eschatologischer Umdeutung vor. Die Stellen hat Greßmann, Ursprung, S. 129 ff. zusammengestellt und eine Deutung versucht. Wenn es aber richtig ist, daß der Taumelbecher ursprünglich als Strafmittel der F e i n d e gedacht war, so kann die von ihm vorgeschlagene Erklärung (als groteske Verdrehung der Vorstellung von dem Festbecher Jahwä's) kaum richtig sein. Daß mit dem Rauschtrankbecher ursprünglich eine Art von Giftbecher gemeint war, darin wird Greßmann Recht haben. Und wegen der Doppeldeutigkeit des Wortes $h\bar{e}m\dot{a}$ = Gift und Zorn, hat eine Zusammenwerfung des Gedankens der zornerfüllten Bestrafung mit dem des Giftbechertrinkenlassens immer sehr nahe gelegen. Greßmann verweist mit Recht auf die Redensarten, »Zornesbecher« »seinen Zorn ausgießen« (Ez 14, 19; 20, 33; 22, 22; Hos. 5, 10; Hab. 2, 15 f.; Thr. 2, 4; 4, 11) und »den Zorn trinken« (Hiob 21, 20). Merkwürdig ist aber, daß so häufig von Wein als Inhalt des Bechers geredet wird (Ps. 60, 5; 75, 9; Jer. 25, 15 ff.; 51, 7); Wein ist doch nicht einfach = Gift und tötet nicht, und auch passen, wie Greßmann auch hervorhebt, die beschriebenen Wirkungen des Taumelbechers nicht recht zum Weinrausch. Andererseits wird es einmal ausdrücklich hervorgehoben, daß diejenigen, die den Becher geleert haben, »trunken sind, jedoch nicht vom Wein« (Jes. 51, 21). — Als charakteristische Züge des »Bechers« sind zu nennen: 1. er berauscht, macht taumelnd, rasend, ohnmächtig, der Sinnen beraubt, schlafend, tot, d. h. er enthält ein stimulierendes, dann betäubendes und tötendes Gift; 2. er ist dennoch häufig ein Weinbecher; 3. er ist ein Strafbecher und 4. ein »Zornesbecher«. Wie gesagt: im Hintergrunde steht hier die Vorstellung von irgend einem berauschenden Gift; Greßmann denkt an Opium, Haschisch u. ä. Aber wie ist die ganze Vorstellung zu erklären? Es scheint mir, daß das 4. Charakteristikum in eine bestimmte Richtung deutet. Die Wurzelverwandtschaft zwischen »Zorn« (hebr. $h\bar{e}m\dot{a}$) und »Gift« (assyr. *imtu*) läßt sich nur so erklären, daß »Gift« nach der Anschauung der Alten ein Stoff ist, der »Zorn« e r r e g t, der in Wut versetzt; das trifft auch für eine Reihe von Narkotika zu. Der Zornesbecher ist demnach ursprünglich nicht ein Becher, der dem göttlichen Zorn Ablauf verschafft, sondern einer, der in Zorn und Wut versetzt, der den Betreffenden »mit Zorn füllt«; natürlich stammt dieser unheimliche, »übernatürliche« Zorn letzten Endes von der Gottheit, wie auch der plötzliche, unerklärliche Schrecken ein Gottesschrecken, ein *paḥaḏ* *ᵉlōhīm* ist. Und insofern kann auch ein solcher Zorn als göttliches Strafmittel betrachtet werden, als Jahwä so seinen Zorn in solcher Fülle in den Betreffenden hineinlegt, daß er daran zu Grunde geht. Aus welchen tatsächlichen Verhältnissen ist aber die Vorstellung zu erklären, daß Jahwä in solcher Weise bestraft? Wir werden annehmen dürfen, daß man einmal Verbrecher durch ein solches Gift, etwa in Wein gemischt, getötet habe. Das würde alle die oben genannten Charakteristika des Taumelbechers erklären. Das wird dann besonders wahrscheinlich, wenn man zugleich annimmt, daß das Trinken ursprünglich als ein Ordale aufgefaßt wurde: wer daran starb, war von der Gottheit gerichtet; dazu würde das »Wasser der Bitterkeit« in Num. 5 eine gute Parallele bieten. Und das würde auch die Tatsache erklären, daß dies Strafmittel in Ps. 75 in Verbindung mit dem Gerichtsmythus steht. Da man natürlich meistens daran starb, lag die einseitige Auffassung als Strafmittel sehr nahe. Es ist übrigens keine notwendige Annahme, daß der Trunk in Wein gegeben wurde; die Ähnlichkeit der Wirkungen des übergroßen Weinrausches mit denen des vorauszusetzenden Narkotikums könnte in den poetischen Schilderungen des Taumelbechers zu dieser Kombination Anlaß gegeben haben. Auf das »trinken, trinken und wieder trinken« Ob. 16 würde ich kein Gewicht legen (gegen Greßmann); das ist nur rhetorische Phrase, wie das »Land, Land, Land« bei Jeremia; die späteren Verfasser haben natürlich kein deutliches Bewußtsein von dem ursprünglichen Inhalt der Vorstellung mehr gehabt. — Die Vorstellung von dem Taumelbecher ist anscheinend in der Poesie sehr beliebt gewesen; als paradoxale Wendung hat der Dichter von Ps. 60 sie auf irgend ein geschichtlicher Volksunglück angewendet. — Mit dem Gerichtsmythus ist sie natürlich in die Eschatologie übergegangen, zunächst auch hier als Strafmittel für die Feinde Jahwä's, siehe »Nachträge« zu S. 247, bei den Gerichtspropheten auch auf Israel angewendet, s. S. 273 und »Nachträge« dazu.

S. 70, Z. 19 v. o. lies: »gerecht« statt »Gericht«.

S. 110, Z. 9 v. u. lies: »Zur Zeit der Vorlage des Chronisten«. — Daß der Chronist neben den Königsbüchern auch andere, z. T. recht alte Quellen gehabt habe, halte ich für ziemlich sicher. Übrigens halte ich die übliche Ansetzung der Chronik ca. 300 vor Chr. für mindestens sehr unsicher. Sie beruht hauptsächlich auf der Erwähnung des Darios Kodomannos Neh. 12, 22; in meinem Buche Statholderen Nehemia, Kr.ania 1916, habe ich jedoch gezeigt, daß wir es in der jetzigen Form der Kapp. Neh. 7—12 höchstwahrscheinlich nicht mit dem Chronisten, auch nicht mit dem vermeintlichen »vorchronistischen« Redaktor der Quellen Ezra und Nehemia (der nicht existiert hat), sondern mit einer nachchronistischen, vielleicht einer nachjosephianschen Konfusion zu tun haben.

S. 113, Z. 9 f. v. o.: In Ps. 132, 6 ist doch wohl das Efratha anders zu fassen: wir hörten das Gerücht, daß sie sich in Efrath(a) befinden solle; das Wort ist Bezeichnung für Kirjath-Jearim (poetisch: »Ja'ars Gefilde«); das ist mit Delitsch nach I Chr. 2, 50 zu erklären: Kirjat-Je'arim ein Nachkomme des Schobal, des Sohnes Churs, nach I Chr. 2, 19 ein Sohn von Kaleb und Efrath.

Zu S. 115, Z. 14 f. v. o.: Ich bin jetzt zu der Überzeugung gekommen, daß das »Aufbruchslied« Num. 10, 35 und der entsprechende Spruch beim Niedersetzen der Lade Vers 36 nichts mit dem »Lager« im militärischen Sinne zu tun haben. — Ich stimme darin mit Greßmann, Die Lade Jahves [Forschungsinstitute in Leipzig; Forsch.inst. für Religionswissenschaft; Isr - jüd. Abteilung; Heft 5. 1920] überein, daß die Lade ein Prozessionsgerät; kein Wanderheiligtum war. Sie hat nichts mit der »mosaischen« Wüstenzeit zu tun, sondern ist »kana'anäischen« Ursprungs (woher die Kana'anäer ihr Vorbild haben, ist in diesem Zusammenhang gleichgültig). Und zu den Riten der heiligen Prozessionen mit der Lade, vor allem wohl eben zu der Thronbesteigungsprozession Jahwä's, gehören auch die beiden Sprüche in Num. 10, 35 f. Das ist auch der Grund, warum die Thronbesteigungs-lieder auf sie anspielen: Ps. 132, 8; 68, 2 (Ps. 68 gehört wohl zu einem Siegesfest, das aber nach dem Aufzug des Thronbesteigungsfestes stilisiert ist). P. hat sich den Wüstenzug überhaupt nach dem Bilde einer kultischen Prozession vorgestellt und daher die beiden Sprüche auf das Aufbrechen und Stehenbleiben der Lade »im Lager« und mit dem Heere gedeutet. Diese Auffassung tritt bei der Beschreibung der »Eroberung« Jerichos besonders deutlich hervor, wie überhaupt bei der theatralischen Eroberung des Landes unter Josua. — Man faßt gewöhnlich die Lade als zu militärischen Zwecken, zum Mitziehen in den Krieg bestimmt auf. Daher reden auch so viele Exegeten bei Ps. 24 von einem Siegesfestzug, von der Heimkehr der Lade nach einer siegreichen Schlacht. Das ist aber falsch. An sich hat die Lade nichts mit dem Krieg zu tun; ihr Platz ist bei den regelmäßigen kultischen Festen. So wird es sicher auch Ausnahme gewesen sein, daß man die Lade in den Krieg mitnahm. Davon wird nur zweimal erzählt, in II Sam. 10, 12; 11, 11 und I Sam. 4, 1—11. Letztere Stelle zeigt mit aller Bestimmtheit, daß die Lade nur in der äußersten Not oder in besonders schwierigen Fällen gleichsam als ultima ratio in die Schlacht zum Heer geführt wurde, und zwar nicht vom Lager aus, sondern vom Heiligtum. Daß auch der Ammoniterkrieg eine schwierige Sache gewesen ist, geht aus der Schilderung der Samuelisbücher deutlich genug hervor.

S. 118, Z. 1 v. o.: *qårän l^eđåwiđ* und *limšiḥī* 132, 17 sind wohl nach v. 5 (*måqōm l^ejahwä* = die Stätte Jahwä's, an der er von da an wohnen soll und jetzt wohnt) als determiniert aufzufassen.

S. 118, Z. 16 v. o.: *måzinnēnū* Ps. 84, 10 ist wohl hier — anders als in 47, 10; 89, 19 — nicht als Bezeichnung des Königs, sondern als vokativische Gottesbezeichnung aufzufassen (str. *^alōhīm*, des Fünfermetrums halber).

S. 118, Z. 16 f. v. u.: Das hier über das Subjekt des Ps. 84 Gesagte ist dahin zu ergänzen, daß wohl eigentlich der König als das betende

Subjekt gedacht ist, siehe oben S. 328; der König vertritt aber die Gemeinde, und durch ihn redet hier die fromme Gemeinde überhaupt. Der
Dichter hat aber deutlich seine persönlichen Töne in das Lied hinein-
klingen lassen; er ist einer, der von den Erlebnissen des Kultes tief
persönlich ergriffen worden ist. — Zu diesem Prozessionslied bittenden
Inhalts ist das auf S. 41, N. 3 erwähnte babylonische Einzugslied zu vergleichen.

S. 120, Z. 14 ff. v. u.: hier sollte ein Hinweis auf das auf S. 92 über
die Möglichkeit mehrerer Prozessionen Gesagte und auf das auf S. 128,
Z. 10 ff. v. u. über den Ausgangspunkt der Königsprozession Gesagte die
Möglichkeit der Identität des Rundganges um die Mauer mit der Königsprozession als sehr gering und kaum der Erwähnung wert hingestellt haben.

S. 123, Z. 4 f. und 12 v. o.: Ich fasse jetzt Ps. 118, 12 etwas anders auf.
Mit TM lese ich $d\bar{o}^{\,\prime a}ch\bar{u}$ »sie erloschen«, d. h. sie (die als Bienen aufgefaßten Feinde) starben, und dann: $b^{e\prime}\bar{e}\check{s}$ »im Feuer der Dornen«, wie die
Bienen vom Feuer und Rauch betäubt werden (und gelegentlich auch ster-
ben), wenn sie den die Waben Plündernden zu nahe kommen; bekanntlich
wehrt man dann die Bienen mittels Rauch ab. Ähnlich Haupt ZATW 1915.

S. 130, Z. 16 ff. v. o. lies »Suchender«, »als einer der gefunden hat«
und »Hungriger«.

S. 131, Z. 1 v. u. lies $qiww^e\bar{p}\bar{a}$.

S. 132, Z. 12 v. o. lies »hochfahrend.

S. 134, Z. 5 v. o. lies »gegründet«.

S. 137, Z. 20 v. o. lies »für die Sünden«.

S. 139, Z. 10 v. o. lies »was er immer«; Z. 20 v. o. lies »was den
ersten Grund«; Z. 13 v. u. lies »ihrem Schöpfer«.

Zu S. 152, Z. 7 ff. v. o.: Zu der Deutung der Stelle Ps. 99, 6—9 (was
einmal gewesen, wiederholt sich auch jetzt — und immer) siehe Buhl,
Psalmerne[2], S. 630.

Zu S. 152, Z. 17 ff. v. u.: Weder in Ps. 81 noch in Ps. 95 kommt das
Wort »Bundesschließung«, bezw. »Erneuerung des Bundes«, vor. Man
könnte daher viell. einwenden, daß dieser Gedanke in die betreffenden
Psalmen ohne Recht hineingelegt worden sei. Dagegen wäre aber Fol-
gendes zu bemerken: Jahwä tritt auf und spricht zu der Gemeinde; er
fordert das Volk auf, im Gegensatz zu den früheren Tagen (diesmal) seine
Gebote zu halten; wenn sie das tun wollen, verspricht er ihnen Segen und
Glück. Daß es sich hier um dieselben Forderungen und Versprechungen
wie bei dem Auszug aus Ägypten handelt, wird ausdrücklich hervorgehoben.
Man muß sich somit die Frage vorlegen: warum geschicht dies alles?
Was für einen Sinn hat der Dichter damit ausdrücken wollen, wenn er
Jahwä solche Worte in den Mund legt? Was geschieht hier? Die Frage
kann nicht zweifelhaft sein; es handelt sich um eine Bundesschließung.
Zu einem Bunde zwischen Jahwä und dem Volke gehört immer, daß der
Gott dem Volke seine Forderungen, seine Rechte, vorlegt und daran die
Rechte des Volkes in Form von Verheißungen des Segens, den er ihm

im Falle der Erfüllung der Forderungen zusagt, anknüpft. So verläuft die
Bundesschließung sowohl bei J. (Ex. 34) als bei E. (Ex. 24). Es kann sich
somit im Ps. 81 und 95 nur um eine Wiederholung des Sinaibundes handeln; das ist die Situation, die der Dichter hat darstellen wollen. Und
wenn diese Psalmen Kultpsalmen sind — und daß sie wenigstens ihrem
Stil und Aufbau nach auf Kultpsalmen ähnlicher Art zurückgehen, wird
man jetzt wohl kaum mehr leugnen — so ist es deutlich der Inhalt der in
ihnen vorausgesetzten kultischen Situation, daß diese Wiederholung des
Bundes jetzt stattfindet.

S. 165, Z. 11 v. o. lies »85, 12«, st. 84, 12.

S. 168, Z. 2 v. o. lies »85, 10—14«, st. 85, 16—15.

S. 174, Z. 12 v. u. lies »53, 4«.

Zu S. 179, Z. 10 ff. v. o.: Bezeichnend für die irrationale Art der
lebendigen Religion ist es, daß die Reinigung der Gemeinde, die Weg-
schaffung aller Sünden und die Ausrottung aller Frevler, die Ps. 15 und
24 als Forderung, als Bedingung des Heils stellen, an anderen Stellen als
eine Gabe Gottes, als ein Teil des Heils dargestellt wird, siehe dazu
S. 166, 171—175.

Zu S. 181, nach dem ersten Absatz, wäre noch hinzuzufügen, daß sowohl Ps. 82 als besonders Ps. 50 dafür Ausdruck gibt, daß die Forderungen Jahwä's bei der Thronbesteigung, und insbesondre die moralischen
Forderungen, schon in den Festpsalmen gelegentlich mit dem Gerichtsgedanken kombiniert worden sind. Das war da eine naheliegende Kombination, wo der Gerichtsgedanke im späteren, speziell forensischen Sinne
auf Israel übertragen worden war, wo er die Form der κρισις angenommen
hatte. Vgl dazu das oben S. 72 ff. Gesagte. — Diese Kombination tritt
aber in den Thronbesteigungspsalmen mehr zurück; hier hat das Gericht
im Allgemeinen die Bedeutung, Israel »rechtfertigen«, auch die Feinde »verurteilen«, siehe besonders S. 71, zweiten Absatz. Bedeutung hat der Gedanke des Gerichts als moralisch-religiöse Forderung an Israel erst in der
Eschatologie, bei den großen »Gerichtspropheten« erhalten, wie es dann
auch das Wahrscheinlichste ist, daß Ps. 50, der diesen Gedanken vertritt,
zu den jüngsten Psalmen des Festes gehört und schon von den Gerichtspropheten abhängig ist. siehe oben S. 156.

S. 196, Z. 1 v. u. lies »der Prophet«.

Zu S. 196 ff. Sowohl dem Inhalte als der Form nach ist auch Jes.
43, 15—21 eigentlich nur aus den Ideen und den Formen des Thronbesteigungsmythus und der Thronbesteigungspsalmen zu verstehen. Das Stück
fängt mit V. 15 an[1], und wird durch die Introduktionsformel »Ich bin Jahwä«

---

[1] Nicht, wie Greßmann, ZATW 1914, S. 292 will, mit V. 16. Das kō āmar
Jahwä ist zu streichen. Aus dem vorhergehenden Orakel gegen Babel
ist nur das Bruchstück V. 14 erhalten. Daß V. 15 zum Flg. gehört, geht
aus der Strophenbildung hervor: Strophen zu je 2 Perioden (Langversen).
Stilistisch paßt die „Ich bin"-Formel besser als Einleitung wie als Schlußformel (anders freilich in Jes. 48, 12—16; 51, 9—16).

(über diese Formel siehe Greßmann, ZATW 1914, S. 286 ff.) eingeleitet. Diese finden wir auch im Neujahrspsalm 81, 11, sie gehört zum Stil des Thronbesteigungsfestes und ist die übliche Selbstvorstellung des zur Bundeserneuerung, Ermahnung (und »Gericht«) erscheinenden Gottes, siehe oben S. 155, vgl. Ps. 50, 7. Mit den beiden genannten Stellen (vgl. Ps. 95, 7 b ff.) stimmt es, wenn Jahwä sich nun als den Gott vorstellt, der das Volk aus Ägypten hinausgeführt hat; das stimmt zugleich mit der Tatsache, daß der Exodusmythus ein Festmythus des Tages war (siehe oben S. 54 ff.). Es stimmt zugleich völlig mit den Ideen der Thronbesteigungspsalmen überein, wenn Jahwä hier als Schöpfer (des Volkes) und König hervortritt, und von dem Stil dieser Psalmen ist es mit bedingt, wenn der erste Teil des prophetischen Spruches einen Hymnus auf den König und Schöpfer bildet mit besonderer Berücksichtigung des Schilfseewunders, vgl. Ex. 15, 2 ff., an den sich deutliche Anklänge in V. 16 finden. Der Mythus von dieser Königstat Jahwä's wird nun von Dtjes. eschatologisch umgedeutet — auch das übrigens in völliger Übereinstimmung mit den Grundgedanken des Thronbesteigungsfestes; der Inhalt des Spruches Jes. 43, 15—21 ist dieser Gedanke: der Gott, der einmal das große Heilswunder getan hat, erscheint jetzt in Bälde und wiederholt dasselbe; »er schafft jetzt Neues«, in und mit seinem Kommen sind die neuen Dinge, die Wiederholungen der alten sind, im Erscheinen begriffen. Eigentümlich und von der geschichtlichen Lage Dtjes. und der Exulanten bedingt ist es aber, wenn die Wiederholung etwas umgebildet wird: im Hinblick auf die Heimkehr der Exulanten durch die Wüste heißt es nun nicht, daß Jahwä die Ströme austrocknen, das Meer »spalten« usw. werde, sondern umgekehrt: er wird in der Einöde Flüsse schaffen und reichliches Wasser in der Wüste spenden, um sein Volk zu tränken. Mit den Vorstellungen der Thronbesteigungspsalmen stimmt es nun wieder ganz, wenn diese Königstat die Tiere zum Lobpreis Gottes bewegen, vgl. Ps. 96, 6; 98, 7 (beachte hier Wassertiere, bei Dtjes. Wüstentiere).

Zu S. 198, Z. 1 ff.: Das Motiv der Siegesbotschaft Jahwä's ist somit nicht, wie Greßmann (ZATW 1914, S. 281) vermutet, von Dtjes. aus der profanen Dichtung übernommen, sondern er hat es durch die Vermittelung des kultisch-mythischen Siegeseinzuges Jahwä's und die daran sich schließende kultische Dichtung bekommen.

Zu S. 198, Z. 5 ff. v. u.: Bemerkenswert ist in dieser Verbindung die kleine Komposition Jes. 44, 21—23 (siehe Greßmann, ZATW 1914, S. 274), die aus einem Mahnwort und einem Hymnus besteht. Auch diese Verbindung zwei ursprünglich selbständiger Motive hat Dtjes. von den Thronbesteigungspsalmen übernommen. Der Zweck des betreffenden Mahnwortes ist, den Exulanten Glauben und Vertrauen einzuprägen: vertraue doch auf mich, ich vergebe dir deine Sünden und bringe das Heil. Daran schließt sich die Aufforderung an die Natur, über die Heilstat Jahwä's zu jubeln. Letztere ist aus den Thronbesteigungspsalmen genügend bekannt (z. B. Ps. 96, 11 f.); aber auch die Mahnung, auf Jahwä zu vertrauen (und seine Gebote zu halten) — auch hier Jahwä selbst in den Mund gelegt — finden

wir dort: Ps. 95, 7 b ff.; 81, 7 ff.   Daß auch die Kombination beider Momente den Psalmen nicht unbekannt gewesen, ersieht man aus Ps. 95: der
Ermahnung voraus geht ein Hymnus, der die Aufforderung zum Jubel mit
einem Hinweis auf die Schöpfung der Natur motiviert; auch in Ps. 50 wird
das »Gericht«, d. h. hier tatsächlich die göttliche Mahnrede, von einer Lobpreisung des Himmels begleitet (V. 6).   Beide sind eben Momente, die im
Zusammenhang mit dem Kommen Jahwä's als König stehen.

S, 221. Z. 3 v. u. lies »Weltperiodentheorie«.

Zu S. 233, Z. 22 ff. v. o.:   Zur Erklärung der Stelle Zach. 12, 2 vgl.
Jer. 51, 7 und Greßm., Ursprung S. 133.   Dadurch, daß Jahwä die Heiden,
so betört, daß sie seine Stadt anzugreifen wagen, wird diese zu dem
»Zornesbecher«, aus dem das Unheil über sie kommt.

Zu. S. 247, Z. 12 ff. v. o.:   Zu den Vernichtungsmitteln Jahwä's, die
aus den Thronbesteigungsmythen stammen, sei auch der Giftbecher genannt, vergl. oben S. 67 und »Nachträge« dazu.   Es entspricht durchaus
dem ursprünglichen Sinn des Thronbesteigungs- und Gerichtsmythus, wenn
es an den meisten Stellen die Feinde Jahwä's und Israels sind, die von
dem »Zornesbecher« trinken müssen (Jes. 51, 23; Jer. 25, 15 ff.; 51, 7. 17 ff.
39; Ob. 16; Hab. 2, 15 f.; Zach. 12, 2; Thr. 4, 21).

Zu S. 247, Z. 24 ff. v. o.:   Die Frage, ob die spätere Eschatologie und
Apokalyptik einen wirklichen Weltuntergang gedacht habe, liegt außerhalb
des Themas dieses Buches.   Hier soll nicht die Geschichte und die Entwicklung der Eschatologie, sondern ihr Ursprung behandelt werden.   Das
AT kennt keinen Weltuntergang.   Die alte Vorstellung, daß das Chaos vor
dem Kommen Jahwä's fast alles wieder überflutet hat, ist aber in der
Spätzeit dahin konsequent systematisiert worden, daß es nun heißt: alles
Leben hört für eine Zeit auf, das Chaos (»Silentium« IV Ezra 7, 29 f.) kommt
ganz buchstäblich wieder; erst dann kann nach Ablauf einer gewissen Zeit
die neue Schöpfung einsetzen.   Die kultische Vorstellung der Neuschöpfung
ist dogmatische Vorstellung geworden, die mit den Mitteln der rationalen
Dialektik behandelt wird. — Auch Coßmann, Die Entwickelung des Gerichtsgedanken bei den alttestamentlichen Propheten, Beiheft Nr. 29 zur
ZATW, S. 8 ff. bestreitet Greßmanns These, daß eine Weltkatastrophe zur
ursprünglichen Eschatologie gehört habe.

Zu S. 250, Z. 13 ff. v. u.:   Es liegt außerhalb des Rahmens dieser
Arbeit, die Frage zu untersuchen, inwiefern die spätere Eschatologie und
Apokalyptik die Vorstellung des Weltbrandes im vollen Sinne des Wortes
gehabt habe, und woher diese Vorstellung gekommen sein mag.   Es handelt sich hier nur darum, die Hauptzüge der ursprünglichen Eschatologie
aufzuweisen und ihren Zusammenhang mit den Thronbesteigungsmythen
klar zu legen.   In der ursprünglichen Eschatologie, wie überhaupt im AT,
hat der Weltbrand keinen Platz.

Zu S. 263, »6. Heil und Unheil«.   Es ist mir während der Korrektur-
lesung klar geworden, daß es ein Kompositionsfehler ist, wenn dieser
Paragraph nicht als Paragraph 3 auf Seite 244, vor dem jetzigen Para-

graph 3 »Der Tag der Theophanie und der Offenbarungsschrecken« eingereiht worden ist. Denn in der Behandlung der mit der Theophanie in
Verbindung stehenden Fragen der Offenbarungsschrecken, der Naturkatastrophen, des Weltunterganges und der Zeit des Bedrängnisses und der
Feindesnot ist so oft auf das ursprüngliche Verhältnis zwischen Heil und
Unheil und auf die Bedeutung der amosischen Umwertung der Werte für die
spätere Eschatologie hingewiesen, daß Paragr. 6 eigentlich notwendig vor
Paragr. 3 gehört. Da die betreffenden Bogen schon gedruckt sind, kann
ich leider nur dem Leser den Rat geben, Paragraph 6 vor Paragraph 3
zu lesen.

　　Zu S. 266, Z. 5 f. v. o.: Coßmann, Die Entwickelung des Gerichtsgedankens b. d. alttestamentlichen Propheten, S. 12 f., leugnet, daß Amos
diese Umkehrung des Begriffes des »Tages« als der erste vollzogen hat.
Seine Betrachtung wird aber dadurch von vornherein schief, daß er die
Gerichtsvorstellung als den eigentlichen, wenn nicht ausschließlichen Inhalt
des »Tages« betrachtet. Er meint, die Änderung: Israel, nicht nur die
Völker, ist Objekt des Gerichts, hätte Amos ausdrücklicher aussprechen
müssen. Nicht darum handelt es sich aber bei Amos, sondern um die
Änderung »Finsternis« statt »Licht«. Und die hebt Amos ausdrücklich
hervor. Wenn auch der Ausdruck *bajjōm hahū* schon bei Amos eschato-
tologischer Terminus ist, so sind nicht notwendig damit die Ideen, die er
mit dieser Formel einleitet, traditionelle Stücke der Eschatologie; in dem
Gebrauch dieser Formel kann schon eine beabsichtigte Paradoxie liegen.
— Daß Jesaja und andere die Gerichtsbezogenheit auf Israel »auf Amos's
Autorität hin« angenommen haben, glaube ich auch nicht; sie sind zu ähnlichen Gedanken gekommen wie er, weil sie von demselben sittlichen Ernst
getragen wurden.

　　Zu S. 270, Z. 11 ff. v. o.: Es hätte hier etwas deutlicher hervorgehoben
sein sollen, daß es sich bei Amos und seinen Nachfolgern um zwei neue
Wendungen des Gerichtsgedankens handelt. Daß dort Gesagte läßt sich
folgendermaßen zusammenfassen: Die ursprüngliche Eschatologie wird auch
den Gerichtsgedanken in der Form, die er in den Thronbesteigungsmythen
hatte, übernommen haben. Das Gericht ist dann insofern universell, als es
die ganze königliche Tätigkeit Jahwä's bezeichnet; mit Israel als Objekt bedeutet es aber »Rechtfertigung«, mit den andern Völkern, den Feinden als
Objekt bedeutet es »Verurteilung«, Bestrafung. Die Bestrafung der Feinde
ist natürlich nicht lediglich nationalistisch, sondern von Anfang an insofern
auch moralisch begründet, als der religiöse Nationalismus sich immer mit
einer moralischen Ideologie verbindet und die Feindschaft der nationalen
Feinde als eine Kränkung der Prinzipien der moralischen Weltordnung
betrachtet; Befeindung Israels ist »Bedrückung«, »Gewalt«, Frevel, ein Ver-
stoß gegen die bestehenden und gottgewollten Ordnungen, insofern moralisches und religiöses Unrecht, vgl. Ps. 82. Auch das Strafgericht über
die Feinde ist insofern universell, als es sämtliche nichtisraelitische Völker
betrifft. Das ist die Ansicht der Thronbesteigungsmythen und auch der

voramosischen Eschatologie. Das ist auch gegen Coßmann, Die Entwick. d. Gerichtsged., S. 11 festzuhalten. Amos 1 setzt schon eine Tradition voraus, und der Hintergrund dieser Tradition ist die Theorie eines allgemeinen Gerichts über alle Israels Feinde. — Neben diesem Gedanken wird aber gelegentlich das Gericht, auf Israel bezogen, auch in mehr forensischem Sinne und mit der Bedeutung einer Ausscheidung der bösen Elemente gestanden haben. Schon in der ältesten, mit den Thronbesteigungsmythen übereinstimmenden Form wird also der eschatologische Gerichtsgedanke mit ethischen Vorstellungen verbunden worden sein. — Der Einfluß der amosisch-nachamosischen Gedanken zeigt sich nun hier in zweifacher Weise: die Ansätze zu der Vorstellung eines ausscheidenden und reinigenden Gerichts über Israel mit ethischer Motivierung sind voll entwickelt, zum Teil, wie bei Amos selber, sogar bis zur vollständigen Aufhebung des Begriffes der $\varkappa\varrho\iota\sigma\iota\varsigma$ getrieben worden: das moralisch begründete Gericht über Israel führt zu einer vollständigen Verwerfung des Volkes. Israel wird verurteilt wie die Heiden. Da nun die moralische Begründung der Verurteilung der Heiden von den Gerichtspropheten natürlich nicht aufgegeben wurde (vgl. Am. 1, 3—2, 3; Hab. 1, 2—4; 2, 5—15), so ergab sich eine weitgehende Stärkung der moralischen Motivierung des Gerichts, wenn auch die volle Konsequenz, daß Israel und die Heiden genau nach demselben Maßstabe gerichtet werden sollen, nie oder fast nie gezogen wurde[1]. — Als ein Hauptgedanke gehört dieser Gedanke des moralisch begründeten Gerichts über Israel nicht in die ursprüngliche Eschatologie; darüber ist oben genügend gesprochen worden. — Die zweite Neuerung betrifft den Umfang des Gerichts. Ursprünglich war, sahen wir, das Gericht insofern universell als es nur der spezifische hebräische Ausdruck für die königliche Tätigkeit überhaupt war. Durch den amosischen Gedanken eines Gerichts über Israel ist es dazu gekommen, daß das Strafgericht ein fast universelles wurde; es traf nunmehr auch Israel oder jedenfalls einen großen Teil von Israel. — Ich have diese zusammenfassende Wiederholung hier geben wollen, weil das Verhältnis zwischen älterer und jüngerer Eschatologie bezüglich der moralischen Begründung des Gerichts oben nicht klar genug zum Ausdruck gekommen ist. Diese Linien weiter zu verfolgen, liegt außerhalb des Planes dieser Untersuchung. Es kommt hier nur auf die ursprünglichen Gedanken und ihren Zusammenhang mit den Thronbesteigungsmythen an.

Zu S. 271 f., Z. 13 ff. v. o.: Ich würde jetzt etwas nachdrücklicher hervorgehoben haben, daß man aller Wahrscheinlichkeit nach sowohl in den Thronbesteigungsmythen als dementsprechend auch in der ursprünglichen Eschatologie gewisse Gedanken über ein Israel betreffendes, die bösen Elemente bestrafendes Gericht mit dem Kommen Jahwä's verbunden hat. Denn der Regent ist immer zugleich Richter — darin hat Sellin Recht

---

[1] Im negativen Sinne wird sie zwar gezogen: das böse Israel soll wie die bösen Heiden behandelt werden. Die positive Kehrseite: die Gerechten unter den Heiden sollen das Heil schauen, findet sich selten oder in voller Konsequenz eigentlich nie.

— und geheime oder öffentliche Frevler (wie Zauberer u. dgl.) finden sich natürlich immer in jedem Volke; daß Jahwä bei seiner Thronbesteigung sein als Ganzes frommes und gerechtes Volk von solchen Elementen befreit, ist eigentlich selbstverständlich. Coßmann (Die Entwick. des Gerichtsgedankens bei den alttestamentlichen Propheten, Beiheft Nr. 27 zur ZATW 1915) hat sicherlich darin Recht, daß der Gerichtsgedanke (in diesem Sinne) »so alt ist wie die Religion« (op. cit. S. 4). Und auch darin hat er somit Recht, daß schon von Anfang an, oder jedenfalls sehr früh, dieser Gerichtsgedanke sich mit ethischen Motiven verbunden hat; es gibt von Anfang an ein Gebiet, wo die Reaktion Jahwä's den menschlichen Handlungen gegenüber weniger als sonst das Gepräge der Willkür trägt, nämlich da, wo es sich um Verletzungen der Volkssitte und des Volksrechts handelt (op. cit. S. 7) Wir kennen überhaupt keine Zeit der altisraelitischen Religion, wo nicht Sitte und Recht unter dem Schutz des Volksgottes stand. Ganz selbstverständlich, der Gott ist der oberste Herr, Träger und Beschützer des Bundes, der »Ganzheit« (šālōm) der Gesellschaft; seine wie des Häuptlings wichtigste Aufgabe ist daher, die Ordnung und den Frieden und die Harmonie der Gesellschaft aufrecht zu erhalten. — Man muß aber bis zu einem gewissen Grade zwischen dieser ganz allgemeinen richterlichen Tätigkeit des Gottes und dem speziellen Gericht bei seinem Kommen als König unterscheiden. Erstere setzt nicht notwendig voraus, daß man sich ausdrücklich ein besonderes Gericht über Israel bei dem Kommen zur Thronbesteigung gedacht hat. Diese richterliche Tätigkeit bezieht sich in den Thronbesteigungsmythen vor allem auf das Verhältnis zwischen Israel und dessen Feinden. Ich halte es für völlig sicher, daß der Gedanke des Völkergerichts älter als der des Gerichts über Israel ist. Die Schwierigkeit des exakten Beweises dafür, daß auch die älteste Eschatologie ein, wenn auch sehr gelindes und der großen Masse des Volkes zum Heil geratendes Gericht über Israel gekannt habe, beruht auf der Schwierigkeit der Datierung der hier in Betracht kommenden Thronbesteigungspsalmen. Die Möglichkeit besteht nämlich, daß die Vorstellung eines moralisch begründeten Gerichts ($\varkappa\varrho\iota\sigma\iota\varsigma$) über Israel sich unter dem Einfluß der amosischen Predigt entwickelt hat, und daß sie in die kultischen Thronbesteigungsvorstellungen erst nach dem Aufkommen einer Eschatologie und der amosischen Umbildung derselben hineingekommen ist; in dem Falle beweist sie nichts betreffs der Gestalt der ältesten Eschatologie. Ps. 50 ist wohl, wie oben gesagt, nachexilisch oder jedenfalls ziemlich spät.

S. 272, Z. 16 v. u. lies: »in der ältesten Eschatologie von Israel als Ganzem als Objekt«.

Zu S. 273, Z. 2 f. v. u.: In der Anwendung des Strafbechermotivs nicht auf die Feinde, sondern auf Israel, hat Dtjes. ein Vorbild in Ps. 60, 5, einem vorexilischen Volksklagepsalm. Hier liegt aber keine Anwendung eines eschatologischen Motivs, sondern eine paradoxale Verdrehung des alten Mythus, auf die soeben erlebten geschichtlichen Tatsachen angewendet, vor: du hast uns ja behandelt, als wären wir deine ärgsten Feinde, die aus dem Gerichtsmythus bekannten Heidenvölker, die Jahwä bei seiner Thronbesteigung verurteilt. Eine Parallele zu dieser paradoxalen Verdrehung des Mythus bietet Ps. 44, 20, wo man mit Gunkel *bim^{e}qōm tannīnīm* lesen und folgendermaßen erklären muß: als wären wir die Chaosdrachen. In anderen Fällen ist es zweifelhaft, ob wir es mit derselben, hier jedoch sehr abgeblaßten, Anwendung des mythischen Giftbechers, oder einfach mit einer üblichen Redensart zu tun haben. So Jer. 8, 14; 9, 14; 25, 15, vielleicht auch Ez. 23, 32 f. Im letzteren Falle hat die Redensart wohl in einer auch im profanen Leben vorkommenden Weise der Todesurteilvollstreckung oder der Tötung ihre Wurzel, vergleiche oben »Nachträge« zu S. 67.

STELLENREGISTER.

T = Text, N = Noten.

II 3, 15: S. 112;
II 9, 13: S. 7;
II 11: S. 303 N;
  4 ff.: S. 6;
  8: S. 6; 66;
  11 ff.: S. 6;
  12: S. 6; 7;
  19: S. 7;
  20: S. 7;
II 13, 7: S. 265;
  21: S. 265;
  22: S. 265;
II 14, 8—14: S. 265;
II 18, 13—16: S. 65 N;
II 18, 17—19, 37: S. 65;
II 23, 21: S. 204; 205; 206
II 25, 27 ff. S. 7.

Jesaja.

1, 18—20: S. 270;
2: S. 267; 291;
  2: S. 286;
  4: S. 286; 292;
  12—17: S. 249;
  19: S; 247;
  21: S. 244;
3, 13 ff.: S. 270;
4, 2 f.: S. 278 N;
5, 26 ff.: S. 267;
6: S. 278: 279; 320;
  1 ff.: S. 131; 143; 202;
  4: S. 153 N;
  5: S. 153 N; 323;
7, 3: S. 278;
  5: S. 278 N;
  13—17: S 306 N;
  14 f.: S. 306 ! 308;
8, 1—3: S. 281 N;
  5 ff.: S. 247; 268;
  9 f.: S. 255;
  10 f.: S. 268;
9, 1—6: S. 308 f.
  4: S. 292;
  6: S. 307;
10, 5 ff.: S. 268;
  20—23: S. 278 N;
  22 f.: S. 279 N;
  33—34: S. 308;
11, 1—9: S. 308;
  1: S. 307;
  2 ff.: S. 6; 304;
  6—8: S. 286;
  6—9: S. 284; 290;
  9: S 272;
  11: S. 278 N;
  14: S. 291;
  16: S. 278 N;
12, 1—6: S. 100 f.:
  2: S. 158 N;
14, 9: S. 185 N;
17 4—14 · S. 268;
  5 f. S. 95;
  11—14: S. 255;
  12 ff.: S. 255;
  14: S. 266;
18, 2: S 186 N;
22, 5: S 247:
24. 13: S. 278 N;

24, 21—23: S. 53; 214;
  23: S. 30; 234:
25, 6: S. 297;
28, 2: S. 247;
  5: S. 278 N;
  7 f.: S. 43; 97;
  11: S. 235 N;
  14 ff.: S. 249;
  17: S. 251:
29, 20 f.: S. 167;
30, 7: S. 54: 190;
  29: S. 91 f.;
  30: S. 158 N; 244;
33: S. 235 ff.; 313; 314;
  3: S. 275;
  8: S. 247;
  14: S. 131; 234;
  14 ff.; S. 269; 270;
  17: S. 230; 244;
  20 ff.: S. 286:
  22: S 230; 307;
34, 8 ff.: S. 247;
36, 6 f.: S. 174 N;
  9: S. 185 N;
37, 21 ff · S. 320;
  32: S. 278 T u N;
40, 1 f.: S 264;
  2: S. 268; 273;
  3 f.: S. 286 N;
  3—5: S. 241;
  6—8: S. 257; 258:
  9—11: S 198; 241; 264:
  11: S. 241; 296;
  12 ff.: S. 294;
  18—26: S. 259;
  19 ff.: S. 258;
  31: S. 162; 217;
41, 1—5: S. 258; 259; 260;
  2: S. 295;
  2 f.: S. 257; 275;
  4: S 283;
  8—16: S. 295;
  10: S. 275;
  17—20: S. 283;
  18—20: S. 284;
  21: S. 230; 240;
  21—24: S 258;
  21—29: S. 259; 283;
  23: S. 260;
  25: S. 257;
  25—27: S. 260;
  26—28: S. 260;
  28 f.: S. 258;
42, 1—4: S. 275;
  1—7: S. 295;
  2: S 275;
  3 f.: S. 275;
  8—9: S. 283;
  9: S. 283;
  10—17: S. 49 f.; 195; 196;
    214; 241; 254; 255:
  10 f.: S. 198 f.;
  11: S. 252;
  12: S. 49 N;
  13: S. 241;
  13—17: S. 257; 260; 294;
  15 f.: S. 241; 247; 252;
    284;
  16: S. 241; 268 N;

42, 17: S. 52; 257: 258;
    259; 260: 264; 295;
  18—20: S. 273;
  18—25: S. 273;
  19: S. 241:
43, 3: S. 292;
  3 f.: S. 257: 293;
  5—7: S. 241;
  8—12: S. 259: 260;
  10: S. 256; 283;
  14: S. 257; 334 N;
  15: I. 230: 240;
  15 - 21: S. 283; 334 f.;
  19: S. 282; 283;
  20: S 284;
  19—21: S. 241;
  22—28: S. 273:
44, 1 ff.: S 264;
  3: S. 284; 285;
  5: S. 258; 293; 294;
  6: S. 230; 240;
  6—8: S. 258; 259; 283;
  7: S. 260;
  21—23: S. 335 f.:
  22: S. 273;
  23: S. 198 f.;
  24 ff : S. 282;
45, 1—7: S. 257; 260; 292;
    293;
  4: S. 258;
  5—7: S. 259;
  8: S. 197; 275;
  10—13: S 294;
  11: S. 283;
  11 ff.: S. 259;
  12 f.: S. 260;
  13: S. 241; 275; 293;
    295;
  14 f.: S. 293;
  15: S. 286;
  16: S. 295;
  16 f.: S. 197; 259;
  18—25: S. 259; 294;
  20: S. 258;
  20—25: S. 295;
  21: S. 260; 283;
  22: S. 293;
  22 f.: S. 294;
  24: S. 257; 259; 260;
    264; 275;
  25: S. 264;
46, 1 f.: S. 258; 261; 264;
  3: S. 274;
  3—13: S. 259;
  5—9 S. 258; 160;
  9—11: S. 260;
  10: S. 260;
  12 f.: S. 275;
  13: S. 275; 295;
47: S. 257:
  2: S. 247;
48, 1—15: S. 196;
  3—7: S. 259; 260;
  4: S. 273;
  5: S. 258;
  6 f.: S. 283;
  8 f.: S. 273:
  10: S. 274; 275;
  12: S. 283;

48, 12—16: S. 334 N;
  13: S. 294;
  13—16: S. 259;
  14: S. 257;
  16—19: S. 196 f.; 289;
  20 f.: S. 197; 241; 264;
  21: S. 241;
49. 6 f.: S. 295;
  8—12: S. 241; 284;
  10: S. 241;
  11: S. 241; 286 N;
  13: S. 198 f.; 264;
  17—23: S. 241;
  26: S. 295;
50. 1: S. 273;
  2 f.; S. 247: 282: 294;
51. 1: S. 275;
  3: S. 284;
  4: S. 275;
  4 f.: S. 293: 294;
  4—6: 2. 295;
  6: S. 252; 253; 257; 274 275;
  8: S. 275;
  9 f.: S. 54; 241; 257;
  9—13: S. 282; 294;
  9—16: S. 334 N:
  11: S. 241; 264;
  16: S. 162; 283;
  17: S. 257;
  17 ff.: S. 273; 274;
  21: S. 330;
  23: S. 257; 295;
52. 1: S. 273; 286;
  7: S. 200; 230; 240; 292;
  7—10: S. 198; 241;
  9: S. 245;
  12: S. 241;
52, 13—**53,** 12: S. 295;
54. 1—3; S. 284;
  1—8: S. 285;
  4 f.: 245;
  8—10: S. 288;
  9: S. 257; 311;
  10: S. 290;
  11 f.: S. 286;
  12: S. 288;
  13 f: S. 284;
  14—17: S. 286;
  15 ff: S. 313;
  17: S. 275;
55: S. 245;
  1: S. 284;
  3: S. 244; 288;
  3—5: S. 288;
  5: S. 293: 295;
  5—7: S. 258;
  12 f.: S. 198 f.; 241;
59, 21: S. 288;
60, 1—22: S. 283;
  1—3: S. 245;
  2: S. 244;
  5—7: S. 291;
  19 f.: S. 232; 244;
61, 2: S. 162 N;
  8: S. 288;
62, 4: S. 245:
65, 8: S. 104;
  17: S. 253; 283;

65, 18: S. 283
  20: S. 286;
  25: S. 290;
66, 15: S 247;
  18—21: S. 291;
  22: S. 283.

Jeremia.

1, 15: S. 26 ; 267;
4, 28 ff.: S. 247 N; 248; 249; 251; 268;
5, 15 ff.: S. 267;
  22: S 53;
6, 6: S. 267;
  22: S. 261; 262; 267;
8, 14: S. 340;
9, 14: S. 340;
10, 10: S. 230; 234:
14: S. 235;
20, 7 ff.: S. 323;
23, 5 f.: S 307; 309;
25, 15 ff.: S. 330; 336; 340;
26, 1 ff.: S. 7;
29, 14: S. 288 N;
30—33: S. 288 N;
31, 31 ff.: S. 272;
33, 15 f.: S. 309;
48: S. 235;
  15: S. 230; 234 f.;
  47: S. 288 N;
49, 6: S. 288 N;
51, 7: S. 330 ; 336;
  17 ff.: S. 336;
  39: S. 336.

Ezechiel.

5, 10: S. 270;
  15: S. 270;
7, 3: S. 270;
  7: S. 247;
  8· S. 270;
  27: S 270;
8, 4 ff.: S. 244;
9, 3: S. 244;
10, 18 ff.: S. 244;
11, 9—11: S. 270;
14, 19: S. 330;
  21: S. 270;
16, 38: S. 270;
  53: S. 287;
  60 ff.: S 288;
20, 33: S. 330;
21, 13 ff.: S. 247;
22, 22: S. 330;
23, 32 f.: S 340;
29 ff.: S. 254;
  14: S. 287;
34, 25 S. 288;
  23 f.: S. 307; 309;
36, 19: S. 270
37, 26: S. 288;
38: S. 256;
38 f.: S. 65; 254; 255 f.;
  1—9: S. 256;
  6: S. 261;
  8: S. 268;
  15: S. 254;

38. 16: S. 268;
  18 23: S. 256;
  19 ff.: S. 247;
  21: S. 247;
39, 2: S. 261;
  17 ff.: S. 297:
  25: S. 287;
40 ff.: S. 86; 307;
  1: S. 86; 207:
  2: S. 286;
45, 18: S. 88;
  18—20: S. 89 N; 207:
47: S. 13; 232; 284; 285.

Hosea.

1, 9: 277 N; 281 N;
2. 1: S. 277 N;
  16 ff: S. 277;
  20: S. 286; 288; 290;
3, 4: S. 302;
4, 3: S. 251;
5, 10: S. 330;
6, 11: S. 288 N;
7. 5: S. 43; 190; 202; 213;
9, 4: S. 96;
  5: S. 83;
  11: S. 278 N;
  12: S. 278 N;
  16: S. 278 N;
12. 9: S. 265;
13, 14: S. 247

Joel.

1: S. 251 N;
2: S. 251 N; 262;
  1 ff.: S. 247;
  20: S. 261; 262 N;
3, 1 ff.: S. 272:
  5: S. 278 N; 281;
4: S. 256;
  18: S. 284; 286 N.

Amos.

1, 3—**2,** 3: S. 338;
1, 11—12: S. 267;
  14: S. 247;
2, 1: S. 267;
  8: S. 43; 66; 97;
  9 f.: S. 265;
  12: S. 97;
3, 2: S. 270;
  12: S. 277; 278 N;
4, 4: S. 95;
  5: S. 97:
  6—12: S. 245; 265;
5, 2: S. 278 N;
  15: S. 264 f.; 276; 277;
  18: S. 272; 319;
  20: S. 248;
  26: S. 203;
6, 3: S. 264;
  6: S. 264;
  13: S. 265;
  14: S. 267:
7, 1 ff.: S. 245;
9, 3: S. 251:

IV Ezra.

6, 26 : S. 297 ;
  49—52 : S. 255 ;
7, 29 f.: S. 336.

Syrische Baruch-
apokalypse.

29, 4 : S. 297.

Henoch.

60, 24 f.: ̇S. 255.

Ev. Johannis.

7, 37 : S. 91.

Apoc. Johannis.

9, 1 — 11 : S. 262 ;
12 S. 255 ;
13 : S. 255 ;
17 : S. 255.

Mischnatr.
Roš hašsana.

I 2 : S. 82.

Mischnatr. Middot.

II 5 : S. 91.

Tosephtatr.
Roš hašsana.

I 13 : S. 74 f;
I 14 : S. 82.

Talmudtr. Sukka.

b. IV 5 : S 129 N ;
b. V 3 : S. 99 ;
b. V 4 : 91 ;
j. 55 b : S. 99.

Talmudtr. Baba batra.

74 : S. 297.

12695

WITHDRAWN